“福建省‘十三五’中小学名师名校长培养工程丛书”编委会

（福建教育学院培养基地）

丛书主编：郭春芳

副 主 编：赵崇铁　朱　敏

编 委 会：（按姓氏笔画排序）

于文安　杨文新　范光基　林　藩　曾广林

名校长卷

主　　编：于文安

副 主 编：简占东

编　　委：陈　曦　林文瑞　林　宇

名 师 卷

主　　编：林　藩

副 主 编：范光基

编　　委：陈秀鸿　唐　熙　丛　敏　柳碧莲

福建省『十三五』

名校长丛书

在文化自觉中办学

—— 福建省“十三五”中学名校长培养人选办学思想录

主　编：于文安

副主编：简占东

厦门大学出版社 XIAMEN UNIVERSITY PRESS

国家一级出版社

全国百佳图书出版单位

图书在版编目(CIP)数据

在文化自觉中办学：福建省“十三五”中学名校长培养人选办学思想录/于文安主编.—厦门：厦门大学出版社，2021.8

（福建省“十三五”名校长丛书/郭春芳主编）

ISBN 978-7-5615-8288-6

Ⅰ.①在… Ⅱ.①于… Ⅲ.①中学—校长—人才培养—福建 Ⅳ.①G637.1

中国版本图书馆 CIP 数据核字(2021)第 127004 号

出 版 人 郑文礼

责任编辑 郑 丹

出版发行 厦门大学出版社

社 址 厦门市软件园二期望海路 39 号

邮政编码 361008

总 机 0592-2181111 0592-2181406(传真)

营销中心 0592-2184458 0592-2181365

网 址 http://www.xmupress.com

邮 箱 xmup@xmupress.com

印 刷 厦门集大印刷有限公司

开本 720 mm×1 000 mm 1/16

印张 43.75

插页 2

字数 706 千字

版次 2021 年 8 月第 1 版

印次 2021 年 8 月第 1 次印刷

定价 98.00 元

厦门大学出版社
微信二维码

厦门大学出版社
微博二维码

◎总　序

“百年大计，教育为本；教育大计，教师为本。”教师队伍建设是教育质量提升的关键。2018年，中共中央、国务院印发《关于全面深化新时代教师队伍建设改革的意见》，吹响了新时代教师队伍建设改革的集结号，提出教师队伍建设改革的目标是“到2035年，教师综合素质、专业化水平和创新能力大幅提升，培养造就数以百万计的骨干教师、数以十万计的卓越教师、数以万计的教育家型教师”。福建省委、省政府牢记习近平总书记“福建没有理由不把教育办好”的殷切嘱托，以高度责任感、使命感，坚持教育优先发展，始终将建设一支师德高尚、业务精湛、结构合理、充满活力的高素质专业化教师队伍作为基础工作，出台了一系列政策措施，激发广大教师投身教育综合改革的积极性、主动性、创造性。福建省教育厅为打造基础教育高层次领军人才队伍，实施“强师工程”核心项目——中小学名师名校长培养工程，旨在培养一批在省内外享有盛誉的名师名校长，促进我省教育高质量发展。

“十三五”期间，福建教育事业紧紧围绕“新时代新福建”发展战略，坚定不移走以提升质量为核心的内涵发展之路，着力推动规模、质量和效益的协调发展，努力让教育改革发展成果更多地惠及民生，让人民群众有更多的获得感。2017年，省教育厅会同财政厅启动实施了“十三五”中小学名师名校长培养工程，在全省遴选培养100名名校（园）长、培训1000名名校（园）长后备人选、100名教学名师和1000名学科教学带头人。通过全方位、多元化的综合培养，造就一批师德境界高远、政治立场坚定、理论素养深厚、教学能力突出（治校能力突出）、教学风格鲜明（办学业绩卓越）、教育视野宽阔、富有开拓创新精神、在省内外有较大影响力的名师名校长，为培育闽派教育家型校长和闽派名师奠定基础，带动和引领全省中小学教师队伍建设，为推进我省基础教育优质均衡发展、办好人民满意教育，为“再上新台阶、建设新福建”提供有力的人才保障。

为扎实推进福建省“十三五”中小学名师名校长培养工程，保障实现预期培养目标，福建教育学院作为本次名师名校长培养工程的主要承担单位，自接到任务起，就精心研制培养方案，系统建构培训课程，择优组建导师团队，不断创新培养方式，努力做好服务管理，积极探索符合名师名校长成长规律的培养路径，确保名师名校长培养培训任务高质量完成，助力全省名师名校长健康成长，努力将培养工程打造成全省乃至全国基础教育高端人才培养示范性项目。

在培养过程中，我们从国家战略需求、学校发展需求和教师岗位需求出发，积极探索实践以“五个突出”为培养导向，以“四双”“五化”为培养模式的基础教育高端人才培养路径。其中“五个突出”：一是突出培养总目标。准确把握目标定位，所有培养工作紧紧围绕打造教育家型名师名校长而努力。二是突出培养主题任务。2017 年重点搞好“基础性研修”，2018 年重点突出“实践性研修”，2019 年重点突出“个性化研修”，2020 年重点抓好“辐射性研修”。三是突出凝练教学主张(办学思想)。引导培养对象对自身教学实践经验(办学治校实践)进行总结、提炼、升华，用先进科学理论加以审视、反思、解析，逐步凝练形成富含思想和实践价值、具有鲜明个性的教学主张(办学思想)。四是突出培养人选的影响力与显示度。组织参加高端学术活动，参与送培送教、定点帮扶服务活动，扩大名师名校长影响。五是突出研究成果生成。坚持研训一体，力促培养人选出好成果，出高水平的成果。

“四双”：一是双基地培养。以福建教育学院为主基地，联合省外高校、知名教师研修机构开展联合培养、高端研修、观摩学习。二是双导师指导。按照理论联系实际原则，为每位培养人选配备学术和实践双导师。三是双渠道交流。参加省内外及境外高端学术交流活动，积极承办高水平的教学研讨活动，了解教育前沿情况，追踪改革发展趋势。四是双岗位示范。培养人选立足本校教学岗位，同时到培训实践基地见学实践、参加送培(教)活动。

“五化”：一是体系化培养。形成“需求分析—目标确定—方案设计—组织实施—效果评估”的培养链路，提高培养专业化、精细化、科学化水平。二是高端化培养。重视搭建高端研修平台，采取组织培养人选到全国名校跟岗学习、参加国内高层次学术会议和高峰论坛、承担省级师训干训教学任务等形式，引领推动名师名校长快速成长。三是主题化培养。每次集中研修，都做到主题鲜明、内容聚焦，坚持问题导向和结果导向，努力提升培养的针对性和实效性。四是课题化培养。组织培养对象人人开展高级别课题研究，以提升理性思维、学术素养和科研水平，实现从知识传授型向研究型、从经验型向专家型的转变。五是个性化培养。坚持把凝练教学主张（办学思想）作为个性化培养的核心抓手，引导培养人选提炼形成系统的、深刻的、清晰的教育教学“个人理论”。

通过三年来的艰苦努力，名师名校长培养工作取得了显著成效，积累了丰硕成果，达到了预期目标。名校长培养人选队伍立志有为、立德高远的教育胸襟进一步树立，办学理念、政策水平和管理能力进一步提升，立功存范、立论树典的实践引领能力进一步提高，努力实现名在信念坚定、名在思想引领、名在实践创新、名在社会担当。名师培养人选坚持德育为先、育人第一的教育思想进一步树立，教书育人责任感、使命感和团队精神进一步强化，教育理论素养进一步提升，先进教育理念进一步彰显，教育教学实践和创新能力进一步增强，独特教学风格和教学主张逐步形成，教育科研和教学实践均取得了丰硕成果。一是专项研究深。围绕教学主张或教学模式出版了38部专著。二是成果级别高。84位名校长人选主持课题130项，其中国家级6项；发表CN论文239篇，其中核心16篇；53位名师培养人选主持省厅级及以上课题108项，其中国家级7项；发表CN论文261篇，其中核心81篇。三是奖项层次高。3位获2018年教育部基础教育国家级教学成果奖二等奖；15人获得2017年、2018年福建省基础教育教学成果奖，其中特等奖3位、一等奖7位、二等奖5位；1位评上国家级“万人计划”教学名师；34位培养人选评上正高级职称教师；13位获“特级教师”称号；2位获“福建省优秀教师”称号。四是辐射引领广。开设市级及以上公开课、示范课203节；开设市级及以上专题讲座696场；参加长汀帮扶等“送培下乡”活动239场次；指导培养青年骨干教师442人。

教育是心灵的沟通，灵魂的交融，思想的碰撞，人格的对话，名师名校升，创新实践能力全面加强，个人专长更加凸显，特色风格更加鲜明，办学思想更加明晰，示范辐射更加广泛。培养期间，84 位校长对自己的办学思想进行了系统梳理凝练，均完成了个人办学思想报告。这些报告分别从形成背景、内涵解析、体系建构、理论支撑、实践探索和未来展望等方面对个人的办学思想及实践进行了系统阐述，形成了比较完整的理论体系并都经过了学校实践检验。

为更好地增强名校长培养工程的示范辐射引领作用，项目团队将部分名校长培养人选的办学思想报告集结成《在文化自觉中办学——福建省“十三五”中学名校长培养人选办学思想录》和《在思想自觉中办学——福建省“十三五”小学名校长培养人选办学思想录》两本文集，分别收录了 35 位中学名校长培养人选和 46 位小学名校长培养人选的办学思想报告。这些校长成长经历不同，所在学校地域不同，学校发展历程不同，取得办学成效各异，但从这些精彩纷呈的报告中，相信每一位校长都能在这些凝练的办学思想和丰富的办学实践中得到启示，从而在自己的办学治校实践中加以借鉴，扩大视野，进而提高自己的理论水平和实践能力。

于文安

2020 年 12 月

目录

01

向美而生

◎连仁昌

【作者简介】

连仁昌（1968— ），男，福建福州人，中学高级教师、特级教师。福建省福州第四中学原校长，现任福建省福州第八中学校长，福建省“十三五”中学名校长培养人选。福建教育学院兼职教授。

一、“向美而生”办学思想提出的背景

1999 年，《中共中央国务院关于深化教育改革，全面推进素质教育的决定》中明确要求将“德育、智育、体育、美育等有机地统一在教育活动的各个环节中”。从此，美育正式在意识形态层面取得了与德育、智育、体育同等的地位。

2013 年 11 月 12 日，中共十八届三中全会上通过的《中共中央关于全面深化改革若干重大问题的决定》明确提出了“改进美育教学，提高学生审美和人文素养”的美育工作“十七字方针”；2015 年 9 月 15 日，国务院办公厅《关于全面加强和改进学校美育工作的意见》中提出“加强学校美育实践基地建设”，“围绕美育目标，形成课堂教学、课外活动、校园文化的育人合力”等。党的十八届三中全会对全面改进美育教学作出了重要部署，国务院对加强学校美育提出明确要求，美育是现代教育不可或缺的使命，美育的健康发展是高品质教育的重要特征。

美是社会的最高价值，美更是一个国家的“软实力”。文明的目的就是为了创造美。华东师范大学叶澜教授曾指出，学校与社会的不同之处在于，“学校应是社会发展的‘精神母机’，人从小养成的精神力量、社会上尚未生长和发展出来的

精神力量，都应在学校中发展起来、光大起来，一代代朝着越来越美好的方向前行”[1]。著名美学家、当代中国生态美学的奠基人曾繁仁教授则认为，“没有美育的教育是不完全的教育”[2]，缺乏充分审美实践的美育也是残缺的美育。笔者认为，向着美的方向生长就是学校教育最好的发展态势。

从 2006 年至今，笔者已有 15 年学校管理工作实践，先后在福州金山中学（2002 年新建校，原名福州三中金山校区）、福州四中（主城区百年老校）以及福州八中（百年老校迁新址）任职。学校不同，校情不同，不管是缺乏底蕴的新建校，还是扎根主城区的百年老校，还是迁入城市新区的百年老校，笔者坚持“大美育”办学思路，基于“博雅”课程的构建，经历了办学思想“孕育—过渡—基本成熟”三个阶段，在十多年具体的育人探索和实践中，逐步形成了“向美而生”办学思想。

二、“向美而生”办学思想及其内涵解析

笔者把办学思想定位为“向美而生”。“向美而生”即学校向着美的方向生长。每一位学生、每一位教师都是美的使者。学校“向美而生”的最终目的是，成就学校师生的美好未来。

基于“向美而生”办学思想，笔者认为要致力于“三个底”：第一，打好人生底色，引导师生养成积极向美的心向和态度；第二，丰富人生底蕴，发展师生自我完美的建构能力；第三，把好人生底线，引导师生形成善美担当的责任意识。

三、“向美而生”办学思想提出的理论依据

我国美育思想早在先秦时期就有了较清晰的轮廓。古代教育家孔子提出“兴于诗、立于礼、成于乐”的理论，在他看来，“乐”是造就一个完美人的最终环节，“乐以冶性，故能成其性，成性亦修身也”。《礼记·乐记》中强调的“乐教”大体相当于我们今天所说的“美育”。

在西方美育思想史上，18 世纪，德国的席勒发表了《美育书简》，第一次提出了“美育”概念。以“人”为思考的原点，关注人性发展、培养高尚人格是席勒美

育思想的核心。在《美育书简》中，席勒认为，在审美状态下，由于主体解除了一切外部规定而获得了自律性，它们又可以发生“瞬间的统一和相互调换”，这就是“现象中的自由”，即“美”与“道德”的相通之处。为此，席勒相信审美的趣味判断同时伴随着道德判断，美“使我们有一种能力能够在没有真正的道德想法时就好像在道德想法影响下那样去行动”[3]。席勒赋予美育两种功能：“一是以美育提升感性地位，调节感性与理性的分裂，恢复人性的完整，解决因理性过度膨胀而带来的人类生存危机。二是通过美育将自然的人变成道德的人，提高人格修养，构建现代伦理国家的合理化秩序，实现政治的自由。”[4]

在席勒追求人性完整这一思想的影响下，中国近代学者王国维认为，包括美育在内的各种教育形态都要塑造完整的人，“教育之宗旨何在？在使人为完全之人物而已。何谓完全之人物？谓人之能力无不发达且调和是也”。[5]

这种发达、调和就身体与精神之间的关系而言，精神可分为智力、意志、感情，相应地通过智育、德育及美育完成。审美活动是无利害的，因此它可以把人的精神引入高尚境界，“盖人心之动，无不束缚于一己之利害；独美之为物，使人忘一己之利害，而入高尚纯洁之域，此最纯粹之快乐也”。[6] 王国维在《论教育之宗旨》一文中提出：“完全之人物不可不备真善美之三德。欲达此理想，于是教育之事起。教育之事亦分为三部：智育、德育、美育是也。”[7]

王国维之后，现代著名教育家蔡元培又把美育推进到一个新的阶段，他认为美育在健全人格的养成中所起的作用是陶冶人的情感，从而使受教育者产生伟大而高尚的行为，完善受教育者的人格。“美育者，应用美学之理论于教育，以陶养感情为目的者也。”[8]

四、“向美而生”办学思想的理论基础

（一）美学基础

蒋孔阳先生在其《美学新论》中指出：“美离不开人，因而美的本质离不开人的本质。但抽象的本质概念，不能成为美；人的本质转化为具体的生命力量，在

‘人化的自然’中实现出来，对象化为自由的形象，这时才是美。”[9] 成复旺先生在其《中国古代的人学与美学》中指出：“审美产生于人类追求自由的本质，也强化了人追求自由的本质；它永远站在不自由的现实人生的对立面，呼唤着人们向自由的人生挺进。”[10]

查有梁先生在《系统科学与教育》中，将艺术美三原理表述为[11]：

情感转移原理（艺术美原理一）：美在于能够使人与自然、人与社会、人与人之间发生情感转移，产生同情与共鸣。

和谐奇异原理（艺术美原理二）：美在于通过模范和创造，既和谐又奇异，使系统从无序到有序，给人以新的信息。

多样统一原理（艺术美原理三）：美在于给人以整体形象、典型形象，有变异又有结构，既多样且统一，能形成意境。

从美学上说，美的精神是实践主体自由生命的精神，审美就是实践主体对人类自由生命力的欣赏。审美精神则是人对自身自由生命力的形象观照和不断追求，活动主体在审美过程中，其思维活动充满了创造性和形象性。

（二）文化学基础

《周礼·地官司徒·保氏》说：“养国子以道，乃教之六艺：一曰五礼，二曰六乐，三曰五射，四曰五御，五曰六书，六曰九数。”[12] 早在春秋时期，中国古人就重视审美教育，“六艺”中的“礼”和“书”是兼具实用性和审美性的技艺，“乐”则是纯粹陶冶情操的美育课程。

汉末魏初著名的“建安七子”之一徐干在其所著《中论》一书的第七篇《艺纪》篇中写道：“艺者，所以事成德者也；德者，以道率身者也。艺者，德之枝叶也；德者，人之根干也。斯二物者，不偏行，不独立。木无枝叶则不能丰其根干，故谓之痿；人无艺则不能成其德，故谓之野。若欲为夫君子必兼之乎？……美育群材，其犹人之于艺乎？”[13] 徐干发挥传统儒家“文质彬彬，然后君子”的古训，认为德行是做人的根本，也是“礼乐之本”，同时“礼乐”又是修饰德行的枝叶，是“事成德者”。

以“礼乐”来“美育群材”的目的是君子人格的养成。美育在中国古代是养成君子人格的基本途径。

（三）教育学基础

“美育的基础，立在学校”，教育家蔡元培先生非常重视学校美育。在学校教育中，蔡元培先生非常强调教师的引导作用，在他看来，学校教育所用的各种资料，无不“含有美育之原素，一经教师之提醒，则学者自感有无穷之兴趣”。[14]“凡是学校所有的课程，都没有与美育无关的。例如数学，仿佛是再枯燥不过的了，但美术上比例、节奏，全是数的关系，截金术是最明显的例子。数学的游戏，可以引起滑稽美感；几何的形式，是图案术所应用的。理化学似乎机械性了，但是声学与音乐，光学与色彩，密切得很。雄强的美，全是力的表示。”[15]“每个学校的建筑、陈列品，都要合乎美育的条件；可以时时举行辩论会、音乐会、成绩展览会等，都可以利用他来行普及的美育。”[16]

蔡元培先生在强调美育之于培养人的道德方面的重要价值时曾说：“人人都有美感，而并非都有伟大而高尚的行为，这由于感情推动力的薄弱。要转弱为强，转薄为厚，有待于陶养。陶养的工具为美的对象；陶养的作用，叫作美育。”[17]

五、“向美而生”办学思想的理论支撑

（一）建设“向美而生”的博雅品牌学校，树立面向未来的学校品质发展观

美的教育是塑造人灵魂的教育，美育的核心是美感教育，包括艺术美的认知、体验、感受、欣赏与创造能力的教育，同时也涵盖了“美的理念、情操、品格与素养”[18]。

笔者把博雅品牌学校建设定位于“向美而生”，是从美育的整体性出发，旨在唤醒学校教育活动中每一个生命，让每一个人都真正“美”起来。一所学校要成为“让学生慕名而来、终身怀念”的学校，一定是一所“大美”的学校。一所学校要在未来的改革浪潮中实现高品质发展，一定是向着美的方向发展。

（二）成就“育美而行”的博雅品位教师，形成追求卓越的教师专业发展观

学校以美育人，以德尚美，关键在教师。教师的美育观念决定着教师在职业活动中能否进行审美创造以及将进行怎样的审美创造。审美能力则决定着教师在职业活动中能否达到美的境界以及将达到怎样的美的境界。

叶澜教授曾指出，教师在职业活动中的主动创造有着极为深远的意义，它不仅内在决定了教师职业的美，而且“还将给自己的职业生涯增添探索的、发现的欢乐，使自己的生命和才智在为事业奉献的过程中不断获得更新和发展”[19]。笔者认为，德智体美劳五育的所有学科教师都是美育实施群体。“育美而行”“追求卓越”，是教师向着美的方向发展的人生态度，也是指向教师内在自我意识发展的重要使命。教师在美育实践过程中，要注重美的思想性与实践性，在艺术审美与创造能力培养的基础上同步开展美的实践教育，实现审美与立美的有效衔接。教师对美好生活的执着追求是永无止境的。教师追求卓越，创造性的教育教学本身就是一种“自行生长”的美。

（三）造就“尚美而立”的博雅品质学生，培塑自主发展的学生素质成长观

杜威曾说生活是一个发展过程、生长过程，教育即生长。学生是成长中的人，中学更是学生处于生命成长的重要时期，每一位学生都有主动发展的需要与可能。“一个人的审美层次决定他的人格结构与智能结构及其创造性才能的发展水平。”[20]

学校要促进学生之生命成长，要让每一位学生学会“尚美”，朝着美好的方向发展。“尚美”就要培养学生的认知美、体验美、鉴赏美、创造美的能力，只有让学生积极参与到各项必需的、“美”的教育实践中，才能逐步生成审美意识、培养审美素养能力，进而主动创造美，使之更好地实现自己抱负，创造有意义的充实美好的人生，未来才有可能成为推动当代中国发展的好公民。

六、“向美而生”办学思想的实践探索

办学实践过程中，笔者以全面美育为理念，整体实施“大美育”，即美育以不

同的内容和方式融入学校教育全过程、全方面，全员践行美育理念，整合教与学，形成合力，综合育人，“大美育”的目标指向为学生的科学、艺术、人文等核心素养培养。

（一）找准“切入口”，艺体修美，打造美育探索样本

围绕“向美而生”办学思想，笔者按照“美的规律”循着美学的轨迹，找准美育“切入口”，在不同学校实施美育实践探索，进而培养学生审美能力、提升审美情趣、提高审美品位。

1. 挖掘现有优势，打造美育特色项目

笔者曾在城市新区新建校工作 8 年，面对办学历史短、办学特色空白、优质生源缺乏的校情，充分发挥新建校健美操师资好以及活动场地大的优势，把“男拳（武术）女操（健美操）”作为“美育”的突破口，开展美育实践探索。学校在推广“男拳女操”特色项目过程中，逐步提炼出特色更鲜明、内涵更透彻的“健·美”教育办学特色。健美操、啦啦操成为学校品牌项目之一。自 2008 年起，学校连续 12 年获福州市啦啦操锦标赛冠军；取得了 8 次全国奖项，其中全国一等奖 3 次；获省赛四连冠的佳绩。学校已成为省啦啦操传统特色项目学校，还开设特色校本课程“健美操”“啦啦操”必选必修模块，每位女生均参与啦啦操学习，每年春季运动会在高一、高二、高三年级分别组织“班级啦啦操比赛”，并通过比赛选拔优秀的学生组建校啦啦操队，积极参加国家、省市级比赛；设立“舞动青春”健美操社团，每周固定时间开展社团活动，社团荣获福州市学生社团联盟主席单位、福州市优秀学生社团及福州市最受欢迎学生社团，并荣获“福建青年五四奖章集体”称号。

2. 传承已有特色，提升学校美育品牌

笔者之前在主城区一所百年老校担任校长 6 年，面对办学历史悠久、文化底蕴厚重的学校，则以百年老校中“美术特色”传统强项作为“切入口”，发挥“福州市首批高中美术校本基地校”“福建省首批高中美术学科基地校”“中国美术学院生源基地校”的优势，领航学校美育实践探索。笔者坚持老校中文化学科与艺术学科并重、美术普及与美术提高齐抓的发展定位，进一步强化“美术特色班”的建设，培育美术专业型人才，还积极开设“艺术作品欣赏”“摄影”“书法”等校本课程，举办美术班学生作品展，与美术专业技能、实践技能体验互补，使得学生在愉悦之中获得知识，陶冶情操。学校美术特色班形成自己的教学体系和教学特色的同时，学校显现出普及艺术教育的“亮点”，即在提高全校学生审美修养、丰富精神世界、培养创新意识、促进全面发展等方面具有其他学科不可替代的作用。

（二）紧扣“着力点”，智慧创美，唤醒育美自觉追求

为了成就“育美而行”的博雅教师，笔者要求教师在课程建设的过程中，始终融入“向美而生”的教育理念。

1. 提炼单一学科的“学科美”

在学科教学的立美设计上，笔者以培育学生核心素养为统领，要求教师发现和挖掘教育过程中的审美因素，提炼学科教学中体现的“艺术美”“思想美”“意境美”“科学美”“逻辑美”等，并充分运用，使它们有机融入教学活动之中，达到立美育人的目的。比如，语文“名著导读：语言艺术之美”“古代诗歌之形象欣赏”教学，培养学生感性领会语言艺术和诗歌之美，领略作品反映的时代精神；历史让学生通过分析历史事件探究历史规律，增强对美好事物的观察、分析和表现能力；思想政治学科渗透优秀中华礼仪文化，完善学生美的形象、气质、意识、心性和追求；在数学、物理、化学、信息和通用技术等学科教学中，通过问题导学，探究学科内在科学美与逻辑美，培育学生形成学科审美能力，提高学生的科学和文化素养。真正的美育应该是美学原则渗透于各学科教学而形成的教育。

2. 融合跨学科的“多元美”

笔者在“向美而生”办学思想实践过程中，始终坚持以人为本、多元文化、自主选择的现代课程观原则，引导教师加强学科之间的合作，淡化学科界限。为了更好地提升教师育美能力，笔者尝试着引导教师深入开展美育教学研究和跨学科合作，制订“悦读”教师视野提升计划，组建课题组、研发团队和“工作坊”，邀请高校教授、博士来校交流分享等，加快知识更新，充分发挥人文学科的美育功能和自然学科的美育价值，融合跨学科的“多元美”，将美育渗透在课程教学全过程，整体提高教师队伍的美育素质。以笔者在福州八中三江口校区的办学实践为例，笔者强调学科间的联系与综合，整合设置学校的“博雅”课程门类，初步形成了人文与社会、科技与社会、政治与法律、体育艺术与社会、中国与世界五大类课程领域。在推进博雅课程中，逐步形成了想象创造课程基地、人文素养课程基地、体育艺术课程基地。学校的“DI”（destination imagination，目的地想象）创意小组，通过废弃的报纸和木板，演绎了地球环境的演变，获得全国DI邀请赛“达芬奇奖”，并取得赴美参加全球DI总决赛的资格。

3. 辐射校本课程的“特色美”

笔者在不同学校的办学实践中，为了保证学校办学更具生命力，根据师生发展需要及各种资源优势深度开发适合学生成长需要的特色校本课程群，努力为学生提供丰富的审美感知、审美体验、审美表现和审美创造的广阔美育平台。以在福州三中金山校区（现名福州金山中学）的办学实践为例，笔者主要从“寻美鉴赏”“立美育德”“健身健心”“健智激趣”“创新发展”五个系列建构美育校本课程。2009年，邀请福建师范大学人文学院教授、博士生导师孙绍振先生到校指导，开发了“立美育德”必选校本选修课程系列之校本美育课程“与美德同行”，以“励志、笃学、奉公、诚信、厚仁、勤俭”六种美德作为篇章主题，结合重大节日、传统节日、纪念日、经典诵读等，每年坚持开展“文明有礼”“诚实守信”等六个系列近千名“美德少年”评选，打好学生人生底色，引导学生养成积极向美的心向和态度。以在福州四中的办学实践为例，笔者致力于丰富“传统文化”“艺术教育”“美育”的课程载体，完善以“艺术教育”与“科技创新”为两翼的多学科整合的大美育校本课程体系架构，打造了“以美育人”为主题的多个校本课程群，重点开发了“传承艺术项目”（福州漆工艺、油纸伞、软木画）、“传统习俗文化”（“登高致远　立志成才”重阳登高节课程、“慎终追远　寻根筑梦”清明追思系列课程、“诵明月之诗　抒家园情怀”中秋经典诵读、“着汉服加冠及笄”传统成人礼）特色美育活动。

（三）持续“探索力”，文化启美，提升品质办学实力

文化是一种价值取向，是学校教育内涵发展的本质所在。一所高品质学校，离开了文化，就缺乏了根基和活力，美缺乏根基和活力，就更无法传承。围绕“向美而生”的教育理念，笔者在校园文化的立美设计上，无论是环境提升还是内涵特色，都主张让美的法则成为品质办学的准则。

1. 环境提升中渗透美

现代化学校不缺优良的硬件设施，大楼、运动场一样都不会少，但让现代化、高标准的校园处处辐射美，让每一面墙都会说话，让每一位师生形成“向美”的共识，离不开学校管理者“育美”的环境创设。笔者曾在办学历史短的新建校围绕“美”的元素，将其与校训结合，组织师生对学校已有的教学楼和行政楼重新命名，由“致真、致善、致美、致诚、致远”五大篇章构成的楼群增添了“育美”的意蕴。由“真、善、美、诚、远”几个字形成的校训树，装饰在师生每日入校必经的转角处；组织不同学科教师自创对联“金山有校千秋业，闽水无弦万古琴；瓶花落砚香归字，风竹敲窗韵入书……”镶嵌“廊连朝晖”紫藤萝对联长廊，时刻传递着全体教师对学校特色发展的美好愿景。在办学历史悠久的百年老校，笔者则充分利用老校坐落“大庙山”文化遗址和双杭商贸街市核心区域的文化优势，斥资抢救恢复和保护大庙山文化遗址工作，复建诗楼，复修“志社”，复立“全闽第一江山”石刻，新建诗廊，修建钓龙台、钓龙井，复建登高亭、登高石和南台石碑，立社遗址纪念碑等，利用校园坡地多、石阶多、古迹多、古榕多的环境特点，推行“边角平地”和“层次立体”绿化，优化校园美育环境，在传承传统文化的过程中，“润美”细无声。

2. 学校文化中传承美

笔者在整体实施“大美育”的实践探索中，重视办学理念、办学目标引领教育实践活动。积极推进“多元化课程设置与多样化人才培养研究”项目建设，通过优化、整合、主题引领，将“审美情操”与“鸿志精神”“科技创新”“中华美德”等列为学校传统文化，传承传统文化“育美”功能。指导申报立项“‘立德树人’美术学科德育目标与实现途径的研究”“开展优秀音乐欣赏礼仪文化进入音乐课堂的实

践研究”等省级课题，研究艺术学科德育渗透实现的多元途径、方法与策略，将艺术学习提高到艺术文化学习的层面，让“真、善、美”成为学生受用一生的养分。笔者充分发挥老校“全国中华优秀文化艺术传承学校”的优势，着力探究“四季·中华传统节日”的来历和习俗习惯，以“四季”节日文化为径，根据学制和季节的特点，围绕自创的“春夏秋冬”四季专题美育课程，开展以“春之勃发”“夏之思和”“秋之怀远”“冬之蕴藉”为主题，分别以清明节、端午节、中秋节和重阳节、冬至和元旦为重点，传承中华文化基因，既感受先人又感知花语，既上下求索又浸润心灵，既赏月思乡又登高立志，既品悟节气又辞旧迎新。以传统节俗文化底蕴为经，以学生审美认知进阶为纬，开展系列主题校园文化活动，开展艺术节、社团节和社会实践活动等，以学生喜欢的方式渗透传统文化与美育教育，在满足学生自主、多元发展需求的基础上，落实核心素养的培育。

七、未来展望

教育，是一项向美而生的事业，向着美的方向发展，是师生成长发展的可贵之处，也是教育事业的高贵所在。社会的不断发展，“中国学生发展核心素养”的落地实施，美育的价值和作用越来越被重视。

未来，笔者将继续秉持“向美而生”的办学思想，进一步深入探索“大美育”教育实践活动，多角度落实完善“向美而生”美育观念；继续深化课程改革，拓展实质美育外延，完善美育多学科融合；建立多维立体的美育课程体系，继续整合各类美育资源，加强美育综合改革，构建互动互联、齐抓互管的推进机制；加强美育研究，培育“大美育”研究团队，发挥专家的引领、咨询作用，形成学校美育改革发展的合力；立足美育本质目标，充分发挥评价在美育工作中的导向作用，最终学校以动态化、开放化、多元化的评价机制保障“向美而生”办学成果质量。

【参考文献】

[1] 叶澜 . 探教育之所“是”，创学校全面育人新生活 [J]. 人民教育，2018(13)：10-16.

[2] 曾繁仁 . 我国新时期美育建设的重要成果与共识 [J]. 美育学刊，2012(2)：1-5.

[3] 席勒 . 席勒散文选 [M]. 张玉能，译 . 天津：百花文艺出版社，2005：143.

[4] 莫小红 . 席勒与 20 世纪上半叶中国美育思潮 [D]. 长沙：湖南师范大学，2014.

[5] 聂振斌 . 中国现代美学名家文丛：王国维卷 [M]. 杭州：浙江大学出版社，2009：89-90.

[6] 聂振斌 . 中国现代美学名家文丛：王国维卷 [M]. 杭州：浙江大学出版社，2009：89-90.

[7] 蒋冰海 . 美育学导论 .[M]. 上海：上海人民出版社，2001：1.

[8] 蔡元培 . 蔡元培美育论集 [M]. 高平叔，编 . 长沙：湖南教育出版社，1987：208.

[9] 蒋孔阳 . 美学新论 [M]. 北京：人民文学出版社，1993：160.

[10] 成复旺 . 中国古代的人学与美学 [M]. 北京：中国人民大学出版社，1992：19-20.

[11] 查有梁 . 系统科学与教育 [M]. 北京：人民教育出版社，1993：255-272.

[12] 周礼 [M]. 钱玄，等译 . 长沙：岳麓书社，2001：126.

[13] 谭好哲 . 中国现代美育的历史进程与目标取向 [J]. 山东社会科学，2007(1)：138.

[14] 蔡元培 . 蔡元培美育论集 [M]. 高平叔，编 . 长沙：湖南教育出版社，1987：209.

[15] 蔡元培 . 蔡元培美育论集 [M]. 高平叔，编 . 长沙：湖南教育出版社，1987：160-161.

[16] 蔡元培 . 蔡元培美育论集 [M]. 高平叔，编 . 长沙：湖南教育出版社，1987：161.

[17] 蔡元培 . 蔡元培美育论集 [M]. 高平叔，编 . 长沙：湖南教育出版社，1987：266.

[18] 曹廷华 . 美学与美育 [M]. 北京：高等教育出版社，2011：37.

[19] 叶澜 . 新编教育学教程 . 上海：华东师范大学出版社，1991：15.

[20] 赵竣 . 审美育人：构筑人之精神世界的德育——从美育视角看德育哲学的价值实践 [J]. 贵州社会科学，2018(1)：83-87.

培养一个完整的人

◎陈　炜

【作者简介】

陈炜（1968—　），男，福建长乐人，中学高级教师。福建省福州第八中学原校长，现任福建省福州第三中学校长，福建省“十三五”中学名校长培养人选。福建教育学院兼职教授，中国教育学会高中教育专业理事会理事，福建省地理学会副理事长，福建学习学会副会长，主持福州市陈炜劳模工作室工作。曾获福建省五一劳动奖章等荣誉。

一个校长的办学思想的形成需要时间的积淀，更需要实践的检验。校长是学校办学的领导者，必须贯彻党的教育方针，在习近平新时代中国特色社会主义思想引领下，遵循教育的规律，以立德树人为教育的根本任务，培养德智体美劳全面发展的社会主义建设者和接班人。校长的办学思想落实在工作中必须促进学校、教师、学生的共同发展，不断赢得社会的赞誉，这是一所学校办好人民满意的教育的基础。

我的办学思想是“培养一个完整的人”，陈述如下：

一、“培养一个完整的人”办学思想提出的背景

1990 年 8 月我到福州三中参加工作，担任地理教师，1998 年 9 月起先后任教务处副主任、办公室主任、校长助理，2005 年 1 月任福州八中副校长，2006 年 11 月任屏东中学党委书记，2010 年 8 月任福州八中校长，2019 年 8 月任福州三中校长。三十年的时间，我从一名普通教师成长为知名高中的校长，从中层干部到党委书记到校长，历经各学校多岗位锻炼，并与王天德、郑勇、高山、朱之琳等名校长共事，从名校长的人格魅力、学识魅力、治校理念中得到熏陶，在教育教学实

践中得到成长。

福州三中“立德为先、教学为主、育人为本”的办学原则、“以人为本、以诚为先、实现可持续发展”的办学理念，福州屏东中学“开启智慧、润泽生命”的办学理念，福州八中“博雅多通、敢为人先”的办学特色，都体现出学校培养学生的价值诉求，我所工作的三所学校教给我的是“教育就是培养朝气蓬勃的学生”。

三十年的时间，历经改革开放的素质教育、《国家中长期教育改革和发展规划纲要（2010—2020 年）》的实施、《中国学生发展核心素养》的提出和 2018 年全国教育大会提出“六个下功夫、九个坚持”，我越来越深刻地感觉到扎根中国大地办教育，培养具有“国际视野、天下情怀”的学生是我的办学追求，越来越清晰地体会到“爱，让成长看得见”“爱，让优秀看得见”是我的办学出发点，“培养一个完整的人”是我矢志不渝的教育梦。

二、“培养一个完整的人”办学思想主张及其内涵解析

培养一个完整的人，就是培养从独立的人到发展的人再到完整的人的过程。学生群体天赋不同、性格迥异，教育需要充分尊重差异，立足每一人的发展。培养一个完整的人，就是要促进每一个学生的充分发展，使得“人人都有好的发展，人人都有不同的发展”。一个完整的人是指“有坚定的政治理想、有高尚的人生品格、有顽强的奋斗精神、有扎实的创造才能”，具体表现为“眼中有光、脸上有笑、心中有爱、手中有活、肚中有货、腿上有力、脚有方向”。

一个完整的人可概括为树立“四种意识”和具有“八项素质”的人。“四种意识”是指爱国意识、公民意识、现代意识和可持续发展意识。“爱国意识”包括爱党、爱国、爱社会主义，树立正确的人生观、世界观和价值观等；“公民意识”包括了解公民的权利、承担公民的义务，具有强烈的责任感和使命感等；“现代意识”包括独立、竞争、效率、合作等；“可持续发展意识”包括理智、适应、遵循规律等。四种意识中，爱国意识、公民意识是对做人的要求，现代意识、可持续发展意识则是对学习、创造和发展的要求。“八项素质”是指身体素质、心理素质、文化素质、道德素质、审美素质、交往素质、劳动素质、安全素质。其中提高“身

体素质”是为发展的需要打下坚实的体能基础；提高“心理素质”就是能抗挫折、耐重负、善应变，为发展的需要准备良好的中介条件；提高“文化素质”“道德素质”“审美素质”就是追求真、善、美，为发展的需要培育健全的人格；提高“交往素质”就是能严于律己、宽以待人、诚实守信、顾全大局，为发展的需要创造和谐、融洽的外部条件；提高“劳动素质”就是在尊重劳动、崇尚劳动以及勤于劳动上达到高水平，为发展的需要积蓄足够的力量；提高“安全素质”就是认真细致、实事求是、稳健持重、处乱不惊，既懂得自我保护又能保护公众利益，为发展的需要提供不可或缺的必要保障。

培养一个完整的人，要从学生的内在发展需求出发，教会学生倾听内心的声音，在孕穗拔节期，展示生长的力量。学校通过构建“三自育人”模式，来保障学生从独立的人到发展的人再到完整的人的成长。“三自育人”模式即自我独立（独立生活、独立学习、独立人格）、自我管理（知识管理、时间管理、情绪管理）、自我规划（规则的制订与实施、规划的制订与执行）。“三自育人”模式的实施，我们可以看到一个生动活泼、朝气蓬勃的人站在学校的中央，学校的发展有越来越多的学生参与进来，他们对班级、对学校的责任感与使命感油然而生，在人生的关键时期，学生的价值观和世界观的形成有了孕育的土壤。“三自育人”模式更加重视学校课程体系的建设，充分重视学生的内心体验。“独立生活”是指学生通过校园的生活学会安排自己的作息时间、学会与老师同学友好相处、学会与父母沟通交流，“独立学习”是指学生树立正确的学习态度、养成良好的学习习惯、探索适合的学习方法，“独立人格”是指学生学会思考、掌握立场、懂得表达；“知识管理”是指学生形成概念理解透彻、知识结构完善、知识运用优化的管理能力，“时间管理”是指学生提高时间分配、时间效率的管理能力，“情绪管理”是指学生学会与情绪友好相处，学会管理自己情绪的能力；“规则的制订与实施”是指学生形成理解规则、遵守规则、修订规则的行动能力，“规划的制订与执行”是指学生形成学习规划、职业规划、生活规划的能力。

培养一个完整的人，教师的作用举足轻重，需要智慧的教师来完成。教育是文化的传递，只有遵循学生的发展规律，文化的传递才能落到实处。学生的发展规律有两个特点，一是遵循学生自身的发展，二是按照教育者希望的方向发展。一个智慧的教师能够对两者做出科学的融合，使得学生既能成为合格的社会主义建设者和接班人，还能开发潜能、发展个性，能让学生从容面对自己的未来。一个智慧的教师在教书育人的生涯中，要不断吸取有价值的知识，丰富自己的思想体系，在日常教学中用真知去指导自己的教学实践，关注学生思维能力发展和内在态度培养。文化的传递基于教师的人生理想，没有人生理想的教师或许只是知识的搬运工。一个智慧的教师总是站在教育全过程的范畴来对待学生的成长，文化的传递实质上也是从培养学生个性的发展逐步走向社会经验的获得。学生在成为一个完整的人的过程中，其成功与失败对教师而言都是良好的教育契机，而能把握住教育契机，这就需要教师把教育理论和实践经验做到有机结合，文化的传递因教师的智慧而润物细无声。

培养一个完整的人，需要学校、家庭、社会一起来爱护每一位学生。教育关联着千家万户，学生的健康成长是家庭幸福的源泉。冰心说“有了爱便有了一切”，爱是教育的基石，有了爱就有了温度，有温度的教育造就了温暖的学校。尊重和理解是爱的一对翅膀。因为教师的尊重，学生有了自信；因为教师的理解，学生有了勇气。学生因为自信和勇气，就有了战胜一切困难的毅力，就可以在成长的路上，看见自己的优秀，欣赏一路的风景。

三、“培养一个完整的人”办学思想提出的理论依据

（一）马克思关于“完整的人”的论述

马克思在《1844 年经济学哲学手稿》（以下简称《手稿》）首次提出自己对“完整的人”的理解，而这一理论一直被理论界视为不成熟观点而被忽视甚至是误解。持上述观点的理由主要是：第一，《手稿》中“完整的人”的概念并非他本人的首创，在他之前就已经有许多类似观点，甚至完全相同的提法。例如古希腊时代和文艺复兴时期曾提出“和谐发展的人”，18 世纪德国美学家席勒曾提出“完整的人”“全面发展的人”等等。第二，尽管《手稿》中反复出现这样一些提法：“人以一种全面的方式，也就是说，作为一个完整的人，占有自己的全面的本质”，“具有

人的本质的这种全部丰富性的人”，“具有丰富的、全面而深刻的感觉的人”，等等这样一些表述在一定意义上作为“全面发展的个人”的代称未尝不可，但更确切些说，人的全面发展问题尚融化在“人的本质”这个命题中。而《手稿》中对人的本质提出了有别于德国古典哲学的见解，但还是用费尔巴哈的术语如“类生活”“类存在”“类意识”“类本质”等表述这种见解。虽然从经济事实出发，通过对异化劳动的考察揭示私有财产的本质和起源，但仍把“异化”作为基本范畴，还没有完全摆脱思辨哲学的方法，其中虽然也有实践在认识中的决定作用观点的萌芽，但它还不是基本范畴。当然，重要的不在概念表述而在内容本身。就其内容来看，在对人的发展的片面性和全面性问题，提供了到其时为止最好的论证，即在劳动异化理论基础上的论证，这种论证反映了马克思主义形成的那个阶段上个人全面发展理论所达到的水平。也就是说，马克思建立在“异化劳动”理论基础上的“完整的人”概念必然还受“以往的唯物主义”的影响，属于费尔巴哈人本主义的哲学范畴。

（二）蒙台梭利的儿童发展理论

蒙台梭利从儿童发展理论角度出发，提出儿童的“生长是由于内在的生命潜力的发展，使得生命力显现出来，他的生命就是根据遗传确定的生物学规律发展起来的”。对儿童来讲，生命力表现为自发冲动，因此她把对儿童的自发冲动是压制还是引发作为区分好坏教育的分水岭，对学习压抑学生自发冲动的做法予以猛烈抨击。她提出在这样的学校里，儿童像被钉子固定的蝴蝶标本，每个人被束缚在一个地方，这对儿童发展是不利的。蒙台梭利否定奖励、惩罚等强化的作用，强调儿童的内在力量、主观能动性；要求环境刺激要适合儿童的内在需要和兴趣，认为儿童不是消极被动地接收外界刺激，他们每个人都有自己的内部结构、变化和发展。生命是活动的，只有通过活动才能发展，为了使儿童的生命力和个性通过活动得到表现、满足和发展，就必须创造适宜的环境。这种观点引发了教育家对学校课程建设的思考。

（三）学生核心素养发展的课程理论

课程体系是学校开展教育教学工作的基础，具有决定学校整体发展水平和影响特色创建进程的重要作用。课程体系涉及课程理念、课程目标、课程设置、课程资源、课程内容、课程类型、课时结构和课程意识等八个内容。课程原意是跑道，不同的跑道为学生塑造不一样的个性和潜能，比如有的学校提出为学生的人身发展奠基，给他一个跑道让他飞翔、助他飞，成就学生。还有一种是根据学生在社会当中的发展，适当给学生一些守望，形成生产性的课程。不同学校对课程目标的理解不一样，但都需要思考四个问题：什么知识最有用、什么技能必具备、什么能力最关键、什么素养最核心。美国提出了 21 世纪必备的综合能力，新加坡提出了结构化非常清晰的目标，我国提出了自主发展、社会参与和文化修养三个维度的学生核心素养，因此“培养一个完整的人”的课程体系应该基于学生核心素养发展的课程理论来构建课程。

四、“培养一个完整的人”办学思想提出的实践依据

（一）加德纳多元智能理论

加德纳关于智力的定义提出智力是在特定文化背景或社会中解决问题或制作产品的能力，智力是身体器官，可以通过锻炼得到提高。加德纳提出的多元智能理论包括语言智能、音乐智能、数理逻辑智能、视觉空间智能、身体运动智能、人际交往智能、自我认识智能和自然智能。此即“一个完整的人”应该具有的多元智能体系。多元智能理论为素质教育提供了最好的理论诠释，使得学校能正确、全面认识每一位学生，同时能促进学校形成多样化的教学策略和方法。

（二）中国人民大学附属中学的办学理念

人大附中作为我国基础教育的一面旗帜，在素质教育的实践中取得了举世瞩目的成绩，对我的办学思想的形成起到了很大的启发作用。刘彭芝校长为人大附中确立的办学理念是“尊重个性，挖掘潜力，一切为了学生的发展，一切为了祖国的腾飞”。“尊重个性”是针对全校每一个员工的，应该尽可能地为他们搭建平台，从而实现人的价值。“一切为了学生的发展”是学生本位的思想，指在学校这个大舞台上，主角永远是学生。“一切为了祖国的腾飞”是社会本位的思想，培养一流学生

最终是为了服务祖国，造福人民。刘彭芝校长为人大附中确立的学生培养目标是“全面发展 + 突出特长 + 创新精神 + 高尚品德”。“全面发展”对全国的中学来说都是一致的，“突出特长”是对人大附中的孩子来说的，应该在某一方面或某几方面出类拔萃，学校要对这些孩子进行非常规培养；“创新精神”是迎合知识经济时代要求的；“高尚品德”是学生培养的重中之重，特别是对那些超常学生更要重视品德教育，使他们树立正确的人生观、价值观，丰富他们未来发展的道德底蕴。

五、“培养一个完整的人”办学思想的理论支撑

“培养一个完整的人”的办学思想，其根本依据是立德树人，育人目标是培养德智体美劳全面发展的社会主义建设者和接班人。

（一）学校观

我的学校观是建设“活力校园、人文校园、学术校园”。学生是在校园环境中成长的，他学习所在的校园是他的终身背景和永远的精神家园，当学生离开校园后，会带着校园的文化烙印。学校与学生、学校与教师、学校与社会须形成共同的学生教育观，一个完整的人有自己的个性和参与活动的观念和习惯。“活力校园”的目的是培养学生独立思想、独立观察、独立判断的能力，通过校园活动去真实验证自己的经验和认识。建设“人文校园”的目的是激发学生通力合作的天性，参与校园生活的各个领域，做推动校园发展的人。“学术校园”的目的是聚焦学生发展的课程建设，丰富校园教育的内容，以实现“五育并举，学有特长”的发展。

（二）教师观

我的教师观是“专业教学，品牌教师”。教师是立教之本、兴教之源。首先要有教育情怀，要爱教育、爱学生、爱生活，把师生关系当作第一教育，维护并发展好师生关系，唯此才具有人格魅力和学识魅力；其次，教师在教学实践中要善于反思，在教学理论的运用中把握适合自己的教学法，形成自己专属的最优美的教学。“专业教学”指教师能遵循学科教学规律，以学生学科核心素养的培养为教学目标，以“基于标准的教学、基于差异的教学、基于评价的教学”为路径，娴熟运用教育

长过程所面对的十大焦虑与十大渴望。福州三中西湖校区学子的十大渴望包括：学业成绩优秀、获得知己好友、丰富食堂菜品、自主活动时间、高考升学指导、充足睡眠时间、人际交往和谐、加强体育锻炼、丰富校园活动、家庭关系和谐。从这些渴望中可以指导我们学校课程开设的方向和德育的重点工作方向，例如加强体育课程设置，丰富课后体育活动，举办各种体育赛事和校园体育艺术节，可以满足学生对于加强体育锻炼的渴望；加强新高考选课走班、发挥学生发展中心“学习指导、生活指导、生涯指导、心理指导”的作用，可以很好地帮助学生解答高考升学的疑惑。

（三）实施“七有策略”

培养一个完整的人，实施“七有策略”，即：

1. 眼里有光

眼睛是心灵的窗户，孩子眼里充满对知识的渴望、对世界的好奇、对未来的憧憬，在学校里学习将是刻苦而不痛苦的。

2. 脸上有笑

笑脸能给校园带来阳光和自信，在校园里，注重每一个激励和鼓舞的计划，让孩子在校园里是快乐的，学习自然就会发生。

3. 手中有活

当今的教育更加注重扬长的教育，唯有将志、趣、能合一，才能让学生在校园真正获得一技之长，为终身职业和事业的成功奠定最厚实的基础。

4. 心中有爱

爱人者、人恒爱之。只有心中有爱，才能感知生活的温度、传递人生的暖意。心中有爱，方能遇见更好的自己。

5. 肚中有货

高校自主招生主要选拔具有学习特长和创新潜质的优秀学生，是对现行统一高考招生按分数录取的一种补充，唯有让学生肚中有真才实学才能突出重围。

6. 腿上有力

这有两层含义，一指健康教育，健康是生命的源泉，因此加强体育、劳动教育、实践教育都是学校的主要课题；二指执行力，培养孩子们行胜于言的优良作为。

7. 脚有方向

习近平总书记在2019年新年贺词中勉励全体中华儿女“我们都在努力奔跑，我们都是追梦人”，要用中华优秀传统文化、中华民族伟大复兴梦想、社会主义核心价值观等思想和理论武装学生的头脑，让他们走入社会不会迷失方向。

（四）完善学生发展的综合素质评价体系

培养一个完整的人，完善学生发展的综合素质评价体系。综合素质评价体系能描述学生独一无二的个人成长经历，是串起学生成长表现散落珍珠的绳。学校鼓励学生深入农村、工厂、企业、部队了解国情、了解社会，把社会主义核心价值观融入实践全过程，开展以社会、兴趣、潜能为导向的生涯规划和职业探索。我在福州八中任校长期间牵头研发“天蛙”综合素质评价平台，生成学生成长报告，内容包括学生基本信息、教师评语、学习成绩、参加活动记录、获得荣誉、体质测试结果、心理测试结果、职业倾向测试结果、家长寄语，全面反映了学生状况。期望通过评价结果让学生正确认识自己，通过评价信息让教师有效指导学生。

七、未来展望

扎根中国大地办教育，建设具有国际视野的现代化学校。习近平总书记在十九大报告中强调指出：教育要坚持正确方向、坚持立德树人、坚持服务大局、坚持改革创新；教育要为人民服务、为中国共产党治国理政服务、为巩固和发展中国特色社会主义制度服务、为改革开放和社会主义现代化建设服务；要引导学生正确认识世界和中国发展大势，正确认识中国特色和国际比较，正确认识时代责任和历史使命，正确认识远大抱负和脚踏实地。

“新时代的教育要立足大地，重点解决民众期盼的问题，这样才能头顶蓝天。”教育部部长陈宝生细数了当下人民群众对教育事业多种多样的期盼，其中的一个期盼是“高中阶段的学生，希望自己能够接受高质量的教育为走入社会或者走进高校打下基础”。我将继续以办人民满意的教育为目标，通过多样化、特色化的课程，培养学生的兴趣和自信；创设挑战性的学习环境与创新性的教育环境这两个着力点。将人的本性、人的尊严、人的潜能在教育过程中得到最大的实现与发展，最后达到“人人都有好的发展，人人都有不同的发展”的教育目标，让学生满意，让教师满意，让社会满意，让人民满意，在这过程不断践行“培养一个完整的人”的办学思想。

【参考文献】

[1] 菁菁校园 润育桃李——福州第三中学简介 [J]. 福建理论学习，2010(6)：50.

[2] 以人为本 求真务实 实现可持续发展——福州八中简介 [J]. 福建基础教育研究，2009(1)：126-127.

[3] 任小艾，王亿钦，曾志宏，等 . 一条优质化的教学高速公路——福州三中构建特色学科教学模式采访纪实 [J]. 人民教育，2000(3)：7.

[4] 马克思 .1844 年经济学哲学手稿 [M]. 北京：人民出版社，2000：85-86.

[5] 席勒 . 审美教育书简 [M]. 北京：北京大学出版社，1985：28-30.

[6] 蒙台梭利 . 蒙台梭利育儿全书 [M]. 西安：陕西师范大学出版社，2010：32-33.

[7] 刘庆昌 . 核心素养：形塑“受过教育的现代人” [J]. 课程教学研究，2017(1)：4-6.

[8] 李润洲 . 知识三重观视域的核心素养 [J]. 教育发展研究，2016(24)：37-44.

[9] 加德纳 . 加德纳・艺术・多元智能 [M]. 北京：北京师范大学出版社，2004：71-75.

[10] 刘彭芝 . 人生为一大事而来 [M]. 北京：高等教育出版社，2004：36-38.

乐群志远

◎骆志煌

【作者简介】

骆志煌（1968— ），男，福建惠安人，中学正高级教师、特级教师，享受国务院政府特殊津贴专家。现任福建省福州高级中学校长，福建省首届中小学教学名师，福建省“十三五”中学名校长培养人选。兼任福建省人民政府特约督学，福建省首批名师工作室领衔名师，福建师范大学兼职教授、硕士生导师，福建教育学院兼职教授，教育部“国培计划”专家库人选。参编部颁高中历史教科书，入闱福建省高考命题，曾获福建省教学成果奖一等奖和福建省五一劳动奖章等荣誉。

我的办学思想“乐群志远”，词出于福州高级中学所在地“乐群路”及“志当存高远”的校训。以“乐群”和“志远”这两个源自福高地缘和文化传承的元素概念，在解读其概念自身教育含义的基础上，结合学校的育人目标和办学特色，赋予其新的时代内涵，生成了“乐群志远”这个追求学校高品质发展的办学思想：我们在团结友善、协同发展的“乐群”教育生态下，以笃责任之“志”涵养师生的社会责任，以体育和艺术之“高雅”提升师生的生命高度，以知识素养和学术格局助长师生学习力而行事业之“远”，培养有文化气质和社会责任的福高人，为学生终生发展奠基，为党育人，为国育才。

福州高级中学的校园传承于 1881 年的鹤龄英华书院，1951 年在英华校址上重建省属福建省工农速成中学，1956 年改名福建省福州高级中学，在全省率先获评省重点中学、一级达标高中和示范高中建设学校等，是福州教育的传统名校。福高长期的办学历程形成的深厚教育积淀和优良传统，是我们思考和提炼学校文化内涵的逻辑基点。

一、“乐群志远”概念结构和生成缘由

我们以“乐群”和“志远”这两个源自福高的传统元素的解读，在实践层面上以文化传承和社会责任的教育为策略，培养有文化气质和社会责任的福高人为育人目标，构筑师生协同发展的书香校园。

（一）核心概念源自福高的显性文化元素

1.“乐群”

源自福州高级中学的门牌号“福建省福州市仓山区乐群路 18 号”。《礼记・学记》曰“一年视离经辨志，三年视敬业乐群”，其中的“乐群”谓与友朋相处无违失。这个源于福高地名的“乐群”，体现了团结友善和谐人际的和师生协同发展的文化传承，校园内有学生宿舍“乐群公寓”和生活区的“乐群广场”。

心理学上的“乐群性”，是指一个人喜欢和群体在一起生活和工作的个性特征，乐群性高的人比较热情开朗，通常表现为待人和蔼可亲，合作与适应能力特别强，在学习和工作中愿意组织和参加社团活动，比较容易接受别人的批评等，也可以理解为团结协作的意识较强。

位于福州烟台山文化景区核心通道的乐群路 18 号的福高校园，将师生友善相处的“乐群”理念，植入校园各教育环节中的师生之间、同学之间和同事之间的友善人际理念，从文化传承和师生发展的维度，将“乐群”之与友朋相处无违失的内涵，解读和传承为团结协作、友善和谐、协同发展的校园人际理念，理解和践行了福州高级中学“团结、求实、奋进”的校风。

2.“志远”

词出福州高级中学的校训“志当存高远”。校园内建于 1994 年的教学楼，因师生每天进入校门迎面而见的位于教学楼门厅上方的“志当存高远”的校训而名为“志远楼”。

我们以校训“志当存高远”中的“志、高、远”3个维度，赋予“笃志、高雅、行远”3个概念，构建“志远”校本课程体系。其概念的内涵分别是：笃责任之“志”，涵养师生的社会责任；以体育和艺术一对翅膀的“高雅”教育，提升师生的生命高度；以知识素养和学术格局，助长学生升学力和教师科研力，行事业之“远”。3个维度的课程实施以培养有文化气质和社会责任的福高人为育人目标，为学生终生发展奠基，为中华民族伟大复兴育才。

存高远志方能成就大器。我们创设教育平台，帮助每一位福高学子在入学时立即开始自己的生涯规划，在具备一名优秀公民基本素质的基础上，进一步将个人的发展与国家和民族的命运结合在一起，为中华民族的伟大复兴发挥自己的个人作用。“志当存高远”的福高校训，引领了一代代福高人在实现个人价值的同时，也丰富了福州高级中学文化传承的内涵，这是“传统名校文化传承和社会责任教育”的办学特色的顶层设计。

图1　志远楼

（二）顺应新时代学生发展的需求，对我国当前教育改革发展趋势的回应

习近平总书记在党的十九大报告中提出“培养担当民族复兴大任的时代新人”，为我们的教育明确了“培养什么人”，这是教育的首要问题。我们的教育执行的是党和国家的方针与政策，中华民族伟大复兴需要的是有责任担当、德智体美劳全面发展的社会主义建设者和接班人。习近平总书记在2018年全国教育大会上的讲话，要求“我们的教育必须把培养社会主义建设者和接班人作为根本任务，培养一代又一代拥护中国共产党领导和我国社会主义制度、立志为中国特色社会主义奋斗终身的有用人才。这是教育工作的根本任务，也是教育现代化的方向目标”。福高校训“志当存高远”的责任之“志”，就是要从中华民族伟大复兴的高度，为中华民族培养承担社会责任的民族之才，引导学生树立为中华民族伟大复兴而勤奋学习的远大志向，坚定理想信念、厚植爱国主义情怀、加强品德修养、增长知识见识、培养奋斗精神、增强综合素质。

当今世界处在大发展大变革大调整的时期，科技进步与发展日新月异，人才竞争日趋激烈，我国在改革发展的关键阶段，对高素质的创新人才需求与日俱增。我们今天的教育培养出什么样的人才，关系到中国未来发展和中华民族伟大复兴事业。我们应该清醒地认识到，目前我们的教育还不能满足国家经济社会发展和人民群众接受良好教育的需求，我们培养的人才也与未来社会的发展和中华民族伟大复兴的要求存在差距。未来社会对服务国家和人民、具有国际竞争力的人才需求，要求我们的教育要构建德育为先、能力为重、全面发展的课程体系，促进学生德智体美劳的有机融合，强化对学生爱国情怀、遵纪守法、创新思维、体质达标、审美能力、劳动实践等方面的评价，提高学生综合素质，帮助学生成为德智体美劳全面发展的社会主义建设者和接班人。福高在长期办学中形成的“培养有文化气质和社会责任的福高人”的学校育人目标，是对“立德树人”教育根本任务的校本定位，我们以此为基点建构的“志远课程”体系，也是福高人对“我们的教育为几十年后的社会培养怎样的中坚力量”给出的答案。

2017 年 1 月 25 日，中共中央办公厅、国务院办公厅发布实施了《关于实施中华优秀传统文化传承发展工程的意见》，要求学校“传承发展中华优秀传统文化，就要大力弘扬自强不息、敬业乐群、扶危济困、见义勇为、孝老爱亲等中华传统美德……要大力弘扬有利于促进社会和谐、鼓励人们向上向善的思想文化内容”。我们福高的“团结、求实、奋进”的校风，从理念和内涵上都与新时代教育改革发展的需求相结合，弘扬校园内有利于促进社会和谐、向上向善的思想文化内容，营建团结友善、协同发展的“乐群”教育生态。

这些来自国家和政府政策层面的指导文件，为我们的育人目标“培养有文化气质和社会责任的福高人”提供了政策层面的依据。教育部颁发的《普通高中课程方案（2017 年版 2020 年修订）》和各学科的高中课标 2020 年修订版，都将“中国学生发展核心素养”和各学科核心素养作为课程目标，确定了中国学生发展核心素养是党的教育方针的具体化、细化的地位。学生发展核心素养主要指学生应具备的，能够适应终身发展和社会发展需要的必备品格和关键能力，《中国学生发展核心素养》以“全面发展的人”为核心，形成文化基础、自主发展和社会参与 3 个方面的 6 大素养和 18 个基本要点的体系。其中“文化基础”方面指出文化是人存在的根和魂；“社会参与”方面则重在强调能处理好自我与社会的关系，增强社会责任感，推动社会发展进步，发展成为有理想信念、敢于担当的人。

普通高中各个学科课标对教育目标的阐述，也大多从各个学科的核心素养的维度，对“文化认同”和“社会责任”提出了相应的课程要求。政治学科的“公共参与”、物理学科的“科学态度与责任”、化学学科的“科学态度与社会责任”、生物学科的“社会责任”和信息技术学科的“信息社会责任”素养的表述中，都将对“社会责任”的定位指向关注社会民生和培养公民的责任担当，要求各个学科的高中教学目标指向培养学生造福人类的态度和价值观，积极运用学科的知识和方法，关注社会问题，增强社会责任感；语文学科的“文化传承与理解”、艺术学科的“文化理解”的学科核心素养表述，指向帮助学生拓展文化视野，了解中华优秀传统文化的博大精深及丰富的精神文化内涵，增强文化自觉；历史学科的“家国情怀”素养体现了对国家的高度认同感、归属感、责任感和使命感的人文格局；英语学科的“文化意识”素养则表达了对中外文化的理解和对优秀文化的认同，帮助学生增强国家认同和家国情怀，使其成长为有文明素养和社会责任感的人……《普通高中课程方案》和高中各学科课程标准从不同维度对核心素养的阐述中，都体现了课标总纲里明确的具有理想信念和社会责任感、具有科学文化素养和终身学习能力、具有自主发展能力和沟通合作能力的 3 个维度的课程目标，这些国家层面的顶层设计是我们构建和实施“志远”课程体系的依据和目标归属。

（三）“乐群志远”办学思想缘起于我的福高情怀和教育追求

福州高级中学的前身是创办于 1881 年（清光绪七年）的鹤龄英华书院，在鹤龄英华书院的历史上，这里培养出了许多优秀人才。1951 年，政府接管和重组旧式教育，根据政务院发布的《关于举办工农速成中学的指示》精神，福建省人民政府在鹤龄英华书院的校址上，创办直属福建省教育厅的福建省工农速成中学，招收革命战争中有贡献的干部和战斗英雄、劳动模范到校学习，这是中华人民共和国成立初期为培养建设新中国的工农干部而创设的新型学校。学校于 1956 年改名为福建省福州高级中学，1963 年被评为福建省重点中学，1978 年被福建省教育厅确定为首批办好的 16 所重点中学之一，1996 年被确认为福建省一级达标中学，2018 年获评福建省首批示范高中建设学校。

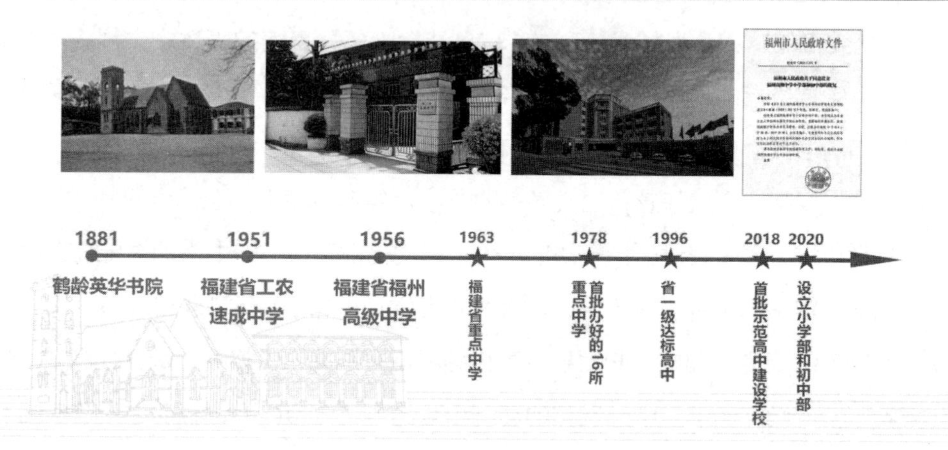

图2　学校历史与概况

从鹤龄英华书院再到福州高级中学的办学历史过程中，福高学校文化的核心理念一直承袭着中国传统文化中“为世忧乐”之儒者君子的入世哲学。伴随着国家改革开放 40 余年日新月异的发展，为党育人、为国育才成为办教育的文化归属，历史的积淀和文化传承使这个校园最终形成了“传统名校文化传承和社会责任教育”的办学特色，这是福高的集体人格和价值的共同体，是谓福高的“学校文化”。办学特色是学校整体的办学思路和长期办学过程中呈现出的积极的与众不同的特色，与“志当存高远”的福高校训一样，既是学校文化传承的结果，也是办学目标顶层设计的依据。

我于2015年初就任福高第15任校长，校友的身份和30年的高中教育工作经历，使我对母校的历史积淀和文化传承的解读和感受，有着与其他校友和老师别样的理解。

20世纪80年代中期，我毕业于福高并进入福建师范大学历史系学习，大学毕业分配到福州八中任历史教师，开始了我至今30多年的高中从教生涯。幸运的是，我这30多年所在的福州八中和福州高级中学都是福建省首批示范高中建设学校，在这两所相对高水平和高平台学校的工作经历，对我的专业发展和办学思想的凝练提供了持续稳定的优质资源和学术格局。在个人学科专业发展上，2009年，我被认定为福建省第三批中小学中青年学科教学带头人，翌年教师节挂牌福州市中学历史学科骆志煌名师工作室，2013年成为福建省首位中学历史正高级教师，2015年被确定首批福建省中小学教学名师，2016年获评福建省首批中小学（幼儿园）名师工作室及领衔名师。个人学科专业的发展为我的教育管理工作铺垫了坚实的基础。在经历了教科室和教务处主任、校长助理兼办公室主任等中层岗位后，2005年1月，我开始担任福州八中副校长，10年分管教学教研副校长的工作经历，使我在完成教学名师的学科思想沉淀和凝练的同时，也从学科教育和学校课程的建设和实施的视角，从学校行政机制的维度思考我们的高中育人目标与策略等问题。教学名师和多年的副校长经历，伴随着始终支撑我孜孜不懈的教育追求，以及我对福高的母校情怀，是我担任福高校长职业生涯的起点。

20世纪80年代中期，我求学于福高，那时福高因办学的高品质而成为老福州人心中名副其实的传统名校，高品质的教学质量和高水平的升学率，承载了福高学子对“团结、求实、奋进”质朴校风的切身理解，是校友对母校“志当存高远”的责任教育和热情友善人际关系的深刻记忆。20世纪50年代初的工农速中招生对象为革命战争中有贡献的干部和战斗英雄、劳动模范、优秀工农干部等新中国的优秀分子，将他们培养成为国家建设需要的新型人才，他们高度的政治觉悟和强烈的社会责任感，热爱学习、刻苦勤奋的良好学风，为福高“团结、求实、奋进”的校风渲染了文化底色。20世纪80年代后期的福高因初高中分设等因素导致生源质量断崖以致升学率急剧滑落，所幸还获得向郊县招生的独有政策，每年还能招收一部分来自福州8个郊县的优秀学子，郊县学子追求上进的精神、质朴勤奋的学风和团结友善的作风，从学校的集体人格和文化价值观等方面，进一步拓展和丰富了福高的社会格局和文化内涵。学校历代教职员工殚精竭虑、不懈追求，用勤劳和智慧浇筑出如今的满园春色，也用我们的教育情怀，诠释和践行了这个位于“乐群”路上的百年校园的“志当存高远”的校训，用我们的教育实践丰富了“团结、求实、奋进”校风的时代内涵。20世纪90年代，习近平同志为福高亲笔题写“发扬优良传统，培养合格人才”。

二、“乐群志远”办学思想的内涵和文化价值

（一）“乐群”——团结友善、协同发展的教育生态

“乐群”典出于《礼记·学记》里的“一年视离经辨志，三年视敬业乐群”，通常理解为与友朋相处无违失，其指向教育的特定文化价值应该是校园内团结友善、协同发展的教育生态。

福高的“团结、求实、奋进”的校风，是我们的前辈传承给我们的优良传统，也是学校的集体人格。“团结、求实、奋进”3个元素分别体现了福高校园的教育生态、工作状态和发展姿态，其中首要的校风元素“团结”所承载的师生间“团结友善”的优良传统，是“乐群”理念体现在学校文化中的人文生态。

团结友善在任何一个集体和团队建设中都是首要元素，在我们的校园内体现出来的是教师之间、师生之间和学生之间相互关心、相互理解、互相帮助、共同发展的文化生态。心理学上以一个人喜欢和群体在一起生活和工作的个性特征为“乐群性”，乐群性高的人比较热情开朗，通常的表现是和与人相处时和蔼可亲，与人合作时团结协作意识强，在学习和工作中愿意组织和参加社团活动，比较容易接受别人的批评等。作为校园中的一员，在与人相处时亲和力和团结协作的意识等优良品质方面都比较强。

“协同发展”的文化元素是福高“传承文化，务实创新，构筑师生协同发展的书香校园”办学理念的要求。“协同”一词源于古希腊语，也是现代协同论

（Synergetics）的基本范畴。德国物理学家、协同学创始人哈肯（Haken）认为自然界和人类社会的各种事物普遍存在有序、无序的现象，一定的条件下，有序和无序之间会相互转化，无序就是混沌，有序就是协同，这是一个普遍规律。在一个系统内，若系统中各子系统（要素）能很好配合、协同，多种力量就能集聚成一个总力量，形成大大超越原各自功能总和的新功能。在中国传统文化体系中，《说文》对协同的释义是“协，众之同和也。同，合会也”。古今中外的学者在学理上都将其归结于不同事物的共同特征及其协同机理，指向协调两个或者两个以上的不同个体或团队，协同一致地完成某一目标的过程和能力。

位于福州烟台山文化景区核心通道的乐群路 18 号的福高校园，师生间团结友善、协同发展的“乐群”理念，以文化传承和师生发展的维度，指向教师和学生们共同的育人目标：培养有文化气质和社会责任的福高人、为学生的终身发展奠基、为党育人，为国育才。以此为逻辑基点构建学校层面的“教师名优”和“学生优秀”的高品质学校建设路径，在策略上直接指向名优教师的培养体系和支撑优秀学生发展的育人体系。在我们的实际的工作中，落实在为教师的专业化成长提供支撑的“乐群名师”培养机制和培养有文化气质和社会责任感的福高学子。

（二）“志远”——笃志立身、高雅致远的校本课程体系

课程是一所学校的核心竞争力，校长的课程领导力是治校能力的核心指标，普通高中课程设置、开发与实施、课程评价以及课程引领力等方面的现状，是创建示范高中和建设高品质学校的核心任务。学校课程体系是一个学校办学的标杆，在课程设置、课程实施和课程评价方面所展示出来的课程结构和文化内涵，彰显了这所学校的教育格局和文化视野。

《普通高中课程方案（2017 年版 2020 年修订）》规定：普通高中课程由必修、选择性必修、选修三类课程构成。其中，必修、选择性必修为国家课程，选修为校本课程。国家课程是国家教育意志的体现，由国家根据学生全面发展需要和学生个性发展、升学考试需求设置，所有学生必须全部修习。这部分课程是我们的高中教育必须认真贯彻执行的规定动作，不仅要开齐开足必修课程和选择性必修课程，还

要体现出示范高中的办学水平，发挥区域的示范引领和辐射的作用；以满足学生个性化发展和升学需求为目标的选修课程，是学校校本课程体系的核心，是体现学校办学特色的一个指标。我们的校本课程体系，除课标规定的以校本选修课程为内容的课程模块以外，我们还将学校组织和开展的与学科拓展、体艺素养、社会公益等综合实践相关的，有益于学生综合发展的活动项目，以课程管理和评价的机制来建构保障体系。

“志远课程”体系是根据国家的教育政策、学校发展的顶层设计和学校教育资源的实际情况，经长期实践和总结而初步形成的体现福高办学特色、办学水平和育人目标的校本课程体系。课程体系以“志当存高远”的校训冠名，以“志、高、远”3个维度，分别对应了“笃志、高雅、行远”3个模块：笃责任之“志”，涵养师生的社会责任；以体育和艺术一对翅膀的“高雅”教育，提升师生的生命高度；以知识素养和学术格局，助长学生升学力和教师科研力，行事业之“远”。

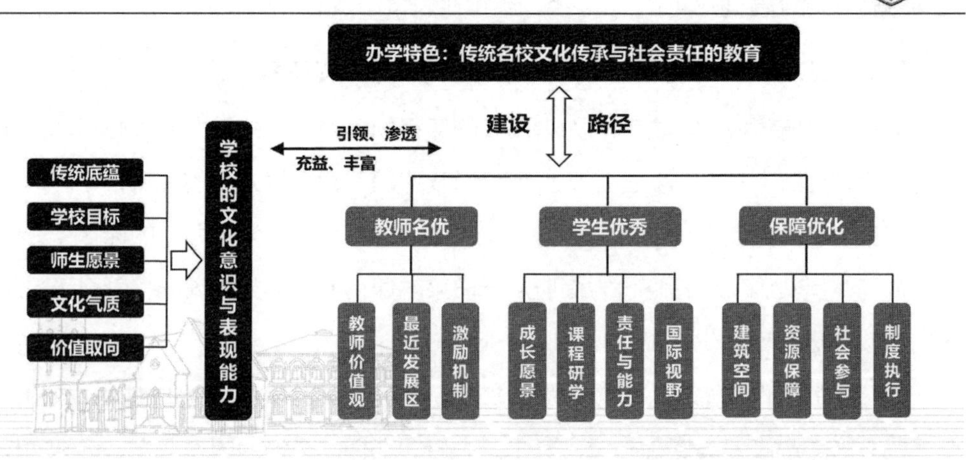

图3　福州高级中学“志远课程”体系

“笃志课程”以责任教育和社会实践为核心目标，在落实综合实践活动课程的基础上拓展课程领域和课程资源，结合生涯规划帮助学生正确认识自我和自主发展。课程领域还包括以学雷锋志愿服务队引领的福高志愿者协会活动、以社团为载体的学生领导力培养、以“立身行己，与人为善”为理念的“五星宿舍”创建等项目课程，培养学生初步形成正确的世界观、人生观和价值观，履行公民义务，热心公益、志愿服务，具有奉献精神的理想信念和社会责任感，还要为学生践行责任、知行合一创设实践类课程平台。

“高雅课程”以提升生命高度为核心目标，以体育和艺术一对生命的翅膀为策略，追求生命中的高雅品质和幸福感。我们的“高雅”课程除了体育与健康、艺术（音乐、美术）等必修课程的修习外，还建立了体育和艺术竞赛类技能培养、组织竞赛和师生评价等机制；“知行农场”让学生在实践中养成劳动习惯，学会劳动、学会勤俭，培养热爱劳动的品格以具备社会适应力；结合境内外游学活动拓展师生的格局和视野。提升校园的体育健康和艺术修养品位，提升学生感受美、表现美、鉴赏美、创造美的能力，这也是践行和落实“养成积极健康的行为习惯与生活方式，珍爱生命，强健体魄，具有发现、鉴赏和创造美的能力，具有健康的审美情趣”的普通高中课程培养目标。

“行远课程”以高中学科核心素养和关键能力的维度，拓展师生的学术视野和文化格局，助长学生的升学力和教师的科研力，培养优秀学生学习成绩好且有能力在专业领域里走得更远，助行师生的事业之“远”。国务院办公厅《关于新时代推进普通高中育人方式改革的指导意见》要求我们“强化综合素质培养，改进科学文化教育，统筹课堂学习和课外实践，强化实验操作，建设书香校园，培养学生创新思维和实践能力，提升人文素养和科学素养”。我们除了开发和实施常规的校本选修课程外，还根据基础学科的关键能力和学科核心素养的要求，开设学科拓研课程，以数理化生信学科奥赛和科技创新等各类竞赛的指导与训练拓展学生的学习深度和广度，以人工智能为核心的科技创新教育帮助学生理解和应对未来的科技挑战，校园内亘久的书香涵畅了师生的文化气质和人文情怀……

学校课程在结构设置、课程开发与实施，尤其是课程评价方面所展示出来的能力，彰显了这所学校的教育品位和办学水平。华东师范大学郑金洲在《走向“校本”》中做了这样的阐述：所谓校本，一是为了学校，二是在学校中，三是基于学校。为了学校，是指要以改进学校实践、解决学校所面临的问题为指向；在学校中，是指要树立这样一种观念，即学校自身的问题，要由学校中的人来解决，要经过学校校长、教师的共同探讨、分析来解决，所形成的解决问题的诸种方案要在学校中加以有效实施。基于学校，指要从学校的实际出发，所组织的各种培训、所展开的各类研究、所设计的各门课程等，都应充分考虑学校的实际，挖掘学校所存在的种种潜力，让学校资源更充分地利用起来。为我们在学校的课程结构和校本课程建设与实施的评价方面，提供了指导性的评价维度和视角。

二、"乐群志远"办学思想是学校顶层设计的行为归属和文化践行

有学者将校长的办学思想提升到立校之本的高度。办学思想是校长将自己和学校同仁对教育的理解，基于本校文化传承和教育资源而形成自己的教育观念，是校长基于对国家教育方针的理解并具化为办学行为的治校理念。诚如陈玉琨教授所说的"在很大程度上，他们对教育的理解决定着教育的样式。糊涂的校长办糊涂的教育，自觉的校长办自觉的教育"。新时代校长的办学思想凝练和办学实践，对具有较长办学历史和较深厚文化积淀的老学校而言，必然会面临在传统文化元素的传承中创新，又要在新教育形势下的创新实践中，坚守学校优良传统的新课题。

（一）学校文化建设的路线，是办学思想顶层设计的格局性要素

校长的办学思想首先作用于学校发展的顶层设计。顶层设计的目的，是为了更好地制定学校教育活动的发展规划和实施策略，包括为学生发展提供的优化道德品质与审美取向、制度建设与社会实践、学科课程和综合素质评价等操作策略的内容。校长作为学校发展的第一责任人，也是学校建设的规划者和执行人，其办学思想和办学理念直接作为学校发展的顶层设计，成为学校文化发展和践行的核心要素。"乐群志远"办学思想指向的福高传统文化中的团结友善、协同发展、追求品质、责任担当等文化要素，是福高对学校办学优良传统的理解和认同；完成学校文化理解与传承建构的另一个要素是文化践行，是落实到实践层面的具体教育活动的过程，从本质上说也是一个立德树人的教育过程和教育结果，要通过学校的办学理

念和为实现育人目标而实施的教育实践活动予以诠释与体现。我们对“传承文化，务实创新，构筑师生协同发展的书香校园”办学理念的理解与践行，体现在“培养有文化气质和社会责任的福高人”育人目标达成的实践过程中，在策略上以教师名优、学生优秀和保障优化 3 个维度为建设路径，彰显学校的文化意识与表现能力。

校长办学思想路线，以办学特色和文化表现力为生态要素，制约和影响实践性元素的生成与外现为建设路径。我们以福高的“传统名校文化传承和社会责任的教育”办学特色为内核，以学校的传统底蕴、发展目标、师生愿景、文化气质和价值取向等方面的思考与认同，以“教师名优”“学生优秀”“保障优化”3 个维度，规划和设计了学校发展的建设路径。“教师名优”维度设置了教师价值观、最近发展区和对教师发展的激励机制等 3 个视角；“学生优秀”维度设置了成长愿景、课程研学、责任和能力培养、国际视野拓展等 4 个视角；“保障优化”维度以学校的建筑空间、学习资源保障、社会参与和制度执行等 4 个视角，对学校在文化意识与表现能力方面进行引领、渗透、充益和丰富，为校长的办学思想和办学理念在行为归属和文化践行的实践格局方面，做了先期规划和实践层面的建设路径的整体设计。

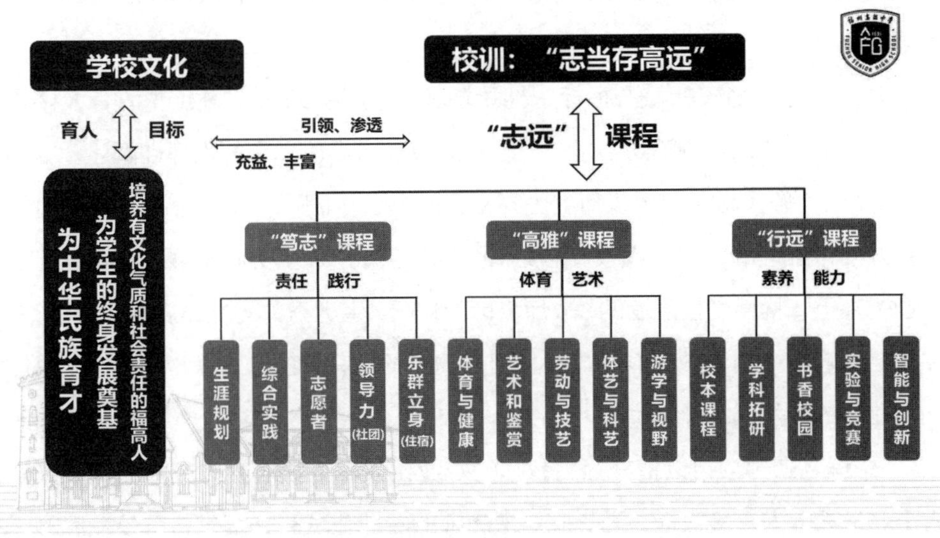

图4 “乐群志远”办学思想路线的建设路径

做存敬畏之心和有责任意识的社会人是因文化气质而涵养的人文情怀。中国传统的儒家思想与滥觞于西方的人文精神，都体现了人“为万物之灵”的核心思想，无论是东方孔子“天地之性人为贵”还是西方普罗泰戈拉“人是万物的尺度”的经典表达，都因肯定人的地位和彰显人的价值而具有浓郁的人文气质。以此为基点的重视人伦关系的义务和和谐、推崇人的主体性和独立人格、以天下为己任的责任意识，都是我们学校文化的目标。这既是我们福高这个百年校园的校本课程、社团运作和宿舍文化等学校文化平台实施的文化归属，也是我们传承的“乐群”和“志远”的学校文化元素，向现代文化创造性转化的思想资源和核心价值观念。

（二）营建校园“乐群”生态，传承福高“团结、求实、奋进”的校风

“团结、求实、奋进”的福高校风，体现在弥漫于学校各系统的“乐群”生态。无论是校园内的师生友善、协同发展的和谐人际和“团结”氛围，各教育环节和保障机制间友好合作、“求实”务真的工作状态，还是志存高远、积极进取的“奋进”态势，都是作为福高核心价值观的校风所外显出来的“乐群”生态。团结友善、协同发展的“乐群”生态除了体现在教师间、师生间和学生间和谐友善的人际关系外，在我们的校园里还应该体现在为教师和学生的进步与成长创设协同发展的机制。

名优教师是名校的核心指标，梅贻琦校长的“所谓大学者，非谓有大楼之谓也，有大师之谓也”的论断，是一位教育家校长对学校发展的真理性阐述。福高的“传承文化，务实创新，构筑师生协同发展的书香校园”办学理念，是基于对学校优良办学传统理解，在现代教育形势下提炼而生成“师生协同发展”的理念。以此为逻辑基点，构建学校层面的“教师名优”和“学生优秀”的高品质学校建设路径，在策略上直接指向为教师专业化成长提供支撑的“乐群名师”培养机制和支撑优秀学生发展的“志远课程”体系。

“乐群名师”项目以提升福高教师的专业化素养为核心，以教师创评各级各类省市名优教师为直接目标，为不同层次教师的专业化成长，提供各阶段发展的标准和支撑机制。针对各类名优教师的培养目标和策略，我们给出的教师专业化成长的阶段性定位是：骨干教师能熟练掌握所教学科的教学技巧，是本学科教学的熟手和能手，在教学方法上有独到之处；学科带头人应该在骨干教师的基础上，有能力从教学方法中提炼出教学策略，并在课程实施中逐渐形成自己的教学风格；教学名师是按正高级教师的参评标准认定的，除了在本学科的教学方面有过人之处，还要从教育目标和课程理念的层面，形成自己的学科思想和教学主张。我们将市骨干教师、市学科带头人、省学科带头人和省教学名师的申报和评审条件作为各级基准，帮助老师罗列出与争创目标的标准之间的个人条件差距，明确自己的最近发展区，制定个人近期和中远期发展规划；学校根据教师的个人条件和发展意向，在教育科研、公开课和研究课、送教送培乃至评优评先等方面，予以有策略和有针对性的支持与帮助。福建省历史学科和心理健康教育的名师工作室，福州市政治、历史和生物学科名师工作室先后挂牌福高；近年来福高教师获评正高级教师和特级教师，通过省教学名师、省市学科带头人和市骨干教师等各级评审和认定的人数名列省市前茅，省学科带头人数量超过专任教师总数的 10%，在省市教师技能大赛、优课等教师竞赛中屡获佳绩。

有名师之谓的名校，要培养出优秀学生才能名副其实。我们的“志远课程”体系为学生的发展提供不断走向卓越的平台，营建“师生协同发展”的书香校园的“乐群”生态，其中以“立身行己、与人为善”的宿舍文化引领下的五星宿舍创优活动，尤能体现这个书香校园团结友善、协同发展的乐群性。

福高从 20 世纪 80 年代因招收郊县学生而实行住宿制管理，30 多年的住宿生教育和管理积淀了“立身行己，与人为善”的宿舍文化。有学者指责我们的教育培养了很多精致的利己主义者，其中确有我们的教育在团队意识和团结友爱方面存在缺失的因素。“立身行己，与人为善”释意为既要存身自立，行为有度，又要与人友好相处，善意助人。将宿舍生活作为修身养性、学做社会人的生活课堂，培养学生学会交往，学会生存。从长远看则是将“立德树人”的教育根本任务落实到学生的生存教育和生活理念上，培养适合现代社会需求的高素质的社会主义建设者和接班人。

为了践行“立身行己，与人为善”的宿舍文化，师生们共同设计了“五星宿舍”

的建设方案，将最美宿舍、学霸宿舍、书香宿舍、文明宿舍和节能宿舍 5 个项目作为“好宿舍的标准”，以正面的导向引导学生，在自觉自律地规范好个人行为的基础上，形成向善、有爱、和谐的公寓生活氛围。以宿舍为一个整体的创优竞赛中，宿舍里的每一位成员都作为一个不可或缺的元素，不但要“立身行己”地做好自己，还要“与人为善”地相互帮助，在争取宿舍荣誉的过程中所收获的不仅仅是那一面面的奖牌。诚如学生代表在获奖感言里说的“能亲身参与到福高宿舍文化建设的过程中，感受到‘五星宿舍’评选中的艰辛和获奖后的幸福；能有机会在自律、自强的氛围中，不断提高自己的综合素养和适应社会的能力，体会到青春的激情和成长的快乐”，“我们积极响应五星宿舍评比的每一项活动，为我们每一个创意的实现而欢呼，我们舍友在彼此的磨合沉淀中，愿意付出，关心彼此，与人为善”。每一次授牌活动中学生代表的平实语言和乐群友善的精神都会感染在场的每位师生，他们除了能体会到自身生活力和社会适应力的提升，体验到因责任而成的团队协作和相互感动。宿舍生活成为青年学生学会与人相处、学做文明社会人的一个有价值的教育环节，也是我们学校“乐群”文化生态中的一个育人平台。

图5 “立身行己，与人为善”的宿舍文化

（三）“志远课程”体系，为充益和丰富学校的文化内涵提供课程保障

课程体系是学校教育教学的基础性保障，也是一个学校在长期教育实践中形成的稳定的、体现办学思想与办学特色的结构性基础元素。我们的“志远课程”体系将“志”“高”“远” 3 个元素定位于“笃志”“高雅”和“行远” 3 个模块的校本课程，分别对应于培养福高学生的社会责任教育、培养优秀学生学习成绩好且在专业领域里走得更远的学术教育、帮助学生通过艺术和体育提升幸福感的生命高度教育。"志远课程"体系是在学校文化之育人目标的引领下，将育人目标在课程设置、课程实施和课程评价过程中，渗透到学校教育的各个环节中；课程体系的建构与实施，对学生在责任意识、学科知识、体艺修养、视野格局等方面提供的支撑，也同样是学校文化之育人目标在教育实践层面的充益与丰富。

高考成绩和升学率是衡量一个学校办学效益的硬性指标，是普通高中办学的最直接目标和评价标杆。我们的办学应该理直气壮抓高考，努力提升学生高考学科的核心素养和关键能力，以应对日益体现新时代人才标准的高考评价体系。存高远志方能成就大器，我们为每一位福高学子在高一入学时就开始持续提供生涯规划指导，在"行远课程"体系的支撑下，根据自身的发展诉求而设计规划自己的修习课程，必须学好必修课程和选择性必修课程，通过努力学习获得好成绩、考上适合自己的好大学、找到合适的好工作，成为有价值的社会建设者，为民族的伟大复兴培养建设者和接班人……我们的基础教育助行学生事业之远。

除了直接应对高考升学力的必修课程体系外，我们的"志远课程"体系还为学生的自主发展提供了综合实践活动、生涯规划、志愿服务、领导力培养和立身教育等"笃志"课程；体育与健康、艺术（音乐、美术）体艺竞赛、劳动技艺、境内外游学等"高雅"课程；校本选修课程、学科拓研、学科竞赛、人工智能与科技创新、书香校园等"行远"课程。近年来，福高学子在体育艺术和学科竞赛等方面全面荣获各项表彰，福高排球队多次蝉联福州市排球联赛冠军，田径队、击剑队和定向运动队在各届竞赛中屡获佳绩；学生合唱团、话剧团、演讲社、汉服社、健美操等文艺团队始终活跃在各类舞台上；手工社的原创青运会黏土作品"吉祥物榕榕"得到福州市领导的赞赏，作为礼物带往台湾交流，《福州晚报》以《福高原创版"榕榕"漂洋过海去台湾》为题做了报道；乐社应邀福建电视台青运会专题节目《年轻的朋友来相会》录制原创歌曲得到社会一致好评；学科竞赛、青少年科技创新、电脑制作等各项竞赛的省市级获奖名单中始终都能见到福高学生；福州市教育工委和教育局发文推广福高国旗下讲话的活动经验，挂牌于福高的"福建省心理健康教育名师工作室"举办的心理团课得到省市级的认定示范和经验推广……我们期待在"志远课程"的支撑下，福高学子成就大器，实现"乐群"生态下的基础教育课程为学生终身发展奠基的福高教育的中远期目标，为实现中华民族的伟大复兴育才。

（四）青年志愿者旗帜，引领社会责任教育和价值观的践行

在福高的学校传统文化中，青年志愿者团队不仅是福高的德育传统，也已成了福高的荣誉品牌，帮助着我们的学生和激励着福高教师践行社会责任的理念和意识。“福州高级中学青年志愿者协会”传承于 1963 年成立的“福州高级中学学雷锋志愿服务队”，是响应毛泽东主席“向雷锋同志学习”的题词，号召全国人民学习雷锋的共产主义精神而建立的师生志愿服务队，传承至今已近一个甲子。志愿服务队成立以来，秉承校园前辈的“学习雷锋、奉献他人、提升自己”理念，开展爱心接力、文明劝导、慰问农民工子女、福利院献爱心、鸟类生态保护、低碳环保宣传、服务赛会等志愿服务活动。2005 年，福州高级中学与位于仓山区槐荫里的江滨（仓前）老龄公寓签订共建协议书，并授予牌匾正式确认其为福州高级中学志愿者服务基地。17 年来，全校志愿者们以团支部为单位，以接力的方式从不间断地轮流走进老龄公寓服务老人，进行名为“爱心接力”的特色志愿者服务。每个周末的老龄公寓内，老人们望向门口的期盼眼神，是为了迎来福高学生，这些孙辈们带来的欢声笑语抚慰和舒展了老人们生活的寂寥，而他们的神态和欢颜也让孩子们想起了他们自己的爷爷奶奶外公外婆，常常有学生结束了老年公寓的爱心接力活动后就拨通家里老人的电话或匆匆赶往祖辈家里。《福建日报》《福建老年报》等以《老龄公寓的爱心接力》《福高志愿者，每个周末都敬老》等题做了多次报道；身披“福高志愿者”红马甲忙碌于烟台山文化景区的志愿服务，出现在疏导交通、清扫街区和整理共享单车等社区活动的成人身影，是“福州高级中学青年志愿者协会”的教工团支部和 6 个党支部的党团教师；放学后、晚自修和周末，经常能看到我们的老师在校园内义务为学生答疑辅导，这是福高党员教师自发组织的“党员助学帮帮团”的老师们以行动践行“为人民服务”的承诺，为学生做出承担社会责任的表率；福高志愿者团队还影响和带动了周边单位和兄弟学校的热情，与烟台山管委会、仓前街道、福州十六中和英才中学等单位联合组织开展了温暖群众心、美丽城市新家园、为世遗代言、为市民展示民乐戏曲戏剧和优秀传统文化等志愿者活动，坚持了多年的闽清县车墘村挂钩扶贫户的帮扶一年年传承……

桃李不言，下自成蹊。福高校园内的社会责任教育不仅是教育宣传和理念传播，更以长达数十年的行动创出荣誉名片，近年来学生和教师志愿者传承福高文化，用行动将社会责任教育的理念凝合成这个百年校园和传统名校内的价值共同体，成为福高人的集体人格。福州高级中学青年志愿者协会获评 2015 年度“福州市青年五四奖章集体”，2017 年作为全省唯一的普通中学获评“福建省学雷锋活动示范点”和“福建省共青团员先锋队”，同年获评“福建省五四红旗团委”，2018 年被团中央确认为第二批“全国中学生志愿服务示范学校”创建单位，2019 年获评“全国五四红旗团委”……获得表彰和荣誉是社会各界对福高开展的责任教育和文化践行的肯定，也是更高起点的开始。

（五）“书香校园”，涵畅师生的文化气质和人文情怀

我们对立德树人教育根本任务在文化育人内涵生成方面的解读，着重于师生文化气质和人文情怀的养成。文化气质和人文情怀是中国传统文化的核心价值观，也是人类文明的优秀成果和精神财富。福高校园里“志远课程”体系支撑下的文化设施和社团活动等平台，给这个百年“乐群”校园内文化气质和人文情怀的涵畅创设了环境和氛围；由各学科组发起的读书月、经典荐读、“鹤龄书讯”和“悦读汇”专栏、学者家长和校友主讲的读书讲座和阅读指导等一系列元素，使这个被中共福州市委文明办和福州市教育局等评选出的榕城“最美书香校园”名副其实，我们的师生也因腹有诗书而其气自华。

位于福高校园北侧伫立于闽江南岸仓山之巅的“鹤龄图书馆”，为纪念 1881 年首捐“鹤龄英华书院”的张鹤龄先生而命名，得天独厚的地理条件和荣获福建省建筑设计二等奖的外观设计，和它相邻的因教育传承了百余年，目前作为福高艺术馆和学术礼堂的省文保建筑美志楼（Smyth Hall）、力礼堂（Nind-Lacy Memorial Chapel）和校友钟楼（Alumni Clock Tower），成为这个百年校园内最受关注的校友留影点；图书馆开放之初即成网红，除了外观造型成为烟台山文化景区的地标元素外，还因为馆内宽敞舒适的阅读空间和厚重的橡木书桌、无死角的数字阅读和相对私密的研讨室，更因馆藏两千多册线装书的善本古籍室、学生艺术作品馆藏室、三围面江的雅歌书吧等，“福建省地方史研究资料”专架整齐排列了老校友捐赠的近千册省内各地区乃至镇志乡志的地方史志，还有艺术作品展厅、海峡书屋、生态标本馆等功能区而成为师生课余的首选去处，是我们创建榕城“最美书香校园”的条件保障。

百年校园里得天独厚的地利人和，“乐群”生态下的人文书香熏陶，依托“志远课程”组织每年常规的读书节和艺术节，“立身行己，与人为善”宿舍文化的“书香宿舍”创建与评选，结合传统节假日和纪念日开展的读书征文等活动，为福高学子提供了展示文采和交流共享的机制。福高师生仅 2020 年下半年就以防控新冠肺炎疫情和热爱祖国的主题，为“学习强国”提供了 33 篇刊载稿；东南网、海峡网、新福建客户端等媒体主办的“三坊七巷赋”写作竞赛的 50 篇获奖作品过半由福高学生提供；《海峡教育报》以“做传统文化的传承者”专题报道了汉服社长期从事汉服诗词吟诵和传统文化的研究与实践；创办于 1992 年的学生文学校刊《千墨》获全国优秀校园刊物评选一等奖，千墨文社被确认为福州市中学社团联盟主席单位和福州市中学优秀社团……

“乐群”校园里的悠远书香和师生们沉浸其中的氛围，“鹤龄书讯”每周发布公众号文章向师生推荐优秀书目以带动全校阅读，青年教师“悦读汇”以书会友，每月定期发布公众号，学生的“书香宿舍”营造寝室的书香品味，在“志远课程”体系的框架下，为学生营造浓郁的读书学习氛围，在潜移默化中陶冶情操。校园里的浓浓书香，营建了积极向上、奋发进取、包容并蓄、师生协同成长的“乐群”生态。

存高远之志方能终成大器。传统名校的文化传承和社会责任教育，是我作为福高这所具有深厚文化底蕴和教育传统的学校校长，凝练出“乐群志远”办学思想的文化归宿，以“培养有文化气质和社会责任的福高人”对社会作出的教育承诺，也是对福高这个百年校园文化的理解、认同和践行。

【参考文献】

[1] 福高校志编写组 . 福州高级中学校志（1951-1991）[M]. 福州：福建人民出版社，2020.

[2] 陈玉琨 . 卓越校长的追求 [M]. 上海：华东师范大学出版社，2017.

[3] 戚业国 . 做好学校发展规划的“总导演”[J]. 辽宁教育，2016（18）：11-13.

[4] 郑金洲 . 走向“校本”[J]. 教育理论与实践，2000（6）：11-14.

[5] 杨金林 . 让办学主张点亮学校变革 [J]. 教育视界，2018（21）：16-20.

[6] 中华人民共和国教育部 . 普通课程方案（2017 年版 2020 修订）[M]. 北京：人民教育出版社，2020.

诚以养正　精以致远

◎王洪泠

【 作者简介 】

王洪泠（1967— ），女，福建福州人，中学正高级教师、特级教师，教育硕士。福建省福州外国语学校原校长，现任福建省福州第二中学书记、校长，福建省“十三五”中学名校长培养人选。福建师范大学、福建教育学院兼职教授，福建省中小学中青年学科教学带头人，福州市物理学会第十届理事会常务理事，福州市中小学教师中级专业技术职务任职资格评审委员会委员，曾获福建省优秀教育工作者等荣誉。

一、“诚以养正　精以致远”办学思想提出的背景

在福州二中百年办学历史中，学校高度重视传承福州二中先贤高尚品德与为国育才的办学宗旨，同时聚焦时代特征，结合学校现实与未来发展，从而逐步凝练形成了如今的“诚以养正，精以致远”的办学思想。具体地说，“诚以养正，精以致远”的治校理念既是对福州二中前身“法政专门学校”的校训“忠勇诚朴”的历史延续，也是对党的十九大所提出的“立德树人”教育根本任务的时代回应，更是对学生策马扬鞭的未来的期许。

我校地处闻名遐迩的，福州历史之源、文化之根的“三坊七巷”。这里翰墨书香，名家辈出。从这里走出的名人大家绵延不绝，从唐朝黄璞的儒家思想，到宋代福建理学先驱“海滨四先生”（陈襄、郑穆、周希盈和陈列）的理学思想，再到近代林则徐、沈葆桢的“中体西用”观和严复的近代启蒙思想。他们海纳百川和远见

卓识的深邃思想，对其所处时代的社会思想文化影响深刻，甚至对转型社会起到了先驱引航的作用。他们通过诚心正意的言行与著述，为后人留下了无数珍贵的精神文化遗产，也必然穿越时代，在生于斯长于斯的历届二中学子血液里脉脉流淌，在他们的骨髓里扎根，参与了他们生命中最为激昂澎湃的青春时光，并影响着他们的一生。

学校创办人刘崇佑先生是民族英雄林则徐的曾外孙、著名律师，周恩来总理曾赞誉他是“中国一位有正义感的大律师”。首任校长林长民，可谓是中国五四运动的真正点火人。他们西学为用、殚精竭虑创办了福建法政专门学校及附属中学，开创了福建司法教育的先河，体现了他们为实现公平、正义法治社会理想的人生价值追求。他们从事教育的远大器识与博大襟怀，引领着福州二中在真诚、忠诚办学的路上前进，同时照耀在历代二中学子堂堂正正的人生中。

学校前身法政专科学校确立了“忠、勇、诚、朴”的校训。“忠者，敬也、直也、竭诚也”，意指忠于人性、忠于职守、忠于事业。“勇者，气也。气之所至，力亦至焉。心之所至，气乃至焉”，意指勇于面对、勇于创新、勇于开拓。“诚者，天之道也；诚之者，人之道也”意指诚信为人，赤诚处世，忠诚报国。“朴者，素也”，意指纯真自然，专心致志，心无杂念。这个源于中华优秀传统文化核心价值的校训，无疑值得在新时代予以创新性的发展和创造性的转化。

与此同时，“诚以养正，精以致远”的办学思想也是对社会的变革和时代进步的回应。

习近平总书记指出“要把立德树人的成效作为检验学校一切工作的根本标准”，党的十九大报告进一步强调“要全面贯彻党的教育方针，落实立德树人根本任务”。从这个角度来看，让学生树立正确的价值观念，把握正确的人生方向，养成正直的人生品质，拥有应对困难的正能量，需要教师的真诚和襟怀。

随着云平台、网络学习空间、大数据等先进技术的迅猛发展，信息技术为变革学校教育教学提供了新的活力，信息技术环境下智慧课堂的构建也因此出现了新的契机，基于学生个性发展的精准教学的实现也因此有了无限可能。

要实现“两个一百年”奋斗目标、实现中华民族伟大复兴的中国梦，必须通过教育来立德树人，培养大量的社会主义建设者和接班人。而要实现“立德树人”教育根本任务，不但要有“师德、师魂”，还要有“师能”。基于此，全面提升教师信息化环境下的智慧施教能力，运用信息技术打造智慧课堂，有效促进信息技术与教育教学深度融合，从而提高学校教育教学质量，已是当务之急。

正是基于历史的传承与创新、现实的凝练与提升、未来发展的选择与突破这三个方面，才挖掘、转化和形成了我校办学的思想——“诚以养正　精以致远”。

二、“诚以养正　精以致远”办学思想主张及其内涵

“诚以养正　精以致远”的办学思想具有丰富的内涵和严谨的逻辑辩证关系。

（一）“诚以养正　精以致远”的内涵

《说文》：“诚，信也。从言，成声。”意谓对待人们要诚实讲信用，不能当面一套背后另一套；要诚心正意，不能虚伪邪曲；要忠诚敬重，不能背叛轻慢。

“诚”是儒家为人之道的中心思想，立身处世，当以诚信为本。《礼记·中庸》就说：“诚者，天之道也；诚之者，人之道也。”认为“诚”是天的根本属性，努力求诚以达到合乎诚的境界则是为人之道。亚圣孟子也说“诚者，天之道也；思诚者，人之道也。”（《离娄》上）又说“反身而诚，乐莫大焉”（《尽心》上），认为反省自己以达到诚的境界，就是最大的快乐。宋代理学家朱熹认为：“诚者，真实无妄之谓，天之道也。”（《朱子语类·中庸三》）肯定“诚”是一种真实不欺的美德。要求人们修德做事，必须效法天道，做到真实可信。说真话，做实事，反对欺诈、虚伪。

而教育之“诚”指的是教育的真挚情怀，主要是指教师与学生的赤诚相待，同时也包括学校要忠诚于党的教育事业，真诚对待教师。

“诚以养正”主要是指教师用真诚、情怀、激情去感染、唤醒学生，培养学生正确的价值观、正直的人生品质，让他们在为人处世上堂堂正正、坦坦荡荡。并以此正能量所铸就的人生底蕴去包容接纳、开拓创新，从而成为有责任担当的一代新人。同时也是指，学校从以人为本的角度出发，用诚意、温暖、愿景去感召老师，

激励教师不忘初心，奋发进取，加强自身修炼，努力成为“有理想信念、有道德情操、有扎实学识、有仁爱之心”的“四有”好老师。

东汉许慎《说文》：“精，择也。从米，青声。”《增韵》：“凡物之纯至者皆曰精。”《广韵》：“精，熟也，细也，专一也。”《易·系辞》：“精气为物。”古代大儒常常设立精舍或者精庐讲授，他们总是殚精竭虑地精选读本、精究奥义，让学生对知识精熟、思想精纯。师生都能明白“惟精惟一”（《书·大禹谟》），才能使“精义入神以致用也”（《易·系辞》）。

而教育之“精”主要是指教育教学的有效方法，其中包括教研教学的精准深入，同时也包括学校管理的精准、家校沟通的精准、学生学法的精准。

“精以致远”指的是通过教学、教研、管理等方面精准地把握与实践，解决不同学生的学习上的痛点、难点、疑点，让他们掌握处理困难的有效办法，以此笃定践行，从而让自己有个性地发展、全面地发展，并为自己的终身学习铺设一条康庄大道。

（二）“诚以养正　精以致远”的辩证关系

“精”和“诚”是方法态度，“致”和“养”是过程，“远”和“正”是目的愿景。

“精”指向“深度”和“精确度”，“诚”指向“温度”和“高度”。一方面，只有具备教育的温度和情怀，有饱满的精神状态，才有可能精心去追求教学的精准。另一方面，只有推进精准高效的教学，“诚”才能更具有感染力。因此说，有方法，有态度，教育才会充满无限可能性。

三、“诚以养正　精以致远”办学思想提出的理论依据

从一个人的发展来看，精神品格决定着未来的高度，根正才能枝叶繁茂，基础稳固才能筑起高楼。从国家发展的角度来看，在走向民族复兴的伟大征途中，我们需要培养一批德行兼备的年轻人。

所以，一所学校最首要的思想应是“诚以养正”，培养出具有正义感、使命感、担当感的正气正直的学生。这就要求学校风清气正，教育工作者心诚意正。

《中庸》中提到“诚之者，择善而固执之者也”，还说“诚者非自成己而已也，所以成物也。成己，仁也；成物，知也”。这些来自中华优秀传统文化的文字给我们指明了教育的正确方向，那就是要选择真善美的方向，做正确的事情，并且执着地坚持。同时，“诚”不但成就自己，而且还要成就他人。如果学生能够成才，教师成名也就水到渠成了。所以说，成就他人，就是成就自己。

同时，《中庸》还指明：“故君子尊德性而道问学，致广大而尽精微，极高明而道中庸。”一个教育工作者既要尊奉德性，还要善问好学，有高远的境界和精深的学问，有理性的思辨和谦逊的品格。

在另一方面，一个时代有一个时代的特点，每个学生也有自己的身心发展规律。因此，每个教育工作者不但要修炼内功，也要密切关注时代，深入了解学生，从而找到切合学生全面而有个性发展的精准办法。只有这样，才能让学生自信地走向远方，实现远大的理想，从而使学校自信而从容地走上一条快速发展的康庄大道。

四、“诚以养正　精以致远”办学思想的理论支撑

（一）学校观：求知、求真、求实

学校应该是学生求知、求真、求实的书香净土。

所谓“求知”，指的是在求学上，既要精心钻研学问，也要广泛涉猎各种知识，挥斥八极，上下求索；在为人上，要修心养正，学习道德的高标，谨守法律的底线。

所谓“求真”，指的是在求学上，既要发现真理之所在，也要探索发展之规律，知其然也要精确地知其所以然；在为人上，要培育理性，勇敢表达自己的真实想法，大胆展现真正的自我。

所谓“求实”，指的是在求学上，既要脚踏实地严勤实恒，也应实践反思、知行合一，敢于质疑，经世致用；在为人上，要实诚厚道，不能故弄玄虚，更不能自我欺骗。

“求知”指向目标，“求真”意在方法，“求实”则注重态度；而在这齐头并进

的三维路径中，既讲学问的精准性和实践性，也重为人的真诚理性和勤奋严谨，“诚以养正　精以致远”，以此多向塑造一代新人应有的气象。

（二）学生观：学习的独特主体，发展的完整生命

首先，学生是学习的主体，并且有自己的独特性。

在整个教学各要素中，学生才是学习的主体，教师、知识、课程都不是主体。学生应该自主地观察、分析、思考，主动建构知识。教师只是学生知识建构的引导者，而知识也只有通过学生的主动建构才是具有意义的，课程是学生的发展资源。“一切为了学生，为了学生的一切”即是从学生主体的角度出发来说的。

同时，每个学生都具有独特性，学生之间具有差异性和层次性。尊重学生的独特性，就意味着学生不是知识的容器，而是需要被唤醒的灵魂。尊重差异，就意味着要因材施教，从而促进学生全面而有个性的发展。

其次，学生是处于发展过程中完整的生命。

每个学生具有巨大的发展潜能，都是能追求进步和逐步完善的，都是可以获得成功的。因此，如何让不同层次、不同个性的学生都学有所成，都能健康快乐地成长，需要教育工作者不断地去精准挖掘、真诚地发现学生的潜能。

同时，学生的身心发展是有规律的。高中阶段的学生虽然在心智上比较成熟，价值观也逐步定型，但是还具有发展不够成熟的身心特点。如何依据学生身心发展的规律和特点开展教育教学活动，从而促进其全面而有个性的发展，需要教育工作者深入地研究。

学生是有着丰富个性的完整的生命。在教育活动中，必须反对那种割裂人的完整性的做法，不能让知识独立于学生生命之外，而应该把鲜活的知识融入学生完整的生活世界、丰富的精神生活，给予学生全面展现个性力量的时间和空间。

总之，正因学生是独立的个体和鲜活的生命，所以教育必须“诚以养正”；与此同时，学生具有独特性，具有差异性和层次性，所以在教育中必须“精以致远”。

（三）课程观：回归生活，助力成长

新课改的理念认为知识具有境域性和生成性。所谓“境域性”是指知识是在人

们过去经验的基础上产生的，所以知识并非完全“确定的”，而是个体在与环境的不断互动中主动建构的结果。所谓知识具有“生成性”，是指知识在历史文化的长河中是不断流动的，而不是静止的。

因此，必须改变课堂等于教室、学习资源仅限于书本的观念，随时从学生熟悉的现实文化生活和社会实际中选取为学生关注的话题，将沸腾的、变幻的生活及时纳入课程和课堂中。要使书本世界与学生的现实世界贴近，与学生已有的经验和背景相符。要强调对“生活的回归”，从生活中来，再到生活中去，使知识不再是零散的、孤立的、与生活隔离的东西。

教育先行者陶行知也表达过同样的意思，他说：“从前的学校完全是一只鸟笼，改良的学校是放大的鸟笼。我们要解放小孩子的空间，让他们去接触大自然中的花草、树木、青山、绿水、日月、星辰，及大社会中之士、农、工、商、三教九流，自由地对宇宙发问，与万物为友。解放了空间，才能搜集丰富的资料，扩大认识的眼界。”①

因此，教师应该要具有开放心态，善于将知识与学生的生活和成长紧密联系起来，能够善于创设具体的情境，努力开发适合学生自我发展的课程资源，创造充满人性和关怀的课堂氛围，通过友好的沟通交流收获良好的情感体验，引导学生积极主动地建构知识，积极地完善自我。

总之，教育必须从学生的生活出发，没有真诚，就无法走入学生的生活；同时，生活如此广阔，没有精心钻研，就无法创设有效的教学情境。

（四）教师观：以人为本，与时俱进

2014 年 9 月 9 日，习近平总书记在北京师范大学考察时指出，全国广大教师要做有理想信念、有道德情操、有扎实知识、有仁爱之心的好老师。确实，作为合格的“引路人”，首先教师要锤炼自身品格，努力使自己成为有理想信念、有道德情操的人。一个有坚定信念和远大理想的教师，才能成为学生人生的导师。一个有较高的道德修养和人格品质的教师，才能引领学生成为一个高尚的人。其次，教师

① 方明．陶行知教育名篇 [C]. 北京：教育科学出版社，2005：325.

要有丰厚的学养、敏锐的思维、不断学习的进取心，如此才能拥有扎实的专业功底、过硬的教学能力、勤勉认真的工作态度、科学高效的教学手段。最后，一个好老师，要有一颗仁爱之心，用自己仁爱之心去理解对待孩子成长中遇到的问题，帮助每一个学生健康成长，以仁爱之心，施展教育的魅力，让每一个学生的成长都沉浸在成功自信的喜悦中。

因此，教育工作者理应不忘初心，奋发进取，加强自身修炼。而与此同时，时代的不断进步，需要教育工作者能够与时俱进，由教师权威走向共生关系中的对话者，从知识传授走向创造性活动的引导者。

首先，教师权威走向共生关系中的对话者。

教师和学生作为独特的个体，在教育实践中不仅需要平等与尊重，而且需要接纳与承认对方。坚持以一种有机共生关系看待教师和学生在教学活动中的地位，双方才能通过互动扮演好各自的角色，促进彼此成长。

其次，从知识传授走向创造性活动的引导者。

作为课堂教学的核心参与者，教师不仅要有扎实的专业技能，还应具备良好的数据素养，以充分挖掘教育数据中隐藏的价值，进而作出科学的教育决策，提高教育教学质量，只有如此，才能体现教师职业的不可替代性。①

（五）教学观：教学相长，知行合一

教学不应只注重结论，而应该是在师生的思维碰撞中达成对知识的理解，因此说，教学的过程是师生教学相长的过程。在另一方面，知识只有与学生的生活成长有紧密关联，这些知识才是有意义的。因此，教学的过程不能局限于教科书，而是要转向实践，注重具体情境，是知行合一的过程。

传统教学中，教师负责教，学生只管学，教学就是对学生单向的培养活动。新课程所倡导的教学观认为教师和学生是课程的有机构成部分，是课程的创造者和主体，他们共同参与课程开发的过程。教学不只是教师教、学生学，更是师生交往互动、双方交流沟通、共同发展的过程。教师与学生分享彼此的思考过程、经验和知

---

① 李新，杨现民，晋欣泉．美国教师数据素养发展现状及其对我国的启示 [J]. 现代教育技术，2019（4）：5-11.

识，交流彼此的情感、体验与观念，丰富教学内容，求得新的发展，从而达到共识、共享、共进，实现教学相长和共同发展，彼此形成一个真正的“学习共同体”。由此来看，教学不只是课程传递与执行的过程，更是课程创生与开发的过程。

教学不是只注重结论，知识也不是简单的线性、序列性、预设性排列。教学的过程比教学的结论还重要，只有经过质疑、比较、判断等思维过程，知识才能得到真正的理解和巩固。因此，教学的过程应该始终贯穿批判的核心精神，使师生双方的互动具备生成性、创造性特征。只有如此，才能够挖掘师生的潜能，激发创造性内驱力，使他们不再满足获得知识的现状，而是在不断创造中追求更高层次的自我价值的实现。

教师要关注学习内容与学习者个体生活经验的联系，要求在考虑知识具有的逻辑性、系统性时，必须考虑学习者的愿望和要求，考虑如何将新的知识的学习同学生的生活与经验关联起来，如何使学生的主体学习过程更符合学生的心理要求和经验储备，得到学生经验的支持，调动起他们已有的经验、意向和创造力，要能为学生的经验所统整，进而活化为具体的、现实的及生活的内容。[①]

总之，教育中要把学生当成平等的个体，诚敬地对待学生；同时，要不断地增强自身的实践能力。教学相长，知行合一，才能使学生亲其师，信其道。

五、“诚以养正　精以致远”办学思想的实践探索

（一）课程篇：以文化塑造人格，以实践探索真知

“一核两翼”是我校课程体系的主轴。我们以“普适性课程”（国家必修课程）为核心，以“专长性课程”（国家选修课程）与“校本化课程”为两翼，为学生全面而有个性的发展助力引航。三类课程中蕴含的“文化基础、自主发展、社会参与”三个层级和“人文底蕴、科学精神、学会学习、健康生活、责任担当、实践创新”六个维度，彼此互为补充，同时将“诚以养正　精以致远”办学思想渗透于其中，使之能呈现出我校课程特色，且课程实施科学有序，以适应学生终身发展的需要。

① 吴淑芳．新课程观的几种转向及调适[J]. 教育探索，2010（04）：24-25.

我校高度重视基于三坊七巷的翰墨书香的文化熏陶，且课程实施将其内化到特色校本课程建设中，通过“乌山文化”“三坊七巷与福州二中文化渊源”“船政文化”“蒲风文学作品欣赏”（蒲风曾是我校国文教员）等校本课程的建构与实施，让学生了解我校发展的历史与文化，体现我校前身福建法政专门学校附属中学的“校训”及“施教方针”的深刻内涵与现实意义，鼓励学生以先辈崇高品德、卓越追求为榜样，树立远大志向。

依托《百年二中，建德树人》等精品校本教材，让学生深入了解学校光辉历史，感受二中百年深厚文化底蕴，缅怀先辈们栉风沐雨、艰苦创业的高尚品德，学习他们忠贞不贰的爱国主义精神、恪尽职守的工作精神、精益求精的探索精神、开拓进取的创新精神。在成才之前，先执着于修心养正，立德成人。

搭建文学创作、戏剧表演舞台，推动办学特色发展。为弘扬“修丹心报国，养正义为民”精神，我校不断拓展途径，丰富载体，追求内容的系列化和形式的多样化，通过设立“蒲风文学奖”，全校师生研发特色心理剧和校园课本剧，开展课本剧课题研究，营造翰墨书香的文学艺术氛围，激发学生文学创作与戏剧表演的热情，点燃他们言语生命表现的火炬，丰盈校园文化，凸显办学特色。翰墨书香的学校文化形成了一种无形而又巨大的力量，让身处其中的学生愿意去丰富自我、提升自我、完善自我，在快乐幸福学习中向上向善。经过几年来全校师生的共同努力，收获累累硕果。2015 年 7 月，我校《项链》节目获一等奖并取得代表福州市参加福建省中小学生艺术节展演的机会。同年 10 月在莆田举行的福建省第五届中小学生艺术节话剧展演中，《项链》喜获表演类节目二等奖与节目优秀创作奖。2016 年，我校被福州市教育局认定为首批福州市中小学儿童歌舞剧基地校。2016 年 9 月 25 日，《礼拜二午睡时刻》节目在第四届海峡青年节系列活动之一——海峡两岸“儿童歌舞剧”音乐教育论坛暨福州市中小学戏剧戏曲节活动的演出中深受好评。2017 年 1 月 3 日在闽江师范高等专科学校举行的福州市中小学儿童歌舞剧比赛中，《秋瑾》节目喜获戏剧组第一名的佳绩，剧目《梁山伯与祝英台》则在 2018 年该赛事中荣获三等奖。

依托综合实践活动课程，如“走进三坊七巷名人故居”“学雷锋志愿者活动”“大学专业社会调查”“职业社会调查”等，为学生提供更广阔的人生舞台，引导学生参与社会实践，体察民生民情，了解时事动态，把握时代脉搏，锤炼意志品格，正确认识世界和中国发展大势，认识和把握中国特色社会主义的历史必然性，切身感受时代责任和历史使命，用中国梦激扬青春梦。通过综合实践活动，也为学生点亮理想的灯、照亮前行的路，激励学生自觉把个人的理想追求融入国家和民族的事业中，勇做走在时代前列的奋进者、开拓者；正确认识远大抱负和脚踏实地的关系，珍惜韶华、脚踏实地，把远大抱负落实到实际行动中，让勤奋学习成为青春飞扬的动力，让增长本领成为青春搏击的正能量。

建构新时代劳动教育课程，让学生在对劳动的热诚中养成正确价值观，创造美好人生。习近平总书记指出要教育和引导学生崇尚劳动、尊重劳动，让每个孩子懂得劳动最光荣、最崇高、最伟大、最美丽的原则，并希望每个孩子长大后可以做到努力、诚实和富有创造性地工作。在此背景下，学校依托劳动教育的五大教育功能：以劳树德、以劳增智、以劳育美、以劳强体和以劳创新，来催进学生树立正确的劳动观点和劳动态度，形成以劳动为荣、以懒惰为耻的品质，并为他们终生进行创造性的劳动提供成长的土壤。

“以劳树德”指的是通过踏实肯干的工作作风、坚定不移的意志品质、精诚团结的团队精神等优良品质，促进学生形成正确的人生价值观，使他们成为具有鸿鹄之志、乐善好施、德才兼备的社会主义公民。“以劳增智”指的是学生通过新型的劳动实践，丰富想象力，开辟新思维。在与同伴们的团队协作中，他们还能体验到成功的快乐，同时还提升了劳动智慧和劳动能力。“以劳育美”指的是学生在劳动过程中发现美、体验美、鉴赏美、创造美，让学生们对劳动的需求从自发到自觉，随之孕育产生各种学生社团。“以劳强体”指的是学生在劳动中强身健体，在劳动中享受快乐和锻炼意志品质，直面各种困难，正视各种挑战，形成健康身心和健全人格。“以劳创新”指的是学校将劳动教育目标从早期的“会动手、爱劳动”拓展为“会动手、爱劳动、懂设计”，通过社团、选修课等方式，引导学生进行创造性劳动，用智力有创造地劳动。

劳动教育课程的构建，可以分为三个部分：一是所有学校都可以开设的基础模块，如最美班级、美化校园的卫生劳动，“一屋不扫何以扫天下”的家务劳动，走进工厂车间、走进农村的学工学农，贴近生活的缝纫、钩针、自行车维修、模型制作等劳动技术，结合当地社会实践基地进行的社会实践等。二是结合当地历史、风土人情形成的具有各自学校风格的特色模块，如油纸伞制作、寿山石雕、陶艺、茉莉花茶制作等非遗传承，走进社区、走上街头的公益劳动和志愿服务，花卉土培、手工皂制作、电工操作等结合不同学科的劳动整合等。三是自身硬件条件出色、当地科研能力强的学校可以开设的劳动创新进阶模块，如机器人研究社、3D 打印、三维设计、航天测绘、无人机制作与操控等。

表 1　劳动教育课程的构建

劳动教育课程		
基础模块	特色模块	进阶模块
校内劳动 家务劳动 劳动技术 学工学农 社会实践 ……	非遗传承 公益劳动 志愿服务 学科整合 ……	机器人研究社 3D 打印 三维设计 航天测绘 无人机 ……

总而言之，我们要让每一个学生对劳动都保有一份热诚，让劳动成为孩子们的一种技能、一种态度、一种修养，形成正确的价值观，让快乐从劳动中来，让每个孩子的人生精彩都始于劳动。

（二）教学篇：利用信息技术，推进精准教学

目前，学校全面推进信息技术与学科建设的深度融合。教师利用大数据对学习者认知特征与学习规律进行挖掘和分析，多维度提升分析过程的精度、广度与深度，深入理解与精准诊断，为制定精准的教学目标与教学决策提供科学依据，促进学习者个性化学习和对知识的主动建构，进而促进精准教学的发生。

借助大数据技术对学习者的学习理解、实践应用、迁移创新等能力指标进行分析，便于教师了解不同学习者的学习特征和学习需求，从而制定以学习需求为导向

的教学目标，进而设计有梯度的学习任务。利用大数据技术还可对学习者行为数据进行追踪，展现班级整体与个体的教学薄弱点认知地图，给予教师可视化的教学参考，为每个学习者提供与其最近发展区相适应的学习指导与个性化学习资源。[①②]

1. 精准诊断，制定目标

结合新课程标准的内容、实际教学情况和以往教学经验，对学习单元目标进行细化，结合学科能力指标，制定课程学习单，以达到教学目标的精准化，保证各知识点间的关联性。在此基础上，编制符合要求的测试卷对学生进行诊断性评价，得出包括学生知识点难易程度和学科能力发展水平在内的学情数据。教师基于后台回收的学情大数据诊断学生存在的问题，设计最大限度适合学生发展的教学活动，帮助学生构建更好的学习路径，为学生提供精准优质的学习资源，做到“心中有本，目中有人，胸中有法”。

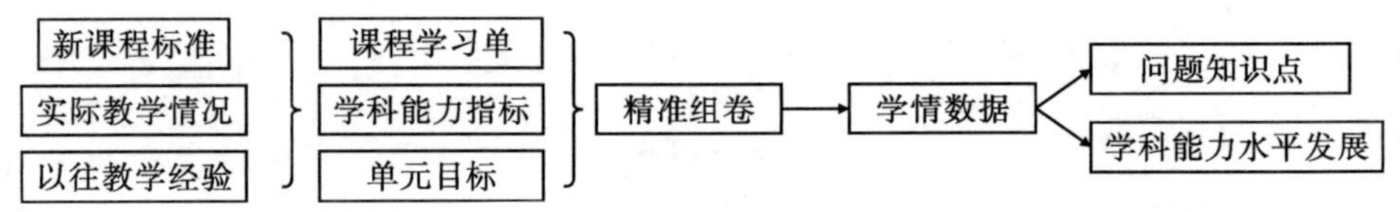

图1　学生的学情诊断

2. 差异指导，个性发展

差异教学贯穿于班级集体教学、小组教学指导、个别教学等阶段。教师课前分析学生的答题情况，对个别需要关注的学生的答题情况在网上平台中批注和鼓励指正。在课中集体授课的问题引导中，教师及时关注答题情况不乐观的学生，有针对性地引导和启发思考，帮助学生掌握学习方法。变式拓展环节中注意鼓励掌握较差的学生主动解答问题并讲解答题思路，帮助其内化知识内容。小组协作环节中鼓励中游学生汇报成果，引导式辅导下游学生深化理解分层测试题，上游学生帮助下游学生，不仅让下游学生深化理解知识，也能使得上游学生从不同角度探析知识点解

① 余胜泉，李晓庆．区域性教育大数据总体架构与应用模型[J].中国电化教育，2019(1)：18-27.

② 刘宁，王琦，等．教育大数据促进精准教学与实践研究——以“智慧学伴”为例[J].现代教育技术，2020(04)：12-17.

答错误的可能。课后，教师重点关注临界生和大幅退步的学生，分析其知识技能短板，根据学生的个性需求对学生进行个性化指导，设计符合要求的变式练习，促进学生技能提升。对于大幅退步的学生，教师进行沟通交流的同时分析退步原因，引导适合的学习方式，保持学生的学习动力和信心。

表 2　学生的差异指导

	课前	课中			课后	
		集中授课	变式拓展	小组协作		
教师	平台批注与鼓励指导	针对性引导与启发思考	鼓励解答与讲解思路	引导式辅导	分析短板与个性化指导	交流沟通与分析原因
学生	需要关注学生	答题情况不乐观学生	掌握情况较差的学生	下游学生	临界生	大幅退步学生

3. 课后补救，精准提升

（1）整体巩固。教师将本单元教学过程中学生暴露出的知识难点、概念混淆内容和相对薄弱的内容制作成微课或者通过网络搜索相应的微课资源，通过平台推送给学生。学生根据自身掌握程度选择微课自学，补救短板。

（2）分层推送。教师根据学生知识短板设计分层练习，结合学生测试的学业等级分布数据，将学生分成若干小组，教师根据学生对知识掌握程度的差异，推送难度不同的练习题。

（3）分类帮助。对学困生做到“五优”“五一”。五优：优先辅导、优先面批、优先提问、优先发言、优先家访；“五一”：每月一次与其谈心，为其制定一个小目标，帮其找一个好伙伴，每月一次与其家长联系，每学期给其一次获奖机会。要求教师对意志力弱不易坚持的、不按学习计划完成学习的学生，应加强鼓励和检查；对自觉性不强的须加强督促；对思维敏捷度不高、不讲不懂、一讲就懂、一做就错的，要加强思维过脑，练习过手；知识零乱不系统的，帮助指导形成学科知识结构体系。信息化手段的运用提高了教学的精准度和课堂效率，体现了“以学习者为中心”的学习理念，利用系统推荐的个性化学习方案，有针对性地解决学习中存在的困难，扫除学习盲点，使其发展成为利用数据认识自我、发展自我、规划自我的主动学习者，从而更好地进行自我调节学习。

个性化学习
资源推荐
自适应引擎
课前
学生
微测诊断
测试数据
分析预测
学生信息系统
课中
自适应
教学策略
教师
可视化显示
课后

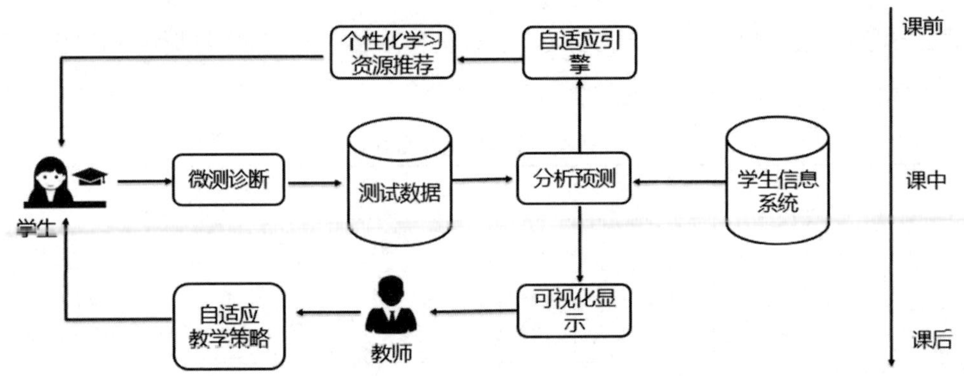

图2　学生的课后学习提升

（三）教研篇：学术型的教师，互助式的成长

“诚以养正　精以致远”办学思想是否能够落地生根并长成参天大树，最重要的驱动力和根本的出发点无疑是全体的教育工作者。“学高为师，身正为范。”一群严于律己、理想远大、学术精湛的老师，才能使学校行稳致远。目前，我校所构建的学术型学校方略已初见成效，其中的核心是教师的专业成长以及教研组的建设。

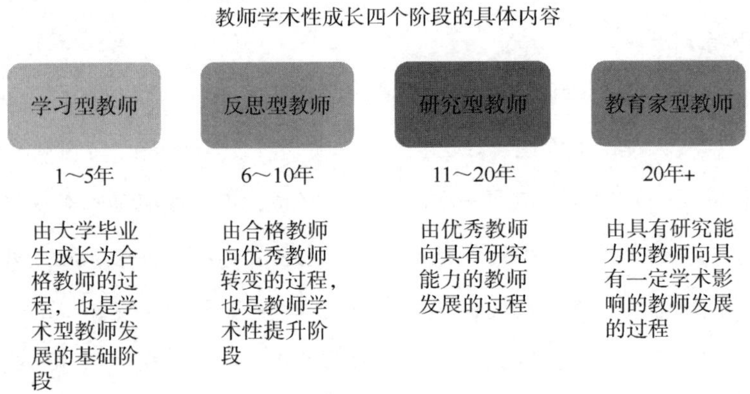

教师学术性成长四个阶段的具体内容
学习型教师
1~5年
由大学毕业生成长为合格教师的过程，也是学术型教师发展的基础阶段
反思型教师
6~10年
由合格教师向优秀教师转变的过程，也是教师学术性提升阶段
研究型教师
11~20年
由优秀教师向具有研究能力的教师发展的过程
教育家型教师
20年+
由具有研究能力的教师向具有一定学术影响的教师发展的过程

图3　教师学术性成长的阶段

就教师的专业成长层面，我校明确指出教师的发展方向，并详细说明在不同的

时间阶段所应该具备的素养指标，为教师的专业成长规划出清晰的路径，让教师能够循序渐进，踏实前行。

从这个思路出发，我们搭建了学科发展构想模型，紧紧抓住以集体备课、课堂教学、作业辅导为核心的常规教学，以专业学习、岗位练兵、主题培训为核心的校本研训，以教研活动、课题研究、论文撰写为核心的校本教研，多维立体地促进教师专业发展。

以学科集体备课为例，我校详细制定并落实集体备课的四级主题活动：第一层级是常规落实式集体备课，第二层级是主题教研式集体备课，第三层级是教学叙事式集体备课，第四层级是项目研究式集体备课。

在第一层级常规落实式集体备课的设定中，强调要定时间、定地点、定主备人、定进度、定内容、定练习、定 PPT、定教案、定学案……

在第二层级主题教研式集体备课的设定中，注重概念教学、活动教学、研究性学习、案例教学……

在第三层级教学叙事式集体备课的设定中，可以采用我最得意的一堂板书设计、我最得意的一堂新课导入、我最得意的一组试题创编、我最得意的一幅板图或板画、我最得意的一节教学设计、我最得意的一次课堂交互活动、我最得意的一则活动设计、我最得意的一次课堂提问、我最得意的一则教学案例……

在第四层级项目研究式集体备课的设定中，则关注概念教学的研究与实践、校本课程开发的实践与研究、活动教学的实践与研究、研究性学习的开展与总结、核心素养培养的课堂教学实践研究……

为了让集体备课扎实高效，我校还出台教研组评价体系。这个评价体系包括以公开课、学科竞赛、讲座等为核心的常规活动，以教学比赛、学科名师、联考成绩为核心的教学成果和以论文、课题为核心的科研成果等多方面的维度。使用这个纲举目张的评价体系，以促进教师在良性有序的竞争中提高自己的专业水平，同时也使教研组的建设更上一层楼，从而提高教学质量。

总之，学校制定精准有效的策略，促进教师专业化的成长，使他们视野开阔、终身学习、学术精湛，从而为学校的行稳致远提供源源不断的强劲动力。

（四）管理篇：任务驱动精心施策，愿景引领倾心扶持

管理是学校最核心的竞争力。欲抓质量，先抓管理；管理是因，质量是果。

健全科学的管理制度，是学校依法治教、依法治校的根基。同时，精准的决策和实施，也是形成良好的行为习惯、健康文明的生活方式、高尚的道德情操和积极向上的精神风貌的必经途径。与此同时，学校的各项管理制度，既是广大师生的行为准则，又是校园文化的重要内容和表现形式。学校管理的最重要目标是形成主人翁意识和共同愿景，找到“学校是我家”的归属感和幸福感，让“事事有交代，件件有落实”。真诚、关爱、理解、鼓励，才能使精准的制度发挥出最大的能量，从而使学校走上发展的康庄大道。

在日常工作中，我校制定《福州二中促进教师专业发展规划》《福州二中教师发展性评价实施方案》《福州二中青蓝工程计划》《福州二中名教师培养制度》《福州二中骨干教师培养制度》《福州二中青年教师考核标准》等一系列激励教师专业成长的制度，不断加大教研组的建设力度，促进教师的专业化发展，探索“精进，精细，精准”的实现路径。

深入开展“铸师魂、树师表、净师风、练师能”系列活动。在师德建设教育活动中，学校摒弃以往简单的学习、说教的形式，充分结合学校的实际情况，挖掘教师团队中的动人故事，通过大讲堂的形式，让全体教职工感知优秀师德典型教师的形象，注重活动总结，以文化引领教师自觉履行职责，不断优化自身教学行为、提升自身教学素养，彰显学校文化内涵。推荐全体教师读一本好书，写一篇教育心得，提升思想政治觉悟；组织教师开展“甘守三尺讲台，争做‘四有’好教师”为主题的读书征文活动并进行评比，展现我校教师爱岗敬业、教书育人、严谨治学、为人师表、与时俱进的精神风貌。全体教师内强素质，外树形象，个体优秀，群体协作。

我校的教师队伍里有省名校长、省教学名师、正高级教师、特级教师、省市学科带头人、省学科带头人培养对象、市级骨干教师等，强大的师资队伍通过教书

育人、管理育人、环境育人、服务育人全方位地引领学生，在“诚以养正　精以致远”的办学思想指引下使他们求真的人性、爱美的天性、向善的本性得到进一步的培育；创新师生平等合作、互动共进的教育文化，形成师生心心相印、相通、共长的激励机制，使师生在相互影响、相互切磋、相互促进中产生思想与情感共鸣和交响，构建起师生和谐共荣、互惠双赢的教育生态。

（五）学生篇：生涯规划精准定位，个性发展用心引导

以学生的发展为中心，拓宽学生视野，反思职业路径，促进知行合一，做到精准定位，精准引导！借助学校“心理健康教育中心”硬件设施和开设全校必选的“中学生生涯规划与辅导”特色课程，将中国传统文化与现代心理学有机结合，在指导学生进行生涯规划的教学中，渗透公民意识教育、法制观念教育、心理健康教育、传统文化教育，帮助学生设计人生，树立理想信念，谋划职业生涯愿景。

学校建有先进的硬件设施——心理健康教育与生涯规划指导中心“育心园”，占地面积达 400 多平方米，设有心理专用教室、箱庭游戏室、音乐放松室、多功能活动室、个体辅导测评室、办公接待室和档案室等多个功能室，其中箱庭游戏室设施达到全省先进水平，音乐放松室还拥有目前国内最先进的音乐放松专用设备。

我校加强与福建师范大学及闽南师范大学的合作，邀请高校的专家学者来校指导生涯规划教育工作，通过问卷测评等方法让学生能有更全面的自我认识，做到精准定位。

同时，加强自身的科研力度。我校编写了可以适应三个年段学生的生涯规划校本教材，促进了生涯校本课程系统化。在各个年段开展各项符合年段特征的系列活动，在活动设计和参与对象的选择上同样做到精准，使活动效果最大化。在此基础上，将五育并举的思想渗透到生涯规划的课程中，使生涯课程更加细致化、精准化。

为了迎接新高考，我们大量增加职业规划与调查实践活动，通过生涯规划大型讲座、职业测评、选课指导、家长职业进课堂、对外交流、职业调查和大学专业调查、走进高校等系列活动，让学生自我设计人生，遇见更好的“未来的自己”。在这个过程中，我们形成家长职业进校园、探索家长职场、走近知名企业和特色职业展示四个课程。

六、未来展望

我校正在加大投入，加快建设更为生态智慧的校园环境，使之与深厚的校园文化、办学特色互为表里，相映生辉，为学生的修心养正、幸福成长、实现人生理想构建一片书香净土，促进学校内涵发展、特色发展。

学校将进一步拓宽视野，借助开放办学，加强国内外、省内外校际交流与合作，鼓励教师参与各级各类高端研修，拓展教师的国际视野，促进教师的专业发展。与部分高校建立协作体，寻找双方人才培养的契合点，建立校外考察与实践基地，突破学科中心观念，打破分科教学的局限，通过多学科支撑、跨学科的主题研究，打造凸显办学特色的多元、开放的课程体系。如探索在校内形成以“项目研究”为载体，以学生参加社会综合实践为组织形式的践行的探究性课程。

全力推进信息技术的研究和实践。通过大数据分析形成的可视化报告，能够将学习者隐性的思维过程、能力素养等难以观测的维度显性化。通过向学习者呈现有关学习进展、知识水平、迷思概念、学习绩效等信息，有助于学习者了解自身的学习状态，促进其对知识的主动建构和思维发展，有利于培养其元认知发展水平。值得一提的是，学习者的学科能力是多因素变量共同影响的结果，可提供以下启示：利用大数据分析技术探究影响学习者学科能力发展的相关变量，协同各影响因素的关系，可有效提升学习者的学科能力和素养。①

总之，学校将以“诚以养正　精以致远”的指导思想，统领各方面的观念认识，从而有效地推动学校的实践探索，在守正中出新，从而实现百年老校的光荣和梦想。

① 刘宁，王琦，徐刘杰，等．教育大数据促进精准教学与实践研究——以“智慧学伴”为例[J].现代教育技术，2020，30（4）：12-17.

办有品质的幸福学校

◎张年雄

【作者简介】

张年雄（1975— ），男，福建福州人，中学高级教师。福建省福州第十一中学原校长，现任福建省福州屏东中学校长，福建省“十三五”中学名校长培养人选。福建教育学院兼职教授，曾获福建省青年五四奖章、福州市先进德育工作者、福州市创建全国文明城市先进个人、福州市先进教育工作者等荣誉。

一个时代的教育有一个时代的使命与特点，一所学校也有一所学校的使命与特色。对于一所 1982 年立校但发展迅速的年轻学校而言，它的办学价值追求是什么？这所学校的使命到底是什么？这两个问题一直在我的脑海中盘旋，促使我不断思考与寻求回答。而我的回答在回想个人的经历、追溯学校的办学经验和回应时代的需求等思索中，逐渐清晰和明确起来。“办有品质的幸福学校”既是福州屏东中学追求的办学效果，也是我办学思想的终极目标。

一、“办有品质的幸福学校”办学思想的缘起

社会大众在评价学校时总是会以学校的办学质量为基本的评判依据，渐渐地，一些办学质量好的学校就成为老百姓认可的“口碑学校”“名校”。我有幸在福州一所近 80 年校龄的名校求学，并回到母校工作了 10 年，这些年的工作经历让我感觉到高质量的办学对学校发展的双向提升作用，即高质量的办学助推学校不断发展壮大，学校的发展又促进了办学质量的良性提升。我曾在福州屏东中学担任副

校长、书记职务，见证了屏东中学不断发展的历程，2015 年调任另一所学校担任校长，在时隔 3 年后再调回屏东中学担任校长时，我对教育的理解更加深入，满怀希望带领屏东中学向理想的教育不断迈进，而对教育口碑的在乎和对教育品质的追求，始终是我心中想要寻求突破并努力践行的理想教育的方向。作为校长，很多时候我们会不由自主地被裹挟着追求学校和学生“现实的”成功，由此，学校的功能指向就发生了根本的改变。在此思维方式的主导下，中国基础教育的一些怪现象层出不穷，这些光怪离奇的现象背后有辛酸和无奈，但不能不引起我们每个校长的警惕和反思。从办学的角度，教育的本质依然需要我们回归教育的常态，重新寻找教育的本真，回到教育之所以发生的那个“质”里面，从中探寻教育的“幸福”。为此，我将“办有品质的幸福学校”作为福州屏东中学办学思想的呈现方式并不断探索实践。

二、“办有品质的幸福学校”办学思想的内涵界定

“幸福”是指一个人自我价值得到满足而产生的喜悦，并希望一直保持现状的心理情绪。从马丁・塞利格曼的积极心理学角度来看，“幸福”是定义在生存基础上的存在，在良好稳定的生态环境下发展，在各幸福体内实现的相互满足和相互认同（同等的尊重信任）的感受。教育是影响人身心发展的主导因素，促进人的发展和促进社会的发展是教育的基本功能。从教育促进人主体意识发展的角度来定义：幸福是感受到目标和理想的实现而得到的精神上的满足。从教育促进人个体特征发展的角度来定义：幸福是人们在自我完善过程中，发挥潜能和创造力而体验和感受人生价值的存在。从教育促进人个体价值实现的角度来定义：幸福是创造美好生活的能力。从教育促进社会发展的角度来定义：幸福是一种基于使他人快乐和幸福之上的体验。综上所述，幸福，是人所追求的生存状态与存在方式，是人的物质需求与精神需要得到统一满足时的和谐感，是人的身心健康和谐与人格充盈的完美状态，是一种生活得以更好的能力体现，包括优越的幸福感、科学的幸福观及优秀的幸福品质和卓越的幸福能力四个方面。

何谓“幸福学校”？从教育的终极目标来定位“幸福学校”，我们要思考教育的价值在哪里。世界著名教育家苏霍姆林斯基说：“在教学大纲和教科书中，规定了

给予学生各种知识，却没有给予学生最重要的东西，这就是：幸福。理想的教育是：培养真正的人，让每一个从自己手里培养出来的人都能幸福地度过一生。这就是教育应该追求的恒久性、终极性价值。”教育应本着“以人为本”的理念，以人的本性、人的尊严、人的潜能在教育过程中得到最大的实现与发展，最后达到人人都拥有幸福人生为终极目标。可见，教育以幸福为目的，既是一种实然事实的存在，也是一种应然价值的追求。由此，笔者认为“幸福学校”的内涵是：学校以人的终身幸福为目的，在教育中创造、生成丰富的幸福资源，培养出能够创造幸福、享受幸福的人。“幸福学校”的目标是：学校能够为学生智慧和人格的同步发展创造最佳的环境和条件，让所有学生都能够拥有——理解幸福的思维、创造幸福的能力、体验幸福的境界、奉献幸福的人格。

在“办有品质的幸福学校”这一办学理念中还包含有“品质”这个关键词。对于“品质”一词，在《辞海》里有两种释义，一是指物品的质量，二是指行为、作风上所表现的思想、认识、品性等的本质。“品”者，物之类也；“质”者，品之性也。可见“品质”既包括外在物质的显现，又包含内在精神的呈现，是两种形式交融的综合体现。对“品质”的追求不仅体现在对学校外部条件、内部管理、教学质量、教学成效、社会影响等显性的方面，还体现在校园文化、价值认同、情感趋同等隐性的层面。

综合起来，对于“办有品质的幸福学校”的理解则是在学校这一共同体内，从外在条件的创设到内在精神的熏陶达到交融与提升，从而让每一个参与其中的，不论是管理者还是教师、学生，这些构成幸福体的成员产生满足而喜悦的情绪，由内而发生对学校的认同与悦纳，并以能够参与其中为自豪。以“办有品质的幸福学校”作为福州屏东中学的办学思想是屏东中学在办学过程中结合学校办学实情，考量学校发展定位，展望学校发展未来而凝练出的总目标，也是所有屏东人心中的愿景、为之奋斗的目标。

三、“办有品质的幸福学校”办学思想的理论依据

在新时代，人们的生活已经摆脱了为温饱而烦恼的阶段，进入了如何提高品质

的阶段，教育也是同理，目前教育追求的是高品质的发展方向。如果用现代企业管理理论来参照，学校教育同样追求高效率、高品质的终极价值，以实现办学效益的最大化。而根据实践教育哲学的理论，教育是一种审慎的实践，不论是知识教育、道德教育、审美教育都是间接或直接发生于实践场域，强化注重知识教育与生命体验的实践化。在实践的过程中，教育者与受育者在实践场中均能感受到教育的质量和品质，从而实现对教育最终价值的追求。从这个层面上看，“有品质”是“定位”，即确定学校发展的时空方位，确定学校错位发展的基本方略，体现自身独到的办学追求。

追求美好幸福生活是人之天性，教育最本真的意义应源于这一人之天性，教育的本质功能应该是培养人们理解幸福，追求幸福，引领人们迈向幸福之境。根据人本主义教育管理理论的相关阐述，作为社会存在，一个人在组织中不仅需要工资的增加，还需要得到友谊、情感、安全、归属感，需要得到尊重（霍桑实验结果）。学校办学的根本任务是创造良好的教育教学关系气氛，满足学校组织成员的社会需要和心理需要。学校教育的本质从目标追求上来说，恰恰就是真正去为学生的幸福人生奠基。从这个层面上看，“幸福学校”是“定向”，即明确学校发展的目标，描绘学校发展的未来愿景，引导学校向预定的方向迈进。

因此，“办有品质的幸福学校”是“定位”与“定向”的双重叠加，是全校师生共同的价值追求和心灵约定。

四、“办有品质的幸福学校”办学思想的理论支撑

办学思想的理论支撑，要有教育管理学理论的支撑，还必须结合学校的实际发展情况。办学思想是指学校依据一定的教育思想，遵循教育方针，结合本校实际而形成的对自己学校的办学模式、育人目标、育人途径、育人方式等一系列办学、治校、育人的根本问题的指导思想。办学思想是学校的灵魂和核心，是全校师生共同的价值追求和心灵约定。办学思想具有一定的理想性，也有强烈的现实关怀，是在具体学校的土壤中生长出来的，与学校的发展历史、已有经验以及现实状况息息相关。只有对学校历史与现状作充分的分析，才能增强办学思想对学校自身的适应

性。办学理念对学校办学所起的引领与导向作用至关重要，缺乏办学理念指引的办学实践，很难摆脱盲目办学的标签。因此，所提炼出来的办学理念，需要在实践中贯彻，并作出修正，实现办学理念与办学实践的良性互动。否则，办学理念仍然会成为挂在墙上、停留在口头上的摆设，办学思想的“诞生”也就无从谈起。这就是说，校长的办学思想一旦形成，就要被学校的师生所接受、所理解、所认同。

作为诠释办学思想的具体理论支撑，福州屏东中学提出了“开启智慧、润泽生命”的办学理念，它以人为本，通过学校教育，掌握知识，培养能力，塑造品格，打开每个人的智慧之门，从而滋润每个人的生命，让生命富有意义和价值。在起点上，直面人的生命；在过程中，遵循人的本性；在结果上，润泽生命，追寻生命的意义和价值，提高生命的质量。直面生命是前提，循于生命是保证，完善生命是目的。本着对学生的升学考试负责，到对学生的生命质量负责，再到为学生的幸福人生奠基这样的过程，体现教育尊重生命的需要，完善生命的发展，提升生命意义的深刻内涵。正如陶行知先生在阐述他的学校观时提到的“学校的势力不小”，此处的“势力”更多指的是学校给予教育者及受育者的空间与指导，以及对个体未来的影响力。“办有品质的幸福学校”就是意在创建这样的场域，为每一个身在其中的个体提供教育环境。“开启智慧、润泽生命”与“办有品质的幸福学校”互相补充，感性的诠释与质性的呈现突出了福州屏东中学办学思想关照下学校观的具体内涵。

“崇德、尚美、乐学、笃行”是学校的校训。崇德是根基，即崇尚良好的道德品质，尊崇有德行的人，它体现了学校德育为首、师德为先的办学原则；尚美是羽翼，追求身心和谐，以美怡情、以美健体、以美益智、以美促德；乐学是抓手，作为治学的最高境界，即以学为乐，寓学于乐，教师乐中启智，学生乐中求知；笃行是保证，做到知行合一，是行动实践，是努力和奋斗的过程。“求真、务实、和谐、创新”是校风，这可谓是一种特殊的“精神航标”，它能激发并引导师生为完成学校的目标而朝一个方向团结奋斗，勇往直前，并转化为他们的自觉行动。“敬业、爱生、严谨、求索”是教风，教风依屏东中学的特点表现出独有的特色和丰富的内涵，并逐步地形成和固化，成为一种传统和风格。“勤勉、刻苦、求新、进取”是学风，它既是一种学习氛围，同时又是一种群体行为，不但能使学生受到潜移默化的熏陶和感染，还能内化为一种向上的精神动力。一训三风有机统一，相互诠释，与办学思想一脉相承，进一步细化了有品质的丰富内涵，阐释了具体的实施途径及追求效果，也是学校教师观、学生观的直接体现。

总的说来，"办有品质的幸福学校"从其效果追求来看，品质是能够促进学生与教师自主发展、和谐发展、个性发展和可持续发展的方向；从其目标追求来说，那就是要为学生的幸福人生奠基，为社会培养合格的公民。

五、"办有品质的幸福学校"办学思想的实践探索

福州屏东中学创建于 1982 年，坐落于福州屏山东麓市城区核心区域，现有 111 个教学班，学生 5741 人，教职工 395 人，是福州市规模最大的公立全日制普通完全中学。学校全面贯彻党的教育方针，始终坚持正确的办学方向，树立"开启智慧　润泽生命"的办学理念，秉承校训"崇德　尚美　乐学　笃行"的教育价值追求，学校连续十三届被评为省文明学校（校园），并获得"福建省德育工作先进学校""福建省教育系统先进集体""福建省实施素质教育先进校""福建省基础教育课程改革先进集体""全国群众体育先进单位""全国艺术教育先进单位""全国体育特色学校（篮球）""福建省小公民道德建设先进集体""福建省中小学校艺术教育先进集体"等一系列荣誉称号。此外，屏东中学还被教育部确定为"教育部－中国移动中小学校长培训基地校"（福州市属中学仅一所），被省教育厅确定为"高中新课程实验样本校""高中课程改革基地学校""体育特色学校（篮球、田径）""福建省教育信息化示范学校"等，被福州市教育局遴选为"普通高中多样化特色化建设试点学校"，被福建师范大学授予"音乐学院生源基地校"。

福州屏东中学是一所改革开放后成立的新学校，1995 年被评为福建省普通中学三级达标学校，2002 年评为福建省普通中学二级达标学校，2013 年评为福建省普通中学一级达标学校，不断保持上升的趋势，学校品牌、学校认可度、办学效益得到了社会各方面的肯定，获得的各种荣誉与认定也是上级教育主管部门对屏东中学办学业绩的肯定。特别是近几年，屏东中学更是以高考综合改革和新一轮基础教

育课程改革实施为契机，抢抓机遇，强化管理，立足质量，锐意创新，形成在省内外有影响力的"屏东办学模式"，全心打造"有品质的幸福学校"。

在践行"有品质的幸福学校"办学思想的实践中，我着重先从管理品质的提升入手，配合教师品质的发展、学生品质的培养、办学品质的优化三方面重点进行实践探索，形成"一提升三带动"的实践模式。

（一）提升管理品质的高度

从某种程度上说，"管理就是服务"是一种以人为本的新理念，这种理念拓展到学校就是一种以师生为本的执行模式，它着眼于师生共同成长，做好服务，从而成就一所学校。

1. 建章立制，营造透明的工作环境

《细节决定成败》一书中说道："管理可以分为'管'和'理'两部分，'管'是监督控制，'理'是指导服务。"在学校管理中，制度建设是重要保障，凯文·凯利在其《新经济，新规则》一书中提出，"（对一个组织的管理者来说）如果它（资源）不是活的，就去激活它；如果它还没有互联，就让它互联。"对学校管理而言，最重要的资源是每一名不一样的教师。因此，"激活""链接"而不是"控制""惩戒"，就成了制度设计的首要思考。

制度设计的关键是充分的赋权和明晰的职责。其要义在于培养教师的主体发展意识和主人翁的态度。在管理实践中，为了让老师们理解学校是我的学校，是我们共同的学校，我与老师们一起制定学校的"办学章程""发展规划""管理内容""制度文件"，把学校价值体系转化为具体、确定的发展目标、组织结构、运行机制、岗位职责、管理文件，明确了学校管理的类别、部门的职责定位、运行机制、管理内容，清晰回答了两大方面的问题：首先，从组织结构来说，学校为什么设置这些部门，确定这些管理岗位，需要这些管理人员，这些部门又是怎么运作的，有哪些管理内容，执行哪些制度，管理者有哪些职责，享有哪些权利等等；其次，从教师个人来说，每一个岗位、每一位教职员工落实哪些岗位职责，执行哪些制定的文件，在哪样的群体以怎样的方式工作，享受哪些权利，等等。让老师们对

学校管理的每一个行为都看得清、看得懂，对个人实践的每一个行为都能够判断、知晓对错，让老师们明确“没有团队的成功就没有个人的成就”这一理念。我始终认为，学校制度是全体教职员工共同的行为和心理契约，制度建立、完善和执行的主体应该是老师而不是管理者，因为只有这样才能形成行为改进的内在驱动；最好的管理是看不见的管理，而不是没有管理，看不见的管理就是组织和个人的“自运转”。

2. 培养团队，强化服务师生的理念

美国麦卡锡公司出版的《改革领导人》一书中有这么一个结论：（企业）成败的决定因素并非高级管理层，而是一批中层的新型管理者，他们被称为“真正的改革领导人”。

这一结论同样适用于学校：学校能否持续发展和改革，取得更高的业绩，关键因素不在校领导，而在于中层干部（年段长）。他们是否懂业务、会管理、善沟通、愿拼搏，踏踏实实，廉洁勤政，求真务实；他们能否把学校愿景、工作动能与社会现实这三股学校发展的动力有机地链接在一起，做学校战略决策、组织方案的有力执行者和组织实践者，决定着学校办学的成败。

在担任屏东中学副校长期间，我主管德育，其间我重点促进年段团队建设，以资深的年段长为核心，组建有经验、有威信、有热情的班主任团队，同时促进对班主任的奖励及轮休制度的建立。因为我始终觉得学校最重要、最基本的管理单位是班级，每个班级管理好了，学校自然就好管理。由此，在屏东中学至今还有几位资深段长带领着他的班主任团队奋战在德育一线。屏东中学是一所年轻的学校，40岁以下青年教师占到总人数的80%，屏东中学的中层干部年龄普遍在35岁上下，他们有冲劲、有干劲、执行力强。作为校长，到任后我就致力打造一支优秀的行政管理团队。我在原有基础上，适度改革管理体制，进一步明确中层岗位职责，将权力真正下放到中层干部手中，要求他们“在其位，谋其政”，敢于“拿主意，发指令”，优化处室团队建设。

教育就是要服务于每个人的健康成长。对教师来说，他们的服务对象就是学生；对校长来说，教师和学生都是服务对象。在到任的中层会上，我就向全体中层

干部灌输这一理念，要求大家树立服务师生的意识，抓好各项工作的落实。

我深知教师这一职业的辛苦与奉献，为此我努力提升屏东中学教师的职业幸福感。学校想方设法改善教师的工作待遇，优化教师的工作环境，只要老师有需求有呼声，学校都会用心倾听，小到办公桌椅的更换、午餐的菜品，大到教师子女入学、教师家庭的困难，学校都尽力帮助、尽力满足，让屏东老师在学校工作时能够全身心、无后顾之忧地投入，力争让每一个屏东教师以在屏东中学工作为荣。

17 世纪的捷克教育家夸美纽斯有个很经典的观点："在教育管理中，校长必须有一颗'学生的心'，这不仅是教育思想，更是教育行动，其核心就是校长站在学生的立场，为学生考虑。教育的目的不是为了管住学生，而是为了让学生自己管自己。"为此我设立了校长信箱，每周总会收到一些孩子的信件，有对班级情况的反馈，有自我学习的困扰，还有对老师的评价等。特别是 2020 年新冠病毒肺炎疫情缓和全面复课后，我收到了一封长达三页有关下午第四节课程安排的调查报告，在这份报告里，孩子详细列举了在这特殊时期学校安排第四节课的利与弊以及推行期间的实际情况，并从学生角度提出了一些建议。收到这封信件后，我特地在行政办公会上展示，并借此契机再次强调了服务师生的意识。很快，教务处就针对学生的建议进行了更为合理的课程安排。

提升学校管理品质的高度，需谋划在大处，体现在小处。管理就是服务，学校管理的成效与品质最终体现在广大师生的眼里与心里，只有得到他们的认可才是营造幸福学校的前提条件，而管理品质的提升所带来的结果不仅仅是等量增加，更多的是聚量增长。

（二）带动教师品质的发展

教师是学校的核心资源和中坚力量，教师的品质决定了一所学校的品质内涵，教师品质的发展也是学校发展环节中的不可或缺的一环。

1. 目标引领，完善教师评价机制

一所学校的教育能否有品质，教师的品格、素养和能力至关重要。屏东中学

2017—2022年办学发展规划对教师发展制定了以下发展目标：以教师的职业理想和职业道德教育为重点，加强师德师风建设，注重教师自我学习和内在素养的提升；坚持以课题研究为抓手、以信息技术运用为突破口、以校本研训为助推器，以教师的专业发展为最终目标，持续实施并不断完善青年教师培养工程和名师培养工程，努力建设一支"师德高尚、学养深厚、业务精通、教艺精湛、结构合理"的师资队伍，努力培养一批具有先进的教育理念、宽阔的学术视野、浓烈的创新意识、深厚的专业知识与教学功底、较强的教科研能力的骨干教师，在全校形成和谐争先、合作发展的教师文化。在此发展目标的引领下，学校教师们对自身的职业发展有规划，教学价值有追求，专业发展有目标，增强教师的内驱力，形成自我提升的动力和愿望。同时学校发展以教师为本，教师素质以师德为先。学校高度重视教师师德建设，深入开展"修师德、炼师能"系列活动，将师德建设与教师专业成长发展相结合，形成鼓励优秀教师脱颖而出的良好机制和氛围。学校涌现出一大批师德高尚、有共同价值追求的先进典型，林碧云老师被授予"全国五一劳动奖章"，蔡玉芳老师被授予"全国模范教师""福建省最美教师"称号，陈丽榕老师被授予"全国优秀班主任"，周灵老师被评为"福建省杰出人民教师"，柯圣老师被授予"福建省先进教育工作者"等。

邓小平同志说："制度好可以使坏人无法任意横行，制度不好可以使好人无法充分做好事。"这句话同样适用于学校的评价制度。更乐观地说，好的评价制度就是让师德好、能力强、肯投入、多做事的教师享受应有的荣誉，满足其自尊心、荣誉感、成就感和进取心，进而使其更加投入，做更多的事，也成就自我、感受幸福。人人如此，则能激发团队更大的潜力和创造力。总之，好的评价制度可以引导个人和团队不断进取、奋发向上。对此屏东中学构建了多元评价体系，确立以人为本的价值观，遵从定性与定量相结合的原则，构建符合学校发展要求的、多元的、有利于教师专业发展的评价体系，健全激励教师的评价制度，促进教师对自己教学行为的分析与反思。要让全体教师在评价中得到激励，在激励中反思得失，在反思中发展提高，根据过程评价和结果评价相结合、定量评价和定性评价相结合、教师的现存价值与潜在价值相结合的原则，建立以教师自评为主，领导、教师、学生、家长共同参与的评价制度，既有利于诊断教学问题，提供教学信息反馈，加强课堂教学调控，同时也为加强师资队伍建设提供了科学决策的依据，有利于不断促进教师的专业化发展。特别是在教师岗位设置与竞聘，推荐各级别骨干教师、学科带头人、名师培养对象以及外出培训机会等涉及教师切身利益的问题上，都坚持以评价条例为先，保障公正客观的评价程序与过程。

2. 合力助推，促进教师专业成长

对教师发展而言，就是要实现他们专业上的“野蛮生长”。当教师产生“我要发展”的强烈需求时，学校适时为其搭建好平台，创造好机会，帮助教师不断超越，逐步成长，实现教师职业追求的最高目标和最终价值。为此，学校通过一系列措施合力助推提升学校教师专业发展。

（1）实施“一、三、六、九、十八”青年教师培养工程。即一年适应、三年合格、六年优秀、九年成骨干、十八年成一方名师。进一步完善师徒结对、校本研修等一系列行之有效的青年教师培养举措，建立青年教师成长档案；充分发挥省市学科带头人、教研组长、名优骨干教师的传帮带作用，为年轻教师引路、搭台，帮助和指导青年教师发现自我优势，发挥自我特长；通过校本研训、公开课、青年教师素质大赛等平台，促进青年教师成长。

（2）积极实施名师培养工程。立足教师队伍的整体优化，按照“面向未来，重点选拔，梯次培养，合理分布”的原则，加大省市学科带头人等名优教师的培养力度，加速中青年骨干教师的成长，把素质好、潜力大、肯钻研的青年教师确定为名优教师的培养对象，注重教研组教师培养梯队的建设，针对不同层次的培养对象，提出不同的发展要求，并积极为教师的成长创造条件、搭建平台，促进骨干教师的快速成长与教师队伍的可持续发展。

（3）加强团队建设，抓实校本研训，提升教师专业素养。加强教研组、集备组团队建设，规范教研活动，加强教学活动、集备活动的常规检查力度，提升教师团队的整体素质；积极组织教师参加继续教育，有目的、有计划地开展务实的校本研训，创新校本研训的方法与模式，提升校本研训的有效性；坚持以课堂为主渠道，逐步建立具有我校特色的校本研训体系，促进教师专业水平和能力的不断提升。

（4）围绕“信息技术与教育教学的深度融合”这一主线，以“机制创新、应用驱动”为突破口，推进信息技术与课堂教学深度融合的教学实践，让教育信息化根植于每位教师内心，在实现教与学方式的变革中促进教师的专业成长。

在一系列制度保障和专业助推下，屏东中学教师参加各种教科研评比成绩斐然：学校连续四年被评为福建省信息技术与课程整合“三优联评”活动优秀组织奖、“一师一优课、一课一名师”活动优秀组织奖。近 3 年在“一师一优课·一课一名师”活动中，教师共晒课 293 节，市级“优课”46 节，省级“优课”27 节，部级优课 19 节。我校教师连续三年参加新媒体新技术教学应用研讨会暨全国中小学创新课堂教学实践观摩活动，成果丰硕，共有 15 人次获国家级奖项，4 位教师分别获得福建省第四届中小学教师技能大赛一、二、三等奖，有 30 位教师参加福州市第五届中小学教师技能大赛，其中特等奖 1 人、一等奖 6 人、二等奖 13 人、三等奖 10 人。

教师品质的发展，需要借助制度建设、评价机制、激励办法等方式，创设教师专业成长的条件，提供精准的专业发展平台，树立教师内心的信念与活力，成就每一个教师的教育梦想，使其成为幸福学校的参与者。

（三）带动学生品质的培养

法国作家尚福尔说：“教育务必立足于道德和智慧，道德是为了支撑美德，智慧是为了防止自我遭到不道德的侵凌。”学生始终是教育的主体，主体的品质培养体现了一所学校的工作实效和业绩。

1. 主题品牌，以德育活动浸润精神之花

屏东中学以“修德启智　树魂立根”为目标，以基本道德和行为规范教育为主线，以打造“做好人”活动品牌为重点，以学生实践体验为主线，增强学生的道德文化认同感，更好地促进学生自主发展。

“做好人”主题活动一直是福州屏东中学尚美德育的品牌。那句“我们不一定会成为伟人，但我们一定可以成为一个好人”一直鼓励着屏东人爱校明理、友善奉

献。从 2008 年 3 月至今，“做好人”主题活动走过了十三个年头。从获得“福州市见义勇为积极分子”称号的章立强、林楠、李迅同学，到身残志坚、感动屏东的邓若同学；从为重病同窗、受难校工两次献爱心捐款的全校师生，2017 年拾金不昧的罗雨涵同学和连续十年在省博做志愿讲解员的许恩泽同学，2018 年屏东学生王晟烨、郑洁颖被福建省教育厅授予“福建省首届最美学生”称号，到罗雨涵、黄耿坤、邓佳源同学先后被评为“福州市时代好少年”，十三年来，一届届的屏东学子沐浴着正能量成长，在帮助他人、奉献社会中感受快乐，体验幸福。2014 年，德育处将“做好人”活动与志愿者服务进行整合，面向全体学生发放《志愿者服务本》，制定了志愿者服务的课时制度，在校园里形成了新一轮的“人人争做好人，校园内外奉献”的新局面。在校内，志愿者们开始参与执勤队、评操队、安全员队和段委，其中的优秀分子，成了学生自主管理的带头人，协助老师们维持着校园内的良好秩序。在年段里，各班的志愿者利用每周固定的时间段，以各种方式为年段与班级奉献爱心，为同学们提供方便。在家委会的帮助下，志愿者们的身影出现在敬老院、福利院、社区低保户、农民工子女家庭、小动物保护中心、福州植物园、残疾人服务站、各类图书馆等地方，将“屏东好人”的形象传向整个社会。2016 年，“做好人”活动继续创新着。为促进学生自我发展体系的规范与提升，德育处、校团委提出了“小事塑造品质，小节酝酿品位，小处闪耀品格”的新思路，学校定制了三种颜色的志愿者服务马甲。从此，“实践，让我更自信”“奉献，让我更快乐”“自律，让我更成熟”成为屏东好人的行动准则。

十三年来，“做好人”主题活动培养了屏东人树立正确的自我观念，能了解自我、悦纳自我，能体验自我存在的价值。通过“做好人”主题活动，屏东学生善于与同学、老师和亲友保持良好的人际关系，乐于交往，尊重友谊；通过“做好人”主题活动，屏东学生情绪稳定、乐观，能适度地表达和控制情绪，保持良好的心境状态；通过“做好人”主题活动，屏东学生保持着健全的人格，热爱生活、热爱集体，形成“屏东人”的道德性格和气质，增强“我是屏东人”的认同感与幸福感。

2. 多元探索，以课程建设落实素养之基

学生核心素养，主要指学生应具备的、能够适应终身发展和社会发展需要的正确价值观、必备品格和关键能力。核心素养是育人的抓手，课程是核心素养落地的抓手，课堂是实施素养教育的主渠道。近年来，学校教育改革与创新致力于课程建设与课堂改革两个方面的突破，以突出学生主体和学生自主性的发挥为重点，强调将学生自主发展贯穿于课程和课堂改革全过程，使完全人格教育更加科学有效。我们认为，让课程和课堂更加尊重人、贴近人，更有利于人的主动发展、未来发展，这是学校新一轮教育改革与创新的重点，也是学校新理念落地的关键。

历经多年的探索，我校以"让每个学生成为最好的自己"为导向，注重基础知识与基本技能、理论与实践相结合，注重家国情怀、审美情趣和道德品质的情感体验与实践活动相结合，设置多元课程，不断丰富课程内容、完善学科课程体系。其中课程结构强调基础性、系统性、多样性、选择性，设置必修课、选修课，以满足学生全面而有个性发展的需要；强调知识和能力并重，身体和心理共育，智力、情感、态度协同发展；突出自主学习能力、主动合作能力、实践创新能力和未来职业能力的训练；重视学生兴趣引导和选择指导，培养学生学会选择；强调贴近学生生活，增强情感体验，培养核心素养，为学生未来发展奠基核心素养。近六年，学校组织学生参加各级各类学科竞赛，取得优异成绩，共计 410 人次获各学科奖项，其中赵锦山同学荣获 2015 年全国化学学科奥林匹克福建赛区竞赛一等奖，林圳同学在第 26 届全国中学生生物联赛中荣获福州赛区一等奖，学校在第八届福州市学生规范汉字书写大赛和第四届、第五届"泰禾杯 · 海峡两岸好文章"征文活动中荣获优秀组织奖，多位同学获一、二、三等奖。

同时，在学校的各类活动开展中，培养学生的自主管理能力，使学生的学业得到进步、特长得以生长、个性得以张扬，从活动项目的提出到活动的创意设计，从活动的安排谋划到活动的组织实施开展，从活动的教育功能到活动的总结评价，都是由学生或学生团队来主动参与的。学校每年定期举办多项大型校园活动，培养"合格 + 特长"的高质量人才。校啦啦操队、跆拳道队、田径队等在福州市中小学运动会比赛中分别获得一等奖、团体总分第一名等优异成绩，特别值得一提

的是，我校原创舞蹈《茗》获得全国第六届中小学生艺术节艺术展演舞蹈类一等奖及创作奖。

学校教育的对象是学生，学校一切工作都是为了学生。学生品质的培养，既包含道德品质，也包含学习品质的培养，二者绝非一朝一夕之功，也非一劳永逸之举。学校需要提供各种课程与活动，创设让每个学生参与和体验的环境，激发学生成长的原动力和潜实力，在实践与成就中感受品质的养成过程，从而体验到成功与幸福。

（四）带动办学品质的优化

品质是价值和尊严的起点，追求卓越的办学品质是现代教育发展的趋势。办学品质的优化对学校来说至关重要，体现一所学校的办学方向，彰显一所学校的办学特色。

1. 以美立校，提炼“尚美”办学特色

福州屏东中学基于办学传统、办学理念和校训，提出了“以美立校，以美育人”的办学特色建设规划的思路。在打造“尚美文化”办学特色的过程中，学校以美育的价值导向作为立足点，拓展美育外延，实现审美与立美的有效衔接，使学校在内涵建设和品牌创新上获得了更有利的竞争优势。

学校注重寓美于教，在课程实施与建设方面，做好国家课程的校本实施，突出课程的美育教育价值，让五彩缤纷的课堂焕发生命的活力；并通过超星尔雅课程选修平台，开发校本审美课程体系等，为学生提供多元选择，彰显学校特色，提升学校内涵。

学校还积极创建美育特色学校，开创出屏东“从试点到亮点，从亮点到特色，从特色到品牌”的内涵发展之路。我们通过准确定位，开设音乐艺术班作为办学特色试点，并务本扬长，将音乐特色教育作为办学亮点，同时提升教育质量，2013至2019年连续七年高中艺术特长班的本科上线率达到了100%，凸显办学效益。从音美特色教育到审美特色课程的开发、实施，在美育办学之路上逐步形成了学校的办学特色。

"传美德""健美体""立美行""启美艺"，将是福州屏东中学接下来逐步打造的以尚美校园文化为主题的美育品牌。

2. 智慧教育，探信息化教学新路

2013 年 6 月，屏东中学被福建省教育厅确定为省级教育信息化试点学校。在教育信息化的道路上，作为福州市中学首批"智慧教室"的试点，福州屏东中学一直敢为人先。学校决策者当时选择"智慧教室"课堂教学系统就是看中了 HiTeach 互动教学软件强大的即时反馈功能。利用 IRS 做互动问答，能实现即时评量，能实现课堂教学中的即时测评反馈，让教师快速、准确、全面地掌握学生学情，即时调整教学策略，真正实现"以学定教"。在日常教学中，学校教师在课前、课中与课后环境都尝试着利用教育技术手段开展教与学方式的变革，运用大数据精准诊断与分析学生的学习过程，即时生成诊断报告；并根据学情进行个性化的导学、资源的推送和后期的学习补救。同时结合课题研究，根据教育信息化环境的不断发展，结合"智慧教室"的功能特点，构建了基于智慧教室的"336"互动教学模式，在行动研究中取得良好成效。以该模式为核心的福州屏东中学"借力'智慧教室'，实现教学方式的根本变革"案例，入选教育部 2016—2017 年度基础教育信息化应用典型示范案例，并开设典型案例专题网站，向全国示范展示推广。作为福建省唯一获奖的中学，我校周灵副校长带队参加了 2018 年 5 月在教育部举办的全国基础教育信息化展示表彰大会，这昭示着屏东中学正在实现教与学方式的华丽转身，有效地促进了教学质量的提升，发挥了示范引领作用。

2020 年的新冠肺炎疫情，让居家学习成为常态，屏东中学又将"336"教学模式与空中课堂深度融合，积极开展家校合作，根据不同年龄段的性格特点、学习习惯，充分利用网络教学平台丰富的互动功能，调动学生学习的积极性，稳步推进教与学方式的变革与创新，使教学焕发出生机和活力，优化了居家学习的生态。据统计，居家学习期间，福州屏东中学开设了 20000 多节不同形式的线上课程，发布了超过 20000 次的线上测评，自制微课超过 2000 节。线上教学满意度调查结果显示，95.7% 的家长对学校开展的"336"互动教学模式与空中课堂深度融合教学表示满意，94.8% 的学生对学校教学及平台资源表示满意。

教育信息化是未来教育发展的必然趋势，屏东中学在教育信息化的道路上率先尝试，积极探索，敢于创新，打造凸显屏东中学办学品质的品牌，实现从“乐学途径的探索”到“善学方法的提升”，让师生在乐教与乐学中，共同感悟幸福教育的真谛。

3. 劳动教育，发展特色实践项目

福州屏东中学的老师与家长们一直以来非常重视学生的劳动教育，为了做好劳动教育，更好地实现“以劳立品、以劳修行、以劳育美、以劳为乐”的综合教育效果，我校根据学校的实际情况，充分利用家长资源，在“好人服务月”广泛开展校外服务与劳动。在“好人服务月”中，他们创设一切条件，为同学们提供学习、参与劳动的机会。让同学们懂得“劳动是一种生活，学会劳动就学会了生存，学会了生活；劳动是一种精神，在劳动中可以体验收获的快乐，成长的快乐。”在全校上下的齐心努力下，劳动教育正逐步被打造成学校最重要的一门课程，劳动课程贯穿全年，不断促进着学生德智体美协同发展。

四年来，通过小手拉大手，屏东学子与老师、家长一同走进社区，走向社会：种植树苗，捡拾垃圾，宣传环保，文明出行，保护动物，整理图书，服务孤寡等系列劳动服务。该德育项目，不仅培养了同学们良好的劳动习惯和积极的劳动态度，更让同学们在过程中体悟各行业工作的辛劳，懂得珍惜劳动成果，养成自律的好习惯。屏东中学的学生们还利用“寒暑假、三月学雷锋月、十二月国际志愿服务月”，以小组形式走进各类场域，在老师和家长搭建的“第二课堂”里积累宝贵的社会实践经验，感受志愿服务精神，提高自身公民素养。“好人服务月”是我校十三年“做好人活动”的展示窗口，每到3月、12月、寒暑假，学校的官微中满是各班服务队劳动实践活动的报道。每学年四个月的“好人服务月”，让同学们在简单、踏实的劳动中学会幸福生活的能力，并且通过将服务内容、服务心得记录在“好人服务存折”上，让教育回归到实际的劳动实践中。经过四年时间的打磨，“服务月”让热爱劳动、尊重劳动成为学生的一种习惯。未来，我们将引入更多的家长与社会资源，期待屏东学生在“服务月”中更懂生存、更会生活、更爱奉献，让劳动成为师生、家长的精神家园，沟通的重要纽带。2020年3月，新冠肺炎疫情爆发后，

学校同样采取网络教学的方式，结合家庭劳动特征开展了“居家防疫、卫生清理、内务整理、垃圾分类、食品加工、衣物洗涤、照顾家人、种植养护、手工制作”等简单易于学生操作的劳动。福建日报转推了我校《致劳动，屏东学生的劳动十二时辰》的微信报道。

十年树木，百年树人。“做好人”活动寄寓着屏东学子的特殊感情，“好人服务月”更是记录着屏东学子特殊的成长印记，在“劳动教育”理念的引领下，经过屏东中学四年的精心培育，同学们树立了“劳动最光荣、劳动最崇高、劳动最伟大、劳动最美丽”的劳动审美观，把劳动作为最好的教育。我们用心服务，用爱育人。通过劳动教育的开展，为屏东学子的成长打下坚实的基础，让劳动变成学生生活的需要、成长的需要，真正践行“五育启智魂”，使学生全面发展。

《学记》曾言：“教也者，长善而救其失者也。”办学品质的优化就是要发挥学校的优势与特色，有特色才有魅力，有特色方能成就实力，促进学校品质的进一步提升。

六、结语

“办有品质的幸福学校”这一办学思想的提出是在福州屏东中学办学实践中逐渐明晰并逐步提炼而成的，是基于“办什么样的屏东”和“怎样办好屏东”的深层次思考的结晶，它以提升管理品质为前提，调动教师和学生这两个主体因素的能动性，紧抓办学品质的优化，以让每一个屏东人感受到身处幸福学校的满足感和自豪感为最终目标。正如习近平总书记所说：“幸福是奋斗出来的。”福州屏东中学全体师生也将以“幸福”为愿景，不断奋斗，不断追求。

教育总是在变与不变之中前行，初心不忘，使命依旧，但社会的变革和人才的需求要求教育必须作出相应的回应。今天，在知识更新的速度加快，人工智能、大数据等科技革命不断挑战我们的思维方式，后信息时代、后消费时代对人们的价值观、生活方式乃至学习方式都造成巨大冲击的时代里，如何在学校治理结构、学生学习方式、学校课程建设、学生培养目标等方面作出相应的回应，是对校长办学智慧的重大挑战。对于未来的教育发展，对于未来的学校建设，我不敢遑言大论，但是，一路走来，且行且思，更加坚信教育的价值和意义，更加坚定了做一流教育，办一流学校的决心。面对未来的教育，我充满了期望，也将一直在这条路上，以朝圣者的心态，向我心目中的理想教育努力迈进。

【参考文献】

[1] 苏霍姆林斯基 . 给教师的建议 [M]. 杜殿坤，编译 . 北京：教育科学出版社，2011.

[2] 凯文・凯利 . 新经济，新规则 [M]. 北京：电子工业出版社，2014.

[3] 汪中求 . 细节决定成败 [M]. 北京：新华出版社，2004.

[4] 苏霍姆林斯基 . 怎样培育真正的人 [M]. 蔡汀，译 . 北京：教育科学出版社，1992.

[5] 约翰・杜威 . 学校与社会・明日之学校 [M]. 赵祥麟，等译 . 北京：人民教育出版社，2015.

[6] 龚正行 . 给新校长的 50 条建议 [M]. 北京：人民教育出版社，2005.

[7] 刘殊芳 . 办一所有品质的学校 [M]. 厦门：厦门大学出版社，2016.

[8] 郑勇 . 勇探教育 筑梦幸福 [M]. 福州：福建教育出版社，2017.

[9] 张年雄，徐聪，周灵 . 基于智慧教室的“336”教学模式的构建与实践 [M]. 福州：福建教育出版社，2018.

[10] 张年雄，徐聪，周灵 . 尚美校园　德韵飘馨 [M]. 福州：福建教育出版社，2018.

06

“至美”教育

◎王恩奇

【作者简介】

王恩奇（1972— ），男，福建福州人，中学高级教师，教育硕士。福州铜盘中学原校长，现任福建省福州第十一中学校长，福州市骨干教师，福建省“十三五”中学名校长培养人选。福建教育学院兼职教授、福建师范大学马克思主义学院兼职副教授，曾获福建省青年五四奖章等荣誉。

思想是行动的先导，理念是行动的指南。在“办人民满意教育”的基础教育改革实践中，尤其是在教育综合改革和高考改革深入推进的新时代背景下，着眼学生“五育并举”全面而有个性发展的“至美”教育办学思想，指引着福建省福州第十一中学向优质化特色化学校发展。

一、“至美”教育办学思想的提出

（一）时代背景

新中国成立以来，我国教育方针尊重教育规律，充分体现人的全面发展思想。党的十九大指出，中国特色社会主义进入了新时代，这是我国发展新的历史方位；建设教育强国、深化教育改革，加快教育现代化，办好人民满意的教育；要全面贯彻党的教育方针，落实立德树人根本任务，发展素质教育，推进教育公平，培养德智体美全面发展的社会主义建设者和接班人；努力让每个孩子都能享有公平而有质量的教育；加强师德师风建设，培养高素质教师队伍，倡导全社会尊师重教。[1]

2019 年 3 月，习近平总书记在主持召开学校思想政治理论课教师座谈会上的重要讲话，全面系统地提出了新时代党的教育方针的总要求。新时代全面贯彻党的教育方针，坚持马克思主义指导地位，贯彻落实习近平新时代中国特色社会主义思想，坚持社会主义办学方向，落实立德树人根本任务，坚持教育为人民服务、为中国共产党治国理政服务、为巩固和发展中国特色社会主义制度服务、为改革开放和社会主义现代化建设服务，扎根中国大地办教育，同生产劳动和社会实践相结合，加快推进教育现代化、建设教育强国、办好人民满意的教育，努力培养担当民族复兴大任的时代新人，培养德智体美劳全面发展的社会主义建设者和接班人。[2] 这明确了“五育”并举的人才培养新要求，是对马克思主义关于人的全面发展思想的继承和发展。

2020 年中共中央、国务院连续出台关于教育评价改革、加强和改进学校体育、美育工作的意见，体美劳教育被提升到前所未有的高度，教育评价的内涵也将发生深刻的变化。在推进教育优质公平、多样化特色化发展过程中，教育要满足社会多元需求，重点要转向人本身，把人的全面发展放在中心地位。

“以人为本，自主发展”是人本教育思想的核心价值，在学校教育发展中具体凸显为教师、学生和学校为主体的自主发展和个性化发展。要全面贯彻党的教育方针，坚持社会主义办学方向，落实立德树人根本任务，校长的办学思想就要“以人为本”，遵循教育规律，发展素质教育，树立科学的教育发展观、人才成长观，努力培养担当民族复兴大任的时代新人，培养德智体美劳全面发展的社会主义建设者和接班人。这是“至美”教育办学思想提出的时代背景。

（二）校情现状

校长办学思想是在长期的工作实践中，结合学校实际、传承学校传统和借鉴成功经验中形成的。我先后任两所中学的校长：福建省福州铜盘中学、福建省福州第十一中学。两所中学均是完全中学，均有着优良的办学传统、深厚的文化积淀、鲜明的办学风格和迥然不同的治学风格。

在铜盘中学任校长期间，虽然学校经过几代人的努力已由福建省“三级达标高中”升格为福建省“二级达标高中”，但片区生源薄弱，加之随着教育生态的变化，学校遇上了发展的瓶颈，在初中私立校“掐尖”招生、高中一类校优先选拔的前提下，学校初中部、高中部都缺乏优生生源，部分新生因各种因素产生挫败感，自信心不足，甚至有些沮丧，非智力因素对学生的初高中学习生活影响较大；教育评价体系存在一定的弊端，评价学校只看升学率，评价学生则以分数论英雄，教师在教育教学中常常埋怨生源质量偏低，付出得不到回报，从而丧失信心，也疏于自身专业成长，容易产生职业倦怠。种种因素既严重制约了学生个性自主发展，也阻碍了教师提升专业素养、实施素质教育的积极性。凡此种种，促使我在实践中不断思考，提出立足“双拥共建”办学历史校情，直面生情差异，强调以德育人，尊重个性与自我，激发师生自知、自信、自尊、自主，即“各美其美”；提倡相互包容、相互欣赏、共同成长，即“美人之美”；在形成师生共识的基础上初步形成了“各美其美　汇聚成长快乐，美人之美　共享教育幸福”的人本办学理念。

2018 年，我调任福建省福州第十一中学。这是一所位处福州市核心区域、已有 91 年办学历史的省二级达标完全中学。教学班级 66 个，学生 3000 多人，教职工 232 人，校园占地面积仅 26.8 亩。作为 2006 年就已晋级“省二级达标高中”的完全中学，受制于办学条件的制约，学校迟迟没能实现跨越发展，导致优质生源、师资不断流失，失去往昔辉煌的社会声誉；学生自信心、进取心不足，教师付出成倍努力得不到回报，信心受挫，职称上升空间狭窄，也无心专业成长，产生职业倦怠。

两所学校的现实情况都说明了要直面教育生态的差异性，关注师生主体性，培育幸福感、获得感、成就感，满足人民对优质公平教育的需求。面对校情、生情、师情，在学校教育实践反思研究中，我进一步明确形成了以关注人、关注主体（师、生、校）的差异性（个性）发展的“各美其美，美人之美”理念为内涵的“至美”教育办学思想，旨在强调师生的自尊、自信、自主的品质和平等、尊重、包容的胸怀，增进师生间、生生间的相互了解、欣赏、接纳，努力传承好学校原有的优秀基因，恢复和创新发展学校，提振师生的精气神，实现个人奋发向上、师生沟通合作、集体共同进步，构建高质量教育。

（三）个人成长

自 1994 年开始从事教育工作以来，从一名中学普通教师到年段长、中层干部，再到校长的成长过程中，我以不同的角色参与了学校的教育实践活动，充分体验到不同层面教育者角色的实际专业发展需求；从一所中学百年名校任普通教师、中层干部，到一所省二级达标学校任副校长，再先后到另外办学水平不同的两所省二级达标学校任校长的经历中，我感受到不同类型的校园文化和不同的办学追求，深刻意识到学校文化引领对师生成长的重要性，促使我不断思考学校教育应如何去回归教育本源，如何去关注主体和个性差异，如何去因材施教、因材育人、因地治校等问题。

通过仔细梳理办学实践中的个案，深入学习现代教育理论和省内外名校成功做法，直面学校发展中的问题和困惑，进行了系统总结，力求实现师生相长共生、学校共赢发展的办学目标。因此，在任铜盘中学校长期间，提出了重在如何激励师生发扬优点、多元成长的“美美”教育理念；任十一中校长，基于相对优秀的师生资源和厚重的学校传统积淀，在“美美”教育的基础上提出了追求多元成长、成就最好自己的“至美”教育办学思想，简明扼要回答了教师发展，学生发展，学校自然就发展的办学基本问题。

二、“至美”教育办学思想主张及其内涵

（一）办学思想内涵及核心价值

“至美”教育办学思想是人本教育思想的凝练，反映了实践活动中人作为主体与客体的统一，即要关注学生、教师和学校三者的发展，要尊重他们作为教育的主体身份，也要尊重他们之间的个体差异，鼓励他们张扬个性、多元发展。所谓“至”，即三个主体按照规律去塑造和发扬、去欣赏和尊重、去包容和理解、去追求和实现；所谓“美”，即三个主体的个性独立、特长发挥、潜能激发、素养完备、品格优良、志向远大。所谓“至美”是一个历程，即以更好地促进每个人的“本质力量”自由发展为旨归，追求、达到和实现“美”；“至美”也是一个目标，“至美”是人的本质力量的感性显现和表达，是师生“求真”“向善”“唯美”的社会实践活动所能达到的最好境界。

“至美”教育办学思想的核心价值是培育主体的自尊、自信、自主的品质和平等、尊重、包容的情怀，注重主体间的相互理解、相互欣赏和相互接纳，追求并致力于实现多元的最好的自己、止于“至美”的理想状态，涵盖了教育目的与教育方式的双维度，体现了主体发展的合目的性与合规律性的统一。

（二）办学思想体现的教育价值

办学理念是校长思考教育、探索办学的立足点，是校长办学思想的集中体现。办学理念是一个教育价值问题，亦称“学校教育哲学”，需要校长用哲学思考的方式来解读学校办学历史和教育教学中存在的问题，树立坚定的教育理想和信念，精准把握学校的正确发展方向和特色发展方向。“至美”教育办学思想是基于人本教育思想而产生，其办学理念必然指向学校办学中师生校各主体的多元发展，学校教育归根结底是“师生校共同的生命成长”，让师生校的成长活动处于最佳的理想状态。通过借鉴费孝通先生就民族文化关系提出的“各美其美，美人之美，美美与共，天下大同”主张，形成了“各美其美，美人之美”的办学理念。“各美其美”，就是要承认学校、教师、学生各有自己美好的地方，都要有足够的自尊、自信，自主展现自己的优势，主动积极参与到教育教学活动中来；“美人之美”，指向学校中的各个主体，不管是教师还是学生，都要能发现他人身上的闪光点，倾听、理解、尊重别人的意见，欣赏别人的优点，即提倡相互包容、相互欣赏，提倡平等与尊重，凝聚着有容乃大、多元融合与多样和谐之意。这个理念不仅阐明了学校教育要面向全体师生、发现每一位师生个性特长、关心每一位师生的发展，而且要唤醒、激发教师间、师生间、学生间相互欣赏优点、互动交流和共同追求，更是揭示了学校教育的规律和多元育人、多维评价的取向，直接体现了“至美”教育教育人、培养人、发展人的重要核心内容。

（三）办学思想引领价值追求

思想支配行动，理念主导实践。师生校多元发展的“至美”办学思想与“各美其美，美人之美”的办学理念是一脉相承的，在办学思想引领下，根据校史、师情、生情对“一训三风”进行了重新梳理。

校训作为学校师生的行为法则和规范，突显出对学校办学思想、办学理念教育价值的追求，是学校教育根本任务和育人目标的集中体现，是办学理念的集中表述。学校“进德修业　惟实唯一”的校训，一是取自办学之初，福建省同盟会领导人之一的林森为新建校舍题匾“进德修业”，明确“德”“业”是学校育人目标，也是教师必备的职业素养；二是进入新时代，学校从“不惟上、不惟书、只惟实”的精神中提炼“惟实唯一”，明确了学校师生要坚持实事求是、追求真理、与时俱进的执着信念，要具备求真务实、诚信正直、敦行致远的良好品质，囊括了以学校厚重文化为核心的学校教育价值追求，准确定位了学校的育人目标，引领师生为实现这一目标而共同努力。

学校的校风“团结　勤奋　求实　进取”是校训的显性表现形式，是学校教育教学及管理中形成的占主导地位的相对稳定的精神状态，具体体现在教师、学生上分别为教风“挚爱　博学　严谨　求精”、学风“诚实　乐学　善思　创新”。

三、“至美”教育办学思想提出的理论依据

教育的一切理念和行为都是围绕着人展开的。教育的终极目标是使人（自然人）成为“人”（社会人），使人成为最好的自己，成为有价值的人，成为幸福的人。古时孔子的因材施教、孟子的性善论、荀子的性恶论、董仲舒的性三品说等，都是通过教育使学生成为真正的“人”，其最终目标是“人皆为尧舜”。近代蔡元培认为不能把审美教育仅仅视为艺术教育，而应该从家庭、学校、社会诸教育各个方面展开，从生活的各个方面，在对周围人群的体谅、帮助和互助中去理解美的真谛。[3] 陶行知说教育是“以人教人”“真教育是心心相印的活动……”。[4]

“人本教育”的本质与践行旨在关照教育者和受教育者。在西方，人本教育基于人本主义哲学和人本主义心理学，以人的“需求”为逻辑起点，以人的“自我实现”为目标，以人为中心的各种教学方式为手段，尊重人、相信人，实现自我发展。正如美国积极心理学家克里斯托弗·彼得森认为，需要对人类优势、生活中美好的事情、人类美好生活这些方面投入更多的关注；爱尔维修的智力平等论、狄德罗的教育民主原则、斐斯泰洛奇的“和谐发展思想”、第斯多惠的“全人教育”理

想、杜威的“教育即生活”等都是西方人本主义教育的典型。

在《1844年经济学哲学手稿》中，马克思从逻辑上和事实上分析了人的实践本质对象化活动必然导致人的自由而全面发展，特别指出了这种自由而全面发展的实现条件，是对异化劳动的克服以及对异化劳动积极成果的保存，由此阐明了自由而全面发展是人类实践的合目的性和合规律性相统一的过程。[5] 因此，我国当代的人本教育思想绝不是西方现代人本教育思想，而是以马克思主义人的学说为指导，以我国古代“以人为本”的传统教育思想为源头，批判吸收西方现代人本主义教育思想，并通过我国的素质教育实践而形成的。[6] 它是一种科学的教育思想，关注教育的根本目的、出发点和落脚点。

四、“至美”教育办学思想的理论支撑

（一）“至美”教育办学思想的学校观

学校是有灵魂的场所。印度著名思想家克里希那穆提认为“学校教育要致力于培养具有智慧的自由而完整的人……学校本身是一个悠闲和安全的地方，师生能够获得家的感觉……”。[7] 明末清初大儒黄宗羲则认为学校负有文明传承与文化建设的使命。对于学校的本质，杜威提出了独特的见解——学校即社会，“学校主要是一种社会组织。教育既然是一种社会过程，学校便是社会生活的一种形式。”[8] 陶行知的“社会即学校”是在杜威的“学校即社会”主张批判的基础上得出的，认为社会决定学校、学校为社会服务的辩证关系。

因此，依托学校九十多年办学的深厚积淀，传承学校历史，聚合学校文化，以鲜明的学校文化润泽生命。学校是人成长的第二家园，是一个随着师生共同生长的生命体，要树立“全周期发展”意识，善待每一位师生，予以他们充分发展的养分，努力打造“体验式生命教育”的办学特色，围绕“党的建设、素养培育、精准管理、师资发展、环境生态、品级辐射”六位一体的教育活动实践，多维育人，实现教育供给侧改革，尝试创设一种师、生、校共同发展的校园情景氛围，使之能“各美其美”，实现“至美”校园的建设目标。

（二）“至美”教育办学思想的教师观

教师是立教之本，兴教之源。作为学生学习的促进者、教育教学的研究者及课程的建设者和开发者，教师应从知识传授向引导创造转变，成为学生成长的引导者、促进者和支持者。

学校要以生命哲学思维和人文情怀视角来发展培育教师专业核心素养，丰富教师教学生命积极体验，品味专业人生，重建幸福价值。既对青年教师发展高度关注，又重视成熟期教师的需求，帮助教师“二次成长”。学校搭建教师成长的平台，对职初教师实施“青蓝帮扶”，精准指导；对成熟教师实施“助力成长”，定点突破；对优秀教师实施“任务驱动”，转化跃升；对卓越教师要求专业引领，开发课程。在区别对待、差异发展中，激发教师内动力，实现“各美其美，美人之美”的终身发展。

学校尽可能减少老师的后顾之忧，充分考虑教师成长和生活中的各种需要，保护教师热爱生活的品质，促使他们更爱教育，更爱学生，才能心无旁骛地成长为“爱教育、爱学生、爱生活”的“三爱”教师。

（三）“至美”教育办学思想的学生观

作为教育的最重要主体，学生是富有个性的生命个体，存在差异，正在生长。学校为学生生命成长提供了滋养的场域，创设了多元发展平台，通过“拾益”校本课程体系的开发与建设，旨在以小见大、积少成多，获取点滴收获，培育学生具备人文底蕴、科学精神、学会学习、健康生活、责任担当、实践创新等核心素养，让学生在容错性生涯规划课程中认识自我，在包容性课程群组中发展自我，在体验式社群课程和实践课程中学会创造、尊重、包容和欣赏，在互助式德育成长课程中互相引领，共同成长。

“至美”教育强调教师与学生都是教育实践活动过程中的主体，要创设民主、平等、和谐的师生关系，“各美其美，美人之美”，让每个学生都能实现自身的价值，成长为“有进德之心、有修业之能、有惟实之举”的“拾益”学子（“拾益”是校名中“十一”的谐音，其含义是学生在学习成长过程中不断拾取品德、学识、行为等方面有益的内容来充实提高自己）。

（四）“至美”教育办学思想的课程观

新课程改革的课程观强调，课程要从人的本性出发，以促进“学生全面而有个性的发展”为目标，为学生的终身发展奠定基础。这就要求关注活动在教育过程中的重要性，重视学生在经验中的体会。“至美”教育的课程观与之一脉相承，以个体生命成长为出发点建构富有体验式生命教育特色的“拾益”课程体系。“至美”教育的“拾益”课程体系以“各美其美，美人之美”为课程理念，以“立德树人”为课程目标，以“发展师生核心素养”为课程任务，以“体验式生命教育”为课程特色，通过“必修”“选修”“研修”“共修”“践修”五种形态课程实施“基础课程”“拓展课程”“研究课程”“社群课程”“实践课程”，以达到“启固生命”“涵育生命”“滋养生命”“关照生命”“润泽生命”的“至美”教育目标。

表 1　福州第十一中学“拾益”课程体系框架

<table>
<tr><td colspan="5">课程理念：各美其美，美人之美</td></tr>
<tr><td rowspan="8">课程任务：
发展学生核心素养</td><td colspan="3">课程目标：立德树人</td><td rowspan="8">课程特色：
体验式生命教育</td></tr>
<tr><td colspan="3">课程任务：发展师生核心素养</td></tr>
<tr><td>形态</td><td>实施</td><td>目标</td></tr>
<tr><td>必修</td><td>基础课程</td><td>启固生命</td></tr>
<tr><td>选修</td><td>拓展课程</td><td>涵育生命</td></tr>
<tr><td>研修</td><td>研究课程</td><td>滋养生命</td></tr>
<tr><td>共修</td><td>社群课程</td><td>关照生命</td></tr>
<tr><td>践修</td><td>实践课程</td><td>润泽生命</td></tr>
</table>

（五）“至美”教育办学思想的教学观

为了每一位师生个性而全面发展，“至美”教育在教学观上，坚持师生“双主体”的“双向发展”，在教学中实现“师生共同的生命成长”。以核心素养为导向，教师重视开展生命体验式教学，变革教学情境，形成面向全体学生、关注个体差异的“三维五步”教学模式；借助“互联网＋教育”大平台，调动学生课内课外、线上线下的学习积极性，坚持以教师、学生为主体，实施精准备课、精准教学、精准练习和精准辅导的一体化策略；为有效引导学生自主、合作、探究学习，尝试“小组合作学习”，各学科依据学生知识能力基础进行分组，合理搭配“学习力”，课堂教学过程中增设学生自主学习探究、小组交流展示环节，使各层次学生都主动参与且获得高于原起点的进步。在生命体验式教学中，构建和谐共生的师生关系，使教学达到认知过程和情感体验过程的有机结合，感悟着生命的意义与价值，达成道德情感的共鸣。

五、“至美”教育办学思想的实践探索

（一）铸魂育人的德美实践，开启师生“进德”“向善”的生命之旅

坚持党的领导，发挥共青团、少先队育人引领作用，坚持思政铸魂、立德树人的根本目标，建设推进德育思政一体化的“五大机制”“六大平台”，打造多元发展的“至美”校园。

1. 创新德育“五大机制”，践行德美育人

一是成立校党委主导、校长负责、各方参与和家校（社会）共建的协同育人机制，落实学校“全员、全程、全方位”德育；二是制定“分级分层”德育目标，“分级”指依据初一至高三六个年段不同年龄学生特点分别制定由低至高的德育目标，“分层”指分别制定同一年级学生不同层次的指标要求，增强德育工作针对性和实效性；三是成立学校学生发展中心，具体负责生涯规划指导、心理健康教育、综合素质评价、评选“校园之星”，服务学生当下成长和未来发展；四是设立德育课程教学研修基地，以全体教师为培养对象，重点研究改进思政课教学方法，开发德育特色校本课程，加强学科教学“寓德于教”；五是落实德育队伍研训制度，致力德育课题研究，落实班主任培训，常态开展“班主任工作坊”研习交流活动。

2. 搭建德育“六大平台”，创设“进德”“向善”多彩校园

一是主题教育平台，开展理想信念教育、社会主义核心价值观教育、中华优秀传统文化教育、生态文明教育等；二是校园节日平台，每学年定期开展成人节、艺术节、科技节、体育节、读书节等节日活动；三是社会实践平台，每学年定期组织军训、社会实践、社区服务、劳动教育、研学旅行等实践活动；四是才艺展示平

台，每学期利用校园节日、社会实践、社团活动，鼓励每位学生主动参与才艺展示；五是学科竞赛平台，各学科利用课余时间培养学生兴趣特长，开展专项教育辅导训练；六是社团巡礼平台，学生自主组建社团，自主开展各类兴趣活动，每学年组织“校园社团巡礼”活动，展示社团活动成果。借助“六大平台”，在生命体验中让学生学会尊重、理解、欣赏、塑造、追求、实现“美”。

（二）尊重差异的智美实践，培育师生“修业”“求真”的生命素养

学校形成了以个体生命成长为出发点建构富有体验式生命教育特色的“拾益”课程体系，构建多样化可选择课程体系，培育“三有”拾益学子。

1. 科学设置年级课程

学校严格执行省颁课程计划，开齐开足开好国家规定的各学科课程时数，高中建立学生选课制度、高中选择性必修课程、校本选修课程，体育、艺术、研学等课程实行走班教学，适应学生多样化差异化选择。

2. 明确课程开发核心

教师是课程的开发者、实施者和课程体系的建设者，学校努力营造教师专业发展的良好生态，发挥学科教研团队合作力量，根据学生需求、办学传统、办学特色和社区资源等，联系生活实际和社会生产，通过选用、改编、新编等方式开发校本特色课程 60 门以上。

3. 多样化的课程体系

学校重视校本课程体系建设的顶层设计，现已打造出基于实现学生核心素养的经典诵读、闽都文化、体育技能、科技创新和生命教育等 5 大特色校本课程群，形成拓展型、体验式、实践性和技能类等集约化课程模块，建构多样化课程体系。

4. 学生的差异化选择

多样化课程体系优化学校课程结构，学校重视学生生涯规划教育与选课指导，为每位学生提供个性化的培养方案，以确保学生选择适合自己兴趣特长的课程修习，现每学期在高一、二年级开设校本选修课 25 门以上，课程数与班级数之比高于 1∶12，“生命教育”列入初一、高一年级校本必修课程。

（三）基于“美美”的教学模式，追求拾益学子生命的深度

基于尊重差异、分层分类的课程实施模式，推行“三维五步”课程教学模式，实现师生的“各美其美”共同成长。

1. 以核心素养为导航

课堂教学是核心素养“落地”的关键，学校制定分学科和分年段的“核心素养梯级目标”，树立“以学生自主学习为中心”的理念，规定基于学生核心素养的学业质量标准，明确各学科各年段具体学习内容和应达到的程度要求。

2.“三维五步”教学模式

“三维”指课前准备、课堂教学、课后追踪三个维度；“五步”指“预习—上课—复习—作业—总结”五个步骤。“三维五步”以“教学案”为载体，提倡“先学后教”，面向全体学生，关注个体差异，重视学法指导，调动学生课内课外、线上线下的学习积极性，实施精准备课、精准教学、精准练习和精准辅导的一体化策略。

3. 开展小组合作学习

为有效引导学生自主、合作、探究学习，在课堂中开展“学生小组合作学习”，各学科依据学生知识能力基础进行分组，合理搭配“学习力”，课堂教学过程中增设学生自主学习探究、小组交流展示环节，使各层次学生都主动参与且获得高于原起点的进步。

（四）形成“体验式生命教育”的特色，追求拾益学子生命的广度

1. 学校办学特色定位

体验式生命教育是促进学生对生命意义及价值的教育实践活动，是校长践行办学思想，落实办学理念和结合学校实践形成的学校文化和精神，是学校优质、稳定和独特的办学优势及办学风格。

2. 办学特色实施策略

立足学校传统的体艺、科技教育实践等特色项目，开发实施“体验式生命教育”为主题的多学科整合课程群，重视课堂教学采用“体验式”方式，依托校园丰富多彩、形式多样的文化活动，培养和提高学生的自我感，感受生命的力度、色

彩、内涵与意义，唤起学生对生命的尊重和热爱。同时以中国红十字总会“体验式生命教育”项目为引领，通过突出主体性、亲历性、差异性原则，加大专项经费投入，配置应急避险、抢险救护培训所需设备设施和情境模拟系统，增添生命教育图书资料，建立专用场馆和协作基地，让师生掌握救护技能、亲身参与生命救护，感受生命的珍贵。

3. 组合支撑办学特色

学校通过环境美化，为师生的生命成长营造舒适的氛围；读书节、科艺节、体育节、研学实践定期举办，借以丰富师生的生命体验；合唱团、管乐团、美术社等常态开展活动，为师生感受生命的“各美”提供平台，师生在各种教育实践活动中不断地丰富着生命的深广度。学校在各级红十字会指导下，承办“5·8”国际红十字日主题宣传活动，举办校园安全演练，与家委会合作开展亲子活动和宣传安全避险知识，组织学生“救生员”培训，开发实施“生命教育”校本特色课程（必修），加强学生生涯规划教育和心理健康教育，师生参与面、受益面大，组合支撑办学特色建设。

（五）提升“生命引路人”成长的品质，增加拾益学子生命的厚度

充分认识到服务学生为主体的“引路人”——教师的品质成长的重要性。搭建教师发展平台，助力创造型“三爱”教师的成长。

1. 努力提升师资素质

学校教育质量不可能超越师资的质量，教师队伍素质是实现校长办学思想的关键。校长要深刻认识到成为“四有”好老师、“四个引路人”是对新时代教师的内涵要求，要强化教师政治素质，完善师德师风建设长效机制，树立职业信念，严格依法从教要求，着重提高教师信息素养、跨学科素养、创新素养，落实党建工作“双培养”机制，宣传优秀教师典型，营造风清气正的育人氛围。

2. 分层搭建“四大平台”

充分考虑教师专业发展路径和需求存在的个体差异，制定不同层次教师的专业发展阶段指标，创设适合每位教师专业发展的研训、展示和提高的平台。首先是面向全体教师的校本研训平台、教育科研平台，主要是以解决课程教学实际问题为指向，形成学会解决与学科相关问题的教育科研高度；其次是面向青年教师的“师徒结对、助力成长”平台，落实青年教师培养“逐人过关、逐层培养”计划，加强教学基本技能、专业思想方面的历练和跟踪培养；再次是面向“高级后”教师的“学术研修平台”，发挥其示范辐射作用，鼓励其继续专业发展，培养省市级名优骨干教师。

3. 创设评价“三大”机制

一是教师学年工作绩效考核，修订绩效考核“实施细则”，突出师德和教育教学实绩要求，克服唯文凭、唯职称、唯资历的顽瘴痼疾，实行形成性评价与阶段性评价相结合、定性与定量评价相结合；二是教师教学质量评价，制定学科核心素养培育目标及相匹配的实现指标，修订学科教学质量评价和奖励实施方案，推进“增值性”评价实施，增强每位教师的自信心和积极性；三是教师发展性评价，每位教师均制定个人专业发展三年规划，每学年提交教师专业发展的自评反思报告，开展面向教师未来发展目标的“阶梯式、递进式”的评价。

（六）高效服务的精准管理，打造“师、生、校”“共享”的生命家园

实施学校教育创新项目实验，推动学校跨越式发展。回归“服务”初心宗旨，尝试精准管理变革，打造“师、生、校”“共享”的生命家园。

1. 试行“扁平化”管理

开展“办学体制与机制创新”教育创新项目实验，探索学校组织机构和运行机制的建设，重点尝试“重心下移”的组织机构模式，管理层级由“四级”管理调整为校级、学部和年段三级管理模式，年段成为学校重要的管理实体和管理职能部门，说明学校把学生发展作为管理的根本出发点，确保德育工作与教育教学工作的有机结合。

2. 设置三大“服务中心”

学校改革组织机构设置，撤除办公室外的原“中层”级别的各处室，设置为课程和教师发展服务的课程与教师发展服务中心，为学生全面发展服务的德育与学生发展服务中心，为提高学校综合服务保障能力的信息与后勤保障服务中心。强化“三大中心”的服务保障职能，有利实行管理层面的目标（特别是教师发展、学生发展）管理，解决今后因两校区办学造成学科教研、校本研训管理难度大的问题。

六、办学思想未来展望

（一）校长专业素养需要综合提升

办学思想是校长领导力的重要体现之一，是校长专业成长的内在需求，也是校长专业素养的核心要素。校长办学思想对学校内涵发展、特色发展具有定向作用，既需要学校传统文化的积淀，也需要适应时代进步而创新发展，并接受办学实践的检验。因此，校长要认真学习党的教育方针、政策和相关法律法规，及时内化为自己的认识和思想；精读教育经典著作，从理论高度上科学把握学校教育规律，在办学实践中不断丰富学校教育发展的思想认识与价值内涵，充分说明了综合提升校长的价值观、知识、技能和专业等方面的专业素养的重要性。

（二）校园文化建设注入办学思想

办学思想是学校文化的核心，学校文化建设要以社会主义核心价值观为导向，以体现办学思想、办学理念、办学特色的自然环境和人文环境建设为重点，充分体现“至美”教育办学思想。一是要营造校园环境文化，包括建筑文化、景观文化、宣传橱窗、绿化美化和室内布置，要注入“至美”教育的教育含义，力求实用功能、审美功能与教育功能的和谐统一；二是要建成科学规范的制度文化，学校编印《管理制度》，汇编《常规工作指南》，可以规范师生行为，通过其公平性激发每位师生的主动性、积极性，强调师生理解与沟通，为师生拓展和谐发展的空间；三是要开展学生活动文化，学校利用重大节日和纪念日组织开展主题教育活动，办好科技节、体育节、艺术节、成人礼、毕业典礼、评选和宣传“校园之星”，组织社会实践、社区服务和青年志愿服务、社团活动等，提高学生自我管理与自我教育能力，磨砺学生的意志品质，养成学生良好行为习惯；四是要开发校本特色课程文化，从学校和学生的需求出发，体现“体验式生命教育”办学特色，落实教师在课程开发与实施中的主体地位，倡导师生民主平等、互动对话的课堂文化；五是要提倡绿色健康的网络文化，学校丰富校园网络资源，建设主题性教育网站，落实“网络学习空间人人通”工作，建设在线课程、校本学习资源库和年段学科集备“共享空间”，满足学生多样化、个性化发展需求，提升教师信息技术与学科教学的融合应用能力。

（三）办学思想应当形成理论体系

1. 要理清与办学思想理论体系相关的概念

办学思想是校长对“学校是什么，为什么办学，怎样办学校”等问题的理性认识和价值判断，校长办学思想直接决定了办学理念、办学方向和办学特色。秉持“人本教育”的思想，其办学理念自然确定为师生共同发展的“各美其美，美人之美”，师生校“共享发展”就是办学理念的必然追求；办学理念更直接指向学校，即回答“办什么样的学校，怎样办好学校”的问题，由校训、校风等具体体现的。办学理念在实践基础上形成校训、校风，校训形象而全面地概括出学校教育价值的追求，是办学理念的集中表述；校风是校训的显性表现形式，是学校教育教学及管理中形成的占主导地位的相对稳定的精神状态，具体体现在教师、学生上，分别为教风、学风，校训对校风起引导作用。

2. 要生成校长自身个性化的办学思想认识体系

办学思想理论体系中办学思想、办学理念、校训和校风，具有内在逻辑联系和相互联系的关系，说明校长办学思想应当是校长基于办学实践的办学理论体系，也就是说不能是碎片化、零散的思想观点的堆砌，校长必须深入学校教育教学管理一线，深刻思考教育、学校、学生、教师等问题，经过办学实践、办学认识再到办学思想的过程，生成校长自身个性化的办学思想认识体系，是可以借鉴其他学校而不能简单复制的，是校长调任其他学校时可以带走的“头脑中的东西”。

【参考文献】

[1] 决胜全面建成小康社会　夺取新时代中国特色社会主义伟大胜利 [N]. 人民日报，2017-10-19(002).

[2] 中共中央办公厅　国务院办公厅 . 关于深化新时代学校思想政治理论课改革创新的若干意见 [J]. 中华人民共和国教育部公报，2019（09）：2-7.

[3] 张琳琳 . 以美育“心”向美而行 [J]. 江苏教育，2019（43）：72-73.

[4] 陆立海 . 从雷声轰鸣到润物无声 [J]. 人民教育，2006（12）：22.

[5] 朱宝信 . 自由而全面发展：合目的性与合规律性相统一的过程——马克思《1844 年经济学哲学手稿》研究 [J]. 贵州师范大学学报（社会科学版），2003（2）：5-10.

[6] 燕国材 . 论素质教育与人本教育 [J]. 探索与争鸣，2009（8）：4-6.

[7] 马多秀 . 我们需要什么样的学校——印度心灵导师克里希那穆提的学校观及其启示 [J]. 宝鸡文理学院学报（社会科学版），2016（36）：98-101.

[8] 约翰・杜威 . 我的教育信条（节选）[J]. 新校园：理论版，2012（2）：1.

绿色教育

◎林　萍

【作者简介】

林萍（1971—　），女，福建福州人，中学高级教师、特级教师，教育硕士。福州城门中学原校长，现任福建省福州第四十中学书记，福建省中学化学学科带头人，福州市化学学会副会长，福建省“十三五”中学名校长培养人选。福建师范大学兼职副教授，福建教育学院化学教育研究所特邀研究员。当选中共福州市第十次代表大会代表，曾获福建省优秀教育工作者等荣誉。

玉在山而草木润，渊生珠而崖不枯。办学思想是一所学校的教育哲学，是学校育人的指南针，它承载着学校的历史、现实与理想，为学校办学指明了方向，既是学校管理者对教育的内涵本质理解，也是对办学的个性化表达。福州城门中学深度践行绿色教育，构筑绿色教育体系，实施绿色人文管理，营造绿色校园环境，注重绿色德育体验，构建绿色智慧课堂，探索绿色发展评价，打造人文校园、绿色校园、书香校园、平安校园和快乐校园，提升教育幸福品质。

一、“绿色教育”办学思想提出的背景

（一）新时代新要求

习近平新时代中国特色社会主义思想强调并倡导绿色发展理念。党的十八届五中全会提出的“创新、协调、绿色、开放、共享”五大发展理念，具有纲领性、引领性和战略性。党的十九大报告中提出的教育发展目标中也强调了绿色教育理念和本质。在“优先发展教育事业”与“绿色发展”的理念背景下，教育绿色发展被提

到了新的高度。全国教育工作会议也明确提出“以绿色发展引领教育风尚”。教育部学校规划建设发展中心将绿色发展作为重要战略支点，绿色校园建设是不可替代的关键，把绿色发展理念融入学校办学过程，融入人才培养环节，融入校园建设与管理。

2020年初新冠肺炎疫情在全球蔓延，这场人类与大自然的灾难性纠缠，对人类造成的重大伤害，严重威胁着我们的生命健康，也给全世界社会经济的发展带来巨大灾难。疫情再次把“生存”的主题推到了人类面前，疫情的冲击对“生存”的关涉也提醒着我们需要对教育发展机制再梳理再表达。

（二）个人成长经历

回顾个人的职场成长历程，我与绿色教育深深结缘。任职于福州城门中学之前曾在福州环保职专任教16年，该校与福建省环保厅和福州市环保局皆有合作关系，当时我担任分管德育副校长，每年都要和环保部门携手组织师生参加地球日、水日以及环境日等活动。2003年，我在福建师范大学就读教育管理专业在职硕士研究生时，硕士学位毕业论文就是《中小学环境教育的现状及对策研究》，因研究有一定的深度，答辩取得了较好的成绩。

（三）学校办学传统

以科学发展观为基础的“绿色发展”，能够提升教育的幸福品质。福州城门中学秉承和谐向上的理念，让每位学生都能在原有的基础上有所提升，既关注学生今天的成长，更着眼学生明天的发展。多年来学校“坚持内涵发展，振兴百年老校”的目标已成为全校师生的共识。就外部环境而言：学校地处城门山麓，依山而建，楼俊树美，古树参天，池美鱼乐，错落有致。春来鸟语花香，夏日荷花争艳，秋至天高气爽，冬季苍翠满园，2012年获得“福建省绿色学校”，占地面积115亩，绿化面积达80%以上，校内广种树木，现已成林且生长繁茂。各种树木有30多种鸟类栖息，具有鸟类生存环境得天独厚的优势。在师资保障方面：学校有福建省最早最知名的观鸟人黄淦老师（2015年福州新闻网、《东南快报》、腾讯网等多家媒体以《探访痴狂观鸟人》专题报道黄老师50年从“哥伦布少年”到花甲老人的观鸟经历）。自此学校将观鸟、爱鸟、护鸟活动与环境教育结合起来，营造浓厚氛围，开展系列活动，开设“观鸟陶情操　爱鸟育人品”的校本课程，让师生探索和发现大自然，对自然生态的关注，形成了初期“爱鸟护鸟”为载体的绿色生态教育。在帮助学生确立正确的世界观、人生观、价值观的目标进程中，2015 年学校通过激发学生的主体熟悉和行为实践，顺应学生的个体天性，呵护与保障自然生命安全，关注社会生命，重视其成长世界的交往，提升精神生命，逐步实现其自身需要及境界的可持续发展。在观鸟活动的基础上，扩展到“三生教育”，最终实现“珍爱生命、学会生存、幸福生活”。2017 年 5 月起，在参加福建省“十三五”中小学名校长培养班的学习中，经过再思考再实践再凝练再提升，我提出了“践行绿色教育，提升幸福品质”的办学思想，并已取得初步成效。学校从“爱鸟护鸟”活动延伸至“三生教育”实践再发展到“绿色教育”可持续发展，完成了三次跨越式阶梯螺旋上升，走上了“彰显绿色活力，放飞绿色梦想”的“绿色教育”特色之路。

二、“绿色教育”办学思想的内涵

教育的核心是一个个具体的、活生生的“人”，因此“绿色教育”核心追求的逻辑必然是“人”，其中环境（包括教育学意义上的环境）生态、可持续则就此成为“绿色”的思想要义。学校将以往随机、零散且细碎的做法整合凝练为绿色发展，同时将绿色教育作为特色建设纳入总体框架，既实现了办学行为与研究成果的转化和双赢，又明确了特色办学主导思想的定位。

从构词上看，绿色教育是用“绿色”来形容“教育”。保护与开发是“绿”的内涵，“绿色”原指生物学范畴表象上的直观视觉颜色，而绿色教育中“绿色”不囿于生机盎然的生态环境之色，更从自然生态延伸到内在的生命活力及社会生态，不仅富有工具属性更上升到人文属性，象征着春天和成长，象征着生机与文明，象征着健康和未来。“绿色”充盈在校园，浸润着课堂，更根植于教育者与受教育者的心灵深处。将“绿色”与“教育”融合，更基于以人为本、自主发展、和谐并进。所以绿色教育以师生的全面发展和个性发展为目标，在呵护与尊重生命的基础上，关注师生的生命质量，提升幸福品质。将绿色发展理念引入教育，就是回归到

“人”的教育核心，真正实现以“人”为出发点和归宿。

绿色教育从发展演变角度而言，蕴含着环境教育、可持续发展教育以及生命教育三重内容，其内涵与内容在不断丰富递进逐步延伸逐渐升华。1972 年英国学者卢卡斯教授提出了“即关于环境的教育、在环境中教育以及为了环境的教育。”该学者的环境教育观点在当时颇显代表性，然而用现在发展的眼光来看，此提法仅关注于自然环境或生态环境的范畴，明显具有局限性。而后普遍认可的可持续发展教育，涵盖了环境层面、社会文化层面和经济层面，强调了人文环境与社会环境的维度，相较于环境教育的内涵显得更加丰富。后来以促进学生健康发展为目标的被广泛解读的生命教育，重视个体的生命健康，尊重自主性创造性，彰显生命活力激扬，就丰实了绿色教育的内容升华与时代内涵。中国科学院杨叔子院士认为：“科学求真，人文求善，现代教育应该是科学教育与人文教育相融而成为一体的绿色教育。”所以绿色教育倡导“科学与人文并举，个性与规范共存”，其核心要素为“崇尚科学，弘扬人文，发展个性”。简而言之，绿色教育是在追求代际公平的前提下，崇尚绿色和自然环境，尊重生命与个性发展，通过人和自然、经济社会等和谐共生实现彼此的可持续发展。

基于向上向善和谐发展，学校坚持“人本立校、和谐兴校、质量强校”，倡导“巩固、深化、提高、发展”，奏响“内涵求发展，机制求创新，质量求提高”的主旋律。多年来秉承“勤奋、严谨、求实、进取”的校训，形成“崇德、明理、砺志、创新”的校风、“爱生、敬业、博学、善教”的教风、“至诚、好学、乐群、笃行”的学风；提出“以人为本、立德为先、质量为重、和谐发展”的办学理念，践行全员育人，实施精细管理，追求内涵发展，关注学生的生命健康、生活品质、幸福成长和持续发展。“以人为本”指学校的一切工作都是为了学生的成长和教师的发展，“立德为先”是把立德树人作为学校工作的根本任务，“质量为重”是指教育教学质量始终是学校生存与发展的生命线，“和谐发展”强调学校内外形成协调、合作、共赢的发展氛围，实现学生、教师、学校三个层面的可持续发展。“以人为本”是价值观是出发点，“和谐发展”是目标是结果，“和谐发展”是环境是氛围，“以人为本”是归宿是追求。十几年来学校提升进步的根本是“人和”，发展的前提与关键是构建“和谐城中”，弘扬和衷共济、和谐发展的精神文化。这里的和谐不止人与人之间的和谐，更丰富为人与自体内心、个体与环境的和谐，“和而不同、同而共进”是精髓，涵盖了制度人文、人际互助、教育贴心、教学对话、后勤服务诸多方面的和谐等。如今“和谐城中”的精神文化已成为学校强劲发展的精神动力，已内化为师生的统一共识与自觉行为，渗透于学校规划与管理、改革与发展之中。

三、“绿色教育”办学思想的理论依据

（一）党的方针政策

党的十八届五中全会提出“创新、协调、绿色、开发、共享”的五大发展理念，这是站在构建人类命运共同体的高度，高瞻远瞩地为民族和国家的未来确立了更加明确的发展方向，是一场具有深刻意义的变革。“五大发展理念”中的绿色发展，倡导人和自然和谐共生和谐发展，其中蕴藏着低碳观念、生命意识、生态保护等，同绿色理念关联的、绿色行为表象的、反映人类和自然和谐共处共荣共进共发展的行为规范、生活方式、思维方式以及价值观念等文化现象的总和。

（二）国内外研究现状

1. 国内研究

关于教育绿色发展的国内研究，主要分三个阶段：

第一个阶段：环境保护教育的开始阶段。20 世纪末，不断发生的环境问题频频困扰人类，譬如森林锐减、水土流失、土地沙化等问题已然成为发展的绊脚石，此背景下保护环境就成为社会发展的强烈要求，中国的环境教育应运而生。1996 年，国家环境保护局、中共中央宣传部和国家教育委员会联合印发《全国环境宣传教育行动纲要（1996—2010 年）》。1997 年，《中国中小学绿色教育行动》项目正式启动，环境教育在中国正式实施。

第二个阶段：全国掀起创建评选绿色学校的热潮。截至 2008 年，全国创建了 42000 多所绿色学校。大规模地创建与评选活动进一步推动了公众特别是教育界人士对绿色教育的认知，进一步扩大了中国绿色教育的影响，也促使公众再次把绿色教育

与环保教育紧密结合。其间，一些学校成立“绿色教育中心”，实施“为了可持续发展的环境与人口教育计划”，不少学者在公开刊物上发表以“EPD 教育——中国的绿色教育”为主题的论文，一些教育行政机构和学校将“绿色教育”与“生命教育”初步融合，提出了以学生生命为核心的绿色教育主张，并在实践中积极探索。

第三个阶段：“绿色教育”上升为科学的教育发展理念。期待能够形成稳定的绿色制度、绿色环境、绿色课程、绿色精神以及绿色文化。2014 年 9 月 9 日习近平总书记提出的“四有”好老师标准，为当代教师个人提出了新的发展要求，教师个人的可持续成长和发展也是绿色发展理念要求的内容之一。党的十九大报告为我国全面实现现代化勾勒了清晰的蓝图，报告中“生态”一词出现了 43 次，“环境”一词出现 29 次，“资源”一词出现 13 次，“绿色发展”一词出现 4 次。全文十三个部分里，有三个部分论述了“绿色发展”有关内容。绿色发展成为时代的主题，引领未来国家经济社会发展的方向与模式。

2. 国外研究

在国际学术界，并未明确提出“绿色发展”这一概念。关于“绿色发展”的研究大多是从人类的发展与生态的关系来进行的，通常的提法包括“可持续发展”“绿色经济”“绿色增长”“低碳经济”等，边界相对模糊，实质上并没有太大分别。如果以“绿色教育”也即“green education”的直译在国外主要教育文献数据库中搜索，也发现几乎找不到相关文献。唯一比较接近的是“greening school”的提法。在西方教育文献中表述类似教育观念或者实践的名词还包括“生态教育 / 理念”“可持续性教育”等。但这些提法也同样是仅见于少量研究文献中。相比之下，西方相关教育研究文献中大量出现的是“环境教育”这个概念，主要指有关环境保护以及相关理念及行为的教育，与我国近来所倡导的“绿色教育”理念最为接近。在研究方面，20 世纪 70 年代开始，联合国召开了以人类和环境为主题的系列大会：1972 年在斯德哥尔摩召开的首次人类环境会议是全球环境教育运动的发端，发表的《斯德哥尔摩宣言》号召全球保护与改善人类环境；1975 年在贝尔格莱德召开的国际环境教育研讨会则使环境教育得以确立，会议通过了《贝尔格莱德宪章》，增加了环境教育总目的、具体目标、教育对象以及指导方针；1977 年的第比利斯会议，把环境教育引入到更为广阔的空间，通过的《第比利斯宣言》，为全球环境教育发展构建新的基本框架，成为环境教育发展史上的里程碑；1987 年 WCED 世界环境与发展委员会发布的《我们共同的未来》以及 1992 年的《21 世纪议程》，逐渐让环境教育成了国际共负的责任、世界公民必备的通识。尤其是《21 世纪议程》明确教育对促进持续发展至关重要，为适应持续发展的需要重新确定了教育的方向，对人类社会的环境教育提出了更高的要求更重要的任务，可持续发展的理念与环境教育有机融合，成为人类大家庭创建未来可持续发展的行动纲领，随后联合国大会将 2005 年到 2014 年的十年确定为可持续发展教育年。实践层面，西方国家因工业化起步早，所以于工业化早期就经历了环境被破坏。不少发达国家二战后就开始面临较为严重的恶劣的环境问题，痛定思痛环境保护的意识越发强烈，环境保护的思想逐步普及和发展，与此同时中小学校的环境教育实践也同步开展。美国学校在教育教学中明确要求“让环境成为学习活动的有机组成部分”，开设环境教育课程、绿色学校（设施）和教职员工培训，开展与环境教育相关的活动。2000 年，英国颁布的环境教育课程指针，要求学生通过环境学习并最终为了环境而学习。法国的环境教育则主要致力于更好地将环境教育与现存课程体系整合，以及着力发展和提供符合环境教育特征的教育两个方面的改善。

（三）哲学依据

哲学范畴可以从隐喻、本体论、认识论和方法论等的视角诠释绿色教育。

1. 隐喻视角

隐喻是一种透过现象看本质的重要认知手段，是获得经验知识认识抽象领域的有效的方法工具之一，也是教育存在的重要方式。作为教育隐喻的“绿色教育”，不仅潜移默化影响着师生角色意识的转变生成，还干预着对教育理念和教育价值的追求。“绿色”视觉上的颜色本意凸显出绿色教育的自然颜色，而极具生命力的诸如生命、生长、长青、健康、希望等此类同“绿色”相关的元素，则蕴含着教育对生命的哲学意义。所以隐喻的绿色教育，颜色本意赋予了对教育的新认识新体验新感悟，强调通过与不同往常的方法来诠释教育，认知教育生命的价值。

2. 本体论视角

本体论视角下，绿色教育是从人的生命属性来观照，在本质上深化理解，并尝试与经济社会环境等可持续发展教育和人的生命价值等多维的内涵有机耦合。个体的生命包含自然生命、社会生命和精神生命三种属性，这三个层次不可分离、依次递进、融合共生。基于生命的三种属性绿色教育隐喻诠释对应为绿色自然、身心健康以及精神世界三个方面。首先，教育的首要使命在于尊重与保护学生的自然生命，“生命不保，何谈教育”，所以教育应该直面个体生命，应该顺应学生天性，呵护与保障其自然生命安全。“不离于宗，谓之天人”，“宗”则关注个体“心性的自然”，强调一个人的自然心性没有任何伤害，得到充分的保护，是绿色教育可持续发展的保证。其次，源于生命的社会性，教育的目标之一是实现受教育者的社会化过程。通过各种实践活动关照学生的社会生命，重视其日常生活世界的交往，引导他们关注家庭、社会、国家以及全球面临的环境问题，正确处理同自体、同他人与集体、同社区社会以及自然生态环境、国家民族的关系，经过持续的潜移默化，与学校社会的环境等诸多影响，强调各美其美，美美与共，增进受教育者履行一定社会角色和承担一定社会责任的“社会人”的过程，关注私德修养、社会公德以及环境道德、生态文明意识等培养，让绿色教育理念内化为受教育者的自觉意识自觉行为并培育道德素养。所以绿色教育更着眼于从多维度关注生命的完整性和终身性，提升师生的精神生命，让其自由生长、生机盎然、不断超越、幸福满仓。

3. 认识论视角

认识论视角下，绿色教育隐喻处在一个生成与发展的过程之中，在强调道德教育、素质教育、人文精神教育、终身教育的背景下，立足树立可持续发展理念，促使人类逐步从认识向参与的历程迈进，由概念的认知上升至行动的参与直至身心的健康。这种认知内涵的延伸拓展，让关注环境的认识论范式向关注人类自体发展的价值论范式转变。关注环境的认识论范式属于相对狭隘但实用的教育认知方式，它仅追求“环境舒适”的感知，只为了环境美好的目的，这样的认识观无法使教育为可持续未来服务。而关注人类自身发展的价值论范式则以“学以致用”的精神寻求，让教育为社会服务为旨向，激发并唤醒教育主体的内心世界，鼓励师生自觉体验生命所散发的精神力量，把握主客世界的共性，深入探索人和自然以及社会之间的关系。这种范式的转变让绿色教育的隐喻内涵更加完善更加丰实。

4. 方法论视角

方法论视角下，绿色教育把“生命”、“规律”及“差异”等我们熟知的生物学学科知识和原理映射于教育领域，由表及里、由浅入深地隐喻类比绿色教育的特征、教育目的、教育手段和教育功能等，从而给教育以新的启示和方法。譬如，绿色植物的生命性给教育的启示：学生生命的脆弱性与未成熟性，决定其体质、经验、能力等皆在发展中，需要更多的照顾、精心的呵护、用心的培育；学生生命的自主性倡导教学过程中要保护和开发学生未知世界的好奇心与探究欲，引导他们主动参与自主探究、认真研判并勇敢行动；学生生命的独特性呼唤适当的时间和空间让他们驰骋纵横，促其个性发展。绿色植物的规律性给教育的启示：学生成长有顺序性、阶段性，教育要善于找到学生的最近发展区，遵循学习规律，循序渐进，万不可揠苗助长。绿色植物的差异性给教育的启示：个体之间存在着智力、性格、气质、兴趣、学习风格等方面的差异，教育必须认同并尊重学生的差异，针对学生的个性需求进行因材施教。

四、“绿色教育”办学思想的理论支撑

当今，在全球化视野下，快速变化的动态世界致使社会形态由农业社会转向工业社会再转向信息社会，信息技术以及创新的进步被称为经济 4.0 时代，经济 4.0 正引领人类社会进入到前所未有的变革时代，教育 4.0（是以互联网为信息载体及传递管道，以智能终端与移动智能终端为人机交互界面，以满足学习者心智体验及促进其心智发展为目标，以他组织（专业组织）结合自组织（学习社群）为组织形式的教育形态。）的提出恰好迎合了“创新时代”的共同需求，符合全球发展的趋势。我国正处于从传统教育方式到现代化教育方式转变的重要时刻，从教育大国到教育强国转变的关键时期，教育的环境在改变，教育的方式在改变，教育的观念也在悄然改变。

（一）基于学校观

2020 年 1 月世界经济论坛（World Economic Forum）发布了《未来学校：

为第四次工业革命定义新的教育模式》报告，以 16 所学校的翔实案例呈现向教育 4.0 过渡的教育模式，带给我们启示：构建创新创造、技术技能、人际交往和全球公民意识四维能力的人才培养体系；利用新技术构建全新、动态的未来学校形态；创新学习范式、教育场域、教学方法和学习方式；加强学校与社会相关子系统的合作关系，提高教师的职业核心素质，加快融入教育 4.0，迈向未来学校。

教育的本义是发展学生，是引出、向善和向上，把人的创造力诱导出来，将生命感和价值观唤醒。新学校观回归发展学生的教育本义，树立“心中有人，目中有人，未来是人”的“成人”教育意识，通过契合学生的教育活动和学科教学活动，实现其道德、知识、身体、心理、情感等方面的全面而持续的获得和超越。在绿色理念下构建自然、学校、家庭、社会等立体的生态体系，织就多方协调作用的系统工程。首先着力营造天人合一的自然生态：强调生物多样性和空间使用的多样性的耦合，扩大师生与环境互动的可能，实现校园在满足学习工作生活空间的同时为师生多维度素养的拓展提供场所。其次构建协调生长的绿色教育生态：以绿色管理理念为核心，以绿色课程为支点，以绿色课堂、绿色德育为突破口，注重各育人板块内部以及板块之间的联系，把绿色教育贯穿于学校管理及教学活动中，形成绿色的教育生态系统。再者形成相辅相成的社会生态：建立学校、家庭和社会三方联动机制，成立三位一体的教育网络，形成相互支撑良好互动的社会生态，共同助力学生成长。如图 1 所示：

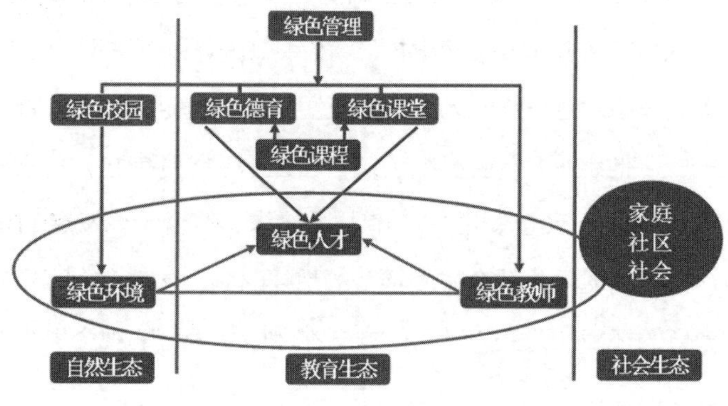

图1　绿色教育生态体系图

（二）基于教师观

鸡蛋，从外打破是食物，从内打破是生命，人生亦是如此，从外打破是压力，从内打破是成长。随着教育的变革，“互联网 +”时代教师的职能悄悄发生着改变，教师已不再是传统的处于中心的位置，不再是知识的唯一载体，也不再是知识的绝对权威。互联网在教育领域的应用，扩宽了学习环境，改变了学习方式，影响了师生关系，打破了仅由成年人设计并实施的系统。

习近平总书记的“四个引路人”为新时代的教师提出了具体要求：第一，教师要做学生锤炼品格的引路人。锤炼品格，首先要树立坚定的理想信念，忠诚于党的教育事业，把立德树人作为教育的根本任务。第二，教师要做学生学习知识的引路人。要求教师不是把现存的知识传授给学生，而是要引导学生去探索新的知识新的世界，去创造美好的未来。第三，教师要做学生创新思维的引路人。教育 4.0 的提出更要求学习者为未来社会经济生产做贡献并对未来社会负责，这需要学习者在学习内容转变上具备全球公民技能、创新创造技能、技术技能和人际关系技能四个关键特征。这些关键特征能够构建和提高学习者的基本技能，对解决新工业革命时代未来社会的需求至关重要。第四，教师要做学生奉献祖国的引路人。教师要用心培养学生对国家、对社会、对人民的责任感，把奉献祖国的伟大事业作为人生最高价值追求。

绿色教育提倡绿色管理，绿色管理倡导“研究先于决策、服务大于领导、协调多于控制”，创设彼此尊重的工作育人环境，逐步形成“机制激励”，通过“学校统筹、提供舞台，自我管理、激活内力，实践反思、深入剖析，交流展示、形成风格”四个环节，实现教师自我发展、自我飞跃。以一切有利于师生的可持续发展为前提，旨在让每一个学生能在原有的基础上有所提升，明确学生处于不断发展的成长过程，以今天比昨天好、明天比今天好为导向，着眼于教师为学生的成长做了多少贡献的质量观和增值评价方式。通过完善绿色文化建设，融入绿色人文关怀，促进教师舒心从教；强调生态人本管理，激发教师热心从教；打通绿色成长之路，推动教师静心从教；构建绿色评价体系，夯实教师安心从教。

（三）基于学生观

成尚荣先生在《儿童立场：教育从这里出发》一文中指出，教育立场的三条基准线：教育是为了谁，是依靠谁来展开和进行的，又是从哪里出发的。人是教育的出发点，人性、人的生命、人的需要、人的可能性、人的多样性、人的特殊性、人的存在方式等等，皆应是教育活动必须正视与尊重的。新学生观强调学生立场，指向发展学生核心素养的培育，明晰学生既是教育的出发地，也是落脚点与归宿点。要求教育者在国家教育方针政策以及课程标准的指引下，从学生的需要、基础和发展出发，结合个体差异，基于学生的认知需要、认知基础和学生的个性发展、终身发展的视角，实施满足学生需要和发展的行为行动。恰如联合国教科文组织发表的《反思教育：向“全球共同利益”的理念转变？》一书中所提到，人的一生除了在学校正规学习外，更多是非正式学习。信息社会学生可以从各种媒体获取知识，可以时时学、处处学，强调重视为实现个体发展以及适应社会发展的需要，贯穿于人的一生终身学习。终身学习能力决定了人生高度，学校教育要侧重于使学生学会学习，培养学生养成自觉主动的、自我更新的、不断探索的、学以致用的和建构优化知识的良好习惯，着眼于培育学生应具备的，能够适应未来终身发展和社会发展需要的价值观念必备品格和关键能力。

绿色发展着力于学生彰显生命活力，挖掘生命潜能，实现生命价值，实现自然、健康、和谐、可持续发展。自然发展注重学生个性养成及自然多元化的发展，健康发展强调体魄与人格的健康协调发展，和谐发展则倡导个体科学素养和人文素养的协调发展，可持续发展关注生命发展潜能，着眼于学生的终身发展，为其幸福人生奠基，成就幸福人生。

（四）基于课程观

课程处于学校教育的核心与基础地位，其目标、内容、结构与评价具有创生性、开放性和多元化等特点，学校特色需要课程化来实现。课程观顺应人类文明与社会的发展方向，其特质决定了它所塑造的课程体系是处于动态发展和变化之中，强调培养人发展人的理念内涵，强调个性化发展以及个体全面培养，具有时代性和前瞻性，当下尤其注重创新思维与批判性思维的养成，强调课程是强调全民教育、通识教育与终身学习。

构建绿色课程体系，充分考虑课程形态与内容的多样性，在国家课程与地方课程基础上，开设相应的校本课程，如学科拓展课程、综合课程实践活动等。在自然科学、人文社会科学及实践环节中有机融入环境教育、可持续发展教育，将环境意识教育和可持续发展意识教育融合到现有课程体系中，注重学科与学科的融合，考虑课程与课程之间的协调与衔接，社团活动与学科课程的衔接等。

（五）基于教学观

课程是解决“教什么”的问题，而教学改革是从“怎么教”的角度来探索，“教什么”需要“怎么教”来支撑。教学质量是学校的核心竞争力之一，没有课堂教学质量的提升，就谈不上学校教学质量的提升，所以课堂教学是学校内涵发展的命脉所在。新教学观倡导回归育人本源，实现知识与道德、教书与育人、教学与教育的有机整合，提倡教师不能满堂灌传授知识，教学应该唤醒学生成长的内在动机，激发亲身参与的获得，提升主动探求的欲望，建构学生的认知结构，引领其问题解决、实践创新和自我导向学习，促使学习能力自我增生。同时让学生在“重新发现”和“重新组合”不同形态的知识中，促进创新能力的提升，彰显学科价值的追求，促进学生自主活动与积极交往，为其精神世界的动态生成创设条件，促使有效主体性人格的形成，促进学生的德性生长，启迪智慧并点化生命。

绿色教育认为：课堂是师生情感与信息相互交流的圣地，是师生共同质疑、释疑、生疑的地方，是师生教学相融学习共同体的场所，应该充满着快乐、充溢着幸福。基于学生立场的教育教学首先在学科知识层面：教育者站在学生的兴趣特长、认知基础和认识规律的出发点，科学制定发展目标，精心组织活动资源，营造立体互动多元的课堂生态，引领学生共同建构结构化知识，形成观念认同价值发展思维，为学生的终身学习奠基。其次在生活发展层面：着眼于学生成长的个体性、社会性与长远性，关注生产实际、生活应用以及科学研究，通过参与或决策相关的热点问题和社会议题，培育学生的创新意识和创造能力，为学生的终身发展奠基。再者从生命情感层面：教育者真正尊重学生的主体权利，共情理解学生的青春心理，深刻理解生命发展的意义，敬畏生命，引领学生形成国家、社会和家庭的责任意识，引领学生感受和体验幸福的价值，为学生的终身幸福奠基。以上三个层面融合共通，追求和实现学生的学科知识、生活发展和生命情感的和谐共鸣。

五、“绿色教育”办学思想的践行

学校本着“精细管理、确保质量，塑造品牌”的宗旨，梳理和凝练多年实践的“爱鸟护鸟”和“三生教育”，从绿色校园、绿色管理、绿色德育、绿色课程、绿色课堂、绿色文化各个维度，积极探索绿色教育途径和策略，努力构建绿色教育体系框架，深度践行绿色教育，提升幸福品质，推动学校可持续发展实现了新跨越。

（一）营造绿色校园环境，夯实特色之基

以绿意打底：学校以建设绿色校园作为践行绿色教育理念的起点，多年来凭借得天独厚的自然资源和文化资源，将自然生态与教育生态相融合，构建出“自然·人文·环境”三位一体的生态校园，置身于校园中处处可以感受到与学校历史、文化氛围及建筑风格相协调的景观。学校“以景为阶，人在中央”，拾级而上——高山仰止，绿化造型——清新灵动，奇石寓意——书香质朴的整体布局，精心设计的宏观建筑，和谐自然的优美环境，规范严谨的主体设施，注重人文熏陶的文化展牌等，一草一木都浸润着文化的精神高地，为学校着上一抹别具风格的文化靓装。让身处其中的师生时时感知到自己的存在与幸福：有历史的脚印，有现实的探索和对未来的憧憬、对美好生活的向往，一景一物都折射出教育初心和真心，生命的共生与共长，真正实现“人与自然”“人与生活”“人与学习”的和谐发展。

用科技塑绿：将低碳生活、可持续发展思想贯穿到整个生态校园建设中，打造充满绿色充满生机充满活力充满希望的绿色校园、充分发挥环境的示范与教育的双重功效。节能、循环、高效是绿色的另一层释义，校园雨水收集与循环利用、垃圾分类和回用处理，节能的基础设施和设备，提效的集成系统，使整个校园成为一个理想的绿色生态系统，当科技与教育相遇便成就了不一样的“绿”，这一切皆成为师生眼中溢满的幸福图景。

（二）实施绿色人文管理，凝聚强校之源

以人文写绿：以人的发展为根本的绿色教育管理，是尊重人性、人格的民主人本管理，多年来学校在建章立制、课程构建、校园建设等方面，都把教育者和受教育者的共同发展置于中心位置，从个体的发展需求出发，最大限度地挖掘潜能，充分体现尊重人和信任人，体现公平与正义。提倡用先进理念赋予人文内涵，文化感召中带着管理的规范，制度管理中透着人文的关怀，着力把教师的成长、学生的成才、学校的成功有机融合，彰显出和谐的管理文化。

坚持"多一点柔性管理，多一点情感管理"，真正用"心"爱护学生，用"智"教化学生，用"行"引导学生，搭建发展平台，拓展成长空间。学校地处城乡结合部，其中初中部学生外来务工人员子女占一半，还有残疾孩子随班就读，师生通过"情暖每一个，不让一个学生掉队，不放弃每一个学生"来激励和鞭策，努力让孩子们都能享受公平而有质量的教育。同时"观鸟爱鸟社团""绿色科技社团""绿色环保社团"等走进学校、走入社区，让学生在实践中拓展提升、陶冶情感、磨炼意志。多年来学校凝心聚力，致力于打造"有文化"的校园，彰显"有温度"的绿色管理，实现教师、学生、学校彼此相互之间的协调同步发展。

（三）注重绿色德育体验，遵循融合之道

"视学生为鲜活的生命"是绿色教育的原则，每个学生都是独一无二的，所以教育首先要尊重生命鲜活的个性，保护和激发个体成长的内在动力，其次要保护生命向上的本能，引领生命的自主发展。学校倡导全员育人理念，以育人为本，以德育为先，以整合为基，以发展为宗的绿色精细化管理，追求内涵式发展，高度关注学生的生命成长和人生发展，构筑了"动静相宜""雅趣相彰"的校园文化景观，推进校园精神文化建设，激起学生的理念转变和体验实践，提高学校办学品位，实现"使校园成为孩子们精神成长的乐园、个性发展的学园、幸福生活的家园"。

德育课程走心，润物无声静待花开。重视对国家课程和地方课程进行校本化整合研究，对课堂教育、主题实践、社团活动、校园文化、社会体验等进行实践探索，构建全科、全程、全员、全方位的育人体系，建立多元化的评价体系，健全学

校、家庭、社会三位一体的教育网络，注重育人板块内部以及板块与板块之间的联系，建构绿色德育课程体系（图 2）。

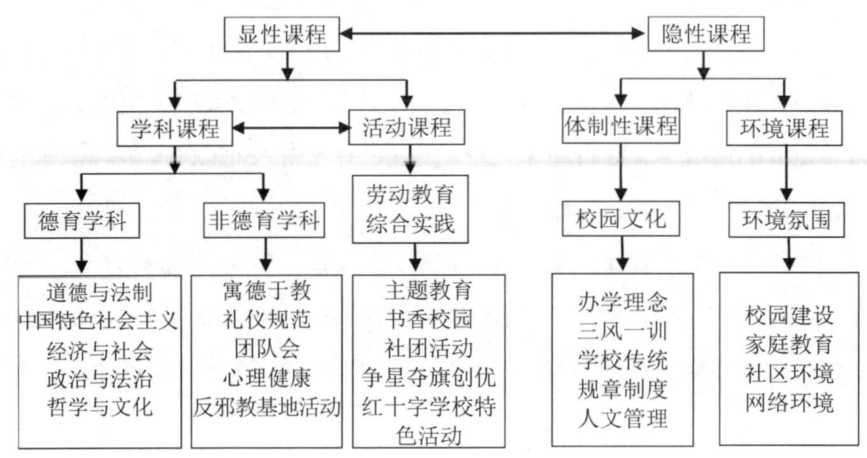

图2　绿色德育课程体系

开展系列主题，提升绿色环保教育品质。以绿色安全为主题："新年第一课：遵守交通法规，安全与你同在"的安全教育、对邪教说"不"共创平安校园的反邪教教育、"直面困境　破茧成蝶"高考减压讲座、"健康人生　绿色无毒"禁毒教育、"万人同课防溺水　师生同宣防欺凌"的防溺水防欺凌教育以及"爱心相伴　救在身边"为主题的青少年应急救护技能大赛总决赛。

以绿色和谐为主题：首先，处理人与自然的绿色和谐，开展了"绿色发展　和谐共生"的校园环境养护活动和志愿服务活动、"垃圾投放要分类　绿色环境靠大家"等系列活动。其次，处理人与人的绿色和谐发展。开展了"抓住孩子成长的春天"新年家长第一课、"干部参与学校管理　促进学生能力提升"主题班干部述职。再次，处理人自身的绿色和谐发展，开展了"探路生涯　独辟蹊径"生涯规划讲座、"踏上新征程　迎接新挑战"主题活动、"影视文化进校园　青春教育期助成长"青春期教育活动、"继往圣学　立高志远"成人礼活动。

以绿色品质为主题：持续推进社会主义核心价值观建设，弘扬中华民族传统美德。举行了"浓情拗九　孝感福粥"志愿服务活动、"在春天，种下诚信的种子"

教育活动、“缅怀先烈　学会感恩”主题活动、“走进数字峰会　体验研学实践”活动、“致敬心中英雄　歌唱美好祖国”班班有歌声、“绿色世界”艺术创作大赛、“在担当中历练　在尽责中成长”主题活动，提升了青年学生时代责任感和使命感。此外学校作为福州市红十字体验式生命教育示范校及仓山区第一所红十字学校，定期与红十字会开展活动，举办中国红十字初级救护员暨福州城门中学“一班三”急救员培训班（注：培训一个班三个急救员），数百名师生通过考核，获得《救护员证书》，不断培养学生发扬人道、博爱、奉献的红十字精神。

（四）建构绿色课程体系，打造强校之力

核心素养的有效落地，必须有一系列配套的课程作支撑。学校坚持“培育灵魂，促进生命，健康成长”的课程理念，强调课程的综合研发，保护学生的个性发展。一是注重学科渗透，在各类学科的教学中，有机融合了生存教育、生命教育、低碳教育以及可持续发展教育，使之成为师生基本共识和综合素养提升的构件。二是着眼开发隐性课程，尝试案例教学、活动教学、模块教学以及项目教学等，强调对生命教育观、生态文明观和可持续发展观的培育。三是研发校本课程，陆续开设了适合学生天性发展和个性飞扬的科学类、人文类和活动类的颇具生态式绿色教育的校本课程，如“绿色城中，书香校园”“城门山地区鸟类汇集”“观鸟与生态文明建设”“绿色化学与现代生活”等，构建自成体系的“绿色课程”，凸显思想道德类、心理健康类、环境保护类课程的育人作用，发挥课程综合育人的核心作用，满足学生的和谐发展需求。课程体系的整体框架如图 3。

（五）探索绿色生态课堂，回归发展之本

绿色生态课堂强调弘扬学生主体性，培养自主学习策略，倡导师生之间真诚交流、深刻反省与积极对话，创造民主、平等、亲密的师生关系。注重学生的主体感知与主动建构，加强师生、生生间的相互合作与自主探究，引导学生注重同伴互助、自我纠错、展示反馈等，培养学生正确的价值观，拥有终身学习能力。在打造生态课堂的过程中着力做好以下几个方面：深度解读课程标准，把握正确的学科价值取向；创建和谐育人环境，营造快乐民主的学习氛围；发挥学生的主体性，师生

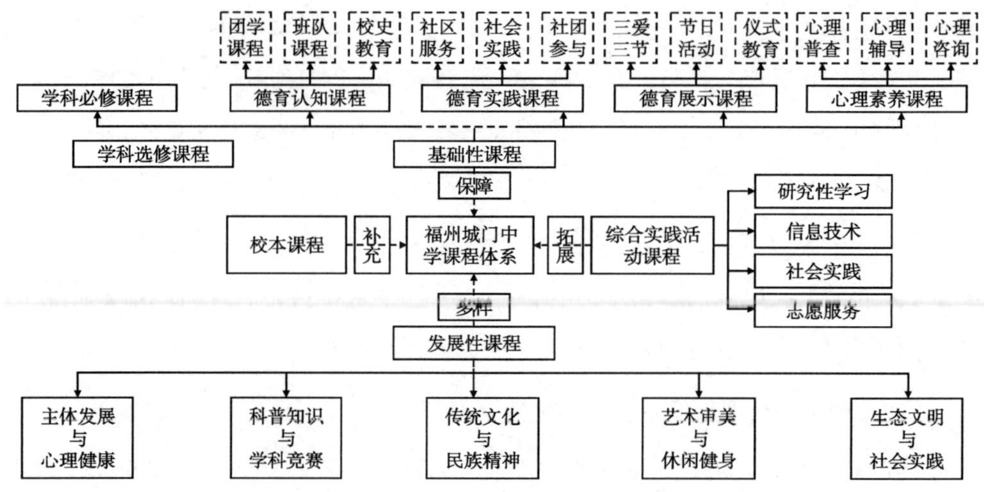

图3　福州城门中学课程体系的整体框架

共同参与共同学习共同发展；创新课堂评价体系，提供展示自我的平台，及时进行反馈，让学生充分享受绿色生态课堂。

学校设计并实施从目标导向、自主学习、互动探究、反馈生成、达标检测的五步教学模式，着力打造浸润着人文的绿色课堂，闪耀着智慧的绿色课堂，充盈着成长气息的绿色课堂。通过课堂教学、实践活动、随机教育等多种形式，教学中打破各学科间的壁垒，在富有生命与灵性的课堂里，在融入生态与幸福的实践活动中，将创建绿色、和谐、快乐的教学理念有机融合，实现“教室”向“学堂”的转化，师生徜徉其中理解幸福、体验幸福、奉献幸福、享受幸福。

（六）融入绿色精神文化，铸就强校之魂

学校优质发展的关键是文化培育。文化相当于学校系统的柱子、横梁与钢筋，它主导着所有成员的一言一行，潜移默化影响师生的思想和行为。当学校出现深层积弊的问题时需要文化来解决，当学校发展至一定高度时更需要文化去引领，助推发展学校的根与魂是学校文化的建设。所以学校文化是治校之策，立校之本，兴校之基，强校之源。

一所学校要增强师生的凝聚力和向心力，激励师生的认同感与自豪感，就必须有一种最根本的精神文化根植于师生员工的脑海深处与心灵之中。在这种深植的学

校文化感召下，师生会产生强烈的归属感和“主人翁”感，这种无形而又巨大的力量让工作学习生活在其中的师生们愿意去丰富自我、完善自我、提升自我，能幸福地工作、快乐地学习，指引着他们向上向善。在“绿色校园”创建中，学校围绕“求真、求善、求美”，遵循“崇尚科学，弘扬人文，发展个性”与绿色教育品牌活动主线，打造学校物质文化，完善学校制度文化，优化学校精神文化，深化学校行为文化。丰富校园文化，激发教师幸福工作；搭建成长平台，引领学生快乐学习；携手家校共赢，创建和谐育人环境。同时分区域分层次分类别合理布局，充分利用环境的潜移默化，深挖外显环境之中所蕴藏的道理，逐渐用内隐的方式感染着浸润着全校师生，进而逐步外化为他们的自觉行为。

致知垂范效蜂蚕酿蜜扬丝，培德育才尽桃李飞花孕果。在绿色教育助推下，学校硕果累累，稳步发展，成长为区域内的窗口学校，获得“全国零犯罪学校”“全国青少年校园足球特色学校”“福建省中小学教师教学技能大赛优秀组织奖”“福建省青少年动手电子制作锦标赛高中男子组基础型机器人团体赛第一名”“福建省青少年动手电子制作锦标赛高中女子组基础型机器人团体赛第一名”“第十八届福建省中小学生电脑制作活动高中组 3D 创意设计（创新未来设计）一等奖”“福州市文明校园”“福州市区初中素质教育目标考评优胜学校”“福州市红十字体验式生命教育示范校”等多项荣誉称号，2018 年、2019 年连续获得全国青少年校园足球秋季联赛（福州赛区）高中男子组三等奖、初中男子组三等奖等荣誉。

结　语

科学减负助推学生健康发展教育的功利化隐忧是痛点。私立学校的强势与公立学校的无助，家长为抢占优势，争夺优质教育资源不遗余力，人才的掠夺性培养让“绿色教育”如鲠在喉。落实教育优先，合理配置资源是发展的弱点。如何着力突破重点片区、城乡结合部的学校配建，如何建立健全教育经费投入机制等问题，尤其是近年来城市化的快速推进，全面三孩的政策放开，入学政策以及户籍新政等叠加因素影响，对教育资源保障更是产生巨大挑战。构建绿色和谐教育评价机制是难点问题。如何把多样化、重成长和适用性的综合素质评价落到实处，让评价体系自动成为教育中“不绿色”因素的过滤系统，道路还很漫长。

美国幸福教育理论的主要创始人内尔诺丁斯认为，最好的学校是幸福的地方，生活在这些地方中的人会认识到教育和生活本身的一个目的就是幸福，会认识到幸福既是教育的目的，又是教育的手段。我们将践行“绿色教育”办学思想，以尊重生命为前提，以绿色校园为起点，把人与自然、人与人、人与自身、人与社会的和谐作为追求目标，使教育生态和社会生态不断交融、发展，努力实现师生与学校的和谐、阳光、可持续的发展。

【参考文献】

[1] 中共中央宣传部 . 习近平新时代中国特色社会主义思想三十讲（标准版）[M]. 北京：学习出版社，2018：243.

[2] 张立新 . 疫情与教育：兼论绿色教育体系构建 [J]. 宁波大学学报（教育科学版），2020，42（3）：35.

[3] 叶向红 . 绿色教育五年研究：理念、行动与反思 [M]. 北京：北京师范大学出版社，2016：83

[4] 张笑涛 . 生命视野中的绿色教育 [J]. 中国教育学刊，2017（9）：86.

[5] 叶向红 . 绿色教育“三尊重”理论探析 [J]. 中国教育学刊，2015（4）：33.

[6] 叶向红 . 绿色教育理念下学校文化建设的思与行 [M]. 北京：知识产权出版社，2019：93

[7] 邹静春 . 坚持绿色教育理念　开展“爱鸟护鸟”活动 [J]. 辽宁教育，2018（12）：15.

[8] 丁素丽 .“绿色教育”的幸福实践者 [J]. 教育文汇，2020（4）：10.

崇仁 · 启智

◎**黄村玲**

【 **作者简介** 】

黄村玲（1965— ），女，福建永春人，中学高级教师。福建省福州杨桥中学原校长、书记，现任福建省福州杨桥中学正校级督学，福建省中学物理学科带头人，福建省“十三五”中学名校长培养人选。曾获福建省优秀青年教师、福建省优秀教育工作者和福州市鼓楼区首届优秀人才奖等荣誉。

福州杨桥中学坐落于福州市著名历史文化街区“三坊七巷”的杨桥巷，创建于1985年，至今已有36年的建校历史。学校传承了古巷的钟灵毓秀、地灵人杰，给办学带来了浓郁的文化色彩；坐落校园西北角的湖南会馆，留下了左宗棠任职福州的印记；校园内绿榕成荫，生机勃勃，绿瓦白墙透出的师语玲玲，诵声朗朗，赋予了古巷无限生机。近年来，在福州市鼓楼区区委、区政府以及区教育局的高度重视和关怀下，学校全面贯彻党的教育方针，深化教育改革，转变教育观念，推行素质教育。在“崇仁 · 启智”的办学思想指引下，学校重视“一心一核多元”的发展战略，优化育人环境，升华文化品质，提高办学水平，办学效益显著，成为莘莘学子求学的理想学校，满足了福州人民对优质初中教育的需求，谱写了鼓楼区教育的新篇章。

一、“崇仁 · 启智”办学思想的源起

“崇仁 · 启智”源于福州坊巷文化，立于杨桥办学历史。

（一）地域缘由

福州的“三坊七巷”起于晋，成于唐五代，至明清鼎盛。一座三坊七巷，半部

中国近代史。鸦片战争以后的近代中国历史事件，如虎门销烟、洋务运动、戊戌变法、辛亥革命、五四运动、一二·九运动、卢沟桥事变等等，从“三坊七巷”中走出的人物扮演了时代的推手。如林则徐、严复、沈葆桢、陈宝琛、林觉民等灿若繁星的人物……还有冰心、林徽因、郁达夫、邓拓、萨镇冰等大量对当时社会乃至中国近现代史进程有着重要影响的人物，成为福州人文荟萃的缩影，凸显着因历史上多种文化交融而形成的丰富多样的地域文化以及独具特色的名人文化。关爱苍生，勇担重任，舍身成仁。坐落学校西北角的湖南会馆，原位于福州市鼓楼区保定巷福州十八中学校内，原貌迁建于杨桥中学内，里面有左宗棠当年在福州留下的印迹。左宗棠是一位杰出的爱国主义者，为了捍卫国家主权，维护民族统一大业，他以年逾 65 的病弱之身勇赴国难，虽“马革桐棺”在所不计。左宗棠以天下为己任，不顾个人荣辱生死的献身精神，在晚清封疆大吏中独树一帜，绝无仅有。近代中国对外战争中两次重大的军事胜利——收复新疆和镇南关大捷，都与左宗棠的名字紧紧相连。左宗棠教书育人，研究地学、农学和水利，善于启迪智慧，是一位励精图治、顺应历史潮流的改革者。为了达到推进经济发展、富国强兵的目的，他勇于开拓创新，设立船政学堂，开学习西艺的风气之先，为加强近代国防建设和培养新式科技人才，作出了巨大的贡献。他始终走在时代的前列，亦是践行“崇仁·启智”精神的佼佼者。杨桥中学近年能够在办学效益上不断取得佳绩，最主要的原因是涌现出一批又一批坚守教育岗位、又能顺应改革开放历史潮流的杨桥人，他们意志坚定、充满智慧，实事求是、解放思想，矢志改革、勇于创新；他们努力开拓学校新局面，提升教学新境界，是杨桥中学发展壮大的希望。

（二）学校环境

杨桥中学办学之初，正值中国改革开放，尊师重教成为时代强音。科学发展、民族振兴需要学校教育教学弘扬“崇仁·启智”精神。办学 36 年（1985—2021）以来，杨桥中学涌现出一大批的“师德之星”和“四有”教师：他们尊重孩子的个体差异，遵循孩子独立成长所需的办学理念；他们师德高尚、勇于担当，对学生一视同仁；他们是孩子心目中的慈爱“妈妈”，陪伴成长的哥哥、姐姐。长期以来，学校所处行政区内的各级党政机关和社会各界为贫困学生提供了大量和持久的资助。有爱才有希望，有信心才有未来，弘扬“崇仁·启智”办学思想，必将促使学校更加和谐，发展更有后劲。杨桥中学培养出了一批又一批阳光少年，他们的成长故事是“崇仁·启智”办学思想植根校园的基础。

（三）校史积淀

杨桥中学创办于 1985 年，2005 年成为福建省级初中示范校，2019 年又加挂“中国科学院大学福建学院附属中学”校牌。学校创办之初，福州市政府拨款 60 多万元在市郊一块农田里建起了一座教学楼和一座办公楼。来自四面八方的老师在首任校长曾宪宽带领下，历尽艰辛，把福州市区没考上周边初中校的孩子聚在一起，凑成了四个初中班。虽然孩子们入学成绩一般，但在杨桥中学充满爱的“仁爱”的教育环境中，三年后大部分考上重点高中或中专。初中招生改革后，杨桥中学对口五所小学，其中 2 所中心校，三所外来工学校。时任校长金耿锋，鼓励教师因材施教，实施差异化教学，2001 年的第一届对口毕业生，被重点高中录取后，基于初中教学的可持续发展以及对高中教学的适应，多名学生在高中毕业后被“985”和“211”高校录取，其中被清华大学、北京大学录取的就有 2 人。2005 年因办学业绩突出，杨桥中学被福建省教育厅确认为“福建省普通初中示范学校”。随着福州城市的扩大，学校位置由原先的市郊变为核心城区中心位置。为了办成家长满意、社会赞誉的学校，学校先后投入 1.3 亿元进行征地改造升级，完成了主教学楼、实验楼、后勤楼和湖南会馆等改造。阅览室、心理咨询室、食堂、健身馆全部按照国家标准化配备设施、器材。学校师生努力践行了“崇仁·启智”的办学思想，经过 36 年矢志不渝的奋斗和对美好未来的追求，用其坚毅的品格把杨桥中学打造成了福州市优质初中校。本人于 1986 年入职杨桥中学，从一名普通教师、班主任、年段长、校团委书记、副校长直至校长，亲身见证了杨桥中学的不断发展、壮大，几代杨桥人艰苦创业、励精图治，用无数的心血和汗水铸就了今日的辉煌，赢得社会的好口碑。

二、“崇仁·启智”办学思想的文化解构

（一）“崇仁”

“知行维仁，仁厚德广”谓之“仁”。“仁”是建设和谐社会的支撑，也是构建和谐校园的基石。孔子说：“仁者爱人”，“仁”是儒家理想的人生境界，是儒家倡导的调节人际关系的基本规范，是儒家思想的核心。以“仁”为办学指导思想，旨在打造爱心校园。“爱心”需用“仁心”来培养，以“仁”育爱。在教师中开展“关爱学生”活动，铸高尚师魂，让教师富有爱心，是育人之本，学校有了充满爱心的老师，才能在学生心中播下爱的种子；在学生中开展一系列“爱心培植”活动，培养学生的孝敬之心、关爱之心、友爱之心，学校有了充满爱心的学生，未来社会才有人格健全、品行规范、开朗友善的优秀公民。

（二）启智

道德经说：“以道启心、以心启智”。“启智”的意思是：开启智慧的法门，培养良好品德，启迪潜在智慧，以人为本，以德为先；发挥人的主观能动性和聪明才智，学习各方面的知识与技能，激发学习兴趣，学习做对社会有用的人。

福州杨桥中学以“仁爱”为办学指导思想，以“仁”育“爱”，打造爱心校园；以“启智”为教育教学的目标，启迪智慧，激发学习兴趣；以“创新”为推动教育动力，开拓创新，把握时代脉搏。

三、“崇仁·启智”办学思想提出的理论依据

教育是国之大计，接受更好的教育是人民群众的热切期盼。构建一个促进“人的全面发展”的教育，符合新时代教育的哲学逻辑。马克思主义认为，人的本质是“社会关系的总和”。人是社会实践的主体，既被现实社会所塑造，又在推动社会进步中实现自身发展。建设什么样的社会、实现什么样的目标，人是决定性因素。关于人的发展问题研究，既是一个历史和时代命题，也是马克思主义哲学的一个根本问题。实现人的全面发展，是马克思主义教育追求的根本价值目标，也是最终实现共产主义社会的根本特征。马克思主义关于人的全面发展，强调的不是片面的发

展、畸形的发展、不自由的发展、不充分的发展，而是全面的发展、和谐的发展、自由的发展、充分的发展。习近平总书记强调，必须坚持“以人民为中心的发展思想”，“不断促进人的全面发展”。这是对马克思主义“人的全面发展”理论的继承和发展，是习近平新时代中国特色社会主义思想的重要内容，也是实现中华民族伟大复兴的根本之所在。站在新的历史起点上，习近平新时代中国特色社会主义思想为推动人的全面发展提供了科学理论指导。

推进“十四五”时期经济社会发展的一个重要方面，就是把握改革开放和社会主义现代化建设、促进人的全面发展和社会全面进步并对教育提出新要求，以更高远的历史站位、更宽广的国际视野、更深邃的战略眼光，对加快推进教育现代化、建设教育强国作出规划部署。中共中央、国务院印发的《深化新时代教育评价改革总体方案》，就是要从根本上回答为什么办教育、什么是人民满意的教育，回答培养什么人、怎样培养人、为谁培养人的问题。教育评价改革，就是要树立德智体美劳全面发展的育人观，在引导加强品德修养上下工夫，教育引导学生培育和践行社会主义核心价值观。

关于“崇仁”，仁，即仁爱，是孔子思想体系的理论核心。它是孔子社会政治、伦理道德的最高理想和标准，也反映他的哲学观点，对后世影响亦甚深远。“仁以处人，有序和谐”是孔子思想的原发点，是儒家思想核心之核心。主张以仁爱之心处理人际关系，儒家思想几千年一贯的治国主张是以“仁”为先。仁即推己及人，己欲立而立人，己欲达而达人，己所不欲勿施于人。“仁”是一种足以使人诚服的人格魅力，是一种足以让人为之诚服的崇高，是一种人格美的展示，是一种爱的艺术的实践。

“仁”倡导一种道德个人主义。人只有实现在道德上的自主，才能使自己真正成为自己，即实现真正意义上的个人自由。

“仁”是孔子匡时济世之良方。孔子的教育目标是要培养“仁人君子”，即他要把他的弟子们培养成那种具有“仁者爱人”“泛爱众”的人格情操，同时又具有为实现“天下归仁”而奋斗的“志士”。

“仁”是一种人生修为之方法，要求君子须以诚信待人，以恭敬律己。同时还必须摆脱物欲的束缚。孔子的“仁”说，体现了人道精神。人道主义是人类永恒的主题，对于任何社会、任何时代、任何一个政府都是适用的，而秩序和制度社会则是建立人类文明社会的基本要求。孔子又是个大教育家，“仁”体现在其教育思想和实践上是“有教无类”，孔子主张“因材施教”，对不同的学生，进行不同的教育。他教育学生，学习知识要经常复习，“温故而知新”；学习态度要老实，“知之为知之，不知为不知”；要把学习和思考结合起来。

关于“启智”，苏霍姆林斯基曾说过：“人们将永远赖以自立的是他的智慧，良心，人的尊严。”小到一个人，大到一所学校、一个国家，要想自立自强，都需要智慧的支撑——为人处事的智慧，治教理校的智慧，治国理政的智慧。新时代的教育呼唤智慧，才能完成立德树人的使命，才能让核心素养落地，当然要用智慧启迪智慧，这就需要一支不但充满仁爱之心，还紧跟时代的充满智慧的现代教师队伍。

四、“崇仁·启智”办学思想的学校管理实践

（一）以“崇仁”为先导，提升管理境界

学校的管理者是国家教育制度的执行者、监督者和评判者，学校的管理者也处在国家教育制度的约束中，以“崇仁”为本是对管理者和管理对象关系的一种清晰定位。在执行国家教育制度的过程中，学校管理者要关爱呵护师生的发展需求，合理调动师生行动的积极性，以此为依据去实施管理方案，以赢得师生的内在认可，自觉遵循，营造和谐的管理境界，这和国家的以人为本，重在发展的理念是一致的。

崇仁必须弘毅。任何制度，如果得不到强有力的执行，那就形同虚设，学校的管理制度重在落实，强化执行。学校的管理者要注重学校教育过程的规范化，健全严格的考试制度、教师考核制度和严格的学校管理机制，还要善于在规则和制度允许的范围内，鼓励师生勇于作为，敢于承担。这一切都需要学校管理者秉承以“弘毅”为则的行动准则，敢抓敢管，勇于作为。

（二）以“启智”为目的，约束管理行为

以“启智”为目的，要求教育教学管理者要科学、民主、依法去管理，教育公平的最大标准是对教育制度的科学尊重、民主执行和依法坚持，遵循在制度面前，人人平等。教育管理者对制度的阶段合理性要达成共识，对制度的智慧修改要注重意见的范围认可度。同时，管理者在具体的管理行为中，要有智慧，还得有一颗真心，要真诚，光明磊落。杨桥中学注重念好管理“八字经”——即合作、勤奋、细致、有效。强调“过程与效果并重”的管理原则，要求管理者做到细化过程管理，勤到教室、勤近学生、勤思工作，主动协调部门间、年级间的关系，及时解决问题、通报情况；坚持科学民主目标管理，干部先人后己，严于律己，校务公开透明，接受监督；坚持从实际出发，不断变革，用人制度、绩效考核、利益分配定性和定量有机结合，宽严适度，以人为本，促成教育管理各要素形成合力。

“启智”必须创新。教育管理是对原有教育制度和规则的遵守，但不能桎梏其中，教育管理者要在遵循管理原则和制度基础上，有所突破和发展。这就需要教育管理者有清醒的观察力，敏锐的感悟力，及时把握时代、地域的热点和焦点，因时制宜，提升管理群体意识，提高管理群体分析能力，达成新的管理共识，制定新的管理制度，促成新的教育管理行为科学、高效运作。在此基础上，我们提出了教育管理需要具有前瞻眼光的战略性，让师生做正确的事；教育行为的科学性，让师生高效地做事；教育活动的艺术性，让师生愉快地做事。教育的本质在于唤醒，教育制度的本质在于激励唤醒，教育文化的内涵是人本。

杨桥中学的管理者努力践行社会主义核心价值观，以“崇仁·启智”的办学思想为指导，细化学校的“一心一核多元”发展战略，落实“让每一个人都得到发展”的办学理念，以打造学校的核心竞争力为目标，建设出一支昂扬上进、业务精湛、绩效显著、遵守职业道德、善于学习的管理者队伍，制定并践行了《校长手册》中“四个六”工程里的行政干部“六回归”，教职工“六提升”，同时结合“创先争优”活动，强化德育、安全、教学、服务保障的常规管理，创出了学校的管理特色，推进学校的可持续发展。2010 年以来，学校被评为福州市文明学校、标准化管理学校、素质教育先进校等荣誉称号。

五、“崇仁·启智”的德育实践

（一）“仁”——突出思想品质的内在修养

学校是培育人的场所，学校一切德、智、体、美、劳活动的核心就是在培养人，学校德育行为的目标之一，就是要培养出能够施行“仁行、仁言”，具有“仁心、仁义、仁爱”的仁者学生。因此，学校必须要注重弘扬“仁”字精神，在师生中培育大爱意识。包括：以发展为前提，以仁爱为动力，以关注每一个人的生命价值为出发点，用教育提升每一个人的生命质量，耐心呵护每一个人的发展需求；关注弱势学生，帮扶贫困学生，让每一个学生实现最大可能的发展需求。促进师生的健康成长、学校和谐合理发展。

在市场经济的条件下，个体的价值、尊严和自由得到更多的尊重，强调个体对社会环境感受，成为当下社会流行的价值观。这个流行价值观虽然突破传统文化桎梏，起着提倡人性解放的积极意义，但也容易忽视个体对于群体的奉献意识，忽视了个人对于国家社会利益的责任担当。我们学校的德育工作，希望通过左宗棠事迹，引导学生树立起对国对家对人民的担当意识，对事业对学习的勇为意识，鼓励学生从融入班级集体开始做起，培育团体意识，敢于承担集体责任，勇于维护集体利益，自觉遵循社会道德的基本行动准则，并能持之以恒，作为良好的品格使学生受益终身。

针对学校三分之一的学生来自农村，家庭经济相对困难的学生、留守学生、特殊家庭的学生多等状况，学校坚决贯彻国家在义务教育阶段的有关政策，采取措施帮扶弱势学生。首先是经济上给予的帮扶：按照国家规定，初中学生的课本费学杂费等全免；上级给予我校贫困学生的各种物质和现金帮助，全部按照相关规定和要求及时发放到学生手中；学校针对学生的具体情况，对家庭特别困难学生提供免费午餐和校服，解决了他们因家庭经济困难带来的后顾之忧；学校还经常举行献爱心活动，组织师生为困难学生奉献爱心，弘扬“一方有难、八方支援”的传统美德；在汶川地震期间捐款帮助留守儿童；为2名白血病学生筹集十几万元捐款；对残疾儿童跟班就读给予关爱。其次是精神上给予的鼓励：学校注意从各个角度关爱每一个特殊学生的成长，组织教师同学开展一对一帮扶活动，鼓励并帮助他们克服困难，专心学习。以上措施得到了社会各界的好评，社会反响极佳。

（二）“智”——坚持主流意识的务实理念

教育工作中的启智不能狭隘地理解和停留在学业上面。这就要求学校开展的德育实践活动，选用的德育形式内容能够契合时代发展的要求，与时俱进，不断创新。中学生正处在三观形成阶段，极易受到非主流意识形态和流行时尚的影响。在进行德育教育中，坚持“智”的主流务实理念，加强对学生的主流意识形态教育。我校注重以本土文化名人如林则徐、严复、林觉民等近现代史上的民族英雄的事迹为校本教材内容，利用地处福州文化历史街区的优势，用好三坊七巷优良的德育资源，以林则徐的“苟利国家生死以，岂因祸福趋避之”“海纳百川，有容乃大，壁立千仞，无欲则刚”等名言名句引导学生弘扬传统文化的精髓，抵制颓废、消极的不良思潮的影响，做一个爱国奉献、厚德笃学的人。在人际交往中，鼓励学生用真诚的情感去践行与人为善的真心，努力营造团结协作、和谐共进的优良班风、学风、校风。创新校园社团活动，极力培育鲜活的校园文化，形成良好的创新氛围。将优秀的传统文化精华与先进的现代文明相结合，以德树人、以文化人，形成了弘扬坊巷名人精神为主线的四个层面的德育目标体系和实践模式。

六、“崇仁・启智”的教学实践

（一）“仁”——重视师德修为的爱心教育

“仁”是对师生人际角色与人际关系的明确规范，爱是成功教育的基石，爱心的高度注定了教育的高度。热爱自己所从事的教育事业，热爱自己教育工作所在的学校，热爱自己所教授的学生，注重师德修养是我校对从事教育实践的所有教育工作者的基本要求。为了进一步加强教师队伍建设，规范教师培养工作，学校持之以恒地实施“师徒结对”的青蓝工程。学校制定的结对细则对师徒结对对象选定、结对方式制定、如何培训都做了详细的规定和考核的要求，即在年终绩效考核和职称评聘和评优评先中落实对师徒结对开展情况的考核，努力打造一支以老带新、老中青梯度合理、互助互爱、携手共进、后劲十足的优秀教师队伍。我校坚持以校本培训为主，对教师进行适合本校教育教学的业务培训，通过加强学习与反思，深化教师成长记录，着力提高教师的业务水平。通过建校以来不懈的努力，学校涌现了不少省市级名师、骨干教师、学科带头人，许多青年教师在各级各类教师技能大赛上获奖。“宁静以致远，淡泊以明志”，在喧嚣、浮躁、功利化极易影响人的现实社会中，杨桥人的内心世界却是一片明净的天空。学生坚信“知识改变命运”而孜孜不倦；教师抱着“捧着一颗心来，不带半根草去”的理念而诲人不倦。正是他们内心世界的“宁静”“清凉”支撑着坚强的身躯，坚定地一步一个脚印走下来，才走出了一条通往理想和幸福的康庄大道。36 年来，杨桥中学涌现出一大批爱生敬业的教师，有的被市区校三级评选为“师德之星”，有的被评选为“四有”教师和十佳班主任。

“崇仁”要求教育工作者对教育创新与教育实践的积极坚持。我校积极贯彻福州市鼓楼区教育发展“四六工程”，注重打造一支情趣高雅、乐业敬业的“六提升”的优秀教师队伍。近年来，学校为了稳定教师队伍，派出了所有学科教师参加国家级、省级和市级的各种培训和教研活动，通过这些教研活动，让教师开阔了视野，明确了自身不足，认准了将来发展方向，为提升教学水平找到了标杆。十年来学校多次举办市区级教学公开周活动，由中青年教师开课，来自全市 80 多所学校的领导和老师近千人到校听课，听课的教育专家、教学研究员和兄弟学校老师与我校教师通过听课、评课的互动，让开课教师认识到自身优势和不足，促进了我校青年教师主动、深入开展教学研究，达到了以交流促提升的目的。学校实行开放课堂的措施，支持同学科教师之间互相听课，鼓励教师跨学科听课，欢迎来访兄弟学校教师自由选班级、选科目、选教师，采用推门听课、随堂听课、教学研讨等形式参与我校教育教学过程。我校的教学开放实践，具有开放时间长、开放课程广、听课人数多、教研氛围浓的特点。我校还参与福州市西部扶贫支教的任务，并和甘肃省定西市岷县岷阳中学等结成帮扶对子，学校派出优秀教师送教送培到西部，促进了两校的合作，双方教师们的教学基本功得到了提升，既促进了名师建设，又推进了教师们的专业化发展。近年来，杨桥中学先后承办了全市地理教研会、数学教研会及生物教研会，多次迎接省、市、区各种工作视导，每年均组织部分学科教师到省内外参加教研学习、参观。

近年来，学校教师在各级专业评比中屡获佳绩：青年教师黄毓娴在2018年度“一师一优课”“一课一名师”竞赛评比活动中获评“部级优课”，同时她和甘雨玲等五位教师还获评“省级优课”；青年教师盛家海作为福州市选派的优秀青年教师代表参加了福建省青年数学教师优秀课观摩与交流活动，在优课录像和片段教学比赛中荣获一等奖；在鼓楼区青年教师片段教学竞赛中，青年教师华玲玉、戴雁获得一等奖，张琳、盛家海、卢怀泽获二等奖；华玲玉老师参加鼓楼区教育局“以理服人”宣讲比赛荣获一等奖，之后在福州市“以理服人”基层理论宣讲比赛中获优秀奖，青年教师成长迅速，工作业绩突出。

（二）“智”——智慧的教学探索

“智”是指对教育教学矢志不渝的探索。我校作为省一级“智教精练准测”福建省义务教育教改示范校，为了贯彻办学思想，鼓励教师积极开展对学校教育教学的探索，学校强化了教学常规管理，制定了符合学校发展的《教师量化考核方案》《教师晋级、评先量化考核方案》等教学质量的规章制度；在平时的教育教学过程中，我校坚持狠抓教育质量，办人民满意教育的理念，始终咬住教育教学质量不放松；学校依据大数据分析为载体的质量监测，分析学生个体差异，依据大数据分析结果，实施分层次教学，扎扎实实逐步提高学校的整体教育教学质量。这一切自然而然，平凡而又平凡的举措，调动了全体教师的教育教学的积极性，汇聚了全体教师持续探索教育教学规律，不断创新教育教学形式的智慧，极大促进了学校教学质量的提升，排名年年位列全市前茅。近年来，杨桥中学的教育、教学成绩为社会所认可，2016—2020连续五年教学质量进位提升，得到了福州市教育局的表彰。

“启智”要求教育改革的执着追求，对构建特色教育的不懈努力。福州市鼓楼区是著名的教育强区，我校身处教育强区，身负投身基础教育改革、提升本行政区教育教学质量的重担。2010年至今，我校坚持以课程改革为导向，以办学思想为指导，以课题研究为抓手，以创建福建省义务教育教改示范校和福州市信息教育示范校的经验为载体，先后有数十项省市课题开题并顺利结题，为我校深化教育科研探究搭建了平台。我校还作为福州市物理学科教研基地校，面向全国开放，与全国同行分享教育教学经验。其间，接待国培班跟岗培训的全国各地教师，为他们开设专题示范课和讲座。8 个学科近百位教师参加“福建省中小学学科骨干教师培养对象培养工程”培训。我校共组织 8 批次 14 人次赴周宁、松溪、长汀、闽侯、闽清、武平等地进行送教送培工作，为当地的老师送去一堂堂深度融合我校教学经验的课，交流了经验，锻炼了队伍，为当地的教学教育水平的提高提供了杨桥人的一份助力。

七、“崇仁·启智”办学思想下的学校未来发展

党中央国务院高度重视教育的创新工作，随着经济全球化的步伐加快，教育国际化趋势日益加剧，我国现行教育体制和教育模式也面临极大的挑战，目前我校正处于战略发展机遇期，因此进一步审视学校的历史使命，明确学校的发展目标，适时作出决策，制定学校“崇仁·启智”教育改革的五年发展计划，以“全国教改示范区”和“创福建省义务教育教改示范校”为契机，以人的全面发展为本，以立德树人为导向，以改革为动力，全面提升学生的核心素养，创造最适合学生的教育，为学生的终身发展与幸福奠基。

（一）学校定位

在贯彻国家教育方针，实施国家课程标准，落实国家育人目标的核心价值取向上，发扬“崇仁·启智”的传统，推崇尊重生命，崇尚人文，热爱科学，追求卓越的办学理念，使学校更加均衡发展，在五年内实现学校的内涵发展和特色发展，全面提高在福州同类校的竞争力。一是加紧与中国科学院大学福建学院等高校合作，试办科学、人文实验班，建立科学、人文实践基地，浓厚发展兴趣，强化操作实践，加大参与探究创新的学习力度，以适应不断扩大的高校自主招生和国外高校招生的要求。二是发展与加拿大办学合作，充分利用各自的资源优势，开展双向办学服务，争取双向生源互流办学，争取举办出国留学预科班，实现与国际中学教育对接，提高学校的办学品位和办学影响力。

（二）文化兴校

校园文化是学校发展的灵魂，是凝聚人心、展示学校形象、提高学校文明程度的重要体现。推进文化兴校战略，建设具有浓厚的人类文明、民族文化特色和学校精神气息的校园。在廊道和墙体植入坊巷文化的元素，把民族英雄们为国为民的事迹铺满校园。让左宗棠和湖南会馆的故事深入每个学生的心里，开设左宗棠的诗歌研究社和人文讲坛，开辟科学实验室、天文室、动植物博物馆，完善各种文化设施和社团，形成丰富多彩的科学、人文、艺体特色活动项目。以学校文化凝聚师生的灵魂，促进学校优质发展。

（三）人才强校

学校的竞争就是人才的竞争，人才的发展要依靠科学的管理机制，学校以“国科附中好老师”建设工程为抓手，建立名师和特长教师的工作室，继续培养各级各类的骨干教师、名师和学科带头人，推进中青年教师的迅速成长，形成一支以师德修养为核心、专业素质为重点、一专多能为目标、能够适应我校发展的多元化教师队伍。

（四）课程引领

课程是育人的心脏，学校以社会需要、学生成才、学校发展为基本点，课内课外、活动和实践、环境和生活为课程模式，建立和完善“基础型、拓展型、研究型、体验型”四类功能性课程体系：即适应不同学习层次的基础型课程，有校本特色的能促使学生个性发展的拓展型课程，以转变学生学习方式培养学生创新精神和实践能力的研究性课程和综合实践课程，以学生自主管理和自我教育为主要内容的生活体验型课程。围绕上述四类课程，综合我校的办学特色和教师、家长、学生的特长，面向科技、人文、艺体等领域，打造具有学校课程优势和鲜明个性风格的精品课程，如社会主义核心价值体系教育课程、中华传统文化教育课程、学科奥赛、天文教育、心理科学、坊巷文化、艺体特长，并根据这些精品课程，推出校本精品教材，建立向外推广的天文教育、心理科学等校本特色教育基地，大力彰显学校特色，吸引和培养特长学生。

（五）智慧校园

智慧校园是以数字化信息和网络为基础，建立起对教学科研、管理技术服务、生活服务等校园信息的收集整合、存储传输和应用的综合系统。构建以云计算、大数据、物联网、移动通信等技术为支撑的智慧教育软硬件环境，推进信息技术与教育教学的深度融合，促进教学方式、学习方式、评价方式和管理方式的多元化，为学生移动学习、协作学习和科学探究等活动提供支持。

（六）优化管理

全面贯彻学校的办学思想，建设年段、班级、教研组、学科备课组的一体化管理体系；实现具体精微的日常教学管理与灵活多变的创新教学管理的统一；推进学科教学特色建设，保持数理化学科优势，促进不同层次、不同个性学生的优势发展，促进学生科学、人文综合素养的全面提升；实现“四个一致”：课程目标与教学目标一致；教学过程与教学效果一致；教学质量与考试结果一致；全面提高与部分拔尖一致。提高学校教学生产力，确保学校教学质量稳居省市前茅。

（七）教学措施

加强素质教育的内涵转化，实现“八个结合”：发展学校特色与提高师生文明素质结合；科学教育和人文教育结合；素质教育与提高教学质量结合；全面发展与个性培养结合；课堂常规与创新实践结合；升学率与健康发展结合；统一要求与尊重差异、因材施教结合；定性评价与定量评价结合。

（八）改进评价

拓展全面发展、综合评价的育人内涵，包括：道德修养及道德判断水平；身心状况和体育锻炼技能水平；学习兴趣和求知欲望程度；自主学习探究和自主选择发展状态；综合素质情况和中考成绩；获得的艺术教育和审美享受情况；社会实践技能和创新探索能力情况；在校各得其所、各展其长情况；学业阶段获得的满足感和成就感；毕业进入高一级学校情况等。

总之，已有 36 年办学历史的杨桥中学将在“崇仁·启智”办学思想的引领下，凝心聚力坚持可持续发展。

【参考文献】

[1] 苏霍姆林斯基 . 给教师的建议 [M]. 杜殿坤，编译 . 北京：教育科学出版社，2011.

[2] 曾军良 . 曾军良与魅力教育 [M]. 北京：北京师范大学出版社，2018.

[3] 陈照星 . 十五年治校之道 [M]. 福州：福建教育出版社，2014.

培养有责任担当的新一代

◎陈世春

【作者简介】

陈世春（1973— ），男，福建罗源人，中学高级教师。现任福建省罗源县第三中学、罗源县教师进修学校校长，福建省“十三五”中学名校长培养人选。福州市人民政府特约督学，闽江学院兼职教授，罗源县中学物理教育陈世春名师工作室领衔名师。曾获福州市先进教育工作者、福建省优秀教育工作者等荣誉。

“责任”是一个古老的话题，中国从古代的孔子、孟子到近现代思想家、革命家等；西方从古希腊的思想家苏格拉底、柏拉图、亚里士多德，到近现代的哲学家杜威、柯尔伯格等，都有对责任含义的相关论述。《汉语大词典》对“责任”的解释：其一，使人担当起某种职务和职责；其二，分内应做之事；其三，做不好分内应做的事，因而承担的过失。由此可以对“责任”从两方面来理解：其一，“责任”意味分内应做之事；其二，“责任”意味未做好分内应做之事所应受的谴责和制裁。

教育是一种有目的、有计划地培育和发展受教育者综合素质的社会活动过程。所谓责任教育，是指以培养人的内心责任感和责任认识水平为主要内容，涵盖责任情感、责任意志、责任行为能力等一系列内容的教育活动。

一、责任教育的背景

中国历史上就有重视年轻一代责任教育的传统。我国古代儒家提倡教育目的是培养“修身、齐家、治国、平天下”的统治人才。孔子的“当仁不让”，孟子的“舍我其谁”，张载的“为天地立心，为生民立命，为往圣继绝学，为万世开太平”，范仲淹的“先天下之忧而忧，后天下之乐而乐”，顾炎武的“天下兴亡，匹夫有责”，李大钊的“铁肩担道义”等等，都体现了他们具有崇高历史使命感的人生实践。这些内容是对后代进行责任教育的优秀文化资源。

此外，西方教育理论界也提出了一些与“责任教育”相关的德育教育理论，例如美国的道德认知理论、价值澄清理论、人本主义教育观。实践中西方国家道德教育以责任教育为核心，推进了道德教育的深入。首先在教育内容上，注重“责任公民”的教育。如美国学校德育目标和内容规定之一是培养学生的责任心，主要从两个方面来进行教育：一是加强自我责任感的教育，主要是通过提高学生的自尊心，加强学生的自律和自我的修养，提高学生作决定和解决问题的技能等方面的教育。二是加强社会责任感教育，主要通过对国家各种制度的了解、法律法规的学习，明确享有的权利和义务，使学生具有应有的社会责任心。新加坡学校德育目标是“培养学生成为有国家意识，有社会责任感和有正确价值观念，即能及时对自己、家庭、邻居和国家尽自己义务的，能明辨是非的良好而有用的公民。”日本的德育突出民族精神的培养，使日本人充满忧患意识、责任品格和拼搏精神。这些国家以责任教育为中心，通过对国家忠诚、对社会负责的德育内容的教育，同时使其政治教育、思想教育不知不觉地渗透其中。由此可以看出古今中外都高度重视责任教育。

初中学生已经具备一定的责任意识，初步认识到不同场合不同角色需要承担不同责任，知道承担责任，需要付出一定代价。但是，受认知水平和生活阅历所限，初中学生的责任意识还不够强，对如何正确履行对自己、对他人、对社会的责任还没有全面的认识，履行责任的能力还不够强，意志还不够坚定，情感还不够牢固。有的学生面对责任时有逃避推诿现象，不能积极主动地承担责任；有的学生只强调社会和他人对自己的责任，没有看到自己对他人和社会也需要承担相应的责任；有的学生不能正确认识责任与代价、回报的关系，做事容易冲动，不计后果或者片面强调收获。责任心对教师而言是师德的一项重要内容，教师的教育责任心体现在对待教育事业、对待学校、对待学生的工作态度与教育实践中，没有教育责任心，也就没有真正的教育。基于这样的情况，为了培养敢当担、勇作为、负责任的新一代，我们的责任教育就显得尤为关键。

立德树人是教育的根本任务，《国家中长期教育改革和发展规划纲要（2010—2020年）》指出“着力提高学生服务国家、服务人民的社会责任感”，《中国学生发展核心素养》提出“社会参与，重在强调能处理好自我与社会的关系，养成现代公民所必须遵守和履行的道德准则和行为规范，增强社会责任感，提升创新精神和实践能力，促进个人价值实现，推动社会发展进步，发展成为有理想信念、敢于担当的人。”我们从时代要求和校情学情出发，明确提出了以“责任教育”走学校特色发展之路的构想，从“责任——锻造高尚品德，成就美丽人生”这一价值观提炼出“培养有责任担当的新一代”作为学校的办学主张，为学校的内涵发展奠定思想基石。

二、责任教育的实施途径

学校责任教育的总体构想是“办负责任的学校，做负责任的教师，育负责任的学生”。具体的实施路径是，明确一个中心：提高教育教学质量，办负责任的学校；抓住两条主线：培养有责任心的教师和有责任担当的下一代；落实三个保障：以党建工作为引领，助推学校责任教育；夯实常规管理，实现质量强校；创新教学模式，力求特色发展。

（一）明确一个中心——提高教育教学质量，办负责任的学校

教育是最大的民生工程，而教育质量是学校的生命线，更是老百姓最期盼的民生福利，我们必须以此作为所有工作的出发点与落脚点。学校认真贯彻学习习近平总书记在全国教育大会上的讲话精神，以提高教育教学质量为中心，开展教育教学工作。教育教学质量是一个学校生存和发展的前提，更是一个学校工作的核心目标。一直以来，学校始终坚持社会主义办学方向，坚定不移地贯彻执行党和国家的教育方针，牢固树立“为学生的全面发展与终身发展奠基”的办学理念；坚持“办负责任的学校，做有责任心的教师，培养有责任担当的下一代”为办学宗旨，努力把罗源三中创建为福州初中品牌学校、福建初中知名学校。

（二）抓住两条主线：培养有责任心的教师和有责任担当的下一代

1. 以“四有”好老师为标准，培养有责任心的教师

2014 年 9 月 9 日，习近平总书记在考察北京师范大学时指出，全国广大教师要做有理想信念、有道德情操、有扎实知识、有仁爱之心的“四有”好老师。践行“责任教育”，要以“四有”好老师为标准，培养有责任心的教师。

（1）培养一支学习型、管理型、服务型的团结协作的学校行政干部队伍。我校行政干部树立“教书育人，管理育人，服务育人，环境育人”的教育理念。努力提高行政干部执行力，打造一支平常时候看得出来、关键时候站得出来、生死关头豁得出来的干部队伍，只有学校行政干部、年级组长和教师们心往一处想，劲往一处使，我们学校才能不断发展。

一是以身作则。三中正副校长、书记等校级干部，均在一线本专业学科任教。无论是日常绩效工资考评还是教师年度考核，校级都按一线教师考核细则进行量化考核，无一特殊，要求老师做到的，校长及其他行政干部必须先做到。

二是甘于奉献。在做好教学工作的同时，三中承担着全县初中 80% 以上的省市迎检任务，为减小各项检查对学校日常教学工作的影响，行政团队承担了 90% 以上的备查材料整理和其他迎检任务。

三是示范引领。行政队伍中拥有高级职称 17 人，省市学科带头人、骨干教师 11 人，县级以上名师 14 人，共有 16 人获得县级以上先进。陈世春校长入选福建省“十三五”中小学名校长培养人选，唐英俊书记、尤永礼副校长入选福建省名校长后备人选，高琛主任被评为福州市学科带头人，现已提拔任用为教师进修学校副校长。

（2）培养一支学研究、能指导、可引领、会吃苦、讲奉献、灵活驾驭新课程改革的教师队伍。只有幸福的教师才能创造幸福的课堂；成长的教师才能促进学生的成长；富有责任感的教师才能培养出富有责任感的学生。

一是要把师德师风建设摆在教师队伍建设的首位。进一步完善师德考核机制，认真落实《新时代中小学教师职业行为十项准则》，引领广大教师自觉践行《师德承诺书》，提高思想政治素质和职业道德水平，切实增强教书育人的责任感和使命感，大力表彰师德表现和教书育人成绩突出的先进集体和优秀教师，努力打造严谨治

学、静心教书、潜心育人、激情创业的教学风气。

二是注重教师的培养，制订了教师发展培训规划，突出“愿景引导”，鼓励45岁以下的教师拟定个人发展规划，确定明确的努力目标，强化教师的理想信念和个体发展愿望。在教师个人发展目标确立的同时，学校又建立教师发展成长档案袋，让教师全程关注自己的纵向发展过程，通过阶段性的反思、总结、积累，不断完善自我发展体系。学校明确要求教师要自觉培养使自己具有“四种”能力，即思想教育能力、课堂教学能力、活动辅导能力、教育科研活动。尊重老教师、发挥余热、搞好“传帮带”；依靠中年教师，苦练内功，增强后劲，勇挑大梁；大胆培养青年教师，一年“出样”，三年“像样”，五年“像模像样”，八年“榜样”。目前我校已有22位市级骨干教师，45位县级骨干教师；近五年共有12位教师被评为县级优秀教师，8位教师评为县系统先进工作者，5位教师评为市级先进工作者或班主任。

三是关心、关爱教师。教师承担着培养下一代重要职责，正因为职责的重要，所以也经常引来社会媒体的关注，但很多时候，他们更多关注一些个别、负面的教师队伍中的败类，而更多优秀教师被人遗忘。于是个别老师的不良行为就会被社会传得沸沸扬扬，而更多的老师在学校起早贪黑却无人知晓，清晨七点钟骑车在各大街穿梭去上班的是我们的老师，含着眼泪关上铁门狠心扔下自己孩子而赶着去照顾别人孩子的依然是我们的老师，我们的老师可亲、可爱，需要得到社会的关心关爱，更需要得到谅解与尊重。一直以来学校致力于创设良好的办公条件，切实解决教师的实际困难，帮扶慰问困难教师，尽量帮助他们解决子女入园、入学等困难，为他们解决后顾之忧。

四是提升教师素质。为了提高教师自身修养，学校多层面多方位提供渠道培训教师。第一，抓好校本培训，加强教研组集备组建设，通过专题讲座、研讨交流、教学竞赛、说课评课、课题研究、案例探讨、论文交流等方式，使教师在同伴互助中迅速成长；第二，开展“青蓝工程”的师徒结对，通过拜师学艺，青年教师认真倾听师傅的每一节课，然后在师傅的精心指导下备好每一节，师徒随机听课，课后精细指导，重点章节甚至做到同课异构，使青年教师更加有效地成长；第三，采取“走出去，请进来”的方式强化提升培训，切实提高教师专业素质。学校先后分五批派出共 123 名教师到江苏泰兴洋思中学观摩学习，学习洋思中学先进的管理及教学模式，并逐步形成具有三中特色的“学案导学，以学定教”的教学模式。另外还组织教师到福州八中、福州屏东中学、闽侯实验中学、连江文笔中学、平潭钟楼中学、浙江长兴中学及杭州睿智大讲堂等处学习；特别挑选三名较为拔尖的数学教师暑期到浙江大学参加奥数教学培训讲座，为学校培养奥数教练；聘请邹越教授为全体师生及家长作了一场“让生命充满爱”的大型激情励志演讲；每年 5 月均会邀请福州教育研究院专家及市区名校名师等为毕业班教师开设“中考总复习策略的研究”讲座，提升教师的业务能力。第四，鼓励教师积极参与能够提高自己业务能力水平的教学技能大赛，如教学设计比赛、课堂教学、青年教师说课比赛等方式给教师压担子，让他们向名优骨干教师看齐，我校张祥清教师在 2019 年荣获福州市教师技能大赛特等奖荣誉。

五是启动“名师培养工程”。制定《罗源三中名师工程培养方案》推选出陈继盛等 14 位教师为学校名师培养对象，积极争取参加全国教育改革发展前沿地区的教师进修院校、知名学校组织的研修培训，通过脱产研修、在岗研修等多种形式，促进骨干教师和名优教师迅速成长。通过三至五年时间，培养出一批名师、学科带头人，促进省市县骨干教师队伍逐年壮大。此项工作比县名师培养工程提早了 7 年，目前 14 名培养对象中有 8 名教师已成长为县级以上名师。

2. 以学生核心素养为重点，培养有责任担当的下一代

（1）培养志向高远、素质全面、基础扎实、特长明显的有责任担当的下一代。

一是责任 + 立德。以德为先，注重实效。习近平总书记在北京市八一学校考察时强调：基础教育是立德树人的事业，要旗帜鲜明加强思想政治教育、品德教育、社会主义核心价值观教育，要厚植爱国主义情怀；义务教育阶段是学生政治启蒙和价值观塑造的关键期，要引导学生听党话，跟党走，拥护中国共产党；引导学生自尊，自信，自立，自强，广泛开展先进典型事迹学习，学习身边好榜样。以此端正学生学习思想，解决学习动力不足的问题。

二是责任 + 增智。以智为主，提升学习能力，注重培养学生良好的生活习惯和学习习惯，通过课堂教学的方式转变（学案导学、以学定教）和学科课程分层来

培养学生自主学习能力，促进学生解决问题的能力提升，让学生获取终身学习的能力。学校在一年一度评选“三好学生”“优秀少先队员”“优秀学生干部”“优秀团干”的基础上，增加评选教学过程中的表现优异的“单科尖子”“全能英雄”“读书之星”“进步之星”“道德标兵”等学习典型。通过经常性地评选和表彰优秀学生和拔尖人才，激发广大学生学习的主动性和积极性。同时坚持“面向全体学生，促进学生全面发展”，因地制宜地，采取集中辅导、个别辅导等有效措施，帮助学困生树立信心，克服困难，勤奋学习，迎头赶上，从而扬峰填谷，让每个学生都有出彩的机会。

三是责任＋强体。以体为要，固本能学。开启开足体育课程，落实每天锻炼一小时制度，积极开展各种体育社团和体育赛事，积极引导学生参与各项体育活动。其一，锤炼学生吃苦的品质；其二，通过体育锻炼提升体能。为学习提供旺盛的精力。现在许多学生由于观念不正确，安排不合理，忽略了体育锻炼，恰恰是因为没有体育锻炼而使得中考没有发挥好，中考三年数据表明，大部分体育成绩好的学校，他们的中考成绩也相对较好；其三，优化中考成绩。体育今年中考成绩已达到 40 分，通过强化中考体育项目，该科目成绩提升的幅度远比中考数学拼最后一道题的性价比高得多；其四，减轻底部压力，部分有体育特长学生可以通过体育特招进入高中，三年后就有机会考取体育院校，为托底工作做更大贡献。同时，引导班主任平常多关心这些有体育特长但表现欠佳的学生，运动会更是证明他们、肯定他们的最佳时候。

四是责任＋培艺。培艺为辅，学在乐中。义务教育阶段学生学业压力相对高中而言会轻松很多，恰好能腾出一定的时间来学习、培养自己感兴趣的艺术科目，学校要搭建各种多姿多彩的平台，让有特长的学生能充分展示自己的艺术特长，使得沉闷的学习生活变得轻松活跃，缓解学生紧张的学习压力，反而会更促进他们学习，纵观成绩位居年段前茅的考生，能写一手漂亮书法的、通过钢琴 10 级的比比皆是。与此同时，部分有艺术天赋的学生，学校可以为他们成立各种社团，聘请专业教师，让他们能得到应有的培养，为他们的明天的艺术特长发展奠定良好的基础，同时也可以有效缓解压力，实现劳逸结合。

五是责任 + 劳动。爱劳动实践，善学创新。通过形式多样的劳动教育，深入社区农村进行劳动实践，让学生亲自体验劳动艰辛并在实践过程获得动手解决问题的能力与创新能力，国家近几年加大力度推进的研学旅行社会实践活动，其目的也在此。通过劳动教育培养吃苦耐劳精神、培养创新能力，以此提升动手解决问题（思考）能力。

（2）“以学生发展为本，为学生成长奠基”是我们始终坚持的办学理念。把学生培养成具有健康的心理、高尚的品德、优异的成绩、良好的学习习惯、较强的实践能力的优秀学生，是我们学校的办学方向和目标。学校全面贯彻党的教育方针，全面提高学生素质，全面提高教育质量；让学生扎实基础、形成能力，让全体学生的潜能得到充分开发，让各层次学生获得成功的体验，弘扬“团结、务实、勤奋、开拓”的校风和“尊师、守纪、勤学、进取”的学风，努力把学生培养成为有传统美德、有现代意识、有社会适应能力和创新能力的具有三中特色的学子。

（三）落实三个保障

1. 以党建工作为引领，助推学校责任教育

（1）明确党组织在学校德育工作中的引领作用。《关于加强中小学校党的建设工作的意见》强调把抓好德育和思想政治工作作为中小学校党组织的重要任务。2017 年教育部印发的《加强中小学德育工作指南》（以下简称《指南》）强调要始终坚持育人为本、德育为先，大力培育和践行社会主义核心价值观。

（2）强化学校党建引领，为责任教育实施保驾护航。为了更好地落实立德树人根本任务，提高德育工作实效，发挥党建引领和政治把关作用，学校党支部从完善党管德育工作机制、“责任教育”学校文化体系建设、师德师风建设等方面发挥党支部的战斗堡垒作用，确保《指南》的贯彻落实。

一是修订《学校章程》。将党组织的机构设置、职责分工、工作任务纳入学校管理体系，发挥政治把关作用的长效机制，建立党组织主导、校长负责、少先队组织参与、家庭社会联动的德育工作机制。

二是发挥主导引领作用。教育引导党员教师努力搞好自身政治理论学习，提高

自身素质，成为学校德育工作的参与者、引领者和主力军，坚持书记上党课、开展形式多样的学习研讨活动，引导广大干部教师争做“四有”好老师，构建“责任教育”学校文化体系建设，让《指南》落地生根。

三是引领建设责任教育育人体系。学校结合办学优势与发展现状，在系统梳理学校历史传统与实践经验的基础上，建构了“责任教育”学校文化育人理念与实践体系。通过管理文化、课程文化、课堂文化、环境文化等实践层面很好地契合了《指南》强调的德育工作重在落实，把德育的目标和内容落实到学校日常管理的各方面和各环节中的要求，建成了学校管理育人、课程育人、活动育人、协同育人的“责任教育”育人体系。

2. 夯实常规管理，实现质量强校

（1）完善制度建设，推进民主管理。教育家陶行知认为，规章制度是立校之本！人治不如法治，自行其是不如按章行事。其一，让规矩挺在前面，制定约束性的规章制度，让全校师生明白什么能干，什么不能干，使他们规范自己的言行举止，做一个遵纪守法的社会公民。其二，让评价引领前行，通过完善的评价制度引领全校师生朝着优质、高效、卓越的方向提升，让老师做个纯粹的教育工作者。其三，让奖惩保驾护航，完善的评价制度最终是靠先进的奖惩制度来保驾护航，学生的学习、教师创造性的工作通过奖惩来凸显他们的价值和社会的认同感。

为调动广大教职工的积极性，规范办学行为。我们在全体教职工民主讨论、广泛征求意见的基础上，由工会委员集中意见，行政会集体讨论研究，教代会通过，制定了完善了符合校情的《罗源三中绩效工资考核细则》《罗源三中教职工考勤暂行规定》《罗源三中总务处管理制度》等涉及教职工切身利益的多个制度。制度的形成和严格执行，维护了领导和教师之间、教师与教师之间、教师与学生之间、学生与学生之间的公平。同时也成为我校常规管理检查评比的重要依据和教师教育教学工作的衡量标尺。

制度的实施与落实突出三个特点：“严”“实”“新”。“严”，指在工作中严格按制度办事，只认指标不认人，只认质量不论情，只认职责不留门，只讲成绩论输赢；“实”，指落实，如何增强落实人的责任心，提高制度的执行力、公信度，我们探索了一个行之有效的方法；制度的落实实行周检查、月统计、年考核，有检查必有结果公示；“新”，指管理思路要“创新”，工作成绩要“出新”。所以老师们常说，按制度办事，凭实绩拿奖，公平！

学校工会组织严格按照工会法有关章程建立。工会班子机构健全，工会成员分工明确，责任落实，团结协作，措施有力，保证了工会各项工作的顺利开展。工会制度完善，教代会是学校实行民主管理的基本形式和制度，是教职工参与学校民主管理，进行民主监督的基本组织，是学校管理体制的重要组成部分。工会规范教代会工作程序，坚持完善教代会制度。每学年至少开一次全体教职工代表大会，定期召开支部、行政和工会的协调会议，共同商议建家事务，做到分工协作，职责明确，每学年年初，根据学校具体情况，提出工作要点，并部署到各职能部门，年终进行检查小结，找出不足，及时整改，并作为一项重要内容向教代会报告。学校高度重视建家工作，从财力、物力、人力上优先保证，各处室、各年级共同支持，团结一致，统一认识，齐心合力，共同维护教职工的合法权益。

（2）抓好德育常规工作，提升师生品行素养。古人云：“士有百行，以德为首”，一所学校的办学效果，很大程度上取决于师生的思想道德水平。我们坚持以社会主义核心价值观统领学校德育工作。树立“校”就是家的理念，构建三中德育框架特色。

一是精修“三德”，注重品行。在围绕社会公德、职业道德、家庭美德“三德”的培育上，我们坚持不懈地抓班子“六化”建设，即：学习经常化、廉洁自律化、办事效率化、效果长效化、决策民主化、关系和谐化。我们始终要求班子成员必须把握“全心全意为师生服务”这条原则不动摇，一切从实际出发，一切从师生的利益和学校的发展出发；对于教师的师德，我们一直坚持加强“六感”建设，即：教书育人的责任感、对待学生的亲近感、专业学习的兴趣感、工作过程的快乐感、工作结果的成就感、教育事业的幸福感。结合每两周一次的全校性学习年活动印发师德读本，不断加强师德师风建设。对于学生的品德，我们一直强调“先教成人，后教成才”，利用主题班会、国旗下讲话等机会，向学生传授做人的知识和道理，学校团委学生会组织学生参加社区、环保、交通、绿化等志愿活动，帮助学生塑造美好的品格，形成高尚的道德情操和良好的行为习惯。

二是不以规矩，不能成方圆。德育使学生具有规范的行为和健康的心理。我们推行“三路纵队”德育管理模式，即树立以“学校为主战场，班主任为主力军，课堂为主渠道”的三为主意识；实施“学校党总支—校团委、学生会—班委、团支部”的三条线德育战略；建立“学校—家庭—社会”共同参与的三级教育网络。学生入学时就组织学习《三中德育大全》《中学生日常行为规范》，抓好入学养成教育；其次我们狠抓规范训练，加强检查、评比。如，我们每周的六项评比，纳入班主任工作考核中；另外每双周开展主题班会，每学期进行一次“德育论坛”和系列专题教育，每月评选学生之星（文明之星、道德之星、学雷锋之星、读书之星等）。

（3）抓好教学常规工作，提高教学质量。抓好常规工作，强化过程督查。一要坚持和完善集体备课制度。学期初，各备课组明确分工，每次集体备课必须建立在个体充分预备的基础之上，备课组教师之间要深入切磋，努力放大集体备课的学术性和实用性，通过集体备课积聚群体的智慧，提升同年级班级的整体教学水平。在集体备课基础上做到“统一教学目标、教学要求、教学进度和作业训练量”。二要上有准备之课，向四十五分钟要质量，要注重学法指导，注重创新精神和良好学习习惯的培养，优化课堂教学，实施有效教学。三要规范作业，以“精当”为标准，要求各学科教师精心设计课内外作业，并做到认真批改、及时反馈。坚决杜绝平时少考前多，多布置少批改等不规范现象。四要狠抓学困生的辅导工作。语数英学科的教师要合理分配早读时间，课后辅导工作要做到“四落实”，即：人员落实、时间落实、内容落实和措施落实，使扶差工作贯穿于教学的全过程。针对我校班级多、学额足的特点，教学的常规检查必须常态化。教务处、备课组要把“五认真”的常规检查与不定期抽查结合起来，发现问题及时通报、及时整改，确保教学质量的全面提高。今年我校各年级期末成绩各率均居全县前茅。学校十分注重课改工作，2019 年我校有 1 个省级课题已结题，3 个市级课题已结题，8 个市、县级课题在进行中，学校被评为第二批省级课改示范性建设校。

（4）抓安全管理常规，确保师生平安、快乐。

一是广泛宣传，加强学习，有效增强安全防范意识。我校高度重视安全工作的思想引导，重视对师生的安全防范教育。在行政会议、教职工大会、班主任会议上，安全工作是重要的议程。学校还利用校园广播、黑板报、宣传栏、标语等形式进行广泛宣传，组织师生宣传、学习、贯彻实施各级各类安全管理办法，强化师生安全意识。此外，每学期学校还开展全校性的安全知识专题讲座，消防演练、安全疏散演练和以安全为主题的班团队等活动。今年我们学校还顺利通过了省级安全大检查、市县综治目标责任工作检查等几次大检查，并获得好评。

二是全体动员，人人参与，做到安全工作齐抓共管。安全工作，人人有责。实行安全管理目标责任制，坚持“谁主管、谁负责”的原则，明确了安全责任主体。同时建立健全“一岗双责”为核心的责任体系，将教师的安全管理工作纳入绩效考核中，实行一票否决制。此外以加强内保工作为目标，学校组织三级行政值班，在两操和放学时间，进行楼道疏散。

（5）以中考质量为导向，凸显质量强校。毕业班工作是我校工作的重中之重，对全校工作起到画龙点睛之笔的作用，我校毕业班工作总体策略是：培尖（培养顶尖学生）托底（为全县平均分做贡献）抬中间（上一中人数）。校长负责培尖工作，并兼任尖子班副班主任，密切关注该班的动态，每个月给尖子班学生做一次思想动员工作，每周找两个尖子生谈心，每学期做两次家长动员工作；抬中间工作由其他各校级及处室主任负责，他们每人负责一个毕业班，并对照年初下达的各项指标进行一线考察；托底工作交由年段与科任教师负责，并实行导师制，每个教师负责5~8个学生。在大家的共同努力下，历年中考我校都取得优异成绩，13年来，共产生县中考状元11名。2019年中考，我校再创佳绩：

①九年（1）班郑翰同学以附中自招考试八县前十的优异成绩被师大附中创新实验班（尖子班）提前录取。

②中考全县总分前10名（原始分）占8名，全县前20名占18人，前30名占26名。

③中考各率均居全县第一，总分平均分高于全县平均分73分，为全县平均分人均贡献22分。

名校之所以成为名校，靠的是顶尖的质量，办人民满意的教育，人民满意的是好的教学质量，老百姓最期盼的民生福利依然是教育质量，所以我要明确质量不单是学校的生命线，更是学校的话语权，是学校不断强大的不竭动力。马太效应告诉我们强者会越来越强大，只有好的教学质量才会让一所学校不断地强大。

3. 创新教学模式，力求特色发展

课程是育人的主要载体，我们始终坚持三级课程管理，不断深化课堂教学改革，创新课堂教学模式，探索出独具特色的“学案导学，以学定教”的课堂教学模式，实现在课堂中利用课程资源育人。高效的课堂考虑的是课堂投入的效果、效益。而我校实施的“学案导学、以学定教”高效课堂模式坚持教学相长，注重启发式、互动式、探究式教学。整个课堂凸显了一个“实”字，实现了高效；以导学案为载体，贯穿教学过程，使学生在导学案的任务驱动下萌生自主学习的动机和欲望，进而逐渐养成自主学习的习惯，并在实践中不断优化自主学习方法，提高自主学习能力，教师根据学生完成学案的程度，精准分析学情，重视差异化教学对学生出现的不明之处予以引导分析和个别化指导，促成学生对知识的理解，进一步实现总结与归纳。与此同时，融合运用传统与现代技术手段，重视情境教学，探索基于学科的课程综合化教学，开展研究型、项目化、合作式学习。学生在“活”的课堂中，自主学习习惯得到了培养，合作探究能力得到了锻炼，不同层次的学生都得到了不同程度的发展，学校教学质量连年得以提升。

三、反思与展望

我校“责任教育”办学主张遵循“立德树人”教育根本任务的要求，通过抓好“四有”好教师为标准的教师队伍建设，开发以培养学生核心素养为目标的责任课程，全面落实德智体美劳五育并举；以党建引领、常规管理、课堂改革为保障等，在“办负责任的学校，做负责任的教师，育负责任的学生”上已取得一定的成效。

十年树木，百年树人。今后我们将继续在办学实践中践行责任教育，为培养有责任担当的新一代而不懈努力。

【参考文献】

[1] 张少波，李海林 . 课堂教学诊断与专业化教学反思 [M]. 上海：华东师范大学出版社，2016.

[2] 王海平 . 深化责任教育　落实学科育人——以责任教育为特色的学校课改经验谈 [J]. 现代教学，2019(6)：4-6.

10

文心教育

◎王阳灿

【作者简介】

王阳灿（1968— ），男，福建厦门人，中学高级教师。厦门市第十中学原校长、书记，现任厦门双十中学副校长，福建省“十三五”中学名校长培养人选。曾获厦门市优秀校长、厦门市劳动模范、厦门市拔尖人才等荣誉。

文化凝聚人心，文化引领价值。作为学校“软实力”的文化，本质上是一种精神价值观指引下的生态共同体，它通过时间的不断的积累与引导，渐渐积淀成一种“集体人格”。“文心教育”是厦门十中在办学转型升级时期，因应文化型办学打造品牌学校而提出的。育人就是育心，育人就是文心。“文心教育”正在外显为厦门十中人教书育人的自觉行为，充分体现学校师生同心同德、凝心聚力，努力实现学校全体师生的共同成长与超越发展。

一、“文心教育”办学思想提出的背景

学校地处集美区文教中心区域，毗邻园博苑，发轫于 1975 年 9 月集美中学分校，1978 年 1 月 1 日正式更名为厦门市第十中学。1978 至 1992 年，萌芽发展中的厦门十中完成了从城郊结合部中学到福建省达标高级中学的华丽转变，1992 年 12 月确认通过省三级达标学校；2002 年 6 月确认通过省二级达标学校；2007 年 2 月确认通过省一级达标学校。学校的持续发展，办学实践经验的积累促使办学的理念在变革中逐步走向体系化，由此形成了“依法治校，以德育人”的教育理念，“脚踏实地、艰苦创业、团结拼搏、敢为人先”的学校精神，“励志、勤奋、守纪、进取”的校训，“乐学善教、修身立志、自强自立、和谐发展”的校风，“严谨创

新”的教风和“勤奋诚实”的学风。

2016 年以来，以文化型办学打造品牌学校成为十中人的共识。学校在继承创新的基础上再次凝练办学理念，提出了“学校发展教师，教师发展学校”主张，并对办学目标加以明晰的阐释，即“打造花园、学园、乐园、家园学校”，在此基础上提出“育人为本、质量立校、文化兴校、特色发展、创建品牌”的办学思路。

教书育人，育人就是育心，育人就是文心。面向未来，厦门十中通过以文化升华历史积淀凝练历史底蕴里积淀的文化因子，以文化创新办学理念链接当下教育教学改革发展趋势，凝练出了“文心教育”办学思想，打造学校独特的文化标识，以促进学校科学发展的持续性。

二、“文心教育”办学思想的内涵解读

（一）“文心”解读

1.“文”的含义

在我国古籍中对于“文”一词的理解，作为名词时“文”有“文字”“美德”“才华”“文献”等意思，作为动词时“文”有“刺画花纹或图案”“装饰”等意思，作为形容词时“文”有“有文采”“美、善”“柔和”等意思。如：

许慎《说文解字》：“文，错画也，象交文。”

王筠注《说文》：“交错而画之，乃成文也。”

《广雅·释诂二》：“文，饰也。”

郑玄注《乐记》：“文，犹美也，善也。”

《聊斋志异·陈锡九》：“此名士之子，温文尔雅。”

2.“心”的含义

在我国古籍中对于“心”一词的理解，主要涵盖三个方面：一是表示人体器官“心脏”，二是被理解为个人的意识、情感、态度等，三是超越个体，被称之为“道心”，天地万物相同相合之心。如：

许慎《说文解字》：“心，人心也，在身之中，象形。”

《诗经·小雅》：他人有心，予忖度之。

《诗经·小雅》：“日月阳止，女心伤止。”

《列子·汤问》：“汝心之固。”

《周易·复卦》：“复其见天地之心乎？”

3.“文心”的含义

“文心”作为一个词语来表达，首先出现在刘勰《文心雕龙》中的“夫‘文心’者，言为文之用心也。”其意思是为“用心为文”，简单解释就是“用心作文章”。“文心”作为一个词组有两种解读方式，作为动宾短语有“刺画人心，美善品行、思想”之意；作为名词性词组有“美善、柔和之心”之意。

（二）“文心教育”的内涵

“文心教育”就是用教育实践装饰美化人心，用心孕育良好品行，以“文”化“心”导“行”，让师生成为“有思想的文化人”。

“文心教育”办学思想主要包含下面几层内涵：

一是“文心教育”的实践本质是以“文”化“心”导“行”，以行“文”“心”深知，让师生拥有美好的心灵和健康向上的人文化行为方式。

二是“文心教育”的实践核心是通过教育塑造师生向美、向善的心灵，并外化、改变自身的外在行为方式，进而通过行为完善心灵，实现知行合一。

三是“文心教育”的实践着力于促成师生心灵和行为的和谐健康成长，塑造一颗美善，柔和的心灵。

三、“文心教育”办学思想的理念体系

（一）核心精神与办学理念

1. 核心文化精神：同心从心　心往力行

阐释：文化的本质是共同的价值观与价值的共同体，凝心聚力、同心同德是基本的前提。在心灵不断美化完善的教育过程中，从心所欲，以心导行是常态化的行为表现。心在一起了，力往一处使，同心协力的努力与付出，身体力行都是为了学校的一切。这样的文化精神下凝聚的力量，足以让学校发展永葆青春生命力。

2. 办学理念：文心化行

阐释：身心合一，知行合一。心与行的关系一直都是一体两面、统一的关系。心灵指挥行为方式一直都是我们认知里的常识。塑造，养育一颗美好、和善、柔和的心灵是“文心教育”的过程，也是其目标。养心的过程中，自然会推动行为方式的良好转化，以心导行，文心化行，“文”的不仅是“心”，更是“化”而为“行”。

3. 品牌传播语：从心出发 向阳生长

阐释：“文心教育”以美好心灵的培养为起点，向着美丽心灵的目标不断奋进。塑造、装饰心灵的过程点点滴滴积累的教育实践都离不开心灵的养育。从心出发，用心办好教育，学校每个师生身上由内而外散发出来的气息都是和善、美好的。拥有健全与美丽心灵的师生，心与心碰撞产生的火花都是温暖和阳光的正能量，生命生长的路程一路向阳，光明与温暖常伴左右。

（二）办学目标与育人目标

1. 办学目标：办一所同心化育未来的文化型管理学校

阐释：以文化办学为核心打造文化型管理学校，发展的过程本质上是学校共同价值观铸造的过程，其基本的文化自觉是全校师生同心同德、凝心聚力，以良好德行相互影响、相互促进，实现学校全体师生的共同成长与超越。同心化育未来的文化型管理学校就成为了学校的办学目标。

2. 育人目标：培养有雄心、慧心、壮心、雅心、苦心的“五心”学子

阐释：“五心”学子本质上是对德智体美劳全面发展的人的深度提炼与文化性表达。其中：雄心是志向高远的理想信念，慧心是聪敏机智的智识沉淀，壮心积极昂扬的奋进之力，雅心是儒雅和善的品行修养，苦心是坚韧顽强的拼搏意志。“五心”并举，关照的不仅是学生的生命成长，更是关注每个学生以知识和能力为基础的身心综合素质的健全发展，更是关心每位孩子成长所需要的体魄、灵魂与蓬勃生气。

（三）一训三风

1. 校训：立心正行

阐释：“欲修其身者，先正其心。”（《大学》）心为内，主宰指引行。心若正了，

指引的行为自然也不会偏离正道，正所谓知行合一，知的不断深化就是立心，就是心的不断完善与美化。教育的过程其实就是养心的过程，我心光明了，行为自发向美善前行。

2. 校风：全心改变

阐释：成长是师生每时每刻都在发生的内在需求，每个人都渴望自我不断的超越，而是否能够不断超越自己关键在于自己内心是否做好充分的准备，全心全意去改变自己。全心改变需要的是师生心往一处使，努力向上发展自己的优势，改变自我，营造校园昂扬的奋发之势。

3. 教风：以心传心

阐释：教育的过程是春风化雨，润物无声的无痕化影响。塑造美好心灵、养成良善柔和品行的教育，本质上心与心之间的相互影响与感染。教书育人，立德为上。教师施教的过程，其身心凝聚的良善德行，是潜移默化传递给学生的心灵财富。以心传心，教育不仅自发，而且相互成就。

4. 学风：心想行能

阐释：心是行为的内在动力，是学生的学习动力，是改变外部世界的源泉。学生的成长，是知与行的统一和谐发展。学生心里意识到了，行为就能紧跟着做出反应。心里想的，行为能做到的，美好心灵统摄下的良善德行就能达成，学生就能“想学能学”“想行能行”。

四、“文心教育”办学思想的理论依据

（一）“文心教育”的学理本质

“文心”迁移拓展为学校文化办学的理念，它的内涵与价值应该有一种更加深切远大、科学系统的教育追求：以文饰心，用人类的一切优秀文化成果来养育装饰进而美化内在心灵，其目的在于对内促进心灵的向上向善升华；以文化行，用人类的一切美丽的文字符号来塑造个人良好的行为处世方式。其目的在于指向个人气质品性的提升，内外结合、身心合一，最终实现个人美丽心灵的转向和个性人格的完整性发展。其学理本质既由内而外从心到身，又由外而内由行到知，形成的一种不

断螺旋式上升的个体成长循环，也是一种遵循认知发展规律的科学主张，还是践行“立人树德”教育根本任务的独特追求。

（二）立德本质在于育心

人作为一个生命的存在，是一个身心合一的统一体，而心作为人的核心灵魂，是统摄个人一切外在行为的主宰，从形而上学的角度来说，人的一切意识行动无不受心灵的支配而活动。正因为如此，心灵作为个人的精神信仰一直是古今中外哲人们殚精竭虑、皓首穷年钻研的对象。可以这么说，心灵的问题解决了，个人的人生价值和意义也就相应清晰明了了。

而教育作为个人成长过程中不可或缺的活动，其根本任务“立德树人”正是完善、美化心灵的过程。从这点出发，“立德”也就不应该脱离“心”的养育而孤立存在。从更本源的角度、字的构造来分析，“德”字演化构造过程中，“心”一直是重要的组成部分，所以从“德”字的构型来看，其内涵就有个体在实现目标时，应当做到内心意念与外在行为的表里如一，进而最终实现目标（道）的意思。

“人无德不立”，德是为人之本，是人独立于其他生命而存在的个性标识，而一个拥有良好的德性与德行的人，其心灵的至善澄明、柔和美丽无不蕴含其中。所以，育人在于立德，而立德本质在于育心。“文心教育”的核心是文化心灵、践行塑造美丽心灵，“同心同德”则是“文心教育”育心立德的逻辑起点。

（三）对中国传统“心”文化的传承

从“心”出发来理解“文心教育”是其理论的科学支撑。“心”文化作为中国文化精神的承载，在文化历史里已有浩瀚的记载，具体到修身治学方面更是有众多具体化的阐释。“心”文化演绎过程的理论打开方式要从“学问之道无他，求其放心而已矣”（《孟子·告子上》）开始，“求其放心”就是求学的方法、目的，没有别的，就是找回迷失的心。心找回来了，善心就会指引善行，行为就有了方向；心找回来了，个人的主体思维才会发生，学问才会融会贯通。“所谓修身在正其心者”（《大学》），修养身心，“心”的重要性不言而喻。“正其心”，也就是要以端正的心思（理智）来驾驭感情，进行调节，以保持中正平和的心态，集中精神修养品性。

“心外无物”“夫物理不外于吾心，外吾心而求物理，无物理矣。遗物理而求吾心，吾心又何物邪？”（王阳明《传习录》）阳明心学更是把心作为其基本核心，讲的就是一切事物天理不无以心为基础，接受心的管理。修身处世要在心内去寻求，专心探寻本心，也就是善心，由此善心主宰下身体力行为善去恶。至此，“心”作为“文心”的核心要旨就有了基础性的理论阐释，“文心”即是道心。“心一也，未杂与人谓之道心。”“人心之得其正者即道心”（王阳明《传习录》），所谓道心，即指心之本质本体。为学之道心也就在求诸心，以知心、研心、尽心为尽人生之能事。

综上，“文心教育”的目的和宗旨就是以“文”为媒介，向外求诸天地自然，向内探求心灵，用“心”于“自然之道”，内化为“道心”之质，身心同一演绎知行合一。

（四）西方关于“育心”的研究

在西方，“心灵是安排一切的原因”（柏拉图《斐多》），“心”作为灵魂的主宰，是精神信仰的核心，更是教育努力成就的对象，教育其本身也是人心与人心相互影响的生命成长，心灵安排好了，人的生长也就越发光明与旺盛了。“教育是心灵的转向”（柏拉图《理想国》），“教师是人类灵魂的工程师”（加里宁），教书育人导向心灵的改变。心灵的改变，按照美国心理学家威廉·詹姆斯的看法是“最伟大的发现”——“地球上的芸芸众生，唯有人才能改变他们的存在方式，唯有人才是命运的创造者。人类可以通过改变自身的内心世界，从而改变自身的外在世界，这就是我们时代的最伟大的发现。”“内心世界”改变的深度和宽度，决定“外在世界”改变的方向和高度。

“育心”的目的在于实现人的潜能发展，成为自己。“从人的天性中可以看出，人类总是不断地寻求一个更加充实的自我，追求更加完美的自我实现。从自然科学意义上说，这与一粒橡树种子迫切地希望长成橡树是相同的。”（马斯洛）教育的目的就是引导学生像橡树种子一样生长成为自己，而这要从认识自己开始，从内心不断内省，正视自己的优缺点出发，进而扬长避短充分发挥自身的潜能，努力向自己生命本该成长的方向成为自己。正如卡尔·罗杰斯在《论人的成长》里说的“生命的过程就是做自己、成为自己的过程。”

如是，“文心教育”要育的那颗“心”，就是要实现人的潜能发展，就是在生命的生长过程中成就自己。这也是“文心教育”理论的逻辑发展深化。

然而，成就自己还不是“文心教育”的最终目标，一个人成就自己的过程其实还在于不断地超越自己，个性化自我的文化价值，成为独立的“文化人”。正如斯普朗格所说：“教育也是一种文化活动，这种文化活动指向不断发展着的主体的个性生命生成，它的最终目的，是把既有的客观精神（文化）的真正富有价值的内涵分娩于主体之中。”文心不仅在“育心”，更是在“心”的发展过程中使自己成为“文”的一部分，创造文化。从这意义来说，“文心教育”就是一种使人成为“文化人”的过程。教育作为一种人道主义事业，应把“文化人”的培养作为归宿，渗透于一切教育活动中。这正是“文心教育”理论的逻辑完成式终点，也使“文”与“心”成为一个严谨不断深化向上螺旋发展的统一体，“文心教育”理论至此也完成了自身的逻辑自洽。

五、“文心教育”办学思想的实践

（一）管理者十条

德鲁克认为：“管理是一种工作，它有自己的技巧、工具和方法；管理是一种器官，是赋予组织以生命的、能动的、动态的器官；管理是一门科学，一种系统化的并到处适用的知识；同时管理也是一种文化。”管理已经从经验管理时代、科学管理时代走向文化管理时代。

我校在管理上主要以文化管理为目标，建构“基于价值的领导”，在共同价值观的建立、管理者角色的转变、畅通信息沟通机制、完善管理标准、打造高效团队等方面进行开拓性的实践探索，并以“管理者十条”（见图 1）作为实践纲领，边学边做边改。下面是这十条的相关解读。

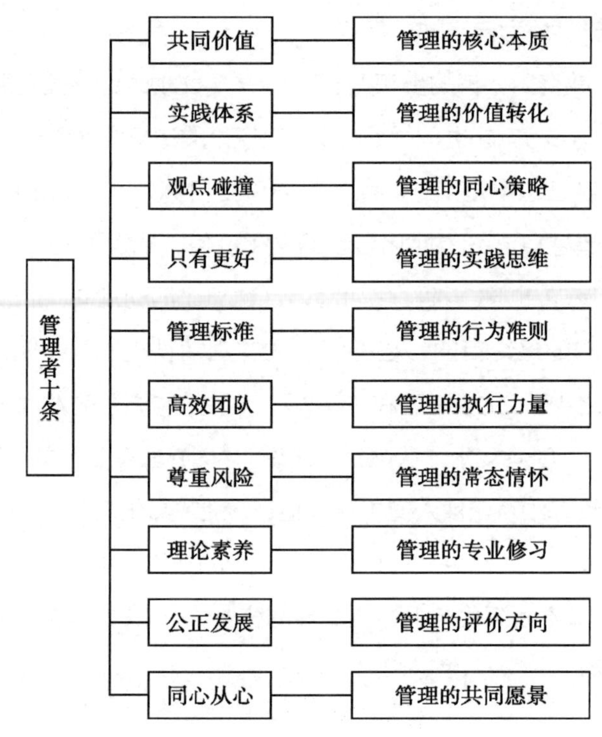

图1 管理者十条

1.“共同价值”是管理的核心本质

学校管理应以共同价值观为核心，这已是学界共识。石中英教授认为：“它是从多样的学校价值中抽取的带有基础性的或能够成为不同价值主体共同选择的价值目标。”这说的主要是共同价值观的凝练。张东娇教授认为：“价值观是关于价值的一定信念、倾向、主张和态度的系统观点，决定人们对事物的判断、选择和取舍，从而影响和决定其行为。它能够形成一种组织文化氛围，对人产生内在的规范性约束，是培养认同感的关键；能够把个体目标与组织目标结合起来。”这主要是关于共同价值观的解读。台湾中原大学张光正认为：“有理念（即共同价值观）之组织方能长治久安，有理念之组织方能塑造优质之组织文化，有理念之组织方能凝聚组织之共识，有理念之组织方能分享共同价值观。”这说的主要是共同价值观之于组织的意义，即之于管理的重要性。

我校的学校文化管理以“文心”为核心关键词，其共同价值观主要体现在“同心从心，心往力行”的独特追求上。“同心”是教育理念，“从心”是教育主张，“心往力行”则是教育实践的过程与方向。“同心从心，心往力行”已经成了我校耕耘现实文化的“犁耙”、培养认同感的“灯塔”、构建竞争力的“柱石”、打造可持续发展的“图腾”。

2.“实践体系”是管理的价值转化

共同价值是管理的核心本质，但如果不能有效地将它转化成为实践体系，那就成了“空中之音，相中之色，水中之月，镜中之像”——虚假的忽悠。诚然，“转化”是一重要且难的过程，但没有这一过程，学校的特色发展与品牌打造也就沦入虚无。

正如前文所言，我校的共同价值观是“同心从心，心往力行”，那么，如何转化为实践体系呢？为了提升其在实践过程中的传播性，我们套用了大家认知更为到位的一句流行语“心往一处想（同心、从心）、力往一处使（化行、力行）”并进而将之简化为两个字“想”（心）与“能”（行）作为核心关键词来构筑全方位的管理实践体系。

3.“观点碰撞”是管理的同心策略

办学智慧最大化，是办学管理理念以及实践被深度认同以及形成办学最大合力的关键，而从不同观点碰撞中汲取思想、从善如流则是其支撑。在这方面，我们借鉴了杰克·韦尔奇的“无边界”管理理论以及“听证会”制度（我校加上了常态的“提案”制度），想方设法让不同观点（主要是建设性的）在学校自由流动，让其中符合共同价值观的思想产生结构性的碰撞，由此来触发、引领、凝聚更大的办学智慧。

4.“只有更好”是管理的实践思维

杰克·韦尔奇认为，“来自人类心灵的思想流绝对是无止境的”，“预测并不是管理的全部内容。管理应该是如何对变化做出反应，如何随变革的需要发展。管理应该是适应性的，而不是关于精确性的学问。”可以说，管理一方面是“因变应变”，现实发生改变了，管理随之应变；另一方面是“以变生变”，当我们有了更好的想法、做法，就着力于促成现实管理的蜕变。前者是相对被动的，后者是绝对主动的。因此，当变革进行的时候，我们已经开始“专注于发展更好的方法、更好的思想”。积极主动是我们的基本习惯，而广取博取则是基本原则——我们并不在意提出更好想法的是某个同事、某个部门，或哪位家长、哪位专家，我们只致力于分析其想法之于发展的内在价值。我们的实践思维是：想好了就做，看准了必改！对于我校的管理实践而言，发展只有阶段，没有结束。

5.“管理标准”是管理的执行准则

管理标准，是指学校内部对需要协调统一的管理事项所制定的标准。健全学校内部管理标准的意义在于：（1）知道什么是正确的事和如何用正确的方法做事；（2）提高做事效率，建立高效管理秩序；（3）分清责任归属，避免或减少管理失误；（4）“新人”方便上手，“老人”易于精通；（5）人人自主工作，学校依“法”治校；（6）总结、提高、拓展以及经验推广方向明确、路径清晰。目前我校内部建立的管理标准主要包括：基础管理标准、行政管理标准、德育管理标准、教学管理标准。

6.“高效团队”是管理的执行力量

共同价值也好，管理标准也罢，要卓有成效地变成实践的现实，主要靠人，靠一个关心、支持并愿意为之奋斗的群体，尤其要靠一支高效的管理执行团队。“同心从心、心往力行”是这支团队共同的价值观，他们必须有大局意识；必须有协助精神，愿意优势互补、共担责任是他们的合作关系；必须有服务精神，主动志愿、尽心尽力是他们的奉献态度。目前，我校主要以执行力作为核心，以“三度”（速度、效度和新度）作为抓手，向着管理的理想型团队迈进。

7.“尊重奉献”是管理的常态情怀

美国心理学之父威廉·詹姆斯认为：“人类内心最深沉的渴望就是得到充分的尊重。”尊重是管理文化的关键词，从某种意义上说，没有尊重就没有管理。实际上，尊重的本质不是物质的，何况在我们日常的管理活动中，能给予管理对象的物质待遇也是少之又少的；尊重的本义是尊敬、重视，是伦理学的，也是心理学的，其核心是精神性的。所谓“士为知己者死，女为悦己者容”（《史记》)，讲的就是尊重给对象的一种精神性的抉择。但我们要的不是一种带有管理策略的尊重，而是一种伦理的、主要指向管理者高尚素养的尊重。

8.“理论素养”是管理的专业修习

缺乏必要的理论素养，在今天这个办学专业化的时代是无法成为一名合格的学校管理者的。但“理论”这一概念所涵盖的范围是任何个体穷其一生都难以洞悉周全的。因此，必须有相对清晰的边界，否则，理论素养的修习势必陷于盲目无序。我们认为，应该把握这样几条：一是方向。学校管理者的理论素养主要包括政治学、教育学、心理学、管理学、社会学、文化学、哲学等；二是过程。先学什么，后学什么，什么阶段学都要根据自身的积累合理安排；三是坐标（或体系）。要以“学校办学管理”这一基点，建构相应的理论素养体系；四是内化。要将所学尽可能融会贯通内化为自身的管理语言；五是实践。要善于根据所学将其中的原理、规律、方法转化为实践操作的原则、依据、工具、办法等，在做前学，更要在做中学。为了便于掌握及验证，我们从“一般性”的原则出发，将理论素养的积淀分为三个层级：管用、好用、化用。

9.“公正发展”是管理的评价方向

公正性和发展性是管理评价的灵魂和生命，是学校办学的价值导向和内在动力。公正，是公平正直，没有偏私；发展，是进步变化。管理评价必须将公平与发展作为根本原则和方向，否则，学校办学的主旋律就无法洪亮高亢，甚至会陷入众口难调的混乱。我们认为，在学校的管理评价中，无须像法律制定那样周严，在坚守学校共同价值观的前提下，将专业事实与专业价值的客观判断有机结合，做到简明、易操作才是关键。为此我们提出简明的操作，即回答三个问题：是什么？好不好？利于学校发展吗？

10.“同心从心”是管理的共同愿景

前九条主要是对文化管理背景下，管理者主要智能要素的分解性解读，这一条主要是对管理者智能结构的合成性总揽。我们反复强调，“同心从心，心往力行”是管理的共同价值，但它是精神层面的，而学校管理的生命是实践性的，正如马克思所说的：“哲学家们只是用不同的方式解读世界，而问题在于改变世界。”学校管理必须二者统一、不可或缺，离开物质的、实践的转化，共同价值的灵魂将无所依附；反之，一个学校要是没有精神层面的灵魂，其实践当是盲目的，或如瞎子摸象般偏执、或如坐井观天般浅陋、或如胡行乱闹般迷失……我们认为，管理实践绝不能是看一步走一步的亦步亦趋或一城一池的零敲碎打，而必须是优先建构总体性的实践体系或框架，从行政管理到活动管理、从教师管理到学生管理等运筹帷幄，进而再分别选择合适的角度、方法四面出击，全面突破。因此，“实践体系”成了“共同价值”的载体及其他实践要素的统领。

（二）教师十条

教师是学校的第一资源、第一生产力。哈佛大学前校长柯南特认为：“一所学校的荣誉不在它的校舍和人数，而在于它一代一代教师的质量。”这段话至少有四层含义：一是暗含着“多”和“高”，表达的是教师整体的高质量；二是意味着“久”和“宽”，是一代一代教师质量的历史传承和地理影响；三是界定了内在关系，教师质量决定了学校荣誉；四是揭示了文化价值，一代一代涌现的质量和荣誉，绝对不可能是强制或放任，而只能是文化力驱动的成果。可以说，教师质量是核心，文化历史是根本。

教师的高质量，当然指向的是一种综合性素质，但最本质的肯定是教书育人的专业化水平。专业化，是教师职业最为本质的因素，是教师职业生命力的象征，也是教师职业的价值体现。从文化的角度思考与实践教师的专业化，是重要而艰难的选择，也是根本和长久的导向。

为了便于理解和实践，我们将教师专业化的素质概括为“教师十条”（见图２）。

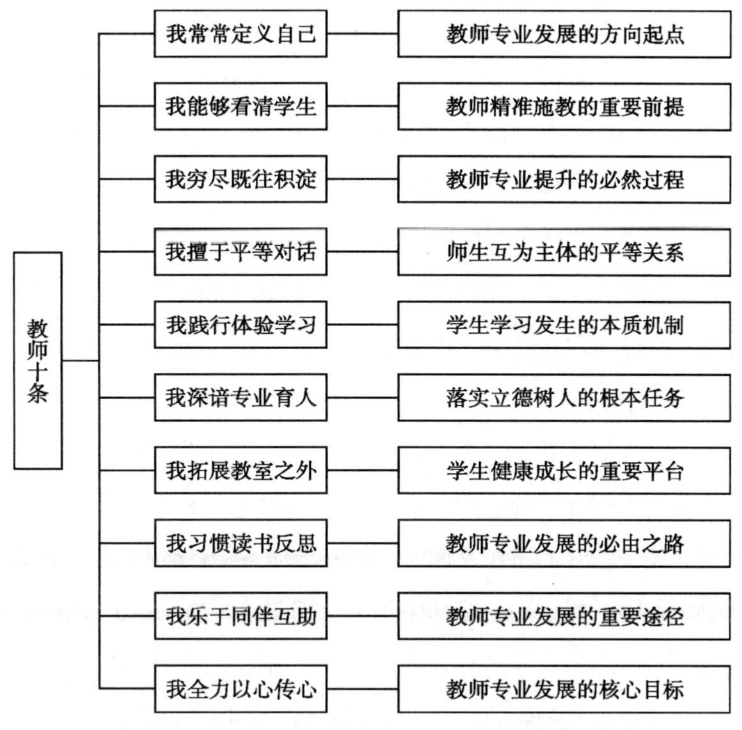

图2　教师十条

1. 我常常定义自己

定义自己是倡导以个人的专业认知和社会责任去寻找自我并打破自我的局限，在自我专业反省、自我专业批判的同时，打开专业发展的可能性，从而建立一个开放的自我专业标准和自我专业形象，以便更好地自我重塑、自我实现，完成自我专业高水平发展的自觉和不虚此行的幸福人生。定义自己，就是定义自己专业发展的方向和起点；定义自己，就是定义自己人生的价值和幸福。

2. 我能够看清学生

为人师者都清楚，每个学生都是“不一样”的，但我们这里的“看清”指向的不是“不一样”，而是“独一无二”。这不仅是表述的不同，更是认知的差距。前者容易趋于表象上的区分，而后者则多一份科学的洞察和人文的敬重。每个学生都是唯一的、独一的，“一”是什么，任何轻慢都是对生命的辜负。为人师者职责之重，在于没有“看清”就不可能精准施教，没有“看清”就不可能最大限度地把学生引向“独一无二”的生涯发展。诚如苏霍姆林斯基所说：“教育者应当深刻了解正在成长的人的心灵……只有在自己整个教育生涯中不断地研究学生心理，加深自己的心理学知识，才能够成为教育工作的真正的能手。”

3. 我穷尽既往积淀

积累与积淀不同，积累的侧重点是“量”，积淀的侧重点是“质”的，是扬弃后的沉淀和内化；积淀是平常性的，不是临时性的，更强调实践性。

4. 我擅于平等对话

于教育而言，对话即教育，教育的过程是师生对话的过程。我们所说的对话，指的是人与人之间在彼此平等、彼此倾听、彼此接纳、彼此敞开的基础上达成的双方视野的交融，是一种致力于相互理解、相互合作、相互激发、共同创造的精神或意识。具体到教学中，对话指的是师生基于互相尊重、信任和平等等立场，通过言谈和倾听而进行双向沟通、共同学习的方式，各方内心世界的敞开是对对方真诚的倾听和接纳，在相互接受与倾吐的过程中实现精神的相遇相通。

5. 我践行体验学习

在日常的教学实践中，我们一定要践行以体验为核心的学生学习活动。一是创设体验过程。既精准吸收信息，又开放个体评价，既促成信息转换，又激励影响环境，让教学过程成为体验过程；二是拓展体验水平。根据教学内容，重点培养学生的质疑创新能力，也要根据年龄特点，将体验与社会、自然以及自己的生活有机地结合起来；三是培养自主学习。因为体验就是学习，生活中处处有体验、处处可学习，只要转换学习意识、掌握体验规律，学习在任何时间、地点都能够有效发生。

6. 我深谙专业育人

教书育人是教师职业的一体两面，苏霍姆林斯基早就告诫我们老师：“要记住，你不仅是教课的教师，也是学生的教育者，生活的导师和道德的引路人。”我们基于“同心从心”的价值观，不仅从制度上舆论上确认全体教师的育人角色，也从专业的角度提升全体教师的德育水平，努力促成全体教师既是教学专业化的教师，又是德育专业化的教师。

7. 我拓展教室之外

陶行知先生认为，要解放孩子的空间，让孩子从教室中、从校园中解放出来，在大社会、大自然中，扩大认识的眼界，以发挥内在的创造力。我们学校在将教室之内的教育视为常规教学的主阵地的同时，也越来越看到教室之外教育的重要性。如校园内的各种社团、比赛，校园之外的春秋游、社会实践或项目式学习等。

8. 我习惯读书反思

有人说："一个国家谁在看书，看哪些书，决定了这个国家的未来。"国家如此，作为传播文化的学校更是如此。我们主要从主题性、条件性、技术性、背景性四个方面选择书籍作为教师读书的主要内容。提倡用好业余时间和碎片化时间、因人而异建构自己的阅读基点和阅读路径，激励读出自己、适时阅读生活这本"大"书，做到边读边反思。

9. 我乐于同伴互助

同伴互助是教师专业化发展的关键词，主要指在两个或两个以上教师间发生的、以专业发展为指向、通过多种手段开展的、旨在实现教师持续主动地自我提升、相互合作并共同进步的教学研究活动。我校教师的同伴互助主要包括：一是校内互助合作。主要有教师与教师的多样化合作、教师与领导的民主性合作、教师与学生的任务性合作。二是校外互助合作。主要有教师与校外教师的合作、教师与校外专家的合作、教师与学生家长的合作。

10. 我全力以心传心

教师是学校精神的第一生产力，这种生产力就是教师教书育人的专业能力，而这种专业能力的本质就是"以心传心"的实践水平。"以心传心"是我校教师专业化的核心目标，也是我校在教与学过程中的精神动力、态度作风、方法措施的概括表达，还是我校"同心从心、心往力行"价值观之于教师文化的行动演绎。

（三）学生十条

培养什么样的人，是教育永恒思考的母题。作为教育的对象，学生是一切教育的出发点和终点。学生在学校求学，不仅要通过知识的学习掌握关键的技能，更要在技能的不断训练中领悟知识的本质，形成自我发展的核心素养。我校以培养有雄心、慧心、壮心、雅心、苦心的“五心”学子为目标，这是新时代德智体美劳全面发展教育的个性化阐释。文心化行的办学理念下，以人为本，知行合一的健全人格养成一直是我校教育的初心与使命，学生从“初心”来，带着不断成长、不断完善自我的使命，朝着成为自己的目标向前迈进，“我”也就有了多元发展的渠道和目的。

为了便于理解和实践，我们将学生形成的素养概括为“学生十条”（见图 3）。

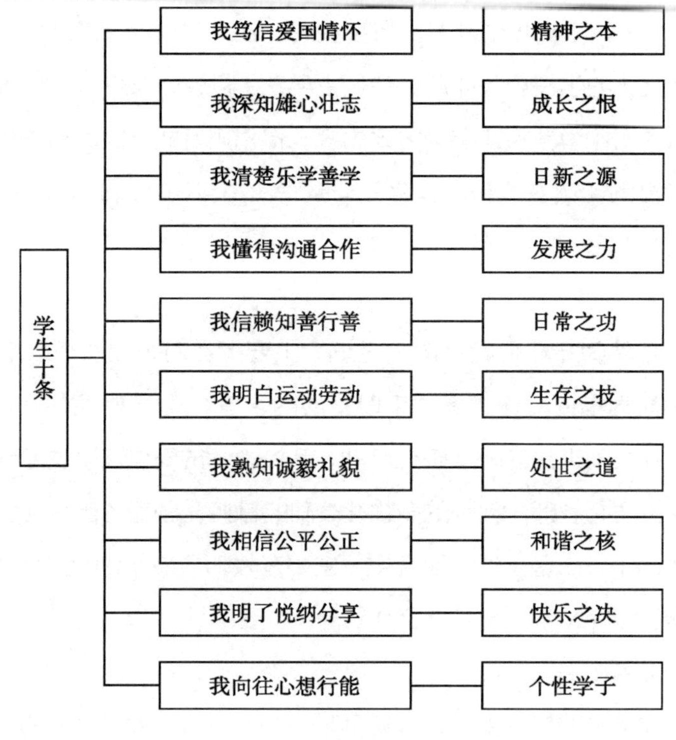

图3　学生十条

1. 我笃信爱国情怀是精神之本

社会主义核心价值观把以爱国为核心的民族精神作为时代精神突出爱国之于个人、国家的重要意义，爱国也就意味着祖国的价值至高无上，个人价值要服从祖国的价值；国家利益至上，个人利益要服从国家利益。有国，个人的存在才有发展的空间与价值。个人与国家命运休戚与共的关系，需要每个公民对自己的祖国有高度的认同感和责任感，并将这种认同感、责任感转化为自觉的行动，为国家、民族的发展贡献自己的一份力量。

2. 我深知雄心壮志是成长之根

青春正是青年成长的关键“拔节孕穗期”。立志更是个人找准人生方向，定下人生目标的关键环节。“志”是人生之路的起点，亦是终点，贯穿了人的整个生命。立“鸿鹄之志”，才能展鸿图之才，才能胸怀天下成大事者。

3. 我清楚乐学善学是日新之源

天天向上的成长体验，日日更新的知识拓展。个人的成长中，学习已成为一种自发的行动意识，无时无刻不发生在生活的每一个角落。乐学善学带来的个人成长，不是平面的知识堆叠，而是立体几何式的素养裂变，这是为学能够进步的本源，也是为人能够实现自我的保证。

4. 我懂得沟通合作是发展之力

当今世界，开放、多元发展的时代特征对个人自我的实现、人的核心素养、社会对人才的需求提出了更高的要求，异质团体的沟通与互动俨然成了时代发展下适应合作与竞争的需要。沟通是合作的前提和基础，合作是沟通的目的和追求。我们在合作中通过沟通清晰地表达自我观点，使他人更好地理解和接受。同时，在有效地识别和接收外界的信息及其意图中践行共同的目标，发挥各自积极的作用，提高团队整体竞争力，实现共赢。

5. 我信赖知善行善是日常之功

“乐善好施”是我们的优秀文化传统。“善”即“吉祥”“美好”“圆满”“满足”。德性之善就是幸福，幸福就是最高的善，幸福的生活就是一种知善行善的生活方式，也是我们每天都要实践的日常之功。行小善也能积大善大德，关键在于持之以恒，不忘初心。好事就是善事，做好事就是行善，一辈子做好事就是持之以恒地把内心的无私与奉献表现出来，坚持，心无旁骛地付出与实践。

6. 我明白劳动运动是生存之技

“民生在勤，勤则不匮”，劳动是生存的必备技能、财富和幸福的源泉，热爱劳动更是中华民族的优秀传统。当今的学生是幸福的一代，不应成为家庭不劳动的“宠儿”。劳动实践要从身边的小事一点一滴做起。体力劳动，“夙兴夜寐，洒扫庭内”、洗衣叠被、家务劳动都应成为个人的分内之事，自发自觉去行动。精神劳动，读书学习都应主动自觉、自主认真，不为家长、不为老师，只为自己生存生活得更好而奋斗。

7. 我熟知诚毅礼貌是处世之道

精神品质是一个人生存发展的精神依托，为人处世的基本原则。历经岁月的沉淀的精神品质伴随着人类的发展而不断地被继承与发展，已成为优秀文化传统，成为每个时代每个公民都需坚守的人生准则与价值观。诚毅、礼貌就是其中重要的内容。

8. 我相信公平公正是和谐之核

公平公正是待人处事的基础。公平公正原则规范下行为方式内化而成的道德品质，凝聚着全人民的向心力，激发着广大人民为实现民族复兴大业而产生的奋发向上的创造力。在处理具体的事情时要抛弃个人的成见和喜好来平等分析辨别，既要合情，又要合理，不偏袒任何一方。要以同一的尺度和标准来衡量，要以“一视同仁”的态度来对待，让每个人在规则面前，机会均等，平等竞争。

9. 我明了悦纳分享是快乐之诀

悦纳分享作为一种快乐的行动，伴随着快乐的产生。悦即快乐，纳是接纳，悦纳是影响心理健康的重要因素，可以分为悦纳外物与悦纳自我。悦纳就是包容、等待，就是尊重、信任，就是欣赏、赞美。包容和等待能去除急躁和功利；尊重和信任能拉近距离，传递温暖；欣赏和赞美更是精神的抚慰剂，能增强自信，重塑自我。

10. 我向往当一名心想行能的个性学子

个性是精神的，并以精神世界的存在为前提，具有某种不可重复的稳定统一的整体性，并管理着各种心理过程。在追求个性发展的过程中，人内在的各种特质被不断地激发与调动，有助于人类智力活动和道德取舍能力的提高，所以，个性发展良性循环（自我发现——自我发展——自我实现）的过程中也伴随着幸福的产生。个性发展的积极意义也自然推动着我们每个人尽其所能去挑战自我，去追求自我，去实现自我的幸福人生。

（四）课程实践

课程是教育中的核心要素，是实现教育目的的重要保证，是组织教育教学活动的重要依据，是集中体现和反映教育思想和教育理念的载体。为实现培养有雄心、慧心、壮心、雅心、苦心的“五心”学子育人目标，促进学生自主全面而又有个性的发展，学校以“文心·合心课程”为载体，设计丰富且多样的课程，让学生能够自主选择适合自己、贴近自己、满足自己所需且合乎心意的个性化课程，真正让学生的心灵能够自由地成长，绽放个性魅力，成为具有鲜明个性、学校印记，并能全面发展、适应将来社会发展的现代公民。

1. 学校课程目标：同心从心，全心向阳

具体体现为夯实基础，身心体验，智识成长，个性发展，将学生培养成为有雄心、慧心、壮心、雅心、苦心的“五心”学子，从而实现“文心化行”办学思想内化于心——形成共同的价值取向，外化于行——滋养每一个学生身心的健康成长。

2. 课程逻辑结构

育人目标：“五心”学子。

课程类别：学科特色课程（基础＋延伸）、智识发展课程、体验创造课程。

课程系列：“文心·合心课程”。

课程理念：用“五心”合心的课程文学生之心，成学生之性。

办学理念：文心化行。

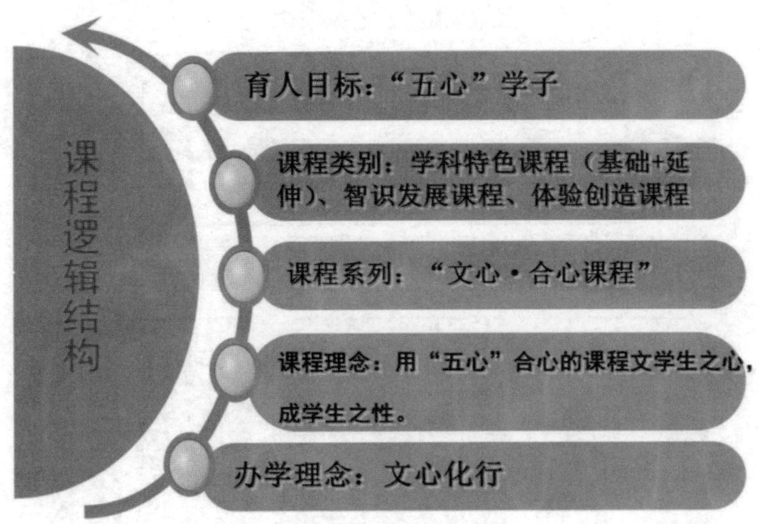

图4　课程逻辑结构

3. 学校课程框架

学校构建“文心·合心课程”，即以雄心、慧心、壮心、雅心、苦心为核心课程，聚合多元智能，落实德智体美劳全面发展教育。“雄心课程”以人文底蕴为核心致力于人文素养的提升，“慧心课程”以科学技术为核心突出科学素养的培养，“壮心课程”以身心健康为核心塑造阳光悦心的美丽心灵，“雅心课程”以艺术修养为核心发展审美艺术，“苦心课程”以实践创造为核心炼就诚毅坚韧之能。

“文心·合心课程”以学科特色课程、智识发展课程、体验创造课程三类课程为主要内容，期望学生通过人文底蕴、科学素养、身心健康、艺术修养、实践创造等课程学习，成为具有爱国情怀、志向高远、乐学善学、阳光快乐、文雅和善、诚毅坚韧的心想行能的个性学子。

三类课程以“合心课程”为核心形成完整的课程体系，呈现“五圆同心”的形状，体现了学校对课程品质的追求，促进学生、教师、学校发展有机结合，优质共赢发展。“文心·合心课程”有以下三个特征：课程资源丰富，合乎师生心意，满足师生的发展需求；课程结构合理，综合多元素养，提升师生的综合素养；课程特色鲜明，适合师生个性发展，凸显学校的办学特色。

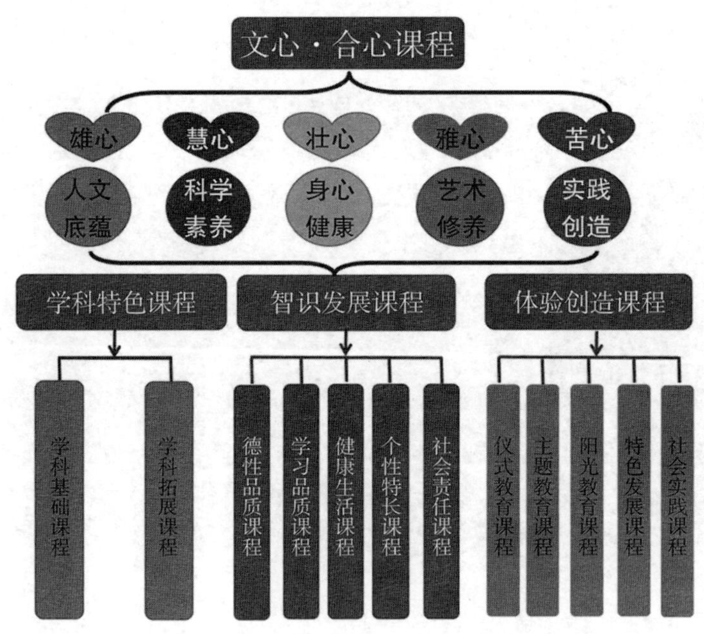

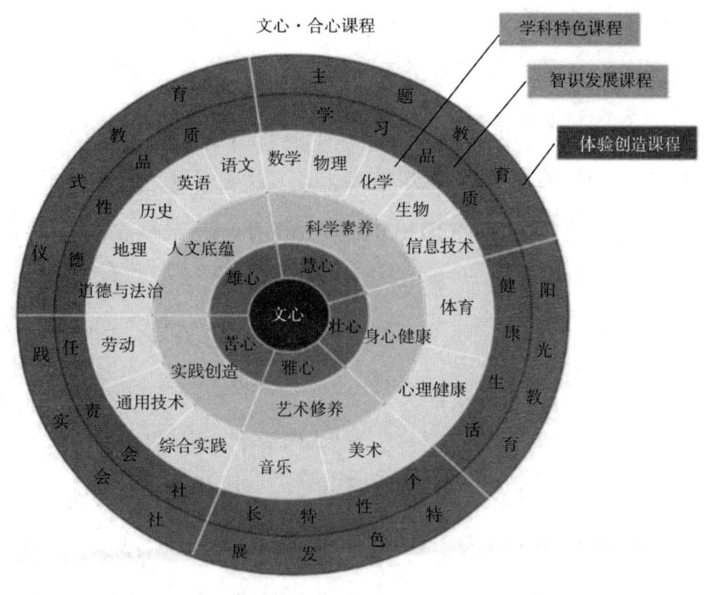

图5　文心 · 合心课程

六、“文心教育”的现状与展望

经过三年多苦心孤诣的思考、宵旰忧勤的劳作，“文心教育”办学思想迤逦然以其青涩的形象标示厦门十中办学的初衷和方向。我们深知，来时艰难、前方路远，回溯与展望将让我们走得更稳、更快、更远。

（一）现状

1. 建构了“文心教育”相对严整的体系

办学思想是一个以教育规律为核心、以育人为其功能的内在自洽体系。“文心教育”办学思想紧紧围绕人的发展这一教育的本质主题，从理念到实践、从工作到人、从项目到评价、从价值观到课程等，尽可能地在办学的内在秩序与结构上形成有机的整体，既一以贯之，又自成一体。哪怕是某一具体的章节，也尽量追求这种学理上的统一。如“理念体系”一章，核心价值观是“同心从心、心往力行”，办学理念、品牌传播语、办学目标、育人目标、一训三风等全部聚焦这一核心完成辐射性或呼应性的表达与诠释。具体地说，“同心从心、心往力行”，既是面向所有人的集结召唤，又是针对每个人的选择建议；既是对教育即发展的本质洞穿，又是以人为本发生机制的实践逻辑；既是一种精神上的倡导激励，又是一种行动上的坚定不移。而作为集中体现核心精神的办学理念，则以鲜明精确的表达明示这种精神的实现路径、实现方式、实现目的——“文心化行”；品牌传播语以文学性的表达补充其本质性的追求方向——“从心出发、向阳生长”；办学目标与育人目标则从学校和学生的角度具体回答在这一精神指引下，我们要办成什么样的学校和培养什么样的人。至于“一训三风”，校训确认“文心化行”的实践目的“立心正行”，校风具体地从文化氛围的角度阐明实现这一目的所必须营造的生态——“全心改变”，而教风、学风侧重从教师和学生的角度，让这种精神插上主体性的翅膀角色化、职能化落地——“以心传心”“心想行能”。整个“理念体系”，内在演绎“文心教育”的核心价值精神，外在表达“文心教育”的实践路径、角度、立场，既内在统一，又共枝别干，环环紧扣地建构相对严整的体系。

2. 努力打造“文心教育”的独特亮点

如“支持体系”的特色追求、“实践密码”的个性概括等，我们尽可能借鉴并转化自己目之所及的人类思维成果，借以推动“文心教育”向着自己独特追求的价值观，更新、更实、更深地走上实践发展的广阔空间。如“支持体系”一章，在“同心组织”部分，我们主要汲取了企业文化管理、行为分析理论等的重要成果，从行动上拓展、深化“文心教育”在组织上的实践保障；在“志心德育”部分，我们主要从传统文化、价值澄清理论、幸福心理学等获得重要启示，为核心关键素质的培养奠定了发生、发展、形成的实践保障；而“慧心教学”部分，现象学与实证主义的教育研究成果更直接成了其中的机智、路标和方向，为全面提升教学效应创造了智慧化的实践保障。独特追求必须伴随独特的思维方式和实践样态，更要打造可资借鉴的实践亮点，否则，我们就会陷入办学的形式主义或浪漫主义，我们就不配谈论教育。

3. 广泛宣传“文心教育”的价值追求

詹姆斯·麦格雷戈·伯恩斯认为：“要使影响最大化，就必须通过决策机构的每一层和每一个团体来鼓励和扩散。”（伯恩斯《领导学》）“文心教育”的校内宣传可以说是不失时机的全覆盖。一是宣传媒介的全覆盖。学校利用了一切可以利用的媒介，从广播、宣传栏再到环境建设，“文心”无所不在；二是管理运作的全覆盖，从规划到计划、从行政例会到教研活动，“文心”都是压倒性的主题。其中，最值得一提的是，我们通过评价体系所建立的新标准，让宣传不再是表面文章，而是实践方式。我们希望形成这样的现实：改变自己，是走向强大的唯一途径；强大自己，是解决问题的唯一方法。但要真正成就这样的现实却是极端艰难的。因此，我们在开始运作评价标准的时候，重点考虑的是如何将一种宣传、一种导向实践化。一方面带有实践标准的刚性，必须按照新的标准为人处事；另一方面又带有鼓励参与的柔性（在运作上尽量留有余地）。“太刚则折，太柔则废”（司马光《资治通鉴》)，刚柔相济是智慧，也是策略。我们一定要在最大程度上引导、帮助、激励更多的人接近新标准、实践新标准、驾驭新标准，“文心教育”办学思想的价值诉求才能最终走向成熟。

（二）展望

“文心教育”办学思想的艰深繁难，让我们始终保持一种忧患的理性，并致力于寻找理论与实践的新证据来验证哪些内容存在更精辟深刻、效应更强的转化，而不是急于将所有的努力合理化；“文心教育”办学思想的美好未来，让我们始终保持一种自强的激情，并致力于描绘使命与目标的新进展来激励全体同仁更加自信、更加高效，而不是急于将一城一池的得失功利化。前者是专业化的把控，后者是愿景式的指引，两者都是为了更好地展望未来。今后，学校会因为“文心教育”而更加美好，“文心教育”会因为师生的参与而更加出彩！

【参考文献】

[1] 刘勰著．王志彬译注．文心雕龙 [M]. 北京：中华书局，2012.

[2] 王守仁撰．王晓昕译注．传习录译注 [M]. 北京：中华书局，2018.

[3] 柏拉图．理想国 [M]. 郭斌和，等译．北京：商务印书馆，1986.

[4] 罗伯特·阿克塞尔罗德．合作的进化 [M]. 吴坚忠，译．上海：上海人民出版社，2016.

[5] 贾馥茗 . 教育的本质 [M]. 北京：北京联合出版公司，2000.

[6] 邓晓芒 . 哲学起步 [M]. 北京：商务印书馆，2017.

[7] 马克斯 ·范梅南 . 教学机智——教育智慧的意蕴 [M]. 李树英，译 . 北京：教育科学出版社，2015.

[8] 约翰 ·哈蒂 . 可见的学习 [M]. 金莺莲，等译 . 北京：教育科学出版社，2015.

[9] 杰弗瑞 ·克雷默 . 杰克 ·韦尔奇领导艺术词典 [M]. 北京：中国财政经济出版社，2001.

[10] 理查德 ·格里格，菲利普 ·津巴多 . 心理学与生活 [M]. 王垒，等译 . 北京：人民邮电出版社，2015.

[11] 彼得 ·德鲁克 . 管理 ·任务 ·责任 ·实践 [M]. 陈小白，译 . 北京：华夏出版社，2008.

[12] 弗兰克 . 戈尔布 . 第三思潮：马斯洛心理学 [M]. 吕明，等译 . 上海：上海译文出版社，2000.

[13] 保罗 ·弗莱雷 . 被压迫者教育学 [M]. 顾建新，等译 . 上海：华东师范大学出版社，2010.

幸福教育

◎张伟斌

【作者简介】

张伟斌（1971—　），男，福建厦门人，中学高级教师。现任厦门市海沧中学校长、书记，福建省“十三五”中学名校长培养人选。福建教育学院兼职教授，曾荣获厦门市海沧区优秀校长、厦门市优秀教师、厦门市五一劳动奖章、福建省优秀教育工作者等荣誉。

伟大的教育家苏霍姆林斯基说过：“在教学大纲和教科书中，规定了给予学生各种知识，但没有给予学生最重要的东西，这就是：幸福。理想的教育是培养真正的人，让每一个从自己手里培养出来的人都能幸福地度过一生。这就是教育应该追求的恒久性、终极性价值。”这说明教育一个重要目的就是让人幸福，幸福比优秀更重要。基于此，我们提出了“幸福教育”的办学思想，在这办学思想的指引下，不断推进“让老师享受教育的幸福，让学生享受幸福的教育”的两大办学方向；并积极践行幸福教育的三大支柱、四个要素循环、五项维度发展、六大行动计划。

一、“幸福教育”办学思想提出的背景

（一）基于人类发展的诉求

翻开人类社会的发展史，我们会感到它就是一部人对幸福的追求史，世界上每个人都在渴望幸福和追求幸福。在我国，对于幸福的论述，最早可以追溯到春秋时期的《尚书·洪范》，文中指出构成幸福的五个基本要素，即“五福：一曰寿，二曰

富，三曰康宁，四曰攸好德，五曰考终命。”这就是说长寿、富足、康健安宁、良好道德、寿终正寝这五个要素是衡量人生幸福与否的重要指标。此后，我国古代先哲们围绕这五个基本要素，从各自立场出发阐述自己的幸福观点，尤其以儒家、道家、佛家为代表的幸福观具有重要参考价值。

在西方历史上，第一个对“幸福”问题作出理论探讨的是古希腊著名思想家、政治家梭伦，他从物质和精神两方面来考察幸福，认为幸福的获得既离不开充裕的物质财富，也离不开精神信仰的内在支撑，幸福从根本上说是物质与精神的统一。自梭伦以后，西方学者对幸福问题的研究不断深入，在古希腊时期至近代欧洲时期，德谟克利特、苏格拉底、伊壁鸠鲁、托马斯·阿奎那、边沁等思想家也对幸福问题作出阐述，形成了禁欲主义、享乐主义、宗教主义、自我实现的幸福观。

（二）基于民族复兴和时代发展对人才的要求

党的十九大提出，我国社会主要矛盾已经由人民日益增长的物质文化需要同落后的社会生产之间的矛盾转化为人民日益增长的美好生活需要和不平衡不充分的发展之间的矛盾。其实，人民对于美好生活的向往，就是对幸福的向往。习近平总书记在多个场合强调“幸福都是奋斗出来的”，“奋斗本身就是一种幸福”，“新时代是奋斗者的时代”。可以说，这是习近平总书记的“奋斗幸福观”，是习近平新时代中国特色社会主义思想最简明最通俗的表达形式。对于劳动者而言，劳动不再仅是生存的需要，更是经历幸福人生、完成自我超越、实现社会价值的需要。2019 年 6 月 23 日中共中央、国务院发布的《关于深化教育教学改革全面提高义务教育质量的意见》，2019 年 6 月 19 日国务院办公厅发布的《关于新时代推进普通高中育人方式改革的指导意见》等文件都是习近平关于教育的重要论述的具体体现，文件精神指出要坚持“五育”并举：突出德育实效、提升智育水平、强化体育锻炼、增强美育熏陶、加强劳动教育。只有立德树人、五育并举，培养全面发展的人，才能为学生幸福奠基。

（三）基于当前师生幸福感的失落

近年来，中国的基础教育取得了举世瞩目的伟大成就。教学大楼是全新的、操场是塑胶的、教学设备是现代化的，教育的硬件得到了极大改善。同时，教师的待遇也得到了一定程度的提高，社会地位也得到改善，在这样的教育软硬环境中，我们想当然地认为老师和学生是幸福的。可是众多科学调查也都显示，中国教师和学生的教育幸福指数在低位徘徊，也就是说，目前的教育并没有给师生提供应有的“教育幸福感”。在学生方面，教育往往允诺学生将来的幸福而无暇顾及学生当下的教育幸福。在教师方面，我们往往把教学的方法和手段作为研究核心，却对教育目的是什么、教育到底该往哪个方向前进模糊不清。在知识掌握的多少、分数的高低成为唯一看得见、摸得着的现实目标的情况下，教育异化成了知识教育、分数教育，“真教育”就此远去，教育幸福感随之旁落。由此可见，教育目的、教育方向迷失是师生教育幸福感失落的根源。

（四）基于学校发展的历史

厦门市海沧中学初创于 1949 年春，是由海沧爱国华侨组织“三都联络分局”的董事和地方开明绅士、热心教育事业的林玛地、邱谨卿、陈其安等先生发起，利用当时“联勤总部”管辖的财务军官学校由南京撤到厦门海沧，运来桌椅、床铺、仪器等设备，聘任财务军官学校留下的部分人员为教师，又利用海沧莲花洲华侨祠堂及房屋为校舍，创办了“海沧私立三都中学”（不完全中学），于 1949 年 3 月 1 日正式成立，曹增之任校长。所以，从学校创校历史就可以看出海沧中学的创办就是尽人力、物力去创建一所为人民、学生未来幸福奠定基础的学校，饱含了创校人士的爱国及为人民谋幸福的崇高理想。在近年的办学实际中，学校积极推行“幸福教育”，力争能办出让“老师享受教育幸福，让学生享受幸福教育”的学校。这种经过一定时间积淀及实践的办学追求及思想，已经逐渐在全校师生的心里扎下了一定的深度。在此基础上，对学校幸福教育文化再进行全方位的思考、梳理和提炼，符合学校的办学历史。

（五）基于个人对教育的实践与思考

我是一名土生土长的海沧人，深深热爱足下这片生我养我的土地。30 年前，伴随着海沧开发的阵阵轰鸣声，我成为一名光荣的人民教师。转眼我在教育的路上走过了30个春秋，经历过几所不同的学校，历练过几个不同的岗位。我曾在一所农村中学，提出了生命教育理念。在这个理念的引领下，学校成为福建省首批防震减灾科普示范校，承办了全省防灾减灾示范校现场会并推广防灾减灾“十个一”经验，承办了第六届海峡论坛现场观摩活动并推广体验式生命教育经验。在实践中，我一直在反思，对学生来说，仅有生命教育够吗？生命不仅有长度，更要有厚度。我们常常会发现，有的学生优秀了还不快乐，成功了还不幸福，这是因为我们没有唤醒孩子对幸福的感受能力。教育的使命之一就是帮助学生树立正确的幸福观和提高发现幸福、感受幸福、创造幸福的能力。

综上，基于创校历史、办学实际、生命发展的本质，我们提出“幸福教育”，并以“幸福偕行”作为核心办学理念，力求深入贯彻办学理念，最终实现让师生习得获得幸福的能力，实现“幸福看得见”的美好愿景。

二、“幸福教育”办学思想的内涵解析

（一）“幸福”的语义学解读

根据《现代汉语词典》，“幸福”有“个人由于理想的实现或接近而引起的一种内心满足”之意。“幸福，是指一个人的需求得到满足而产生长久的喜悦，并希望一直保持现状的心理情绪，并不与快乐、满足、方便画等号。”

究竟什么是幸福？至今尚无确切统一的定义，在众多的幸福论著中，河北大学教授柴素芳博士的《大学生幸福观教育论》别具一格，尤为突出，她认为，幸福就是人的迫切而合理的需要通过正当途径得以实现或部分实现时的心理体验。这一概念界定最大的特点是认为幸福的含义与幸福观教育的目标具有高度的契合性，因而成为开展幸福观教育的原点。

（二）“幸福教育”的解读

教育和幸福有着怎样千丝万缕的关系呢？在义务教育阶段，应该让孩子们真正感受到自主是幸福的，实践是幸福的，分享他人的成果同样是幸福的，应该让孩子们真正感受到成长是幸福的，不断超越自我是幸福的，克服困难，实现一个个小目

标，同样是幸福的！自从有教育以来，人们就一直孜孜不倦地探索什么是完美的教育。我认为完美的教育就以幸福为目的的教育，那就是幸福教育。

1.“幸福”的解读

“幸”：上面“土”，代表有房子；下面部分从“¥”，代表有金钱。“福”：左边部分从“衣”，即衣服，有穿的；右边上半部分“一口”，有家人；右边下半部分“田”，即农田，有吃的，有事做。幸福的含义：即“一家人、有房子、有一点钱、有衣穿、有事做！”这样的日子就算是幸福的生活。幸福就是人的迫切而合理的需要通过正当途径得以实现或部分实现时的心理体验。

2.“教育”的解读

“教”：“孝”义为“全天在家侍奉父母”。“攴”，篆体像以手持杖或执鞭，本义是学生对待老师要像在家里尊奉父母一样。“育”：字从云从肉，“二”与“厶”联合起来表示“自我复制”。“肉”指“身体”。“云”和“肉”表示“身体的自我复制”。“教育”的本质：是一棵树摇动另一棵树，一朵云追逐另一朵云，一个灵魂唤醒另一个灵魂。教育的本质是唤醒，就是自我觉醒！

3.“幸福教育”的解读

所谓幸福教育，就是在教育中创造、生成丰富的幸福资源，并通过教育的途径，实现人对幸福的追求并在追求中获得幸福，就是一种将幸福视为最核心和最终极的价值理念的教育。幸福教育是一种“目的”，幸福教育的目的在于培养创造幸福、享受幸福的人。幸福教育是一种“过程”，认为幸福教育就是师生获得幸福人生的过程。学生正在获得教育的过程乃是幸福的过程。幸福教育也是一种“方法”，幸福是可以教育的，幸福教育是人们获得幸福的有效途径，在幸福教育实践中去获取幸福、感知幸福。幸福教育应该是目的、过程、方法的统一体。

（三）“幸福教育”的理念体系

1. 核心理念：幸福偕行

幸福：是愿景、目标。偕行：意为一同出发，一起走，是态度、路径，强调行动力，共性与个性的统一。幸福的结果很重要，但实现幸福的过程比结果更重要。

教育者与受教育者彼此成就，共同成长，享受过程也享受成果。

2. 品牌定位：幸福看得见

幸福是有形的，幸福是洋溢在每个人的脸上，融入每个人的行为当中，散落在学校环境的每一个角落当中。幸福是传递的，要让每个人都能感受到，一眼就能看得见，要让幸福在人与人之间流动传递。幸福是可实现的，设定一个可预见的目标，努力总会实现。

3. 学校愿景：点燃行动力的能量场，散发幸福感的文化园

在幸福偕行理念的引领下，激发师生行动力，在每个个体积极正向的行动中，师与生同心同力，教与学相生相长，与理想步步拉近中获得幸福感，形成正能量相互传递的能量场与幸福文化园。

4. 育人目标：端其心性，远其志向，厚其学识，砺其行止

端其心性：谓性情；性格。育人先育德，树人先树心。远其志向：即远大的理想；目标。志向是眼睛，帮助人们看清自己和世界，以未来的视角认识自己的现状与位置，找准努力的方向。厚其学识：即学问。指知识和修养及对事物的准确判断能力。砺其行止：即品行、言行举止。行动是实现理想的唯一途径。四者互为依托，缺一不可。

5. 校训：崇德尚学

“崇德”是为人之本，即推崇高尚品格；“尚学”系求知之道，即推崇严谨治学。学生的思想品德与学识丰盈同等重要。

6. 校风：和悦行远

学校不管是学生、教师、家长还是教育方式，都是多元的，校风一定是包容的、和而不同的，此为“和”。幸福看得见，首先是要洋溢在师生的脸上是“悦”的状态。其次还是“悦”的行动，乐于去学习，有兴趣地去学习，是行动力的表现。无论是教风的“适性扬才”，还是学风的“知行相长”，其实都是为了培养更好的学生，走更远的路，与我们的育人目标“端其心性，远其志向，厚其学识，砺其行止”相一致。“和悦行远”就是幸福偕行的办学理念引领下的属于海沧中学的校风。

7. 教风：适性扬才

适性，即孩子的天性、教育的规律性、未来的社会属性等三个方面。教育者从知识的传授者，转向“学习行为的设计者”，遵循教育发展规律，让学生充分地展现自我，引导每个学生找准属于自己的发展路径，为其未来的社会属性奠定基础。

8. 学风：知行相长

杜威提出了教育的本质就是“经验的不断改造和重新组织”。杜威把求知的过程与知识本身看成同等重要，视二者为同一物体。陶行知提出“行是知之始，知是行之成”。“知”是知识，认知；“知是知非”的“知”，是判断力。“行”是行为，实践，行动。知是基础、是前提；行是重点、是关键；以知促行，以行促知，做到知行合一，相互促进形成螺旋上升的态势。

9. 德育理念：暖心共筑，幸福绽放

德国的教育家雅斯贝尔斯曾说：“教育本质上意味着一棵树摇动另一棵树，一朵云推动另一朵云，一个灵魂唤醒另一个灵魂。”德育是心灵贴近心灵的，以积极的心理和温暖的言行，渗透在德育中，向着同一个目标共同奋进，共筑温暖，让幸福的生命持续绽放。

10. 教学理念：匠心前行，幸福生长

教育即生长，教师秉承着匠心精神，以负责任的态度，在教育教学中以不断反思自我、超越自己的信念，追求极致，砥砺前行，专注于促进学生的进步与发展；并在这一过程中形成教与学相长，共同构建生长性课堂，同时实现教师自我的生命价值的提升。

11. 管理理念：同心坚守，幸福担当

在同一个学校中的教师即是一种共同体，即在同一核心价值观念的引领下，教师们持有共同的文化认同，同心同德，同心同行，凝聚合力，力量方能如利刃一般无往不胜。坚守：持续性和动态性的过程。发挥每个人的能动性，以幸福的状态，担当责任，最终让工作得以更好的呈现。

三、“幸福教育”办学思想提出的理论依据

（一）积极心理学

幸福教育的研究起源于西方的积极心理学对幸福感的关注。幸福的奥秘是什么？现代人为什么经常不快乐？积极心理学为我们揭示了与传统心理学完全不一样的心灵世界。马丁·塞里格曼博士是积极心理学的始祖。积极心理学认为幸福感的关键是一个人的价值观和目标如何在外部事件与生活质量之间进行协调。他认为不是发生在人们身上的事件决定了他们是否感到幸福，而是人们对事件的解释决定了人们的幸福感。西方哲学中有关幸福的概念与理论有两种不同的学说：快乐论与实现论。快乐论认为幸福是“欲望得到满足的一种快乐的情感体验”，而实现论认为幸福就是“充分发挥自身潜能，自身价值得到实现的积极心理状态”。心理幸福感研究者认为，幸福不能等同于快乐，幸福应该从人的发展、自我实现与人生意义的角度进行理解，幸福是自我实现的状态。

（二）马斯洛的人本主义思想

美国人本主义心理学家马斯洛在其人本主义思想理论体系中，较为系统地强调了人的正面本质和价值，强调了人的成长和发展，人的自我实现。他在马斯洛层次需求理论中认为，人在实现人生的价值过程中，最高层次的追求是实现人的“内在价值”。任何一个人，只有真正实现了自己的“内在价值”，才能够达到人生最大的幸福和快乐。幸福教育追根究底最后就是幸福师生“内在价值”的自我实现，即帮助幸福师生通过幸福教育达到他们能够达到的最佳状态。

（三）马克思主义关于人的全面发展的学说

马克思主义以其哲学理论为基础、以社会实践为依据，从而总结出了无产阶级幸福观理论。虽然马克思、恩格斯并没有专门论述幸福观的著作，但是幸福观的思想遍及其经典著作之中。从这些经典著作中可以发现马克思主义的幸福观主要包括以下几点：

幸福是物质生活与精神生活的统一。马克思主义认为满足人的需求是实现社会

发展的必要条件，因此，幸福的社会必须要不断满足人民群众的需求，反映在现实生活中则体现为物质条件与精神生活的统一。劳动是创造幸福生活的唯一手段。马克思指出“抽象劳动是形成价值的唯一源泉”，因此，要想达成幸福的人生目标，就必须要把坚持不懈的努力作为唯一途径。个体幸福与社会幸福相辅相成。马克思主义幸福观认为个体幸福组成社会幸福，个体在参与社会实践的过程中创造物质财富、满足自我精神需求的行为也就是推动社会发展的行为。从这个角度看，个体的幸福组成了整体的社会幸福，个体幸福与社会幸福是相互依存、相辅相成的。

（四）苏霍姆林斯基的教育理论

苏霍姆林斯基的教育原则是“学校的任务，不仅仅在于传授学生必备的知识，而且也在于个人精神生活的幸福”。这些都是幸福教育的启蒙思想，教育从根本意义上来说，就是以人为本，关注人的幸福，培养人的幸福能力。苏霍姆林斯基这样说：“理想的教育是培养真正的人，让每一个人都能幸福地度过一生，这就是教育应该追求的恒久性、终极性价值。”由此看来，幸福不仅是教育的最终目的，同时也贯穿于整个教育过程。他认为，学生的个性发展和全面和谐发展是一个相互联系、互相促进的统一体，对于一个学生来说，没有其个性发展作为基础，他的全面发展就不可能实现。在农村教育长期实践经验的基础上，苏霍姆林斯基认为，学校教育的目的就是培养“全面和谐发展的人，社会进步的积极参与者”，他反对孤立的教育，主张将德育与智育、体育、美育以及劳动教育结合起来，从多个层次来培养道德高尚、身体健康、内心幸福的人。

（五）霍华德·加德纳的多元智能理论

霍华德·加德纳的多元智能理论认为，人的智力才能是多元的，人除了语言智能和逻辑数理智能外，还有视觉空间智能、音乐节奏智能、身体运动智能、人际交往智能、自我反省智能、自然观察者智能以及存在智能。多元智能理论认为，每一个学生与生俱来就各不相同，每一个学生都具有自己的智能强项，都具有自己的学习优势。传统的学校教育过分强调语、数、外的教育，而忽视了其他学科的教育，是为语言智能和逻辑数理智能强的学生提供了过多的平台和机会，而扼杀了其他智能优势学生成长的途径和机会。幸福教育关注学生的多元智能差异，以最大限度的个别化方式来进行适合学生自己的教育，让学生在学校充满学习的幸福感。

四、“幸福教育”办学思想提出的实践依据

2006 年，美国哈佛大学，当一个叫泰勒・本・沙哈尔博士的青年教师，推出一门名为“幸福课”的课程之后，很快风靡哈佛，成为哈佛史上最受欢迎的课程。其中 23% 的听课者向学校教学委员会反映：这两门课程“改变了他们的一生”。与哈佛大学的幸福课相比，英国顶尖的私立学校惠灵顿公学的“幸福课程”则更为务实。2006 年，惠灵顿公学在安东尼・谢尔顿校长的带领下同剑桥大学幸福学院合力打造了“幸福学”课程，该课程吸纳了团体辅导、体育锻炼、社会实践、宗教教育、瑜伽和冥想等多种元素，关注学生的四项相互对应的能力：个人和社会，创新和物质，道德和精神，语言和逻辑。这些课程能有效帮助学生挖掘潜力、实现自我价值并为学生带来成绩的提升。仅仅不过 4 年间，惠灵顿公学成功变身“幸福学院”，安东尼・塞尔登也在英国教育界获称“幸福学院校长”。

我国幸福课程是在 1999 年由檀传宝教授首次提出来的。此后，就有许多学者对“幸福教育”展开了研究。2006 年 4 月，杭州勇进中学开展“幸福课”实验教学，通过情景剧让孩子学会认识、分享自己的情绪，启发孩子总结创造幸福的方法，并建立了幸福手册。2008 年 4 月，浙江大学心理学会参照哈佛大学“幸福课”的教学大纲，面向广大学生推出了教学生幸福的课程。2011 年，淮安市实验小学原校长、江苏省教育学会副会长戴铜把“幸福”视为最核心、最终极的教育理念，以人的终生幸福为发展目标，在实践活动中创造、生成丰富的幸福资源，培养出更多能发现幸福、感受幸福、创造幸福、享受幸福的人。2011 年起，中央教育科学研究所（现称中国教育科学研究院）孟万金教授联合国内外学者发起成立了“幸福学校联盟”，并于 2018 年成立了全国幸福教育发展共同体。

五、“幸福教育”办学思想的理论支撑

（一）学校观：学校是散发幸福感的学园

实施“幸福教育”必须回答的首要问题就是“培养什么人”和“怎样培养人”。面对这样涉及教育观的问题，我们的答案是“让人成为人！”“让人成为幸福之人！”。具体到当下就是“让孩子成为孩子！”“让孩子成为好孩子！”“让孩子成为幸福孩子！”当下教育存在不少偏离教育的发展规律、偏离人的成长规律的现象。所以，我们必须回归教育的本真，追求办教育与办学校的高度一致性，学校教育不是面子或政绩工程，而是为了孩子们的一生幸福。当把培养人作为教育目标，我们就找到学校的本质定位。我们认为幸福的学校不是“教校”，美丽的花园、成长的乐园、启智的学园、精神的家园，是师生的精神港湾，是散发幸福感的文化园。

（二）教师观：教育需要幸福

幸福是人的追求，也是教育的需要。教师和学生的大部分时间是在校园内度过的，一个师生缺乏幸福感的学校肯定不是理想的学校！教师最大的幸福，莫过于感受那种从职业中获得的尊重感、成就感、创造感和艺术感，只有让教师拥有一种物质、精神和心灵的幸福生活，教育才能成为一种让人幸福、令人羡慕的职业，幸福教育才能得到更好的张扬。教师是学生学习的促进者、课程的开发者、教学的研究者，幸福的教师教育幸福的学生，幸福的教师才能培养幸福的学生。我们认为幸福的教师要“六个有”：胸中有梦（教育是享受生活），身上有情（激情、热情、亲情、友情），手中有书（读书是生活、是习惯），眼中有人（美人之美、各美其美），工作有心（暖心、匠心、同心），生活有“色”（留一点时间给生活）。

（三）学生观：幸福需要教育

幸福教育认为学生是发展的人，具有巨大的发展潜能。首先，教师应坚信每个学生都是可以积极成长的，对教育好每一个学生充满信心。其次，学生是独特的人，是完整的人，又有自身的独特性。学生并不是单纯的、抽象的学习者，而是有着丰富个性的完整的人，每一个学生都有自身的独特性。再次，学生是具有独立意

义的人，是不以教师的意志为转移的客观存在，是学习的主体。教师要考虑学生的实际情况，尊重学生的需要，善于发挥学生的主观能动性。幸福不是一种拥有，幸福是一种感觉，幸福是一种能力，就是认识幸福、感受幸福、传递幸福、创造幸福的能力。这种能力可以培养，可以修炼。我们认为幸福学生要心中有爱（祖国、父母、师长、同学），眼中有光（想法、愿望），脸上有笑（阳光和自信），手中有法（办法、方法），腿上有力（体育、健康），脚下有路（办法、方法）。

（四）教学观：课堂是实现幸福教育的主渠道

学生在校园里，大部分的时间是在课堂度过的。关注学生的幸福，必须关注课堂，让课堂成为学生幸福的重要旅程。幸福的课堂教学从“教育者为中心”转向“学习者为中心”；教学从“教会学生知识”转向“教会学生学习”；教学从“重结论轻过程”转向“重结论的同时更重过程”；教学从“关注学科”转向“关注人”。我们认为幸福课堂是自主的课堂、趣味的课堂、开放的课堂、和谐的课堂。

（五）课程观：课程是实现幸福教育的载体

课程指学校为实现培养目标而选择的教育内容及其进程的总和，它包括学校老师所教授的各门学科和有目的、有计划的教育活动。课程即教材，课程即活动，课程即经验。课程既包括文化课程，也包括活动课程、实践课程、隐性课程。一个比较完善的学校教育体系应该教给学生三方面的知识：关于自然的知识、关于社会的知识和关于自我的知识。前两项在现行的学校课程里都得到了落实，唯独第三项知识很少体现。幸福课程是对既存课程结构的补充，它是以科学发展观为方向指引，以积极心理学为理论依托，以人本关怀为行动要求，关注学生的积极优势和积极体验，通过课堂教学、团体辅导、面对面工作坊等多种形式帮助学生获得提升幸福感的新型知识和技能课程。

六、“幸福教育”办学思想的实践探索

（一）秉持一个办学理念：幸福偕行

幸福：是愿景、目标。偕行：意为一同出发，一起走，是态度、路径，强调行动力。在幸福教育中，要坚持共性与个性的统一、教师和学生的统一、当下和未来的统一、学校和家庭的统一。幸福结果很重要，但实现幸福的过程比结果更重要。教育者与受教育者彼此成就，共同成长，享受过程也享受成果。

（二）推进两大办学方向：让老师享受教育的幸福，让学生享受幸福的教育

1. 让教师享受教育的幸福

教师幸福，是幸福教育的起点，教师自己都感受不到幸福，又如何去让孩子感受幸福？要让孩子幸福，教师首先要幸福。

（1）民主科学的管理机制是提升教师幸福指数的前提。每个教师都渴望被尊重，都渴望被公平公正地对待，学校管理中真正体现“以人为本”，才能最大限度地提高教师的幸福指数。学校坚持以尊重教师主人翁地位为基础，以促进教师和谐发展为目标，始终坚持“以人为本、人尽其才”的管理机制。学校的各种评优晋职必须坚持公开、公平、公正的原则。让每位教师都真正成为学校的主人，让教师感到自己被重视，心中充满幸福感。从而树立各个层面的先进典型，使全体教师做到了学有方向，赶有目标，形成了积极进取、勇于争先的文化氛围。

（2）丰富多彩的文化生活是提升教师幸福指数的润滑剂。从职业和心理特点来讲，教师作为知识分子集中的群体，其劳动具有很强的自主性、创造性、复杂性和效果滞后性，他们内心深处对尊重和理解的期盼更加强烈。因此提高幸福指数更需要给更多的人文关怀。一是定期组织开展幸福教师心理工作坊系列活动，以团队活动的形式为个人创造心灵互动的快乐空间与平台，以体验式的心理团队活动以及课程为每个教师提供个人心理指导等服务，以达到“体验幸福、享受快乐”的目标。二是成立幸福教师健身俱乐部，依据教师自身情况，组建了包括登山、摄影、乒乓球、排球等多个项目的健身俱乐部，学校在提供场地、器材等各方面的便利条件的基础上，使老师们在运动健身的过程中进一步增强了向心力和凝聚力。这些有

益身心的活动，成为教师幸福工作的“润滑剂”和“减压阀”。

（3）稳步推进的专业成长是提升教师幸福指数的关键。专业发展是教师幸福的重要来源。著名心理学家马斯洛在研究了人的各种需要后提出了自我实现的需要是人最高等级的需要。满足这种需要要求老师完成与自己能力相称的工作，最充分地发挥自己的潜在能力，成为最好的自己。首先，学校在引导教师依据自身实际进行个人自学规划的基础上，为教师提供便利的学习条件，通过名师导学、交流互学等形式，为老师的成长搭桥铺路。其次，学校通过常态课积淀智慧、研究课生成智慧、优质课演绎智慧三种形式，采取以课促思、以赛促练、以练促提高的教学策略，让每名教师立足课堂主阵地找到了因课堂而幸福的感觉。第三，畅通立体科研通道是造就名师的主渠道。学校通过课题立项引领、校本培训推动以及制度激励促动三个途径促进教师专业素养的进一步提高，让每名教师更加深刻地挖掘出了自身的成长潜能，更感受到了因专业成长而带来的幸福体验。

2. 让学生享受幸福的教育

学生幸福，是幸福教育的目标。只有学生的幸福体验、幸福成长才能淋漓尽致地表现出学校的教育成效。

（1）有“温馨向上”的幸福班级建设。学生在学校大部分时间是在班集体里度过的，班级是学生精神成长的摇篮，充满朝气、温馨向上的班集体能使学生心态得到改善、情操得到陶冶、幸福感得到提升。幸福班级要优化环境渗透理念，充分发挥学生的智慧，通过班标、班歌、班徽等具体班级显性文化形成各具特色的文化氛围，同时通过民主制度规范行为，形成班级公约，让学生明白什么可为、什么不可为；主题教育导引方向，有计划地通过活动把学生引导到班级目标所确定的方向上来；自我管理养成习惯，要大胆放手，让学生自我服务，自我教育，让每个学生找到位置，有成就感、幸福感。

（2）有“多姿多彩”的幸福课程体验。学校以升学率为首要目标，加班加点，题海战术，牺牲了孩子们学习的兴趣和可持续发展的动力，造就了“两耳不闻窗外事，一心只围作业转”的学生。这不可能使学生感到幸福。人生是一种体验，多姿多彩的校园生活是学生幸福感的重要来源。我校以现有校本课程为基石，组织相关教师进行“幸福教育”课程的开发，将“幸福教育校本课程”的实施纳入学校课程统一管理。实行“走班制”，开设艺体、琴棋书画、文学素养等几十门校本选修课，让每个学生有自己喜爱的课程，上自己喜欢上的课。营造丰富多彩的综合实践课程，表面看似乎牺牲了孩子学习的时间，实质上这些体验培养了学生的合作意识、创新精神，这些现代公民所必备的要求是知识传授所无法达成的，而恰恰在活动中能得到很好的培养。多彩的活动使学生更加自信，更加阳光，不仅使学生增长了见识、丰厚了学养、拓宽了眼界，陶冶了心灵、变化了气质，更为重要的是为他们未来的发展奠定了幸福基因。

（3）有“关注生命”的幸福课堂教学。学生在校园里，大部分的时间是在课堂度过的。关注学生的幸福，必须关注课堂，让课堂成为学生幸福的重要历程。幸福课堂应该是自主的课堂，要以学生为中心，尊重学生感受，给予学生自由学习的时空和自主学习的权利；幸福课堂应该是趣味的课堂，教师要根据学生的特点，唤起学生的学习兴趣，激发他们探索的欲望，让课堂成为每一个人展示自己的舞台，在这样的课堂中，学生充满感官的愉悦、探究的乐趣、收获的喜悦和人际交往的享受；幸福课堂应该是开放的课堂，生活就是课堂，让丰富多彩的实践活动充盈课堂，激活学生的灵感，实现教学做合一，使每个学生真正动脑、动手、动口，让学生真正动起来；幸福的课堂应该是和谐的课堂，学生自由地表达和展示，师生关系是水和水之间的关系，师生互动、生生互动，彼此沟通，彼此分享，形成师生双边共赢的幸福结局。在实践中我们形成了幸福课堂“144”模式：“1”就是一个中心——以学为中心，先学后教，以学助教，多学少教，以学评教。第一个“4”是“4 会”——会倾听（学的能力），会表达（练的能力），会质疑（思考的能力），会合作（发展的能力）。第二个“4”是基本流程——学、展、点、练。

（三）坚守三大办学追求：立学求真、育人至善、治校达美

教育的过程既是教育者教会受教育者学会求真、求善、求美的过程，同时也是学生自身学会求真、求善、求美的过程。我们说，教育需要幸福的一个重要理由是求真、求善、求美的过程本身是一个充满幸福的过程。

1. 求真

认识世界包括人本身，是人的一种天性，这种天性使得人们对于未知的东西充满了好奇，这种好奇心可以说是推动时代前进的一股重要力量。而我们的教育理应在满足学生的好奇心方面作出贡献。凡是有教学经验的人可能都经历过这样的场面：当学生弄懂了百思不得其解的问题的时候，当学生通过实验获得预想中的结果的时候，那种激动的场面可能是学生心中最幸福的一刻。因此，求真的过程充满幸福，我们一定要把这种幸福还给学生。

2. 至善

仅凭知识和技巧并不能给人类的生活带来幸福与尊严。所以，在进行知识教育的同时，更应该重视道德的培养。求善会使人的内心安宁，同时也会使人得到别人的肯定与接纳。在一般情况下，由于人追求善或他的善举得到肯定性评价，也会带给人莫大的幸福感。人是集群性动物，离开了人群，人也就失去了其意义。你心中有他人，他人便成了你，眼中有世界，世界就悦纳了你。因为个人的善而得到集体的肯定与接纳难道不也是人生追求的一种幸福境界吗？

3. 达美

爱美也是人的一种天性，追求美的过程也是人类获得幸福的一个源泉。追求美的过程包含着发现美、欣赏美和创造美。教育的追求不是单纯的求真，一味的知性教育，培养的只能是知识堆积而心灵匮乏的麻木之躯，而丧失了人的灵性也不是单纯的求善，一味的德性教育，仅强调仁慈谦让的美德，失却了对现代科学的追求，并无助于人类的进化。教育应该追求美，是美的教育。

（四）促成四个要素循环

1. 认知幸福

对许多人而言，问题不在于怎样获得幸福，问题在于怎样看待幸福。其实幸福不是一种拥有，幸福是一种感觉，幸福是一种能力，就是认识幸福、感受幸福、传递幸福、创造幸福的能力。这种能力可以培养，可以教育。（1）介绍东西方关于“幸福”的概念和理论，重点向学生普及经过科学实证检验的知识与技能。（2）讲授与人们走上幸福道路相关的各种故事和案例。（3）学生自己的生活学习经验是最好的互动内容。学生说出让自己不幸福的事，教师可以与之共同分析，寻找解决办法；学生说出自己从不幸福走向幸福的历程，教师可以引导其他学生讨论，促进朋辈思考；学生说出自己感到幸福的事，教师可以带领学生一起分享，引起师生共鸣，强化情绪上的体验。总之，学生自身的经历和体验是幸福课程进行学生自我教育最好的素材。

2. 创造幸福

创造性的劳动是人获得物质幸福的必由之路，创造性的劳动也是人获得精神幸福的必然条件。幸福的人一定是行动积极的人，幸福的人创造力比其他人高很多。在劳动教育中：（1）独立开设劳动教育必修课，与通用技术和地方课程、校本课程等有关内容统筹；（2）在学科专业中有机渗透劳动教育，如在中小学道德与法治（思想政治）、语文、历史、艺术等学科要有重点地纳入劳动创造人本身、劳动创造历史、劳动创造世界、劳动不分贵贱等马克思主义劳动观。（3）在课外校外活动中安排劳动实践，将劳动教育与学生的个人生活、校园生活和社会生活有机结合起来，丰富劳动体验，提高劳动能力，深化对劳动价值的理解。（4）在校园文化建设中强化劳动文化，通过制定劳动公约、学期劳动任务单，结合植树节、五一劳动节、志愿者日等，开展丰富的劳动主题教育活动。

3. 体验幸福

幸福每时每刻都伴随我们左右，关键是如何去发现它、感受它。体验幸福就是能够发现幸福、体验和品味到快乐、惬意、宽慰，产生各种各样舒适的感觉。获得幸福的关键因素就是：人能否在拥有了这些客观条件后产生幸福体验。就是说，幸福源于人对满足自身需要的客观条件的认可程度及因此而产生美好的心理体验。人生在世，不可能全是顺境与坦途，遭受挫折、体验痛苦也是人生必修课程。虽然幸福是人对于现实生活的美好体验，但是，正确认知逆境，驾驭挫折，不仅能够使人减轻痛苦，也能增强幸福感。

4. 分享幸福

理想的幸福状态应该是个人幸福与他人幸福互动双赢，幸福感的一个重要来源是得到社会的尊重和认可，既证明你给他人带来了幸福，也增加了自己的幸福感，体现了个人价值与社会价值的统一。幸福需要传递，幸福能够传递。人生因付出而快乐，幸福因分享而增值。幸福需要与人分享，否则内心就会像死海那样，水流只进不出，最终一片死寂。学会给予，才能收获幸福；懂得付出，才能有更多回报。

（五）推动五个维度发展

以习近平新时代中国特色社会主义思想为指导，全面贯彻党的教育方针，落实立德树人根本任务，遵循教育规律，强化教师队伍基础作用，围绕凝聚人心、完善人格、开发人力、培育人才、造福人民的工作目标，发展素质教育，培养德智体美劳全面发展的社会主义建设者和接班人。

1. 思想品德

认真制定德育工作实施方案，深化课程育人、文化育人、活动育人、实践育人、管理育人、协同育人。大力开展理想信念、社会主义核心价值观、中华优秀传统文化、生态文明和心理健康教育。加强爱国主义、集体主义、社会主义教育。加强品德修养教育，强化学生良好行为习惯和法治意识养成。

2. 学业水平

着力培养认知能力，促进思维发展，激发创新意识。严格按照国家课程方案和课程标准实施教学，确保学生达到国家规定学业质量标准。充分发挥教师主导作用，引导学生深入理解学科特点、知识结构、思想方法，科学把握学生认知规律，上好每一堂课。突出学生主体地位，注重保护学生好奇心、想象力、求知欲，激发学习兴趣，提高学习能力。加强科学教育和实验教学，广泛开展多种形式的读书活动。

3. 身心健康

坚持健康第一，实施学校体育固本行动。严格执行学生体质健康合格标准。开齐开足体育课，科学安排体育课运动负荷，开展好学校特色体育项目，大力发展校园足球，让每位学生掌握 1~2 项运动技能。广泛开展校园普及性体育运动，定期举办学生体育节。

4. 艺术素养

实施学校美育提升行动，严格落实音乐、美术、书法等课程，结合地方文化设立软陶、漆线雕等艺术特色课程。广泛开展校园艺术活动，帮助每位学生学会 1~2 项艺术技能、会唱主旋律歌曲。学校组建箜篌特色艺术团队，办好中小学生艺术展演，继续推进软陶中华优秀传统文化艺术传承学校建设，继续和厦门大学艺术院校建立学校艺术实践基地。

5. 社会实践

充分发挥劳动综合育人功能，加强学生生活实践、劳动技术和职业体验教育。优化综合实践活动课程结构，确保劳动教育课时。鼓励家长要给孩子安排力所能及的家务劳动，组织学生参加校园劳动，积极开展校外劳动实践和社区志愿服务。

（六）实践六大行动计划

努力实践“实施科学人文的幸福文化，构建幸福教育机制；打磨互助高效的幸福课堂，夯实幸福教育载体；开发多元适合的幸福课程，丰富幸福教育体验；滋养合作担当的幸福教师，挖掘幸福教育能源；培育阳光积极的幸福学生，打牢幸福教育基石；共建书香温馨的幸福家庭，形成幸福教育合力”这六大行动计划。

1. 建设科学人文的幸福文化，构建幸福教育机制

（1）科学规划发展，凝练精神文化。学校确立了以“幸福教育”为核心的精神文化体系，将“让老师享受教育的幸福、让学生享受幸福的教育”作为办学方向，形成了“幸福偕行”的共同愿景，更重要的是让师生将这种精神内化为行为，让校园充满归属感、责任感、幸福感。

（2）提升管理实效，加强制度文化。在管理文化上，“简单”让干群关系更加和谐；“公平”体现每个人的价值，让学校风清气正，幸福灿烂；“关爱”，校长也家访，每年一次的草根春晚，让教师找回职业幸福感。在制度上继续完善《厦门市海沧中学规章制度（汇编）》、优化《精细化管理实施方案》《智慧校园管理平台建设方案》《教科研成果奖励方案》《关于核增奖励性绩效工资总量分配方案》等，建设富有鲜明管理特色的学校文化，形成规矩方圆、与时俱进的学校制度文化，使学校

各项管理工作有章可循。

（3）深化“舞武”内涵，促进特色文化。经十余年的建设与发展，“校园舞·武”秉持“有传承、有团队、有课程、有载体、有保障、有成效、有影响、有文化”的发展思路和“舞风塑行，舞韵健心”“武德修身，武风树人”的发展愿景。继续深化“校园舞·武”办学特色的内涵，构建教师校本教研、课题研究和校本课程平台，理念上促使教师思维创新，从而影响课堂教学，开设“体育校本、人文校本、综合校本”三大主题特色课程，使广大学生受益。进一步将“舞武”特色办学打造成厦门市乃至福建省中学素质教育实施的特色品牌。

（4）注重生态建设，营造环境文化。积极建设富有特色的校园“十二景”：“四个学会”为主题的教学楼墙壁文化、“校史之旅”为主题的雕塑长廊；“感恩之旅”为主题的抗击莫兰蒂感恩木雕；“生命之旅”为主题的生物园景观；“最美班级”为主题的班级文化营造；“自信之旅”为主题的初高中学生才艺广场；“行知文化”为主题的学陶文化长廊；“乡土之旅”为主题的闽南文化长廊；“我心目中的好老师”为主题的教师风采长廊；“运动最美”为主题的校园武舞场馆；“我爱读书”为主题的图书馆文化；“陶情之旅”为主题的软陶活动室。漫步其中，让人时时刻刻感受到一种幸福的气息和生命的活力，悄然浸润着师生的心灵。

2. 滋养合作担当的幸福教师，挖掘幸福教育能源

（1）聚焦校本教研，提升综合素养。落实校本教研制度。规范校本研修、集体备课、开课听课评课等。引导教师积极参与教育教学改革与研究，树立“问题即课题”意识。五年内争取立项课题：省级 5 个、市级 10 个、区级及微型课题 30 个；每位老师完成 CN 论文 2 篇，学校共 400 篇左右，提倡人人参与教育科研，从教学实际和课改考改出发，积极发现和研究问题。

（2）推动课改考改，铸造生本课堂。促进课改和考改研究。以生为本，从实际出发，借助新一轮课程改革和考试改革，培养学生终身学习能力。推动高考评价体系研究和高考改革、中考改革，促进学生系统掌握各学科核心价值、学科素养、关键能力、必备知识，成为德智体美劳全面发展的新时代人才。通过课例研修等，

提高教师的课堂观察能力，致力推动民主、和谐、对话、合作、思维、开放等多维度的学习共同体课堂改革，实现富有学校特色、教学相长的幸福课堂。

（3）完善成长规划，建设优质团队。重视师资引进，完善队伍建设。面向全国招聘特级教师、省市学科带头人等名优教师，重视引进名牌大学、重点师大优秀毕业生和研究生，鼓励在职教师参加学历提升，不断提高高级教师、名优教师和研究生比例。完善新教师成长个人规划。完善学校“青蓝工程”，加强对青年教师三年成长规划的指导和落实，以教师微论坛为主阵地，交流与分享教师实操性强的微技能。完善名师培养规划。实施“名师工程”，发挥名师工作室等辐射作用，加强对优秀教师的培养，五年期间争取再培养市、区骨干教师 25~30 人，市、区学科带头人 5~8 人、市专家型教师 2~3 人、特级教师 1~2 人和正高级教师 1~2 人。

（4）加强对外交流，发挥辐射作用。通过“共建”实现“共赢共享”。继续加强校际合作，做好漳州康桥中学、宁化民族学校、宁夏泾源高级中学等学校的帮扶工作，和厦门一中、厦门外国语学校、漳州云霄一中、上海市世博家园学校等省内外名校结成合作友好学校，签约英国圣约翰普莱辛顿中学、棕榈体育—西布朗足球俱乐部青训合作学校，向国际化迈进。

3. 打磨互助高效的幸福课堂，夯实幸福教育载体

（1）优化教学方式，构建高效课堂。以《关于新时代推进普通高中育人方式改革的指导意见》《关于深化教育教学改革全面提高义务教育质量的意见》等文件精神为指导，积极探索基于情境、问题导向的互动式、启发式、探究式、体验式等课堂教学，促进学生系统掌握各学科基础知识、基本技能和基本方法，培养适应终身发展和社会发展需要的正确价值观念、必备品格和关键能力。在初中部推行基于深度学习的新生态课堂模式改革，实践学习的“三对话”（自己、他人、客观世界）、教学设计“三清单”（预习单、学习单、作业单）和教学行为“三改变”（倾听、串联、反刍），注重引导学生在课堂活动过程中感悟知识的发生、发展与变化。在高中部推行基于深度学习的“情境式教学课堂”教学改革，通过问题情境、活动建场、抽象概况和迁移运用等过程，培养学生关键能力，提高学科核心素养和思维品质。”

（2）精细教学管理，提升教学质量。强化教学管理，完善质量监控。加强“备、教、批、辅、考、评、析”的教学过程管理，并对教学的各个环节提出具体要求，形成规范化的教学管理体系，完善教育教学各项制度。稳妥推进新高考改革，适应中考改革变化，抓住考试改革机遇，实时关注改革动向，不断建章立制，探索和完善新的管理模式。加强高中学生生涯规划教育和选课指导，重视初中学生分层教学、高阶能力和素养培养，发挥学生特长，实现高考、中考目标最优化。关注“三个关键点”、梳理“三张清单”、抓好“三类学生”、加强“三心教育”、做好“三个统筹”，深化“一校一策”，探索并形成独具特色的高考艺体生培养模式，探索初中中考保送生和特长生培养模式，提高高考上线率，优化中考录取生源。力争高考本科上线突破 300 人。确保初中教学质量达到全市中等以上水平。

（3）推进信息技术，提升教学质量。进一步补充完善智慧校园一体化服务建设，配备满足所有学生开展平板教学的硬件设备。在各年级建立自主学习驿站，提供资料查阅和交互平台，满足学生个性化学习需求。开发升级软件，发挥年轻教师的技术优势，借助平板信息化教学手段，转变和优化教学方式，逐步推行精准教学模式改革。实现信息技术与学科深度融合，打造“三高”（高自主、高参与、高效能）的智慧课堂，提升教学品质。依托技术手段，建设资源网库。利用“互联网+”技术，整合各级各类教学资源。科学规范管理，不断更新、去粗存精，建设具有本校特色的校内资源库。包括校本作业资源、优质录像课资源、校内课件资源、网络整合资源等，建成一个资源丰富、拿来可用的资源库。

（4）推进外教项目，增进国际交流。通过引进优质外教、日语师资，积极推进“外教进课堂”和“高中日语教学”，完善外教模式、提高质量，增强学生国际语言学习能力和交流能力。推动项目合作，扩大国际交流。重视和完善与教育机构开展教学合作、教学研究，提高教学实效。组织教师开展国际化教育研究，开展项目国际交流和研讨。组织教师、学生通过“交流”“考察”“研学”等形式走出国门，开拓国际视野，让师生能够多角度了解世界、融入世界。

4. 开发多元适合的幸福课程，丰富幸福教育体验

课程是幸福教育的主载体，幸福教育课程的建构，坚持以习近平新时代中国特

色社会主义思想为指导，注重学生在课程学习中的幸福体验，并在促进学生幸福生活、学习的同时促进其潜能充分发展，最终促进学生可持续发展，为其幸福人生奠基。我们将幸福教育课程的目标定位为：智慧求真、德性至善、个性达美，建构了基于国家课程体系的“源福课程”、基于学科拓展的“拓福课程”、基于德育养成的“善福课程”、基于个性发展的“美福课程”、基于五育融合的“融福课程”。

（1）源福课程：奠基学生智慧

“源福课程”就是国家课程。国家课程的主要目的是为学生各方面智慧和各种道德品质的发展奠定坚实的基础。从这个意义讲，国家课程是学生获得幸福的基础和源泉，故称“源福课程”。主要通过国家课程校本化的实施，培养学生基本的智慧、美德，为学生学会感受幸福、分享幸福和创造幸福奠定基础。

（2）拓福课程：延深学生智慧

“拓福课程”主要是学科选修课程，它是以学科课程为根基而开发的，目的是拓宽学生的视野，使学生智慧向纵深发展。主要有人文类、数理类、艺体类三类课程。“拓福课程”通过对学科课程的拓展和延伸，以发散学生的思维，促进学科知识、思维与方法的迁移与应用，丰富学生的幸福体验。

（3）善福课程：增进学生美德

“善福课程”是德育课程，目的是提升学生的道德品质，着重让学生进一步学会认识、分享幸福，包括显性课程和隐性课程。德育显性课程有：思源课程（幸福的方法、家国情怀、感恩教育、生命教育），思行课程（幸福学生 24 习惯、法制教育、志愿活动），思进课程（生涯规划、“三礼六节”、励志教育）等。德育隐性课程有：环境文化（校园 12 景、最美班级）；制度文化（一日常规、守则规范、校纪校规）；精神文化（三风一训、校歌等）。

（4）美福课程：发展学生个性

“美福课程”即学生个性发展课程，主要包括由学校自主开发、学生可以自由选择的幸福体验课程，目的是打破学科界限，培养学生的动手操作能力，发展学生的个性特长。主要分为六类：艺体陶情、健康生活、和谐身心、文化探源、开阔视野、关爱生命。课程打破年级、班级界限，让学生根据自己的兴趣爱好自主选择，满足了学生全面发展和个性发展的需要。

（5）融福课程：统整学科经验

“融福课程”是指向综合素养培养的跨学科融合课程，并加以延伸。课程以多元化、综合性思维为指导，将各学科间有共性价值的内容融合，在系统思考、综合融通、项目引领和任务驱动的思路下，组织学生问题导向式学习或项目式学习，目的是促进学生学会创造幸福。“融福课程”主要有STEAM课程（科学、技术、工程、艺术和数学学科融合），研究性学习（闽南古厝的建筑结构与特有文化浅考、猪肉价格上涨原因、在包装物品中如何节省包装纸用料的研究、《Face ID》解锁原理），综合实践课程（研学旅行、劳动教育、科技创新、国际理解、高中地理辩论赛）。

5. 培育阳光积极的幸福学生，打牢幸福教育基石

（1）落实立德树人，培养时代新人。以社会主义核心价值观体系为指导，围绕“立德树人”的根本任务，结合学校“端其心性，远其志向，厚其学识，砺其行止”的育人目标，以及“暖心共筑，幸福绽放”的德育理念，形成以奠定学生人生基础的习惯养成教育为主线，符合不同学段特点的新模式。

（2）打造育人团队，助力幸福学生。建设海沧区班主任特色工作室，引领、辐射一批班主任迅速成长。提倡“全员德育”，将德育全员化、日常化、课堂化、活动化、榜样化，完善“学生成长导师制”；关注女生思想和行为，形成“思想上引导、学业上辅导、心理上疏导、生活上指导”的女生德育工作模式，夯实“女生成长导师制”，让学生享受“师爱”。

（3）开展德育活动，培育幸福学生。开展生活化德育活动和校园“六节”等系列化主题活动，创建“活力型”校园。按班级、年段和学校的顺序，结合实际，形成常规活动系列、传统节日系列和校园六节系列等活动课程，将德育活动做好系列化、主题化、品牌化，让学生拥有“健康”。

（4）优化综合实践，发挥育人功能。以研学为主，构建综合实践课程体系。优化综合实践活动课程结构，确保劳动教育课时不少于一半。在校内组织师生进行垃圾精准分类，评选市区级“校园垃圾分类示范校”。积极开展校外实践和社会志愿活动。拓宽综合实践渠道，借助所在新阳工业区优势，带领学生到企业生产基

地、展览馆等学生社会实践基地，让学生体验“成长”。

（5）加强发展指导，造就幸福人生。加强评价方式的改革，注重评价目标多元化、评价内容多元化、评价方式多元化。加深对高中生职业生涯规划教育的探索，建设学生积极发展中心，开设生涯规划课程和特色职业生涯游园会。职业生涯规划中，引入家长志愿者资源，由不同职业的家长进行职业介绍及远景预测，让学生成为“自己”。

6. 营造书香温馨的幸福家庭，形成幸福教育合力

（1）实施家校工程，营造幸福家庭。探索“家长开放周”模式，努力营造“教师走出去，家长请进来”的家校互动模式；加强家长学校建设，充分发挥各年段家长委员会作用，通过家校联系沟通、增进家校互动、促进学生成长和学校向更高层次健康和谐发展，积极创建市区级家长学校示范校。继续落实“三项主题”教育中的“校长进社区、教师进家庭”活动，做到家校真正沟通合作。此外，挖掘学校周边资源，引入社区力量，开展家庭教育服务，为家长提供公益性家庭教育指导服务和一系列的专题培训等。提升家长履行家庭教育职责和与孩子交流沟通能力，帮助孩子确定成长目标，培养孩子的好思想、好品行、好习惯。让家长做教育的知情者，让家长做教育的建议者，让家长做教育的协同者，让家长做教育的参与者，让家长做教育的监督者，让家长做教育的同盟者。

（2）落实安全责任，加强“三防”管理。建立健全学校各项安全管理制度，对学校安全工作有教育、管理、监督、检查、奖惩的责任和权力。安全工作严格按照有关法律、法规的规定，落实安全岗位责任制，签订《安全管理责任书》。全面贯彻落实“安全第一、预防为主”的工作思路，不断增强教职工的安全责任意识，坚决杜绝一切意外事故的发生，达到“落实责任，保障安全”的目的，确保师生在校身体健康和生命安全，确保无严重致伤，无伤亡事故。

（3）利用社会资源，开展法制教育。邀请派出所、交通中队、新阳消防中队的警官给学生做法制、交通、消防法规的安全教育报告，并要求班主任利用班会课开展各类安全教育，提高学生的安全意识，另外要普及一些自卫自护的知识，确保我校的安全教育普及率达到 100%。

七、“幸福教育”办学思想实践的初步成效

（一）提升了学校的整体发展

在幸福教育的引领下，学校还先后荣获教育部授予的首批“全国青少年校园足球特色学校”、“全国中小学中华优秀文化艺术传承学校”、福建省“义务教育管理标准化学校”、“福建省行知实验学校”、福建省“青少年维权岗”、厦门市“文明校园”、厦门市“毒品预防教育示范学校”、厦门市“岗位练兵先进单位”、厦门市“五四红旗团委”、厦门市“优秀青年文明号”、“海沧区特色办学先进学校”、“海沧区素质教育示范校”、“海沧区5A级平安校园”、“海沧区综治安全先进单位”、“海沧区优秀悦读学校”、“海沧区优秀读书共同体”等荣誉称号。

（二）提升了学生的精神成长

学生的精神状态出现明显的改变，学生对幸福观的认识有明显提升。尽管我校是普通中学，我们的学生也是相对普通的学生，但是，在幸福教育的影响下，我们的学生建立起健康的生活态度，学会与人共处，学会善待自然，普遍呈现出积极奋发、不甘落后的精神状态。学生更乐于参与学校的一切活动，并充满信心和快乐。学生的人格与发展的内动力出现新的提升。

学校工作中的核心力量也是教师。幸福教育理念的建立有助于提升教师个体的幸福意识，唤醒教师个体的幸福自觉。我们努力通过生命教育而提升学生幸福感的同时，教师个体的幸福意识同样得到唤醒、得到滋养。有多位教师在这几年中迅速成长，我校自主培养了三位特级教师，在同类校属于领先。教师在各级各类教师技能大赛中频获大奖，国家一等奖有14项，省一等奖13项，市一等奖90项，80%的教师有个人研究课题。教师专业发展，课堂教学改革促进培育优质学科。体育学科成为福建省普通高中优质学科项目，地理学科成为福建省基础教育学科教学研究基地。美术学科《软陶手工与闽南乡土》入选福建美育教学教材。

（三）提升教师的生命价值

学校工作的核心力量是教师。幸福教育理念有助于提升教师个体的幸福意识，

唤醒教师个体的幸福自觉。学校通过生命教育，在提升学生个体幸福感的同时，也唤醒、滋养了教师个体的幸福意识。近年来，我校教师专业成长迅速，成果突出。有3位教师评上特级教师，在厦门市同类校中位居前列；教师在各级各类教师技能大赛中频频获奖，其中：国家一等奖有14项，省一等奖13项，市一等奖90项；80%的教师有各级研究课题；优质学科培育成果初显，其中：体育学科成为福建省普通高中优质学科项目，地理学科成为福建省基础教育学科教学研究基地，美术学科教材《软陶手工与闽南乡土》入选福建省美育教学教材。

（四）提升了校园文化建设

学校以幸福教育为主线，成为福建省一级达标高中，形成有特色的幸福教育的物质文化、制度文化、精神文化，引领学校不断发展。校歌《看见幸福》是在征求师生的基础上完成，朗朗上口，歌词寄托师生对幸福的孜孜追求。中庭雕塑由三块颜色形状各异的岩石构成，寓意求真、至善、达美，为我校的幸福教育的三大办学支柱。行政楼至善，科技楼求真，艺术楼达美，寓意契合。环绕校园四周的道路分别为“莲塘路，东头山路，石岑路，新阳路，马銮路”，寓意学校四迁校址的地域变迁。初一、初二知行楼，高一、高二和悦楼，初三扬才、高三行远更是寄托了学校对于毕业生的美好祝福！这与校风和悦行远，教风适性扬才，学风知行相长相呼应。环境优美的校园，干净整洁，花草树木生机勃勃，在明媚的阳光下自由生长。漫步其中，让人时时刻刻感受到一种幸福的气息和生命的活力，又深深透露出对幸福的珍爱与守护。

（五）提升了学校声誉

学校通过实施幸福教育，省级课题“构建‘新厦门人子女幸福教育’德育模式的实践研究”已经结题，在实践中取得一定效果。主题讲座“破解幸福密码，寻找适合教育”也为“国培计划”校长研修班、福建省高中校长任职资格班学员开设了近十场的讲座，有初步的影响。幸福教育也引起了新闻媒体的关注：厦门日报以《女生跳牛仔舞　男生打五祖拳》解密海沧中学不一般的“幸福教育”；厦门日报以《适合孩子的才是好教育》报道我校一直在实践着浪漫的幸福教育理念；厦门日报

《海沧中学晋升“省一级达标高中”》，报道我校幸福教育的成果；海峡导报《学生幸福地学　老师幸福地教》报道我校实施幸福教育的途径；厦门日报《海沧中学用大数据指导教学》报道我校幸福课堂的成效。

结　语

一直以为幸福在远方，在可以追逐的未来……后来才发现……所谓的曾经，就是幸福。我们坚信幸福看得见，要让幸福成为一种文化，洋溢在校园的每一个角落；我们相信心在哪里，收获就在哪里，幸福就在哪里。只要我们有梦想，只要我们在行动，我们就会不断地前行。用教育的理想打造理想的教育，用理想的教育来实现教育的理想——打造幸福校园。

【参考文献】

[1] 刘次林．幸福教育论 [M]. 北京：人民教育出版社，2003：88-98.

[2] 高峰．关于幸福教育的思考与实践 [J]. 教育发展研究，2007（10）：73-76.

[3] 陈姗．向着幸福出发——“幸福德育”的思考与实践 [M]. 北京：首都师范大学出版社，2013：9-14.

[4] 柴素芳．大学生幸福观教育论 [M]. 北京：人民出版社，2013：38-42.

[5] 胡爱玉．胡爱玉与幸福教育 [M]. 北京：北京师范大学出版社，2014：53-62，85-95.

[6] 戴铜．戴铜与幸福教育 [M]. 北京：北京师范大学出版社，2017：54-59.

和美教育

◎谭筱英

【作者简介】

谭筱英（1970—　），女，福建厦门人，中学高级教师。现任厦门市音乐学校校长、书记，厦门市妇联兼职副主席，福建省学科带头人，厦门市专家型教师，福建省“十三五”中学名校长培养人选。曾获福建省巾帼建功标兵、厦门市五一劳动奖章、厦门市第十批拔尖人才等荣誉。

一、“和美教育”办学思想提出的背景

（一）学校的办学历程和学校精神

教育家苏霍姆林斯基说：“办学校办的是一种精神、一种文化。”学校是培育人的地方，更需要精神的引领和文化的支撑。校长办学思想浓缩了学校的文化精神，可谓学校文化精神的“精神”。“和美教育”是我任厦门市音乐学校校长后提出的办学思想，是根据学校的办学初衷和办学特色、现实状况和历史沿革、时代要求和发展方向提炼出来的。

我校是在人民音乐家贺绿汀倡导下，由厦门市人民政府于 1990 年在鼓浪屿创办的一所九年义务教育音乐特色学校及中等音乐专业学校。2013 年 9 月，在厦门五缘湾开辟新校区，形成“一校两区”的办学格局。2017 年，开办普通高中艺术实验班，探索普职融通的发展之路。

好的学校文化精神是超越时代的。从 1990 年创办至今，学校已走过 30 多年，回顾学校的“前世今生”，我思索着，音乐学校的文化精神是什么？

音乐学校蕴含着这三大精神：

1. 有艺术气质的人文精神

音乐学校诞生于有“音乐之乡”“钢琴之岛”之美誉的鼓浪屿，这里钟灵毓秀，人文鼎盛，历史上东西方文化交融，造就了它独特的音乐气质和文化品质，孕育了不少举世闻名的音乐人才和历史文化名人。办学30年来，培养和造就了一批又一批高素质的音乐人才，为振兴鼓浪屿的音乐文化做出了重要的贡献。无论是基因上还是办学历程上，都散发着浓郁的艺术气息和深厚的人文精神。我校名誉校长、厦门市政协原主席蔡望怀充满深情地说：“每次走进音校，在学生、孩子们当中洋溢着的那种清新的气质，常常令我为之动情，这是音乐给了他们气质，文化给了他们灵魂。”

2. 有开放气度的包容精神

2017年7月，鼓浪屿以“历史国际社区”之名申遗成功。历史上，鼓浪屿是多元文化交融、碰撞与互鉴的典范，是本土居民、外国多国侨民和华侨群体共同营造，具有突出文化多样性和近代生活品质的国际社区。厦门市音乐学校传承了鼓浪屿的这种多元、开放、兼容的文化气质。师资上，学校创办伊始就从京沪等地遴选引进了一批优秀的钢琴、小提琴教师，他们从此扎根厦门，致力于厦门的音乐教育。如今，学校的教师来自全国各地，包括港澳台，不同学科、不同专业在同一校园里共育英才。此外，学校还聘请了一批音乐家担任艺术教育顾问，其中不乏海外艺术家。生源上，在五缘湾新校区，不仅招收音乐特长的学生，更招收本地片区的义务教育的学生，让音乐教育浸润到基础教育，帮助一些学校、社区组建学生乐团，传播音乐的芬芳，体现出开放包容的精神。

3. 有改革气魄的创新精神

学校是乘改革开放之东风，为重振厦门音乐之雄风而创办的，肩负使命，唯有创新。学校开创出一条文化教育与音乐教育同步优质发展的独特的办学之路。从办学之初的只有钢琴、小提琴两个专业，发展到现在的键盘、弦乐、管乐、声乐、民乐、打击乐六大类音乐学科30多种专业，从一个校区发展到两个校区。2017年，创办普通高中艺术实验班，探索普职融通的办学机制，不断推进各项体制机制和教育教学改革：专业课程和教学的改革、新高考的分类分层改革、校本课程和教学评价改革等。

在改革创新中，还有不可或缺的攻坚克难的拼搏精神、舍我其谁的担当精神、精益求精的专业精神。这些精神概括起来，就是追求“至善至美”的境界，这也是我们的校训。学校精神自然融入我的办学思想中。

（二）个人的成长经历

校长的办学思想离不开个人的成长经历，回溯我的教师生涯，关注人的生命成长是我不变的探索。1999—2002 年，我完成了北师大研究生课程班的学业，这是一个转折点，在我从教的第十年即 2002 年，我走上了学校的中层管理岗位，其中，我作为项目负责人，带领一群教师“知音”做着“生命教育”的实践研究，我们这一学习共同体编写、出版了《与孩子共同成长》等多本书，完成了省级课题“生命教育资源平台的开发与利用”等多个课题的研究。2008 年，我走上了校级领导岗位，不仅关心学生的生命成长，更加关注教师的专业成长和生命成长，尤其关心女教师的成长和幸福感，创造性地开展了许多助力教师发展的工作，积累了有益的成果。这些持续关注师生生命成长的理论研究和实践探索，丰富了我的教育观，为“和美教育”思想的提出奠定了基础，“和美教育”将“生命教育”的理念融入其中，是“生命教育”在办学层面的丰富和提升。我心中的和美教育——教育是对每个生命的包容和托举，让校园里的每个孩子都散发生命的清香，让每个生命都闪亮！

古希腊哲人苏格拉底说：“教育不是灌输，而是点燃火焰。”又说：“思想应该诞生在学生心里，教师仅仅应当像助产士那样办事。”因此，教育又是尊重、唤醒、激励。对教育者自己，“教育也是一个自我纯洁灵魂的生命历程”，在我的内心深处，渴求教育的纯净与纯美，渴求安静地做真实的教育。所以，教育是一个自我修炼、自我纯洁灵魂的体验。任何一个坚持真实教育的人，不管经历多少痛苦、多少委屈，都要不断去净化自己的内心。

任音乐学校校长之前，我在厦门外国语学校工作了 24 年，厦外也是诞生于鼓浪屿，机缘巧合，我 1992 年参加工作时厦外校址就是如今音校的鼓浪屿校区，24

年后我又回到当年开始出发的地方，这不正是提醒我“不忘初心，方得始终”吗？于是，我带上初心，向着我心中的教育开始新的出发，实现在回归中超越，在超越中回归。

二、“和美教育”办学思想的内涵解析

（一）“和”

根据《尔雅》《说文解字》等辞书的解释，我认为“和”有两层意思，一是“适中”“恰当”的意思，与儒家的“中庸”类同。万事万物不及则不达，过犹不及，适度乃“和”之要义。和风细雨、润心于无形，实乃立德树人之高境。教学上无论是内容的选择还是方法的运用，皆以适中恰当为高。育人上，也以适合学生为根本。辞书所举《关雎》是孔子所编教材《诗经》的第一篇，首句以关雎和鸣起兴，蕴含着婚恋、家庭、学校、社会、做人做事做学问等生存智慧，是“和”的形象诠释。“和”的第二层意义是处理事物之间、人与人之间的关系要义——和谐、协调。学校与外部环境之间，学校内部各部门、各学部、各年级、各学科之间，师生之间、生生之间、家校之间的关系皆以和谐协调为要旨。

（二）“美”

“美”也有两层意义，美丽、漂亮、悦目、怡心，此人所共知。另一层含义来自“美”的原始义和本义，即“善”，包括善、上、好、光明、正义、公允、茂盛、蓬勃等意思，马克思所说“人是按照美的规律构建的”，这里的“美”与此意同。我认为，“美”是教育的本质，亦是教育的追求。音乐教育为我校的办学特色，音乐教育为美育，故“美”是学校办学的必然追求。

（三）“和美”

“和美”，即“和谐、致美”。“和谐”是指结构的协调，是事物按照规律协调运转达到的最佳状态，它是“和美”教育的本质；“致美”是指达到美好的境界。在音乐中，由各种不同的乐器奏出的不同声音和合构成美妙、和谐的交响乐。之所以构成和声，是因为各种乐器所演奏的声音的协调，七音和而成美声，“和”产生了

“美”，“美”蕴涵着“和”，和美相生，共同构成了办学的价值追求。

（四）“和美教育”

“和美教育”办学思想的核心是整合协调各种教育资源，和谐施教，以和聚力，以美立人，各美其美，美美与共，让校园里每一个生命都能向上向善向美地生长，都能得到主动健康、多元全面的发展，培养有特长会审美的和谐发展的高素质人才。“和美教育”凸显了关注人的全面和谐的发展，具有全面性；“和美教育”尊重人的个性，照顾到个体的独特体验与价值，具有人文性；“和美教育”注重成全师生的积极发展和生命成长，具有发展性；“和美教育”关注学生的艺术特长和审美素养，具有审美性。

三、“和美教育”办学思想提出的理论依据

“和美教育”办学思想的理论依据主要源于中外教育思想中关于“和谐教育”和“美育”的相关理论观点，以及相关教育学、心理学、哲学的理论。

（一）“和谐教育”思想

1. 中国古今的和谐教育思想

这一思想在我国古代最具代表性的是孔子的和谐教育思想，其主要特征为：理念上的天人合一、目标上的和谐万邦、手段上的礼乐并育。和谐教育是以“仁爱”为基础的，孔子思想的核心是“仁”。《中庸》引孔子言：“仁者，人也，亲亲为大。”爱人从爱自己的亲人出发，是爱人的基础。孟子的“仁者爱人”（《孟子·离娄下》）直接继承了孔子的仁爱思想。“为仁”不仅仅止在“亲亲”上，而是“推己及人”，要做到“老吾老，以及人之老；幼吾幼，以及人之幼。天下可运于掌。”（《孟子·梁惠王上》）。“仁者爱人”的思想，对于中国当代人文教育仍具有极其重要的指导意义。

在我国近现代，许多思想家、教育家都提出过和谐教育思想，其中具有代表性的是，王国维的“教育之宗旨在使人为完全之人物”[①]，蔡元培的“五育并举”，陶行

① 王国维．王国维文集：第三卷 [M]．北京：中国文史出版社，2007.

知的“生活即教育”以及“手脑结合”[①]等教育思想。

2.“全面和谐教育”思想的启示

苏霍姆林斯基提出的“全面和谐教育”理论认为，培养全面发展的个体的人就是培养“精神生活丰富、道德纯洁和体格健全三者和谐结合在一起的新人”。“和谐全面发展的核心是高尚的道德”，“美是道德纯洁、精神丰富和体魄健全的有力源泉”[②]。这些教育思想至今仍闪烁着智慧的光芒。

和美教育就是要继承和弘扬中华悠久的仁爱教育思想、中外和谐教育思想。学校和教师要像爱自己的孩子一样爱每一个学生；一视同仁地、全心全意地培养、呵护每一个学生；师生关系、家校关系和谐；把学生作为一个完整的人来培养，五育缺一不可，全面和谐发展。

（二）“美育”思想

1. 教育美学思想

教育需要美学精神，教育呼唤美学规律[③]。教育美学倡导立美育人，致力于发现和发掘教育过程中属于教育自身的各种要素的美，阐释和揭示教育如何按照美的规律，其实也就是教育自身的规律进行活动，让教育过程的所有环节和要素、内容和形式服从并且服务于人的健康成长和发展。

2. 中外美育思想

中国古代美学最重要的特色是，认为善与美是相通的，美与善是调和天、地、人之间的关系，达到人与自然的和谐与完美。在西方，早在古希腊时期许多哲人和思想家都提出了美育的思想，苏格拉底、柏拉图、亚里士多德等，都论述了美育的重要性，认为音乐和诗能提高认识、陶冶感情、审美娱乐、振奋精神。这些基本观点，成为西方古代美育的思想基础。

到了西方近代，随着美学学科体系的建立，美育找到了自己的理想归属。以席

① 覃明兰 . 让教育回归生活本真——陶行知生活教育理论的实践与研究 [J]，生活教育，2018（10）：33-35.

② 王韶华 . 让心灵自由生长——从苏霍姆林斯基的教育理念说起［N］. 光明日报，2012-12-19（12）.

③ 杨斌 . 教育美学十讲 [M]. 上海：华东师范大学出版社，2015：19.

勒为代表的近代资产阶级美育思想，对美育自身价值的认识大大前进了一步。席勒给予美育在人的全面发展中以特殊重要的地位。我国近现代的美育理论已经具有了相对的独立性。人们不仅认识到了美育与德育、智育、体育的相辅相成的关系，而且更加重视对美育的特殊性质与特殊使命的探索，人们已经把美育与人的全面发展联系起来了。

中国现代美学奠基人朱光潜的《谈美：给青年的第十三封信》一书，针对美从哪里来、美是什么以及美的特点娓娓而谈，提出美学研究的理想目标——“人生的艺术化”。“引读者由艺术走入人生，又将人生纳入艺术之中”①。学校要通过美育教育，使每一个学生不断加深对世界、对人生美的认识和追求，从而珍惜生命、热爱生活、有所作为。

和美教育重视美育在学生发展中的作用，在发展学生鉴赏美、表现美、创造美和传播美的能力的教育过程中，培养学生健康的审美观。不断通过美育来培养理想的人、完美的人、全面和谐发展的人。

此外，教育学、心理学、哲学等相关内容也是“和美教育”的理论依据。

四、“和美教育”办学思想的理论支撑

（一）学校观：“三美”，美在和谐、美在生长、美在创造

学校是教育、培养人的地方，学校所要培育的，就是美的生命。因之，呈现在学校教育活动中的，就应当是生命之美！生命之美在于和谐，实施和谐教育，促进人的全面和谐发展；生命之美在于生长，遵循教育规律，促进生命成长，建设一个勃勃生机的活力校园；生命之美在于创造，激发师生的生命潜能，激发学生的创造力和好奇心。学校就是学生精神发育、生命成长的母体，于是，所有的感激和敬爱凝结成最美好的元音“母”，进而组成最美好的词“母校”。和美教育就是要建设一个勃勃生机的活力校园，让校园里的生命散发清香！和美教育所呈现的学校风貌是：乐学、求新、和谐、致美。

---

① 朱光潜．谈美[M]．2版．上海：华东师范大学出版社，2012：1-2.

（二）教师观："三师"，是"民"师、做"明"师、成名师

教师是学校最宝贵的财富，和美教育希望教师做精彩的平凡人，教师精彩，学生就精彩。教师应是"民"师、做"明"师、成名师。是"民"师，是定位，人民教师服务学生，贯彻"以人民为中心"的思想，树立平等的教育观，爱的雨露要滋润每一位学生的心田。做"明"师，"明师"既是"明白的老师"，知道教育应该坚持什么，知道哪些是对学生的成长最为重要的；同时，"明师"也是"明亮的老师"，这样的老师心怀敞亮，焕发光亮，尽管面对的不是特别理想的教育环境，也能带着学生努力追寻"明亮那方"。成"名"师，指教师个人专业成长的追求，也是学校队伍建设的需求。帮助教师做好生涯规划，创造条件，积极鼓励老师参评职称晋级、学术荣誉，目标驱动的专业发展有利于营造积极向上的教师文化。

（三）学生观："三心"，童心、真心、本心

学生是教育活动的主体，每个学生都有自己独立的人格、思维、情感、意志和自由，有自己的价值判断。要尊重学生，爱护学生，学生只有差异，没有好坏，因材施教，多给学生成长的时间和空间。对待学生要有"三心"：童心、真心、本心，把儿童当完整的人看，尊重学生的成长规律，让学生过上幸福完整的学习生活。和美教育要培养的学生是乐学、求新、和谐、致美的全面发展的高素质人才。

（四）课程观："三性"，全面性、整体性、差异性

课程是学校最重要的产品，学生的成长、学校的发展关键取决于课程的设置。学校为学生提供什么样的课程，学生就会享受什么样的现在，就会拥有什么样的未来。建构和美教育下的课程体系，遵循两个基本的原则：既要保障音乐学校特色办学质量，更要促进学生全面发展。和美教育之"和乐"课程体系，具有以下三方面的特征：①坚守全面性。国家课程、地方课程、学校课程这三级课程都得到了应有的重视。②突出整体性。重视资源整合，突出课程学习的综合实践与运用。③强调差异性。尊重"人"的个性化需要，创建适合学生成长的课程，为其发展提供适宜的养分。

（五）教学观："三生"，生机、生活、生长

和美教育的课堂教学是充满生机的，是灵动的、富有生命力的。课堂首先是让师生觉得温暖舒畅的、没有害怕的地方。课堂教学是关照生活的，教学是与学生的生活体验紧密相连的，是为学生当下及未来的生活服务的。课堂教学是促进生长的，小讲台有大教育，有光的教室，每一堂课都闪烁着生命的光芒。我们进入了用品质说话的时代，用品质说话，究其实质，是让课堂说话，教学相长，倡导体验、合作、探究、对话，让学习真正发生。

五、"和美教育"办学思想的实践探索

（一）以美育德，践行和煦德育

和煦，温暖柔和的阳光，也指音调平和，出自南朝宋谢灵运《山居赋》："当严劲而葱倩，承和煦而芬腴。"和美教育之和煦德育，是以爱为基调，以美来助力，以善为根本，让孩子的精神得到滋养，沐浴在阳光下健康快乐地成长。

1. 以文化人，培养学生优秀的精神品质

利用学科教学中的美育资源，进行德育渗透，主要渗透的内容有：规则教育、理想信念教育、爱国主义教育、中华优秀传统文化教育、劳动与实践教育等。在教学中把握美育与德育的结合点，把学生的创造力、生命意识、审美意识和价值感唤醒。

2. 以乐养人，培养学生的高雅气质

将音乐融入德育及心理教育中，让艺术的力量助力学生健康成长，培养气质高雅的音校人。缤纷多彩的艺术社团在培养学生特长的同时，提升艺术素养和高尚品格；开展鼓圈等多种形式的音乐治疗活动，释放压力，减缓焦虑；开展课间才艺秀，激发青春活动；传送"四时"（早、中、晚及课间）音乐时光，举办"四季"（春之声、夏之梦、秋之韵、冬之情）音乐会，让和美乐音陪伴学生一天天一年年，让学生在音乐滋养下成长。

3. 以美育情，培养学生的道德情感

将德育与审美创造融为一体，以美育情、美化校园文化空间，创设个性化的年

级班级文化，使学生在优雅的校园环境中感受美，提升道德情感；打造极富美感的仪式文化，10 岁成长礼、18 岁成年礼、入学典礼、毕业典礼、节庆典礼等，在庄重典雅的仪式中得到美的熏陶，涵养道德，提升品格。面对新冠肺炎疫情，音校师生家长校友共参与，创作各种艺术作品，其中原创歌曲就有 10 首，云端音乐会 4 场，用音乐的力量来激发学生的道德情感，鼓舞战胜疫情强大信心。

4. 以德润身，培养学生的社会责任

在德育实践活动中，以艺术为舞台，以音乐为桥梁，在参与体验中培养慈悲心，增强责任感。以“让爱来，让碍走”为主题的“关爱”系列，开展“小蜗牛同乐日”助残行动，走进福利院、养老院、医院，带去歌声、琴声和笑声。举办一年一届的“音为爱 · 乐为善”慈善音乐会，用音乐传递爱心，用善行成就未来，所募集的善款全部用于资助困难家庭的学生。“鼓浪琴韵”志愿服务队走进钢琴博物馆、唱片博物馆等艺术场馆讲解、演奏，走进景区、社区等，进行垃圾分类等文明创建的宣传活动，为厦门这座艺术之城、花园城市的美贡献出自己的一份力量。

（二）以美导学，构建和乐课程

我校课程定位为“和乐课程”。“乐”，一方面取“音乐”之义，学校是音乐特色学校，自然要把音乐融入课程建设与实施的方方面面；另一方面，取“愉悦”之义，课程的建设与实施，不是为“音乐高考”培养人，而是要培养有文化、懂音乐、有美感的全面发展的人，丰富的课程，让学生得以健康快乐多元发展。和乐课程体系，即为国家课程校本化、地方课程本土化、校本课程项目化、专业课程个性化的实践模式。

1. 国家课程校本化

积极探索国家课程与校情的有效结合，比如，体育学科开设了足球、网球、武术，以及体育舞蹈、健美操等艺体融合课程；在阅读课程方面，以“阅读行动计划”为载体，设计具有音校特色的“阅读护照”，举办绘本表演、故事演讲、“我的小书房”等阅读展示活动。中小学各开设了三十多门校本课程。

2. 地方课程本土化

我校的地方课程，由教师和家长组成共同的研发小组，整合家校资源，体现地域文化特色。我校两个校区分别处于鼓浪屿和五缘湾，均有很多地域资源。同时，我校把非物质文化遗产纳入地方课程。非物质文化遗产进校园，不仅是对非物质文化的保护和传承，还极大地丰富了校园的文化内涵，提高了学生的人文素养，让学生在了解和掌握当地的文化和传统技艺的同时，产生了传承和保护非物质文化遗产的责任感和使命感。如，郑荔彬老师与家长从设置课程、编写系统性教材、加强与校外非物质文化遗产研究机构交流和合作、与民间艺人进行合作、加强师资培训及提升教师皮影戏校本课程的开发能力等入手一起开发了“皮影戏”课程。

3. 校本课程项目化

我校的校本课程，除了以社团为载体开展的特色课程活动外，还积极探索统整项目课程的实施活动，主要是场馆式统整项目课程。这类课程主要是指发生在自然博物馆、历史博物馆、科技馆、天文馆、美术馆、主题公园等各类场馆中的非正式学习，是一种情境化的学习。基于地域文化，我们研发了走进湿地公园、五通灯塔公园、走进鼓浪屿等统整项目课程。目前在中学段和小学段已各开设了三十多门校本课程。

4. 专业课程个性化

我校的专业课程个性化主要体现在以下几个方面：

（1）专业课程建设注重多元立体。音乐课程设置上主要有五种类别：一是专业课程，实行一对一教学；二是公共课程，基础乐理、视唱练耳、合唱、音乐欣赏、合奏、室内乐等课程，让学生全面学习音乐知识，掌握音乐技能，打好音乐素养基础；三是实践课程，学生定期参加专业汇报、观摩、演出活动，参加各级各类比赛，参加鼓浪屿举办的四季音乐周、中国唱片博物馆等艺术实践基地演出，各班级自行编、排、演出的班级音乐会或学生举办的个人专场音乐会等音乐实践活动；四是大师班课程，邀请国内外专家授课，提升学生的专业水准；五是乐队课程，学校组建了学生管弦乐团、管乐团、合唱团、民族乐团、小学生弦乐团等，每周开设乐队课程，组织训练和演出，时常得到国内外名师指点。

（2）专业课程实施注重发展学生的特长。音乐演奏专业特别重视“童子功”，通过严格的专业课教学，学生们练就了过硬的演奏基本功，今后能在音乐会舞台上挥洒自如。与此同时，专业教师们还在音乐美学上充分地启发引导学生，去感悟音乐的情感，体会音乐的美好与和谐，使他们在人生目标上有更高的追求。

（3）专业课程注重学生的全面发展。“和乐课程”注重学生的全面发展，通过丰富的课程设置、活动实践，让学生建立广泛的兴趣爱好，通过科学的教学方法，使学生们养成良好的学习习惯，努力提升学习效率，在多元化的学习中找到自己的优势方向。正如我国著名文学艺术翻译家傅雷先生在其家书中，告诫其子、著名钢琴家傅聪：“先为人，次为艺术家，再为音乐家，终为钢琴家。”

（4）专业课程注重挖掘地域独特资源。音校创办于鼓浪屿，以传承和弘扬鼓浪屿音乐文化为使命，注重培养学生的全面音乐素养，实施“音乐素养整体提升”课程，为学音乐的学生奠定更宽广、坚实的艺术基础。“音乐素养课”课程包含了三门课：一是视唱练耳课。我校是全国唯一一所从小学一年级开始开设视唱练耳课程的学校，课程是按照法国视唱练耳教学体系进行授课的，旨在帮助学生尽快建立固定音高，掌握音乐基本知识，掌握各种节奏型、培养多声部视唱能力。教学成果展示即推出视唱练耳专场音乐会，深得学生和家长的喜爱。二是素养课。素养课是引进中央音乐学院新体系教育理念的一门课程，这门课程吸收了国际三大先进音乐教学体系和国内音乐教学的经验，以听、唱、感、视、动、演作为每一节课的主要内容，以达到培养和提高学生的音乐感知力、音乐理解力、音乐表现力等音乐技能。同时课堂的体验式教学方法对学生学习视唱练耳课程具有很大的帮助和促进作用。三是身体认知与体态律动课。该课程以匈牙利舞蹈思想家——鲁道夫·冯·拉班的“动作语言”体系作为教学的主要内容构架，教学形式通过游戏引导、即兴动作、情境设置、意象引发、自主编创等教学环节的设置，不断打开学生个体的想象空间，引导其自主地、积极地通过身体语言表达艺术内容，并由此获得身体感知力、动作审美力、艺术想象力、思维创造力等素质能力的提高。

在“和美教育”办学思想的指引下，音乐学校的和乐课程，培养全面发展、有文化、懂音乐、爱生活、会审美的人。丰富的和乐课程资源，让学生得到更多元的发展，也让音校学生具有了与众不同的特质。

（三）以美启智，追寻和畅课堂

“和畅”取自王羲之《兰亭序》中的“天朗气清、惠风和畅”，课堂是灵动的，是充满生命力的，是让师生觉得温暖舒畅的，是没有恐惧的地方。小讲台有大教育，有光的教室，每一堂课都闪烁着生命的光芒。“和畅”课堂表现为：

1. 尊重个性，激发潜能

发展师生的个性潜能是“和畅”课堂的追求，正视学生的个性和差异，鼓励教师形成自己的教学风格，学生的思维也因教学风格的多样化而始终处于活跃状态。“和畅”课堂就是要做到相信学生、解放学生、发展学生，让课堂成为师生激发潜能、教学相长、共同发展的课堂。

2. 合作共进，成就彼此

创设和谐的课堂氛围，重视体验、合作、探究、对话，让课堂思维活跃化、高效化、优质化，让学生尽可能畅所欲言，追求“曲高和众”，提升课堂思维品质。

3. 学科之美，教学之美

不同的学科包含不同的学科思想和思维，有各自的学科魅力。教师要善于去挖掘、展示学科的美，让学生真实地感受到学科文化的美妙，使他们热爱所学的学科。这种对学科的热爱必然激发他们的学习内驱力，从而积极主动、乐此不疲地刻苦学习。同时，我们提倡教师不断修炼自己的教学艺术，用极富感染力的语言、极具美感的板书和教态，创生出一堂堂带来审美愉悦的课堂，和畅课堂就是师生共度的感受美、发掘美和享受美的生命时光。

4. 智慧教学，深度融合

和畅课堂应是善用资源的智慧教学，教师创设学习环境和空间，深度融合和创新应用教学资源和教学技术，重构课堂教学组织和生态，为学生开展体验式学习、混合式学习和个性化学习提供精准指导。如线上线下衔接教学，主要采用了混合式的智慧教学。教师基于在线课程资源平台，精确设计学习目标和任务清单，学生自主控制学习时间和进度，完成线上学习任务并提出疑难问题，线下学习主要通过答疑解惑、小组合作和拓展学习完成。混合式教学的实质是学习目标、课程资源、教学技术、学习方式和评价方式的线上线下结合，是“移动互联网 +”环境下创生的智慧教学模式。

5. 着眼素养，绿色评价

和畅课堂的构建，不仅要评价学生通过课堂教学所取得的成果和达到的水平，更要重视学生在学习过程中的变化和发展，关注学生在学习活动中表现出来的主体精神、进取态度、思维品质和学习潜能。“和畅”课堂教学评价体现四个字“美、谐、畅、悦”，评价的目标是促进学生健康发展、和谐发展。

（四）以美聚力，推进和合管理

和合文化是中华文化的精髓，“和”指和谐、和平、祥和，“合”指结合、融合、合作。和合管理变管理为创造条件，以动态、系统的原则去处理学校事务，提高学校组织效能，为学校管理和教育教学活动提供一种新的思维和方法。基于和合共生的生态管理理念，构建了一个和谐合力的文化发展系统，促进学生、教师等教育教学活动主体的健康成长，促进学校办学水平和学校核心发展力的全面提升。

和合管理主张以人为本，刚柔相济，求同存异，和谐共进，构建起“依法办学、民主参与、社会协同”的学校治理新体系。建设一支团结协作、和谐奋进，忠诚干净担当的管理团队；建立一支结构合理、师德高尚、业务精良、和美向上的教师队伍；造就一支倾心育美的德育团队；打造一支保障有力、服务“和美”发展的行政后勤队伍。在管理文化上，以“和合”凝聚力量，协调共进，将广大教师的聪明才智凝聚到学校的共同愿景和教育的终极目标上来，以音乐的和谐之美，构建管理的和谐之美。

（五）以美润泽，成就和润教师

润，即滋润，焕发光彩；和润教师需以德润身，润泽他人。成就和润教师，就是让我们的教师是“民”师、做“明”师、成名师。一是抓好师德提升，营造“民师”意识。重视班主任队伍建设；重视青年教师成长，成立青教项目组，良师益友伴成长；“走出”“请进”学名师，双管齐下促成长；师徒结对传帮带，亦师亦友共成长；世界咖啡沙龙会，交流分享齐成长；发挥特长互为师，扬长用长分享长。二是抓实校本研训，提升“明师”水平。扎实抓好岗位练兵，让教师“强”起来；举办“和美教育论坛”，让教师“说”出来；鼓励教师申报课题，让老师“研”起来；鼓励教师进行教学创新，让教师“活”起来；开展关爱教师系列活动，让老师“美”起来。三是搭建锻炼平台，促进名师成长。帮助教师做好生涯规划，创造条件，积极鼓励老师参评职称晋级、学术荣誉，目标驱动的专业发展有利于营造积极向上的教师文化。成立名师工作室，发挥校内外名师在青年老师成长中的重要帮扶作用。

（六）以美造境，创建和雅校园

理想的校园像贝壳那样，外观漂亮，线条柔和，色泽鲜亮，但贝壳真正的价值在于，给壳内的生命提供一个最佳的生长环境。和雅校园所追求的，就是为一个个生命提供成长和发展的最佳空间和最优环境。我们以和雅为主题，以音乐为主线，贯穿于学校环境文化建设始终，雅即文雅、雅致，打造富有人文气息和艺术美感的和雅校园。在校园环境文化建设上，融入闽南文化和展现“鼓浪传韵”，又赋予新的思想、新的视野，现代化气息浓郁；提升校园环境的绿化、美化、香化和净化，又注重文明、健康、和谐的班级环境布置与班级文化培育；打造看得见的色彩景观，又要设计听得见的声音景观，贺绿汀音乐广场、艺术长廊、环校音乐步道、音乐点播台等高品质的音效独具音校特色，让“发现美的眼睛”和“音乐的耳朵”都得到陶冶，使学校成为整洁优美、花树相间、品位高雅、温暖宜人的工作和学习乐园，让师生在美的熏陶中感受快乐、体验幸福、实现发展。

（七）以美携手，发展和顺家校

家校合力，以美助力，和顺的家校关系为学校教育注入活力。建设家长学校，提高家长的教育观念和育人水平，如举办家长读书会、家庭教育讲座、分层家长会、家教沙龙等，采取多种举措，提高家庭教育的实效。家长是学校的同盟军，是学校建设与发展的参与者、建议者、监督者，发挥家委会的作用，调动家长的力量参与到学校教育活动中来。学校向家长开放，开放校园活动，如运动会、音乐会、科技节等主题活动，成长和成人礼、入学和毕业典礼等重要仪式活动；开放课堂，让家长观摩教学，用好各行各业家长资源，让家长上讲台；开放评价，让家长参与到对学生的成长评价，当一回期末考嘉年华的考官；开放舞台，亲子互动展才艺，家长不仅是幕后的“舞工队”，也是台前的“宣传队”，家校共同谱写动人的育人篇章。

（八）以美怡情，缔造和韵音乐会文化

“和韵”的音乐会文化是音校的专属，“韵”谓之文雅有风度，每年近百场的音乐会彰显音校人独特魅力。它是一门课程，在音乐教学中，习奏、考评都以音乐会呈现，师生音乐会是最平常的教学实践活动。它是一种礼仪，每一位音校学生，入学后必接受的台上和台下的音乐会礼仪学习。它更是一份情感表达，每当节庆、迎新生或重要客人来访，用它表达我们的欢庆和喜悦之情，每当毕业季或欢送退休教师，它是最好的情感表白和纪念。如班级年级音乐会，融洽师生和家校感情；师生音乐会，教学成果展示交流；校友音乐会，激励在校学子，感恩教育；新年音乐会，综合展示、节日欢庆；主题音乐会，表达思想、寄托情感；教师技能展示音乐会，创新评价、展示交流。音乐文化已润物细无声地融入了音校人的精神深处。

六、“和美教育”办学思想的未来展望

不管时代怎么发展，人的发展，人性向更高层次的发展，应永远放在第一位，也就是说，让教育更加尊重生命，应该成为一种文化自觉。

在互联网大行其道的时代，云计算、大数据、人工智能等新技术与教育产业相结合已经成为趋势。现代教育技术与器乐演奏教学的融合应用，可以突破传统教学在时间、空间上的限制，开阔学生的视野。我们要跳出以往传统教学模式，找到突破口，做到“面上有推进”和“点上有突破”。与上海音乐学院附中建设“互联网”音乐专业教育平台，开展远程课程教学，与中央音乐学院合作，引进琴房智慧教学软件；与上海音乐学院合作，建立生源与教学基地，全方位提升我校专业的师资和教学水平。

新思想引领新时代新作为。作为音乐特色学校，立校在于音乐，成功在于音乐。树立品牌意识，坚守品牌优势，做精做强做优特色教育；音校也“不止于音乐”，促进全面 + 特长，提高 + 普及，坚持文化与音乐同步优质发展，在更高层次上满足人民群众对音乐文化的需求，在更高层次上守护、传承鼓浪屿的音乐文

化精粹。

面向新高考，我们立足校情学情，对文化课程、音乐专业课程、音乐基础课程设置等进行重构、改革调适，探索减负高质教学的新途径，为学生专业学习赢得更多的时空。

我们要完善多元化办学的体制机制，主动融入“一带一路”国家战略，推进国际交流与合作。

新一代音校人，在音校这片热土上，播种育苗、静待花开。带上我们的初心、真心与爱心再出发，开启新时代的新征程，让教育生动、让生命绽放、让音乐属于每一个孩子，让教育成就生命之美！

【参考文献】

[1] 王国维 . 王国维文集：第三卷 [M]. 北京：中国文史出版社，2007.

[2] 覃明兰 . 让教育回归生活本真——陶行知生活教育理论的实践与研究 [J]，生活教育，2018(10)：33-35.

[3] 王韶华 . 让心灵自由生长——从苏霍姆林斯基的教育理念说起 [N]. 光明日报，2012-12-19(12).

[4] 杨斌 . 教育美学十讲 [M]. 上海：华东师范大学出版社，2015：19.

[5] 朱光潜 . 谈美 [M]. 2 版 . 上海：华东师范大学出版社，2012：1-2.

和合教育

◎林雄伟

【作者简介】

林雄伟（1971— ），男，福建莆田人，中学高级教师。厦门五缘第二实验学校原校长、书记，现任厦门市第五中学校长、书记，兼任厦门第一中学副校长，福建省“十三五”中学名校长培养人选。曾获厦门市优秀教师、漳州市支教先进个人、厦门市教育系统优秀共产党员、厦门市优秀教育工作者、福建省优秀教育工作者等荣誉。

一、“和合教育”办学思想提出的背景

笔者20世纪70年代初出生在莆田农村，生活、学习、思想，一切皆朴素。虽然生活条件不好，出行极其不便，但是自然界是广袤的，山清水秀，天地浑然一体。崇尚真善美，“忠孝仁义礼智信”中华美德牢记心中。读书简单，全靠勤学好问。课余生活，家务农田劳作最多，吃苦浸润血液。身体健康而且矫健，游泳、跑步、腾跳都是好手。自娱自乐纯靠手工，身边物件皆可做成玩具。每逢月半之夜，大埕伙伴众多，嬉笑玩乐，难以忘怀。那时存留的思想就是：自我实现是快乐的源动力，人生就是一项自己动手打造的工程，我们今天做事的态度，决定了明天住的房子。

1994年大学毕业后进入厦门双十中学任教，班主任、段长、教务处副主任角色不断更改，但是“家校联系紧密，爱生才能教生，亲其师信其道，教师的尊严来自专业的精湛”这些教育思想得以不断强化。

2008年调到厦门五中任副校长，全程参与学校的管理、教学、德育改革，尤其分管教学工作。一所学校从薄弱到重新站立，使人难忘。七年中，极力推崇先

德育后教学的观念，引导老师建构“教育学生需要讲究教学方式，更要关注学生的学习方式”的观念。通过以“教学案改革”为抓手，学校从关注课堂到关注学科建设，从关注教师到关注整个教师队伍建设的发展历程，学校教学质量也完成蜕变。

2015 年 4 月 25 日被市委教育工委、市教育局任命为厦门五缘第二实验学校校长、书记。该校是一所九年一贯制新办学校，为使学校成为厦门基础教育的新名片，从学校创办开始，制定并推动学校第一个发展五年规划的实施工作，带领全体师生以“诚”“敏”为校训，以“融合·跨越”为学校办学精神，开创出具有厦门五缘第二实验学校自己特色的“和谐、发展、创新”的校园文化、教师文化、学生文化。以“成全人的发展”为办学理念，小学阶段“让每一个孩子健康快乐地成长”，初中阶段“让每一个孩子幸福地成长”。

2018 年 7 月 18 日被市委教育工委、市教育局任命为厦门市第五中学校长、书记。两年来，基于百年创校历史、近十来年的办学现状等因素，在继承与发展中，凝练了学校“和合教育”办学思想。以“诚、勤、毅、敏”为校训，以“和合共生·化育天成”为学校办学理念，以“构筑生命成长的共同体，打造梦想绽放的欢乐园”为学校办学愿景，以“以学生和教师的成长为目标，办一流的基础教育名校”为办学目标，小学部以“培养 Hi-Five 少年”为育人目标，旨在培养“健康独立、友爱创新、勇敢卓越”的内在素养和外显特质，初中部以“阳光心态、健康体魄、协作互助、自主发展”为育人目标，进一步加强校风“和·诚砺毅达”、教风“合·勤研求精”、学风“越·敏学致用”的建设。经过一定时间的沉淀和办学实践的验证，契合本校办学校情和教育本质规律的“和合教育”办学思想逐渐成熟，得到了全校师生认可。

一个好校长能成就一所好学校，但是好校长是干出来的。这是管理理念，也是行动指南。无论在哪里，哪个岗位，笔者都始终把学生放在第一位，每天坚持迎来送往学生；不管是以前当教师还是现在从事的教育管理工作，始终满腔热情地坚守着教育工作者的初心：为党育人，为国育才，办好学校教育。

近十多年来，厦门五中发展迅猛，办学质量显著提升，实现由弱变强的华丽转身。当前，随着厦门市教育均衡政策的全力推进，老牌名校的革新和新办学校的崛起加剧了优质学校之间的竞争，彰显厦门五中气质使之屹立于区域强校之林、为未来社会发展培养社会主义接班人，要求学校全体教职工齐心协力、负重前行，落实教育方针、激发学生潜能，以奋进之笔，续往昔荣光。

（一）基于学校办学历史

厦门五中的前身可追溯至明代玉屏山麓由地方绅士创立的义学，教授贫寒子弟断文识字，普及民间教育；至清朝康熙年间，将军吴英、户部郎中雅奇在义学旧址先后进行改扩建，设教学讲义所；1751 年（乾隆十六年），福建水师提督倪鸿范与兴泉永道白瀛、厦防同知许逢元，会同地方绅士共同募捐增建校舍，改称“玉屏书院”，众多秀才、童生在此就学，是厦门有史记载的最早的官办书院。

公元 1905 年（光绪三十一年）废除科举，书院随之停办，时由兴泉永道姚文倬、刘庆汾发起，组建以厦门名士叶大年、陈纲为总董的中学堂董事会，又得安南华侨王蔼堂捐资，次年开办厦门中学堂，开设古文、经学、史地数理化等 12 门学科，注重学生德、智、体等各方面发展，培养知识渊博、技能丰富的人才。

民国元年（1912 年），逢学制改革，厦门中学堂改称“思明中学”，设修身、国文、英文、史地数理化、博物、法制等 14 门课程；民国六年（1917 年）收归省立，改称“福建省立第十三中学”，校宇广袤，书声琅琅，盛极一时；民国十五年（1926 年），又易名“福建省立厦门初级中学”；民国十八年（1929 年），学校增设高中，再更名为“福建省立厦门中学”。20 世纪 20 年代末期，时局动荡，学潮蓬勃发展、风起云涌，但在庄奎章校长治下的“省立厦门中学”发扬坚毅不拔、为国而教的精神传统，培养了一大批真才实学的社会英才。

1938 年厦门沦陷，省中停办至 1946 年复办。同年 2 月，厦门市市长黄天爵创办厦门市立中学。新中国成立初期，厦门中华中学停办，该校师生分别并入省中、市中。1951 年，省中、市中两校合并，称“厦门第一中学”，学校发展迅速，为满足教学需求兴建新校区，1955 年新校区落成，一中一分为二，原址办学的部分就此定名“厦门市第五中学”。

纵观厦门五中的办学历史，几百年世事变化、跌宕起伏，但厦门五中始终保有顽强的生命力，几番倾覆，死而复苏，究其原因，和潮流之势、合众人之力，聚人力、物力、财力，以为国家和人民办师生共同发展的学校为理想，因而焕发强大的生命力。

（二）基于学校文脉的传承

1. 和红色文化基因

从20世纪20年代开始，省立厦门中学在那个动荡年代扮演者革命先锋的历史角色，成为我党地下活动的重要据点。叶飞、方毅、郭衸疆等地下党团员在学校传播革命思想，点燃革命火种。解放战争时期，省立厦门中学地下党组织蓬勃发展，是厦门地区地下党力量较强的学校之一。学校更建立有城工部、闽中、闽西南三个中共地下党组织，为配合解放战争进行了各种地下斗争。至中华人民共和国成立前夕，其党团员已发展到一百多人，他们在最艰苦的环境中与反动派进行斗争，为解放战争胜利作出了重要贡献。悠悠岁月，不但留下了老一代师生员工振兴教育矢志不渝的艰辛步履，也留下了校友中的老一辈革命家和革命先烈追求真理、坚贞不屈的感人事迹，潜移默化的红色文化熏陶，延续着“红色血脉”，红色火种生生不息，让厦门五中这片土地始终散发着满满的正能量。

在厦门五中的革命史中，新中国开国上将——叶飞在1926年（13岁）转校来到福建省立第十三中学就读。在学校期间，他积极参加了反抗国民党的斗争，1928年加入了共青团，积极参与学校地下组织的重建工作，使原本遭受破坏的党、团和工会等组织开始恢复生机。1932年，叶飞正式加入中国共产党。由此，他开始了长达近半个世纪的戎马生涯。新中国成立后，叶飞被授予上将军衔。虽然五中搬到了莲前西路的新校区，但是叶飞的这个雕塑依然伫立在这里，他的革命精神也在一代又一代的五中人血液里流淌。

2. 融名校长办学理念

1905年，延续了1300年的科举制度被废除，兴办学堂的风气已遍及全国，众多有识之士探索人才培养的新路径，教育开始了由传统向近代的转变。在这样的时代背景之下，厦门五中的先贤和前辈们为普及和提升厦门的文化与教育而筚路蓝缕。1906 年中学堂董事会创办厦门最早的官办中学为厦门学子带来新式培养路径；1912 年，厦门中学堂改成思明中学，时任校长王人骥以敏锐的洞察和高远的视野，大力改革教学制度和教材，增设英语、音乐、体育等课程，融合多元教育资源，为厦门五中向多方向、多层次地培养人才的教育体系发展奠定了基础。由留美学生黄琬（黄孟奎）任校长（后曾担任福建省教育厅厅长），带来了中西文化交融的教育理念，如开设军乐团等。从 1906 年厦门中学堂监修周殿修，到 1955 年定名为“厦门市第五中学”的苏珍辉校长，直至今日，在百年办学历史中无数校长为厦门五中倾情奉献，掌舵护航，他们优秀的办学主张融入并促进了学校发展进程，哺育了一代又一代的五中人。

3. 和名人的文化基因

百年虬枝不言老，催开万树凤凰花。厦门五中人才荟萃，群星璀璨。一百多年来，聚集了众多的著名学者、学术大师、乡贤、志士，如：曾任福建省教育厅厅长黄琬，在此任厦门第十三中学校长；物理化学家、教育家、科学院院长卢嘉锡博士曾在此任教等等。这些教师水平高，执教认真。学生素质好，学习刻苦，关心社会。培养了一代代优秀人才，涌现出大批革命家、军事家、政治家、科学家和教育家。有无产阶级革命家、军事家、开国上将叶飞将军；中国对外经济、科技领域的杰出领导人，中国科学院原院长、国务院原副总理方毅；曾任第十一届全国人大常委会副委员长、全国妇联主席的陈至立。学校也培养了一大批真才实学的学生，后来成为颇有名望的教授学者、企业家等。如厦门大学李法西、韩振华、何恩典教授，留美的程炳耀、杨民坊等博士，以及现任联合国驻日内瓦国际电联的总工程师黄林生博士等。

和诗以歌，文脉传薪。这些杰出的人才，用自己的智慧和生命谱写了厦门五中发展史上的光辉篇章，为中华民族的解放和振兴作出了重大贡献。他们的辉煌业绩和奉献精神永远激励人们奋进！

4. 合校友爱校之力

“树高千尺不忘根，流水万里总思源”，从五中毕业后的学子方耀不仅在自己事业上获得了成就，同时不忘感恩，回馈母校，出资成立厦门五中方耀白亚珍模型竞赛奖励金。还有校友为感恩母校，卖房出资 200 万元以其父母亲的名义设立“魏传芳陈淑楚奖学金”，奖励 7~9 年级学习优秀学生。越来越多的热心校友关心五中人才培养，为学校发展增添助力。这种不忘初心、回馈母校的情谊为五中学子树立了榜样，促使他们见贤思齐，力争上游，这也成为厦门五中不断向前发展的不竭动力。

（三）基于学校办学现状

1955 至 2006 年间，厦门五中历经“迅速发展—繁荣鼎盛—办学下滑—陷入低谷”的曲折发展时期。在 2008 年迎来新的发展契机，学校组建了新的领导班子，大力推进教育、教学和管理三大改革，2013 年小学部的增设更是为学校后来的发展奠定了坚实的基础。凭借着团队的精诚团结、创新的教育教学改革，充分调动学生学习的积极性，激发了家长关注支持学校活动的主动性，十多年来厦门五中的办学质量和声誉大幅提升，一跃成为厦门教育领地上一颗闪闪发亮的明珠，吸引着省内外众多学校前来观摩学习。

1. 精细高效的组织管理

在建设现代学校制度、打造人文五中的思想导引下，学校进一步优化管理机制，落实民主管理。构建以年段长和教研组长为重心的教育教学管理运行机制，分工清晰、责任明确、共同决策、协同创新，提升教师教育管理水平；并通过年段、教研组、学习合作小组等多种形式增强教师之间的互识、互学、互助，提升教师专业能力水平，营造和谐共赢、共同发展的团队文化。

2. 良性互动的双部运转

随着小学部办学规模逐渐成形，精细化的组织管理和合作式的团队文化保障了小学部的办学品质，为初中部源源不断输送优质生源，打破了以往初中部生源质量不佳的困局，为初中部办学质量稳居全市前列打下基础，也为五中塑造名校品牌、树立名校口碑奠定基石。同时，初中部优异的办学质量又为小学部增强办学吸引力，由此，小学部、初中部可算是“珠联璧合”，相辅相成，形成良性互动的“齿轮”运转。

3. 多维融合的教育创举

厦门五中多年来大力推行以“教学案合一”为主的教育教学改革和以“部落共同体”为代表的德育建设，成果业已显现。教学案紧抓教育本质，以学生为根本，以教学案为载体，提升学生自主学习能力，加强课堂教学的针对性和主动性，协同教与学的关系，让师生共同成长。尤其是部落共同体重构了以往师生、生生、家校、校社的疏离独立的关系，增加彼此的交流互动、强化精神认同和协作分工，从而形成生生共同体、教师共同体和家长共同体三位一体、共生共育的教育生态。

因此，基于“和合”文化，对学校文化理念构建进行系统梳理和凝练是符合学校的办学现状，也是对办学理念的进一步整合。

（四）基于中华文化内核

中华民族历史悠久，是一部从多元到融合的历史，多次民族大迁徙、大融合是中华民族得以发展的重要动力，各民族频繁互动，文化上取长补短，经济上互通有无，信仰上兼容并包，形成紧密相连、不可分割的统一体。“和合”文化应运而生、代代相传，深深根植于中华民族的精神意识中，是优秀传统文化的重要组成部分。

春秋战国时期，群雄纷争、列国混战，《诗经》中的“既和且平，依我磬声”饱含了百姓对美好生活的向往，和谐、和睦的生活成为人们共同的美好向往。儒家传承、弘扬和发展“和合”的理念。孔子说：“礼之用，和为贵。”孟子说：“天时不如地利，地利不如人和。”《管子・幼官》上说：“和合故能习，习故能谐，谐习以悉，莫之能伤也。”和睦团结使力量聚合，聚合就能协调，当全部融合协调后，就什么也不能伤害它。

秦汉以后，“和合”观念得到普遍认可，中华文化也呈现融合趋势，两汉后，儒释道三教在冲突中相互融合，至宋明理学成功完成三教融合。“和合”成为中华传统文化中最富生命力的文化内核因子，已经潜移默化地影响着中国人的思想方式和行为方式，也成为中华民族数千年来的美好向往和孜孜以求的理想境界。

（五）基于未来社会发展

1983 年，邓小平同志为北京景山学校题词“教育必须面向现代化，面向世界，面向未来”，为后来的教育改革提出价值取向：扎根传统、发展现代化，立足中国、放眼世界，把握现在、展望未来，明确了从未来社会发展的高度来设计今天的教育。

2019 年 6 月，厦门市教育大会提出了加快建设教育强市的具体要求，力争到 2022 年，率先基本实现教育现代化；到 2035 年，形成具有厦门特色、中国一流、国际水平的现代教育体系，全面实现教育现代化。教育体系是系统化和科学化的有机体，教育现代化改革要重视将教育者与受教育者，教师与教学方式方法，育人模式与课程设置，教育资源的开发、整合与分配，教育目的与学生需要等因素有机联系起来，运用整体性思维、遵循科学发展观，倡导区域间、校际、家校间、师生间、生生间的沟通协调和合作发展，建成良好的教育生态。

党的十八大以来，习近平总书记不仅深入阐述了和合文化的内涵，而且发掘了和合文化的当代价值，将和合文化运用于治国理政实践中，创造性地传承发展了和合文化。习总书记曾在《之江新语》一书中写道：“‘和’指的是和谐、和平、中和等，‘合’指的是汇合、融合、联合等。这种‘贵和尚中、善解能容，厚德载物、和而不同’的宽容品格，是我们民族所追求的一种文化理念。”党的十八大报告首次提出 24 字的社会主义核心价值观，明确“和谐”为国家价值目标之一。“和合”理念已深入中国人民的精神生活中。

面向世界，“和合”理念不仅源自和合共生、天下一家的中华文化积淀，也源自对时代大势和发展规律的深刻把握，既是贯穿和谐社会与和谐世界的主线，也是探索未来学校发展趋势的“引路杖”。

学校教育同样讲究“和合”，以学生为中心营造“和谐、和平、中和（有序和睦、和顺安定、中正平和）”的学习环境，汇合优质教育资源、融合教学方式手段（传统与现代、线上与线下等）、联合家校社力量，打造儿童立体成长空间，培养友善互助、胸怀广博、德行兼备、个性飞扬的青少年学子。

牵手未来，将合作共赢的中国行动、奋斗不息的中国精神、命运与共的中国理念，植根于每个青少年的内心，培养学生的责任担当素养，尤其是国家认同与国际理解素养，帮助学生在未来聚合更多能量，与世界一道携手追梦，向着更加美好的未来努力奔跑。

二、“和合教育”办学思想的内涵解析

（一）“和合”的语义学解读

根据《说文解字》，“和”为“相应也”，即不同事物之间的相互配合，和谐一致；“合”为“合口也”，即口的上下唇和上下齿的闭合，引申为符合、相合、吻合之意。“和合”在《汉语大词典》中有“和睦同心”“调和、混合、汇合”“顺当、吉利”等义项。

“和”“合”二字最早见于甲骨文和金文中，但当时二字并未联用，二字联用最早见于《国语·郑语》：“商契能和合五教，以保于百姓者也。”意思是说，商契能把“父义、母慈、兄友、弟恭、子孝”等“五教”加以和合，使百姓安身立命。《史记·循吏列传》有曰：“施教导民，上下和合”，《韩诗外传》中说：“天施地化，阴阳和合”，现代历史学家钱穆说：“中国人常常怀抱‘天人合一’的理想，认为世界上所有不同的新鲜的事物，都可以调和，和凝为一”，“文化中有差异有冲突，是当下的变化，去协调融合，才是万世之常。”

由此可以理解：和合中包含了不同事物的差异、矛盾多样性的统一，不同的事物在变化发展中彼此融合、统一于相互依存的共同体中，由此产生新的事物，推动新事物的发展。

（二）“和合教育”的内涵解读

“和合教育”是以“和合”为共同价值取向的教育，在尊重个体禀赋、性格和能力差异的前提下，通过营造一种和睦同心的教育环境，从德、智、体、美、劳、心等方面入手，对受教育者实施有计划、有目的的影响，促进教育者和受教育者都能得到优质均衡的和谐发展。

“和合教育”以“和”为表，体现为自然、和谐、全面、平衡、有序、合作的教育环境，以“合”为里，表现为通力合作、教学相长的人际关系和多维复合的能力培养机制。

我国现行教育体系是由德、智、体、美、劳等五方面组成的，心育则是贯穿其中的一个基本要素，人的思想、品德、知识、技能、美感等都统摄于心理系统中，它们都服从心理形成与发展的一般规律。

“和合教育”有两个维度：

一是指向实行“和合”的教育方略，形成融合、依存、生长的共同体。鼓励家长参与、社区支持学校的教育活动，让“世界”走进学校，构筑相互关联、融合、协调、协进的关系网，营造和而不同、和合共生的校园氛围，建立儿童、教师、家长、社群共生共长共育的教育生态。

二是指向培养学生的和合素养，为学生未来发展奠基。既是将德智体美劳五育并举的教育方针与心育相融合的全面发展，也培养学生的国际素养和团队协作能力，重视学生与自我、他人、自然、社会等和谐共处的能力。

“和合教育”不只是多种教育教学元素的叠加，它是一种相融互渗的教育，在融合中实现一体、实现多维互动、多元发展、跨界融通的“和合”。

多维：指的是以学生为中心，联动教师、家长、社群，资源聚合、立体共育；

多元：指的是德、智、体、美、劳、心的全面发展，培养“完整”的人；

跨界：指的是学科融通，通过项目式探究、学科整合等学习方式打破学科壁垒，以 STEAM 为例，将科学、技术、工程、艺术、数学等结合为一体。

“和合”既是手段也是目标，既是过程也是结果，象征教育本质的统一性发展，即个人与群体的共同发展。

三、“和合教育”办学思想提出的理论依据

（一）基于传统文化

古汉字中的“和”有多重写法，如：“盉（器皿、调味调和）”“龢（音律协调）”“咊（相应）”等等，在汉字发展和简化的过程中，这些写法已统一整合为

“和”，随之也继承其字义。

《国语》中有一段史伯论和同：“夫和实生物，同则不继……声一无听，物一无文，味一无果，物一不讲。”意思是：只有把不同的要素有机地和合起来，才能创生新的事物；如果把相同的东西机械相加，那么事物的发展就停顿下来了……一种声音是没有什么可听的，一种色彩谈不上美丽，一种味道是烹制不出什么美食的，一类事物是无法比较其好坏的。可见和合强调异质要素的有序和有机的结合，是一种“共生至和，和而不同”的最佳状态。

（二）基于哲学

进入21世纪，当代著名哲学家张立文教授总结出人类社会面临的五大冲突：人与自然的冲突、人与社会的冲突、人与人的冲突、人内心的冲突、人与文明的冲突，与此对应的则是五大危机：生态危机、社会危机、道德危机、精神危机和价值危机。张教授提出以“和合”学的五大原则解决人类社会面临的五大冲突，是满足和平、发展、合作、共赢的新时代建设和发展的需要。

“和生，是指万物并育而不相害；和处，是指各国、各民族、各宗教和平共处；和立，是指立己立人，一个国家成功立业了，还要帮助别国成功立业；和达，是指达己达人，自己发展、发达了，还要帮助别人、别国发展、发达；最后，人类世界要在和爱的基础上实现和生、和处、和立、和达，实现和平、发展、合作、共赢。”

人类命运共同体既是一个合作、普惠、共赢的国际秩序，也是一个包含多种要素的复合型立体架构，体现“和而不同”“万物并育而不相害，道并行而不相悖”的中华和合文化理念。

（三）基于教育心理学

1. 教育与人的特点

从国内外教育学研究看，教育的出发点是人的自然性和社会性的统一。教育培养人要遵循人的发展规律，且不能脱离社会关系，需要依据社会关系的需要并在社会关系中进行。同时教育应符合人的共性和个性的统一，充分尊重每个学生的个体差异性，做到因材施教，既要让每个学生获得全面发展，又要在个人全面发展的基础上发挥个人特长，达到个体的“和合”之境。

2. 面向未来的学习方式

我国 2011 年版的义务教育各学科课程标准中倡导构建具有“自主、合作、探究”特征的学习方式，文件强调转变学生的学习方式，改变以往单一的、被动的接受式的学习，《基础教育课程改革纲要》也提出，要改变课程实施过于强调接受学习、机械训练的现状，倡导学生主动参与，乐于探究，勤于动手，培养学生搜集和处理信息的能力，分析和解决问题的能力以及交流合作的能力。由教师主导教学转变为学生自主学习，由个体学习转变为合作学习，由被动接受性学习转变为主动探究性学习。而合作学习正是实现自主、探究的载体。

（1）合作学习。合作学习是 20 世纪 70 年代初兴起于美国的教学理论与策略，指由 2~6 名能力各异的学生组成小组，为了完成共同的任务，有明确的责任分工的互助性学习。美国社会心理学家多伊奇认为在合作型目标结构中，团体成员有共同的目标，只有当所有成员都达到目标时，个体自身才能达到目标，获得成功，在这种条件下，成员间必定会形成积极的相互促进关系，以一种既有利于集体又有利于个人的方式活动。

（2）学习共同体。日本教育大师佐藤学在 20 世纪 90 年代提出“学习共同体”是学校改革的愿景，并将“学习共同体”的学校定义为：“学生共同合作学习的场所，教师作为教育的专家共同合作学习的场所，家长与市民共同合作学习的场所”。他说：“现在所提倡的学习共同体，就像‘交响乐团’，每一个人都能够在乐团中发挥作用，就像我们有不同的乐器，但是这些乐器汇聚在一起才能产生非常好听的声音。”以对话式交流构建互相合作学习、共同提高的关系，建构学习信心，激发学习兴趣，在学习共同体中实现高质量的学习。

（3）多元智能与合作学习。美国教育心理学家加德纳在 1983 年提出多元智能理论，从认知角度阐述人的智力结构。其与合作学习的相通之处在于关注个体差异性，合作学习往往需要考察多种能力，在任务完成过程中可以清楚地了解每个学生的长处和弱势，并为每个学生提供给予和接受帮助的机会，从而让多种智能得到锻炼，鼓励每个人全面发展。

（四）基于社会学

1. 班杜拉的社会学习理论

美国心理学家班杜拉认为由于人总是生活在一定的社会条件下的，因此要在社会情境中研究人的认知行为；他强调人的行为是内部因素（内驱力）和外部环境相互作用的产物，学习不但受外界环境的影响，也受到个人认知和自我的调节，个人、环境和行为是彼此影响、彼此联系，构成相互作用的系统。这正体现了“和合”对学习的重要价值，在舒适、放松、和谐的环境氛围中，尊重人的差异和主观能动性，打开人的心灵，发现人的潜能，实现人的价值。

2. 社会结构功能分析学说

美国现代社会学的奠基人塔尔科特·帕森斯认为，社会系统是互动过程的系统，存在“适应—目标达成—整合—维持”四大功能，系统各部分相互依存和相互交换，使社会系统趋于均衡。也就是说社会系统也是在不断的整合协调过程中达成统一。

学校就是一个小社会系统，师师、师生、生生、家校、校社等都存在着互动行为，在互动过程中进行思想交流、思维创新，发扬彼此智慧，相互激励促进，从而取长补短、共同提高，在不断的变化发展中趋于协调统一。

四、“和合教育”办学思想的体系构建

（一）“和合”教育理念体系框架

表 1 “和合”教育理念体系框架

办学理念	和合共生，化育天成
品牌传播语	和世界一起奔跑 / 发现第 N+1 种可能
学校愿景	构筑生命成长的共同体，打造梦想绽放的欢乐园
育人目标	培养 Hi-Five 少年（健康独立、友爱创新、勇敢卓越） healthy and independent，friendly and innovative，valiant and excellent
校训	诚　勤　毅　敏
校风	和·诚砺毅达
教风	合·勤研求精
学风	越·敏学致用

（二）“和合教育”主张条目阐释

1. 办学理念：和合共生，化育天成

（1）和合共生。在心德智体美劳的六维教育体系下，师生的心志、情感、智能、行动等全面发展，内在与外在和谐统一；以部落共同体为桥梁，教师、学生与家长互助互信、教学相长，学校与社区互联互促、携手共进，成就动态和谐的教育生态。

（2）化育天成。每个人的教化和成长是在自然而然中发生、潜移默化中成就；人的发展与自身的天赋才华、后天的教养引导息息相关，拒绝“揠苗助长”“放羊吃草”，关注成长并科学地给予引导，帮助每个人成为他自己。

在经济、知识全球化、教育国际化的大背景下，厦门五中在办学发展中继承和发扬学校精神传统，从新时代大视野、大格局的角度出发，以和合教育为引领，尊重个体差异，帮助师生实现多元成长，构建多维教育生态。

2. 品牌传播语：和世界一起奔跑，发现第 N+1 种可能

（1）和世界一起奔跑。《周易》上说：“夫大人者，与天地合其德，与日月合其明……”意思是有智慧的人能够顺应并善用天地运行的规则，像日月一样光明磊落……世界是诸多要素有机联系的整体，把握事物变化的规律是创新发展的前提；在移动互联网的时代，人与人、人与世界的联系变得越发容易和紧密，人类文明每一天都在不断向前发展，和世界同步进化，及时将新理念、新技术应用于当下的教育中，带领充满求知欲和好奇心的孩子们和世界一起长大。

（2）发现第 N+1 种可能。宋代理学大师朱熹说：“圣贤施教，各因其材，小以小成，大以大成，无弃人也。”①个体差异与多元成长：每个人可以充分认识自己、定义自己，并拥有自主选择和表达自己的自由，勇敢探索自身的无限可能；②教育的多元创新：基于个体的多样性，教育必须尽可能通过教学内容、教学方式、教育手段的多元化以满足多种多样的需求；③价值观多元开放、世界和谐包容：用不同的角度看世界，结果大不相同，每个人都能够找到通向更大的世界的门。

3. 学校愿景：构筑生命成长的共同体，打造梦想绽放的欢乐园

（1）生命成长的共同体。苏联教育家安东·马卡连柯说：“教导员不应当在漠不关心地研究学生的过程中来认识学生，而应当在和他共同工作和积极帮助的过程

中来认识学生。”厦门五中在“和合”文化引领下，打破学生、教师、家长、社群之间的边界，充分发挥教师团队的引领指导作用、学生的互助自主能力、家长的协作支持力量，构建共同成长的场域，让学校成为学生、老师和家长的情感共同体、能量共振场。

（2）梦想绽放的欢乐园。苏联教育家苏霍姆林斯基说：“道德教育成功的秘诀在于，当一个人还在少年时代的时候，就应该在宏伟的社会生活背景上给他展示整个世界、个人生活的前景。”学校作为学生学习和成长的园地，营造轻松愉悦的校园氛围，构筑无边界的学习环境，让师生自由呼吸、尽情舒展，引导学生发现自身的潜能，种下梦想的种子，激励学生脚踏实地、不断努力，一点点让梦想绽放。

4. 育人目标：培养 Hi–Five 少年

“Hi–Five”有三层含义：

一是代表“你好，厦门五中”，对学校采用拟人化表达，学生以饱满的热情、文明的礼仪向学校问好，展现五中学子的阳光开朗、善于沟通，同时也是潜移默化培养学生爱校荣校的意识。

二是代表击掌游戏（give me five），击掌游戏往往在团队中出现，寓意团结协作才能获得成功，展现五中学子友爱互助、团结协作的精神和能力。

三是代表健康独立、友爱创新、勇敢卓越（healthy and independent，friendly and innovative，valiant and excellent）。健康独立是立身之本，友爱创新是成事之基、勇敢卓越是成功之门；同时健康、友爱、勇敢指向内在素养，独立、创新、卓越指向外显特质。

5. 校训：诚　勤　毅　敏

（1）“诚”：诚实守信、以诚待人。“诚”是儒家倡导的道德修养方法之一。《孟子·离娄上》中说：“诚者，天之道也；思诚者，人之道也。”诚是自然规律，追求诚是做人的准则。将“诚”作为校训之首，意在训导五中师生胸怀坦荡、待人诚恳、真心实意，不欺人亦不自欺，真实地看待自我，不断修养自身的德行操守。

（2）“勤”：勤奋好学、乐求真知。“勤”是人的良好习惯和可贵品质。《尚书》中就有“天道酬勤”的说法，韩愈《进学解》中说“业精于勤荒于嬉，行成于思毁于随”，勉励师生勤恳做人、勤劳做事，在实践中运用科学的方法脚踏实地、坚持不懈地精进自身，发扬勤奋上进、克勤克俭、勤勉朴实的优秀品质。

（3）“毅”：毅勇果决、坚韧不拔。“毅”既是《论语·泰伯》的“士不可以不弘毅，任重而道远”的坚强刚毅的精神品质，又包含《左传》“杀敌为果，致果为毅”的坚决果敢的态度，更代表五中在办学发展过程中的坚守与强韧，激励师生继承传统，培养刚强坚毅的品质，树立远大而崇高的理想与信念，沉稳、百折不挠地追求真理和理想。

（4）“敏”：敏行博思、开拓创新。“敏”在《论语·里仁》中有“君子欲讷于言而敏于行”，“敏而好学，不耻下问”等说法，既指行动敏捷，也指思维敏锐、反应灵敏，体现了五中师生才思敏捷、敏行好学、勇于创新、敢于争先。

诚以养德，勤以治学，毅以处事，敏以成业。“诚勤毅敏”既包含传统文化的精华，也代表了当今人才的必备素养，体现了五中师生为人为学、成事成业的道德品质与素养追求。

6. 校风：和·诚砺毅达

（1）和：师生之间和善的交往态度、家校社和睦的群体关系、个体与群体和谐发展的目标；

（2）诚砺：真诚地修身砺行；

（3）毅达：以刚强坚毅的态度、坚韧不拔的意志追求理想、达成目标。

五中师生在“诚勤毅敏”校训的指导下，修养德行、探究学问，不断磨炼自身的品德和能力；知行合一、学践并举，将思想和行动统一于相互砥砺、激励的动态过程之中，躬身履践、追求理想，个人能力协调发展，群体相处和谐融洽，学校呈现蓬勃发展的祥和景象。

诚砺毅达是五中师生在个人发展与梦想追求路上坚持的态度和行动，和是因师生共同的价值导向和行为驱动而对外呈现的结果。

7. 教风：合·勤研求精

（1）合：五中通过多种方式展开交流、合作、研讨活动营造了教师间合心齐力、互帮互助的良好团队氛围，培养集学习型、研究型、授导型于一体的未来教师。

（2）精：精细的教育管理、精准的教学策略、精确高效的教学方法。

（3）勤研求精：五中教师们在勤学中更新教学理念、提升认知水平，在勤做中积累教学经验、磨炼教学技能，在钻研中深挖教学内容、提升专业水平，在研讨中反思教学实践、交流教学经验。勤于钻研、精益求精是打造一支高质量、高水平的教师队伍的制胜法宝。

新课标改革近十年以来，教学已不再是单枪匹马，而是集体智慧的结晶，新时代的教师也不再是知识的传递者，而是具有独特魅力的学习组织人和引导者，教师间的差异将成为宝贵的资源，勤学勤做、刻苦钻研、精益求精是教师专业成长的必由之路，通力合作则是教师集体成长的快捷途径和必然趋势。

8. 学风：越·敏学致用

（1）越：五中学子以阳光、拼搏的心态追求理想抱负，敢为人先、勇敢突破、超越自我，在未来人生旅途到达卓越境界。

（2）敏学致用：《论语》子曰："我非生而知之者，好古，敏以求之者也。"面对不断变革、发展迅速的今天，厦门五中不仅要培养知识渊博的"饱学之士"，还要培养思维敏捷、活学活用的"头脑王者"。五中学子以积极的态度投身学习，并将所学所得应用于现实生活中，学以致用。陆游有诗："纸上学来终觉浅，绝知此事要躬行。"学是用之始，用是学之成，打破理论知识与生活实践的"窗户纸"，注重科学的学习方法和变通的应用能力，真正理解理论知识、举一反三应用到实际生活中，将生活中遇到的问题通过学习新的知识来解决，学用相促，不断超越自我。

五、"和合教育"办学思想的实践探索

多年来，学校办学实践都在"和合教育"思想的引领下展开。坚持以"和"为价值导向。以"合"为途径和手段，以"和合共生，化育天成"为学校核心文化原理，协同各种关系，立足以学生为中心，促进学生全面发展，形成协调统一的实践探索。

（一）学校课程综合化探索

学校在课程建设过程中，一方面要把人的培养、人的成长、人的发展放在中华民族伟大复兴的大背景下，将个人与社会发展紧密联系在一起，通过基础课程实现

“全面发展”的育人目标；另一方面尊重个体发展的特征，尽力满足个性发展的需求，让学生在有限的时间和空间里去经历、去体验，既以此了解社会，同时也以此发现自我、认识自己以及与周围这个世界的关系，并最终成为既能够充分释放个性潜能又能够承担社会责任的少年。

如何在分科课程与综合课程之间寻找到平衡点，是构建促进人的全面发展和社会全面进步的新型育人模式的关键。

正如佐藤学教授所说：“课程的内容基于两个原理编制。一个是以学科为单位编制，另一个以特定主题（课题）为中心综合地组织多学科内容来编制。”两种课程类型各有其优劣势，二者齐头并进是符合当下课程综合化改革趋势的。

1. 分科课程

按国家基础课程进行。

2. 综合课程

以“学科 +”模式探索课程综合化改革，开设了五类校本课程，即语言与阅读、健康与品德、艺术与审美、科学与发明、网络与思维，分为：

（1）“学科 + 学科”：打破了学科界限，将两个以上学科整合起来形成一门新的综合性课程；

（2）“学科 + 主题”：以主题为媒介将两个以上知识领域相近的学科相互关联，融合应用；

（3）“学科 + 社会”：将学科知识与社会实践活动相结合，通过环境氛围营造和亲身实践加强学习效果；

（4）“学科 + 活动”：在学科知识中融入活动，拓展课程的实施效果和评价育人功能。

（二）和部落共同体构建，合立德树人教育生态

厦门五中借鉴“学习共同体”的理论，形成“部落共同体”育人模式。“部落共同体”是学校“和合教育”的有益探索，经过长时间实践，积累了丰富经验。课题“依托部落共同体构建学生发展核心素养的教育生态”也是支撑我校成为福建省教育教改示范校建设校的重点内容。

1.“部落共同体”的内涵

“共同体”一词源于社会学领域，是由德国社会学家滕尼斯（Tonnies，F.）于1887年首次提出的。他所谓的“共同体”，是人与人之间基于协作关系而构成的有机组织形式，是一种原始的或者天然的、人的意志完善的统一体，强调内部成员的集体感、归属感及认同感。在教育领域中，对共同体的研究可以追溯到美国教育家杜威（Dewey，J.）对“学校”概念的解读。他认为，“学校是一个包含人与人交往的社会组织……学生相互交流，共同学习，才能掌握相应的认知过程，理解知识结构。”作为教育领域关注的主要问题之一，对共同体的讨论持续至今。如，霍德着重探讨共同体成员彼此间的尊重与合作，佐藤学主张教师在共同体中的共同学习和问题解决，莱夫和温格强调教师专业学习共同体中的对话、反思和行动。

部落（tribe）原本是一个原始的社会组织形式，“部落”现在也引申为因相同感情而集聚起来的一个群体，是一个感情共同体的隐喻，除了能够获得共享的价值观外，人们还可以从中找回自身基本的价值观。

厦门五中“部落共同体”界定为：学校在借鉴了“学习共同体”的基础上，结合学校办学特色实践提出的带有“厦门五中情感”的本土化育人模式，其以小组为部落，实现家、校、社共同育人，实现共同学习，合作学习，从而为建立教育“和合”生态打下基础。

厦门五中“部落共同体”是具有共同情感、彼此理解和亲密关系而组成的“现代部落”。我们将这个“现代部落”与学习共同体相结合重构了部落共同体，也就是在学习共同体的基本架构之上冠以“部落”。这种部落共同体不仅有学习共同体的基本属性和内涵，又带有更多的情感属性。

2.“部落共同体”的实施途径

（1）构建学习“小部落”。小学每个部落为4到5人，初中部为6到7人，冠名为“小部落”，“小部落”也是教学和德育的基本单元。家长也以“部落”为单位，及时沟通，及时了解学生的情况和学校的要求，从而实现了课内、课外的同步教育。部落长由选举产生，采用学期聘任制，比较固定；学校的课外活动、班级集体活动、运动会都以部落为基本单位。

（2）发挥“部落共同体”的合作优势。“部落共同体”与“学习共同体”相比，对学生来说更加亲切。传统的学习小组，组长是主角，且所有的活动都是以课业学习为中心，而五中的部落，按照学生的性别比例、学习水平、兴趣倾向、守纪情况、交往技能等进行组合搭配。“部落”中，每个成员都有分工，学生除了能对自己的学习更加负责之外，还要关注“部落”其他成员的学习进展，从而营造了良好的互助氛围。在“部落共同体”中，学生一起探讨问题，互相辩论，通过思想的碰撞，在达成共识的基础上，也锻炼了合作能力与思维能力。

（3）“部落共同体”可锻炼学生创造力。传统班级对学生管理严格，表面上学生会成为听话、好学的好孩子，但也扼杀了他们的创造力。“部落共同体”让学生有更多自主意识，他们的个性得到张显，创造力得到释放。“部落共同体”也由课堂延伸到课外，扩展到学生日常生活与娱乐中，比如在周末或节假日，学生聚集在一起郊游和运动，这让学生们不再独自“宅”在家里苦学，而是一起亲近自然，释放天性，这也有利于学生创造力的发展。

（4）“部落共同体”提升师生和师师间合力。教师作为“部落共同体”中的重要一员，是学生学习的组织者、引导者、合作者、促进者，是教学平等个体中的首席，通过与学生之间的紧密合作，共同完成学习任务。“部落共同体”有助于打破传统班级师生、生生之间的孤立与隔离，极大地促进学习者之间的沟通交流，从而营造亲密融洽的学习氛围。教师在“部落共同体”中的角色，要求教师要摆脱传统班级管理与教育教学中的做法，更加重视对学生学习内驱力的研究，积极地研究和实施各级部落的建构和文化引领，促使教师成长为学习型、进取型、有团队协作意识的教师。

3. 部落共同体的主要成果

学校的部落共同体建设，是一个螺旋上升、层层推进的生态体系。部落共同体在小学 1~6 年级，是一个由播种到绽放的过程，到了初中，就是收获的时节。每个时期都有不同的理念、不同的特色，却一脉相承并且有着相同的使命，那就是：学生在部落共同体中感受到的是归属感、认同感、凝聚力以及彼此间的接纳和支持，体验到一种全新的师生关系、亲子关系、家校关系。

同时，这种归属感、认同感和凝聚力，反过来又增强了学生对“部落共同体”的参与意识以及对学习的兴趣和热情，获得不同的视角和观点，更好地建构知识体系。

部落共同体改变学校的德育方式和学生的学习方式，实现了学生发展核心素养，使学生、老师和家长共同成长，形成了学生、教师和家长三位一体的教育生态。

（1）部落共同体实现学习共同体的本土化。经过我校多年研究和实践，吸纳了学习共同体的有利元素，提出了带有厦门五中特色的新名词部落共同体。把“部落”引入学校教育教学共同体，更贴近中小学生的实际，更容易被学生认同，除学习外更容易培养学生的情感。

（2）部落共同体为落实社会主义核心价值观教育、中小学生发展核心素养搭建一个新平台。“中国学生发展核心素养”中的一级指标有文化基础、自主发展、社会参与，后两个指标是传统学校教育模式比较不够重视的两个方面，也是学校教育中比较难以有效实施的两个方面，其所对应的二级指标中的人文底蕴、科学精神、学会学习、健康生活、责任担当、实践创新也是以往教育教学中的难点和薄弱点，通常不少学校都是通过开展系列主题教育活动以期实现教育目标，但教育成效有限。这些素养和价值观有了部落共同体这个教育单元，依赖文化建设和丰富多彩的活动，容易得到体现和实现。

（3）形成了学生、教师和家长三位一体的“和合教育”生态。目前家校沟通主要是靠有限的家委会，有了“部落”，家长间、家校间沟通变得畅通便捷，可以通过日常“小群”实现联络。家长及时知道学校状况，知道同伴状况；老师知道家庭的状况，形成一个教育的新合力，真正意义上实现家校共同教育的“和合教育”生态。

学校的“部落共同体”实践成效显著，不仅得到了学生和家长的广泛认可，更是蜚声省内外，先后被《厦门日报》《中国教师报》《中国教育报》《福建教育》等媒体多次报道，也因此吸引了 100 多批 4000 多人次来厦门五中跟岗学习，同时也应一些学校的邀请，先后派出近百人次前往他校介绍经验，教研成果辐射省内外的许多学校。

（三）和教学案改革 合学校文化系统

厦门五中推行以“教学案”为载体的教学改革，催生出更系统、更完整的学校文化系统。经过充分酝酿，一份《以校本教研为推手，教学案为载体，提高教学质量，促进师生共同成长》的教学改革行动计划于2009年下半年出台，这标志着厦门五中教育教学改革的正式启动。

1. 实施教学案改革，把“和合教育”落实到教学中

学校所推进的教学案是指教案与学案合一，师生共用的教学文本。教学案包括教材知识体系和重难点分析、知识准备、难点突破、知识要点提示、教与学检测、巩固练习、课外拓展等，教师部分还包含了二次备课的版面。教学案的推进就是为了改变教师的教学方式和学生的学习方式，使课堂效益最大化。

（1）四则三关，教学合一。学校要求教学案的设计要贯彻“明确、实用、高质、高效”的八字方针。“明确”是指明确学习目标，分课时，突出难点和重点，步骤明晰。“实用”是指讲究教与学的合一，以难以讲清的内容、举一反三内容为主；提供适当的学习方法和学习策略指导，提供检测学习效果的适当材料。“高质”是指要切合学生学习实际和认知规律，要体现“重基础、多样化、分层次、综合性”的特点。虽然是多层次，但要体现“和而不同”的理念。“高效”是指预习内容要基础、有针对性；训练内容及教学设计要精心思考，要有层次性。最终要实现“教与学合一”，体现“和合”教学理念。

为达到上述常规要求，教学案设计要把好三关。一是学生关：学生的学习基础、学习兴趣及学习能力是教师设计教学的出发点，了解学生的学习意向，体察学生的学习情绪，诊断学生的学习障碍，从而确定有效的、切实可行的教学对策。二是教材关：吃透教材的编写意图、知识体系，解决知识的结构问题。三是“合和”关：要求把教材与学生联系起来，实现学生与教材之间的“合和”。要求吃透教材中对不同层次学生的学习要求，解决因材施教、差异教育等问题；吃透让学生参与知识发生、发展与应用全过程的脉络和布局，把握住知识的停靠点、能力的生长点

和思维的激发点，解决学生思考、参与探索的问题。

（2）规范程序，合力备课。具体流程：备课组教师分析教材——主备教师写出教学案初稿——备课组集体审稿讨论，形成教学共识——主备教师整合优化形成教学案——教师个人的个性化备课——课堂教学——教后记。教后记用于下次集体备课时小组交流，使经验得以积累，教训和问题提炼成复习教学的重点和难点。这一环节，强调规范备课程序，集思广益，资源共享，同伴互助，形成备课组团队的合力，同时，也主张教师个人发挥创造力。通过集体备课，用团队的“和合”促进教师业务水平的提高，推动教案质量的提高。

（3）统而不死，提高实效。课堂上以生为本，以学为本，教学生最需要听的、最薄弱的知识。既依托教学案，又不过分拘泥于教学案，教师要充分准备好如何使用教学案，根据教师的教学风格、学生的学情灵活地使用教学方法，充分体现“灵活性”，做到将多种教学手段和课件与教学案有机结合，决不能让教学案与课堂教学脱钩。最后形成富有特色的个性化课堂。争取做到“统而不死”。随时根据学情调整教师教学的方向，一堂课的基本程序要保证以下几个过程：学生预习后的学情反馈、学生学习的知识薄弱环节讲解、教与学的知识反馈三部分。

（4）关注差异，分层辅导。正确并积极面对学生学习的差异，积极开展分层次的有效辅导。利用自习课，打乱行政班级，以年级为单位，分层次开展辅导。既有针对学困生的基础辅导，也有针对学优生学科拓展辅导；既有知识性辅导，也有方法性辅导。辅导中，全备课组分工协作，优势互补，形成合力。

通过我们的实践来看，教学案是搭建教研和集体备课的一个平台，改变以往教研和集体备课的假大空，把教师的备课落到实处的一个载体。通过对教学案编写和使用的深入研讨和剖析教材，分析学生的学情，要研究怎么教，更要研究怎么学。提高教师的教学能力，提高课堂教学的有效性，实现有效教学。系列多元的班级文化建设也助推了学生自主学习的主动性和自主学习能力的形成。自主学习自我发展是我校承担的一个省级课题。在连续毕业的三届学生身上得到一定验证。

2. 精心编写校本作业，与教学案形成“合力”，推动精细化教学

作业是课堂教学的延续，也是教学案中的重要内容。在提高教学案实施推进的

过程中，老师们逐渐感觉到原来订购的教辅材料使用起来与自己新编的教学案容易产生冲突，出现“两张皮”的现象。为避免改革之路走入老师甩不开的包袱、越改革学生课业负担越重的泥潭，从 2010 年暑假起，我校非毕业年段全面停止征订任何教辅材料，作业全部由教师编写。五中着手推动校本作业改革过程中，坚持精心编写，并与教学案形成“合力”，推动精细化教学有效实施。

（1）明确校本作业的定位和要求，体现与教学案的“和合”。学校对校本作业进行定位。确定校本作业是由本校教师通过广泛精选、编写的作业，包括两个部分：一是教学案中的预习、当堂练习、知识拓展的部分；二是课后的复习及巩固作业，两者具有互联互补的关系。这其中特别强调校本作业要与教学案“合和”，而不能搞成“两张皮”。

学校对校本作业提出三个方面的总体要求。一是建立校本作业的研究、开发、使用与评价机制，构建校级作业资源平台。二是减轻学生过重的作业负担，提高作业的实效性。三是把校本作业作为精细化教学的重要内容，努力追求高效的教与学，促进教师专业成长，促进学生生动活泼学习、健康快乐成长。

（2）集体编写校本作业，在团结协作中体现“和合”精神。学校将校本作业研发纳入集体备课、校本教研中，各学科备课组自主研发，采取“优选——汇编——使用——修改——定稿——建库”的推进方式。把校本作业的推进作为学校教学精细化管理的重要一环，并纳入教学常规考核。各单元的校本作业由主笔本单元教学案的老师初编，编写前细研课标、学科教学指导意见及教材，结合“教学案”的使用，制定适合我校学生学情的进度、难度的五中校本作业，坚持立足本年段学生、即时编写、动态修改、教练合一的原则，确保所用的材料富有针对性。校本作业要明确标注三个要素：预计完成时间，各题的难易程度，必做还是选做。

校本作业充分体现备课组的集体智慧。初编完成后，交由备课组老师集体讨论并修改，做到充分发挥集体的力量。修改后提交教研组长审核，备课组长提交油印室统一印刷。教师在编写校本作业的过程中，在集体合作中收获了经验，得到了锻炼，也充分体现了学校“合和”办学精神。

（3）加强作业批改的管理，实现轻负与高效的“和合”。在推进校本作业的同时，也进一步规范作业布置和批改的管理制度。以“全批全改”为前提，力争少布置、精布置。切实减轻学生的负担，又能达到有效的训练巩固目的。一是明确学生完成作业的书写及订正规范。二是明确教师批改的要求：首先要求字体工整、批改规范，要有激励性、发展性评价；其次要求必须全批全改并督促学生订正；最后要求对基础较差的学生尽可能面批。

实施“教学案”改革实践和校本作业以来，学生完成作业的时间大大缩减，初一初二学生在21:00左右能完成，初三学生在22:00前基本完成，学习的积极性、主动性、责任感大大增强，学生的自信心和独立学习能力大大增强，学习的精神状态发生了很大的变化。教师的教研积极性增强，团队精神也大大提高，特别是加快了青年教师的成长速度；教师教学的针对性变强了，课堂教学被用在“刀刃”上，课堂教学效率明显提高。

改革让课堂和校本作业形成“合力”，让教学和谐发展，让学生减负，这使五中真正做到了“和合”教学。

在和合教育办学思想主张的引领下，学校不断发现问题，也不断注入新的教改措施，班级文化建设、教研组文化建设、年段文化建设、学习合作小组建设等一系列的学校文化系统应运而生。在学校改革的艰辛路上，我们累并快乐着，学校在改革中迸发出新的活力，教师业务水平大幅提升，教研能力长足进步，中考评估一年上一个台阶，近年稳居全市第一集团行列，学生阳光快乐洋溢在脸上，家长赞誉挂在嘴上，教师专业水平不断提升，社会评价一浪高过一浪。

六、未来展望

“我们做教育，没有什么宏伟的愿望，只是希望从五中走出去的每一个孩子都能成为更好的自己，承载学校永远的骄傲，成就更美好的人生！”登高声自远，非是藉春风。对于厦门第五中学而言，它在改革道路上从未止步，坚持通过教育教改提高办学品位，打造特色教育品牌，实现学校的可持续发展是它永恒不变的追求。

多年来，在学校领导班子的带领下，在继承与发展的理念引领下，厦门五中将继续不遗余力地打造“和合”校园文化，从多个维度着手，将“和合”文化渗透进校园每个角落。

在校园环境建设上，学校“和”雅净之美，让校园景致一花一木皆有风韵，一山一水皆有诗意。除了草木山石的用心布置，学校还依托特色鲜明的文化历史，打造校友长廊、校史长廊、校史馆、运动馆、莲屏筱筑等人文景致，让一砖一瓦都能发挥文化传递的作用。

在教学设施改造上，学校“和”数字信息之便，不断推进信息化建设与应用，努力探索学科教学和现代信息技术的深度融合。目前，学校无线网络、阅卷系统、综合素质评价和选课系统均运用成熟，已开通使用的“厦门教育云空间”“智慧课堂互动教学平台”等数字化应用，为学生享受优质高效课堂提供了技术支持。

在课程品质提升上，学校“和”创新科技之美，以“学科 +”模式探索课程综合性改革。将学科知识融入活动中，帮助学生更好地吸收课堂知识，让其知其然，更知其所以然。教学品质的提升不仅体现在课堂创新上，也体现在科技特色课程成就中。学校开设的各类创客课堂，不仅培养了学生的科技素养和创新意识，也让他们在各类科技创新竞赛中展示风采，收获亮眼成绩。

“和合”文化理念不仅在育人中发挥着重要作用，在促进校园发展上也有着无可替代的影响。学校将继续“合”校友之力助推学校建设，催动人才培养；“合”教改之力实现学校教学精细化管理，带动教学成绩稳步提升；“合”德育之力实现立德树人这一根本目标，实现学生核心素养的生态成长。把“和合”文化渗透在校园内方方面面，彰显学校特色，丰富学校文化的内涵与发展，也让“和合教育”的落实更加顺畅。

学校将坚持并发展以“和合”为核心的文化体系，深化教育教学改革，提高办学品位与质量，探索办学新模式，坚定不移地走内涵发展之路，实现学校可持续发展的同时，努力办人民满意的高品质学校。

【参考文献】

[1]《厦门教育现代化 2035》《厦门市加快推进教育现代化实施方案（2019-2022）》，厦门市

教育大会，2019 年 6 月 20 日。

[2] 张立文 . 和合学概论：21 世纪文化战略的构想 [M]. 北京：首都师范大学出版社，1996.

[3] 刘靖子 ."和合" 思想的基本内涵与实践意义 [J]. 湖南省社会主义学院学报，2020，21（1）：66-68.

[4] 联合国教科文组织国际教育发展委员会 . 学会生存：教育世界的今天和明天 [M]. 北京：教育科学出版社，1996.

[5] 国际 21 世纪教育委员会 . 教育——财富蕴藏其中 [M]. 北京：教育科学出版社，2015.

[6] 联合国教科文组织国际教育发展委员会 . 学会生存：教育世界的今天和明天 [M]. 北京：教育科学出版社，2017.

[7] 帕森斯 . 社会行动的结构 [M]. 南京：译林出版社，2012.

[8] 斐迪南 . 滕尼斯 . 共同体与社会 [M]. 北京：商务印书馆，1999：58-61.

[9] 周淑艳 . 专业发展背景下教师学习共同体构建研究 [D]. 石家庄：河北师范大学，2010.

[10] 彭婷 . 共生理论视域下教师学习共同体分析 [D]. 重庆：西南大学，2016：3、48.

[11] 佐藤学 . 学校的挑战——创建学习共同体 [M]. 上海：华东师范大学出版社，2006：134、165。

[12] 王国轩 . 大学・中庸 [M]. 北京：中华书局，2006.

[13] 孔子 . 春秋公羊传 [M]. 北京：中华书局，2016.

[14] 班固 . 汉书・王吉传 [M]. 北京：中华书局，2018.

[15] 王文锦 . 礼记译解 [M]. 北京：中华书局，2001.

[16] 习近平 . 之江新语 [M]. 杭州：浙江人民出版社，2007.

[17] 王成 . 根植"和合文化" 助推学校品质发展 [J]. 基础教育参考，2020（6）：31-33.

14

立本至善

◎陈文斌

【作者简介】

陈文斌（1969— ），男，福建清流人，中学高级教师。厦门市蔡塘学校原校长、书记，现任厦门市第三中学校长、书记，福建省“十三五”中学名校长培养人选。曾获厦门市湖里区拔尖人才、厦门市劳动模范、国家教学成果二等奖等荣誉。

公民教育有狭义、广义之分，狭义的公民教育是指培养社会成员必要知识的公民学科；而广义的公民教育则是指在现代社会里，培养人们有效地参与国家和社会公共生活，培养健全自律的、具有公民意识的、明达的公民的各种教育活动的总称[1]，本文所谈及的公民教育为广义公民教育。在 2018 年 9 月 10 日召开的全国教育大会上，习近平总书记指出学校教育要“坚持把立德树人作为根本任务”，从德育层面强调了学校活动在价值观、世界观方面对学生的道德培养，使其能够更好地融入社会、履行公民的职责，这为学校的公民教育指明了方向，明确了任务。学校的办学思想从本质上是回答“为谁培养人、培养什么人、怎样培养人”的问题，只有根植于“立德树人”的理论沃土，才能把牢方向，为未来社会培育出更多、更好的社会主义事业的建设者和接班人。基于公民教育，我结合办学实践凝练出“立本至善”的办学思想。

一、“立本至善”办学思想提出的背景

随着改革开放的深入及城市化进程的加速，作为首批经济特区的厦门市接纳了来自全国各地的进城务工人员，湖里区是厦门经济特区的发祥地，大量进城务工

人员的子女（以下简称随迁子女）受教育的问题成为湖里区一个重要的民生问题。2003 年 9 月，国家六部委联合颁布了《关于进一步做好进城务工就业农民工子女义务教育工作的意见》的出台，随迁子女的就学成了地方政府必须落实的政策问题。湖里区委区政府积极响应，策划成立一所专门学校，尝试建立接纳随迁子女在厦就学的工作机制，探索随迁子女的教育特点并积累相关经验，2005 年成立的蔡塘学校承担起了这个使命，成为厦门区域内第一所公办九年一贯制农民工子女专门学校。

（一）学校的办学历程

1. 仓促中建校

“用一个月时间组建并开学”，这是建校时上级领导的决心与魄力。2005 年 7 月，有关领导考察了国内外一些先进地区的基础教育情况，注意到一些地区新兴的九年制学校在办学实践中呈现出一些独特的优势，遂决定率先在厦门湖里区尝试办一所公办九年一贯制学校。由于考察时间并不长，对九年制学校的办学特点、管理要求、学校定位等各方面了解并不充分，且筹备时间太短，办学的许多问题还未进行充分的论证，相关部门研究决定新型学校从小规模先行先试，后续视情况而调整办学规模，最后确定在一所面临拆撤的村级小学校址中开办这所特殊使命的学校。从决策到计划开学的时间仅余不足两个月，蔡塘学校就这样在仓促之间诞生于特区的一个犄角旮旯之地。

2. 艰难中起步

蔡塘学校接收的校园是一所占地面积仅为 17 亩的村办小学校址，仅有一栋不足 2000 平方米的教学楼，没有专用教室，没有实验室。从 20 世纪 90 年代末开始，由于当地学生源萎缩，已经列入拆并之列，因政府已经有多年没有投入经费进行建设，校舍破败，设施简陋，运动场是 200 米煤渣跑道，教师没有办公电脑，教室没有多媒体，初中部办学条件为零。如此“破落”的家底，在厦门经济特区，在当年城区片学校已经进入网络办公、多媒体教学的时代，可谓是“一穷二白”。开学之初，靠着兄弟学校援助了 100 套课桌椅和淘汰下来的一批仪器设备解了燃眉之急，我们从“一本书，一支笔，再加一张嘴”的“三个一”条件下开始了蔡塘的办学征程。

3. 创新中发展

蔡塘学校成立于特定的政策环境下，施教于特别的教育对象，同时又肩负着九年制办学的试点及教师合同聘用制改革尝试等多项教育改革的使命。校情分析显示，学校自身的劣势因素远多于优势因素，外在的消极因素远多于积极因素，学校的办学基础极其薄弱，在优质学校云集的厦门教育界，如何生存与发展，是蔡塘学校办学面临的难题。

在学校进行办学规划的校情分析中，我们豁然发现学校自身带着天然的“改革基因”，也寻找到了学校发展的核心优势在于灵活的机制和学生可塑性强两大方面，薄弱的办学基础既是困难和挑战，也蕴藏着优势和机遇。正因为学校没有历史的积淀，也就没有历史的包袱，因此，基础差既是难题，也是学校精准定位、全面规划、制定学校发展蓝图的契机。对于一个新建的学校而言，如果仍按老思路、老方法办学，那么这个学校最终也只是“千校一面”而已。面对薄弱的办学基础，如何改变现状、走出困境、实现优质教育的目标，实现可持续发展，这是学校办学的顶层设计必须思考的问题。我们不能走那种老师苦教、学生苦学的老路，唯有发挥“改革基因”的优势，才能突破重围，才有可能“逆袭”成功，由此确定了蔡塘学校“创新发展”的办学思路。在十五年的办学历程中，根据学校不同阶段的校情特点，分阶段提出了适宜的创新发展策略：在 2005 年组建之时，面对薄弱的师生基础和简陋的办学条件，学校提出了“向管理要质量，向常规要效益”的管理策略，改变传统学校的管理模式，围绕三个关键因素“制度、情感、目标”建构学校精细化管理体系。2009 年，提出“以优质为目标，以教改促发展”的发展策略，开展“课堂有效教学方式研究”，通过持续十余年的课堂教学改革研究，建构了独具特色的“学习型课堂”，催生了“教师共同体”的校本研训机制，在教学改革促进学生发展的同时，教师发展也取得显著成效。2015 年，提出了“开发课程平台，创办新优教育”的提升策略，向优质精品的学校迈进。

"贫穷并没有限制我们的想象力"，十五年的办学历程，我们在简陋的办学条件下取得了优异的办学成效，打破了"生源质量和办学条件限制办学质量"固有的观念，被《人民教育》誉为"蔡塘传奇"。

4. 积淀中蝶变

十余年由点及面、逐步且稳步地推进教育教学改革，使学校实现了优质发展。在德育方面，从外在的行为习惯养成教育，深化为"体验式品格教育"的主题德育，在薄弱生源基础上培育出优秀的校风、学风。建构"互助小组"为平台的学习共同体，培养学生关键能力；确立"多元课程，个性发展"的课程理念，以"一人一艺，一人一技"为目标，开发校本（社团）课程群，学生整体综合素质得到提升。在教学改革方面，从前期"教学案课堂"深化为"学习型课堂"，建构"多维互动，动态生成"的生态课堂，取得了学生学业成绩"低进高出"的突出成效，成功实现"弯道超车"，被列为福建省首批义务教育教改示范性建设学校，被誉为"实现学生增值的优质教育"。在教师发展方面，"浸入式校本研训"实现了年轻教师"一年适应、三年成熟、五年骨干"的快速发展。

一次次的微创新逐渐叠加出了学校整体教育发生嬗变的力量，形成了"新优教育"特色，实现了从普通向优质的蜕变，影响也日益扩大，学校迎来了发展新机，2014 年学校迁入占地 80 亩的新校区，办学规模迅速扩大，全校现有 82 个教学班，在校学生 4100 人，其中外来员工随迁子女比例达 93%。

十五年来，蔡塘人在艰难中坚持，在困难中创造，使我们明白了，学校外在的硬件条件不是决定办学质量的主要因素，校园里人的内心丰满，教师充满着教育的热情，怀着教育的憧憬，学生被点燃发展的梦想，这才是学校发展最为重要的条件。

（二）在教育实践中的思考

1. 对义务教育核心任务的认识

义务教育的九年时间是人生打底色的阶段，影响着学生的一生。蔡塘学校是九年制学校，我肩膀上总有一种沉甸甸的压力，因为我能完整地看到一个天真烂漫的幼儿成长为个性独立的青少年的生命历程。每年一批批天使般的儿童牵着父母的手开心地入学，将在我校生活学习九年，九年后我们还给家长一个怎样的孩子，给社会输送怎样的一个青少年，这是学校必须回答的问题。

国家教育方针明确指出教育要“培养德智体美劳全面发展的社会主义建设者和接班人”，这里的“建设者和接班人”首先是一个合格的公民，而义务教育阶段就是公民教育的开端，《义务教育法》第三条规定：义务教育必须贯彻国家的教育方针，实施素质教育，提高教育质量，使适龄儿童、少年在品德、智力、体质等方面全面发展，为培养有理想、有道德、有文化、有纪律的社会主义建设者和接班人奠定基础。那么如何把这个基础打好，为孩子的人生把好方向呢？有人把义务教育阶段的培养目标要点归纳为：公民意识，价值观念，社会责任感，创新精神和实践能力，科学人文素养和环境意识，终身学习的基本知识、基本技能和方法，强健的体魄和良好的心理素质，健康的审美情趣和生活方式。在众多的目标中，每一个目标都不可或缺，然而，我们思考一个人生活于社会，作用于社会，决定他（她）的社会角色的最基本、最本质的因素是什么？是各种知识或各种能力吗？这些很重要，但不是最本质的，司马光在《资治通鉴》里写道：“才德全尽谓之圣人，才德兼亡谓之愚人，德胜才谓之君子，才胜德谓之小人。”由此可见，重中之重是德性，是品行修养。

义务教育是为国家民族的未来奠基，概而言之，笔者认为义务教育阶段的任务就是要营造良好的教育生态，培养学生的良好习惯，塑造学生的品行，培养学生应有的学科素养和能力，使学生成为德、智、体、美、劳诸方面和谐发展的人，其中育德要先行。

2. 对随迁子女教育的思考与追问

蔡塘学校是以随迁子女为主体的九年一贯制学校，外来员工是城市里的弱势群体，当他们把孩子交给学校时，某种意义上就是把家庭的希望交给教育，就是把孩子的未来交给我们，这是一份沉甸甸的责任。办好学校，让每个随迁子女得到最大的发展，也许就是改变孩子的一生，对于外来员工家庭来说，就是给这个家庭建立希望，有美好的未来可以憧憬，这个家庭就会有不断努力奋斗的动力。一个外来员工家庭安稳了，则社区安、地方兴、国家宁，这是我校必须承担起来的社会责任。

随着大量随迁子女进入城市就学，不仅给城市教育的格局带来影响，也由此衍生出了一系列相关的政策法规，随迁子女在厦就学由难而易，由少数而至普及，已经成为不少学校的生源主体，随迁子女融入城市生活、适应城市教育成为一个新命题。蔡塘学校是以随迁子女为主体的九年一贯制学校，在十五年的随迁子女教育实践和观察中，我们看到这群孩子身上的朴素、刻苦、懂事、自立、上进等诸多方面的优点，也感受了“流动的花朵”的迷茫。他们进城就学后，不仅面临着对城市生活学习的不适应并由此衍生出各种成长中的烦恼，同时还始终被“我为什么而来，我要去哪里”所困扰。

随着我国经济飞速发展，教育条件迅速改变，近年来，“同在蓝天下，共同成长进步”所需的政策环境已经不是问题，一定程度上随迁子女已经能够享受到与城市学生一样均衡的教育资源，然而这群孩子始终没能摆脱“外来娃”的标签，作为随迁子女教育的实践者，始终有一个追问萦绕着我：这群孩子的将来在哪里？他们会发展成怎样的人？

随迁子女是流动的花朵，也是国家的未来，也将成长为社会主义建设者和接班人。当然从社会发展的现实来看，这些孩子成长之后，大部分已经不可能再返回原乡，他们或成为这个城市的新市民，或继续在这个或那个城市中成为又一代的流动人员参与社会生活，对于他们而言，未来影响他们融入城市生活，被城市接纳，成为城市新市民的重要因素是什么？知识、能力固然重要，但首先应该是要具备城市居民的文明素养，具备良好的公民道德。所以，良好的德行修养是随迁子女未来融入城市的通行证。

3. 特别的教师队伍需要什么

由于用人机制上采用合同聘用制的改革，蔡塘学校的教师队伍情况比较特殊，呈现出以下几方面的特点：首先，在师资构成方面，一是教师年龄偏年轻，平均年龄基本保持在 25 ~ 29 岁；二是教师来源复杂，既有大学毕业生，也有一些在各类民办学校或培训机构短期任职的教师，此外在地域上也分布广泛，省内外都有，他们成长的文化背景差异大；三是流动性大，由于采取类似于事业单位企业用工的合同聘用制，加之薪资待遇及未来保障方面没有明显的优势，教师队伍的流动性偏大。其次，在师资素养方面，教师队伍虽然因整体年轻而缺乏深厚的教学功底，但他们观念较新，专业素养较好，受传统教学方式的束缚少，具有较强的创新意识，发展后劲较大。再次，在职业角色认识上，多数人还把“教师”看成就是教书的岗位，谋生的饭碗，“教书”的意识浓，“教育”的观念淡，有些人甚至还不可以称之为“老师”；最后，在文化认同上，新聘教师对学校的文化认同感不强，对学校的办学理念、教育观念理解不够，过客心态难以融入难，团队意识不强，工作上自扫门前雪的现象明显。教师队伍的结构性缺陷成为制约学校发展的短板。

学校的发展首先是教师队伍的发展，如何让这群经验不同、观念各异的人凝聚成一支能干事业的队伍，这是办好学校的关键因素。让散沙聚成队伍，当然离不开学校的管理，而根本的黏合剂是队伍的“魂”，就是学校的精神文化。年轻的教师正处于职业道德形成的时期，孔子提出：“己欲立而立人，己欲达而达人。”孔子还说“其身正，不令而行；其身不正，虽令不从。”师德，教师队伍基础要求，也是共性要求，所以，我们提出“要教好学生，必先做好先生”。凝聚流动的教师队伍，首要的工作是让教师确立良好的“为师风范”，提升年轻教师对教师职业的深刻理解，对教书育人的理解，对学校的认同，对团队的认同，树立工作的责任意识，这些观念、要求的整合就形成一个蔡塘学校教师的职业操守，就是蔡塘学校的师德师风。正如叶圣陶先生指出：“教育工作者的全部就是为人师表。”故而，蔡塘学校教师队伍建设的“魂”就是“蔡塘人的为师之道”。

4. 我的教育生涯和我的教育认知

走出大学校门至今，躬耕杏坛近三十载，从科任教师、班主任、学科组长、学校中层干部，直至学校校长。一次次角色的转换，是我一次次从新的视角看待教育、认识教育的过程，从一个科任教师更多地关注学生的学业成绩，侧重“教书”的角色开始，逐渐意识到作为教师的另一个重要角色——“灵魂工程师”。随着对教育的理解逐渐深入，对教育本质的追寻没有停下，有一个问题始终萦绕在我的脑海："学校教育带给学生最重要、最核心的影响应该是什么？"在个性鲜明的学生群体中，什么核心因素使学生分化发展，成为人们口中常说的"优秀生、好学生、中等生、问题生"？怎样的学生在将来才能真的成为"社会主义的建设者和接班人"，具体地说，哪类学生才能更好地适应社会、融入社会，成为一个合格的公民，进而成为一个于国于家的有用之才？学校教育，除了知识发展、能力发展，影响学生终身的核心发展又是什么？

我的教育生涯从重点高中开始，依次在职业中专、初中、九年一贯学校任教、任职，这恰好是我带着那些问题对教育溯源追根的历程，在教育他人和回顾自己中对比，总是反问自己：小学、初中、高中乃至大学的教育给我留下了什么？哪些东西对我影响至深？作为一个非师范类的人，是什么让我可以成为一名好老师，进而成为一名称职的校长？凭什么我的课堂可以上得更好，我带的班级可以更优秀，我办的学校可以从薄弱学校发展成为优质学校？反复咀嚼，我想，这其中当然有文化知识，有专业技能，可是我觉得这些不是最核心的部分，自己所学的学科知识已经忘记得所剩无几，大学的专业技术也荒废了，而始终在影响我日常的工作和生活的，是小学老师教育我对是非判断的观点，是"团结友爱""乐于助人"，甚至是"五讲四美"等待人处事的要求；是初中老师教育的"学好三年，学坏三天"的坚持；是高中老师告诉我"学如逆水行舟，不进则退"的刻苦精神；是大学专业课上要求"客观、严谨、细致"的科学态度。这些正印证了爱因斯坦说过："什么是教育？当你把受过的教育都忘记了，剩下的就是教育。"

英国数学家、哲学家怀特海的一句话："抛开了教科书和听课笔记，忘记了为考试而背的细节，剩下的东西才有价值。"我们能够发现，学生学习获得的最重要的东西，是那些使人成为人的核心价值，以及自我学习、独立探索、创造性思考的技能。那么，具体来说，哪些才是我们的教育应该给学生留下的呢？在我看来，首先就是普世的伦理、道德，其次是现代公民的基本常识，再者是我国的文化传统精华，最后才是知识和技能。前面三者都可归类为人的品德修养，这是教育对人终身影响最为核心、最为重要的部分。

（三）办学思想的形成

关于教育，众多名家观点纷呈。在我理解，教育是一件既简单又复杂的事业，简单是指大道至简，教育的本质就是教人成人，教人向善；于教师而言，教育就是“千教万教，教人求真”；于学生而言，教育就是“千学万学，学做真人”。复杂是指教育的过程是复杂的，面对千百个性丰富的生命成长，不可能用同一种方式进行过程“复制”，故而先哲有“有教无类，因材施教”之说，现代人有“静待花开”的认知。教育的最终作用是培养未来社会的公民，我们所教育的人终究要走出校门，走进生活，陶行知说“生活即教育”，我们是否可以理解为教育是为了学生未来更好地生活？所以，所有脱离生活的教育之说，都是虚幻的、不负责任的。

我希望的教育是以现实生活为起点，给学生一个自己能预见的奋斗目标，逐步增加生活的广度和深度，能真实地培养学生适应未来社会生活所需要的素养，包括了人的品德和生活的能力，能独立生活，进而建设生活。因此，我们的教育首先需要脚踏实地，而后才能心怀诗和远方；我们培养的人，首先是一个合格的社会公民，而后才能成为一个“建设者和接班人”，即教育需教人成人，而后才能成才。

如前所说，义务教育是为国家民族的未来奠基，为个体的幸福人生奠定基础，义务教育阶段“成人”的核心就是培养孩子具备未来社会所需的公民素养，儿童心理咨询师兰海认为所谓的成人：“应该就是一个大写的人，堂堂正正的人，有爱心、充满自信、自尊自爱的人，是一个遵纪守法、诚实守信的人，是一个尊重他人、热爱劳动的人，是一个心理健康、人格健全的人”，这就是培养一个人的德性。我们甚至可以对义务教育的理解再简单点，简单到如叶圣陶所说的“教育就是培养习惯”，就是学生德行的培养，正所谓人无德不立，立德方可树人。有这样一句振聋发聩的话：“教孩子 9 年，为孩子着想 50 年，为国家民族着想 100 年”。那么，什么会影响学生的50 年呢？首要的当然是德性，是品行修养。基于自身的教育经历，结合十五年的办学实践以及对公民教育的理解，我从中总结出“立本至善”的办学思想，这是把一个自然人培养为社会人的教育路径，也是落实“立德树人”的教育思想。

二、“立本至善”的内涵和释义

“立本”出自《论语·学而》：“君子务本，本立而道生。”本，本意是草木的根，引申为根基或主体；此意为君子致力于抓住做人的根本，根本既立，自然就能把握为人处世的道理。何为做人的根本呢？《大学》里说：“自天子以至于庶人，壹是皆以修身为本。”因此，“本”就是指一个人的品德修养，“立本”就是“立德为本”。

“至善”出自《大学》“止于至善”，意为道德达到一个最理想的境界，也是自古希腊以来西方伦理学中常见的概念，德国哲学家康德认为至善是最完美的道德境界，是道德和幸福的精确配合。那么，何以至善呢？一个人的育德过程是一个不断学习与践行的过程，教育是具体的，学习也是具体的，没有真正的学习，就没有真正的精神成长，正所谓“人不学，不知道”，“至善”需通过学习的途径，就是“学以至善”。

因此，“立本至善”的具体内涵就是“立德为本，学以至善”。

（一）立德为本

“立德为本”中的“德”字从古至今有深远的含义。“德”的本意是七曜的运行，后来引申为顺应自然、社会和人类客观规律去做事。《广韵·德韵》里说：“德，德行。”就是说“德”字的本义是指“道德和品行”，是人在社会活动中体现出的美好品质。“立德为本”含义就是“培育青少年美好的道德品质，使之成人”。

习近平总书记强调以立德树人为教育的根本任务，“真正做到以文化人、以德育人，不断提高学生思想水平、政治觉悟、道德品质、文化素养，做到明大德、守公德、严私德”。立德树人的“德”，应该是“大德、公德、私德”之总称，与德智体美劳中“德”的含义相同，包括政治、道德、法律，即理想信念、道德品质、法治素养三个方面。立德就是要树立青少年理想信念、塑造青少年道德品质、涵养青少年法治素养。[2]

在学校教育中，“德”主要指德育，即教育者有目的地培养受教育者品德的活动。我们认为，这里的“德”包含了教育者之德与受教育者之德。教育者之德，即为教师的师德；受教育者之德，即为学生的品德。德育，先是教育者有德，而后才能育学生之德，教育者以自身之德影响学生，使之懂道德、内化道德、践行道德。所以“立德为本”可包含“德以立师，培养优良的师德师风”和“德以立生，培养未来的人品德修养”两方面的含义，本文主要阐述“德以立生”。

德是品行，外显于行为举止，内化为素质修养。具体到义务教育阶段的“德育”就是从培养学生外在的行为习惯入手，在习惯养成教育中培养学生的品行意识，这其中就包括什么是真、善、美，什么是假、恶、丑；在参与校园各种集体活动的秩序要求中去培养学生的权利和义务的意识，帮助学生拥有积极的心态；在校园生活及走出校门参与社会的过程中培养学生的社会公德意识，包括什么是合乎伦理的，什么是违反伦理的，帮助学生拥有健全的人格；从书本走向生活，建立学生的家国意识、理想信念等，实现知行合一，达到立人的目的。

（二）学以至善

“学”在字义上，可做“教”，字的本义是“对孩子进行启蒙教育使之觉悟”，即表示“进行教导”；现代多做“学”，原本专用于表示“接受教育”，引申而指“互相讨论”“效法，模仿”“注释，笺疏”“讲述，说”“知识”等。所以，“学以至善”包含两层含义，一为“教之以至善”，是为“学会”；一为“学之以至善”，是为“会学”。因此，在现代学校教育中，“学”含义广泛，可以指“学习”，以及一切和学习有关的事情。但在这句话中，我们的“学”只是狭义意义上的“学”，指在学校中指教师的教和学生的学，以及两者之间发生的活动。

“至善”是“最崇高的善”。《礼记・大学》开篇写道“大学之道，在明明德，在亲民，在止于至善。”这里，我们同样可以将“至善”理解为“到达崇高的境界”，宋代理学家朱熹认为“至善”是“事理当然之极也”，明代王阳明释“至善”为“性”，即本性，人类的本性是纯善无恶的，“至善者，性也。性元无一毫之恶，故曰至善。”由此可见，“至善”有一个成就完善道德的阶段过程。

从社会理想追求的层次来说，“至善”是指崇高的境界，是一种“大真、大爱、大成、大智”，主要指思想品德上的崇高境界，这是对社会文明的美好追求，属于

"善"的终极层次。当然，这个"至善"在中小学阶段的过于高远，对中小学生而言还过于抽象，无法理解，所以这个层面上的"至善"可以作为人生道德修养境界的追求。

从个体品德发展的层次来说，"至善"是指符合社会理想公民的程度，体现在一个人良好的品行修养，更为具体，更为真实，这个层次的"善"才是中小学可教育的"善"。对中小学生而言，"至善"就是"做最好的自己"，这里的"善"要落细落实，可以理解为"美好的，对的，正确的"，符合社会价值观的言行举止，如语言文明、习惯良好是"善"，尊重秩序、遵守公德是"善"，"每天进步一点点"也是"善"，等等。因此，在中小学教育中，"至善"就是具体化为良好的日常行为规范，最后是"德、智、体、美、劳和谐发展"。

"学以至善"含义就是"通过教导与学习，使学生达到更好的层次"，在教育关系中，坚持学生主体地位；在教育方式上，坚持"引"和"导"相结合。"学"是途径，是形式，是青少年追求知识、积淀德性的最基本形式；"至善"是目标，是追求，是教育目标的最大理想彼岸。通过学校里各种"学"的活动，实现两个群体的发展，学生的发展和教师的发展，达到教学相长的目标，达到"至善"的境界。

（三）"立德为本"与"学以至善"的内在关系

1."立德为本"体现公民教育的内容和目标

公民教育的总目标则是培养并造就健全、自律的合格公民。进一步说，公民教育的目标并不局限于理解和获得知识，而是侧重于对人的价值、信念、态度和能力的培养[3]。其中"价值、信念、态度的培养"在学校教育阶段就是指德育，"立德为本"就是公民教育的学校教育部分。"德"是教育的内容，把社会主义核心价值体系融入国民教育体系之中，引导学生树立正确的世界观、人生观、价值观、荣辱观。德育是一种手段，义务教育阶段的德育是一个由表及里、由浅及深、由微观细节至宏观意识的一个培养过程，在德育活动中塑造学生的行为，进而形成观念，终至形成品格，最终成为一个完整的人。"立人"是目的，培养一个具有现代社会公民素质的人，能够符合社会要求，能够为社会、为他人作出有价值贡献的人。

2.“学以至善”指向公民教育的形式和途径

学校教育是公民教育的主要形式，而“学”是学生在校的主要活动，也是培养和发展学生的主要形式。这里的“学”不仅仅是书本知识之“学”，更包括“价值、信念、态度”的实践之“学”、体验之“学”；不仅要“学会”的结果，更培养学生“会学”的能力，这正是公民教育在学校教育中的主要途径。

“立德为本，学以至善”是将“德”作为最根本的教育内容，始终把教会学生“做人”放在首位，以“知识”为载体，在教育中将知识教育和道德教育合二为一，用知识启迪学生个体的智慧，教会学生学习，培养学生核心素养，进而使学生“会学”，具备主动发展和个性发展的能力，达到“德、智、体、美、劳”和谐发展的理想层面，从而实现教育是为了促进人的发展的根本要旨。“立德为本，学以致善”是对学校教育的根本任务、内容、目的、途径和教育追求的综合表达。

三、“立本至善”办学思想的理论依据

（一）以“公民教育”为基础

“公民”一词，从清末民初进入到中国，至今不过一百多年的时间，在我国曾经的话语体系中，“公民”并不占据主流，2000 年《公民道德建设实施纲要》颁布之后，公民教育正式进入我国的教育政策。公民教育是指培养人们有效地参与国家和社会公共生活，培养健全自律的、具有公民意识的、明达的公民。公民教育的主要内容是：培养公民对国家制度、法律制度的合理性认同；培养公民权利与义务相统一的观念；民主平等的现代精神；对公民进行道德教育，使公民具有社会普遍认可的道德素质。据公民教育所涉及的深度和广度，把公民教育理解为三个方面：一是“有关公民的教育”，强调对国家历史、政体结构和政治生活过程的理解；二是“通过公民的教育”，通过积极参与学校和社会的活动来获得公民教育；三是“为了公民的教育”，在知识与理解、技能与态度、价值与性向等各个方面培养学生，使学生在未来的成人生活中能够真正行使公民的职责。[4]

实施公民教育要靠全民教育，但是最有目的、最有计划和最有组织的公民教育

形式是学校教育，它奠定公民身份的道德底蕴。“立德为本”是学校教育从人的身份角度对个体德性的教育与培养，包括个人的信仰、思想、感情、言行举止、待人接物，在朋辈、家庭、社会、国家以至人类社会中所担当的各种任务，所享有的权利和应承担的义务[5]。今天，当“老人跌倒能不能扶”成为社会的焦虑问题时，我们不得不说公民教育亟须加强，“立德为本”就是针对社会公众道德滑坡现象的教育应对。

“做人、做事、做学问”，这句话说明个体在成长过程中学会“做人”是首先要解决的问题[6]。在公民教育中，学校教育的根本任务就是落实“立德树人”，培养具有现代公民素养的人。具体就是培养青年、少年、儿童在品德、智力、体质等方面全面发展，成为有理想、有道德、有文化、有纪律的建设人才。因此，“立德为本”正是把学生“价值、信念、态度和能力的培养”放在育人之首，与公民教育的培养目标相契合，这也是落实社会主义核心价值观的需要。

（二）以“立德树人”为核心思想

党的十九大报告指出，“要全面贯彻党的教育方针，落实立德树人根本任务”。2018 年 5 月 2 日，在北京大学师生座谈会上，习近平总书记强调学校要“做到以树人为核心，以立德为根本”。2018 年 9 月 10 日召开的全国教育大会上，习近平总书记指出学校教育要“坚持把立德树人作为根本任务”。习近平总书记关于立德树人根本任务的重要论述，抓住了教育本质，明确了教育使命，为人才培养指明了方向[7]。“培养什么人、怎样培养人、为谁培养人”是教育的根本问题，是学校办学思想要回答的问题。在“培养什么人”这个教育的首要问题方面，党的教育方针已经明确指出“培养德智体美劳全面发展的社会主义建设者和接班人”，而“怎样培养人”，立德树人既是目标，也是方向，“立德为本”就是秉持育人为本、德育为先的思想，着眼于学生的全面发展，通过培养学生优秀德性的途径，培育学生的健全人格，致力于让每个孩子都成为有用之才，实现树人目标，是“立德树人”的方法论。

义务教育阶段，孩子才刚刚开始人生的起步阶段，就如一块璞玉，“人人都是一块玉，要时常用真善美来雕琢自己，不断培养高洁的操行和纯朴的情感，努力使自己成为高尚的人”，要“从做好小事、管好小节开始起步”，“学会感恩、学会助人，学会谦让、学会宽容，学会自省、学会自律”，这些重要论述，正是遵循科学规律，尊重儿童发展规律，把立德树人做到落小落细。“立德为本”的办学思想就是在学生人生观、世界观、价值观的“孕育、生长、拔节”期精心引导和栽培，从小处、身边、细节入手，琢之以良好的行为习惯，由近及远、由低到高哺之以优秀的道德观念，从行为、情感、规范上升到理想、信念和价值观，培养青少年热爱党、热爱祖国、热爱人民、热爱中华民族，明礼诚信、勤奋自立、友善助人、孝亲敬老等良好品德，增强青少年法律意识和社会责任感，使青少年养成好思想、好品德、好习惯、好人格，培养青少年与他人、与社会、与自然和谐相处的能力，成为社会的合格公民，完成“树人”的根本任务。

（三）根植于民族的教育智慧

1. 立德文化

中华民族是推崇以德立人的民族，我们以美德懿行作为安身立命之根，道德的修养乃是为人处世的起点。在浩如烟海的中华文库中，关于道德修养的文化瑰宝俯拾皆是，熠熠生辉。如“立德树人”有文化溯源，“立德”语出《左传》：“太上有立德，其次有立功，其次有立言，虽久不废，此之谓不朽。”“树人”语出《管子》：“一年之计，莫如树谷；十年之计，莫如树木；终身之计，莫如树人。”立人以德为先是我国历代教育共同遵循的理念。

“立德为本”着眼于以德修身，德是立身之本。《大学》开篇就讲“大学之道，在明明德，在亲民，在止于至善”，同时说“修身、齐家、治国、平天下”。孟子曰：“无羞恶之心，非人也”“道德当身，故不以物惑。”立德、立功、立言，立德为先；明明德、亲民、止于至善，明明德为先；修身、齐家、治国、平天下，修身为先。由此可见，德为才之帅，德是做人的根本。人无德不立，业有德则兴，一个人要处身立世，要成为一个合格的公民，进而成为一个对社会有益之人，实现个人的人生价值，必先修其“德”，慎思于内，方能笃行于外。

“立德为本”应呼于以德治国。《论语》云“为政以德，譬如北辰，居其所而众星共之”，《礼记·大学》中说“古之欲明明德于天下者，先治其国；欲治其国者，先齐其家；欲齐其家者，先修其身”，人无德不立，国无德不兴，德也是立国之基。以德治国在于人人有德，人人守德，社会公德得到彰显，国家、民族倡导的价值观念得到认同。习近平总书记说“核心价值观，其实就是一种德，既是个人的德，也是一种大德，就是国家的德、社会的德”。因此，以德治国之基础在于国民德性之培养，道德的培养最终要落实到个人之上，必须加强每一位公民的自我修养。“立德为本”是落实这一治国方略，真正把德育放在首位，引导学生树立社会主义核心价值观，培养未来社会公民的道德品质，为未来社会以德治国培基固本。

2. 教育思想

中国古代教育产生了许多杰出的教育家，形成了众多的教育论著，先哲的许多教育智慧影响至今，对现代的教育仍具有指导意义。《学记》是我国也是世界上最早专门论述教育问题的论著，其中有关学习方面的思想如“禁于未发”“教学相长”“循序渐进”“相观而善”等仍是我们今天的教育原则。

《学记》对“学”的作用与途径有重要的阐述，“玉不琢，不成器；人不学，不知道”，璞玉不雕琢，终究还是一块石头，人需“学”而后能知“道”。这里深刻地揭示了教育中“学”对人成长的本质作用，每一个人的知识、能力、情感都不是与生俱来的，都需要通过后天的学习、体验以及生活实践而生成，格物而后致知，只有通过“学”才能知其然，而后知其所以然。

《学记》说：“虽有至道，弗学不知其善也。是故学然后知不足，……知不足，然后能自反也。”这里指出“学”是培养学生德性的主要形式，也只有通过不断的学习，才能从浅表而至深厚、从外在而至内心、从细微而至宏大，建立起一个人的道德观念，进而形成一个人的品德素养。

孔子说“少成若天性，习惯成自然”，学德育德重在“少成”，中小学生是学德立德的关键时期，《三字经》中有大量关于“幼而学”的内容，如“人之初，性本善。性相近，习相远。苟不教，性乃迁”，这些都阐明一个重要的教育观点，立德在幼年，关键是及时，唯有不断地、实时地“学”才能有效地培养学生的德性，培养学生的知识和能力。这都说明对于青少年来说，不论是知识获取、能力培养、品格形成的过程，都是通过“学”这个方法，也只有通过“学”这个途径，才能帮助学生由易到难、由浅入深地不断汲取、锻炼、形成、提升德性修养。

（四）借鉴西方道德教育哲学

1. 康德的德育思想

康德指出人性中有向善的禀赋和趋恶的倾向，教育的功能就是使这些禀赋发挥出来，使人达到本质规定。因此，他区分了自然教育和实践教育，指出德育的本质就是道德性实践教育，所谓的“道德性”，就是人性中的“人格性”，德育就是培养人格。康德的德育思想直指德育就是“成人”教育，“成人”就是成就人的德性、品德，包括了人的公民道德、政治品格，以及人对生活、对人本身、对这个世界的意义的理解，是一个人生存的价值观，这就是人的根本。

2. 皮亚杰道德发展阶段理论

皮亚杰认为，儿童的道德发展是一个由他律逐步向自律、由客观责任感逐步向主观责任感的转化过程。他将儿童的道德发展划分为四个阶段：前道德阶段（2~5岁），他律道德阶段（6~8岁），初步自律道德阶段（8~10岁），自律道德阶段（10岁以后）。皮亚杰的道德发展理论对教育实践有重要的指导作用，强调在教育实践中要遵循学生的认知发展规律，依据儿童不同发展阶段的认知特点进行。

3. 杜威的教育思想

杜威认为，“道德是教育的最高和最终的目的”“道德过程和教育过程是统一的”。在杜威看来，德育在教育中占有重要地位。在实施方面，杜威首先主张“由活动中培养儿童的道德品质”，儿童身上蕴藏着充满生机的冲动，生来就有一种天然的欲望，要做事，要工作，从道德上来说，“从做中学”对儿童的道德发展有重要的意义。道德的本质是实践的，思想品质的形成与发展需要学生在社会交往中获得内心的体验和内心感悟，社会规范也只能通过学生主动的实践才能真正内化。这就要求学校在进行道德的教育过程中，要采取与儿童道德形成最为合适的方式，这个方式主要是儿童的主体体验。

（五）遵从现代教育的普遍规律

1996 年，国际 21 世纪教育委员会向联合国教科文组织提交了《教育——财富蕴藏其中》的报告，其中最核心的思想是教育应使受教育者学会学习，即教育要使学习者“学会认知、学会做事、学会共同生活（学会合作）和学会生存”。这一思想很快被全球各国所认可，并被称为学习的四大支柱。这四大支柱都是以学生为主体，以“学”为主要形式，以“求知、做事、合作、生存”为目标，本质上就是培养学生在未来社会生活所应具备的公民素养，“学以至善”的办学思想就是秉承以“学”为中心，在学校的教育中培养学生知情意行的发展，与“教育的四大支柱”的表达相吻合。

学校的教育以“学”为主要形式，学习意味产生新的行为经验。现代教学论指出，对中小学生来说，学习多数情况是在教师的指导下、以学习间接经验为主，在学习基础知识和基本技能的过程中，形成观念、信念和世界观。中小学生处于身心迅速地发展的阶段，学生在学习过程中，在理解、概括、掌握和运用知识的同时，培养良好的学习习惯，形成正确的学习态度和方法。随着年龄的增长，生活空间的拓展和知识经验的丰富，学生在情感、意志品质等个性特征方面也在积极形成和发展着，他们在学校里不仅学习知识和技能，而且学习社会生活规范或行为准则，并在此过程中逐步形成世界观。

四、“立本至善”办学思想的理论支撑

“立本至善”的办学思想就是以“立德树人”为根本任务的教育实践，是落实“立德树人”的路径探索，指向培养德、智、体、美、劳全面发展的社会主义事业的建设者和接班人。

（一）学校观

从功能上说，学校本质上就是培养未来社会公民的机构，肩负的使命就是使学生成为明达的公民。所以，学校是自然人转变为社会人的摇篮，是学生生命成长的乐园。在学校里，通过课程的实施，教会学生“求知、做事、合作、生存”，学生

的内心世界不断得到滋养，使学生的知识、情感、价值观不断丰富和提升，继而形成健全的人格、健康的体格，逐渐形成能够独立生活的能力和创造生活的能力，进而发展成个性独立的成人。从学生的角度来说，学校是让学生认识自我、完善自我并为将来实现自我做准备的地方。在此过程中，学校又成了文化的传承与生发的地方。

好的学校，一定有极其崇高的社会理想，一定有适合人性的教育哲学，一定有温润有爱的育人氛围。在这样的学校里，能唤醒人性，亲近良善，远离无知，拒绝邪恶，完善人的生命并健康成长。

（二）教师观

新课程背景下的教师不仅仅是传统的“传道、授业、解惑”的角色，其角色和行为都发生了改变。从角色上来说，教师是学生成长的陪伴者，是学生学习的促进者，对学生的学习与成长起着帮助、引导、激发、矫正的作用。从行为上来说，教师是学校教育的直接实施者，是学校文化的主要建构者，这要求教师应该是教育教学的研究者，还应该是课程的建设者和开发者。新课程要求教师的教育行为从传统的师生关系转变为强调尊重和赞赏、帮助和引导，强调教师在对待自我上要强化反思，在对待其他教育者的关系上要加强合作，形成教育共同体。

（三）学生观

我认为，学生是具有独立人格的、发展中的、有着完整生命表现形态的个体。

首先，学生是人。学生是独立存在的、具有主体性的活生生的人。学生不是任何人可以随意支配的附属品，他和成人一样具有独立的人格尊严、丰富的情感和独特的个性，其生命具有完整性。他是具有主体性、独立人格、创造力以及独特个性的人。因此，在教育中我们不仅要尊重学生的人格尊严，而且，还必须将学生视作主动、积极、有进取精神和创造性的学习者，在教育教学活动中还给学生自由想象与创造的时间和空间，把精神生命发展的主动权交给学生，使学生真正地成为学习活动的主人。

其次，学生是有独立人格的人，由于学生是具有独特个性和生命完整性的人，这就意味着在教育中必须要承认和接受学生个体发展的差异性，并将其真正视为人个性形成和完善的内在资源，因材施教，促进学生的个性化发展。

再次，学生是富有潜力的发展中的人。义务教育阶段的学生是“毛坯”，具有的巨大潜力还不能确定；是“全能细胞”，还没有分化，身心发育还不够完善，这意味着教师首先必须相信每一个学生蕴藏的巨大潜能，自觉地将“让每个孩子都获得成功”作为我们的教育信条，相信、热爱每一位学生，使自己成为每一位学生发展道路上的助燃器和指导者。这就要求我们必须以发展的眼光看待学生，科学、合理地引导、开发与发掘。

（四）课程观

课程是学生获取直接经验和间接经验的学习载体，这种载体不仅包括了书本教材，还包括了学生获得的学习经验的特定教学活动，基础课程保证学生共性素养形成，特定课程可以促进学生个性发展。因此，我认为的课程包括了两大类，一类是相对固定的通用型课程，比如国家课程，这是培养学生学科素养必需的，基本是“知识”为本位，注重书本知识或间接经验的获取，注重系统的、公共的知识的学习，不论是课程内容还是课程活动，都是相对封闭的、固定的，课程是预成性的，以结果或产品形态存在。另一类是个性化课程，比如学校的校本课程、特定的教育活动，这类课程以学习者的“经验”为本位，注重活生生的直接经验或体验的获取，注重个人知识、实践知识的学习；无论是课程内容还是课程活动，都是开放的、运动着的，并在某种程度上是不可预期的，课程是生成性的，以过程或活动形态存在。

（五）教学观

教学是教师与学生基于为了达成特定的教学目标而进行的信息和情感交流、沟通的互动过程，是一个师生共同发展的过程。教学是语言文化与沟通文化的创造过程，也是奠定每个学生学力成长与人格成长的基础过程。在新课改的背景下，教学观也发生变革，具体体现在：“学习者为中心”，从教会知识走向教会学习，“重结论的同时更重过程”，素质教育的教学从“关注学科”转向“关注人”，教学过程中师生关系是平等、双向、理解的人与人关系，是人道的、和谐的、民主的、平等的师生交往的互动互惠的教学关系，是充满生命力的成长过程。

五、“立本至善”办学思想的实践探索

（一）文化立本，以文化人树核心价值

学校的发展首先是教师和学生思想的发展。多年的办学实践，我们确立了“平等教育，全面发展”的教育理想，以“立德为本，学以至善”为文化核心，由此演绎出了丰富的文化内涵，树立的学校核心价值是：自强不息，和谐共进，勇于创新，敢于发展，形成了“传承美德，创新发展，以爱育人，和谐共进”的学校精神。

我校提出了“读好书，学做人：读万卷能终身受益的书，做一个有社会公德的人”的育人目标，并针对学校的学情实际，提出了“爱国、孝亲、尊师、重义”的校训，“团结、互助、群学、乐进”的学风，以及“明理、诚信、求知、守道”的校风，培育“敬业、乐群、省身、进取”的教风，秉承“一个办学理念（以人为本）”，实现“两个核心发展（师生发展）”，提出“三能干部原则（品德能服人，业务能引领，工作能敬业）”，树立“四种师生精神（敬业乐业精神、勤学进取精神、开拓创新精神、无私奉献精神），强化“五种教育观念（教育观、学生观、质量观、教学观、职业观）”的建设，以“六种工作意识（职业意识、细节意识、狼群意识、危机意识、质量意识、主体意识）”凝聚师资队伍，逐渐形成了一个独具风格的文化校园，成了“一所有思想的学校，一所有文化的学校，一所有仁爱的学校，一所有活力的学校”。

（二）实践立本，以德为先育优秀品行

我在办学过程中始终坚持“德育首育制”，将“德育”摆在学校教育的首要位置，德育先于教学，坚持人人都是德育工作者的理念，遵从中小学德育规律，构建育德机制，使德育看得见，有实效，留得住，带得走。

1. 构建养成教育体系，从培养良好习惯抓起

随迁子女来自全国各地，原来受教育的程度参差不齐，行为习惯、家庭教育

差异大，特别是在厦门生活环境多处于城乡结合部，环境易对学生的行为产生负面影响。针对学生现状，我校以养成教育为主线，开展“外来务工子女习惯养成策略研究”，为学校的德育工作找到了恰当的着力点，根据学生不同学龄阶段的特点和认知能力，结合行为养成的规律，制定了“蔡塘学校学生习惯养成阶段体系”，进而形成习惯养成教育校本主题班队课程，并运用于全校的习惯教育，分时段阶梯式推进学生行为习惯的培养，包括了语言、礼节、举止、卫生、仪表、学习等，细致地引导学生的一日常规，逐项落实，反复巩固，促进学生良好习惯的养成，逐步使学生从“要我这样做”转变为“我应该这样做”，让良好的习惯内化为学生的自觉行动。研究形成了成果《着眼于细节，立足于坚持，致力于成长》，获得了省课题论文一等奖。

2. 建立德育落实机制，使德育有实效带得走

习惯的养成不可能一蹴而成，而要日积月累，不断历练，最关键的是要精细化管理，落实好细节，一是要有持之以恒的决心，二是要有全员育人的意识。我们坚持德育“首遇责任”，也就是第一个遇到学生的老师具有教育的责任，并提出：要让学生每一次的良好习惯都能得到肯定，要让学生每一次的不良行为都能得到及时的矫正。

在学生习惯养成教育方面，成立了“学生自律会”“礼仪队”等学生自我管理组织，还有“导护师”日常巡视，德育处不定时的“德育巡视”，以及行政干部综合观察的“行政值日志”，对全校的德育、教学工作进行全方位的自主与他律的观察与诊断，发现问题，分析成因，及时制定解决措施，跟踪落实。在德育方面，更为注重育德的过程，对薄弱学生开展“关注学生，走进心灵”的师生结对帮扶责任制，关注学生成长的过程，强化问题根源的诊断与分析，及时给予帮助和引导，让每一个孩子都得到与之相适宜的发展，使可能的问题解决于产生的过程中。

3. 设计主题系列活动，以体验感悟培育德性

德育不仅是管理和说教，更为有效的是学生的主体体验，有体验就会有感悟，有感悟就会有德性的提升。学校以“做一个有社会公德的人”为核心，围绕着校训主题词“爱国、孝亲、尊师、重义”及校风主题词“明理、诚信、求知、守道”开展的“六个一”体验式德育活动，即“一月一主题，一周一体验，一事一成长”主

题体验式品格教育，体验教育形式多样，寓教于乐，在潜移默化中教育人，这些德育活动构成了我校独特的德育校本课程。

德育要落实，必须有抓手有机制。我校在课堂学习小组的基础上，建立学生互助小组共同体，构建“自主管理，互助学习”的教育平台，把小组协作的范围辐射到学生在校生活的德智体美劳各个方面。互助小组的建立是把学生日常学习生活的管理权交还给了学生自己，学校将常规德育和主题德育活动相结合，建立评价机制，互助小组在老师的指导下实行自我管理，以“民主、文明、和谐、平等、公正”为核心词培育小组文化，培养学生团结友爱、互帮互助、和谐同进的精神品质，培养学生独立自主和合作的精神意识，实现了群体亚文化的正向建设。通过主题体验式活动、小组行为常规自我管理、自我提升，学校的德育工作化虚为实，真实地发挥着育德立人的作用。

（三）课程立本，多元平台促个性发展

1. 发挥基础课程的德育作用

在各学科中充分挖掘、发挥和体现课程与教学内在的德育因素，教学中适时地、恰当地开展“情感态度与价值观”教育，把学科德育渗透到日常教学中。

2. 传承优秀文化开发德育课程

以“国学”立魂，以“礼仪”塑行。结合学校德育目标和教育实践需求，着眼于丰富德育的文化内涵，开设了“国学启蒙”“古典名著导读”和“中小学礼仪”校本德育课程。优秀的中国传统文化是国人的精神之源，是民族文化的精髓，《国学启蒙》和《古典名著导读》为德育注入中国文化的灵魂，使我们的道德教育找到文化源泉，解决“我为什么要这样做”的问题。礼仪是一个人乃至一个民族、一个国家文化修养和道德修养的外在表现形式，是待人处事的文明指南，《中小学礼仪》让“文明的举止”变得真实可见，教会学生文明的社会生活规范，培养学生高雅、得体、大方、文明的行为举止，解决了“我该怎么做”的问题。

3. 着眼个性发展，建设多元课程平台

校本课程是课堂教学的发展和延伸，是促进学生全面、个性发展的最佳形式。

学校确立了“多元课程，个性发展”的校本课程建设理念，开发了“特长类、拓展类、体验类”三类型校本课程，力图通过搭建多元化的课程平台，促进学生个性发展。我们期望除了基础课程领域要学有所长之外，还能通过“校本（社团）课程群”加强学生素质的培养，要求学生能唱好一支歌，欣赏一幅画，热心一项体育活动，从而能实现“一人一艺，一人一技”的九年素质培养目标。校本课程有计划、有目标、有组织地开展活动，有效地促进了学生的个性和特长的发展，在每年一次的综合性的“校园艺术节”“体育节”“校园科技节”“阅读节”“英语节”等活动中，每个学生都有充分展示和锻炼的机会，课程育人的效果充分显现。

（四）课堂立本，深度教改促教学相长

课堂是教学的主阵地，是学生成长的主渠道，“至善”的课堂教学是基于培养学生核心素养、促进学生知情意行和谐发展的教学。十五年的办学历程中，我始终以创新教学为办学的主要推动力，坚持不懈开展教育教学改革，落实素质教育要求。2007 年开展教学改革至今，我们一路学习，一路探索，边实践边总结边完善，渐进式地推进课堂教学改革，通过改变教学方式，转变学习方式，培养学生关键能力，实现教学相长。建构“新课堂”的教学改革经历了渐进式的五个蜕变提升阶段：

1. 建构“教学案”课堂模式，转变教与学的传统形态

在前期一年的教改理论准备和尝试中，我们认识到课堂教学效益的关键在于建构合理的教学结构，使教师的主导性与学生的主体性协调发挥，我们提出了新课堂的两个核心理念：一是“教学并重”，即教师的主导作用与学生的主体作用同等重要，不可偏废。二是“教学合一”，教师要少说“我怎么教”，而是要多想“学生怎么学”，而学生要在学会学习的同时学会教人，在教人中增进习得，师生实现“在教中学，在学中教”的教学合一。

基于以上两个概念的支撑，教改载体定名为“教学案”。教学案是以记忆的遗忘规律、课堂 45 分钟的价值曲线、六段式课堂教学法、有效教学的三个铁律等为理论基础而编制的师生教学媒介，是沟通教与学的桥梁。与常见的学案“引导学生

自主学习”的功能相比，教学案更为突出教师的导教作用，突出学法的指导和思维的启发等，具有“导学、启思、拓展、提升”的作用。

设计与编写教学案围绕着三个维度进行，一是以学生为主体，从学生自主学习出发建立学习路径；二是改革教学方式，少教多学，优化教学过程和方法，提高教学效益；三是针对学情差异设计学习要求，落实分层教学，从而提高教学质量。在实践中逐步形成了“以学定教，以教导学，分层落实，分类发展”四个概念模块。

教学案课堂重新建构了师生教与学的关系，教师与学生不再是传授者与接受者的从属关系，而是主导者、帮助者与知识的自主建构者的关系，师生在这个平台上进行有效互动，实现教学合一。

2. 融合小组“合作学习”，改善学生的学习情商

通过两年教学案课堂模式的探究，初步完成了各学科教学案课堂的建模过程，课堂教学的实效性和针对性凸显，教学质量取得了跨越式的进步。接着我们把教改重心转移到学生综合学习能力的培养方面，研究如何在教学案课堂中建构合作学习，在课堂教学中把“合作”作为教与学的一种重要形式和手段，更多地让学生以小组的形式在课堂上讨论、交流、展示，通过老师的引导、评价，促进小组成员间的共同发展。

在我校的“教学案”课堂中采取了“合作学习，展示交流”的教学方式后，教与学的形式发生了真实的改变，“合作与展示”成为主要的学习方式，学生的主体作用得到了充分的挖掘，参与课堂的态度发生了极大的转变，特别是一些学困生变化更为突出，他们不再抗拒上课，因为他们在课堂上也有了参与讨论和展示的机会，当学生在课堂上找到了自己的价值体现时，当他们在课堂上体验到成功和喜悦时，他们对课堂的主动与热情投入超出教师期待，合作学习改变了学生课堂学习的情商。

3. 开展学习型展示的研究，突破低效展示的困境

在初期的合作教学中，出现了一些低效展示的现象，如展示的目的不明、展示的组织失序、展示的机会不均等等，影响了教学的有效性和实效性。针对展示交流环节存在的低效问题，构建“学习型展示”成为我校突破课堂展示困境的抓手。

学习型展示是指通过展示者与学习者对内容的展现、质疑、探究、拓展从而使两者都能实现知识与能力的完善与提升。在展示的过程中，对展示者而言，它是一种表达、证实、展现，对学习者而言，它是一种借鉴、吸收、分享。因此，展示过程应该是一个生生之间、师生之间互动学习的过程。构建“学习型展示”，首先要明确其所具备的基本特征，然后要从展示的酝酿、过程的调控、结果的评价等多个维度进行组织和实施。总的来说，学习型展示的三个维度是“必要的、有序的、有效的”，既能面向全体又能兼顾弱势群体。学习型展示使低效展示的问题得到较好的解决，课堂教学效益进一步提高。

4. 建立班级“互助小组制”，发展学生自主管理的能力

在教学改革实践中我们逐渐意识到，教学改革是一个涉及教育教学整体工作的系统工程，不能只局限于课堂，而是要跳出课堂看教改，更应该关注到学生的整个学习生活，我们尝试建立一种学生共同体，把仅仅围绕学习活动的“合作小组”转变成为教育教学综合型的“互助小组”，班级“互助小组制”的自主管理模式因应而生。

“互助小组制”是以小组为基本单元建构“自主管理，互助学习”的教育平台。该模式的建构要从小组的建设、文化的培育、运行机制、评价与引导等方面着手，把互助小组建设为学生学习生活的共同体，通过组员间的相互帮助、互助学习、自主管理，实现小组成员“各展其长，共同进步”的目标。从功能上说，互助小组是教师管理班级的基本单元，是学生参与班级课内外各项教育教学活动的基本集体。

“互助小组制”是跳出课堂做教改，是着力于课堂之外，作用于课堂之内，取得了良好的效果，小组的功能更强了，作用更大了，优秀的小组建设和组织文化促进了学生合作学习能力的发展，使我们看到“合作课堂”的教学效益臻于理想成为可能。

5. 构建学习型课堂，发展学生关键能力

学校的教学改革历经十三年，从初期以“教学案”为代表的工具性改革，到中期的“合作教学”“互助小组”等元素为代表的形态性改革，课堂教学改革进入深

水区。新课堂要实现学生知情意行协调发展，不仅要改变教学形态，更为重要的是要优化学生的课堂学习体验。通过不断的积累、完善、叠加，逐渐形成了一套“知识为基础，能力为导向”的教学机制，这就是“学习型课堂”，这是课堂改革的最新形态，是课堂文化与教学生态的构建。“学习型课堂”关注学生的学习体验和能力发展，融合自主、合作、互动、探究等学习方式，通过建立机制进行团队建设、习惯养成、基础能力训练培养学情基础，优化组合教学策略，营造宽松安全、互动合作、相互激励的学习环境，使学生的知情意行协调发展，达到“在学习、真学习、会学习、乐学习”的教学生态，培养学生阅读能力、思维能力、交流与表达能力、自我管理能力、合作能力、创新能力等六种关键能力。

坚持不懈的教学改革是学校优质发展的关键内驱力，取得了令人惊喜的成效，于学生而言，一是改变了学习方式，由被动地待学转为主动地探究，对课堂的主动投入被充分调动起来。二是课业负担结构改变并得到减轻，由传统的“教而后学，课后作业”转变为课前“先学”，课中“合作展示、反馈落实”的良性循环。三是学习能力提高了，学习情商优化了，在一次次自主、合作、探究、讨论、展示的学习过程中发展了综合能力。于教师而言，在课堂上的角色转变，由讲台上的主讲者、控制者，转变成走下讲台的参与者、引导者、调控者，在这个过程中深研教材、把握学情、建构教学、驾驭课堂等方面对教师的要求更高了，教师在不断学习、不断实践、不断反思、不断创造中得到锻炼，得到发展。

（五）管理立本，服务育人达知行合一

科学的制度可以提升人，精细的管理可以提升品质，落实学校发展规划。“把简单的事做好，把平凡的事做实”“细节就是教育，细节决定成败”等这些就是我校质朴而真实的管理思想。

1. 重视学校的顶层系统设计，确立宏观引领

办学十五年，制定了三个五年规划，分别确立了三个层次的办学策略：向管理要质量，向常规要效益；以优质为导向，以教改促发展；开发课程平台，创办新优教育。学校顶层系统是管理的出发点和精神依据，决定着学校究竟走向何方，决定

着学校管理的每一个领域里提倡什么、反对什么，如何定义成功和失败，决定着学校微观管理的实效性。

2. 紧盯管理的关键因素，抓实日常管理

管理的目的是理顺和维护工作秩序，达成组织目标，这就需要解决一个“为什么而管，管到什么程度的问题”，这是管理的出发点。学校的管理就是围绕办学目标而管，围绕“办怎样的学校而管”，围绕着“促进人的发展”而管，多年来我们紧紧抓住三个关键因素“制度、情感、目标”推进学校管理，用情感管理唤醒老师的工作激情，用有效的制度保障办学的品质，用目标管理逐级分层推进办学目标的落实。

3. 建立诊断与反馈机制，变“结果管理”为“过程管理”

任何好的制度，好的思路，都贵在落实，只有基于扎实的工作，良好的团队执行力，才能得到理想的效果，我校着力建立“诊断（督查）——反馈”机制。

总之，管理的重点不在管，而在理；不是强制，而是理清、理顺、理活。成功的管理目的在于创造良好的育人环境，使师生行有规、做有则，培养学生在学校这个“准社会”里的生活能力、交往能力、规则意识、责任担当等，培养学生的校园生活能力，使自己成为一个品行端正的人，求真知，学真本领，养真道德，说真话，办真事，追求真理，做真人，达到知行合一。

六、办学取得的成效

学校建校以来，通过前十年的摸索和近五年的凝练提升，逐渐形成了独特的教育机制，实现了从无到有、从小到大、从薄弱向优质的蜕变。

（一）教师发展

教师发展成效显著。我校教师队伍以五年教龄以下的人占绝对多数，居于特定的教师队伍结构，以“教师共同体”为平台，制定契合校情的特色研训措施“分类结对，分层发展”“两读两做，三课过关”“课例研讨，集约攻关”等，有力地促进了年轻教师专业成长，使年轻的队伍能实现“一年适应、三年成熟、五年骨干”的快速发展。

（二）学生发展

学校德育特色明显，学生品行优秀。在建校前十年的办学过程中突出养成教育的基础上，近五年来学校提炼出“体验式品格教育”的主题德育，实效突出，在以外来务工随迁子女为主体的薄弱生源基础上培育出优秀的校风、学风，形成了优秀的德育文化。

学生综合素质得到长足的发展。学校建构“互助小组”推动学生学习共同体建设，着力培养学生关键能力；确立“多元课程，个性发展”的课程理念，以“一人一艺，一人一技”为目标，开发校本（社团）课程群，课程、社团呈百家争鸣之势，学生整体素质得到提升，在各类比赛中表现出色。

（三）社会认可

教学改革成效显著，教学成绩优秀。在前期“教学案”为载体的课堂改革基础上，近五年提出了深化课堂教学改革的新思路，开展“学习型课堂”的实践研究，建构“多维互动，动态生成”的生态课堂，取得了学生学业成绩“低进高出”的突出成效，打破了“生源基础、教学条件限制教学质量”的魔咒，成功实现“弯道超车”，被列为福建省首批义务教育教改示范性建设学校，学校中考成绩连续多年被授予“初中教育优质奖”和“初中教育突出贡献奖”。

2014 年，以蔡塘学校为主体的教改方式获得国家教改成果二等奖，《中国教育报》以《草根学校触动鹭岛教改》为题报道学校十年办学；同年，我校开始扩大办学规模。2016 年，日本教育家佐藤学先生莅校考察，高度肯定我校教学改革，称“要把日本的教师带到蔡塘学校学习”。2017 年，《人民教育》以《蔡塘传奇：一所随迁子女学校的崛起》（同期《福建教育》刊登）和《实现学生增值的优质教育》两篇长幅文章报道我校办学情况。至 2019 年，我校从 2014 年的 26 个教学班扩大至 82 个教学班，办学规模增长三倍有余。近 5 年来，莅临学校参观学习的全国各地学校达 400 余所，来访老师达 4 万人次。

“立本至善”的办学思想体现对教育最根本的价值的追求。首先，“德”是人之所以为人的根本，是一个自然人走向社会人、成为社会公民所具备、所需要的核心素养；其次“至善”，是人们对人的道德修养的美好追求，是一种以卓越为核心要义的至高境界的追求。这就是说我们的教育要始终保持一种奔向美好的姿态，正如陶行知先生所说“千教万教教人求真，千学万学学做真人”，通过学校教育的多种手段，使人能够走向社会，成为真正的“人”，实现教育的首要价值。

【参考文献】

[1] 黄静宜 . 关于大学生公民教育的理性思考 [J]. 湖北成人教育学院学报，2006(6)：27-28.

[2] 王树荫 . 厘清立德树人根本任务中“德”的含义 [EB/OL].(2019-12-04) [2020-11-20]. http：//theory.people.com.cn/n1/2019/1204/c40531-31488555.html.

[3] 冯宇红 . 论公民教育 [J]. 教育探索，2005(1)：12-13.

[4] 朱张虎 . 基于亲历反思的公民教育课程价值 [J]. 中学政治教学参考，2013(8)：39-40.

[5] 刘方涛 . 对创新与丰富高职德育内容的思考 [J]. 教育与职业，2008(35)：88-90.

[6] 鲁洁 . 教育的原点：育人 [J]. 华东师范大学学报(教育科学版)，2008，26(4)：15-22.

[7] 王莉，代晔，张彩琴 . 农村中小学生家长随迁型陪读的影响分析 [J]. 集美大学学报：教育科学版，2013(2)：96-100.

以文化育

◎吴　云

【作者简介】

吴云（1966—　），男，福建云霄人，中学正高级教师、特级教师。现任福建省云霄第一中学校长、书记，福建省中学化学学科带头人，福建省“十三五”中学名校长培养人选。中国化学学会高级会员，福建省化学学会理事，福建省教育学会中学化学专业委员会理事，福建教育学院兼职教授。曾任福建省高中进校教辅材料评审化学学科专家组组长、福建省一级达标高中评估专家组组长。曾获全国教育系统先进工作者、漳州市第二批优秀人才等荣誉。

文化是学校发展的灵魂，是凝聚人心、展示学校形象、提高学校文明程度的重要体现，是一所学校综合实力的反映。先进的学校文化对促进学生良好品质的养成，全面提高学生素质，陶冶学生情操，构建学生健康人格，促进学生、教师、学校的和谐发展，有着十分重要的作用。“以文化育”就是把学校的教育教学思想、办学理念、特色亮点和管理制度沉淀为学校文化，用学校文化引领、规范和塑造全校师生成长，打造教育品牌，实现优质教育。

一、“以文化育”办学思想提出的背景

20 世纪 80 年代，学校文化一经提出就受到人们的重视。其原因有其深刻的文化背景。

（一）落实新时代的要求

1. 教育改革的需要

学校文化是学校管理发展的高层次追求。随着教育改革的不断深化和发展，学校文化成了各级各类学校育人的一条重要途径，成了学校管理的一种重要手段，充分显示了文化管理的高层性、规范性和科学性，为学校管理理论的丰富和发展提供了新的思路。

2. 素质教育的需要

随着我国教育由应试教育向素质教育的转变，迫切需要学校教育在教育内容、教育方法和教育手段上开辟一条新的路子，以适应现代教育发展的要求。“以文化育”正是提供了这样一种途径。

“以文化育”通过隐性、柔性、渗透、体验等方式将受教育者置于文化的包围之中，让受教育者成为文化育人的主体，通过潜移默化、循序渐进、润物无声地浸润人、感染人、熏陶人，从而达到入芝兰之室久而自芳的育人效果。

3. 社会发展的需要

弘扬学校文化是加强社会主义文化事业发展的需要。学校文化是社会文化的重要组成部分，学校是弘扬社会主义先进文化、培育和践行社会主义核心价值观的主阵地。

习近平总书记在 2014 年主持中央政治局第十三次集体学习时首次使用“以文化人”的概念，强调要“用中华民族创造的一切精神财富来以文化人、以文育人”。2016 年 12 月，习近平总书记在全国高校思想政治工作会议上的重要讲话中指出，加强高校思想政治工作，必须更加注重以文化人以文育人，要注重文化浸润、感染、熏陶，既要重视显性教育，也要重视潜移默化的隐性教育，实现入芝兰之室久而自芳的效果。

4. 文化自信的需要

2018 年 1 月 25 日，中共中央办公厅、国务院办公厅印发的《关于实施中华优秀传统文化传承发展工程的意见》指出，传承中华优秀传统文化要：坚持以社会主义核心价值观为引领，坚持创造性转化、创新性发展，坚守中华文化立场、传承中华文化基因，不忘本来、吸收外来、面向未来，汲取中国智慧、弘扬中国精神、传播中国价值，不断增强中华优秀传统文化的生命力和影响力，创造中华文化新辉煌。

中国特色社会主义道路、中国特色社会主义理论体系和中国特色社会主义制度，其精神源头是5000多年文明发展中孕育的中华优秀传统文化，是党和人民伟大斗争中孕育的革命文化和社会主义先进文化，它们积淀着中华民族最深层的精神追求，代表着中华民族独特的精神标识。

习近平总书记强调："我们要坚定中国特色社会主义道路自信、理论自信、制度自信，说到底是要坚持文化自信。"2016年7月，在庆祝中国共产党成立95周年大会上，习近平总书记指出，"文化自信，是更基础、更广泛、更深厚的自信"，强调"坚持不忘初心、继续前进，就要坚持中国特色社会主义道路自信、理论自信、制度自信、文化自信"。

（二）源自地域文化

学校地处闽南开漳古郡——云霄，有着深厚的历史文化内涵，尤其学校周边的文化古迹，更渗透着浓郁的文化精神。

1. 陈元光的开漳文化精神：敢闯敢干、前赴后继、开拓创新

陈元光（657–711年），字廷炬，号龙湖，光州固始（今河南固始）人。唐朝时期大臣，归德将军陈政之子。仪凤二年（677年），承继父职，授玉钤卫翊府左郎将。永隆二年（681年），授左玉钤卫中郎将、岭南道行军总管。迁正议大夫，漳州刺史，成为漳州历史上的首位刺史。陈元光治闽有方，开科选才，任用贤士，招抚流亡，烧荒屯垦，兴办学校，劝民读书。

2. 朱熹的理学精神：重视主观意志、注重气节道德、自我调节、发愤图强、强调人的社会责任感和历史使命、凸显人性

朱熹（1130—1200年），字元晦，又字仲晦，号晦庵，晚称晦翁，谥文，世称朱文公，祖籍江南东路徽州府婺源县（今江西省婺源），出生于南剑州尤溪（今属福

建省尤溪县）。宋朝著名的理学家、思想家、哲学家、教育家、诗人，闽学派的代表人物，儒学集大成者，世尊称为朱子。

3.“百世师”理学家高东溪：获鹿感鱼的至孝精神

高登（1104—1159年），字彦先，号东溪，祖籍江西，1104年出生于漳浦县杜浔镇宅兜自然村，为福建云霄高氏太始祖。高东溪是南宋著名的历史人物，理学家、名贤、文学家，被朱熹尊为“百世师”，《宋史》《福建通志》《漳州府志》《八闽通志》《广东通志》《中国文学家词典》等都载有他的传记，《高东溪文集》载入清《四库全书》。高东溪先一生勤政爱民，廉洁奉公，有获鹿感鱼，孝道当崇的传说。

4.吴原的兼济天下的人类情怀：秉公执法、宽严有度

吴原（1431—1495年），字道本，别号云坡居士，云霄县人，明天顺八年进士，官至正议大夫、资治尹、户部左侍郎兼都察院右佥都御史。吴原为人“器度伟甚，其待人宽厚坦夷”，秉公执法，宽严有度，“凡政务可否，惟理之视，不以豪右寡弱异徇”。

5.明清官绅施邦曜、陈汝咸、汪绅文、江环、薛凝度、章辅廷和倪惟钦等七位卓政兴学的义举卓识

云霄紫阳书院位于云霄县云陵镇享堂村西北路，七先生祠原为紫阳书院学舍。紫阳书院由前厅、天井廊房、主堂和左侧学舍构成，为历代名人讲学、课徒场所，内祀理学家朱熹、黄勉斋和龙溪人陈北溪，配祀文昌帝君。

紫阳书院左侧辟建厢房，原来是学子学舍。学舍内配祀漳州知府施邦曜、漳浦县令陈汝咸、汪绅文，监察御史江环，云霄厅同知薛凝度、章辅廷和倪惟钦等倡导理学的名人缙绅，故又称七先生祠。

6.秋瑾精神：炽热的爱国主义精神、以改革创新为核心的时代精神、见义勇为的大无畏精神

秋瑾（1875—1907年），女，初名闺瑾，乳名玉姑，字璿卿，号旦吾，东渡后改名瑾，字竞雄，自号“鉴湖女侠”，笔名秋千，曾用笔名白萍，籍贯浙江山阴（今浙江省绍兴市）。清光绪四年（1878年），秋嘉禾（秋瑾祖父）出任云霄厅同知，携

家眷寓居于此。次年农历十月十一日，秋瑾诞生于此。光绪十五年（1889 年）五月至翌年八月，秋嘉禾再任云霄厅同知，秋瑾在此度过童年。秋瑾是中国女权和女学思想的倡导者、近代民主革命志士，她把自己的生命奉献给反封建主义和争取民族解放的崇高事业，是第一个为推翻数千年封建统治而牺牲的女英雄，为辛亥革命作出了巨大贡献；提倡女权女学，为妇女解放运动的发展起到了巨大的推动作用。1907 年 7 月 15 日凌晨，秋瑾从容就义于绍兴轩亭口，年仅 32 岁。

7. 向东渠精神：忠贞为民、勇于担当的崇高信念，无私奉献、大局为重的宽广胸怀，攻坚克难、艰苦奋斗的坚强意志，上下同心、依靠群众的创业激情，马上就办、真抓实干的过硬作风，大胆创新、精益求精的工匠精神

向东渠引水工程：1971 年 9 月，成立向东渠引水工程指挥部，组织干部和民工共 1 万多人，与云霄人民共建向东渠。向东渠是峰头水库（库容 1.77 亿立方米）的主干渠，从乌山南麓到东海滨，跨海峡，贯两县，全长 85.81 公里。东山负责从云霄杜塘水库至东山红旗水库的 35.7 公里主渠工程，和打通云霄土地岭及水尾岭 2 条共长 499 米隧洞，并在水尾砌筑 1 座长 30 米的连拱拦河坝。1972 年 2 月底，完成主干渠挖填土方，即投入各类建筑物施工。其中包括 5 立方米 / 秒流量的石拱渡槽 3784 米、八尺门跨海钢丝网混凝土渡槽 560 米、墩 57 支（墩高 21 米）；石砌圆形暗涵 3 座，总长 770 多米；单、双边砌石渠 51 段，总长 4700 多米；另有大小型配套建筑物 206 座。全线于 1973 年 3 月 13 日正式通水。《福建日报》1973年5月28日以《劈山跨海造长河》为题，《人民日报》1974年3月13日以《不尽江水滚滚来》为题，报道云霄东山两县人民团结协作，共建向东渠的业绩。

（三）传承学校历史传统

学校历史悠久，基础深厚，具有良好的发展潜力。前身是创建于清光绪三十三年（1907 年）“云霄县官立两等小学堂”，民国十五年（1926 年）改名为“云霄县立初级中学”，1944 年由云霄、诏安、漳浦、平和、东山五县共同出资创立“省立云霄高级中学”，是福建省最早的 5 所高中学校之一。

云霄一中自创办之初就注重文化的引领，学校图书馆随着学校的创办而建立，云霄初级中学首任校长方圣徵亲书“弘毅”校训，勉励学生抱负远大，意志坚强，要求学生要有使命感，要有担当精神。在抗日救亡和东山保卫战中，云霄一中学生更是奋勇向前，表现了一中学子的爱国情怀和主人翁精神。在新中国建设中，祖国各地都有一中学子奋斗拼搏的身影，他们当中有像中国海藻科学的奠基人方宗熙一样的科学精英，有像中国人民解放军少将陈有庆一样的共和国卫士，有像张海瑞一样的航天专家，还有许多奋斗在平凡岗位的共和国建设者，他们志存高远，铭记一中教诲，传承一中优秀文化传统。

云霄一中在长期的发展中，沉淀下许多优秀的精神和制度，留下许多值得传承的办学经验和宝贵的行动策略。这些精神和制度已成为这所学校有别于其他学校的标志性特征。主要精神特征有：

1. 笃志弘毅校训精神：怀抱理想，顽强地去实现

“笃志”出自《论语・子张》：“博学而笃志，切问而近思，仁在其中矣。”意谓立定志向，坚定不移，始终如一。

“弘毅”出自《论语》：“士不可以不弘毅，任重而道远”一语。意谓抱负远大，坚强刚毅。

2. 榕树精神

榕树有落地生根、生命如炬的顽强精神，坚韧不拔、百折不挠的进取精神，志存高远、追求卓越的极善精神，同根共生、一脉相连的团结精神，庇荫众生、厚泽载物的奉献精神，襟怀坦荡、有容乃大的人生态度。

（四）个人成长经历

本人从初中至高中都在云霄一中就读，大学毕业后在云霄一中任教三十二年，在云霄县望安山时刻接受着先进文化的熏陶与洗礼，从一位普通教师成长为特级教师、正高级教师，从一名班主任成长为校长、书记，把人生最美的时光都沐浴在云霄一中浓郁的文化氛围里，学校教师渊博的学识、睿智的语言、高尚的教育情怀，学生朗朗的读书声，校园俊秀挺拔的榕树，让人流连忘返。“笃志弘毅”校训，催

人奋进，手握接力棒的我，唯有不辱使命，把云霄一中百年文化发扬光大。

二、“以文化育”办学思想主张及其内涵解析

（一）关键词分解

1. 文

文，是“文化”的简略。《说文解字》：“文，错画也，象交文。”“化，教行也。”根据这一解释，我们可以看出“文”的本义，是指各色交错的纹理，有文饰、文章之义；“化”的本义则为变易、生成、造化，引申为教化、改造、培育等。

以文化人的“文”是指文化，强调的是育人的核心内容，即通过文化来化人、育人，这是以文化人的基础，决定着化人的方向和效果。在当代中国，“文”必须以马克思主义为指导，来保证“文”的方向；必须以社会主义核心价值观为灵魂，来滋养“文”的生命；必须以中华优秀传统文化为命脉，来传承“文”的基因；必须以其他民族的一切优秀文化为借鉴，来丰富“文”的涵养。“文”还必须是中国特色社会主义文化。中国特色社会主义文化，源自中华民族五千多年文明历史所孕育的中华优秀传统文化，熔铸于中国共产党领导人民在革命、建设、改革中创造的革命文化和社会主义先进文化，根植于中国特色社会主义伟大实践，是当代中国的主流文化。

2. 化育

“化育”这个动词最先出现在《礼记·中庸》中：“能尽物之性，则可以赞天地之化育。”这里“化育”是指化生长育。这里取用“化育”的第二义项，即“教化培育”。语出唐·欧阳詹《二公亭记》：“席公今日之化育，吾徒是以寧。”宋·叶适《谢皇太子笺》：“猥以凋残，蒙兹化育。”

化育之“化”，强调经过教化后主动地去践行，整个过程是潜移默化的。化育之“育”，意为培育、教育、抚育。因此，化育的出发点在人“心”上，通过无意识的心理模仿进行学习，塑造人格，养成良好品行，并且整个过程是悄无声息、循序渐进、潜移默化的，师生在积极参与活动的过程中发生变化。

（二）“以文化育”内含解析

学校的办学理念、特色亮点，只有沉淀为学校文化，才能内化为师生的自觉行动。“以文化育”作为一种管理模式，提倡“文治”高于“人治”和“法治”。

“以文化育”：强调文化对于人的教化作用，根本目的在于育人，重点是强调“以什么育人、怎么样育人、育什么样的人”的问题，具体来讲，就是以“文”育人、以文“化”人和文以化“人”的统一，就是用文化的理念、文化的内容和文化的方法培育全面发展的人。其实质，归根结底就是以先进的文化为内容、通过文化的载体和方式来教化人、教育人，其实质就是“人化”与“化人”的统一。

1. 学校文化

学校群体成员在教育教学和管理实践中，逐渐地共同创造生成的体现时代特征和社会进步的价值观念、思维方式、行为规范，以具有学校特色的精神形式、制度形式和物质形态，影响和制约着学校群体成员的活动方式、精神面貌与文化素养。

2. 文以化育

将人类传承下来的物质与精神的文明成果，通过显性与隐性的教育路径，作用于师生的生理、心理和精神，使其吸收、内化、沉淀，从而获得个人成长、发展以及推动社会进步所需要的素养。

3. 以文化育

以文化育就是运用融入式、嵌入式、渗入式的方法手段，将文化融入教育教学、社会实践、管理服务和制度建设等全过程，形成浓厚的学术氛围、丰富的文化生活、和谐的人际关系、文明的生活方式、良好的校园环境、共同的价值取向，为学校事业发展注入强劲动力。

三、“以文化育”办学思想提出的理论依据

（一）以文化人是中国传统文化的一个重要特征

“文化”是“人文化成”一语的缩写。此语出于《周易·贲卦·彖传》：“刚柔交错，天文也；文明以止，人文也。观乎天文，以察时变，观乎人文，以化成天下。”

所谓文，就是指一切现象或形相。天文就是指自然现象，也就是由阴阳、刚柔、正负、雌雄等两端力量交互作用而形成的错综复杂、多彩多姿的自然世界。所谓人文，就是指自然现象经过人的认识、点化、改造、重组的活动。

这里的“人文”与“化成天下”紧密相连，已初步彰显了文化的文明教化、以文教化、以文化人之义，意指对人施以文治教化，培养有教养的人。文化是人类创新活动永恒拓展的载体、创新水平提升的工具、传播的手段。

（二）文化的本质是在实践过程中“人化”与“化人”的统一

马克思恩格斯在回答“人类何以有文化”这个基本问题时，指出文化的本质是在实践过程中“人化”与“化人”的统一，是“人化的自然”和“自然的人化”和对象化活动中介的有机统一体，这从根本上奠定了“以文化育”思想的理论根基。

（三）维果茨基的文化历史发展理论及内化学说

维果茨基（1896—1934 年）是苏联心理学家，他从历史唯物主义观点出发，在 19 世纪 30 年代提出“文化历史发展理论”，主张人的高级心理机能是社会历史的产物，受社会规律制约，十分强调人类社会文化对人心理发展的重要作用，以及社会交互作用对认知发展的重要性。

维果茨基内化学说主要观点：

1. 人们的社会活动或外部活动向心理过程转化的机制就是“内化”

内化就是简单地把外界的东西吸收过来，然后通过消化就变成自己的，是一个由外到内的过程。人的思维与智力是在活动中发展起来的，是各种活动、社会性相互作用不断内化的结果。

2. 心理机能发展起源于社会文化历史发展，受社会规律制约

高级心理机能是外部活动不断内化的结果。在社会和教学制约下，学习者的心理活动首先属于外部的、人与人的相互作用，然后才内化为自身的内部活动，并且随着外部与内部活动相互联系的发展，形成了人所特有的高级心理机能。

（四）优秀文化能丰富人的精神世界已成共识

美国哲学家、教育家杜威曾说："文化就是不断扩大一个人对事物意义理解的范围，增加理解的正确性的能力。"一个人长期在文化中熏染和浸润，而且深入骨髓，哪怕他的举手投足，也跟别人不一样。

英国小说家和戏剧家毛姆：文化的价值在于它对人类品性的影响。除非文化能使品性变得高尚、有力。文化的作用在于裨益人生，它的目标不是美，而是善。

（五）习近平总书记关于教育的重要论述

教育是国之大计，党之大计。培养什么人、怎样培养人、为谁培养人，是教育的根本问题。我国有独特的历史、独特的文化、独特的国情，教育必须坚定不移走自己的路。我国5000多年的文明史，孕育了学无止境、有教无类、因材施教等深厚的教育思想。坚持立德树人，坚定文化自信，培养德智体美劳全面发展的社会主义建设者和接班人，为实现中华民族伟大复兴提供有力人才和智力支撑，办人民满意的教育。

四、"以文化育"办学思想提出的实践依据

（一）呼和浩特市铁路第二中学经验

呼和浩特市铁路第二中学把学校文化建设纳入学校整体发展规划，围绕"让学生成才　让家长放心　让社会满意"的办学宗旨，努力建设既有深厚底蕴，又充满生机活力、健康向上的学校文化，得到学生和家长的认可，形成了良好的文化氛围。

（二）济南高新第二实验学校经验

济南高新第二实验学校用十年的时间打造了"品慧"文化，推动了农村起点学校的城市化进程，不仅激励全校师生创造了不凡的业绩，更重要的是学校已经成为师生心灵的家园、生命成长的沃土。正是"品慧"文化的力量助推了学校的成长、成熟，为下一个十年走向卓越打下了坚实的基础。

（三）上海市罗店中学经验

上海市罗店中学以文化认同为切入点，以文化引领为策略，构建并优化学校教育工作体系，通过行动探索，实践多元发展，落实立德树人的根本任务。

（四）重庆市渝北职业教育中心经验

重庆市渝北职业教育中心坚持以文化人、文化立校的现代化战略，已发展成为拥有 18 个专业、10000 余名在校学生的国家中等职业教育改革发展示范学校，走出了一条以“四维育人”体系为核心的文化引领学校现代化发展道路。

（五）西安高新三中经验

西安高新三中建立了以体现中国传统文化精髓与西方的人文精神和现代科学相结合的学校文化，具体来讲就是弘扬中国儒家、道家等传统文化，结合西方人文精神与现代科学精神，凸显“崇善尚真，追求卓越”的核心理念，体现传统与现代相融合、东方与西方文化相包容，形成高新三中和谐、厚重、积极向上的学校文化。

五、“以文化育”办学思想的理论支撑

在推进“以文化育”过程中，必须始终坚持立德树人的根本任务，牢固树立以学生为中心的思想，不断加强学校文化建设，充分发挥学生主体作用，坚持以文化育，努力培养担当民族复兴大任的时代新人。

（一）学校观

学校文化作为学校教育中的一种社会意识形态，时刻影响着学校中的人对教育的看法、对学校的理解、对学生的认识以及对教育价值的追求。它是一所学校区别于其他学校的个性体现，是一所学校综合实力的重要标志，是一所学校兴衰荣辱的决定性因素。

（二）教师观

教师观是指关于教师职业的基本观念，从广义上看是人们对教师职业的认识、看法和期望的反映。从狭义上看是教师对教师职业的特点、责任，教师的角色以及

科学履行职责所必须具备的基本素质等方面的认识。教师是学校关键的发展主体。教师价值观与学校发展观相近，学校才能稳步奔跑。面对高考综合改革，教师要转变角色，成为学生思想的引领者、学习的促进者、课堂的合作者。

（三）学生观

“一切为了学生的发展”是高中新课程的核心理念。我们文化化人的目标，就是把学生培养成“具有深厚文化教养的现代中国人”，具体包括“文化教养”“现代教养”“家国情怀”“奋斗精神”四个层面。

1. 文化教养

学校培养出来的学生具有中华优秀传统文化核心价值观，拥有植根于中国人思想道德传统和历史文化传统的思想观念、人文精神、道德规范和价值追求。

2. 现代教养

学生能主动适应未来社会发展，具有法制意识、信息素养、劳动观念和国际视野，有较强的创新精神和实践能力。

3. 家国情怀

培养的学生有信仰、有情怀、有担当，树立高远的理想追求和深沉的家国情怀，努力做对国家、对民族、对人民有贡献的建设者。

4. 奋斗精神

秉承“笃志弘毅”的校训，发扬“榕树精神”，鼓励学生怀抱理想，一如既往，顽强地去实现。

（四）课程观

课程文化是学校文化的重要部分，是学校文化支柱，它直接体现着教育的人文理想和追求，是教育教学存在的意义和价值。学校文化建设只有融入学校课程中，才是扎根的有生命力的文化；学校课程只有体现学校的文化特质，承载学校文化使命，才是真正带有校本性质的课程。

（五）教学观

引领学生关注文化、亲近学科，让他们在立体、多维的学科学习中，沐浴优秀传统文化的光辉；通过体验与熏陶、理解与扬弃、鉴赏与反思等提高学生的核心素养、增强学生的民族自信心，从而为其终生发展奠基。通过主题探究活动生成智慧、建构新知，鼓励学生敢于大胆质疑，提出独到的见解，推进优秀传统文化的创造性转化和创新性发展。

六、“以文化育”办学思想的实践探索

坚定社会主义办学方向，坚持立德树人，以“笃志、弘毅”校训文化建设为抓手，深入培育和践行社会主义核心价值观。扎实稳妥地推进高考综合改革，转变育人方式，促进学生全面而有个性地发展，努力创建“福建省示范高中”和“福建省文明校园”。

（一）打造和谐规范的管理文化

1. 依法治校，成规矩

依法治校是学校育人的核心要素。建立和完善符合法律规定的学校章程和制度，依法办学，从严治校，认真履行教育教学和管理职责。加强师生普法教育，提高师生的法律素质和公民意识，依法保障学校和广大师生的合法权益。进一步完善校务公开制度，保障公众对学校办学的知情权、参与权和监督权，让师生成为法律的宣传者和践行者。

2. 制度育人，促提升

建立和谐和上和具有国际视野的现代学校管理制度是学校发展的根本。印发《云霄一中教师工作手册》，使学校制度了然于心，内化于行。加大对出勤、工作量、常规工作和工作业绩等方面的考核力度，引导教职工深刻理解制度内涵，能将学校的管理理念转化为自身的规范行为。试行《云霄一中教师职称正常晋升实施方案》和《云霄一中教师职称奖励性晋升实施方案》，让勤奋工作、业绩突出的教师得到更多实惠，极大调动教师工作的主动性、积极性和创造性。出台学校五年教育发展规划，让师生明确学校今后发展的愿景与目标，并为之努力奋斗。

3. 民主管理，出成效

完善学校目标管理和绩效管理机制，实行党政工联席会议等管理制度，建立健

全教职工代表大会制度，不断完善科学民主决策机制。建立决策公示和听证制度，提高重大教育决策的科学化水平，完善教育信息公开制度与途径。建设一支专兼职相结合的教育教学视导队伍，及时发现并纠正违反教育教学管理规定的行为。进一步健全学生家长委员会制度，聘请社区和有关专业人士参与学校管理和监督。

4. 人文关怀，讲和谐

关心教职工生活，注重人文关怀和心理疏导，引导干部职工用正确方式处理人际关系、表达利益诉求，形成一套体现人文关怀和引导自觉的制度文化，不断增加教职工的认同感和凝聚力。关心教职工利益，逐步改善教职工福利待遇，开展健康向上的文体活动，营造和谐温馨的教职工文化，增强教职工的归属感和幸福感。

5. 开放办学，提品位

教育公平和教育质量是全球教育发展永恒话题，开放合作、智慧共享是学校发展的核心要素。只有开放合作，智慧共享，才能推动教育更好发展，不仅加强与国内知名学校协作，更要广泛开展国际教育交流活动，吸纳和借鉴国际教育发展成果，提升学校核心竞争力。2018 年 12 月，我校主办了省级教学开放活动，为我校教师专业成长提供了切磋、对话、共享的平台，共有省内外专家及教师 2300 多人次参加了教学观摩活动，学校赢得“小云霄，大智慧”的美誉。2019 年 12 月 30 日至 2020 年 1 月 19 日，受省教育厅委派，我们一行 20 人前往美国考察基础教育，对方在重视学科融通、丰富课程体系、课堂自主互动、STEM 教育、服务社区、培育学生综合素养等方面给我们留下深刻印象，值得我们反思借鉴。

（二）营造追求极善的精神文化

我们的教育就是要让全校师生的共性能力和个性飞扬得到和谐发展，努力营造追求极善的精神文化，做最好自己的教育。“追求极善”由三个维度组成。这三个维度：一是学校办学理念；二是学校三风建设；三是学校培养目标。由这三个维度，组成学校教育完整的系统。

办学思想：以文化育。

校训：笃志弘毅。

校风：团结 求是 开拓 奋进。

教风：敬业 严谨 博学 精育。

学风：立志 勤奋 守纪 求真。

教师发展目标：有底气、有反思、有追求、有作为，德才兼备的教师团队。

学生培养目标：有纪律、有梦想、有自信、有担当，身心健康的合格人才。

（三）厚实立德树人的育人文化

坚持党的领导和社会主义办学方向，把全面贯彻党的教育方针、培养社会主义建设者和接班人贯穿于学校教育教学活动始终。坚持立德树人根本任务，健全“三全育人”体制机制，营造全员育人、全方位育人、全过程育人的氛围。以创建省级文明校园为契机，抓实常规管理，持续构建学校、家庭、社会三位一体的德育工作立体网络，厚实立德树人的育人文化。

1. 优化德育队伍，提高管理能力

德育是学校工作之首，打造一支以中青年教师为主的敢抓善管的高水平德育工作团队是抓好德育工作的关键。建立健全德育例会制度，加强班主任工作的业务培训；举办“筑梦新时代 改革再出发”的班会观摩课，互学共进，提高班主任工作实效。建立班主任工作绩效的考核评价机制，调动班主任工作的积极性，鼓励班主任争优创先。抓实学生常规管理，建立学困生的跟踪管理制度和家长约谈制度。抓实班团干部培训，提高自我管理能力。完善综合素质评价，促进学生全面发展。

2. 筑牢理想信念，厚植爱国情怀

强化理想信念教育，引导学生树立正确的国家观、历史观、民族观、文化观。积极培育和践行社会主义核心价值观，开展中华优秀传统文化、党史、国史、改革开放史教育活动；通过举办“弘扬和培育民族精神活动月”和“青春心向党　奋进新时代”、“不忘初心　牢记使命　唱响中国梦”等主题活动，培育爱国情怀。

3. 拓宽培养渠道，提高综合素养

统筹安排课堂学习和课外实践，实施研学活动和社会实践活动；开展志愿者服务、祭扫献宝山烈士陵园等活动，提高学生的社会责任意识。实施劳动教育，培养

学生劳动习惯和热爱劳动的品质。举办校园科技文化艺术节、春季运动会、田径运动会等丰富多彩、健康向上的活动，促进学生全面发展；开展“广播体操＋太极拳”的大课间活动和下午课外活动，确保学生每天在校锻炼时间不少于1小时。

4. 抓实安全教育，增强防范意识

树立安全第一的办学思想，确保学校安全稳定，是做好各项工作的前提和保证。开展反恐反邪教宣传教育，开展打黑除恶专项活动，抵御防范非法传教活动向校园渗透；开展交通、法治、毒品、预防暴力等安全教育，举办预防青少年违法犯罪法制宣传活动、国家网络安全宣传周校园日活动和“青春与法同行”主题团日活动；重视学生心理疏导，定期组织紧急疏散演练，切实提高广大师生的安全意识和自救自护能力。

5. 挖掘教育途径，提升德育合力

着力打造以学校、家庭、社会为依托的三维教育网络；发挥家长委员会、家长学校的作用，创新家长会形式，利用好家校平台、校园微官网，加强与家长的沟通与联系，提高学生教育的实效性。

（四）构建精益求精的学术文化

学术文化关乎教师专业发展导向，直接影响着良好教风的形成，构建精益求精的学术文化是办一所追求极善的学校关键所在。在高考综合改革背景下，直面“3+1+2”高考新模式，坚持问题导向、目标导向、结果导向，提高学校发展规划的前瞻性、针对性、有效性。只有通过强化校本教研，提升教师综合能力，构建精益求精的学术文化，才能更好推进学校教育改革与发展。

1. 完善课程体系，推进高考综合改革

严格执行国家课程计划，规范学校课程设置、课时安排；创新学校课程，开设94门选修课程，服务高一高二选学走班、校本课程和研究性学习选课走班等。2018级推出12种选课模式，供学生选择。建设多功能教学管理平台，加大对班级编排、学生管理、教师调配、教学设施配置等方面的统筹力度。与省心理援助协会专家团队协作、打造学校生涯规划专家型指导团队的专业引领模式。

2. 优化教学管理，推进教学质量提升

完善教学管理细则，抓实日常管理，做到有检查、有记录、有总结、有反馈。利用人脸识别系统加强对选课走班学生的管理。继续发挥教务处管理教学、名师骨干教师引领作用，加强课堂教学指导力度；实行月考制度，加强考试数据分析，认真做好反馈，引导改进教学。围绕高考评价体系，深化高考研究；修改高考奖励方案，整合学校教师优势资源，做好培优托底工作。教育教学质量稳步提升，连续六年荣获“漳州市高中教育教学质量先进学校”称号。学生在各级各类竞赛中，取得国家级奖项 21 人次、省级奖项 32 人次、市级奖项 102 人次、县级奖项 16 人次。其中，高二年方涵宇同学被评为 2019 年全国“英才计划”物理学科年度优秀学员并入选为英才风采学员，是福建省在该项目唯一入选的中学生。

3. 拓展教学研究，推进理论建设深化

坚持校本主题教研，促教师专业发展。举办省示范性高中培育课程教学教研专题会议、全国高考试题分析会；举办全省高三毕业班质量检查生物学科反馈会，省中学生物科“许桂芬名师工作室”、市语文学科“李都明名师工作室”送教下乡活动；承办福建省普通高中高级职称教师（语文暑期漳州班）省级培训，举办 45 周岁以下教师现场“说题”比赛，深化高考研究。近三年，申报并立项的省级课题 6 个、市级课题 8 个、县级课题 10 个；教师发表 CN 论文 132 篇；论文、一师一优课、微课、三优联评等比赛获得省级奖励 11 个、市级 12 个。

4. 加大开放交流，推进育人方式转变

开放共享是学校办学成功的重要标志。通过开放共享活动，既可推进学校内涵建设，提升学校影响力，又可促进教师专业发展，推进育人方式转变。近三年，共推送 18 位教师参加省级培训、2 名教师到上海跟岗学习，组织 2 期 120 名教师到上海师大“云霄一中教师教学能力提升培训班”学习，举办以“重构课堂教与学的方式”和“聚焦学科核心素养　改进课堂教学方式”为主题的两次市级教学开放活动，探索初高中衔接，转变育人模式。加大开放办学力度，与连江黄如论中学结对共建，漳州开发区教育局、漳州二中、惠安一中等来校参观交流；四个县级名师工作室积极开展送教下乡活动，提高薄弱高中办学水平。

（五）弘扬科技教育文化，彰显学校办学特色

科技教育是我校办学特色。多年来，学校坚持“以学科建设为引领、人才培养为根本、队伍建设为核心、科学研究为支撑、质量水平为内涵”的工作思路，着力打造学校科技教育体系，基本形成以“科普教育”“科技实践”“科技创新”等三个系列的科技教育体系，开发“走近湿地”“机器人编程与自动控制”“探秘漳江口红树林”等校本课程。

每年开展一次“科技活动周”活动，为学生提供了一个展示自我的平台；还邀请科普专家来校讲学、作科技创新专题报告会；抓实研究性学习，培养学生的探究意识和创新精神。

近三年来，有学生研究性学习课题 100 多个，其中汇编成册 40 个；获校级奖励的有 14 个课题，获市级奖励的有 3 个课题（其中一等奖 2 个，二等奖 1 个）。徐劲林老师设计的《蔬菜大棚里的科学》入选 2019 年中小学综合实践活动课程资源。

连续四年（2015–2018 年）被评为“全国青少年科学调查体验活动示范校”，青少年机器人代表队近五年 5 次代表福建省出战全国赛，夺得综合技能项目高中组冠军 4 次，金牌 3 个、银牌 1 个的好成绩，荣获“中国青少年机器人竞赛优秀学校”“全国青少年人工智能活动特色单位”等称号。科技教育成果《普通高中办学特色策略》发表于《福建基础教育研究》，给兄弟学校开展科技教育提供了借鉴。

（六）营造健康优美的环境文化

环境育人是以文化人的重要方式。近三年，学校投入四千多万元，努力改善办学条件，营造健康优美的环境文化。新建的实验大楼已于 2020 年 9 月投入使用，配备省内一流实验设施设备，把全国最高科学技术获奖者先进事迹挂在楼道墙上，鼓励学生追求真理，勇于探索。建设停车场，使车辆停放井然有序；教室、宿舍均配备空调，让学生学习生活更加温馨。

优化校园文化设施配置，建设校史馆与校友书画摄影作品展厅，加快诗意绿化生态校园建设步伐，彰显望安山校园文化特色，特别是注重与秋瑾文化、吴原文

化、理学文化、开漳文化等周边文化相得益彰，实现校园进一步绿化、美化、净化、亮化，被评为福建省绿色学校。

七、文化引领提高度

1. 以人为本，提高教师幸福感

在“以文化育”办学思想的熏陶下，全体教职工团结拼搏，学校顺利通过省一级达标学校复评，进入福建省示范高中建设学校序列。在2018年教师职称竞聘中，共有39位教师晋升高级教师，高级教师占比42.74%，所有已评未聘教师都得到聘任，90%教师在这次竞聘中晋升工资薪级。近三年，荣获全国教育系统先进个人1名、省级先进2名、市级先进13名、县级先进34人。教师专业发展不断提升，近三年，在各类教师技能比赛中，获国家级及省级奖项24个，市级奖项49个，市级及以上课题27个。文体活动健康向上，教师代表队在县师生经典诗文诵读比赛中荣获一等奖。

2. 搭建平台，促进学生成长成才

在首届“砚德堂杯”全国硬笔书法大赛中，有8位学生获奖，其中方涵宇获全国特等奖。在省示范性高中建设学校首次体育特色项目展示活动中，我校获得优异成绩，夺得10米电子步枪射击赛男女团体总分第一名、男团总分第一名和女团总分第二名，男子个人第一、第二、第四和第六名的；网球队获得团体三等奖。在省青少年健身气功锦标赛中，获集体三等奖，朱惠萍获女子甲组个人赛项目二等奖，其他3位学生分获三等奖。在市级合唱、朗诵、征文、阅读等活动中共有8人次获奖，其中“我和我的祖国”学生合唱比赛获全市一等奖。在云霄县中学生篮球联赛中，荣获高中组第一名。

八、未来发展规划

学校文化建设的核心是让全校师生逐步建立一种价值观和思维方式。学校文化积淀是师生成长过程中需要吸取的重要养分。加强学校文化建设，优化育人环境还需要学校、社会、家庭的密切配合，只有重视学校的文化建设，以人为本，环境育

人的功能才会得到真正加强，学生才能真正健康地成长。

以习近平新时代中国特色社会主义思想为指导，深入贯彻党的十九大和全国教育大会精神，全面贯彻党的教育方针，提振精气神，增强教育工作者的责任感、使命感，坚持新发展理念，深化高考综合改革和课程改革，尽力做到管理求实、德育求善、智育求真、艺术求美、环境求优，从而推进学校内涵发展、跨越发展，完成省级示范性高中的创建工作。

（一）思想立校

深入持久学习贯彻党的十九大会议精神，切实用习近平新时代中国特色社会主义思想武装头脑和指导实践；完善“党建+”模式，提高党总支和党支部凝聚力与战斗力，持续推动“不忘初心、牢记使命”主题教育向纵深方向拓展，教育引导广大党员干部增强“四个意识”、坚定“四个自信”、做到“两个维护”；充分发挥党的组织优势和党员干部的带头作用，严格执行中纪委关于廉洁从政及党员干部廉洁自律十不准的规定，廉洁自律，保持党的先进性和纯洁性，树立党员干部队伍在教师中的良好形象。

（二）文化兴校

以“笃志弘毅”校训文化建设为抓手，深入培育和践行社会主义核心价值观，探索以综合素质评价为抓手的德育管理新模式，打造和谐规范的管理文化，落实育人为本的德育文化，营造健康优美的环境文化，营造和谐温馨的教职工文化，彰显望安山文脉文化特色，融学校传统、地方历史文化和时代文化精神为一体，创建省级文明校园。

（三）管理强校

以制度为准绳，突出“以人为本”的管理理念，进一步完善用人机制，建设一支具有较强的决策能力、组织能力、执行能力和开拓创新能力的管理队伍，构建全面目标计划体系，构建有利于实施素质教育、适应高考综合改革的选课走班教学管理新模式，构建学校教师业绩考评体系，构建人人参与的公平环境，形成以科学发展观为指导的战略思维和运行高效的现代学校管理体系。

（四）名师扬校

建立促进教师专业发展的机制，继续开展以校为本的听说评课制度，以专题式有效教研活动为载体，直面教学中存在的主要问题，在问题突破中促进教与学的优化。落实国家教育信息化 2.0 行动，探索基于人工智能的教学新模式，推进信息技术与学科教学深度融合，全面提高教师实施素质教育的能力和水平；招聘高学历或双学位教师，具有硕士研究生学历或双学士学位教师占专任教师 8% 以上，培养一批特级教师、省级教学名师、省市学科带头人、省级骨干教师，力争比例达专任教师的 8%。

（五）素养植校

坚持把立德树人融入思想道德教育、文化知识教育、社会实践和劳动教育各环节。制定德育工作实施方案，突出思想政治课关键地位，充分发挥各学科德育功能。积极开展党团组织活动和主题教育、仪式教育、研学实践教育等活动。强化实验操作，建设书香校园；强化体育锻炼，丰富运动项目和校园体育活动；加强美育工作，培养学生艺术感知、创意表达、审美能力和文化理解素养。扎实开展劳动教育活动，使学生养成劳动习惯、掌握劳动本领、树立热爱劳动的品质，努力培养德智体美劳全面发展的社会主义建设者和接班人。

（六）质量强校

学校坚持促进学生全面发展，提高学生综合素养。近三年学生按时毕业率 98% 以上，国家学生体质健康标准达标率 95% 以上，学业水平考试合格率达 99% 以上；高考本科上线率 95% 左右。学生社团数量不低于高中班级总数的 2/3，社团活动有效促进学生全面而有个性的发展；近三年有 5% 以上学生在省级以上教育行政部门组织或认可的各类活动中获奖。加强高三毕业班的教学管理和质量监控，整合学校教师优势资源，突破高考瓶颈，力争再出清华、北大学生。

（七）特色兴校

围绕创建“科技教育”办学特色，从发展学生的核心素养出发，构建包括基础型、拓展型和研究型三个层次的国家课程校本化实施体系，开发校本作业，凝练、应用和推广教学成果，不断提升教师专业素养和实践能力。

（八）安全稳校

积极创建5A级平安校园，建立健全校园安全网格化管理机制、校园安全保卫工作长效机制，完善内部安全防范机制建设；创新信息化环境下安全教育新模式，加快推进综治安全信息化建设；重视心理健康教育；协同创建校内外安全教育资源，健全矛盾纠纷排查化解工作机制；依托学生社会实践基地、青少年校外活动中心和其他社会教育资源，建立学生安全教育训练基地，不断丰富校园安全文化建设内涵。

（九）建设优校

加强校园文化环境建设，凸显学校办学理念和学校特色；更新补齐教学设施设备，加快新体育场规划和建设，使学校建筑功能和资源配置满足学生学习发展和教师专业成长的需要；推进校园信息化建设，建设智慧校园。

以文化来凝聚人心，以文化来为学校提供持续发展的动力，始终以文化统领，整合学校的愿景、方略、行动措施，不断提升学校的发展力和竞争力，促进学生、教师、学校的和谐发展，实现真正意义上的以文化人、以文育人。

【参考文献】

[1] 张鲲．儒家道德化育的人格指向与实践智慧[J]. 宁夏社会科学，2020（6）：46-49.

[2] 邱杰．探索思政实践模块化育人模式[J]. 中国社会科学报，2020-11-05（2041）.

[3] 李之宁．造化育英才：学生发展的指导[J]. 中国教师，2020（6）：101-102.

[4] 石瑰硕，杨丽丽．基于生命生活教育的特色化育人模式研究[J]. 基础教育参考，2020（5）：25-27.

[5] 李竹．化育生命课程的构建与实施[J]. 教学与管理，2018（2）：20-22.

[6] 江苏省梁丰高级中学．完善课程聚焦项目化育人模式 创新平台激活高品质高中建设[C]//2019年江苏省普通高中校长暑期培训班论文集．南京：江苏省教育学会，2019：108-112.

诚真教育

◎魏献策

【作者简介】

魏献策（1970— ），男，福建泉州人，中学高级教师，教育硕士。现任福建省泉州实验中学校长，福建省中小学历史学科教学带头人，福建省“十三五”中学名校长培养人选。曾获福建省优秀青年教师、泉州市普通中学优秀青年教师、泉州市先进德育工作者等荣誉。

校长是学校发展的设计者和引领者，校长有什么样的教育理想，有什么样的办学理念，有什么样的价值追求，有什么样的管理智慧，就会有什么样的学校发展取向和办学行为。凝练办学思想是名校长培养的重要内容。泉州实验中学经过二十年的发展，也需要对学校的办学做阶段性的总结，确定学校办学思想和发展理念，才能更好地为学校今后的发展指明方向。学校领导班子经过一年多的思考、讨论，结合学校的办学历程和办学实际，提炼出“诚真教育”的办学思想，构建“诚正务真”的管理文化、“诚敬启真”的教师文化、“诚实修真”的德育文化、“诚学求真”的课程文化、“诚爱雅真”的环境文化，实现学生的全面可持续发展。

一、“诚真教育”办学思想的提出背景

（一）学校的办学探索和发展需要

泉州实验中学创办于 2001 年。学校创办之初，重点以“优良校风”和“优质教学”为着力点，办学目的相对简单明确。在办学实践中，我们逐渐认识到，价值的塑造和价值观的培育，是校风建设和文化教育共同的交汇点。道德的教育价值与

文化的教化意义均在于其对人的观念与行为的价值规范与引领，学校要实现可持续发展，必须更好地解决培养什么人、怎样培养人、为谁培养人这一根本性问题。

某种意义上说，我国基础教育所遭遇的一系列问题并不完全是具体的道德问题或教育问题，而是深层次的文化问题。只有构建自觉、自信、自为的校园精神文化，才能构建师生的道德人格与精神信仰。泉州实验中学前阶段的办学，整体上是立足于学生的终身发展和长远发展的，但学校要高位发展，必须逐步从成绩立校、制度立校向文化立校、文化育人的方向发展。现代社会带着很多功利和浮躁，在这样的大环境下，教育也难免丢失最本质的东西——高贵精神的润化。然而真教育应该是心的教育，心的力量如果培养起来，知识和技能也会因师生的自觉追求而更加丰厚，每个人也会因内在的文化教养而更加丰盈。在广泛的讨论总结中，我们也进一步认识到，要培养心的力量，必须由“诚真”开始。

（二）立足于学校的本源文化

学校办学思想是一项文化承续与创新的事业，它既依持于既有的文化资源，又构造着新的文化样态与文化价值。学校的办学思想首先应该立足于学校本源的文化基础。作为一所办学历史不长的民办校，学校的管理文化简朴而诚真，和谐而融洽，民主而平等；学校教师对教育的诚真在社会上有目共睹，他们爱生敬业，自觉追求教育之道、教学之法，自觉以教育为己任；学校致力打造的优良校风也是以“诚真”为核心，学校风气淳朴善美，实验学子真诚待人，向往真知。学校在这基础上建立的一系列的规章制度，也是以诚真为基本原则，对所有人一视同仁，一律平等，努力创造一种民主、团结、友爱、和谐、真诚、务实的工作环境和学习环境。这些宝贵的精神财富，值得我们在今后办学中有机融入，传承创新。

（三）基于社会的普遍认同与赞誉

从传统伦理学的角度说，诚真是一种良好的社会道德规范，也是个人道德完善的体现。从现代社会学的角度而言，诚真是保持社会结构功能正常运行最重要的因素之一。作为一所新办的民办学校，实验中学坚持诚信办学的原则：取信于教师，对聘任教师的承诺，绝不出尔反尔，绝不言而无信；取信于社会，言之有信，认认真真办事，实事求是宣传。学校创办的时候，恰逢新一轮基础教育课程改革，作为课程改革实验区学校，实验中学坚持新课程理念，求真务实，积极探索，大胆实践，做了大量具有尝试意义和开创意义的工作。课程管理是实验中学新一轮课改的亮点，在开齐开足国家课程的同时，学校开设了丰富多彩的地方及校本课程。学校的课程改革以“修诚求真”为主要目标，强调知识与技能、过程与方法、情感态度与价值观“三维”目标的达成。学校的课程改革得到了社会的普遍认同和赞誉。2009年，学校结合自身特质及实践，确定了“实以立人，验以求真”的校训，这一校训迅速成为广大师生共同遵守的基本行为准则与道德规范，也成为实验中学面向社会的精神标志。

二、“诚真教育”办学思想内涵解析

“诚真教育”包含“尚诚”和“求真”两方面。“尚诚”意在尊重人性之本然，诚意正心，臻于至诚，包含“忠诚爱国、真诚对己、坦诚待人、实诚做事”等内涵；“求真”意在尊重科学与事实，追求真理，臻于至真，包含“理性实证、追求真理，知情意合、学做真人”等内涵。这二者首先是和谐统一、相辅相成的，“诚”为修身进德之基，“真”为求知做人之本。“诚”是根基，“真”是目标；“诚”为“真”之先，“真”为“诚”之至。这二者又各有侧重，“尚诚”偏重“修身立德”，“求真”偏重“求知做人”。

“尚诚”主要是“德”的教育，是诚正人格的培育。所谓“欲正其心者，先诚其意。”（《礼记·大学》）诚正人格的培育应由“尚诚”开始，“诚者自成”而终成“真人”。此间，于管理者而言，意味着要开诚布公，民主管理；于教师而言，意味着要真诚爱生，敬业无适；于学生而言，意味着要修诚正意，趋真弃伪。“求真”侧重“学”的教育。人类一切真知的获得，都始终体现着求真唯实的科学精神；人类社会的发展与进步，靠的就是一代又一代人所具有的这种科学精神。学校的重要功能就是为社会培养合格的人才，科学精神是未来社会合格人才的基本要求，也是学生应对未来挑战的必备素养。此间，于管理者而言，意味着要实事求是，科学管理；于教师而言，意味着要尊重科学，教人求真；于学生而言，意味着要追求真知，辨伪去妄。

“诚真教育”归根结底是回归人性真我的教育。“尚诚”在于尊重人真实的个性，“求真”在于尊重知识的客观认知过程。其目标是培养“尚诚求真”的人，即诚意正心、身心和谐、求真唯实、全面发展的现代公民。具体表现为拥有道德意志，具有是非善恶判断能力，内心坦荡无欺，能够自觉心系社会与自然。在社会生活中，能够真心待人待物，乐于探知真理真知，整体呈现出人格的健全与丰美。

三、“诚真教育”办学思想提出的依据

（一）传统伦理文化依据

教育是培养人的一种社会活动，是传承文化、传递生产与社会生活经验的一种基本途径。教育的根本是传承，承接优良传统是现代教育的基本法则之一。过程教育理论认为，教育必须植根于优良传统，从中获取源源不断的滋养，才能枝繁叶茂。中国传统文化历来重视伦理本位。《左传·襄公二十四年》中就说：“太上有立德，其次有立功，其次有立言，虽久不废，此之谓不朽。”一个人的一生如何才算不朽？在这里作了回答：一是要能够立德，需要养成良好的品德；二是要能够建立事业；三是能够著书立说形成自己的思想。这其中最为重要的是立德，是一个人生存的根本。在《礼记·大学》中又说：“大学之道，在明明德，在亲民，在止于至善。”大学的教育目的在于明德、亲民，最后要达到至善，由此可见，我国古代的学校教育是优先把伦理教育作为教育的价值指引。

在中国特色社会主义进入新时代的历史方位下，借鉴中华民族优秀教育传统，重申立德树人的指导思想，赋予其符合时代发展和当代国情的新内涵，这是民族复兴背景下中国教育发展的必然要求。中华民族是世界上最注重道德教育的民族之一，“诚”与“真”是中华民族传统修身美德的核心。“君子必诚其意。”（《大学》）“诚者，天之道也；诚之者，人之道也。”（《孟子》）“唯天下至诚，为能尽其性，能尽其性，则能尽人之性，能尽人之性，则能尽物之性，能尽物之性，则可以赞天地之化育。”（《中庸》）以上种种论述，都说明了传统美德中“诚”的基础性意义，它是一个人美德的基础，也是为人之道的根本要求。诚者，真实无妄也，传统文

化教人“尚诚”的目的是“求真”。虽然传统文化对“真”的理解更偏重于“道”和“理”，所谓“道者，万物之所然也，万物之所稽也；理者，成物之文也”。这种理解与现代科学精神固然有一定的区别，但就其精神实质而言，都是提倡唯实地探索客观事物、客观真理。现代科学精神与传统文化中的求真精神是一脉相承的，它是传统文化中追求真理的求真精神的延续与发展。

（二）现代教育理念依据

21 世纪是知识经济的世纪，是信息化的世纪，也是学习的世纪。终身学习是 21 世纪人的通行证。国际 21 世纪教育委员会在向联合国教科文组织提交的报告中，郑重地提出了现代教育的四大支柱，即学会求知、学会做事、学会共处、学会做人。近年来，上百个国家的教育发展都在借鉴这一现代教育思想，继而成为教育教学主流。概括起来，这四大支柱包含“求知态度”和“道德修养”两方面。

“学会求知、学会做事”的核心在于“求真”。“求真”精神是现代科学精神的核心。它以理性的思维去分析问题、解决问题，其基本内涵是探索求知的理性精神、实验验证的求实精神、批判创新的进取精神。我国现代教育的先驱陶行知先生提出“千教万教，教人求真”，求真是一种追求真理的态度，也是一种获得真知的手段，更是成就“真人”的基础。这种宝贵的教育思想在 21 世纪教育中同样适用，值得我们去传承和发扬。

“学会共处，学会做人”包含了为人处事与和睦相处的两个基本内容，其核心在于“尚诚”。这无疑提醒了我们必须认识到，无论任何时期，“诚”都是维系良好社会关系的纽带，是打开社会资源宝库的钥匙。“诚”是人的一种自我心理塑造，是理性与情感自我调节出来的一种“真”，是个人与社会之间真正的连接点，是为人处事的根本，是善待世界的总则。“修诚”的过程其实就是打造人生的过程，也是缔造良好社会风尚的过程。

（三）教育方针政策依据

“教育必须为社会主义现代化建设服务、为人民服务，必须与生产劳动和社会实践相结合，培养德智体美劳全面发展的社会主义建设者和接班人。”这是我国现阶段的教育目的（方针）。这个教育目的基本精神是要坚持思想道德素质与科学文化知识能力的统一。《国家中长期教育改革和发展规划纲要(2010–2020年)》明确指出，国家教育的战略主题是“坚持德育为先”“坚持能力为重”“坚持全面发展”。党的十八大首次提出，把立德树人作为教育根本任务，培养德智体美全面发展的社会主义建设者和接班人。立德，就是坚持德育为先，通过正面教育来引导人、感化人、激励人；树人，就是坚持以人为本，通过合适的教育来塑造人、改变人、发展人。“诚真教育”是在党和国家的教育方针政策指引下具体的教育实践探索和思想主张。

(四)本土文化资源依据

泉州实验中学位于福建省泉州市，这片土地有着悠久的历史和深厚的文化底蕴。泉州依山傍海，海陆兼具，是全国首批历史文化名城，联合国教科文组织唯一认定的“海上丝绸之路”的起点，中西文化长期在这里交流汇聚，造就了包容开放的泉州文化。泉州文化素有“求真”的传统，明代的著名思想家、泉州人李贽就高举“真”之大旗，提出“绝假纯真”的“童心说”，大力倡导存“真心”，做“真人”。他的思想不可避免地具有时代的局限性，但其强烈的人文主义色彩，凸显了对人的终极关怀。这种文化土壤和氛围，壅培和濡养了一代又一代的泉州人。作为一所创办于21世纪之初的现代学校，泉州实验中学延伸传统文化的优秀内涵，融合时代先进的教育理念，结合自身实际，确立了“实以立人，验以求真”的校训。实，诚也。“实以立人”就是要以“实”为育人立世之本，诚意正心，完善自我；验，证也。“验以求真”就是要以“验”为力学求知之基，辨伪去妄，追求真知。“实验精神”之核心追求，在于“至诚至真”。

四、“诚真教育”办学思想的理论支撑

(一)“诚真教育”办学思想下的学校观

1. 学校是培育完整的人的地方

培育完整的人是学校教育的目的，但是现实中教育却与之有差距。因为升学压力，不少学校把重心放在学生心智的训练方面，把获取知识看成是最重要甚至是唯

一性目标，师生心灵在沿着狭窄的轨道运行。这种教育只发展人的某一方面，而让其他方面自生自灭。虽然它唤醒了学生的智力，但又是有局限的，甚至是不完整的教育。

“完整的人”，是一个经典且动态变化着的概念，它反映了人类对自身本质的理解以及对自身发展的追求。现代教育中“完整的人”必须具备两个基本特征，即主体性与自由性相统一的全面发展的人。主体性即“具备自我实现人生价值的能力”，自由性即“具备自我精神的自由独立与丰盈。”完整的人通常是具有智慧的人，智慧是对于事物的了解能力和社会活动能力，它的本质是敏感性，是心灵和精神意义的。因为知识仅仅是某方面的知识，而生活是整体的，只有对生活中的痛苦、喜悦、美、丑、爱等加以整体的了解，才能生成智慧。知识虽然重要，但无法解决我们内心的压力和心理上的冲突，如果缺乏对生活整体过程的体验的话，知识可能会变成毁灭性的手段。在学校里，教师不仅要帮助学生获取知识，更为重要的是要让学生的智慧觉醒，然后用智慧来运用知识。所以，学校在培育完整的人的过程中首要的是鼓励学生对生活有一个完整的认识和体验，鼓励他们正确地自我观察，以及把生活当作一个整体来体验，帮助他们心灵超越自身，从而发现真实的事物，成为有智慧的人。培养完整的人是学校的第一功能。要培养“完整的人”，就需要全面实施“完整的教育”。

2. 学校是师生心灵自由绽放的地方

在现行的教育体制中，考试和成绩很大程度上决定着学生的未来，但是如果过于强调这些的话，师生心灵自由之花则会逐渐枯萎。学校是教师和学生学习的地方，最重要的是要帮助师生心灵自由地绽放。这种绽放是师生的理智、情感和身体的和谐、全面地发展和培养，不存在对立或矛盾。而且，只有在师生的感知是清晰的、客观的、非个人化的，以及没有被强加任何外在的强制和负担的情况下，心灵才可以自由地绽放。如果在学校里师生心灵不能自由绽放的话，教育则会变成仅仅是适应考试和追求成绩的过程。相反，如果师生心灵获得自由绽放的话，学生的学业成绩非但不会受影响，反而会促进他们更加适应学业的需要。

3. 学校是影响人的“文化场”

学校教育不是纯粹地教，也不是纯粹地学，它应该是一个影响人的“文化场”，一个“以文化人”的地方。“文化场”看似无形无为，却有强大的感染力、同化力，所有进入这个场的人都会受其感染。“诚真教育”办学思想下的学校，追求的是形成“立德尚诚，求知尚真”的文化风尚。“尚诚”是追求诚正的品德，待人待物以诚，内心坦荡无欺，能够自觉心系自然与社会；“求真”就是具有是非善恶判断能力，乐于识取真理真知，整体呈现出人格的丰盈健全。

（二）“诚真教育”办学思想下的教师观

“诚真教育”表现在教师群体的文化风尚上，应该是“诚敬启真”。“诚敬”就是真诚爱生，敬业无适。教师应该出于诚心而合乎真理地爱护学生，敬重职业。“启真”就是将“真”的意蕴通过言传身教以及自身人格魅力的相互感染而施行于学校，自课堂至课外，自制度到环境，都将赋予“真”的内涵。教育是一种启蒙，一种开悟。有缺点的真诚远胜于完美的架子。只有真实的老师，学生才能够与之发自内心地对话。教师不是以神的形象去教育人，而是以人的形象去影响人。教师首先应该成为“诚真教育”的构建者、参与者，其次才是学生成长的引领者，学生潜能的唤醒者，教育艺术的探索者。

（三）“诚真教育”办学思想下的学生观

1. 学生是发展的人，必须根据身心发展的规律开展教育

人的身心发展是一个由低级到高级、由简单到复杂、由量变到质变连续不断的发展过程。所谓“欲修其身者，先正其心；欲正其心者，先诚其意。”“诚”乃百行之源，一个有道德的人，首先应是一个诚者；“诚”是修身方法，有助于人们在追求人格理性和道德内化的过程中获得真正的幸福感；“诚”也是一种人生的最大价值，真诚、诚信和人格完善是人生最大的成功，如果一个人能深切体会到自己的人格修养与自然万物有着内在普遍联系，就会对自己内在的道德生命油然而生出一种深深的敬意。教育、引导学生以“诚”为信仰是将来成为一个合格的社会公民的应然要求，也是自身生命完善的必然需求。

2. 学生是以学习为主要任务的人，必须教给学生真正的学习精神

人类一切真知的获得，都始终体现着求真唯实的科学精神。所谓“求真唯实”，就是要辨伪去妄，实事求是，具有辩证分析的精神，追求事物客观存在的规律和真理。这种严谨科学的态度一旦养成，将会伴随学生一生。

3. 学生是独特的人，必须实施尊重差异的教育

学生是有着完整的人的生命表现形态、处于发展中的人，是独特的人、具有独立意义的人。“诚真教育”的前提是回归人性真我的教育，因此既要尊重人的共性，又必须尊重人的个性；既要为学生的“成人”做准备，又要肯定其作为人完整生命历程的重要组成部分所具有的价值。要充分关注每一个学生身上蕴藏着的丰富、独特的发展“资源”。将教育由以往单纯的“塑造”“改变”和“授予”转变为对学生潜能、灵性的“激活”与“唤醒”，从而实现学生全面人格、自由个性、生命活力以及主体性、创造性的培育。

（四）“诚真教育”办学思想下的课程观

1. 课程是生命群体对真、善、美的追求

课程发展基于文化、社会、学校的发展现状而又指向于更远的发展可能。课程起源于人类文化，知识本身就是和谐的产物，而知识又不是课程的全部，正如赫拉克利特所说：“博学并不能使人智慧。”课程的发展是汇集并协调了文化及社会诸力量，是生命群体对超越了真知而指向于真、善、美的价值取向。如果学生的生活仅局限于学校课程之中，这并不是建构一种属于学生的生命家园。课程发展需要生命群体的关怀，它才会使作为具有生命意义的个体得到良好发展。

2. 课程是对生命个体的一种必需的唤醒

课程作为教育的核心，它的宗旨不仅在于传授既定的知识和技能，而更在于唤醒一种不断向前、适应社会需求的品质和素养。正如法国作家孔巴兹所说的：“未来的学校应该培育灵魂，锻炼精神，优化情感，使学生成为热爱生活的主人。”由此可见，课程应将自身作为具有生命意义的发展个体，要追求的是发展过程的终极价值。课程的重要作用是要赋予学生以发展的潜力，把握未来所需要的品质、思维

和创造力。

（五）“诚真教育”办学思想下的教学观

1. 学科教学的最终目标是促进学生的全面和谐发展

学科教学作为教育的基本活动形式，其目标应全面体现教育的培养目标，体现教育功能的前瞻性，体现学生的全面发展。它不仅要使学生掌握一定的知识技能，而且要发展学生的品质和素养，培养学生正确的世界观和价值观，使学生形成健康的个性品质。教学的基本价值、基本作用、基本任务都决定了教学的最终目标是全面育人。

2. 教学过程是多边互动的过程

传统教学，关注教师如何教，而对学生如何学考虑很少，因而是一种由教师和学生的单向交流模式，这种单向交流模式不能反映教学活动的复杂性。现代教学认为，多向交流能最大程度地发挥相互作用的潜能，因为教师与学生之间、学生与学生之间的多向互动，形成了一个信息交流的立体网络，可以极大地调动学生参与教学的积极性，提高学生的参与度。因此教与学的关系是相互作用的互动关系，教学过程是教师与学生、学生与学生的多向互动的过程。如果教学过程实现了师生之间、学生之间的互动，那么教学过程就不再是简单的传输过程，而是学生积极主动、富有创造性的参与过程。这就要求教师在教学中应当尊重学生的主体地位，激发学生主体意识，调动学生主动学习的积极性。教师要以尊重学生的主体性和主动精神为根本，要认识到教学过程是教师的引导作用与学生的学习主人作用结合的过程，是教师引导学生主动、积极参与学习的过程。

五、“诚真教育”办学思想的实践探索

正是有了对“教育为什么”和“教育为了谁”的共识，在“诚真教育”办学思想的指导下，学校构建了“诚正务真”的管理文化、“诚敬启真”的教师文化、“诚实修真”的德育文化、“诚学求真”的课程文化、“诚爱雅真”的环境文化，打造一个以多种健康、积极、人文及知识的力量交汇而成的“诚真校园”，让学生在其中学习知识，自由呼吸，自然感受，自主探究，自我成长。

（一）构建“诚正务真”的管理文化

“诚正务真”管理文化下的管理思路是以人为本，勤勉务实，形成自律、自觉的行为文化，将教师队伍的优势转化为教育优势，实现学校管理工作的优质高效，实现学校的自主创新发展。

以人为本，就是经历人文管理、文化管理的发展阶段。学校践行善待师生、崇尚宽容、追求诚真的专业伦理与行为准则，以真诚的态度团结人，以和谐的环境留住人，以深厚的人情关爱人，以规范的文化约束人，以人性的关怀与文化场的建设激活师生的激情。学校通过年度先进个人、团队的评选、求真论坛等，促使每个人自觉求真。学校为师生营造关爱信任、和谐互助的人际关系，创设团结进取、健康向上的学习氛围，在制度与人性的引导激励下，师生变行为约束为自觉求真。

勤勉务实，就是建章立制，强化规范管理。学校以传承与创新、公平和激励为原则进行顶层设计，修改完善《泉州实验中学教师职业道德考核实施细则》《泉州实验中学教师专业技术职务岗位聘用任职条件》等考核细则，出台五年发展规划，开展主题教研活动，推进校级名师培养工程、青年教师培养计划等项目，明确“诚真”是集体的追求，全体教职员工同心做事守规范，勤勉务实不懈怠。学校对各管理部门进行合理分工，教职员工忠于职守、勤于政务，切实为学生健康成长服务：校级领导引领教科研、发展教师、提炼文化，追求文化办学的诚正务真管理境界；中层干部各司其职，诚信自律，热情服务，发挥好枢纽作用；年段自主管理，协同合作，班主任以德治班，家校共育。

（二）构建“诚敬启真”的教师文化

实验中学的教师，以“诚敬”为基础，勤养专业精神，勤学专业知识，勤练专业能力，提高教育教学能力，发展教育规划能力；以“启真”为目标，秉真心，重真性、识真趣、育真材，带着真心实意、真情实感，在尊重学生自然天性、教育自然规律的基础上，能够赏识学生真正的意趣、激发学生真正的志趣，培养符合时代需要和国家需要的真英才。

学校正处于发展的第四个五年，建设一支梯次结构合理的教师队伍，促进教师的持续性发展，是引领学校优质发展的重要支撑。而作为教师发展的一个子集，教师的专业发展是学校常做常新的命题，随着教育改革的推进，教师更需要加快专业成长步伐。那么，如何更好地促成教师的专业发展呢？我校着力于提升教研的力量，通过链接、引领来为教师队伍赋能，给予教师专业发展的内生动力和外部支撑。在我校有一种常态的教研机制，即以学年为单位，分阶段开展以某一主题为主导的全员教研活动：在学年初确定校教研活动主题并在全体教师中推介，教研组围绕该主题，依据学科特点规划、推进组内学习、研讨、竞赛等几个环节，并通过全员参与的组内技能赛选拔出优胜者，参加下学期学期末举行的校级总决赛，即学年教师技能大赛。在由“我们能做什么”转向“我们应该做什么”的教研准则的引领下，学校系列化的主题教研活动的开展，实现了全员教研的效能，更好地为教师赋能，引领教师前瞻性地思考，多元链接以解决教学实践中的实际难题。

同时，校级名师培养工程的启动，为教师再成长提供了肥沃的土壤，校级名师们携手前行，形成了团队发展态势。校级名师培养对象以市级名师标准为具体发展目标，注重对中青年教师的培养，创设学习、交流的平台，强化学科关键人物的力量，即在学科建设上有想法，在解决问题的研究上能引领，能站在学校的角度思考学校特色和学科发展方向。经过课程化的研修，校级名师能准确深刻地把握住教育教学的脉搏，研究课程、教学、评价的每一个环节，探索学科育人的有效途径。更重要的是，校级名师在自己的教学岗位上，在备课组、教研组中持续发挥着辐射作用，从名师个人的成长到带动了一批教师成长、一个团队的成熟，从被动参与教研活动到主动寻求发展、教研自觉，寻求与其他学校的合作，寻找专家资源，真正实现了我校名师培养工程“孵化”作用。

学科基地建设的推进，教学观摩月活动的持续开展，以优质资源输出实现由“一点”向“区域”辐射的教研共同体构建……兼顾“统一教研”与“个性发展”的教研常态化活动，为不同发展阶段的教师提供了可供选择的研修，我校在业已形成的特色教研基础上不断探索实践，高素质教师队伍得以持续性成长。

（三）构建“诚实修真”的德育文化

在“诚实修真”德育文化的浸润下，学校坚持践行“全员育人、全程育人、全方位育人”的德育理念。“每一个教育工作者首先是德育工作者”，学校将德育目标、任务分解细化到每一位教职工，全员合力共同做好学生思想政治教育工作，把解决思想问题与解决实际问题结合起来，在关心帮助中引导人、教育人，在管理服务中培养人、感化人，为学生成长、成才创造良好条件，形成教育合力。

学校提出实验学子所需具备的五项“必备品格”和八大“关键能力”：五项必备品格涉及“全球意识、家国情怀、责任担当、全面发展、学有特长”；八大关键能力囊括“社会生活能力、团队合作能力、表达沟通能力、实践行动能力、批判思维能力、自主发展能力、创意创造能力、信息与技术能力”。同时，德育课程体系强调课程即德育的思想，按照不同阶段培养目标的差异，将各主题内容模块有机融入学校课程框架，跨越校内校外、课内课外，突显德育的全方位和全过程，在课程内容上，开发形成了四大系列十二大模块的德育课程群。具体框架如下：

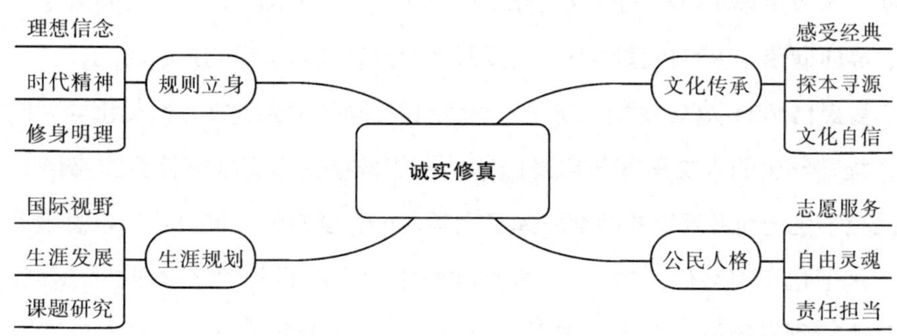

图1　泉州实验中学德育课程群

秉持“用课程做德育，用过程育人”的行动理念，学校注重以更贴近学生生活的教育形式开展德育教育。首先是重分解，对德育总目标进行了分解并制订了分年级目标，分层落实德育的基本要求，根据学生不同年段、不同心理层次，以适切学生个体发展的个性化目标任务加以推进。对低年段的学生，主要进行规范养成、明辨是非的教育，中年段则主要进行科学与人文素养教育，高年段则重视责任担当、家国情怀的教育。以学期为界，学生的礼仪教育，也将根据不同的年段，分为公共场合礼仪、谈吐礼仪、社交礼仪等切合年段实际的内容加以分解，让学生们学得懂，用得上。

以德育课程内化人，突出“实”与“真”，让学生对德育认知内化于心，外化于行。通过春节、清明节、端午节、中秋节、重阳节等传统节日，培养学生的价值观念、伦理道德，激发学生的爱国之情，利用学雷锋纪念日、建党纪念日、九一八纪念日、国家公祭日等重要纪念日开展爱党爱国等相关主题教育活动；以美育课程全面提高学生的审美能力。坚持“以美育德、以美启智、以美健体”的美育发展思路，以丰富多彩的美育活动为载体，使学生确立自己美的追求，建立自己美的品质；以具有学校特色的仪式课程让学生感受规范的重要性，以班会课程为学生精神动力的加油站，促进学生思想品德发展和行为习惯养成，以心理课程促进学生身心发展，以法制课程不断增强学生的法制观念，以校史课程增强学生认同感，还有安全教育课程、校园值周课程、社会实践课程。

以活动感染人，突出“活”与“参与”，让学生在实践中体验自我，在感悟中塑造人格。学校每年举行校园文化艺术节、体育节、社团展示节、“校园之星”系列评选、经典诵读、手绘校园风光、校园歌手大赛等精彩纷呈的主题活动，引导学生展现自身最自然的本真，展示自己的个性特长，同时学会欣赏、赞美和学习他人的优点，提升学生的人文素养与自身修养，在引导学生自觉践行社会主义核心价值观、鼓励学生全面发展等方面都发挥了引领作用。学校着力推进学生志愿服务的制度化、规范化和常态化，制定了《泉州实验中学志愿服务考核管理办法（试行）》，推动学生特别是团员成为注册志愿者，大力拓展志愿服务项目，着力夯实资源保障，实现志愿者和志愿服务项目的有效对接，从而让每个志愿服务项目都取得扎扎实实的效果。目前，每四名学生中就有一名注册志愿者。

实现家校共育人。学校通过成立家长委员会、举行家长开放日、组织教师开展家访、开设家长课程等活动，或邀请家长走进校园，或深入家庭交流沟通，搭建多种平台，畅通家校联系，及时了解、沟通、反馈学生的思想状况和行为表现，认真听取家长对学校的意见和建议。在合作共育上，学校主动与周边单位结成友好单位，开展合作共建。

（四）构建“诚学求真”的课程文化

学校从素养培育、立德树人的高度设计课程体系，搭建科学合理、多元开放的课程结构，将学校课程顶层设计深入推进到学科课程，为每一个学生提供适合发展的教育。学校打造初高中六年一贯课程、砺行研学课程、志愿服务课程、艺术实践课程等一批富有影响力的品牌课程，为学生全面发展、长远发展、终身发展创设平台，多角度、多层次促进创新人才的培养，即以优质的“诚学求真”课程承载实施，开发为丰富的、具有选择性的、适合学生个性发展的课程资源，并以丰富多彩的活动和生动的课堂让课程“活”起来；以优异的“诚学求真”教学的贯彻落实，坚持以学生为中心，让每一个人的学习真正发生，让深度学习成为教学的常态，最终培养出适合未来发展的“真人”。

基于这样的目标，我校创新课程模式，设计三大课程体系，供不同需求、不同特质的学生自主选择。其中，标准课程体系聚焦于国内高考，实验课程体系分为高考方向（六年一贯）和出国方向，荣誉课程体系引领资优倾向学生深度学习和实践创新（包括学科竞赛）。

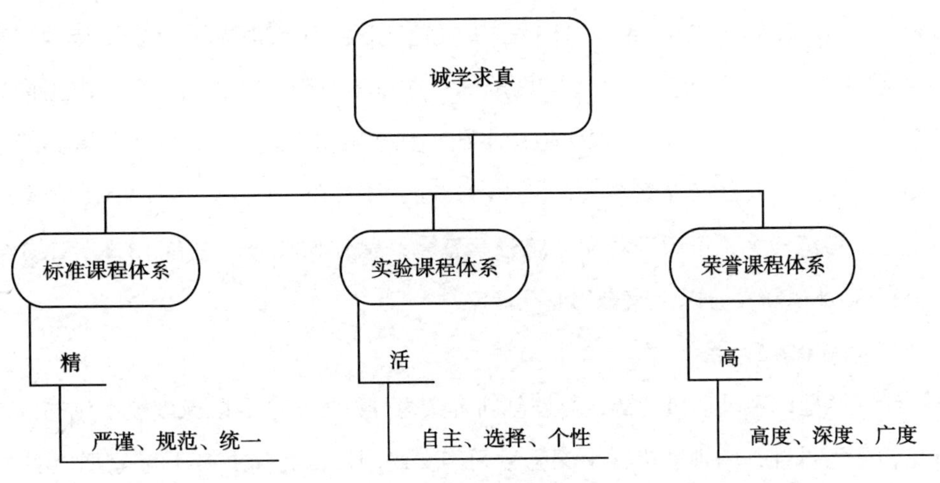

图2　泉州实验中学课程体系

1. 标准课程体系

标准课程体系在学校的办学目标指导下，通过精品化的课程和精细化的管理，致力于帮助每一位学生在未来的国内高考中取得优异成绩，同时还注重学生身心健康、行为礼仪和家国情怀的培养。其课程特色概括起来即标准化、有效性。所谓“标准化”，是指标准课程体系的课程设置注重前后呼应，注重中学六年整体设计，课堂教学在关注模块课程标准教学要求的同时，也关注未来会考和中考、高考考纲的教学要求，课程评价尤其是过程性评价强调评比标准要清晰易懂、操作规范、导向明确；所谓“有效性”，是指标准课程体系的课程，无论是教学内容，课堂教学，还是学习评价，都要能保障学生更高效地学习，要能使每一位标准体系的学生发挥自己的潜能，成为最好的自己。

2. 实验课程体系

实验体系是我校教育改革与创新的实践基地，主要探索创新型人才核心素养的培养模式、路径、方法、评价和策略。目前，学校创设了六年一贯的“圆梦班”及高中阶段“特优班”两种拔尖人才培养模式，以特色课程打通，小班化教学著称。

2013 年，实验中学试点了“六年一贯制”的教学实践探索，开设“圆梦班”，优化课程设置，充分体现中学阶段教育的连贯性。这对于初高中的无缝衔接是一种探索，2018 年高考成绩惊艳，2019 届初中圆梦班更是佳绩频频：在初二年地理生物会考中，全班同学都获得双 A 的好成绩；在竞赛方面，叶欣怡获泉州市生物竞赛第一名；三人包揽 2019 年福建省初中数学竞赛泉州市前三名，获省一等奖的有 6 人，二等奖 2 人，三等奖 1 人。在中考方面，毕升以 581.6 分夺取 2019 年泉州市中考文考第一名，王毅乐获文考总分第五名；总分 580 分以上有 13 人，570 分以上有 30 人，560 分以上有 39 人。

3. 荣誉课程体系

荣誉课程体系以学科竞赛、科技创新等荣誉课程为核心，以深度校本化的体系特色课程为基础，引领资优学生深度学习和实践创新，培养未来社会高层次人才。“荣誉课程”包含国家必修课程、学科竞赛课程、“强基”课程，实行学科、跨学科主题教学，崇尚合作学习、探究学习、个性化学习和深度学习；采用“班主任 + 指导老师、任课老师＋心理辅导”的全员管理模式，指导老师负责相关竞赛学生的教学与相关日常管理，任课老师负责相关课程的教学管理和课堂管理；注重学习过程评价，包括学生在学习过程中的态度、参与课程活动情况、完成作业及各项学习任务情况、从事与学习内容相关的实验和实践活动情况等。办学 20 年来，全校 7000 多人次获得市级以上学科竞赛奖励，名列全市首位、全省前茅。数学、物理、化学、机器人和艺术竞赛成绩尤其突出，自 2005 年首次参加全国初中数学竞赛至今，15 年中 12 人次获奖居全省第一，10 人次夺取省冠军。2019 年全国高中化学竞赛，2 人获省一等奖，1 人进入省集训队。

（五）构建“诚爱雅真”的环境文化

校园环境文化是美的依托，更是教育的载体。它构成隐性的教育资源，无声地感染师生、激励师生、引领师生。学校把“诚真教育”理念融入校园环境建设，致力建设“诚爱雅真”的校园环境。学校根据“诚真教育”的核心理念，基于自然、雅致的原则整体设计校园环境。学校主入口广场区设置“开卷”校标雕塑，主体形状如展开的书本，象征学校教书育人的属性和学子博览群书、潜心求知的学风；学校的主体建筑顶楼是钟楼，既有报时的作用，也是警醒师生光阴流逝，要珍惜时间。主体建筑下为孔子塑像，提示师生“诚”是儒家思想的根本世界观。主体建筑入门为校训墙，上有“实以立人，验以求真”校训的鎏金大字，“实以立人”即以“实”为立世之本，诚意正心，完善道德；“验以求真”即以“验”为求知之基，追求真知，学做真人。学校主楼每个楼层的电梯入口处，都有“诚真教育”的分解阐释，一个楼层一个主题。

学校注重走廊文化的建设，教学楼、实验楼的每个楼层，都以“诚真”为主题，张挂学生书法作品或名人名言，其中纵线走廊以“诚”为主题，横线走廊以“真”为主题，纵横交错，润物无声。学校设置“诚真园”“诚真馆”等主题空间。“诚真园”里桃红橘绿，竹修桂香，是学生亲近自然、了解自然的好去处；“诚真馆”遍邀名师名家，定期举办“求真讲坛”，是学生学习真、追求真的舞台。学校每个班级都设立图书角，并在校园中设立“班级图书交流中心”，“把图书馆化整为零”，让图书“活”起来，流动起来，走进各个班级，大力倡导阅读修诚、阅读求真。

学校注重校园的绿化、美化建设，营造花草葱荣、绿树成荫的校园环境。校园绿化提倡园艺化，寄寓一定的象征意义。学校的教室、会议室和办公场所均饰以与环境协调的体现“诚真”内涵的各类标牌，设计精致美观，力求把校园的每一面墙、每一个区域都做成富有诚真气息和鲜明特色的文化空间，使师生在耳濡目染中受到感化，修诚求真。

六、未来展望

在实践探索中形成“诚真教育”办学思想，构筑起实验中学师生的精神文化面貌。学校将在“诚真教育”办学思想的指导下，进一步发挥各大实践体系的积极作用：以“诚真”为核心价值观。全体师生高度认同并积极追求它、信守它，并从中获得虔诚的态度追求教育之道；师生全体都彰显真我，坦诚相对，各扬其善，各彰其美，各适其位，有情有信，和谐融洽；学校的评价体系以“诚”与“真”为价值导向和评价标准，管理体制体现“诚”与“真”的核心精神。“诚”与“真”在学校的全面确立就是学校文化的形成，学校由此而具有自为自在的润化功能，每一个新人到这里来都会被学校文化所感染、所同化，实现无为而自化。这种精神不仅属于过去，更属于未来。

【参考文献】

[1] 继明，白鸽 .“诚”及儒家之“诚”[J]. 晋中学院学报，2010(2)：57-59.

[2] 金林祥 . 二十世纪陶行知研究 [M]. 上海：上海教育出版社，2005.

[3] 林文良 . 谈至真至诚做教育 [J]. 生活教育，2015(20)：7-12.

[4] 闾彬，胡学春 . 论李贽真人观的现代道德教育价值 [J]. 理论与现代化，2009(2)：89-93.

[5] 马多秀 . 我们需要什么样的学校——印度心灵导师克里希那穆提的学校观及其启示 [J]. 宝鸡文理学院学报(社会科学版)，2016，36(5)：98-101.

[6] 戚万学 . 多元文化背景中道德教育的文化自觉 [J]. 人民教育，2011(22)：3-7.

17

全人教育

◎庄国平

【作者简介】

庄国平（1969— ），男，福建泉港人，中学高级教师。原福建省泉州市泉港区第一中学校长，现任泉港区教育局局务会成员，泉州市生物骨干教师，福建省“十三五”中学名校长培养人选。泉州市第六届生物学会理事，泉州市人民政府特约督学，省市达标高中评估专家库成员，省市义务教育管理标准化评估专家库成员。

一、“全人教育”办学思想的提出背景

（一）溯源“六艺”思想

中国古代的“六艺”起源于夏代，商代又有发展，西周对其加以继承和充实。根据《周礼·保氏》记载，“六艺”包括：礼、乐、射、御、书、数。“礼”包括典章制度和以孝、悌为核心的道德规范以及各种礼仪，是外在的政治原则、道德行为规范和思想行为准则；“乐”包括歌咏、舞蹈和演奏乐器等，重在陶怡人的感情，使强制性的礼转化为内在的道德和行为要求；“射”指拉弓射箭的技术；“御”指驾驭马拉战车的技能；“书”指书写、识字。“数”指算法、数学、历法等与数字计算有关的知识。“六艺”教育体现了文武兼备、诸育兼顾的特点，反映了中华文明早期的辉煌。

（二）立足核心素养

教育部在 2014 年 3 月印发的《关于全面深化课程改革落实立德树人根本任务

的意见》中首次提出要研究制订学生发展核心素养体系。2016 年 9 月，中国学生发展核心素养研究成果发布。《中国学生发展核心素养》不但关注素质培养，而且关注人格塑造，提出从文化基础、自主发展、社会参与三个方面来培养“全面发展的人”，这是教育的终极目标，也是今后教育发展的方向。

（三）根植办学宗旨

泉港一中创办于 2000 年，办学之初，第一任校长林美堂就确立了“促进学生的全面发展、终身发展”的办学宗旨，坚持“以人为本、全面发展”的办学理念，以“四个一流”（一流教学设施，一流育人环境，一流师资力量，一流办学质量）为努力方向，以“立德树人，知行并能”为校训，形成“砺志、诚信、力行、开拓”的校风、“勤学、善思、敏行、进取”的学风、“严谨、垂范、精业、善导”的教风。

2013 年，省一级达标高中评估验收后，学校根据专家组的意见，并结合实际，重新梳理了学校的办学主张，围绕社团活动、心理健康教育打造特色办学项目，立足学生的全面发展，分类推进，从多方位、多层次、有特色等方面培养学生尤其是特长生。

2015 年，学校在制定第四个五年发展规划时，总结了办学以来的经验和教训，进一步整合提炼了办学主张。在整个办学历程中，虽然在不同时期和阶段，学校的办学主张提法不同，侧重点不同，但始终围绕坚持“以人为本、全面发展”的办学理念和“让全体学生全面发展、终身发展”的办学宗旨，坚持“立德树人、知行并能”的校训，在心育、德育、艺术教育、学生社团建设等方面取得一定的成效，学校在此基础上进行整合完善，形成了泉港一中“全人教育”办学主张。在学校第四个五年发展规划（2015–2020）中，继续完善“全人教育，全面发展”办学主张，坚持开放办学，不断加强与名校的联系，提高办学质量，力争实现创办省示范中学的目标。

二、“全人教育”办学思想的内涵诠释

（一）“全人教育”的含义

“全人教育”包含以下四方面的含义：一是指健康之人，即身心健康的人；二是指全德之人，即品德高尚的人；三是指完整之人，即内外兼修之人；四是指完美之人，即全面发展之人。作为教育的终极目标，我们要培养德智体美劳全面发展的“全人”。

（二）“全人教育”的基本内涵

“全人教育”的基本内涵包括：

1. 构建科学合理的教育体系

“全人教育”力求做到德智体美劳各育统筹兼顾，学校、家庭、社会“三位一体”的通力协作，同时也能谋求人与自然的和谐相处。这是实施全人教育的条件。

2. 促进学生全面发展的目标

“全人教育”的目标是要培养身体、智慧、群性、德性、情绪、潜能等方面均完整的个体。这是实施全人教育的追求。

全人教育、全面发展，即通过借助健全科学的教育体系，培养内外完整、全面发展的人。首先，要做使人成其为人的教育；其次，要做使人通情达理的教育；第三，要做培育健全人格的教育。我们认为，学生知识的丰富，成绩的提高，只是“全人教育”所带来的附产品。要坚决改变重考分、轻素质，重物质、轻品德的不良倾向；也要改变重学校教育、轻家庭教育和社会教育的教育格局。

这是理想的教育思想，要改变纯粹知识的教育。正如意大利弗吉里奥指出，所谓全面教育，并不意味着让学生对每一门所学科目都进行深刻的钻研，成为专家，而是以发展人的理智和情趣为目的。教育的目的不是训练特殊的技能，而是发掘人之所以为人的本质特性，是培养身心全面发展的人。

（三）“全人教育”的课程观

全人教育的课程，应视为学生“生活的所有表现形式”[1]。课程应反映丰富多

彩的生活，因而教学场所应包括家庭、社区和世界。为此，“全人教育”的课程目标，一是要促进个人发展，二是要促进社会变革。

全人教育课程的核心观念或关注焦点应当是“关系”，必须协调好感性与理性、直觉与推理、情感与躯体、认识与行动、知识与能力、个人与自我、个人与他人、个体与群体、个人与世界等等方面的关系，全人教育的课程就是基于“关系”建构起来的课程，以实现“全人”教育。

（四）“全人教育”的教学观

与课程观相适应，“全人教育”的教学观是整合学习，“它把学生视为完整发展的整体的人，通过多种形式的共同体，发展一种在学科之间、学习者之间建立关联的教学方式”[2]。因而应特别注重学习型校园或学习群落的建构。要以学生为本，把教学过程作为人与人互动、主动共进的过程，坚决克服把人当成“工具”和“考试机器”的集体无意识教学模式。

二、“全人教育”办学思想的理论依据

（一）中国古代整体人思潮

1. 天人合一

“天人合一”是我国传统哲学中对整体人的独到见解，《易经》上说“天行健，君子以自强不息；地势坤，君子以厚德载物”。认为天和人是一个相互平等的统一世界，人与自然是和谐统一的。人，作为一种生命体，必须具备应对生活的各种能力，方能自立于天地之间。

2. 内圣外王

“内圣”指的是个人高超的修为，“外王”指的是在外能“安人、安百姓”。内圣外王就是内修圣德、外施王道的意思。推己及人，以至天下，把人的内在品格与外显才干紧密联系为一体，也把人与社会紧密联系为一体。

不管“天人合一”的思想，还是“内圣外王”的主张，都说明了我国先人也充分认识到事物是广泛联系的，认为人与自然、社会是和谐统一体，培养人既要关注

个人修养，又要培养综合能力。

（二）西方整体论哲学

整体论哲学历史悠久，形式多样。从亚里士多德到怀特海和蒯因，一般都强调整体大于部分之和，强调部分的相互联系性和相关性，强调事物之间是通过广泛的联系而形成一个整体，各部分的变化导致整体变化的辩证关系。20 世纪 70 年代末，美国学者隆・米勒（Ron Miller）把这“整体论”观念引入教育中，首次提出了“全人教育”理念。他把整体分为 5 个层次：人、社区、社会、地球和宇宙。同时对第一层的“人”进行了诠释，认为“全人”应具备智能、情感、身体、社会性、审美、精神性六个方面的基本素质。在六项素质中，精神性具有统领地位，精神性比知识、技能更加重要，教育不仅仅是知识的传递和技能的培养，还应更着重对人的情感、创造力、想象力、同情心、好奇心等内在情感体验，从而使人达到精神性与知识、技能的统一。

（三）人本主义思想

罗杰斯强调的教育目的不仅是传授知识，更重要的是塑造完美人格，通过发展学生的潜能提高学生的自我学习能力。不仅重视学习结果，而且重视学习过程。因此关注人的整体发展才是教育的本质特征。由此可见，要实施“全人教育”必须关注各科教学、各项教育的形成合力，清晰而明确地指向于培养全人这个目标。

（四）多元智能理论

加德纳将人类的智能分为言语智能、音乐智能、数理逻辑智能、空间智能、身体动觉智能、人际智能、自我认知智能、自然认知智能共 8 种。这些智能相互作用、相互铺垫，以适应不同的需求，每个个体都至少在一个智能上具有发展优势，具有成为某一方面天才的潜能。我们认为，一个品德过关，又能在优势智能方面有突出表现，而在其他方面的智能都能够达到合格水平的人，就可以视为一般意义上的“全人”。因此每个儿童都有发展成为“全人”的潜质。

四、“全人教育”办学思想的实践依据

（一）华德福等学校的先驱实践

华德福学校（Waldorf School）是鲁道夫·史代纳根据自创的人智学理论创建的，是全人教育的实践先驱。华德福学校是一种以人为本，注重身体和心灵整体健康和谐发展的全人教育，体系主张按照人的意识发展规律，针对意识的成长阶段来设置教学内容，以便于人的身体、生命体、灵魂体和精神体都得到恰如其分的发展。这种教育模式已经传播到世界各地，台湾、香港等有许多高校，如台湾中原大学、香港浸会大学也在推行全人教育。

（二）革命导师的教育实践

革命导师李大钊不但是著名的无产阶级革命家，而且是杰出的马克思主义教育家，他在教学实践中明确指出教育的根本目标是促进人的全面发展，“人的全面发展是人的需求”[3]；毛泽东从青年时代提出“三育并重”的教育理想，到了40年后的1957年又将它升华为德、智、体全面发展的教育方针。他说：“我们的教育方针，应该使受教育者在德育、智育、体育几方面都得到发展，成为有社会主义觉悟的有文化的劳动者。”[4]

（三）素质教育的实践

针对应试教育的种种弊端，国家倡导素质教育，把培养德智体美劳全面发展的社会主义建设者和接班人作为育人目标。在几十年素质教育实践中，培养全面发展的人已经成为教育工作者的行动指南，它符合教育规律，符合人的发展需求，符合社会发展需要。

五、“全人教育”办学思想的理论思考

（一）“全人教育”是实现“立德树人”的教育目标的具体化

“全人教育”提倡关注每个人品德、智力、情感、社会性、物质性、艺术性、创造性与潜力的全面挖掘。实施教育时应更着重于人的内在，如情感、创造力、想

象力、同情心、好奇心等，尤其要注重自我的实现。教育的过程不仅仅是知识的传递与技能的训练，更应关注人的内在情感体验与人格的全面培养，达到人的精神与物质的统一。

（二）“全人教育”寻求人类之间的理解与生命的真正意义

“全人教育”强调教师应培养自身正确的三观和丰富自己的生活体验，教师通过全人教育实施过程与学生加深合作，引导学生进行深入的体验，培养他们人与人相互理解相互关心的素养，同时将生活中的人际交往进一步深化为人类跨文化的理解与信任，引导学生养成正确的生命认知和全球意识。

（三）“全人教育”强调学生人文精神的培养

“全人教育”通过用人文教育的方法塑造学生的健全人格、完善其思维方式来达到全人发展的目标，引导学生迈向善良、和谐与不断的成长。

（四）“全人教育”鼓励跨学科的互动与知识的整合

“全人教育”强调建设较为完备的课程体系，加强科际的整合学习，透过学科之间的互动、影响和渗透，超越学科间的各种限制，才能开拓新知识的学习与研究问题视野，真正将世界还原为一个整体。

（五）“全人教育”主张学生精神世界与物质世界的平衡，注重生命的和谐与愉悦

“全人教育”以“育人”为本分，强调以开发人的理智、情感、身心、美感、创造力和精神潜能为教育目的。在人的培养过程中，不仅关注物质世界，而且注重学习过程的愉悦、与人交往的和谐、自我良好品格的养成。

（六）“全人教育”培养的是具有整合思维的地球公民

“全人教育”通过关心环境、关心和平、关心全人类教育，培养学生具有全球的、生态的及灵性的世界观，为学生成为具有全球视角的地球公民打基础。

六、“全人教育”办学思想的实施策略

为了实现“全人教育，全面发展”的办学主张，学校实施了“五全”策略（优

化全人环境、锻造全人教师、开发全人课程、探索全人课堂、开展全人活动），有效促进学生全面发展。

（一）优化全人环境，校园建设绽新颜

我们认为，健全的教育体系，除了学校做到德、智、体、美、劳各方面统筹兼顾外，努力构建学校、家庭、社会通力协作的"三位一体"教育格局，还要建设一个优美清静、高效智能的校园环境，使学生在舒适、温馨、安全的环境中成长，这是实施全人教育的前提条件。近三年在政府、社会、家庭的大力支持下，学校投入近两亿元资金优化学校软硬件环境。

硬件环境方面有：学校翻建了田径运动场，建设了教学楼与科技楼间前后连廊、第三教学楼及北大门附属工程（现正在开展内外装修），新建了年段办公室、口语听力标准化考室、清泉教师书吧、校园夜景和校雕等景观工程，修补了和熹堂屋顶并改造升级了内部灯光，新建了教师乒乓球馆，扩建学校变电房（即将完工），此外，为迎接省一级达标学校复查，学校还新建了科技创新实验室和科技楼会议室，搬迁化学实验室、危化品室、医务室，安装了教室空调，改造了综合楼厕所通风系统并升级改造部分厕所，学生宿舍配置了太阳能热水器，配置了办公楼净水设备，搬迁改造了学生饮水机设备等等。通过上述举措，学校的硬件环境得到了明显的优化。

软件环境方面有：建设了"智慧校园教学网络"现代教育教学手段辅助教育教学管理的体系，为每位教师购置一台办公电脑，先后建设或引进了"福建省教育资源公共服务平台""威特课程选修学分认定系统""慧海学生综合素质评价系统""生涯规划走班教学系统""威特实验教学管理系统""心理健康教育信息化管理系统""泉港教育云综合平台""图书管理系统""数字图书馆""泉港一中电子档案系统""智学网""中学学科网""3D创新实验研究室""校园安保系统""校园广播系统""校园录播室平台"等软件或网络管理平台，并将其整合形成网络，助力教育教学质量提升。未来两三年我们将继续优化环境，已经启动的项目有第三教学楼附属设施及北部围墙，F幢公寓楼，并努力争取新建综合体育馆及校园整体景观美化，加大现代信息基础工程建设，提升现代教学及管理信息化水平。

在建设校园软硬件设施的同时，学校积极推进后勤社会化，加强学校安全工程建设。首先，实施了生管、保卫、卫生等后勤社会化，配备门禁系统及智能宿舍管理系统，规范了学校校园管理；其次，建设了初中学生第三食堂和教师食堂，规范食堂食品进货渠道，加强了食品安全监督，为师生提供安全卫生的餐饮服务；第三，添置了校大门外的防撞设施、建起了各座楼的消防水压阀及更换消防安全设备，增加安全值班和校园安全排查巡逻，定期组织各类安全演练，消除了校园内各类安全隐患，为师生提供安全平和的教学环境。

为了激发师生的教学积极性，学校还多方联系，努力争取校友、乡贤等社会人士的支持，或在学校捐资建设，或在学校设立奖教奖学奖研等发展基金以激励学校师生奋力拼搏，致力发展。目前我校拥有四个奖教奖学奖研基金，分别是：陈善富奖教奖学基金 1000 万元（每年 100 万元），陈兴明奖教奖学基金 500 万元（每年 15 万元），连式林奖教奖研基金 200 万元（每年 20 万元），黄凤兰奖教奖学基金 50 万元（每年 10 万元）。

以上软硬件环境的优化，极大程度上美化了校园环境，提升了学校的信息化应用水平，解决了教育发展的基础设施的瓶颈，为学校未来办学发展拓展了空间。

（二）锻造全人教师，队伍建设显成效

全人教师最重要素质：真实、关怀。真实：真实的存在，正视自己生活，不回避责任；修炼善良纯洁之心，保持自己真实性，以自己真实内心世界去影响学生。关怀：教师关怀学生，构建师生、生生之间融洽的关系。教师用感恩之心接受学生，用一片爱心教育学生，激发学生潜能、引导全面发展。倡导行政服务教师、党员发挥示范作用，构建和谐干群关系。

学校历来重视教师队伍建设，为了优化学校的教职员工结构，2017—2019 年分三批次，引进 15 位师范院校研究生，为学校教师队伍注入了新鲜血液，有效地激发了教师队伍的活力。为了提升学校教职员工整体师德、师风、师能，我们提出了“优秀做人、成功做事、幸福生活”的教师队伍建设理念，三年来多次开展师德师风师能建设专题活动，通过组织教师开展政治理论、教育教学专题学习，来提升教师的思想政治、道德修养和专业知能，让老师们充分意识到不能躺在功劳簿上打盹，激发老师的忧患意识和守护学校荣誉的热情，进而引导全体教职员工对照标准，全面排查自身和工作方面存在的问题和不足，积极思考革新的办法，主动建言献策，为自己的提升和学校的发展再出一份力。同时组织教职员工参加各级各类师德师风和省内外教育教学专业技能培训，并派出师生参加各项专业竞技比赛，敦促老师们不断提升自我，完善自我；学校还举行教师就职宣誓，让全体教职员工牢记为师初心，严格自律，尽好教书育人的职责。

（三）开发全人课程，五育并举成体系

围绕“全人教育”构建的理论思考和实践依据，学校调动一切力量，组织精干队伍，开展顶层设计，整体研究开发“全人教育”课程体系。该课程体系分为德育、智育、体育、美育、劳动教育五个板块，即“德智体美劳全人教育”课程体系。

1. 德育课程体系

根据《中小学德育工作指南》文件精神，初中学段要教育和引导学生热爱中国共产党、热爱祖国、热爱人民，认同中华文化，继承革命传统，弘扬民族精神，理解基本的社会规范和道德规范，树立规则意识、法治观念，培养公民意识，掌握促进身心健康发展的途径和方法，养成热爱劳动、自主自立、意志坚强的生活态度，形成尊重他人、乐于助人、善于合作、勇于创新等良好品质。高中学段要教育和引导学生热爱中国共产党、热爱祖国、热爱人民，拥护中国特色社会主义道路，弘扬民族精神，增强民族自尊心、自信心和自豪感，增强公民意识、社会责任感和民主法治观念，学习运用马克思主义基本观点和方法观察问题、分析问题和解决问题，学会正确选择人生发展道路的相关知识，具备自主、自立、自强的态度和能力，初步形成正确的世界观、人生观和价值观。学校开展以下德育课程：

（1）社会主义核心价值观教育课程。包括社会核心价值观的学习、宣传及实践活动。

（2）行为规范养成教育课程。包括《中小学生守则》学习教育活动，校纪校规教育，军训及爱国主义教育基地实践活动，社会规范、道德规范教育。

（3）安全教育课程。包括交通安全，防溺水安全，食品卫生安全，用电安全，校内校外活动安全，预防毒品、邪教安全。

（4）心理健康教育课程。包括“心香花瓣”“转角的阳光——心理咨询案例集”“转弯遇见你——心理咨询书信集”“开启成功的钥匙”。

（5）中国传统美德教育。包括中学生礼仪教育读本、中国传统美德教育读本。

2. 智育课程体系

学校围绕智育的基本任务，即向学生系统传授科学文化基础知识，为学生各方面发展奠定良好的知识基础；培养和训练学生，使其形成基本技能；培养和发展学生的智力才能，增强学生各方面能力；培养学生良好的学习品质和热爱科学的精神。开设开发的智育课程体系如下：（1）国家课程（选修与必修）；（2）科技创新大赛课程；（3）五大学科奥赛、竞赛课程；（4）学科兴趣小组活动；（5）初高中衔接课程；（6）科技艺术节系列活动；（7）读书节系列活动；（8）学科知识拓展课程：“学习方法解读”“泉港民间故事与名人文化”“宋代文化名人传记选读”“生活中的化学”“地理图像判读方法”“计算机编程”“英语听力与口语”“英文原版电影欣赏”。

3. 体育课程体系

学校体育课程围绕学生以身体练习为主要手段，通过合理的体育教育和科学的体育锻炼过程，达到增强体质、增进健康和提高体育素养、发掘培养特长为主要目标，实现素质教育和促进学生适应社会、培养学生完整个性的目的。开设的体育课程如下：①足球课程（全国足球实验学校）；②篮球课程（泉港区篮球基地校）；③羽毛球（泉港区羽毛球基地校）；④田径特长运动队；⑤田径运动会及专项运动比赛；⑥跑操；⑦五祖拳。

4. 美育课程体系

通过构建科学的美育课程体系，促进学校美育教育教学。通过课程载体统筹整合学校与社会美育资源，保障学校美育健康发展。具体包括：（1）写字及书法全员培训课程；（2）班班音乐合唱团课程；（3）美术兴趣小组；（4）泉港北管；（5）文化艺术节活动；（6）环境美学；（7）泉港民间艺术解读；（8）摄影知识讲座。

5. 劳动教育课程体系

学校通过劳动教育课程建设与实施培养学生具备吃苦耐劳的品质，勤于动手的习惯，敢于创新的能力；适应学校生活、取得学业成功的能力；终身学习的能力；解决问题的能力；与他人有效合作的能力；理解科学、技术、社会之间关系的能力；有效参与社会生活的能力；处理现实生活问题的能力；投身有意义的社区服务、学校活动的能力；正确认识和实现自我价值的能力。具体包括：（1）学生社团与校本课程：拓原文学社、爱心社、心理社、国旗班、礼仪队、敬轩围棋社、环保社、动漫社、街舞社、舞蹈社、青年志愿者协会、象棋社、军旗社、校园邮局、一中画室、“先言”英语社、辩论社、经典朗诵社等；（2）领导力素养课程；（3）人生规划课程；（4）感恩教育课程；（5）国际视野素养课程；（6）抗挫能力培养训练课程；（7）社区服务活动课程；（8）智慧云信息素养基础与提升；（9）创造力开发。

（四）探索全人课堂，课改实践增色彩

近几年，学校借高考回归全国卷、学科核心素养的颁布实施、新版课程标准的颁布实施、《中国高考评价体系》颁布和初高中衔接等深化新课程改革的契机，以“福建省义务教育教改示范性建设学校”和“3+1+X”选课走班为平台，逐步推进我校对新课程、新中高考的探索研究，进一步推行“全员课堂”教学改革，深化课程建设、选课走班制度、学生生涯规划、综合素质评价制度等工作，引导师生提前做好角色转变，建设了“高研室”“学生发展规划指导中心”“省义务教育管理标准化学校”，努力探索学生核心素养提升的途径和方法，为我校新课程改革增添了亮色，为学校的办学质量提升注入了强大的动力。

1. 建立“高研室”

为了更好地适应新高考的变化形势，学校建立了“高研室”（现已升格为区级，辐射全区高中部），组织各组的精干力量，全力开展《中国高考评价体系》在学科教学中的运用研究，高考各科目历年试题分析、命题模式研究、命题趋势分析等探索工作，引领学校甚至全区新高考。自高研室成立以来，主要开展了如下的工作：

（1）加大对新高考的试题及命题的研究，通过教研组内培训，提升本组教师自主命题能力，探索毕业班高考复习考试指导；（2）进行学科核心素养在课堂的贯彻落实研究，开展教考分离模式和途径探索，开展校本学科培训；（3）组织学科精干力量，解读《中国高考评价体系》，研究其在学科教学中的运用，并在校内进行交流推广；（4）牵头组织校本练习编制，组织命制本校与联盟校的月考、期中、期末联考质量检测试题。

2. 建立“学生发展中心”

针对当前新课程改革选课走班和“3+1+X”模式的推进，中学生心理健康工作的实际，为更好地指导学生认识自我，正确选课和规划未来职业生活，学会自我心理疏导，健全心智人格，学校成立了“泉港一中学生发展中心”。学生发展中心通过一系列建设，探索指导学生自我了解、自我调适、自主发展等相关的工作：（1）通过购买学生智商、情商、个性分析等软件，指导学生学会自我分析，进而对学生进行生涯规划指导；（2）通过学生心理咨询中心和党员冠名心理服务品牌，面向学生开展心理健康教育，指导师生学会调适自我心理状态。（3）建设了“刘海龙党代表工作室——学生发展规划指导市党代表工作室”，组织了包括分管教育、德育副校及领导，处室主任、年段长和心理健康教师等骨干力量，开展学生发展规划指导，为学生的未来发展提供方向参考。这一系列工作有效地推动了我校学生心理健康隐患排查和解决，指导学生健康发展自我培养，成为我校办学质量提升的强大助力。

3. 开展“高中学生综合素养”培养探索与实践

学校充分重视课程改革工作，利用《学生综合素质评价》和《中国学生发展核心素养》颁布的契机，通过开展学生海丝文化研学活动、军事素养训练和校内丰富多样的学生文化实践活动，进一步探索学生综合素质提升的途径和方法。三年来，我校开展了海丝文化研学、军事素养训练、学科竞赛培训、读书活动月竞赛（含学生辩论赛、朗诵赛、英汉语演讲赛、汉字盛典、现场主题作文）、研究性学习、社区活动、劳动教育（学生返校劳动、福利院劳动）、青少年自救能力培训、青少年志愿者活动、文化艺术节（校园十佳歌手赛、硬软笔书法赛、绘画比赛、徽标设计赛）、春秋季体育节等系列教育活动，有效地促进了学生德、智、体、美、劳全面素质能力提升，为学校接下来的课程改革和人才培养模式做了有益的探索。

4. 大力建设“福建省义务教育教改示范性建设学校”

我校于 2017 年被评为“福建省义务教育教改示范性建设学校”，此后我校围绕打造“全员课堂”这一教学改革核心工作，与江西“金太阳教育集团”订立合作协议，开展了初中的义务教育改革建设系列工作：首先是重视教师的理念革新，学校通过“金太阳教育集团”联系国内名师，分批次组织教师到省内外学习；其次是在学校内推行“全员课堂”教学改革，注重“因材施教”“以学定教”，在教学过程、学习方式、教学评价上尊重学生差异，从学生“学”的角度来设计教学活动，设计有梯度性的问题，以满足不同层次学生的需求；最后是建设课堂外教育平台，促进多元发展。学校通过团委把初中生纳入学生社团和青年志愿者协会，建立少先队大队和初中团总支，调动学生积极性，引导学生全员参加丰富多彩的社团活动、志愿服务活动和团队活动，通过活动促进学生自我成长，让初中的学生发展更加多元化。

（五）开展全人活动，立德树人展新篇

学校政教处、团委等德育部门近年围绕“立德树人”根本任务，以提升学生的“综合素养”为重要抓手，通过融合学校、家长和社会三方资源，开展“二大文艺活动”“三大典礼”“五大活动月”等十大常规德育活动和六大团、队德育活动来实施德育教育，促进学生品行发展。同时不断探索分层德育，借助心理健康咨询中心，对学生进行心理测试分析，根据不同的年段学生表现出的年龄特点、心理特点，编写校本教材，开展分段分层的德育教育。为了引导学生学先进、学典型，每年从各年段表现突出的学生中评选出年度“美德少年”（初中部）、“十佳校园之星”（高中部），并张榜表彰，开展了“最美班级”“最美宿舍”等评选活动，对当年度在教室和宿舍的卫生、纪律、文化氛围营造等方面最突出的班级给予嘉奖。学校还完善了德育相关的规章制度，制订了《泉港一中德育常规管理》《泉港一中德育创新管理》《泉港一中德育评先评优制度》等系列制度，并集结成《泉港一中政教处相关规章制度汇编》，为学校的德育制度化管理提供了依据。

为了深入推进德育活动教育和研究，学校刘海龙书记组织精干力量，将学生社团作为突破口，申报的2016年福建省德育示范项目和省级“十三五”首批德育课题“高中学生社团活动建设与探究”获得立项，随后展开研究与实践，学生社团研究以精品学生社团为龙头，带动其他社团的协调发展，提高校园社团的参与面，弘扬中华民族传统文化，丰富校园文化生活，活跃人文气氛，培育学生健康的兴趣特长，提高学生的综合素质，以学生喜闻乐见的方式推动社会主义核心价值观在校园落地生根、开花结果。现我校社团联合会共有拓原文学社、听风音乐创作社、纸艺社、国旗班、心理社、街舞社、科技社、编导剧作小组等近30个特色学生社团。2019年通过省教育厅评审，确定我校“学生社团活动建设与探究”项目为福建省“百优”德育项目。

七、“全人教育”办学思想喜结硕果

为了落实党的教育方针，学校立足“学生核心素养”和“综合素质评价”培育，深入思考“培养什么人”“怎样培养人”“为谁培养人”的问题，结合学校历年办学实际，提炼并确立了“全人教育”办学主张，致力于大力开发人的理智、情感、美感、创造力和精神潜能，做培养“全人”的教育，在健全人格的基础上，促进学生的全面发展，让个体生命的潜能得到自由、充分、全面、和谐、持续提升，使学生成为有道德、有知识、有能力、和谐发展的“全人”。为此学校打造了“德智体美劳全人教育”65门课程，形成课程体系，特别值得一提的是我校建设的泉港北管、全员书法、泉港民间艺术解读等特色美育课程和一系列的综合素养课程，为全面提高师生素养打下坚实的基础。

此外还有各年段五大学科竞赛兴趣小组，最近三年，在学校奥赛指导教师团队的带领下，肖龙（信息学奥赛省一等奖）、卓超群（信息学奥赛省二等奖）、钟凌锋（化学奥赛省二等奖）等近80人次分别获得数学、化学、物理、信息学科奥赛省级奖项。

随着泉港一中“全人教育”逐渐完善发展，学校办学质量逐年提高，深受学生、家长、社会和各级领导的广泛好评，获得了福建省中小学心理健康教育特色校、全国足球特色学校、福建省首届文明校园（正在参加全国文明校园评选）、“福建省首批义务教育管理标准化建设学校”“福建省义务教育教改示范性建设学校”和福建省“百优”德育示范项目等荣誉，并连续三年获得“泉港区管理和质量先进学校”。中高考成绩突出，师生在各级比赛中获奖面大。比如张河水获评 2018 年“泉港区先进工作者”和 2019 福建省“五一劳动奖章”，林文财在福建省中小学教师信息技术应用能力提升工程优秀成果评选活动中获奖……2016—2020 年度，学生在学科竞赛、音乐、演讲、朗诵、体育、书法、绘画、主题征文等各类比赛中获得全国、省、市、区级奖项累计 350 多项。

八、“全人教育”办学思想的未来展望

学校实施“全人教育”，要进一步融合家庭、社会资源，不断完备课程体系，举办丰富多彩的活动，不仅让更多的师生的德智体美劳得到切实提升，在各类竞赛平台上展示风采，培养自信，获得积极的体验，推动学校教育教学质量进一步提升，实现办学的目标，还要促使本校教师和学生深入学习科学文化知识、体悟生命的意义、体验学习生活的真谛，不断培育自己的正确三观、积极态度，形成国家认同、社会责任和宇宙意识，让自己的人生在学习和体验中不断地丰富，进而提升生活的温度、生命的厚度、思想的深度，成为身心健康、品德高尚、内外兼修、全面发展的完人，做到“优秀做人、成功做事、幸福生活”！

总之，“一个校长决定了一所学校的高度，一群教师决定了一所学校的厚度，一群家长决定了一所学校的宽度，一群孩子决定了一所学校的温度”，做“有温度”的教育，办“有文化”的学校，促进学生的全面发展，就是我们的奋斗目标。

【参考文献】

[1] 谢安邦，张东海 . 全人教育的理论与实践 [M]. 上海：华东师范大学出版社，2011.

[2] 谢安邦，张东海 . 全人教育的理论与实践 [M]. 上海：华东师范大学出版社，2011.

[3] 牟文谦，刘霞 . 李大钊教育思想十论 [J]. 教育探索，2011（10）：3-6.

[4] 中国人民解放军国防大学 . 中国人民抗日军事政治大学史 [M]. 北京：国防大学出版社，2000：54.

学生第一

◎陈熫原

【作者简介】

陈熫原（1969—　），男，福建晋江人，中学高级教师。现为晋江市第一中学校长、书记，晋江市华侨中学校长，晋江市教育局党组成员，福建省“十三五”中学名校长培养人选。福建教育学院兼职教授，福建师范大学专业学位研究生校外实践导师，第十三届福建省人民政府特约督学。曾获评福建省优秀教师、福建省中小学优秀校长、全国高中骨干校长，获福建省五一劳动奖章。

“学生第一”是笔者从长期的教育实践与教育思考中总结、凝练出来的办学思想。

一、“学生第一”办学思想提出的背景

（一）“学生第一”办学思想的萌芽

1994 年，25 岁的我，出任晋江市金山中学校长。这是一所几近凋敝的农村学校，校舍简陋、师资薄弱、流生严重，更棘手的是族姓矛盾导致封建械斗，家长害怕孩子遭遇不测，学生纷纷躲避，无法安心就学。针对校情、社情，我提出“三进”办学理念，即：学校和谐共进，社区和谐共进，学校和社区和谐共进。通过努力，学校办学环境获得了极大改善，学生安全有了保障。六年后，金山中学被评为福建省第二所初中示范学校。

在金山中学提出的“三进”办学理念，出发点是协调学校和社区共进，旨在改善农村校落后的教育环境，进而让学生能安心就学，这是办学基础，目标清晰地指

向学生发展，“学生第一”办学思想萌芽已经蕴含其中。

（二）“学生第一”办学思想的酝酿

2000 年，我调任晋江市侨声中学校长，该校是一所镇区学校，地处晋江市东石镇，坐落于被称为“乞丐营将军地”郑成功水师营地的古榕村，周围有南天古刹、古檗山庄、龙江吟社等历文化古迹。历史文化的汇聚，我在该校又提出了“仁和成功”办学理念。学校在这一理念的引领下，调动了学校师生的主动性，激发了学生的潜能，在七年内完成了从三级达标校到一级达标校的跨越。

在侨声中学提出的“仁和成功”办学理念，旨在鼓励让学生“成功”，做更好的自己。这是“学生第一”办学思想开始酝酿的时期。

（三）“学生第一”办学思想的凝练

2007 年，我任职晋江市第一中学校长、书记。由于历史原因，当时的晋江一中由曾经的辉煌跌落长期的低谷。到任后，我一方面梳理了学校五十多年办学积淀的优良传统和办学过程中遇到的主要问题；另一方面又深入思考了学校与晋江历史渊源、未来发展的关系，希望能够更加全面地总结、凝练出属于学校自己的核心教育理念。

2008 年春节，晋江一中厦门校友会召开了新春团拜会。其中一位校友在台上振臂高呼：“咱们的母校，没有第一，也要第二！”校友的担忧与急切使我受到了极大的震撼。轮到我发言的时候，我脑海中还在反复思考着“何为第一，何为第二”的问题，我急中生智，脱口而出：“我们的一中学生第一！咱们的母校、晋江市第一中学培养的就是‘第一学生，学生第一’！”就这样，“学生第一”的教育理念就偶然而又必然地产生了——这一理念产生的时间地点是偶然的，然而它又是我们校领导团队不断思考、实践的必然结果。经过反复思考，决定以“学生第一”作为治校理念，这不仅契合“敢为天下先”“爱拼才会赢”的晋江精神，把博爱、使命和责任担当置于一个至高点上，而且还能办出学校特色。

正是有了前面两次的办学经验与思考，才有在晋江一中“学生第一”办学思想的产生。

在“学生第一”办学思想基础上，我们逐步完善了学校的办学理念体系。

一是确立“培养负责任、有作为的现代公民”的育人目标。其中，高中教育目标是“三会三高”：会做人，思想高素质；会学习，学习高质量；会生活，生活高品位；初中教育目标是“三会三自”：会做人，管理自主；会学习，学习自觉；会生活，生活自理。

二是确立了学校的办学愿景，即建成高质量、有特色、示范性、现代化名校。

三是确立“一训三风”。其中：

校训“诚严勤毅”，其含义是铸德以诚，规行以严，砺学以勤，奋志以毅。

校风“诚信 清正”，其含义是师生思想、举止、为人诚以为德，热情、真诚、友善，始有风气之美；教育公平，师生平等，思想自由，形成人际和谐氛围，则校园有清正之风。

教风“勤勉 专精”，其含义是业出于勤，勤立于专，专进于精；勤劳而淡泊名利，勤快而各有专精，育人育己，教育相长，协作切磋共勉，形之于教育态度，教育思想作风，则有良好之人文、人际氛围。

学风“励志 笃学”，其含义是胸怀抱负，眼有高标，志弥坚，力有恒，学而思，思而乐，求学之路规划人生，激发内驱力，形成千帆竞发，百舸争流之大气象。

四是确立了学校标识。

校标含义：校标形体由两部分组成：一部分是由“1”和“中”二字组合成一个意象的“书”字，“1”设计为一个向上的箭号，代表学校追求第一，学生第一。“书”字两横为流动云彩，环绕于“1”字，表明学校一切工作以学生发展为第一。右侧一颗启明星，象征先进的办学理念和科学的教育目标，是学生成长的航标灯。另一部分是外圈，标注中英文字：“晋江第一中学”和“JINJIANG NO.1 MIDDLE SCHOOL”，说明学校的区域地位和价值形象：形圆似天，中字为方，构成“天圆地方”的理念；整形中国印，寓意弘扬传统文化、传播现代

图1　校标

文明的历史使命。

校标色彩由“红、绿、蓝”三色组成：红，寓意为“人”，表明学校以人为本。绿，寓意为“地”，代表校园勃勃生机。蓝，寓意为“天”，诠释师生博雅情操。红绿蓝三色，寓意“人在天地间”。天圆地方的构造，天地人之间的和谐，关注人文与自然，体现发展和创新。

“学生第一”办学思想的积极践行，促进了学校管理、教育教学、教师研训等工作的全面提升。几年来晋江一中办学成效连年攀升，2016 年成为福建省首批高中课程改革基地校，2019 年成为福建省首批示范性普通高中建设学校，一所曾处于低谷、曾经的名校正在走上复兴之路。

二、“学生第一”办学思想内涵解析

2008 年以来，学校确立“学生第一”作为核心理念，以重建学校文化，培育核心力量。

（一）“学生第一”办学思想的基本内涵

“学生第一”办学思想提出之后，随着全体教师与学生的思考与实践，其定义和内涵逐渐完善。

（1）我是第一中学学生。最初的“学生第一”理念较为朴素，仅指“我是第一中学学生”，我们希望以此培养学生热爱母校的自豪感。

（2）一中以学生为首位。在“我是第一中学学生”的基础上，我们又提出了“一中以学生为首位”，以此确定了晋江一中学生在学校教育教学中的主体地位，学校服务于每一位学生的成长，教师在教书育人的过程中与学生共同成长。

（3）一中学生追求卓越。作为晋江一中的学生，必须有认识自我、设计自我、管理自我、超越自我的追求，并将这样的追求转化为不断拼搏的意识。

（4）一中学生素质优秀。作为晋江一中的学生，应该是德智体美劳全面发展的现代公民。

以上四点共同构成了“学生第一”的基本内涵。

（二）“学生第一”的内涵认识

“学生第一”的内涵可以从以下几个角度来认识：

1. 教育学角度

“学生第一”首先把校名的排序第一化为以学生为首位，以素质育优秀，以卓越为追求。

2. 教育心理学角度

“学生第一”体现了对学生个性唯一的尊重和理解，又体现了重要的教育功能，使唯一成长为各自的优秀。

3. 教育社会学角度

“学生第一”确认了学生的权利主体、责任主体地位。但是“学生第一”并不同时意味着“教师第二”，它不是一个次序概念、等级概念。

4. 教学活动的角度

“学生第一”强调学生研究、学习研究和学情分析，突出以学定教、以学评教，建立以学生发展为本的新型教学关系和新型评价机制。

5. 哲学角度

在“哲学治校”的语境中，“学生第一”也是一种价值观和方法论，一种思维方式和评价标准。因此，从办学模式到环境设计，从课程规划到制度建设，从教师研训到教学过程，从校园活动到社会实践，都以之为出发点和归宿。

（三）“学生第一”办学思想的哲学建构

哲学是一种创造概念的活动，在概念中把握这个世界。由此，“学生第一”便成为学校的思想引擎，学校所有的人、事、物都成为这个引擎驱动的力量。在这一思想引擎的带动下，一系列核心话语、核心课程、核心制度、核心方法、核心工具不断创生。它们构成了核心生产力，共同担起培育和实践社会主义核心价值观的使命，共同负起立德树人、铸魂育人的责任，共同指向学校的育人目标：培养负责任、有作为的现代公民。

“学生第一”，从学来说，是内因，强调学生是认知的主体；从教来说，是外因，教师是教学的主体。两个主体互动，辩证统一，对立通过外因至内因的变化达到统一。内因是变化的根据，外因是变化的条件：再多的条件忽略了根据，就无法实现知识到能力的转化；再好的根据忽略了条件，也无法实现高效成长。因此，“学生第一”核心理念主要从三个方面进行哲学建构：一是德育实践与感悟，二是时间管理与问题教学，三是“一个都不能少”的人才观。

1. 核心：德育实践与感悟

学生第一，首先在于“立德”。立德不在于说教，而在于实践与感悟。人才只能在实践中产生，在实践中成长。因此，学校提倡体验式德育，引导学生在道德践行中不断提升德性。

（1）长度兼高度——记录学生的成长实践

学生第一，必须做到科学地激励学生；而科学激励首先要把握好评价标准。传统评价的“尺子”过于强调横向比较，分出你长我短，这当然有一定的促进作用。但我们换一个思维角度，把尺子竖起来看学生，即让每个学生都关注到“长高”的成功体验。在晋江一中，这把“竖起来的尺子”就是学生的成长记录袋，这把“尺子”给了学生自信，给了学生成长的动力。

成长记录袋的主要栏目有“个人基本信息、我的学业历程、我获得的荣誉、我自信的评价、我满意的作品、成长文档”等。成长记录袋是学生激励和提高自己的一种评价方式，嵌入到综合素质评价之中。它不是保险柜，也不是储藏间，而是一座虹桥。学校定期组织班级交流、学校展览、家长会观摩，这些交流和沟通活动已成为晋江一中一道亮丽的校园文化风景线。这种成长体验的梳理、交流与展示，引导学生在自我教育与相互学习中向善立德。

学生成长记录袋里存有三张卡片：阅读卡、劳动卡和社团证，有的学生还附有图书馆阅读、参加义务劳动和参加社团活动的照片。

①阅读卡。长期以来，由于“书香校园”的建设，学生读书蔚然成风。学校开展阅读护照认证读书活动，学生人手一册《阅读护照》，指定一批重点阅读篇目和拓展阅读篇目，对学生的阅读情况进行综合测评，授予不同等级的称号。

②劳动卡。建校以来，劳动就是学生的“必选课”。学校的校园环境是几代师生

用双手创造出来的。为了更广泛地开展学校公益劳动，晋江一中推行劳动卡制度，要求学生每学期必须参加一定次数的义务劳动，如打扫校园公共区、整理活动场所，或完成其他劳务，培养学生热爱劳动的习惯、吃苦耐劳的意志和团结协作的精神。

③社团证。开展社团活动是一项传统，学校成立了 47 个学生社团，倡导人人参加一个社团。学生社团作为校园文化生活的重要载体，对学生知识、技能、能力的塑造和思想道德素质的培养起着重要的作用。

阅读卡、劳动卡和社团证根植于校园文化，又促进校园文化的发展：学生人人参与，人人受益。学生非常珍惜手中的三张校园卡片，这是他们丰富的校园文化生活的“见证”，理所当然成为成长记录袋的重要“角色”。

学生成长记录袋是学生激励和提高自己的一种评价方式。它不是保险柜，也不是储藏间，而是一座虹桥。晋江一中定期组织班级交流、学校展览、家长会观摩，这些交流和沟通活动已成为晋江一中一道亮丽的校园文化风景线。

（2）育德育情怀——文化故事的德育创新

说教不适应现代教育，故事点亮心中明灯。道德教育有许多方式，我们选择文化故事为着力点和抓手。从鲜活的故事中获得道德感悟，从不断的感悟中养成道德自律。文化故事是从道德理念到道德自觉的中间媒介，让内因生长自我救赎的力量。

学校通过多年实践，结合德育“素养梯度目标”，形成素养梯度目标文化故事课程体系：

初一：热情 态度，《书房的故事》、《家风的故事》；

初二：目标 守则，《班风的故事》、《学风的故事》；

初三：涵养 眼量，《大楼的故事》、《素养的故事》；

高一：人格 修养，《榜样的故事》、《晋江人的故事》；

高二：抱负 价值观，《价值观故事》、《学科故事》；

高三：信仰 情操，《信仰故事》、《石鼓山的故事》。

在“文化故事”办学特色实践过程中，推进文化故事进校园、进课堂、进课程、进网络、进评价。

①文化故事进校园，传播身边美德故事。我们倡导“自我编故事、班级讲故事、校园传故事”。规定升旗仪式、教职工例会、班级主题班会、学生家长会变身为师生“故事会”。

②文化故事进课堂，讲述学科哲理故事。倡导师生在课堂中讲述学科名人故事、学科哲理故事、学科问题故事，挖掘学科教材资源，结合文本中“大家”的故事，编成课本剧，通过课本剧赛演，引导学生从中感悟人生，崇敬天才，做成人才。

③文化故事进课程，开展综合实践探究活动。文化故事进入综合实践探究课程，如创设“五店市寻根”、“万达哲学”、“我和大楼”等综合课程，引导学生以全科的视野去阅读、思考、表达，培养自主合作探究精神；在故事中潜移默化，在故事中发现人才。

④文化故事进网络，构建“互联网 + 文化故事”教育模式。各班成立文化故事小组，开展“每日两讲”主题故事会活动；以“石鼓讲坛”为分享平台，推动教师深度阅读、思考与写作文化故事，让教师勤于读书，感悟生活，激发潜能，增强专业修养；通过校园网、微信公众号等网络平台让故事从师生个体走进班级、走向校园、融入家庭、在社会广泛传播，让师生、家长、校友等能够最大限度地共享故事的教育力量。

⑤文化故事进评价，丰富、创新教育评价方式。学生方面，撰写、讲述文化故事，既成为成长文档的主体，又成为综合素质评价的重要一环；择优汇编成册，成为评价的另一维度。教职工部分，则将文化故事创作作为教师文集的主要类别，评选年度淬能优秀教师；校务委员和教辅工勤人员，年度考核以讲述文化故事的方式进行。

（3）火花聚明灯——让学生优点都亮起来

“学生第一”，要鼓励学生以卓越为追求。学校推行学生优点单制度，融合赏识教育、和谐教育、成功教育理念，开发学生多元智能，实施多元评价，唤醒和激励学生，引导每个学生走上成功道路。

学生优点单是由同学或老师填写的学生优点卡片。优点单简单明了，分为正反两面，正面为校名、年级、班级、姓名、时间；背面有两个栏目：同伴的眼光和老师的印象。

一是学生推优。在自评、互评优点的基础上，每学期组织一次学生推优活动。推优活动，不仅让同学学会发现优点，欣赏优点，学习优点，而且化同学矛盾于无形，增同学情感于无声。

二是教师推优。教务处每学期组织一至两次师生交流活动，不仅让教师有意识、有准备、有针对性地发现学生优点、肯定学生特长、激励学生进步，而且促进师生关系更融洽。

采集优点单的过程，就是同学之间、师生之间互相发现、互相欣赏、互相学习、共同进步的过程。优点单不仅仅是一种评价手段，而且是一种自我提高过程的记录。任何一个人的精神世界总是和他的语言世界相连接的，精神世界的扩展是语言世界的延伸，语言世界的扩展是精神世界的充实。优点单，观察同学的闪光点，学习他人的长处，扩大了自己的精神世界；用自己的语言表述，也丰富了自己的语言世界，这是一种学习的过程。优点单的推行，促进了师生精神世界和语言世界的提升，有效地促进师生的共同成长。

2. 基点：时间管理与问题教学

（1）时间管理

时间管理的内涵为：师生有理、有节、有序地管理时间，做到遵时、守时、惜时。时间管理的本质是生命管理，教师与学生需要提高对生命时间的自我管理能力，实现行为规范化，实践理性化，时间效益化，从而获得生命价值和意义的最大化。

一是教师教育教学中的时间管理。具体而言，就是老师在四十五分钟的课堂教学中如何进行管理。“管”是把握精准，不让四十五分中有一分浪费、流失，所以要紧抓不放；“理”是要捋顺四十五分钟时间的流程，在有限的时间里处理好主旋律与次旋律、节奏与留白的关系。

二是学生学习生活中的时间管理。首先是学校教室行为规范管理，包括整理书桌书包、摆放学习用品、打扫教室卫生等；其次是教室外的行为规范管理，包括整理宿舍、生活用品、个人卫生、家庭书房等。为落实校外行为规范管理，可在校内建立学生家庭服务实践、演示室，帮助学生进行烹调、购物、打扫卫生、整理家务等的实践、演示；最后是公共场所的行为管理，包括穿着得体、举止礼让、低声说话、交谈有度、态度谦和等。

行为管理本质上是时间管理，一个学生在中学时代做到了行为的有理有节、有礼有序，就是在时间的常数中提升了生命的质量：自由和尊严、高雅与文明。当学生意识到这一点，他就能够明白时间管理的核心是生命意识的清醒，于是外部的被管理便化为了生命时间的自我管理。学期之初，学校为每位学生准备了“学期学习成长规划”，其中包括“优势学科的提升规划”“一般学科规划”“弱势科目补强规划”“课外阅读规划”“特长专修规划”，学生在老师的引导下，对自己的学习水平与学习能力进行深入分析，在此基础上有针对性地、分层次地进行新学期的成长规划。为落实每位学生的自我规划，学校对这些规划进行统筹，安排对应学科的教师对学生进行辅导。通过这样的方式，帮助学生学会对自己的学习时间进行主动规划，并将规划脚踏实地落实到日常的学习生活中，由此培养了学生的自觉时间管理意识。

“时间管理”作为治校的一个基点，最终指向“学生第一”的核心教育理念。教师通过合理安排教学内容、精心设计教学活动完成对课堂时间的高效利用，培养了学生知识获取与整合的能力、思维认知与建构的能力，体现了“以学生为首位”的基本内涵。一中学生在学校中、课堂中居于主体地位，学校、教师始终把学生的发展置于首要位置。

（2）问题教学

“学生第一”的理念贯彻到教学中，就是把学生作为主体，是主动、自觉的受教者，经过自己的思考活动、心理活动，就调动了主观能动性、积极性，符合认知的科学规律。

其一是“有法”，具体包括：

①无问而问。以教材中的关键词为节点，以设问设答联结，形成逻辑链条，步

步推进，最后回到关键词。

②有问而问。一是抓住关键词提问，指导学生在文本中找关键词的条件与根据，然后提问；二是教师示范，授之以概念观和方法论，作例证分析，然后放手让学生作深度阅读，并提问；三是要求学生寻找关键词，对概念外延进行划分，以课文的条理、脉络确证，然后提问；四是训练有素以后，阅读能力提高，要求编写提纲，抽查，并提问。

其二是问题的形式，具体包括：

①是什么？——判断问，理解词义、定义。

②怎么样？——分析思辨问，分析关键词的条件、关系，对于文学作品，则从形象语言的塑形与表达手法技巧与内容，研究条件和关系入手。

③为什么？——本质意义问，分析教材的科学价值、人文价值、审美价值。

“三问三解”指向教学全过程。它基于具体的教学目标（包括学年目标、学期目标、学段目标、周目标、每节课的目标等），在备课、上课、练习、作业、复习、考试等环节，都强调落实对某种或某类知识（现象、道理、规律等）“是什么”“为什么”“怎么样”的讨论和追问，使学生“知其然”“知其所以然”“知其意义与价值”，引导、促进学生培养问题意识、探究习惯和创造精神，形成有效的学习方法、思维方法和应考方法。

经过不断探索，“问题教学”转型和提升为“学科哲学”，要求老师形成“学科观、概念观、思维观、素养观”的教学本质四维观，推进“统筹性备课、思辨性设计、纲目式建构、创造性教学、科学性检验”教学工程五章程，落实“审题导入、概念推演、认知建模、探寻价值、反馈检验”课堂教学五步骤。

一个个“问题”构成具有一定逻辑联系的“问题链”，形成学科哲学教学谱系，作用于学生的思维发展，增强学生的问题意识和提出问题的能力。

3. 人才观：一个都不能少

（1）让每个学生梦想成真

人才概念的内涵是丰富的，因此人才的外延也是多样的。学生恰好也是多元的，是充满潜力的，是未被打造的各种各样的“材料”。从人才概念出发，我们的学生正走在人才的大路上。所以，老师们应该明确：我们不是没有人才，而是拥有许多可以成为人才的教育对象。

基于这样的人才观，学校要落实“学生第一”教育理念，高效促进学生发展，既要着眼于共性目标，培养学生德、智、体、美、劳全面的素质；又要着眼于学生品德发展、学业水平、身心健康、兴趣特长和实践能力等方面的起点，创新个性化的培养良方。我们的培养方法应该是不拘一格的。

让每个学生都能健康成长，让每个学生都能梦想成真，这是教育的责任。但是“人间万事出艰辛”，一切美好梦想的实现，都需要不懈的艰苦努力，都需要不断的探索实践。

（2）“三进三出”之路

“学生第一”教育理念要落地生根，必然要求因材施教，因此，学校提出“三进三出”，即低进中出，中进高出，高进优出。“三进”是学生的起点；“三出”是教育的目标。“三进三出”由起点启目标，是对“看起点、比进步、论贡献”评价激励机制作进一步拓展，也是学校教育教学工作的抓手。

在此基础上，学校制订《晋江市第一中学教师教学绩效考核方案》，实施“成绩标准差等级制”模式，从尊重学生差异、服务学生差异发展和多元发展出发，明确评价主线、完善评价结构、细化评价指标、建立评价模型、开发评价工具，用数据说话，重视数据的采集和分析，发现数据背后的问题和规律，既服务于教学质量分析，又服务于教学问题诊断，使教学评价真正起到调整教学、改进教学、优化教学的作用。

实现“三进三出”目标，①就必须突出重点，明确任务，科学定位，向教育理念要质量；②就必须全程管理，全面管理，全员管理，向科学管理要质量；③就必须激发主体，有限练习，善用考试，向高效教学要质量；④就必须强化研训，强化学习，强化反思，向教师成长要质量；⑤就必须深细备课，务实上课，落实辅导，向细节落实要质量。

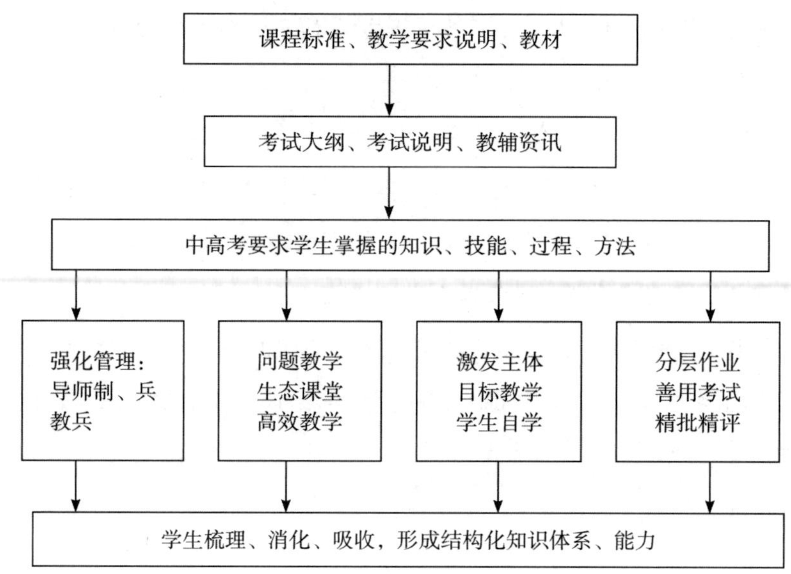

图2 “三进三出”的路径

（3）“四特生”发现培养

践行“学生第一”理念，必须了解生情。我们提出综合特优生、学科特优生、技能特长生、特定层次生“四特生”这一概念，就是要对学生之“材”进行初步的归类，有了学情的认知，我们的“施教”才能事半功倍。

一是综合特优生培养。这类学生是综合素质和各门学科都特别优秀的学生。这样的学生，一要用大语文观、大教育观去鼓励、引导他们加强自主学习；二要采取导师制，三级名师育英才；三要成立互助组，让综合特优生相互砥砺，良性竞争；四要加强学科竞赛，引导特优生争取出个人文集，切实提升成长文集的质量，展现各方面的特长。

二是学科特优生培养。这类学生的基本特点是个性较强，甚至因性别而学业成绩不平衡。一要充分激发学科班长作用，学科班长不但是班级学科管理助手，更是学科学习领头羊，科任老师尤其要重点培养。二要提供门类齐全的学科竞赛平台，引导和鼓励学科特优生参加，力求学有所长。三要学科节“沙场秋点兵”，让学生有展现才华特长的舞台，进一步激发他们的学习潜能。四要典型推广，从学科特优到多科优秀，以一科的优秀的宣传，增强学习自信，激发学习潜能，带动多科进步。

三是技能特长生培养。这类学生存在学业成绩总体较差之忧，在现行高中体制中，他们的优势常常体现在体育、音乐、美术等方面。一要摸底发现建档，尽早发现其天赋；二要保护与引导，保护他们的学习自信，引导他们往技能方面发展；三要鼓励他们参加官方的作文大赛、机器人比赛、创意大赛、体育比赛、器乐比赛、棋类比赛等各级别赛事；四要通过学校丰富的社团课程、四节活动，让他们砥砺技能，施展特长，展现风采；要鼓励他们从模仿到创新。

四是特定层次学生培养。这类学生是高考成绩介于本一录取线左右的全部本科生群，他们的基本特点是没有特别优势科目和技能特长，基础课与专业课成绩一般。一要师生共同进行落后原因分析、进步条件分析；二要发现其优点、培养其信心、养成其良习、指导其方法。导师要按“教学大纲、课程标准、考试说明”要求降低标准，科学合理取舍教材，理出主干知识网络，必有成效；三要要充分发挥进步奖的作用，发现、宣传其身上的闪光点故事，激励其上进心。

“四特生”培养，其关键是学习班组成，可以充分利用假期与网络重组学习班；其基础是分层教学，即教材中的基本知识、基本技能，提升学生分析和解决问题的能力，包括特长科目的扩大和深化两大基本层面；其要点是学与导的方式方法；其难点是对应于不同科目、不同要求的教学指导安排与落实。

总而言之，“学生第一”的教育理念，落实于每一个学生，就是使学生正确地认识自我，科学地设计自我，严格地管理自我，努力地实现自我，以自我价值与社会价值需要协调配合。

三、“学生第一”办学思想提出的理论依据

（一）马克思主义哲学

马克思辩证逻辑认为，要从认识事物的整体、总和出发，观察事物本身的发展、运动、变化，研究其外在条件与内在根据，发现本质和运动、变化规律。马克思说：“人是社会关系的总和。”[1] 例如，认知结构中的意识形态总和、人的自我发

展总和、教与学的总和等等。从教育本质来说，就是从人的社会实践属性，研究教与学关系，最终以人的发展总和为目标，让学生实现自我。

（二）马克思人学理论

人学是介于人的哲学和人的科学之间的一门交叉科学，带有哲学和科学的双重性质。

马克思人学的出发点是“从事实际活动的人”[2]，实践是其人学思想的核心概念。实践作为一种现实的、感性的、能动的、对象性的活动，既是人的生存本性，也是人的存在方式，是人表现自己本质力量、创造美好的理想的对象世界的唯一途径。马克思视野中的人，既不是唯心主义者所讲的纯粹思维、理性、观念、自我意识的“化身”，也不是旧唯物主义者所讲的只有生物肉体的，而没有社会性、能动性和创造性的“自然人”，而是有形体的、有自然力的、有生命的，同时更有意识的、社会的、能动的、现实的，从事实际活动的人——实践性主体。

马克思人学从人的角度去理解劳动，从劳动的角度去理解社会的同时，又从社会的角度来理解劳动，从劳动的角度来理解人。

根据马克思人学理论，人有四种属性：自然性、社会性、发展性与实践性[3]。唯有实践，使人不断发展。教育的使命就是使自然人成为社会人，通过实践使人不断发展。因此，唯有教育实践，使学生这一抽象概念成为感性而具体的一个个鲜活的个人。

被意识形态决定的教师脑力劳动，以学生为对象；在教育生成过程中，学生是学习活动主体，又以教师为对象。对象与主体互位、互生、互动的辩证关系统一于教学相长。

教育的动机与效果，本质上是人的能动性与受动性关系。从素质出发，研究受动性，使其具有主观能动性，又以教育的价值观使二者平衡、和谐发展。

总之，“学生第一”理念以马克思哲学、人学为理论基础，认识教育本质与认知活动的本质、关系、逻辑规律与唯物辩证法，又从实践观出发，通过学习实践与道德体验，使学生实现自己价值。“学生第一”理念的逻辑链是：学生第一——教学相长——第一学生。

四、“学生第一”办学思想的理论支撑

（一）学校观

学校是师生共同成长的学园，是文明沣地和精神高地，是每一个曾经或正在这里生活的人得到真善美的滋养的精神故乡，拥有亲切、生动、丰富并长久影响人的共同记忆。

（二）教师观

教师是个体脑力劳动者。教师是以消耗脑力，为教育提供服务的劳动者。脑力劳动的普遍意义与教师的个性特殊性结合，劳动的成果是教育能力、智慧、质量，把学生培养成才。

教师是育人导师。育人导师，一是传道授业解惑，二是心理护航。教书育人，育人才是最终目标。

教师是人才侦探。人才侦探要求教师练就三双慧眼：伯乐的慧眼、哲学的慧眼、时代的慧眼。教育的普及与提高是辩证关系，互为根据和条件。识人的特殊与一般是在尊重学生自由发展的前提下，以人才战略眼光，在教学实践中对学生差别性选择关注。

（三）学生观

学生是具有独立性、天赋性、成长性的主体。一要尊重学生的主体独立性、特殊性，既要鼓励学生表达自我主张，又要引导学生承担社会期盼。二要深信学生各有天赋，帮助其在学习与实践中发现自我。三要帮助学生形成内省、节制、努力、自我挑战的成长观。

（四）课程观

课程是既符合学生发展需求，又要与时俱进的文本体系和执行制度，是一所学校的核心竞争力。课程的教材是教学传播的介质，也是知识信息第一资源，是文本。课程的执行者是师本，教师的学养、智慧、道德人格以及情感、态度、价值体系决定对生本信息传播的质量与效率。

（五）教学观

教学就是文本、师本、生本互动生成的动态的课程结构：基于文本的教学过

程，师本与生本互构、互动，信息经目标筛选，完成教学任务；课程三维一体是课堂，为师生共同成长创造优质环境。在课程实践淬能过程中，要化三维为一体，课堂结构稳定而灵动，教学生态活跃而理性；要化复杂为单纯，单纯而丰富；化模式为智慧技巧，每堂课有规范而创新。

五、“学生第一”办学思想的实践探索

（一）统筹生本课程

学校应该是文明洼地和精神高地，能够吸纳和积淀各种文明要素、先进思想，才能落实“学生第一”。因此我们基于学科核心素养、学生需求、学校特色和社会发展趋势，构建生本课程体系，实现“国家课程校本化、校本课程特色化、社会课程综合化、生涯规划课程实践化”，除学科拓展、科技创新、CAP 课程、心理健康，还开发文化故事、静修、课本剧、家庭书屋等 54 门校本课程。借助教育部信息化实验校优势，探索建立学生网络选课管理平台，制定和完善校本化课程实施管理和评价制度及操作程序，落实走班教学。

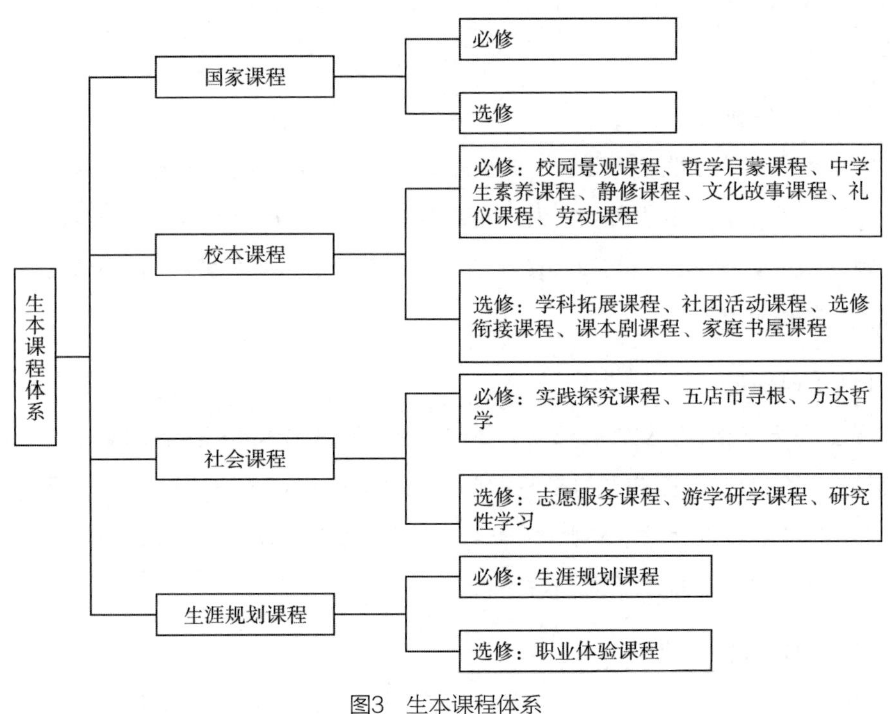

图3　生本课程体系

（二）实践学科哲学

学校必须创造和贡献智慧、知识、方法和技术，才能培养出“第一学生”。因此我们创建学科观、概念观、思维观和素养观之“教育四维观”结构；融通概念观与方法论，以核心概念的思维聚焦文本阅读，以科学的思维规律与思想方法解读文本的知识结构，竭尽文本教育资源，层层挖掘文化价值、科学价值、人文价值和审美价值，培养学生综合素养；教学工程包括“统筹性备课、思辨性设计、纲目式建构、创造性教学和科学性检验”的教学工程五章程，并落实于“审题导入、概念推演、认知建模、探寻价值和反馈检验”的课堂教学五步骤，遵循“求新求变求道法，乐思乐学乐收获”的教与学两法则，实现教学量度标的。在变与不变的辩证淬能中，革新教育观念，创新教育方法，催生教育智慧。

2017 年 9 月，《高中学科哲学建设与学科核心素养培养》获福建省基础教育教学成果奖一等奖。2021 年 9 月，全国教育科学“十三五”教育部规划课题“高中‘学科哲学’建设与学科核心素养培养”（课题批准号 FHB16057）顺利结题，获得专家一致好评。

（三）落实素养梯度

因材施教是教育传统原则，既是个体化发展的教育策略，也是群体阶梯化发展规划的创新之源。因此，我们确立素养成长之梯，初一至高三分别为：热情、态度；目标，守则；涵养，眼量；人格，修养；抱负，价值观；信仰，情操。每一个梯度目标都设计课程体系，安排主题式体验思考活动，通过活动中的态度、行为表现，探索心理根据，发现心理规律，给以恰当的引导；并让学生收集、整理活动印记，写成案例还原体验、反思得失，形成学生个人成长文档，促使学生阶段性召回自我，发现天赋，淬炼成长力。

（四）开展教育评价

学校基于问题导向、目标导向，实施科学的教育评价，建立“看起点、比进步、论贡献”评价激励机制，促进师生成长。制订《晋江市第一中学教师教学绩效考核方案》，实施“成绩标准差等级制”模式，从尊重学生差异、服务学生差异发展和多元发展出发，明确评价主线、完善评价结构、细化评价指标、建立评价模型、开发评价工具，用数据说话，重视数据的采集和分析，发现数据背后的问题和规律，既服务于教学质量分析，又服务于教学问题诊断，使教学评价真正起到调整教学、改进教学、优化教学的作用。实现“低进中出，中进高出，高进优出”目标。

2018 年 5 月，《教师教学绩效评价》获福建省基础教育教学成果奖一等奖。

（五）建设石鼓文化

学校应该成为永远的精神故乡，才能使师生得到真善美的滋养。学校坐落石鼓山，石鼓山就是我们的课程和乡土。开办“石鼓讲坛”：既有各地名师、名家的专题讲座，更有本校教师的心得分享；聚焦、探讨教师最感疑惑的教育问题、学生最感兴趣的教育热点、家长最为关注的教育时政。创办发行“石鼓小报”：把选题重心对准教师们普遍关心、经常遭遇的教育教学难点，内容大都根植于本校本土，根植于教师们的实践和思考、学习和研究。创生“石鼓景园”：使学校的办学历史变得清晰可见，也使学校的办学理想有了活生生的物质载体，彰显学校个性与品格，提高学校的文化辨识度、审美辨识度；它们将成为新的文化基因，植入并参与到每一个一中人的精神成长当中。

（六）讲述文化故事

故事育人，更为深入人心。因此，我们激发师生捕捉故事，挖掘身边资源，融合学校管理、道德教育、教学教研、游学研学等校内外资源开展主题活动。让文化故事进校园、进课堂、进课程、进网络，锤炼师生深度阅读、思考、表达能力，提升师生的品格、价值观，促进学校的科学发展。先后凝结了一系列学生、教师、家长、校友和校董“文化故事集”，留下一代代一中人成长与奋斗的故事。“故事文创室”和“故事馆”，让每一个学生在一中都有一个故事珍藏其中，成为母校永远的青春记忆。

2018 年 1 月，晋江一中因文化故事办学特色获评泉州市特色普通高中（人文特色类）。2020 年，汇编学生文化故事集《创造美好家庭生活》《我与工具》等“战疫丛书”；2021 年 6 月 26 日，“学党史·访家史”综合实践活动被《人民网》福建频道、《人民日报》客户端报道。

六、未来展望

在“学生第一”办学思想的统领下，新时代，必须改革创新，有新的举措；改革创新是教育事业发展的强大动力，综合目标是促进国家教育治理体系与能力的现代化。教育综合改革的重点是体制机制问题，要着力于培养体制、办学体制、管理体制等重点领域，突出课程、教材、教师等主要因素，抓住质量评价、考试招生、教学方法等关键环节，以进一步激发调动教育事业的发展动力、学校的办学活力、教师的工作热情为核心目标。

立足提高办学质效，根据简政放权和规范管理、优化服务的基本要求，继续调整学校教育行政机构设置。调整设置课程教学中心、教师研训中心、人力资源中心、学生发展中心、理科实验中心、后勤服务中心等机构，明确各中心的职责任务，规范管理，优化服务。目标是实现由“管理”到“服务”的职能转变，提高服务效率和服务质量，切实提升办学质效。

2016 年 8 月，新一届晋江市委描绘了一幅“国际化创新型品质城市”的晋江发展新蓝图：“2020 年世届中学生运动会、国家园林城市、国家生态市、国家新型城镇化建设试点、国家金融改革试验区、中国制造 2025 示范市、海丝战略先行区……”[4] 这是一个大背景，关涉经济转型、科技创新、文化繁荣、环境优化、民生改善诸方面，关涉一个教育工作者思考教育、发展教育、创新教育所应具备的全局观、社会观和未来观。

以此观照、透视学校现状和存在的问题，“哲学治校”作为一个总体方略，显然还需进一步的细化、深化，使之与学校的各方面工作有更好的对接。在这点上，我有一个很深的体会：作为校长，不仅要努力成为善于“学哲学”的教育家，还要努力成为善于“用哲学”的教育活动家、教育策划家、教育实践家。“做百年名校的奠基者”是立足我所任职的第二个五年（2012 年至 2017 年）的发展提出的一句话，它当然也是一个长期的目标。一所学校的哲学追求，便意味着要让这所未来的“百年名校”，“根”扎得更深，“基”奠得更实，让石鼓文化孕育出一棵常青大树：做百年名校的奠基者，建一所有哲学追求的高质量、有特色、示范性、现代化中学。

【参考文献】

[1] 马克思，恩格斯 . 马克思恩格斯选集：第 1 卷 [M]. 北京：人民出版社，1995：56.

[2] 马克思，恩格斯 . 马克思恩格斯选集：第 1 卷 [M]. 北京：人民出版社，1995：30.

[3] 吕瑛 . 马克思人学理论的逻辑构成 [D]. 呼和浩特：内蒙古大学，2006.

[4] 蒋升阳，赵鹏. 晋江之路——“晋江经验”15 年发展传承综述 [N]. 人民日报，2017-03-18(1).

和善教育

◎陈昌卫

【作者简介】

陈昌卫（1967— ），男，福建晋江人，中学高级教师。晋江市英林中学原校长，现任晋江市侨声中学校长。泉州市语文骨干教师，晋江市中学名校长孵化工作室领衔人，福建省“十三五”中学名校长培养人选。中国教育学会会员，教育管理分会第七届委员会委员，福建省公务员考试命题组专家库成员，福建省教育执纪检查专家学者。

一、“和善教育”办学思想提出的背景

（一）华侨建校，和善传承

福建省晋江市侨声中学，1956 年由马来西亚太平“仁和公所”发起倡办，东南亚各地侨亲、归侨、侨眷和东石乡亲合力兴建。学校位于文化古镇“仁和故里”——东石镇镇区北端，校址原是明朝蒲尚书故土“古榕村”，学校地形地势天然，从南大门进入校园，地势稳步提高。其北临岱峰山麓南天古刹，东邻文物圣地古檗山庄，西接东石古寨龙江吟社，南望一水之遥大小金门，交通便捷，人杰地灵，人文荟萃。校园面积 206 亩，建筑面积 6.2 万平方米，在校学生 3498 人，教职工 288 人，是一所颇具闽南侨乡特色的温馨和谐的花园式学校。现为福建省文明校园、省一级达标高中、省绿色学校、省实施素质教育工作先进校、省争优创先先进基层党组织。在“勤诚礼爱”校训、“仁和成功”校魂和“和善文化”熏陶下，五万多名学子遍布神州各地和异国他乡。他们中既有奉献当地、默默无闻的“三农”好手，也有从政一方、职务显赫的国家干部；既有学术专深、业绩非凡的行业

骨干，也有自学成才、独擅其长的能工巧匠；既有蜚声国内、实力雄厚的商企骄子，也有漂洋过海、创业五洲的成功人士。

传承“仁爱和平”精神是海内外东石人的优良传统，也是侨声中学核心精神的重要组成部分。从一些基础设施、文化标识中都可见一斑。东石镇区主要道路都以“仁和”“仁爱”“侨声”命名，如，仁和北路、仁和南路、仁和中路、仁和东路、仁和西路、仁爱路、侨声大路、侨声西路、侨声东路、侨声前路等，居民小区有“仁和小区”“仁爱小区”“侨声小区”等。海外华侨在马来西亚霹雳州太平市成立有“仁爱”音乐社。每五年举办的“亚洲仁和恳亲大会”是海内外东石人维系乡情、联系乡谊的重要集会，迄今已举办9届，分别在马来西亚、新加坡、菲律宾等国和大陆、香港、澳门等地举办，根据组委会安排，今后还将由泰国、缅甸、柬埔寨等地的“仁和”社团负责承办。在侨声中学校友总会、校董会的牵线下，菲律宾以及香港、澳门、上海、北京、福州、厦门、泉州、石狮等地纷纷成立校友会，校友会坚持“仁和成功”校魂和“勤诚礼爱”校训精神，在世界各地华人区大力传播侨声中学“和善文化”，并积极反馈社会、反馈母校，为客居地和故土经济文化发展奉献侨声人的聪明才智。

（二）古榕灵迹，陶英育才

侨声中学建于古榕村原址，学校立亭树碑，以铭为念。抄录《古榕蒲史碑》全文以记。

古榕胜境，禀秀资灵，祥发庆膺，人文会昌。史载先祖源自波斯，宋季梯航莅华，肇基粤南，商贸为业，富甲两广，“筑造光塔”（《宋史》）。六世祖蒲公谓开宗，宋任安溪县主簿，定居泉州。公有二子，长曰寿晟，次曰寿庚，皆因文功武绩得宋庭擢用，寿晟官粤梅州太守，寿庚授闽粤招抚使，兼闽市舶司提举。元定中原，寿庚权衡制变，力保泉州繁昌，勋高寄重，封昭勇大将军，官至闽广都督兵马招讨使、闽赣两省参知政事，簪缨世家，商贾巨擘，滋荣泉郡，时称望族。然天道盈虚，虽圣贤莫能移。官海俯仰，权势倾轧，蒲门罹难，夷族殆尽，幸幼婴本初赖仆人王福抱依古榕舅父杨颐翁抚养，是为古榕蒲氏始祖。

天修其爵，地富其才，砥节励志，角立杰出，明洪武年间进士及第。擢翰林院庶吉士。庆灵久郁，必有勃兴，自是蒲姓族裔即在古榕开创丕构，历经明清、民国，凡六百余载。间因兵匪疫情，族人相继外迁，先者远赴南洋、台湾、江浙，泉州各县，迁鲤城、永春族人，寻源达本，敦扬祖教，后者即就居东石、东埕诸村，或固留本姓，或随俗易氏。史传备彰，此无缕载。迨乎一九五四年政府倡导兴学，即就古榕灵迹创建侨声中学，陶育英才，人文彬蔚，风采盎然，蒲氏与有光焉。《大雅》云：无念尔祖，聿修厥德。继统承祧。无忘日慎，爰建斯亭，以永灵风，乃为铭曰。

（三）仁和故里，成功精神

仁和故里东石镇，为晋江市辖镇。镇因古寨而闻名。东石古寨，位于龙江澳（东石仁和古港）北岸，镇区西隅，古称“畲家寨”，是汉武帝建武年间（25—27年）闽中畲族南迁的酋长住地。五胡乱华时，东晋升平元年（公元357年），河南洛阳林开基（号西山）尚书，避兵祸带了一批族人，从水路沿海南下居于寨之东，“东石”地名即由此而生，“畲家寨”也即改称“东石寨”。寨之周围村落则名“东石”。隋开皇元年（581），隋文帝遣使开发夷州（台湾）派兵驻扎。《西山杂志》称此为泉南戍兵之始。有“江防要塞”之称。唐宋先后称东安乡、舟建乡、仁和里。

寨之东，平原数里，土地肥沃，宜农耕；寨之西，龙江蜿蜒，可海滩觅海味；寨之北，岱山耸立，绿色屏障，可遮挡风灾；南望“仙洲”（今金门），海路通畅，可远航经商。鸡鸣狗吠于寨间，胜似陶公之“桃源”。寨因民而生，民因寨而存，古寨民宅，相栖相融，就像那一株扎根寨岩、盘踞石阶的古榕……古寨涵养的“仁和品质”，没有人会忘记他的乡土、他的古寨……一片宜商宜学宜居的土地，与华侨结缘诸多元素。古寨下的“番仔楼”让东石人最引以为傲，只因他们富裕不忘本，落叶也护花，这难道不是朱文公在古寨为民办学结出的硕果吗？挥笔洒汗，对“教（教育）”当歌，虽没有挥师南下的轰轰烈烈，却有为民造福一方的灵气……这座古寨，传递着“仁和至善”的温情。（摘自王金表《东石古寨》）

一座古寨孕育的文化，滋养了世世代代东石人。东石仁和古港曾是宋代东方第一大港泉州古刺桐港的重要分埠。东石古港孕育包容大气的东石人，仁和故里催生了爱拼善赢的仁和风。据载，隋文帝数次遣使开发夷州（台湾），均把东石寨作为驿站，然后经围头湾至澎湖，再达台湾、琉球诸岛。当时的东石寨是航海的起点和驻军重地，素有“南大门”和“江防要寨”之称。当时的航海巨商林銮曾拥有载重3万余担的大船数十艘，从这里出发，到达菲律宾、越南等国经商。东石先民从寨前澎湃的龙江出发，下南洋，寄星岛，横渡海峡，开垦台岛，艰苦创业，搏击商海。

东石镇现有本地常住人口11万，外来人口8万，还有20多万旅居新加坡、马来西亚、菲律宾、泰国、缅甸、柬埔寨、越南等国家和台湾、香港、澳门地区的东石乡亲。海内外东石人致富不忘初心，情系桑梓，捐资助学的风气代代相传。

据东石人蔡永蒹《西山杂志》载，当时朱熹在同安担任主薄时，要乘船到安海，途经马江（石井江）时，抬头看到东石的风景非常好，便下船上寨。有感于东石淳朴民风，便在此设帐讲学。后发出“此海滨邹鲁，真乃仁爱和平之境域也”之感慨。朱熹在东石“鳌江书院”设坛讲学，著书立说，传道授业，带来了良好的文风，推进民风教化，这里也成为东石的文化标志。鳌江书院，又名“朱文公祠”。书院开办，求学者众多，这批学生中，曾恕、尤鹏、许毅仁都是当时名流。一些地方志有记载，据说有三百多个学生都考中了进士。八百多年来，这片土地上也演绎着一个个“仁和”的故事。东石人对朱熹充满了崇敬和感激，几经修葺朱文公祠，现存“朱祠”是清光绪十年（1884年）重建。1991年被列为晋江市文保单位。这是目前晋江市保存较为完整的古代书院之一，占地面积190平方米，坐北向南，硬山顶，砖石外墙，抬梁式木构架，雕饰非常精美。

朱熹留下的“财富”和“仁和”二字一样，一直影响着东石后人。据载，朱熹后，还有一批他的门人在东石讲学授课，著书立说，私塾数量大幅增加，进士、状元层出不穷。

成功精神永流传。如果要说古寨故事，那么郑成功绝对是古寨的一个主角。不管是耄耋老人，还是乳臭少年，不管是布衣农民，还是绣花女工，总能轻松地说出300多年前，郑成功在东石古寨操练水兵的惊心动魄、气壮山河的故事。

公元1649年（顺治六年），郑成功奉南明小王朝永历为正朔，永历帝即封郑成功为延平王。于是郑成功开始了近 20 年漫长的反清复明的抗争，他率领南明残部东征西战，驻军古榕村，屯田龙江畔，在白沙村建“国胜城”，他“招五虎”“布九营”，把古寨作为整军练武、筹粮筹款的重要基地。古寨顶 300 多平方米的平台就是郑成功操练水师的指挥台。东石民众纷纷捐款献粮，犒赏郑家军。玉井村巨富蔡秉元乐捐了一百万两银作为军饷。郑成功有诗赞曰“秉元百万献军需，耿耿丹心不却无，更誉沧岑杨二老，家贫愿助一头牛”，并亲笔写下“丹心”两字勒刻于石壁间，以作纪念。而后人则把该岩石称为“丹心石”，称东石寨为“成功寨”。如今这浑厚苍劲的阴刻“丹心”尚存于古寨石崖上，与朱熹弟子曾恕（宋淳熙年间进士）亲笔“棣径”横匾交相辉映。烫着四个红色“民族英魂”的石头，以横卧之姿态温热历史；还有挥师石、得胜门，它是一种态度和决心的象征；“郑成功书廊”将“成功精神”永流传。

旅居海外的东石乡亲有一个共同点，都以“仁和”两字来命名同乡社团组织，比如公元 1883 年，马来西亚霹雳州太平市最早成立的“太平仁和公所”，还有新加坡仁和联谊社。“仁和”已经成为他们抹不去的“摇篮血迹”，成为必须践行和弘扬的一种特别的精神。华侨反哺家乡的善举举不胜举，侨声中学就是由马来西亚太平仁和公所的乡亲们发起捐建的。“侨声”，即华侨的心声。

（四）岁月留声，薪火相传

1. 结缘教务，读懂校史

本人三十多年的教学生涯，基本都在侨声中学工作。1985 年 8 月，我到母校侨声中学工作，初接触的就是教务，那时学校叫东石中学。初涉人事，一切都是那么懵懂，可喜的是有一大批学有精专的前辈手把手带我入门。在教务处档案室，那一屉一柜，安放齐整的档案材料，令人惊叹：惊叹于档案的完整，惊叹于材料的齐全，惊叹于那漂亮娟秀的钢笔、毛笔字。档案按年度编列，或线装，或钉装，或夹装，即使“文革”时期的毕业生相册、证书，也那么完好无损，甚至连相片都是那么清晰。我读懂了“学校无小事，事事教育人”的真谛。

我在众多宝贵史料中读懂并爱上了“侨声”。于是乎，每天利用业余时间，坐在办公桌前拜读“侨声历史”，爱不释卷的一幕幕犹如昨日。那几经更换的校名最引人兴趣：初办校时，名为晋江县私立侨声中学，后脱掉“私立”帽子，名为晋江县侨声中学；“文革”爆发后，先易名为东风一中，后改校名为东石中学。

人之教化，始于庠序。校名更替，记载着仁和贤士开黉宇、兴学堂的丰功伟业；谱写了侨声人筚路蓝缕，一路风雨一路歌的壮丽诗篇；承载着东石乃至晋江民众的“脱盲梦”；铭刻了侨声低迷茫然、茁壮发展的印记。

三十周年校庆前，由时任校长张毓案先生起草，由我用复写纸誊写的一式三份的申请恢复校名的报告递交教育局和县政府，1985 年 9 月正式恢复校名为晋江县侨声中学。1992 年晋江撤县建市，晋江市侨声中学的校名便延用至今。

1985—1986 学年，学校有了校训。校领导多次召开教职员工大会，海选、归纳、提炼出了符合学校办学历程、办学底蕴和校园文化的四组“校训”入围稿，印发教职员工研讨，最后票决产生了校训——勤、诚、礼、爱。由书法教师、当地著名书法大家黄炳宗先生书写每个字 1.5 米见方的楷书嵌于办公楼顶楼两侧（如今，南大门西侧的校训仍是黄老师的笔迹），并由政治教研组长王天浮老师起草撰写了“四字诀”校训诠释词，诠释词每节一韵，朗朗上口，是当时校情教育不可或缺的文字材料。同年，由校友蔡振宗设计的由“QSH”构成的钟形校标正式启用，四十周年校庆时，有了校标解说词，并修改成“Q”包含着“S”，校标便沿用至今。

1996 年四十周年校庆后，学校明确“办好初中，发展高中”思路，初中教学质量在晋江数一数二。

2. 涉足管理，知行合一

1997 年 5 月，学校被确认为福建省三级达标中学，同年 8 月，我被任命为教务主任。我所带的初中 1994 级（即 1997 届）学生成了首届达标中学毕业生，当时招生文件规定，初中毕业生除了前十名可就读一、二级达标高中（当时晋江一级达标高中有晋江一中、养正中学，二级达标高中只有季延中学），其他都留在本校高中自己培养，2000 年高考后，侨声开始实现了高考本科上线率翻番的良性循环。

在晋升三级达标学校后，学校开创了“七年三级跳”“五年大换脸”的新局面，在 2002 年和 2004 年先后晋升二级达标学校和一级达标学校，侨声成为晋江市优质教育的楷模，被晋江市委市政府誉为晋江教育的“一面旗帜，一个窗口和一篇杰作”。

1999年春，东石镇党委政府邀请天津建筑设计院对校园进行整体规划。2000年秋，陈燎原同志任侨声中学校长后，在各界努力下，学校进行了一场大规模的改造建设。如今，眼尖者还能在校园鸟瞰图上清晰地寻找到校园道路蕴藏着“Q”“S”的字样。

为了更好地传承校园文化，学校对楼宇、道路等进行规范命名并标识路径。学校有“仁和广场”“成功大门”“和善广场”等切合办学理念、办学思想的文化标识；教学楼以“集”字开头——集英楼、集贤楼、集成楼、集智楼；教师宿舍楼以“育”字开头——育才楼、育新楼、育德楼、育善楼；学生宿舍楼以“树”字开头——树学楼、树范楼、树礼楼等便应运而生。

2001年，华东师范大学教育学系陈桂生等六位教授到我校调研半个月，为我校“培养有现代教养的中学生”研究总课题把脉，确立了“十个一”的培养目标，即一颗爱国爱校心、一身文明气度、一股合作精神、一口流利普通话、一门突出学科、一项外语工具、一手规范好字、一副健康身心、一种艺术爱好和一项技术能力。

自此，学生社团“群英谱”、各类竞赛捷报频传、硕果累累。“乞丐营，将军地”成了晋江学子求学的好去处，各类学有精专的学生如雨后春笋般涌现。（注：校址在建校之前曾经是蒲姓尚书府邸，家族变故，后人搬离该住所后曾沦为乞丐聚集地，南明时又成了郑成功驻军地。因此，当地人皆称之为“乞丐营，将军地”）

21世纪初，为适应高中办学规模逐步扩大的需要，学校每年引进三四十名教师，并提出“一年适岗，三年成熟，六年骨干，十年名师”的教师发展目标，通过“结对子”帮扶、做课题研究、自编校本教材、开辟侨声讲坛、出版《侨声学刊》、教师基本功竞赛和下水作文等形式促进教师专业成长。教师间充分体现了“和善”精神，上下团结一致，新老融洽，各类名师、教学能手和一大批骨干活跃在晋江教坛。

在几代侨声人的蓝图规划、勠力合作、凝心聚力、自我加压下，“老榕树，发新芽”，老侨校焕发出了新风采。

3. 侨声情缘，缘定终身

生于斯，长于斯。从十二三岁在侨声中学初中部就读开始，我就与学校结下了不解之缘。就读初中时担任过班级学习委员、宣传委员，高中时担任过团支部书记，从侨声学生变成侨声老师时，我就立下了此生将全力以赴为侨声教育事业而奋斗。工作有拼劲又善于积累，先后担任过班主任、年段长、教研组长、教务主任、教学副校长。在侨声中学工作 30 多年，在“下海经商”潮时代，我和几位兄弟一样成了“多面手”，我教过地理、历史、语文、书法，结缘众多教师和学生。2004 年，学校实行初高中分设管理，我负责高中部。2005 年我被任命为副校长兼教务主任，分管教学，主抓高中部。2010 年调任英林中学校长，2018 年调回侨声中学担任校长职务。

4. 恩泽文化，泽被英中

2010 年 8 月，本人被晋江市委市政府任命为晋江市英林中学书记、校长。英林中学是 1960 年由菲律宾华侨发起倡办的，校友文化底蕴深厚，校友热心回馈母校。校友捐建了菲律宾校友楼、香港校友楼、澳门校友楼、劲霸教学楼，北京校友会还设立了中高考状元奖。知恩图报的氛围特别浓厚。经过充分思考和凝练，我提出了“恩泽教育”的办学思想，经过师生和校友校董以及社会、专家的论证，学校正式推进“恩泽文化”建设，从物质文化、环境文化、课程文化、行为文化、校友文化等多方面来丰富其内涵，意在培养知恩、感恩、报恩、施恩的英中学子。任职的七年半时间里，学校荣获了福建省德育工作先进校、省义务教育标准化学校、省语言文字规范化示范校、省义务教育管理标准化学校、省文明校园、省义务教育课改基地校、全国青少年校园足球实验校等荣誉称号，并晋升省一级达标高中。

二、“和善教育”办学思想及其内涵解析

2018 年 3 月调任晋江市侨声中学校长后，基于对学校历史沿革、地方风土人情和地方文化的熟识，在遵循“仁和成功”校魂、“勤诚礼爱”校训精神的基础上，

本人主张办一所追求“和善”的学校，提出“和善教育”办学思想，逐步完善“和善文化”建构体系。这是对60多年老侨校办学品质的追溯和升华。

（一）“和善文化”是中华优秀传统文化的基本内核和精髓

和善理念源于上古文化，贯通于诸子百家，其丰富思想蕴藏贯通于佛儒道显学，在中华大地上传承数千年，历经沧桑而不变，喜逢盛世而生辉，是中华文化重要的思想基石。和善就是善德，是大力弘扬崇和向善的理念，是培育和践行社会主义核心价值观的应有之义。习近平总书记在对外友协成立60周年大会上的重要讲话中，指出中华文化崇尚和谐，蕴含着“人心和善的道德观”。

（二）“和善教育”办学思想内涵解析

和善，即“仁和，仁爱温和”“心地仁爱，品质淳厚”。

1. 仁

《说文解字》：“仁，亲也。从人从二。忎，古文仁从千心。如鄰切。臣铉等曰：仁者兼爱，故从二。”“仁”为种子内核中心，也是一切生命的中心。“仁”字，一体多元，其蕴含着中国人之三观，蕴含着真善美。《系辞传》说“一阴一阳之谓道”。阴阳有生即为“仁”，这是世界观。以“仁”为参照是好、坏最初的起源，这是价值观。仁以为己任，这是人生观。孔子认准了“仁”是人类的普世价值，所以完备了一个以“仁”为核心，孝悌为体用的思想体系，并将“仁”作为道德原则、道德标准、道德境界来大力推广。他提出要为“仁”的实现而献身，即“杀身以成仁”的观点，对后世产生了很大的影响。

2. 和

《说文解字》：“和，相应也。从口。禾声。古唱和字不读去声。户戈切。十七部。”《广雅》“和，谐也。”相安、谐调、和谐之意。古镇东石别称仁和里，正是朱熹有感于东石“仁爱和平”而发出的感叹。

3. 善

《说文解字》：“善，会意，从言，从羊。吉也。”言是讲话。羊是吉祥的象征。本义吉祥。引申为心地仁爱，品质淳厚之意。

世之初，性本和，人之初，性本善。“和”反映事物的状态，揭示事物的普遍联系及其发展变化的条件与过程，是认识事物和处理问题的根本之道与基本方法；“善”则是人世间的良知与德行，是社会价值评判标准和为人处世的行为准则。“和”与“善”相互依存，相辅相成，相得益彰，“和以致善，善以致和。”和善是一种智慧，是一种美德，是一种修炼，用和善思想资政育人、革新学术、砥砺品行，改良人心风俗，不断提升人的文明素养。

4. 和善

和善作为一种智慧，就在于能究天人之际，能通古今之变，能启迪心智，升华思想；和善作为一种境界，能中和通达，淡泊名利，胸怀宽广，心忧天下，经世济民；和善作为一种美德，能以和为贵，以善为本，自觉崇和向善、修善积德；和善作为一种修炼，能按照知和善之道、做和善之人的要求修身养性，格物致知，诚意正心，陶冶人生；和善作为一种财富，既是智慧之源，又是创业之源，和善之人定能善中有报，和气生财，舍中有得；和善作为一种快乐，能在平衡心态中找寻快乐，能在自我满足中感受快乐，能在置身自然中体验快乐，能在帮助他人中分享快乐，真所谓“与人和者，谓之人乐，与天和者，谓之天乐”。

和善的内涵极为丰富，包括身心和善、家庭和善、社会和善、天人和善、世界和善。而和善文化则是以大力弘扬和善为思想内核和价值取向，以积极倡导、阐释、研究、传播、践行和善思想为主要内容的文化理念、文化现象、文化形态和生存样式。它包括和善的思想观念、价值取向、道德规范、社会心理、行为准则、社会风尚、文化产品、创意产业等多种存在方式。和善文化所蕴含的丰富思想内涵和巨大精神能量，能启迪人类智慧，育化人们心灵，唤起世人良知。

三、“和善教育”办学思想提出的理论依据

苏霍姆林斯基说：“校长对一所学校的领导，首先是教育思想的领导，其次才是行政上的领导，没有教育思想的领导，就没有校长。”要办好一所学校，校长必须有正确的办学思想。所谓办学思想，是指在一定社会文化的影响下，校长对办学指导思想、办学原则、办学方向、办学目标和办学途径等的系统认识。办学思想是

校长如何办学治校的系统思考和理论概括，蕴含着校长的教育理念、管理思维和教育价值观等，是校长的智慧和创造才能的展示。它是校长在个人成长和长期的学习、管理、工作实践中逐步总结和发展的办学理念的具体化。正确的办学思想将保证学校正确的发展方向，让学校稳定、健康持续地发展，从而培养出符合时代要求的全面发展的人。

（一）“仁”的思想意蕴

《礼记·儒行》“温良者，仁之本也……歌乐者，仁之和也。”“仁和”二字是仁爱温和、人与人之间相互帮助的意思，它既是学校所在地东石的别称雅号，更是东石人民的精神瑰宝。儒家学派的集大成者朱熹认为，“仁”是天地间的伦理道德。

在孔子的眼中，春秋时代是“礼崩乐坏”的时代，“周因于殷礼，所损益可知也，殷因于夏礼，所损益可知也。”孔子的“仁礼思想”正是对前代思想的损益而成。孔子提出的“仁”是一种内在规定，代表着人们内在自然生发出来的德。这种真实的内在德性，赋予“礼”“乐”以生命和意义。《论语》中104次谈到“仁”，仁是心境安畅温和，是一种新鲜气息和朝气。

傅佩荣认为，“仁”分为三个层次：一是人之性，向善；二是人之道，择善固执；三是人之成，止于至善。蔡元培认为，孔子的“仁”是统摄诸德，完成人格之名。冯友兰也认为“仁”为人之全德之代名词。

《论语》中75次谈到“礼”，学术界的几种观点，一是认为孔子的思想核心是礼，礼包含仁。二是针锋相对地认为孔子的思想核心是仁，仁包含礼。三是认为礼和仁共同构成孔子之道的核心，一说仁体礼用，道之表为礼，道之里为仁，表礼里仁；一说以礼为仁，纳仁入里，仁为手段，礼体仁用。四是认为，孔子思想有两个核心，即仁和礼。其实，孔子是仁礼并称，仁为内在，礼为外显，仁是个人的内在自然情感，礼是外在的社会制度约束。

（二）“和”的具体阐释

《论语·子路》“君子和而不同，小人同而不和。”从管理学的角度看，这是对“和”这一理念的具体阐释。君子与人和谐相处，有自己的主张，同时也会允许别人保留自己的意见；小人表面上很容易苟同别人，但因各争私利，必然冲突四起，往往都不能与人和平相处。这样的“同”反而导致了“不和”。何晏《论语集解》说：“君子心和，然其所见各异，故曰不同，小人所嗜好则同，然各争利，安得而和？”

（三）“善”的哲学定义

善是具体事物完好、圆满的组成，是具体事物的运动、行为和存在对社会和绝大多数人的完好圆满生存发展，具有的正面意义和正价值，是指具体事物完好圆满，有利于社会和绝大多数人生存发展的特殊性质和能力，是人们在与具体事物密切接触、受到具体事物影响和作用的过程中，判明具体事物的运动、行为和存在符合自己的意愿和意向，满足（完全达到）了自己的生理和心理需要，产生了称心如意（满意）的美好感觉后，从具体事物中分解和抽取出来的有别于“恶（残缺不完好）”的相对抽象事物或元实体。

（四）一般善的行为才是真正的善行

苏格拉底认为，同一件事情，同一种行为，不仅对于不同的人，而且对于同样一种人（如对朋友），可以是善行也可以是恶行，因此，具体的有条件的善行是不真实的，只有一般善的行为才是真正的善行。道教经典《太上感应篇》“所谓善人，人皆敬之，天道佑之，福禄随之，众邪远之，神灵卫之，所作必成，神仙可冀。欲求天仙者，当立一千三百善。欲求地仙者，当立三百善。”“故吉人语善、视善、行善，一日有三善，三年天必降之福。”《阿毗达摩杂集论》卷三将善分为十三种，即自性善、相属善、随逐善、发起善、第一义善、生得善、方便善、现前供养善、饶益善、引摄善、对治善、寂静善、等流善。

（五）“善”是心理学上对感觉的一种描述

善良的人一眼就可以看出面目慈善，一般表现为处事大度，对人对物总是替对方着想，很少替自己想，一般长得体态龙钟，行动较缓慢，举手投足的力量不是很大。它的反面是 " 凶 "。

和善既是待人的一种形象描绘，更是人的内在品行的体现；既是对弱者的同情、怜悯、慈悲，对他人的关心、付出、贡献，也是对自我价值的肯定与主动鼓励。

四、“和善教育”办学思想提出的实践依据

（一）目前国内外已有的相关经验

目前国内有相关的成功经验，诸如，上善教育、品善教育、至善教育、向善教育、友善教育、慈善教育、尚善教育、嘉善教育，提出的都是与“善”相关的办学思考，还有和教育等以“和”为内核的相关教育思想。据资料检索，还没有发现明确提出“和善教育”。《光明日报》2015 年 3 月 22 日 07 版的《推进和善文化与湖湘文化的融合互动》（作者陈志强）一文对和善文化有比较深入的认识和运用。而国外尚无类似的实践案例。

（二）顶层设计与基层探索相结合

本人倡导、探索并践行“和善教育”办学思想，不仅继承了学校的优良传统，而且在此基础上进行了创新发展。经过了认真的思考和探索，努力将理性精神与人的能力、智慧融入“善”的情感领域中，将“和善教育”从态度、方法的层面，上升到教育本质与目的的高度，创立了具有地方人文、民族精神和现代气息的教育思想和制度方法。

（三）“和善教育”彰显现代教育价值

“和善教育”是全员性的教育观念和办学理念，它不仅仅是领导者和教师的责任，更是受教育者的责任。从管理角度，给学校每个人定好位，是推行办学思想的主要抓手。学校提出的定位是，校长是思想的引领者、示范者，全体员工是“教育工作的主体”、学校真正的主人，学生则是学习的主体。这种定位是推行学校管理多主体参与的前提。当今世界正处在急剧转型的历史拐点上，无论是转型抑或变革，其前提都是人的思维方式的转变。1945 年，联合国教科文组织成立，其《组织法》序言中提出：“战争起源于人之思想，故务须于人之思想中筑起保卫和平之屏障”，这也是联合国教科文组织使用的口号和标语。但是，70 多年来，不宽容和

暴力现象不断加剧，人类社会还面临许多新的矛盾。“和善教育”提出的初衷就是认为只有通过尊重教师、爱教师、关心教师，构建和善校园文化，才能使教师将和善传递出去，推进尊重生命的教育、提升生命价值的教育、人性化的教育，把和、善植根校园，并通过师生播撒天下，善行天下。

（四）拓展“仁和成功”校魂精神

主要从以下四方面考虑：一是历史性，史载：南宋朱熹到东石设坛讲学，见此地民风谦恭纯朴、士人勤学抒才，叹曰：“此地真乃仁爱和平之境域也！”从此“仁和里”成为东石的别称。“成功”是基于郑成功为光复台湾在东石古寨训练水师的碧血丹心和作为农村中学对“让受教育者人人成才”的渴望与追求；二是前瞻性，“仁和”“成功”体现了学校价值取向，具有拓展延伸力，是我校办学的一个永恒主题；三是科学性，是对学生的生理、心理及现有学识功底作出实事求是的估价，客观认识自身在社会中的角色和地位，准确定位自己的培养目标；四是明确性，办学思想的提出既有上古先人思想依据，也有现代相类似的研究和论述。强调发挥优长，以特色立校。

五、“和善教育”办学思想的理论支撑

（一）对教育基本问题的反思

“和善教育”首先思考的是教育的两大基本问题：一是培养什么样的人，二是怎么培养人。前者是教育目的论问题，后者是教育方法论问题。“仁和至善”，决意用仁爱之情、仁爱之智、仁爱之力、仁爱之行施教和办学，是学校坚持的教育目标，旨在培养具有仁爱之心，和谐共生，与人为善，善行天下的仁人志士。人民教育家陶行知曾指出，教育是“以人教人”的活动，“真教育是心心相印的活动，唯独从心里发出来的，才能打到心的深处”。近年来，西方脑科学的研究证明，优秀教师与学生的交互活动的作用远远大于没有“人性”的高级影像的教育效果。教育的确是一种“以人教人”的活动。“和善教育”是以人的内心修养为着力点，从人与自然、人与社会和谐共生的角度来孕育人，凸现了“人”在教育中的地位

和作用。

（二）孔子的“仁”思想

西方国家向来认为教育是促进人的发展、促进社会发展的事业。从思维方式的角度分析，这是一个二元并列的结构。中国传统奉行的则是一元论的整体思维。因此，我国传统教育回答“教育是什么”只用一句话——教育就是“教人做人”。什么是真正的人呢？孔子的回答十分简略，即“仁者，人也”，意思是说只有具有“仁性”的人才是真正的人。那么如何理解“仁”呢？孔子回答说：“爱人。”孔子要培养仁人志士，这种人绝不可能自发地生成，必须经过精心地教育。这一思想被我国先民概括为“教人做人”，即教人成为社会上的文明人——“仁”人。这意味着教育承担着使人脱离野蛮，摈弃残暴，走向文明仁爱境地的神圣使命。“和善教育”不仅继承了“教人做人”的传统，而且弘扬了教人成为仁人志士的理念，与中华民族的仁爱基因有机对接。在今天，它还体现了国家倡导的文明、和谐、友善、爱国等社会主义核心价值观。

（三）新时代教育发展观

新课程的教学观在价值追求和精神向度上的一个最凸显的特征是“人”在教育中越来越大。新课程把“人”作为教育的支柱，以人为本，以人的发展为本，从促进人的主动发展、个性发展、全面发展着眼。教师、学生是最重要的课程因素，是课程建构的参与者、促进者、批判者。从教师观来看，新课程充分关注每一个个体的全面发展和终身发展。“全面发展”指向人的“共时性发展”，侧重于和谐性地综合发展；“终身发展”指向人的“历时性发展”，侧重于生成性地综合发展。只有实现“全面发展”基础上的“终身发展”，人的发展才是完整的，符合人性的，有利于提升生命价值和服务社会，促进社会的进步。

《基础教育课程改革纲要（试行）》指出：“教师在教学过程中应与学生积极互动、共同发展，要处理好传授知识与培养能力的关系，注重培养学生的独立性和自主性，引导学生质疑、调查、探究，在实践中学习，促进学生在教师指导下主动地、富有个性地学习。教师应尊重学生的人格，关注个体差异，满足不同学生的学习需要，创设能引导学生主动参与的教育环境，激发学生的学习积极性，培养学生掌握和运用知识的态度和能力，使每个学生都能得到充分的发展。”教师要成为课程构成与建构的参与者、创造者和批判者，使“教学过程成为师生交往、共同发展的过程”。从学生观分析，新的学生观就是注重学生发展的主动性、潜在性和差异性。叶澜教授认为“新的学生观更关注学生发展的潜力和多样性的统一，关注潜能的开发，把他们的现在作为起点，而不是终点来看待。”

教师文化是学校文化的着力点。为培养一支懂教育规律，有教育直觉，善感悟和反思，充满仁爱之心和创造性的教师队伍，让教师工作并快乐着，充满幸福感。争做一个儒雅（有和善理念）的老师，通过“人教人”以心育人、以爱育爱，传播和善文化，把学生培养成为德智体美劳全面发展而有个性特长的社会主义事业建设者和接班人。

六、“和善教育”办学思想的实践探索

（一）“和善教育”强调学校管理的多元治理

中共十八届三中全会明确提出“治理”的概念，这不能不引起教育管理研究者和实践者的重视。什么是治理？联合国全球治理委员会认为，治理就是坚持共识、共治、共享的核心理念，强调引入多元治理力量。

（二）凝聚共识，建立学校信念体系

“和善教育”的办学思想遵循了治理的“三要素”和主体多元的特点。学校从管理层开始到每一位师生员工，首先是“凝聚共识”，使“和善教育”转化成学校的核心价值观。经过广泛讨论和实践，学校形成了三大信念体系：其一是职业信念系统，其中首倡“追求生命价值和职业价值内在统一”的职业价值观；其二是人际信念系统，它强调教育者应涵养“容人、容言、容事”的宽容心态和“和蔼、和谐、和畅”的师生关系；其三是自我信念系统，做最好的自我。这一信念系统为营造团队仁爱的心智起到了重要的导向作用，不仅帮助教师们克服了容易出现的职业倦怠心态，而且大大提升了他们的精神境界。在凝聚共识的基础上，教师们形成了相互

关爱的人际氛围。

（三）发扬学校优良传统，丰富“和善教育”内涵和载体

朱熹的鳌江书院、古港的仁和雄风和东石特有的兼容并包、乐善好施、海洋文化的大气和闽南侨乡“善行天下”的优良传统孕育了一代代侨声人，“和善文化”在校园生根发芽。学校坚持传承与发扬优良办学传统，开拓进取，坚持“以人为本，和谐自主，全面发展”的办学理念，秉承“仁和成功”校魂、“勤诚礼爱”校训精神，以“努力创建闽南侨乡名校乃至福建省知名优质农村完全中学”为办学目标，尊重、促进每一位教职员工发展，挖掘和发展他们的潜能，以培养有现代教养中学生的“十个一”为抓手，构建“全面发展，人文见长”办学特色，积极推进“和善”校园核心文化建设。深入开展素质教育，全面开展普法教育、感恩教育、学生自主管理等，成效显著。

（四）丰富和善文化载体，大力开展文化活动

学校从物质文化、环境文化、精神文化、课程文化、海洋文化、行为文化、校友文化等方面丰富和善文化载体。以“一轴四区八园十景”为建设蓝图，以办公楼前旗杆和学校中轴线为轴心，南区景观文化以怀情办公楼、仁和广场为主，属性归类于校魂“仁和、成功”；中区景观文化以教学区、科技楼为主，属性归类于“勤耘”“博爱”；北区景观文化以宿舍区、食堂为主，属性归类于“和善”“尚礼”；东环路以东，东区文化景观以运动区、体育馆为主，属性归类于“诚实”“友善”；建设分属文化、科技、体育三大类的为善园、博爱园、春华园、秋实园、启智园、生物园、地理园、悦动园等八园；逐步完善校园十景建设。

（五）加强校园文化建设，让学生在校园内处处感受到浓厚的人文气息

提高学生素质是校园文化建设的终极目标。通过序列化年段教育主题，把现代教养育人目标细化为“十个一”目标，遵循“多一把尺子，多一种鼓励，多一批好生”的理念，推行“学生现代教养奖励卡”多项奖励制度，通过光荣榜、成果展、推广鼓励性评语、填写优点单、颁发特长证书等方式树先进、立标兵，让每一

位学生都有学习的榜样，都能享受到成功和进步的乐趣，形成了“人人争奖项，人人求进步”的良好氛围。学校建设一场（仁和广场）、二亭（致知亭、古榕亭）、三园（博爱园、勤耕园、劝学园）、四馆（体育馆、艺术馆、校史馆、图书馆）、五中心（教学中心、劳动中心、信息中心、艺术中心、体育中心）、六雕塑（旋律、浑天仪、日晷、腾飞、翱翔、绽放）。组织各类社团，让学生们的个性和特长得到自由的发展和展现。围绕“和善文化”开发了琴、棋、文、武、书、画、管理、科技、经济、贸易、栽培、形体、信息、谜语、阅读、竞赛、礼仪、魔术、楹联、心理、球类、游泳等 150 多门校本课程。开展丰富多彩的活动，使学生全面而有个性地发展，终身发展。成立校友总会，传承知恩、感恩、报恩、施恩的优良传统，邀请校友讲述成长故事，搭建文化交流平台，让同学们接受更多更新的知识领略更淳更厚的人文情怀，感受成功人士的人格魅力。

（六）办学思想具体内容

1. 办学理念

以人为本，和谐自主，全面发展。

2. 办学思路

德育为首，教学为主，育人为本，全面发展。

3. 办学目标

（1）总体目标：建设“质量高，个性扬，特色明”可持续发展的闽南侨乡名校乃至福建省知名的优质农村完全中学。

（2）教师目标：打造有教育智慧的品德高尚的教师团队。

（3）育人目标：培养懂得感恩，有国际视野和现代教养的合格公民。

4. 校魂和“三风一训”

（1）校魂：“仁和、成功”。仁和：仁爱温和，和睦协调，合作共赢，校园和谐；成功：追求理想，坚定信念，持之以恒，圆梦共荣。

（2）校训：勤、诚、礼、爱。勤：勤劳经营，勤奋敬业，勤学苦练，勤俭节约；诚：诚实求真，诚信守时，诚挚待人，孝悌忠信；礼：诗书礼乐，礼让谦恭，崇德尚礼，礼义廉耻；爱：爱国爱校，宽仁慈爱，自尊自爱，爱惜光阴。

（3）校风：和谐、厚德、务实、创新。和谐，和衷共济，和睦协调；厚德，品德高尚，胸怀博大；务实，讲究实际，实事求是；创新，与时俱进，锐意改革。

（4）教风：精业、爱生、严谨、团结。精业，科研引领，精益求精；爱生，以爱育爱，教学相长；严谨，严肃谨慎，一丝不苟；团结，凝心聚力，互助共进。

（5）学风：砺志、笃学、文明、进取。砺志，志存高远，追求卓越；笃学，知行统一，博学多才；文明，以文化人，追求高雅；进取，努力上进，有所作为。

七、未来展望

办学思想表现了校长“教育自觉”的程度，也是办学治校是否成熟、是否优质的重要标志，同时也是衡量管理风格是否形成的重要标志。校长办学治校的指导思想，是校长走向卓越的成果支撑，是校长专业发展的新增长点，是办学品牌的核心要素，是校长扩大影响的重要载体，也是校长独具个性的形象标志。

（一）优化“4422”管理机制

为更好推进和善办学思想和校园文化建设，学校将进一步修订细化《侨声中学五年发展规划（2017.09—2022.08）》，大力推行“4422”科学管理机制。

1. 完善“四个系统”

完善“四个系统”，即：（1）由校级领导、工会主席、办公室主任组成校长办公会，对重大事项作出决策的顶层设计系统；（2）由各职能部门和工、团、队等执行校务会决议的执行运转系统；（3）由行政部门、教代会代表、家委会、骨干教师组成参谋咨询系统；（4）充分发挥党支部的监督保证和政治核心作用，教代会、学生会民主参与管理的监督反馈系统。

2. 落实“四项管理”

具体包括：（1）目标管理，长规划短计划，拟定各类工作目标；（2）层级管理，完善校务管理系统，明确分工，管理做到“本职工作做到位，相互之间不越位，交叉工作勤补位”；（3）文化管理，以年度工作计划、《晋江市侨声中学教师工作手册》和《侨声中学学生养成手册》为各项工作的依据，逐步由制度管理过渡到文化管理；（4）激励管理，发挥教育基金会奖教方案、《量化津贴考勤奖励细则》、年度考核、季度绩效考核及“我最喜爱的老师”、评优评先等评选措施，形成一套较为完善的竞争机制，抓实师生“两支队伍”，优化“两个档案馆”（教师业务档案和教职员工人事档案室），不断完善各项规章制度。

（二）挖掘课程中的人文素材

按照省颁课程标准，开足开齐“七个领域、十四个科目、若干模块”的省颁课程，使学生受到完整、系统、扎实的文化教育，提高综合素质。具体包括：（1）在语文、英语、政治、历史、地理、音乐、美术等人文课程中加强人文教育开发设计，充分挖掘人文内涵；（2）在数学、物理、化学、生物、体育、通用技术、信息技术等理科性质课程中挖掘开发出具有本学科特色的人文教学内容，并在课堂教学中加以渗透。拓展校本课程形成以基础课程、拓展课程和数字课程为主体的架构合理、规范有序的课程体系。做优学校的非遗传承项目“闽台数宫灯”“闽南语吟唱”等，积极参与海峡两岸“两东石”的文化交流活动。充分发挥学科课程和综合实践活动课的整体功能，尊重人的成长规律和教育规律，对学生进行德育、智育、体育、美育和劳动技术教育，促进学生全面发展，让学生学有所长。

（三）健全学生自主管理机制

具体包括：（1）推广学生五自管理（人格自我完善、学习自我激励、活动自我组织、行为自我约束、生活自我管理）；（2）优化学生三级（学校、年段、班级）管理机构；（3）提升四自管理平台（班级自主管理、宿舍自主管理、学习自主管理、校园自主管理）；（4）健全自主管理班级轮值制。让学生学会“自主管理、自主发展、自我教育”，学生变他律为自律，形成“生生都是德育工作参与者”的良好校风。

（四）完善教学活动评价机制

严格执行《侨声中学教学常规 100 条》，抓好备课、课堂教学、作业批改、课外辅导、教学质量检查、课外活动和教研活动等环节管理。依据《教师法》学校在保障教职工享有国家法律法规规定的工资、福利待遇的基础上，实行岗位职务评聘制、绩效工资制、年度考核制，努力改善教职工的工作与生活条件。完善《侨声中学教职工年度考核与评优评先量化细则》《侨声中学奖教教学制度》和《侨声中学中高考奖励制度》，促进教育教学工作的良性发展。通过《师德百字宣言》上墙、汇编《我的教育故事》、评选“我最喜爱的老师”等来引领教师争做“四有好教师”。

（五）优化学生多元评价机制

建立学生成长档案，把现代教养“十个一”标准融入学生实施综合素质评价中，促进学生全面发展。每学期评价结果记入学生本人档案。重视家庭教育、密切与家长委员会联系。继续推行家访“优点单”“多项奖励”“每周六星”“美德少年奖”等激励学生学先进，比先进，当先进。通过志愿服务我能行和“美日节洒经文”（美德少年、日行一善、我们的节日、洒扫应对、经典诵读、文明小博客）弘扬“和善文化”。推行师生面对面交流谈心，综合自评、组评、师评、家长评等方面促进学生德智体美劳全面发展。

（六）加大师生人文关怀力度

坚持做好“十必访”工作。对病困老师进行定期关心和帮助，对其他有特殊困难的教职工进行慰问和关怀，秉持侨声人团结友爱、互帮互助的优良传统，把“送温暖”“十必访”等活动做成工会帮扶工作的品牌。发挥学校“嘉耀外来工子弟助学基金”、关工委、南天普门慈善基金、东石教育发展促进会和侨声中学教育基金会的帮扶力度，不让一个学生因贫困而失学。

（七）完善校园环境文化设施

将校园环境文化规划为“一轴四区八园十景”，逐步完善校园十景建设。以概念化、数字化、网络化、规范化、精细化构建现代学校，将“和善文化”深植人心。为实现“中国梦”而奋斗应是新时代校园文化建设的主旋律！

历史沿革：六轶老校，侨亲心声，贤达挹注，几代耕耘，和而共兴！

主体布局：中轴提领，两翼拱卫，功能分离，区域相通，和而统一！

校园环境：亭台楼阁，人文景观，石刻雕塑，生活设施，和而不同！

教学平台：以人为本，品质高端，兼顾个性，保障有力，和而求新！

仁和侨声，至善至美。

【参考文献】

[1] 王金表 . 一寨知东石 [EB/OL](2020-05-13) [2020-12-03].https：//www.sohu.com/a/394957585_120056745.

[2] 蔡永蒹 . 西山杂志（手抄本）[G]. 清代嘉庆年间 .

[3] 蔡尤资 . 东石民间传说 [G]. 晋江市东石镇志编委会，2002.

[4] 陈昌卫 . 留声岁月卅载情缘 [M]// 蔡长安 . 侨声记忆・杏园纪事：上册 . 北京：中国文化出版社，2016.

[5] 陈志强 . 推进和善文化与湖湘文化的融合互动 [N]. 光明日报，2015-03-22（7）.

[6] 孙鹏飞 . 校长办学思想的主要依据 [J]. 北京教育（普教版），2002（08）：19-20.

[7] 傅佩荣 . 傅佩荣的哲学课：先秦儒家哲学 [M]. 北京：北京联合出版公司，2018.

[8] 任继愈 . 中国哲学史（四）[M]. 北京：人民出版社，2003.

[9] 联合国教科文组织国际 21 世纪教育委员会 . 教育——财富蕴藏其中 [M]. 北京：教育科学出版社，1996.

[10] 李烈 . “以爱育爱”建设教师团队 [J]. 中小学管理，2005（12）：21-24.

和爱教育

◎周锦忠

【作者简介】

周锦忠（1971— ），男，福建惠安人，中学高级教师、特级教师。现任中共惠安县教育局党组成员，福建省惠安第一中学校长、书记。福建省中学地理学科带头人，福建省“十三五”中学名校长培养人选。福建省第十三届人大代表，福建师范大学硕士研究生导师，泉州师范学院兼职教授，福建省地理学会理事。曾获福建省优秀教师、福建省先进德育工作者等荣誉。

一、“和爱教育”办学思想的源起

中华传统文化中“和”的思想博大精深，源远流长。“以和为贵”“和衷共济”“和气致祥”“和而不同”等无不体现中国人对“和”的向往和追求。从哲学角度讲，“和”是多样性的统一，是局部与整体之间和谐的统一。

至圣先师孔子思想的核心“仁爱”，就是“仁者爱人”。作为一名教育工作者，就是要爱学生，用自己的那颗炽热的心去感化他们。《学记》“亲其师，信其道”，强调只有师生关系和谐，学生愿意亲近老师，才能信任老师，心悦诚服地接受老师的教育。

当今时代，科学技术高速发展，日新月异，社会物质越来越丰富；另一方面社会变革，风云莫测，特别是文化多元，各种思想交相融合和冲突，学生正面临着这种复杂环境的挑战，如果不能树立正确的世界观、人生观、价值观，很难肩负起中华民族伟大复兴的重任。习近平总书记致力倡建“人类命运共同体”，论述了教育在为未来社会培养人才，促进人类和平与发展中的作用。他指出，教育的本质就是通过传授知识、提高品德、启迪智慧，培养促进社会发展的人才，是提高每个人的生命质量、提升生命价值的重要途径。在经济全球化背景下，无论是坚持和平，还是战胜贫困、改善环境，学校只有加强和爱教育，才能培养有远大志向、能为人类造福的人才。

坚持立德树人，就要把社会主义核心价值观融入学校教育全过程。社会主义核心价值观体现了古圣先贤的思想，而“和爱”正是社会主义核心价值观中的重要内容。学校要全面加强学校的德智体美劳工作，坚持文化知识学习与思想品德修养的统一、全面发展与个性发展的统一。

著名教育家陶行知曾说：“爱是一种伟大的力量，没有爱就没有教育。”惠安一中建校于 1916 年，至今已有 104 年历史，创始人陈蓉光先生为人谦和自重，本着“启发民智、培育人才、兴邦富民”的大爱思想，历经艰辛在家乡兴办新学，培养人才。其后，历任校长传承办学优秀传统，励精图治。2010 年学校被确定为福建省陶行知实验学校，“爱的教育”成为我校的办学特色。

随着普通高中新课程改革与新高考综合改革的不断推进，针对新时代学生发展的需求，如何使“立德树人”的理念得到更好的落实，如何解决学校在高位发展中的瓶颈，如何提升学校管理工作的实效性，如何在历史的传承中熔铸新的气象、新的活力？作为新一任校长，秉承和发展传统优势，坚持以“促进学生发展”为主问题，以“爱的教育”为切入点，将传统文化中的“和”与陶行知“爱满天下”教育理念相结合，确立“和爱教育”为新时代学校办学思想。

二、“和爱教育”办学思想的内涵解析

“和爱”办学思想的主要内涵是“和以致远，爱以养正”。

（一）和

“和”是和谐、和睦、和善、和乐，是“国和百业旺，家和万事兴”，是儒家倡导的中庸思想的“中正平和”，中道而行，凡事不偏不倚，不走极端，也是和而不

同、个性发展。学校领导班子内部、领导班子与教师之间、教师之间、师生之间、学生之间都要以“和”为相处的基本准则，待人接物保持中正平和。和谐、和睦则生合力，合力生则无往而不利；和善、和乐则欢喜自来，全校师生内心充盈着健康阳光、积极向上的正面情绪，校园中充满正能量……“和”字带来的种种益处，为学校的良性发展、不断攀登新高峰注入源源不绝的动力，为千千万万家庭的幸福和国家的现代化建设培养一批批身心健康发展的优秀人才。

和而不同，美美与共。追求“和”、强调“和”并不等同于“同质化”，并不否认个性差异与能力发展差异。在教师队伍建设层面，学校既重视以老带新、集中研修、集体备课、相互学习，也鼓励教师具有自己的上课风格，打磨自己独特的教学艺术，充分发挥自己的专长，努力成长为一名充满教学魅力、深受学生喜爱的优秀教师。在学生教育层面，既强调统一管理，严格要求，又充分认识学生各方面的客观差异。学校重视因材施教与分层教学，教师课堂上统一教学，课后根据学生情况进行个别辅导，培优辅中扶后进；开设大量选修课程，使学生能根据自己的兴趣与特长在某一学科领域做更深入的探索研究；建立众多社团，提供平台让学生展现自己的个性与风采。“一花独放不是春，百花齐放春满园！”

（二）爱

“爱”是仁爱、关爱、友爱、热爱，是陶行知先生“爱满天下”的爱与责任。对教师而言，首先是对学生的关爱，一位教师若爱生如子、关爱学生的身心健康与前途命运，自然会热爱自己的教学工作，不断提升自己的业务能力，成为一位负责任的教师；其次是对学校的热爱，爱校如家，就会珍惜学校的荣誉，努力维护学校的形象，在各方面做好表率，真正做到学高为师，身正为范！对学生而言，“爱”是对学校和老师的热爱，是对家人的关爱，对同学的友爱，对万物的仁爱。爱学校、老师和家人，就会尽自己最大的努力，尽量不辜负大家的期望；爱同学，才能团结友爱，互帮互助，共同进步；爱万物，会更加善良，将来不会成为危害社会的人。

三、“和爱教育”办学思想的理论依据

（一）中华优秀传统文化

“和爱”思想是中华优秀传统文化中的重要组成部分。“和”的观念产生甚早，西周末期思想家史伯是第一个对“和”进行理论提升、使之成为事物之本和天地法则的人。史伯曰：“夫和实生物，同则不继。以他平他谓之和，故能丰长而物归之；若以同裨同，尽乃弃矣。”（《国语·郑语·史伯为桓公论兴衰》）史伯这番话富含哲理：“和”的确能生成万物，“同”就难以进一步发展。世界上只有两种或几种不同的事物统一在一起才能产生新事物，如果只补充相同的事物，那么这种事物只会产生量变，不会发生质变，一旦耗尽了就彻底失去价值。史伯已经认识到事物的本质和根本法则就是“和”，即二元乃至多元的对立统一。

孔子曰：“礼之用，和为贵。”“君子和而不同，小人同而不和。”孔子认为治国处事、礼仪制度，必须以和为价值标准。孔子毕生的教育实践也充分体现了他“和而不同、因材施教”的教育理念。他有统一的教育目标——培养德才兼备的从政君子，但又重视发展学生的个性和特长。在他的精心教育下，七十二贤人各有所成，十名“尖子生”又各有所长。其中长于德行的有：颜回、闵子骞、仲弓、冉伯牛；长于言语的有：子贡、宰予；长于政事的有子路、冉求；长于文学的有子游、子夏。

中庸是儒家的道德标准，《论语·雍也》：“中庸之为德也，其至矣乎”，意谓：做事守中，不偏不倚的品德大概是最好的。何晏集解：“庸，常也，中和可常行之道”。

（二）中国共产党理论体系

“和”的思想也是中国共产党理论体系中的重要组成部分。习近平同志指出：“中华文化崇尚和谐，中国‘和’文化源远流长，蕴涵着天人合一的宇宙观、协和万邦的国际观、和而不同的社会观、人心和善的道德观。”党的十八大提出：“倡导富强、民主、文明、和谐，倡导自由、平等、公正、法治，倡导爱国、敬业、诚信、友善，积极培育和践行社会主义核心价值观。”和谐作为国家层面的价值目标

之一，反映了中国传统文化的基本理念，集中体现了人民群众学有所教、劳有所得、病有所医、老有所养、住有所居的理想愿望。

党中央一直重视爱的教育。习近平同志指出：“做好老师，要有理想信念、道德情操、扎实学识、仁爱之心，把自己的温暖和情感倾注到每一个学生身上，用欣赏增强学生的信心，用信任树立学生的自尊。”《教师法》中也把“关心、爱护全体学生，尊重学生人格”作为教师应当履行的义务。

（三）中外教育家的主张

古今中外的教育家都曾对爱的教育作过深刻的阐述。

在中国，孔子曾说：“爱之能无劳乎，忠焉能无悔乎？”中国新文学运动的先驱、教育家夏丏尊认为：“教育之没有情感，没有爱，如同池塘没有水一样。”人民教育家陶行知更是把“爱满天下”作为毕生追求的教育真谛，把“捧着一颗心来，不带半根草去”作为毕生的行为准则，把“爱”作为献身教育事业的不竭动力。

在西方，裴斯泰洛齐曾说：“如果要使情感与理想保持和谐，爱是所有的其他感情均应从属的核心力量。”高尔基认为：“谁爱孩子，孩子就爱他，只有爱孩子的人，他才可以教育孩子。”苏霍姆林斯基也说：“一个好教师意味着什么？首先意味着他是这样的人，他热爱孩子，感到和孩子交往是一种乐趣，相信每个孩子都能成为一个好人，善于跟他们交朋友，关心孩子的快乐和悲伤，了解孩子的心灵，时刻都不忘记自己也曾是个孩子。”

四、“和爱教育”办学思想的多维体现

（一）学校观

学校管理以“和爱”为支撑，立德育才，注重个性，合作探究。在“和爱”办学思想的引领下，学校管理以“和”为根基，以“爱”为灵魂，秉承“和谐仁爱”的理念，把“人”作为教育的支柱，以人的发展为本，从尊重人的价值、尊严、个性出发，积极落实习近平总书记对教育工作的指示，坚持以立德树人为根本任务，以为党育人、为国育才为办学目标，并结合本校的校情和生情，加强学校内涵建

设，不断深化素质教育，在教育教学的实践过程中倡导因材施教，注重学生个性的发展，注重培养学生的自主合作探究能力；通过丰富多彩的德育活动、社团活动等为学生创设施展才华的空间和舞台，致力于学生的个性发展；通过教育科研来提高教与学的效率，达到减负增效；通过大课间、体育锻炼及心理健康教育来促进学生的身心健康成长等。“和爱教育”着眼于学生的主动发展，为每位学生构筑成长的通道，立德立智，努力造就德智体美劳全面发展的社会主义建设者和接班人。

（二）教师观

教师管理以“和爱”为支撑，修德博学，精诚协作，关爱学生。学校以“和”文化为“软实力”，积极践行陶行知“爱满天下”的教育思想，将德育工作与心育工作相结合。首先，采取切实措施，大力提高教师的师德素质，把爱岗敬业、热爱学生作为师德建设的主要内容，倡导平等的师生关系、融洽的同事关系，从而构建和乐、和睦、和爱、和谐的教育大家庭。其次，加强教师队伍建设，搭建教师成长的平台，以博学的精神和宏阔的视野支撑起教师的活性。如：加强班主任队伍建设，建立系列化的班主任管理、考核和评价机制；开展“五好青年教师”和“优秀班主任”等创先争优评选活动。秉持“促进教师成功是最大的成功”的理念，尊重、赏识和激励教师，创造机会让教师挑战自我、展示自我，在成功中体验自豪感和幸福感，这既体现学校文化特色，又能在修身、为学等方面不断提升师生素养，从而保证学校的持续、快速、健康发展。在长期的发展过程中形成了“博学・善导・敬业・爱生”的优良教风，建立起一支“有灵魂——崇高的师风师德，有专长——精湛的专业素养，会反思——创新的科研能力，会合作——无私的团队精神”的教师队伍。

（三）课程观

课程设定以“和爱”为支撑，立足学生，以“理”服人，以“行”育人。“和爱”办学思想的创新性体现在通过选择并设定能够创造和形成本校文化特色的课程上。学校本着“和”的宗旨，执“爱”之内涵，在保障国家课程正常有序开设的前提下，同时开设许多校本课程。学校开设形式多样的体育课程，育人需强体；开设加强学生思想教育的思政课，育人先育心；开设独具特色的社会实践课程，育人重实践。学校着力积淀和爱文化底蕴，建构“和”为根基，“爱”为灵魂的“自强”课程体系，如开设了“生活即教育”：“心理防疫，用‘心’陪伴”“生活课程，‘德’智并举”“‘生’生不息，共克病毒”等生成性的系列校本德育课程、实践课程，提升学校文化层次及品位，使学校在校园文化建设道路上迈出了坚实的步伐。

（四）评价观

评价机制以“和爱”为支撑，科学评价，素质为核，技能先行。“和爱”文化的内涵应源自师生，又作用于师生，基于此，学校积极营造“和谐向爱”的评价氛围，在教育教学管理方面，倡导多元评价体系，学校一切工作紧紧围绕师生的需求与发展来设计实施，学校管理以教师素质发展为本，学校日常教育教学管理以学生成人成才为本，即“学生成功，教师发展”。学校管理评价方面注重“三个服务”“五个化”：班子服务教师、教师服务学生、后勤服务教学，行政管理扁平化、制度管理规范化、教学管理科学化、过程管理精细化、学校管理人本化。教师评价方面注重“四个合作”：与学生合作、与家长合作、与教育管理者合作、与教育同伴合作。学校充分尊重学生主体地位，改变评价机制与体系，建立科学的育人评价指标体系，即不再仅仅以学生学业的成绩作为单一的评价指标，建立“定量 + 定性相结合的评价机制”，以学生“学习成长合作小组”为载体，以相对科学地评价教师的育人成效，形成全员、全方位、全过程的评价新局面，以此提升教师的工作热情，从而促进学生健全人格和健康身心的养成，充分体现了我校尊重学生主体地位，重视学生的成长与发展的办学思路。

五、“和爱教育”办学思想的具体实践

学校积极践行“和爱教育”办学思想，以省示范性高中建设学校为契机，创设品牌，留住优质生源，赢得社会赞誉。学校不断追求质量的发展，追求精细的发展，追求特色的发展，追求创新的发展，通过规范学校管理，关注教师发展、学生发展和学校文化品位的提升，留住了惠安县流向泉州名校的优质生源，高考升学率屡创新高，赢得社会的赞誉，得到学生家长的认可。

（一）严慈咸和，润泽关爱，以“和爱”创新德育机制

学校大力践行“和爱教育”办学思想，以建设和谐校园为依托，彰显立德树人导向，加强对学生理想、心理、学习、生活和生涯规划的指导，凸显学生学习发展主体地位，严慈咸和，润泽关爱，打造“铁的纪律·爱的教育”的德育特色品牌。

1. 建立“德育导师制＋学生发展中心”的双线机制，让“和爱”成为润泽学生生命与健康成长的助力

一方面，德育导师制是以班科任教师担任德育导师，以“学习成长合作小组”为载体，把各班分成6～8个学生学习成长合作小组，为每位学生配备专门的成长导师，强调爱与沟通，形成着眼整体、关注个别、既管又导、全员育人的德育新格局。在“学生学习成长合作小组”管理模式的基础上建立“学生个人成长记录档案”，把德育工作的着力点细化到学生学习生活的方方面面，关注每一个个体。另一方面，学生发展中心则是以专业的心理教师、职业规划师为依托，创建心理健康教育特色课程，每周心理社团开展针对学生的“心灵加工厂”活动，心理咨询室开展针对家庭教育的“家长沙龙”活动。设置学生“心语”信箱及心理热线电话，创办《行知心苑》心理小报，定期举办大型心理辅导讲座及青春期教育等活动，切实为学生解决实际的心理问题，构建起学校、家庭、社会三结合的大德育场，促进中学生良好个性的形成。这样二者互补融通，对学生学习、生活、心理和生涯规划等方面给予关心与指导。

值得一提的是，以学校心理健康教育中心为依托整合学校资源建立了“学生发展中心”，根据学生身心特点、兴趣优势，有目的、有计划、有步骤地对学生进行生涯规划教育，通过教育使学生结合自身情况为自己确定人生方向，制定发展计划。进而拓展到家庭中家长在人生规划方面对孩子的态度和策略指导，定期举办“家庭教育沙龙”。通过生涯规划发展教育，督促中学生思考未来的奋斗目标，并为之培养自身的能力、提高各学科知识与技能，为自己的生涯规划发展做足准备，提升中学生学习成长的内驱力，学会初步确立职业方向，规划好自己的人生。同时通过学生发展中心，不断加强对班科任老师进行校内外的专业培训，促进全体德育工作者都能成为学生人生规划的导引者。

另外，通过开设校本课程“中学生心理健康”（2019 年被评为县中小学精品校本课程一等奖）、“高中生职业生涯规划”等来帮助学生立足现在，展望未来生活；结合新冠肺炎疫情防控，开设校本课程“心理防疫，用‘心’陪伴”，关注关爱特殊社会背景下的学生心理安全。通过 2018 年立项的福建省中小学德育研究课题“中学校园心理安全与危机管理研究”（2019 年 6 月结题）的研究，完善学校安全教育工作体系，促进家庭幸福和社会稳定，形成区域调研报告《惠安县中学心理危机干预实施情况调查》，开发校本课程“中学校园心理安全指导”，汇编研究成果《危机管理的网络体系在心理危机教育与预防中的实践探索》。

2. 成立社团活动中心，让“和爱”成为促进学生全面发展、提升核心素养和综合能力的动力

学校注重创新德育机制，以社团活动为切入口，激活创建文明校园的形式，社团活动规范化、阵地化、常态化；以搭舞台展风采的方式促进学生个性化发展，并培养学生的责任感和团队意识，实现了单一的外在灌输转向内在自律和才能的提升。学生社团不断发展壮大，常态化开展活动的社团已达 27 个，充分挖掘学生的兴趣、爱好与特长，既丰富了学生的校园文化生活，又为广大同学创设了充分施展自己才华的空间和活动舞台，促进学生综合素质的全面提高。学校机器人社团摘取三个省一等奖，DV 社团获得全国大赛一等奖，“光风文学社”获得全国中学生优秀文学社团一等奖，“心理社”被评为“泉州市百佳学生社团”。

（二）高效谐和，专注热爱，以“和爱”提升教育质量

学校注重打造活跃生动、高效谐和的智慧课堂，让“和爱”成为优化师生关系、激发学生学习兴趣、提高学习成绩的聚力。

“真正的教育是心心相印的活动”。学校极力打造高效谐和的智慧课堂、构建平等和谐的师生关系、倡导自主合作探究的学习方式，关注学生情感态度、价值观，激活师生活力，使学校教育质量得到了稳步提高。

1. 学校教学质量有效提升，学校教育成果显著

在“和爱教育”办学思想的指导下，高考成绩更是喜人，特别是近几年屡创新高。2010—2019 年高考应届生本一上线率分别为 25%、41.7%、52%、63%、

63.9%、62.8%、68.8%、69.11%、74.4%、74.5%，近几年被清华、北大录取的共计 25 人，其中 2014 届应届生江冰森以原始分 671 分勇夺全省文科状元桂冠，2012 届应届生陈艺虹以 696 分位列全省理科第 5 名，2015 届应届生林剑峰以原始分 693 分位列全省理科第 12 名，泉州市理科第二名。2020 年高考理科全省前 50 名 2 人，前 100 名 5 人，人数均居泉州市第一，全省县级学校首位，文科全省前 100 名 3 人，6 位学生被清华大学、北京大学录取，创历史最高。

2. 学校稳步推进素质教育，学科竞赛连获佳绩

在“和爱教育”办学思想的指导下，学生参加数学、物理、化学、生物、信息技术等学科奥赛，硕果累累。2017 年以来，共有近百人次获省一、二、三等奖，其中 15 人次获省一等奖；多名同学在福建省、泉州市的演讲、朗诵、书法、体育、音乐比赛中获得了优异成绩；学校篮球队曾荣获“福建省中学生篮球比赛”女子组全省第二名；机器人协会在“第七届福建省青少年机器人大赛”中摘取了三个“一等奖”、二个“二等奖”；DV 社团获得全国科学 DV 大赛一等奖，“光风文学社”获得全国中学生优秀文学社团一等奖，“心理社”被评为“泉州市百佳学生社团”。

（三）人本亲和，智慧施爱，以“和爱”完善评价体系

学校注重打造人本亲和、爱岗敬业的教师团队，关注教师对学生的智慧施爱，让“和爱”为完善我校教育教学实际的教师评价体系效力。

学校积极探索并建立与新高考改革理念相吻合的，适合我校教育教学实际的教师评价体系。学校工作紧紧围绕“和爱教育”设计课程实施，开展综合实践活动，形成全体教师“人人都是教育工作者和德育工作者”新局面。

1. 教育教学评价

在“和爱教育”办学思想的指导下，学校不断完善学生评教制度，并不断优化评价标准，加强对学生评教的引导，采用问卷调查和学生座谈的方式，力求评教结果的公平公正，并在学期结束后或者开学初反馈给本人，以促进教育教学方式改良。另外，学校坚持以人为本，为每位教师建立教学业务档案，真实地记录

每位教师专业成长的过程，并对教师的专业素质进行综合记录。引导教师自诊反思，找出自己的优势和不足，明确今后的发展方向，实现教师的自我教育、自我发展。

2. 班主任工作评价

在“和爱教育”办学思想的指导下，学校工作建立多元与发展性相结合、定量评价和定性评价相结合、过程性评价与成效性评价相结合的班主任评价机制，以充分调动班主任工作的积极性，发挥教师评价的引领功能。同时，对班主任工作实行精细化管理，实施可行的奖惩制度。

另外，学校注重教师对学生的智慧施爱，因此，“定量 + 定性相结合的评价机制”是评价教师对学生施爱及促进学生发展的重要标准。学校每年根据教师的工作绩效评选“优秀德育导师”和“十佳德育导师”。

（四）平正调和，团结仁爱，以“和爱”优化学校管理

学校注重倡导平正调和、团结仁爱的生命关怀，让“和爱”成为弘扬“勤奋、守纪、求实、创新”的校风，凝聚教师和学生幸福人生的合力。

多年来，学校秉承着“用爱心培育每一个生命，用真心塑造每一个人格”的理念，立足“重素质、重示范、创特色、争一流”的办学目标，结合新课程课改的理念，不断地实践“和爱教育”的办学思想，从而实现了教师发展、学生成长、学校提升的良好局面。

1. 文化建设层面

营造陶研文化，让“和爱教育”办学思想和陶行知教育思想相融相通。作为百年老校，静谧的校园幽雅宜人，绿树成荫，鲜花吐艳，到处洋溢着浓郁的学陶师陶的科研氛围。作为福建省行知实验学校，我校的学陶师陶活动悄然融化在学校各项教育教学工作中。如今陶行知的教育思想已在全校师生心里扎下根来，“千教万教，教人求真；千学万学，学做真人”“教师的服务精神系着教育的命脉”等陶行知教育思想，与学校的“和以致远，爱以养正”的教育理念融为一体，根植于广大师生的心中，流淌于广大师生的血液中。

2. 学校荣誉层面

继往开来，砥砺奋进，让“和爱教育”办学思想促进学校向一流名校稳步发展。学校被确定为福建省示范性普通高中建设学校，连续 9 届荣获福建省“文明学校”荣誉称号，2009 年 8 月被福建省政府评为“福建省文明学校标兵”（全省仅 10 所），2018 年 9 月荣获福建省首届文明校园，2018 年 7 月被评为“第三批福建省中小学心理健康教育特色学校”，“柯永红心理健康教育工作室”入选福建省中小学心理健康教育名师工作室。学校还荣获全国群众体育先进集体、全国“十一五”教育科研先进集体、全国和谐校园文化建设先进集体、福建省实施素质教育先进校、福建省中小学体育工作先进集体、福建省学校创先争优先进基层党组织、福建省“德育工作先进学校”，泉州市 2009—2011 年度“教育科研先进单位”等荣誉称号。

作为教育的追梦人，今后将以建设省级示范性高中为契机，更加团结奋进，聚积力量再创辉煌，努力办人民满意的教育。我坚信，惠安一中这所百年老校在“和以致远，爱以养正”的办学思想的引领下，一定会以自己不断丰润的教育情怀，办学生喜欢、家长放心、人民满意的优质学校，争取早日实现“文化一中、和谐一中、创新一中、优质一中”的办学愿景！

【参考文献】

[1] 刘书林 . 坚持社会主义办学方向办好人民满意的教育——学习习近平总书记在全国教育大会上的重要讲话 [J]. 思想理论教育导刊，2018（11）：14-20.

[2] 约翰 · 杜威 . 学校与社会 · 明日之学校 [M]. 赵祥麟，等译 . 北京：人民教育出版社，2015.

[3] 龚正行 . 给新校长的 50 条建议 [M]. 北京：人民教育出版社，2005.

[4] 许庆如 . 仁爱与博爱的融合：论陶行知“爱满天下”的办学精神 [J]. 教学与管理（理论版），2014（12）：15-18.

[5] 江年基 . 陶行知教育管理思想及对当代校长的启示 [J]. 教学管理与教育研究，2019（2）：114-115.

21

适切教育

◎林添才

【作者简介】

林添才（1966— ），男，福建安溪人，中学高级教师。现任福建省安溪沼涛中学校长，泉州市首批中学名校长，泉州市学科带头人，福建省“十三五”中学名校长培养人选。泉州市人民政府特约督学，泉州师范学院兼职教授，全国智慧大课堂指导专家。曾获福建省优秀教育工作者等荣誉。

党的十九大报告指出，新时代我国社会主要矛盾已经转为人民日益增长的美好生活需要和不平衡不充分的发展之间的矛盾。同样的，我国目前教育面临的主要矛盾也体现在优质、个性化、多样化教育资源发展的不平衡、不充分，与人民群众上好学的愿景和多样化教育的自主选择权不能得到充分满足的矛盾。面对新时代的新要求，如何从“有学上”到“上好学”，努力实现更高水平的普及教育，形成惠及全民的公平教育，提供更多丰富多样的优质教育，办适切的教育，使学生享受到分层、精准、有品质的教育，已是我们作为教育人的重大课题。

孔子曰：有教无类！教育，应该是因材施教，通过挖掘学生的兴趣、潜力把每个学生培养成才，那才是教育的初衷。作为教育者，我积极探索切合学生的素质起点和个体特长的教育方式，努力建构“适切教育”体系，做到让孩子站在学校教育的正中央，为学生的阶段成长助力，为学生的人生出彩奠基。

一、“适切教育”办学思想是新时代教育的自觉选择

适切教育是基于对学生发展规律充分理解、对社会需要深刻把握及对校情生情综合分析基础上的一种自觉选择。

（一）学生发展规律和特长发展要求适切教育

对学生发展规律的理解是任何教育取得成功的先决条件。根据科学研究成果和教育实践，我们认为，人的智力发展是有很大潜力的，学生的潜力各不一样，兴趣也是不完全相同的，这就需要适切的教育加以开发，让他们的特长尽情发挥，从而发现自己的潜能，激发学习内驱力，使学生个性获得健康和谐发展。

（二）教育公平和社会多样化呼唤适切教育

教育是人类社会的美好愿望和执着追求，也是党执政兴国的重要内容与基本要求。党的十九大报告把优先发展教育事业放在推动人的全面发展，使人民获得感、幸福感、安全感更加充实的视域下进行论证，强调落实立德树人根本任务。提供有质量与适切的基础教育，满足人民群众多层次、多样化的教育需求，搭建“人人成才、享受出彩”的基础教育舞台，是新时代基础教育公平的价值取向和奋斗目标，也是满足人民群众日益增长的美好生活需要的主要着力点。

（三）校情不同和生源差异需要适切教育

目前，地处县（市、区）、办学水平较一般的高中学校都面临着相似的办学困境：所在地办学条件、办学水平和师资资源等方面占据优势的一两所优质高中学校往往吸引了当地的大量优质生源，而其他一般的高中学校由于缺少办学竞争条件，招收的生源大多是“基础不扎实、行为习惯有所欠缺、缺乏内在的成才动机和自主发展的意识、学习兴趣不高、少有成功体验”的学生。面对这样的困境，如何让这些学生“进得来、留得住、学有成”就成为一般高中学校面临的一大课题。我们认为，每个学校需要根据校情不同和生源差异，创造一个“立足多元，让每位学生享受适合自己的教育”的校园生活，让每一个学生的潜在长处在学校得以开发，以享受人生的出彩，这更需要适切教育。

二、“适切教育”办学思想的内涵及建构历程

（一）“适切教育”办学思想的内涵

“适切”一词，最早由陈望道提出。他认为：说话、写文章要“适切题旨情

境”[1]，即说话内容要与说话人角色身份、周遭环境相适宜，要符合语境。但“适切”非止于静态描述，而是表示了一个动态过程。从字源看，“适，从辵，啇声。”“辵”有“走”之义，而“啇”古意为“根据历史惯例确立太子”，后引申为“目标”。可见，“适”之本意就带有“向着目标走”的动态含义。“切，从刀，从七。可用作‘贴近’之意”。这意味着“适切”有“适合贴切”之意[2]。建构适切教育，前提是要求适合校情学情，贴切于不断变化的教育发展现实，其要义就是“因材施教”和“因需而教”。“因材施教”就是要立足多元，让每位孩子享受适合自己的教育，“因需而教”就是培养适应社会发展需要、顺应个人发展特质的各类人才。

（二）“适切教育”办学思想的建构历程

我对适切教育思想的思考与追求、建构与发展，与我的教育经历和大量管理实践息息相关。从在中等师范学校安溪培文师范任教务副主任对学生基本功的训练，到师范改制办高中时任泉州师范学院附属培文实验高级中学副校长为解决学生学科长短腿而开办兴趣小组的青涩尝试，再到县完中校龙门中学任校长时扬长促短教育的开展，后调入沼涛中学任校长初期的适合教育践行，直至目前的适切教育理念形成。这是一场教育的追梦之旅，也是“适切教育”思想的凝练、提升过程。

1998 年，福建的中等师范学校已完成其培养小学教师之使命，大多改制为高中校。“安溪培文师范学校”也于 2002 年改制为“泉州师院附属培文实验高级中学”。改制后第一年新高一年仅招收 217 名学生，且是周边学校完成招生计划后剩余的“二流学生”。如何让他们留得住、学有成，是一大课题。时任副校长兼教务主任的我是突破这一课题的主要承担者。我认为，兴趣是最好的老师。综合师范学校的优势和劣势以及生源特点，决定开设音乐、美术、体育三大兴趣小组，从艺术高考和体育高考进行尝试。经过三年的努力，在 217 人中，有 43 人报考美术高考、11 人报考音乐高考、18 人报考体育高考，三科的本科上线率均在 20% 左右（同届的文史、理工的本科上线率还不到 10%）。这在当时普通的高中学校已是不错的成绩了。三年的摸索，让我更加坚定“让孩子找到自己的兴趣与潜能才是最合适的教育”。这个时期是我在破解办学难题上开始有所为而有所不为的青涩“探索”期，初步体验到了“适时教育”让每一朵花在开放的时节绽放鲜艳的重要作用。

2006 年 8 月，我调任乡镇完中校“龙门中学”任校长。正值学校教育教学质量步入低谷，教学秩序混乱，教师情绪浮动，师生关系紧张。县政府已将这所学校列入了撤办高中、只办初中的计划。面对现状，学校先后出台一系列规章制度，大刀阔斧地对学校人事、德育管理和课堂教学进行前所未有的大变革。经过三年的尝试与努力，“三风”得到好转，学校摆脱了被裁撤的困境。但在深入课堂调研时，我发现大多数老师采取传统“灌输式”课堂教学，学生则“身在曹营心在汉”，教学质量迟迟无法提升。基于此，我就开始思考如何将注重“老师个人的教”转移到关注“学生自己主动的学。”我认为，必须注重学生特长的发挥，实施“扬长教育”，使学生在学习中能找到自信、得到乐趣。在综合学校学科优势和对学生兴趣摸底后，学校在新高一年设立美术特长班，并尝试专业课程和文化课分层教学。该班 43 名学生特长得到进一步发展，自信心得到极大提高，拥有了强烈的内在成才动力。他们各学科成绩都得到较大程度的提高，成为全校的学习标兵，带动了其他同学。这个时期的实践，让我进一步明确，教育不能忽略教育对象的差异性，只有尊重个体，给学生更多选择的余地，尽情发挥潜能，才能使个性获得健康和谐的发展。这使我对“适性教育”有了更清晰的认识，那就是给每一株幼苗以合适的生长方式（环境）。

2012 年 8 月，我调任城区完中校“沼涛中学”任校长，开启自己教育生活的又一旅程。

作为安溪城关“最年轻”的一所三级达标校，安溪沼涛中学在城关四所完中校（安溪一中为一级达标校、安溪铭选中学为二级达标校、安溪六中为办学历史较久的三级达标校）的夹缝中艰难求存。生源起点低，不少学生因基础不扎实、行为习惯有所欠缺、缺乏成功体验，以致学习兴趣不高、学生成才率低。可喜的是，学校对于摆脱困境已作出尝试，在美术教育方面迈出了重要的第一步。

我带领班子，认真总结经验，分析优势和发展瓶颈，制定了具有引领性、可行性的三年发展规划，进一步明确了学校办学定位及走向，让每个学生都知道未来自己可以喜欢做什么、适合做什么、能做什么，让全体师生由被动发展转为主动发展，从盲目发展走向定向发展。

学校将特色教育的重心放在找寻有效、高效提升美术专业与文化课堂教学质量的方法与途径上，立足学生差异，因势利导，着力抓好班主任选配、师资配备、教学目标设定、教学方法创新、教学手段运用、教学评价建构以及出台奖励办法等重点环节，力促每一个学生都学有所成，使“立足多元、让每位学生享受适合自己的教育”办学理念得以全面践行，并取得显著实效。学校被省教育厅确认为“普通高中多样化发展改革试点实验学校”。这个时期是我对“适合教育”的深刻理解、大胆实践、反思延展的重要阶段。

2016 年，我推动美术特色教育向更深、更广的领域进军，进入全面展开的延展期。学校以美术教育为主轴，辐射体育，进一步完善富有校本特色的课程体系，出台《沼涛中学美术能力等级考试制度》，开设教师国画班、涛中画室、写生基地，并积极与国内外高校对接，建立美术素养评价标准等，为师生的品行打上深深的“尚美”烙印；结合高考改革新形势，为学生开辟七条绿色成才通道：春季高考、夏季高考、美术高考、体育高考、艺考（摄影、播音主持）、中意国际班、留学直通车。“因材施教，让每位学生享有出彩机会”是这个阶段的主旋律，让每个涛中教师、学生共享特色教育成果，充分享受到多样化办学给自己带来的成就感，是我校办“适切教育”的最大成果。

从教三十多年来，我一直走在教育改革与探索的道路上。从教育就是适时（让每一朵花在开放的时节绽放鲜艳）和适性（要给每一株幼苗以合适的生长方式）的有机结合，到最后凝练了“为每个学生提供适切教育”的“适切教育”办学思想及实施体系；从青涩探索到清晰践行，再到反思延展，直至发展到自主建构，“适切教育”成为我教育追求最大的收获。

三、“适切教育”办学思想的体系建构与实施策略

（一）“适切教育”的德育观：站直、走稳、跑起来

审视“中等生”普遍存在的问题和普通生源校所共同面对的困境，我们深深地认识到，教育的过程就是让一个生命焕发价值的过程，其使命就是为每位学生的成长营造自由、宽松、适宜的环境，唤醒成长自觉才是教育更为重要的使命。基于此，我们致力推动建立初、高中三年德育梯度目标——“站直、走稳、跑起来”。

着力唤醒学生心灵自觉，积极建构内驱力教育。

1. 站直

“站直，别趴下”是一种人生姿态，既是对我们形象礼仪的要求，也是对我们内在气质的要求，要求每位孩子都做一个堂堂正正的中国人，做一个独立人格的完整的人。其核心是唤醒自我、自信自律、热情向上。要求初、高一学年，要“远远地望着中、高考”，“而今迈步从头越”，做到：站直了！以“抓好衔接、促进规范”为中心，以增进学生的生活、学业、习惯、职业、社会等心智见识为宗旨，重在抓好初高中衔接，培育初、高中新生学习和生活的自信心和良好规范，夯实学科基础，抓好兴趣发展，渗透学法指导，打好初、高中三年的发展底色。

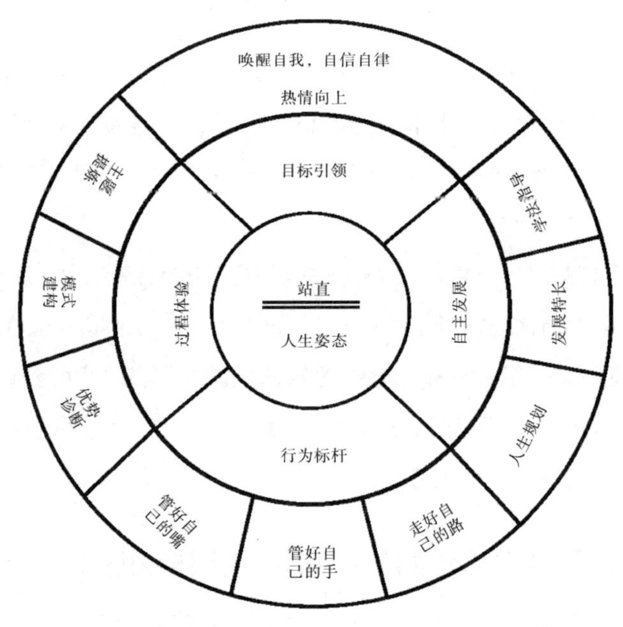

图1 “站直”教育框架

图中的每个环节中都有三个梯度要求，如行为标杆中的“管好自己的嘴、管好自己的手、走好自己的路”，其梯度要求是：①管好自己的嘴就是要注意自己的说话方式。底线是说出的话不招人烦；中线是说出的话别人能接受；高线是说出的话有文明、有礼貌，别人听着舒心、悦耳。②管好自己的手就是不做不该做的事。底线是不乱丢弃垃圾废物；中线是能帮别人一把；高线是做的事情让别人羡慕，让同学为你骄傲。③走好自己的路就是走该走的路。底线是不踩草坪，不走机动车道；中线是步行能给别人示范，看到障碍物能帮别人清除；高线是让别人羡慕你的行为。

2. 走稳

“走稳，别跌倒”是一种行动准则，既要脚踏实地走好每一步，又要有克服困难的勇气与毅力，要求每位孩子走稳自己的每一步，做一个有抱负能担当的人。其核心是守信自励、善学善思、激情奋进。要求初、高二学年，要“渐渐地走近中、高考”，“雄关漫道真如铁”，做到：走稳了！以“学会规划、拓展个性”为中心，以强化技能特长培养、提高学科能力为宗旨，重在拓展学业的深度与广度，指导分层选科，凸显个性选择，优化学习品质，走稳初、高中三年的“雄关漫道”。

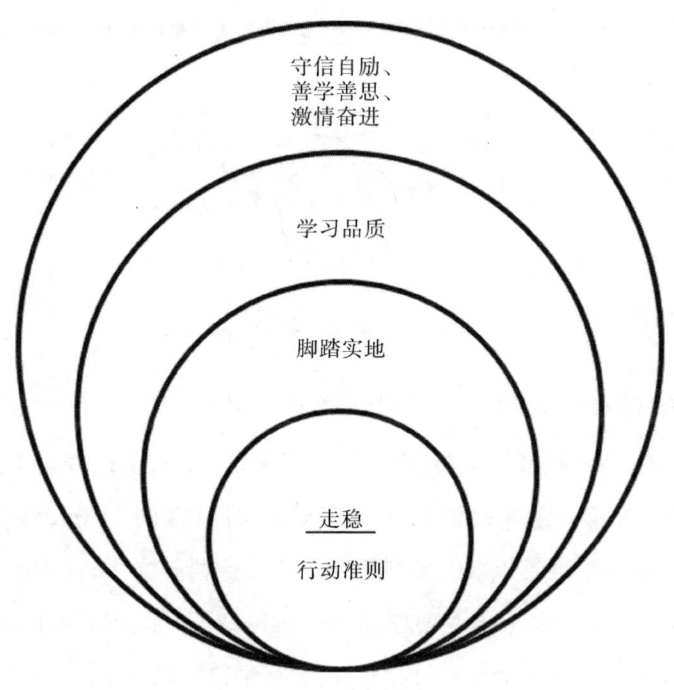

图2 “走稳”教育框架

3. 跑起来

“跑起来”是一种价值取向，既要有一种时不我待的紧迫意识，又要始终保持一种积极进取的精神状态，要求每位孩子勇敢地大步向前，不断地向着目标前进，做一个有发展意识和探索精神的人。其核心是价值认同、诱思探究、出彩人生。要求初、高三学年，要“紧紧地贴近中、高考”，“我们一起上高中、考大学”，做到：跑起来！以“提升能力、发展智慧”为中心，以预备升学、更好提升为宗旨，重在激励拼搏，完善知识结构体系，潜心钻研，提升应试技能，发展学习智慧，师生携手共创初三、高三之壮美。

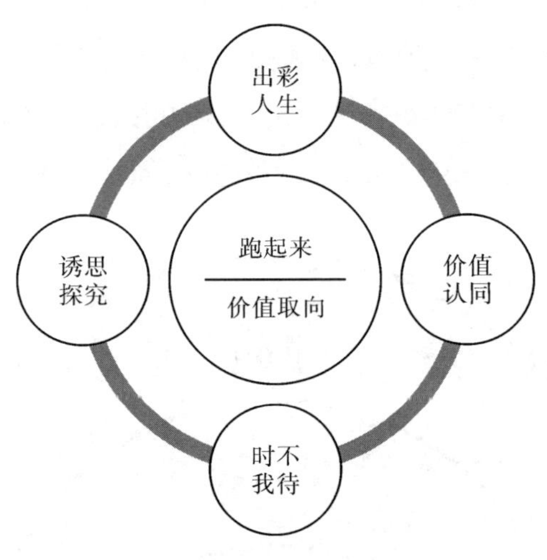

图3 “跑起来”教育框架

（二）“适切教育”的教学观：因材施教谋分层

面对多层次、不平衡的生源结构，我们迎难而上、思变谋变，实施“因材施教谋分层”的教学举措，全面启动“三年一盘棋，错落各自求”的发展规划，厘清各年段的教育目标，明确各年级的学科教学定位。学科教学中，根据不同层次的学情，明确教学定位，实施差异化教学。各层次班依照不同的培养目标进行教学定位。各学科（尤其是数学、英语、物理、化学等学科）以学案编写、校本作业、训练命题为载体，组织实施分层教学。努力提供适切性的教学材料，做到学生的基础、能力变了，教学材料要贴生而变。要依据学情，进行学案编写，即用即编，即编即改，不断提高教学材料的适切性。主要做法有以下几点：

1. 积极构建教学信念系统

如“让优秀的学生更加卓越”“不放弃学业不良学生”“‘生动’不如‘生’动”，让理念改变教师的行动。

2. 推进教学组织形式的改革

倡导小班化、行政班 + 走班分层分类教学，建立适合学生个性化发展的教学制度，探索导师制、个别辅导制。

3. 推进“33”教学结构的改革

一是落实课堂教学结构“三个必须”的要求：教师讲的时间必须控制在 25 分钟左右，必须有 10 分钟学生自主学习和质疑的时间，必须有 10 分钟的短平快的当堂训练。二是针对学情坚决落实“确保三个底线”（抓好教学常规的底线、一课一得的底线、起始年段行为与学习规范的底线）的课堂教学要求，着力追求教学效益最大化，做到低起点切入、小坡度推进、高密度强化、体验成功、和谐发展。

4. 形成“1+6”自主互助课堂教学模式

“1+6”自主互助课堂是由两部分组成，第一部分是“1+6”模式中的“1”，谓之“切”，在开课时就对上节课学生作业中出现的共性知识盲点进行再现，让学生精准解惑，做好对知识点的日清工作。第二部分是“1+6”模式中的“6”，指的是在课堂教学中进行的“导”“思”“议”“展”“评”“练”六个环节。

“1+6”自主互助课堂也称七连环适切教学法，即“1”为必选动作，“6”是教师依据课程标准和学生实际，确定适宜的学习目标，围绕目标系统把握教材，适当整合其他教学资源，在保证“导”“思”“练”三环节的前提下，根据不同学科、不同教学内容、不同班级的学情等情况，灵活选择“议”“展”“评”环节，建构促进学生自主学习，实现对话交流、动态生成、合作共享，实现学生知识、能力与情感协同发展，学生的学习激情才能真正被激发出来。

5. 制定课堂教学评价表

“1+6”自主互助课堂改革打响后，学校启动教学大巡查和课堂观察活动，及时修订出台新课、复习课不同课型的课堂教学评价表，进一步促使全体老师实施“因材施教谋分层”的教学举措。

（三）“适切教育”的课程框架：多元发展平台，为每位孩子量身定做

为每位学生铺筑切实的成功之路，需要以优质的课程通道为支撑。几年来，全体涛中人努力遵循“教师即课程、学生即课程，教师和学生都是课程的创造者和主体”的工作思路，全面梳理初中、高中（六年一盘棋）和艺术特色教育的课程体系，立足学段、立足学科，形成了“多元发展平台，为每位孩子量身定做”课程结构，将国家课程校本化。

同时，构建学生多元成才的立交桥，为优质特色发展拓宽道路。不断探索和深化个性成才的“特色桥”，如美术、音乐、体育、传媒、书法等，通过加强文化课程与艺术、体育、传媒课程衔接的研究，进一步完善艺体教育的课程体系，通过加强与国内外艺术院校、传媒院校的联动与合作，进一步拓宽特长生的输送渠道，构建多元成才的“特色桥”。

日益完善的课程体系，为学生的多元发展搭建不同的通向成功的适切通道，为培养适应社会各类人才的健康发展奠定了基础

（四）“适切教育”的评价机制：多一把尺子衡量学生，就会多出一批优秀学生

谈到教育评价必然涉及“好坏”与“适宜与否”的问题，因此，对学校办学质量的评价必须是“以教师为主导、学生为主体、多元成才为主线”，这也才是适切教育的真谛，出于适切，归于适切。

1. 树立以学生为中心的育人理念

以“43”工程（理念三导、过程三全、流程三抓、主体三自）为抓手，让学生在真实的体验中触摸和坚定理想信念，真正让理想信念教育落到实处，内化为每个学生可以终身携带的素养，同时，坚持后驱前引，形成全员提升的发展力。

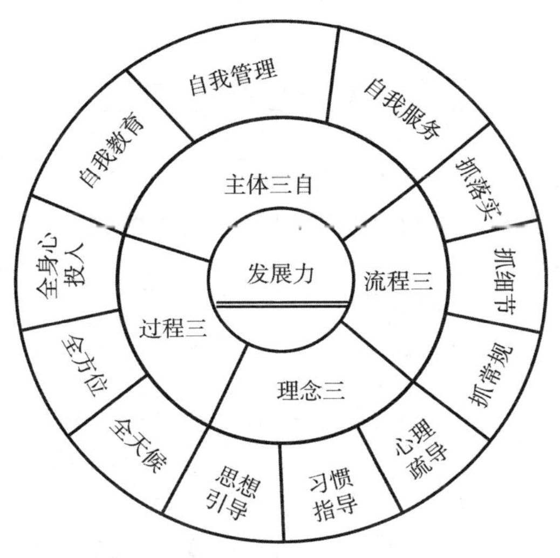

图4　学生主体“43”工程结构图

2. 完善教师评价机制

启动对教师“教学、素养与学生思想政治工作”三个维度评价机制，鼓励教师因材施教、以学生个性成才为目标、以多元化的评估指标引导教师进行个性教学，充分尊重学生的达成效果差异，尊重他们的兴趣、志向差异。同时，推行教育教学质量共担体，实行增值评价，从“增加值”，即联系学生的先前基础和最终结果分析学生成绩的变化情况，而不仅仅关注学生的最终成绩，实现“不比基础比进步”；二是“净效应”，即剔除教育中学生、教师和学校无法改变的因素，仅评价其在可以改变的方面作出的努力，实现“不比背景比努力”，将“学困生”的进步幅度、发展速度作为衡量教师教育教学水平面的优先尺度。

（五）“适切教育”的核心价值观：自主发展

落实上述实践策略的关键是师生的自主发展意识与能力，缺少这一关键要素，因材施教与因需而教将成为镜花水月。因此，实施适切教育，要抓住师生“自主发展”的关键点来创新制度，并将其作为核心价值观来带动其他制度的改革。

师生“自主发展”的关键点主要包括师生的自我发现与定位、自主规划与选择、能动调节与发展和创造成功机会的意识、观念与能力四个方面。[3] 学校在顶层设计时，必须充分考虑以上四个方面，并加以细化，便于操作。具体内容如下：

表 1　师生“自主发展”的关键点

关键节点	具体内容	目的
自我发现与定位	自我现状估计、自我潜能评估 自我优势定位、自我特长发展 自我愿景确立	明白想做什么、能做什么
自主规划与选择	发展规划、职业憧憬 成功方向、目标选择 课程选择	明白怎么样做、在什么路径上成功行走
能动调节与发展	反思与调整、持续跟进 主动发展、内在动机	如何把握才能更好地追寻属于自己的成功
机会创设与把握	理性分析、抢抓机遇 展望意识、参与能力	恰当时机下获得属于自己的成功

四、“适切教育”办学思想的阶段成果：全面发展，各美其美

安溪沼涛中学实施“适切教育”以来，学校教育教学改革取得了丰硕成果。学校先后获得“全国素质教育先进示范校”“全国创新教育科研先进单位”“福建省普通高中多样化发展改革实验学校”“福建省德育工作先进校”“福建省会五一先锋号”“福建省心理健康教育先进校”“市文明学校”“市美术教研基地校”“市普通高中特色校”“市中学艺术特色校”“县人民满意单位”等几十项荣誉和称号。多家媒体报道我校教育改革的经验，《中国教育报》曾二次整版进行介绍。

“这曾是一所濒临边缘化的中学。从三级达标高中培养出清华学子，再到学生遍布全国九大美院，每年美术本科上线百余人；从美术教育一枝独秀，再到体育班、春季高考班、文理科齐头并进……

世俗眼中的“中等生”，在安溪沼涛中学却成了优等生，甚至还有学生考入了清华大学！

为何？因为安溪沼涛中学不止一把尺子！因为安溪沼涛中学尊重了学生成长规律和教育规律！

可以说，安溪沼涛中学办学取得的骄人成绩，源自其“因材施教，让每个学

生都享有出彩机会”的教育梦想；源自其“多一把尺子衡量学生，就会多出一批优秀学生”教学思想；源自其“立足多元，让每一位学生享受适合自己的教育”办学实践。

立足学生差异，因势利导，编印校本教材，实施精细、分层次教学；重视学科辐射，将美术特色教育的成功经验加以迁移、转化和应用，以点带面，全员参与，受益全校师生；发挥学生的长处，搭建多元化成才通道，促进学生全面发展……安溪沼涛中学的这些做法均可资借鉴。[4]

以上节选自《中国教育报》对我校近年来所取得成绩及经验的介绍，这也是我们实施适切教育以来最真实的写照。

五、“适切教育”办学思想的办学愿景：全力打造一所有温度的学校，让师生站立在学校正中央

基于校情、生情，我们将学校发展定位于办一所有温度、有故事、有美感的最具活力的新样态学校，让师生站立在学校教育的正中央，这才是“适切教育”的根本所在。

（一）打造具有美育特色的品牌学校

一所能让学生站立在学校教育正中央的学校，一定是能给学生带来幸福感的学校。所以，学校借助深化课程改革的契机，将学生的个性发展作为教育的使命，依托美术特色，确立“全面发展　各美其美”的办学理念，在课程校本化实施上进行探索与实践，推行具有鲜明特色的“1+6”自主互助课堂模式，利用课堂教学模式改革带动教师专业发展，小组合作探究、分层教学等教学方式的改变倒逼教师不断学习，努力提高自己的业务能力，同时，鼓励学生学有所长、以长促短、各美其美，“不比起点、比进步”，开展“提高学生校园生命质量”系列行动，通过基础类课程校本化、拓展性课程选择化、特色类课程精品化，全面实现了“低进中出，中进优出，人人都有出彩机会”的办学誓言，真正让学生站立在学校教育的正中央。

（二）建设精细管理的现代新样态学校

一所有温度的学校，关键在于和谐，她是学校发展的生命力所在。这些年来，在构建和谐校园文化过程中，我们主要在“精、防、新、活、和、美、特”七个字上做足文章：德育文化突出“精”字，以多元发展培养和谐之人；安全文化突出“防”字，将生命教育挺在前头；教学文化突出“新”字，以素质教育提高“升学率”；行动文化突出“活”字，让校园成为激情燃烧的乐园；制度文化突出“和”字，让管理成为沟通、服务和引领；物质文化突出“美”字，把学校建成一个“生态校园”；精神文化突出“特”字，把学校建成一个精神特区。

乔木和小草，哪个更重要？它们都是不可替代的。教育的关键就在于，让每个孩子都成为最好的自己。是“乔木”的，就培养他成为栋梁；是“小草”的，也要让他拥有装点大地的本事！“适切教育”，是让每一位学生都有出彩机会的教育，是能够让家长见证孩子成长的教育。

“适切教育”，让孩子站在学校教育的最中央，站在教育舞台的最中央，各尽所能，各美其美。美哉，“适切教育”！美在多元，美在个性，美在特色，美在全面。

【参考文献】

[1] 王铁昆 . 口语交际中的“适切”[J]. 天津师范大学学报，1990(2)：68-71.

[2] 李学勤 . 字源 [Z]. 天津：天津古籍出版社，2012：115.

[3] 熊川武 . 江铃 . 论学生自主性 [J]. 教育研究，2013(12)：31.

[4] 陆岭 . 践行文化自信　培养民族文化艺术人才 [N]. 中国教育报，2017-09-26(7).

心性教育

◎王宏卿

【作者简介】

王宏卿（1973—　），男，福建惠安人，中学高级教师。现任泉州台商投资区教育文体旅游局党委委员，泉州第十六中学（惠南中学）校长、书记，泉州市首批中小学名校长，福建省“十三五”中学名校长培养人选。曾获惠安县首届十佳校长、泉州市第二届十佳中小学校长、福建省先进德育工作者、福建省优秀教育工作者、福建省优秀共产党员、全国生命教育百位杰出校长、全国中小学百佳学术带头人、全国特色教育先进工作者等荣誉。

一、“心性教育”办学思想的提出

“北枕大觉山，南瞰泉州湾。”这十个字描绘了泉州第十六中学（惠南中学）的地理位置——泉州台商投资区东园街北大觉山南麓。山的沉稳淡然、水的灵动奔腾赋予惠南人予“淳朴、勤奋”的文化基因，这四个字后来成为学校的校训，也是惠南人最本真的“心性”。

70 多年前，大觉山所在的惠南片区虽地处闽南侨乡，但没有中学。所有农村学子小学毕业上初中，须跨山过海进城，路途远、花费高、不方便，因此失学的贫困家庭子弟不在少数。乡亲们企盼惠南地区有一所中学，以方便子弟读书，发展教育。1945 年，抗日战争胜利后，华侨与家乡联系日见紧密。1946 年 4 月，旅菲爱国华侨教育家黄泰楠先生等乡贤看在眼里，急在心里，怀揣“让惠南学子接受与城市孩子一样无缺失教育”的朴素情怀，发起并着手组织筹建惠南中学委员会。黄泰楠先生等人认为大觉山是个读书的好地方，且“山名”中“觉”即是工具，也是修行找寻的目标，在中国传统文化中占据极其重要的地位，“大觉”二字也有“大德正觉”的深意，而从某种意义上看，莘莘学子读书的过程也是一个“修心养性”“养大德成正觉”的过程。正是这种朴素的认识让先辈们毅然决定选址大觉山，依山而建，播撒下希望的种子。就这样，“修心养性”“大德正觉”成为一种代代相传的文脉，“无缺失教育”成为一种辈辈齐盼的追求，“梦回大觉山”成为每一年校友“重踏校园故土，再叙师生情谊”的源动力。这是我们凝练办学思想需要传承的根。

为此，带着对教育“回归与超越”的思考，带着立德树人的根本任务，我们在凝练办学思想时，以大觉山“山名”溯源，以“大”“觉”立意，挖掘“大德正觉”内涵，致力于“让每个孩子接受无缺失的教育”，“让教育的各种美好自然发生”。凝练过程中，随着对教育本真问题的进一步认识，我们觉得，“大德正觉”本质上就是要回归“心性”二字；传承“大德正觉”文脉本质上就是实施“心性教育”。

第一层面：重在回归，兼顾超越。

当年我们先从“觉”字入手，主要着眼于解决学校发展中的阶段性问题。在20 世纪 80 年代以前，学校教学质量曾与惠安一中齐名，誉享海内外。1985 年，师生在前往厦门春游时遭遇重大交通事故，有 24 名师生不幸遇难。在这之后的 20年里，学校优质师生不断流失、青黄不接，在不少校友眼里，教师“拉帮结派、疲懒散”就是当年的教育生态，脱离惠安前高中多年招收的是全县 5000 名后生源；交通不便、设备简陋，曾被社会戏称为“农场”；长年的“沉寂低迷，低位徘徊”，让学校面临边缘化，曾被校友调侃为“爹不疼，娘不爱”。

那么，这种情况下如何走向新的崛起？一方面，要弘扬先辈们自强自立的创业精神，传承“修心养性”“大德正觉”的文脉。所谓正觉，即正确的觉悟。以“觉”立意，就是从“自觉”开始，用“四自”品质诠释“正觉”内涵，即正确的觉悟应当具备“自觉、自信、自主、自强”的品质。其中，“自信、自主、自强”与“自觉”相伴相随，本质上是一个人走向“正觉”的一种表现，是回归教育承载的基本功能——“激励、唤醒、鼓舞”。另一方面，要用大泉州地域文化中“爱拼才会赢”的正能量激发师生的斗志。《爱拼才会赢》是一首歌，更是一种精神，不仅唱出了闽南人爱拼的心声，也很好地反映了福建人拼搏进取热衷打拼的性格特征，体现了台湾人、闽南人热爱拼搏的精神，其歌词意境告诉人们面对迎面而来的每一个困难，必须发扬艰苦奋斗的精神，不低头，努力拼搏；鼓励人们落魄或失意时，仍要抱定信心，努力奋斗。当年，我们传递给全体师生的信念就是：学校要走出“沉寂”，摆脱“低位”，不被“边缘化”，全体惠南人首先必须从精神上回归本校“修心养性”“大德正觉”的文脉，拿出“敢拼会赢”的精神，不认输，不沉沦；必须从理念上回归“教育是影响，是发现，是唤醒”的本质，遵循教育规律，超越“急功近利”的想法。这是学校走向“柳暗花明”首先要解决的思想问题，本质上属于“心”的问题。

伴随精神上的觉醒和“四自”品质的培育，师生“淳朴、勤奋”的心性被充分激发，达成了干事创业的基本共识：“条件可以简陋，质量不能含糊”“要为成功找办法，不为失败找借口”。学校步入发展的快车道，完成了校园的重新规划与改建，实现由“农场”到“山庄式、花园式”校园的漂亮转身。

第二层面：重在超越，不忘回归。

这一层面以“大”立意，用“四大”品质诠释“大德”内涵，即养“大德”应当培养“大气、大善、大智、大爱”的品质。

“才者，德之资也；德者，才之帅也。”——中华优秀传统文化特别强调品德修养之于个人成才的重要意义。习近平总书记对“育德”工作也有不少论述。早在浙江工作期间，他就提出：“人而无德，行之不远。没有良好的道德品质和思想修养，即使有丰富的知识、高深的学问，也难成大器。”在《习近平谈治国理政》（第二卷）中指出“实现中华民族伟大复兴的中国梦，物质财富要极大丰富，精神财富也要极大丰富。”在《习近平总书记教育重要论述讲义》中写道：“‘德者，本也。’德对于个人、对社会，都有基础性意义，要立志报效祖国、服务人民，这是大德，养大德者方可成大业。”我们强调的“社会主义核心价值观是立国之基、民族之魂”，其内涵“其实就是一种德，既是个人的德，也是一种大德，是国家的德、社会的德”。当然“天下大事　必作于细”，养大德当从育小德开始，从做好小事、管好小节起步，“见善则迁，有过则改”，踏踏实实修好公德、私德。[1]我们以“大”立意凝练办学思想时，赋予大德之人“大气、大善、大智、大爱”的内涵。

当年，以“大”立意更多是基于2006年和2010年学校先后迎来的两个发展机遇。其中2006年被确认为二级达标高中后，我校站在新发展起点谋划“十二五”发展规划；2010年，国家级台商投资区挂牌成立，我校作为“优质教育资源生成的窗口”被定位为新区“第一中学”。在这两个机遇期里，学校从更高的站位致力“大德”的养成，即培育“大气、大善、大智、大爱”“四大”品质。如果说，围绕一个“自”字着眼于“觉”字是一种回归，那么致力于“大”字则重在围绕一个“他”字，学会“利他”，用“大气、大善、大智、大爱”处理与他人、与周边、与社会的关系，更多是追求一种超越，即从“四自”到“四大”。这种超越是对“心性教育”办学思想内涵的进一步丰富，更是对“立德树人”根本任务的一种回归。

“种树者必培其根，种德者必养其心。”心是一切美德的源头。孩子在长大以后，所展现的种种美德都来自哪里？心！心对了，就会拥有各种美德。比如说，一个孩子懂得感恩、利他、勇敢……那么我们会说，他有颗感恩、利他、勇敢……的心。而随着对习近平总书记关于“教育是立德树人的事业”重要诊断的领悟以及“大德正觉”和“四自四大”内涵的把握，我们愈发觉得，“心性教育”符合“育人”本质，即以关注孩子的心性成长为教育重点，相信“心如花木，向阳而生”，相信每个孩子禀赋各异却又本性善良、自带能量、初心向上，并以课堂、环境、校史、心育、活动、评价为抓手，滋养孩子本善向上之心。而且这种对于心性的唤醒和滋养，适切本校生源实际和特质——有着农村孩子难能可贵的淳朴品质，又或多或少表现出未能考取泉州市区传统名校时“自甘人后”的自卑心理，需要从“身体健康、人格健全、行为规范、善于学习、持续发展”这五个基本的德育工作目标入手，唤醒和滋养心性，锻造和培育校风。而伴随心性的唤醒和滋养，师生“淳朴、勤奋”的特质再度被充分激发，校风健康向上。这一时期，学校办学层次实现“六年三连跳”，即从2006至2012年学校经历了从三级达标到二级达标再到一级达标的跨越发展，并于2019年通过一级达标复评。

二、“心性教育”办学思想内涵解析

我校的办学思想主张是心性教育，基本内涵是：滋养心性，让每个孩子接受无缺失的教育，让教育的各种美好自然发生。一是“修心”开启心智以成“正觉”，从小“觉”做起重在培育“自觉、自信、自主、自强”的品质，实现对教育“是影响，是发现，是唤醒”这一本质的回归与超越；二是“养性”点亮心灯以养“大德”，从小德抓起重在培育“大气、大善、大智、大爱”的品质，作答“立德树人”的时代命题。简称“四自四大”。如果说，每个个体的“心性”像一棵生命之树，那么“大德正觉”所包含的“四自四大”就是每棵“心性”之树上的枝叶花果。

（一）以“大”“觉”立意，培育“四自四大”品质，生成“心性教育”办学思想的内涵

1.“觉”字立意下的“四自”品质，侧重于“修心”

（1）自觉的“自”指本人、己身；“觉”意为“察觉、感知、醒悟”，是一种心性得以唤醒后的自主感受、自动察觉、自我醒悟的意识与能力，是一种“无须提醒”的基本人格。

（2）自信是一种因心性唤醒而产生的积极性，是在自我评价上的积极态度，是发自内心的自我肯定与相信，具体表现为一种“天生我材必有用”“试试就能行，争争就能赢”“我努力一切皆有可能”的信念。

（3）自主重在强调能有效管理自己的学习和生活，认识和发现自我价值，发掘自身潜力，有效应对复杂多变的环境，发展成为有生活品质的人、适应并能推动未来社会发展的人，是一种心性被唤醒后自觉、自信能力上的外显，相信“只有我自己才是我的生命和我的灵魂的唯一合法的主人。”

（4）自强是在自觉、自信、自主的基础上，充分认识自己的有利因素，修炼心性，不甘落后，不断提升和完善自己；自我勉励，积极进取，奋发图强；有着一种“爱拼才会赢”的意志品质，勇于克服困难，善于做生活的强者。

2.“大”字立意下的“四大”品质，侧重于“养性”

（1）大气者为人豁达，举止大方，胸襟宽阔，格局远大。不仅仅限于个人情

怀，还应该有家国情怀，是大事难事时的担当，逆境顺境时的襟度，临喜临怒时的涵养，群舍群得时的智慧，做大做小时的格局，可快可慢时的点悟，是成是败时的坚持。心性大气者方能行大善、集大智、显大爱。

（2）大善者若水，有道德的人，效法水的柔性，温良谦让，广泛施恩，不奢望报答，以至大爱；但这种柔性带有奔腾向前的力量，能穿透最为坚硬的东西，以弱胜强，以柔克刚，心性大善者“大智若愚”。

（3）大智者做人低调，不夸耀、抬高自己，厚积薄发，宁静致远，注重自身修为、层次和素质的提高，对很多事情持大度开放的态度，有着海纳百川的境界和强者求己的心态。可见，心性大智者往往有大气度、大格局，往往将大善大爱作为一种人生修为。

（4）大爱者爱己爱人，是大气大善大智者心性修为的必然选择。一方面，爱是教育的基础，也是教育的最高境界，教育就是以所有的形式表现爱。这种爱，必须根植于教师的心里，体现于教师的行为，铭刻于学生的心坎，最终显现于学生的人格上。另一方面，一个优秀的教师不仅能拥有爱心，表现爱，更要善于挖掘潜藏于学生身上的爱心，培养学生的大爱情怀。

（二）以“无缺失”为导向，拓展延伸，构建“心性教育”办学思想的体系

在多年的办学思想实践中，我们谨遵“淳朴、勤奋”之校训，以“大”“觉”立意，培育“四自四大”品质，滋养心性，进一步确立了“以人为本持续发展，优质教育服务社会”的办学宗旨，“让每个孩子接受无缺失的教育”的办学理念，“人文 / 文化立校、效益 / 质量兴校、教研 / 特色强校”的办学思路，“文化底蕴更加深厚，师资力量更加雄厚，学校管理更加科学，办学条件更加优良，办学特色更加鲜明，品牌优势更加明显，在福建省内有一定影响力的、享誉海内外的省级示范性高中”的办学目标，“把学生培养成身体健康、人格健全、行为规范、善于学习、持续发展，德智体美劳全面发展的社会主义建设者和接班人”的德育工作目标，致力于锻造“铸人铸魂、笃学笃行”的校风，“博学挚爱、严谨求真”的教风，“刻苦、善思、活泼、守纪”的学风，“教人求知、学做真人”的班风，从而建构起“心性教育”办学思想的体系。

三、“心性教育”办学思想提出的理论依据

（一）中国教育家教育思想

1. 孔子教育思想

中国古代伟大教育家孔子关于“有教无类”、学而不厌、诲人不倦的教学精神和因材施教、学思并重、举一反三、启发诱导的教学原则及“不耻下问”的学习态度等教育主张[2]。

2. 陶行知教育思想

中国现代教育史上著名的人民教育家陶行知“生活即教育”“社会即学校”“教学做合一”的“生活教育”思想[3]。

（二）国外教育家教育主张

1. 苏霍姆林斯基

苏联教育家苏霍姆林斯基关于培养“全面和谐发展的人，社会进步的积极参与者”的教育主张和“没有爱，就没有教育”“爱，首先意味着奉献，意味着把自己心灵的力量献给所爱的人，为所爱的人创造幸福”的教育观[4]。

2. 加德纳

美国心理学教授加德纳多元智能理论和多维度、全面、发展眼光的评价观[5]。

3. 第斯多惠

德国教育家第斯多惠关于教育的自动性、自然适应性、文化适应性原则[6]。

4. 雅斯贝尔斯

德国著名的哲学家雅斯贝尔斯关于“教育是人的灵魂的教育”的主张[7]。

四、“心性教育”办学思想提出的理论支撑和实践依据

（一）理论支撑

1. 党的教育方针政策

习近平总书记在党的十九大报告提出的“努力让每个孩子都能享有公平而

有质量的教育”以及 2018 年全国教育大会强调的“要在坚定理想信念上下功夫”“要在厚植爱国主义情怀上下功夫”“要在加强品德修养上下功夫”“要在增长知识见识上下功夫”“要在培养奋斗精神上下功夫”“要在增强综合素质上下功夫”……[1] 为我们凝练办学思想的回归与超越指明了方向，坚定了我们“全员育人”和“全面发展”的决心，坚定了我们坚持“无缺失”价值导向和“心性教育”思想主张的信心。

2. 新课程背景下的教育观

新课程背景下的教育观在价值追求和精神向度上的一个最凸显的特征是：“人”在教育中越来越大——从人“自身正觉”发展出发，做到“自觉、自信、自主、自强”；向“利他大德”的人发展，做到“大气、大善、大智、大爱”。

首先，突出以人为本，以人的发展为本。从尊重人的价值、尊严、个性出发，着眼于促进人的主动发展、个性发展、全面发展。而“主动、个性、全面发展”需要从心性的“激励、唤醒、鼓舞”和滋养开始。

其次，强调人（教师主导、学生主体）是最重要的课程因素，是课程建构的参与者、促进者、批判者。而“参与、促进、批判”课程意识的增强同样需要从心性的“激励、唤醒、鼓舞”和滋养开始。

第三，聚焦核心素养，充分关注每个个体的“全面发展”和“终身发展”。“全面发展”侧重于和谐性地综合发展；“终身发展”侧重于生成性地综合发展。只有实现“全面发展”基础上的“终身发展”，致力于“文化基础、自主发展、社会参与”三个方面，着力培育“人文底蕴、科学精神、学会学习、健康生活、责任担当、实践创新”等六大素养，人的发展才是完整的、符合人性的，有利于提升生命价值并服务社会，促进社会的进步。不管是“全面发展”，还是“终身发展”，都是一个“修心养性”的过程，是一个追求“大德正觉”的过程，离不开“四自”意识，需要“四大”胸怀。

3. 中国优秀传统文化

我们在丰富办学思想内涵时也深受不少中国优秀传统文化的启迪，如不少国学研究者将人的发展划分为五个阶段，即幼儿养性、童蒙养正、少年养志、成年养德、老年养慧，每个阶段都有其特点，但也印证了一个人的发展就是“修心养性”“大德正觉”的过程，本质上就是一个人“心性”的滋养过程。再如《孔子家语·致思》中的“吾有三失，晚不自觉”，《论语·学而》中的“吾日三省吾身”，《荀子·劝学》中的“君子博学而日参省乎己，则知明而行无过矣”，《道德经》中的“上善若水”，《四书集注》中的“日省其身，有则改之，无则加勉”，《老子》中的“大智若愚，大巧若拙，大音希声，大象无形”，《楚辞·九章·怀沙》中的“惩连改忿兮，抑心而自强”，《周易》中的“天行健，君子以自强不息。地势坤，君子以厚德载物”等。我们所主张的“心性教育”思想，培育“四自四大”品质及“让每个孩子接受无缺失的教育”的办学理念和“把学生培养成身体健康、人格健全、行为规范、善于学习、持续发展，德智体美劳全面发展的社会主义建设者和接班人”的德育工作目标，就体现了这样一些价值追求。

4. 国内外专家学者的共识

多年的办学实践让我们深深体会到“心性教育”的可能性、现实性和重要性。这也是不少国内外专家学者的共识。正如德国教育家第斯多惠所主张的“教育的艺术不在于传授的本领，而在于激励、唤醒、鼓舞。”[6]苏联教育家苏霍姆林斯基也曾指出“人的心灵深处，都有一种根深蒂固的需要，这就是希望感到自己是一个发现者、研究者、探索者”[4]。北京师范大学肖川博士在谈到“教育的力量”时也认为，教育应是：给无助的心灵带来希望，给稚嫩的双手带来力量，给蒙迷的双眼带来澄明，给弯曲的脊梁带来挺拔，给卑微的人们带来自信……[8]我们坚信，一个心性被“激励、唤醒、鼓舞”的人，其人生之树便有了生根、发芽、拔节、生长、开花、结果的可能。

（二）实践依据

不少传统名校为我们提供了很好的借鉴。如北京实验学校曾军良校长持续探究理想的学校教育。他认为，当下最好的教育需要构造“一方池塘”，服务孩子“自然成长”；点燃“一束火焰”，启迪孩子“自己成长”；敲打“一块燧石”，引领孩子“自由成长”；推开“一扇大门”，促进孩子“自觉成长”。该校实现了每一个孩子都担任干部、每一个孩子都有导师、每一个孩子都有一门艺术与体育特长、每一个孩子在每一个学期上一次学校宣传橱窗、每一个孩子每学年参加一周研学旅行活动、每个孩子都融进合作学习团队，每个孩子每期参加一次职业体验活动和义务志愿劳动等，全面激活了师生的精气神与真善美。

五、“心性教育”办学思想的教育观与教育生态

（一）“心性教育”办学思想的教育观

学校践行学校观、教师观、学生观、课程观、教学观、评价观，打造滋养“心性”之树的生态环境。如果说，学习是一个“内化于心，外化于行”的过程。那么，一切所学应当生长于心之上，又生发于心，通过心外化于行。因此，每个个体的心性更像一棵生命之树。“大德正觉”所包含的“四自四大”就像枝叶花果生长于“心性”之树，又共同构成“心性”之树。

1. 学校观

学校就是一个“滋养心性”的文化场，是学生成长的乐园，教师成功的摇篮，师生情感的家园。

2. 教师观

每位老师都是一棵“心性”之树，都是一本“滋养心性”的教科书。

3. 学生观

一个个学生就像一棵棵“心性”之树。

4. 课程观

学校的环境、校本、心育、活动、课堂、评价都应当具有育人功能，都是一门课程。

5. 教学观

“心中有本、目中有人、手中有法、德育有渗透、心性有滋养”，课堂的各种美好，教育的各种美好应当是自然发生的。

6. 评价观

坚持多元评价，让每棵“心性”之树绽放独特的生命魅力。

（二）“心性教育”办学思想下的教育生态

以“心性教育”的教育观为支撑，我们在办学思想凝练和教育实践中，始终坚守三种基本的生态——学校是学生成长的乐园，教师成功的摇篮，师生情感的家园。

1. 学校是学生成长的乐园

学生必须有“自觉、自信、自主、自强”和“大气、大善、大智、大爱”的品质追求。在这样的校园中，课堂是“知识的超市，生命的狂欢”。校园中，已经或正在被“激励、唤醒、鼓舞”的孩子们，时而潜心思考，时而激烈辩论，时而全神贯注地听讲，时而积极踊跃地发言。课余时，他们在书画社挥毫泼墨，在文学社奋笔疾书，在弈魂社落棋无悔，在篮球社大力扣篮，在街舞社翻滚腾跃，在吉他社促弦轻弹……他们有着强烈的社会责任感，懂得感恩；他们有十足的自信，在困难和挫折面前绝不低头；他们有独立的见解，在挥斥方遒中直抒胸臆；他们有广泛的兴趣，以一技之特长独领风骚；他们有科学的学习方法，在发现与探索中提升能力。他们在一个不断被“激励、唤醒、鼓舞”的浓厚办学氛围中，在心性上涵养“自觉、自信、自主、自强”和“大气、大善、大智、大爱”的品质。

2. 学校是教师成功的摇篮

教师必须有“自觉、自信、自主、自强”和“大气、大善、大智、大爱”的专业品质。在这种心性的作用下，校园中，有一个“不忘初心，牢记使命”的行政团队，大家坚信“只有完美的团队，没有完美的个人”，凡事“周密计划、实事求是、雷厉风行、讲求实效、认真总结”，一路同心、同行、同乐；有一支“从教为人民用真情、执教为学生用真爱”的教师队伍，大家坚守着“学生的成功是教师的成功，在学生的成长中享受快乐”这样一种信念与追求，努力实现自身角色定位的转变，努力从“教书匠”转化为学生成长的引领者、学生潜能的唤醒者、教育内容的研究者、教育艺术的探索者、知识建构的促进者、学校制度建设的参与者、校本课程的开发者。

3. 学校是师生情感的家园

校园必须是一个充满“自觉、自信、自主、自强”和“大气、大善、大智、大爱”的文化场。在这样的校园中，大家有着共同的初心和使命——“立德树人”，有着共同的价值坚守——“让每个孩子接受无缺失教育”。校园中，不同潜质学生持续得到“激励、唤醒、鼓舞”，不同潜质学生的发展需要得到满足，得以“健康·阳光·快乐”成长；校园中，不同潜质学生因为有着丰富的实践体验，不断从“自觉、自信、自主、自强”走向“大气、大善、大智、大爱”，理想的广度、宽度和发展的勇气、潜力，远远超过了局限在课堂和书本深处的同龄人。学校因此有特色、有品位、有质量、有内涵、有高度……成为当地的文化高地，成为全体师生共同的精神家园和心灵殿堂，更是滋养师生心性的文化场。无论站在哪个角落看，都是一道绝美的人文风景，散发着迷人的文化气息。

六、“心性教育”办学思想的实践探索

谨遵“淳朴、勤奋”之校训，践行“以人为本持续发展，优质教育服务社会”的办学宗旨，形成“123356 机制”，推进办学思想落地，让教育的各种美好自然发生。

（一）坚持一个导向：无缺失教育

始终秉承“让每个孩子接受无缺失的教育”的办学理念。

（二）追求两重境界：滋养心性从“四自”品质到“四大”品质

从“以‘觉’立意”培养“自觉、自信、自主、自强”的“四自”品质到“以‘大’立意”培养“大气、大善、大智、大爱”的“四大”品质，在回归中超越，在超越中回归，既求“正觉”，又养“大德”，辩证统一。

（三）走好三级台阶：立校——兴校——强校

坚持“人文 / 文化立校、效益 / 质量兴校、教研 / 特色强校”的办学思路。

（四）打造三支队伍：行政——教师——党员

1. 在行政队伍建设方面

围绕“服务”二字实行“大部制”改革，创造性地整合为“三个服务中心”，即由学校政教处、保卫处、团委会组成的“德育先行服务中心”，由学校教务处、教科室、名师工作室组成的“教学视导服务中心”，由学校办公室、总务处、工会组成的“维权保障服务中心”，形成“同类合并，归口管理，上下互动，左右联动，协同作战”的管理网络，协调性增强，运行高效；在年段运行上形成“一站式”管理模式，由副校级领导兼任总段长，下设德育段长、教学段长、副段长兼段务秘书，实现决策、执行扁平化，反馈常态化，形成了“校长抓总，副校长抓线，年段抓块，条块结合，指挥畅通”的管理机制。

2. 在教师队伍建设方面

我们的一个用力方向是：构建“以‘捆绑评价’为基本杠杆，以‘周一行动’为基本平台，以‘一线两翼三点四化’为基本特征”的校本研训模式：一线——以“心性教育”研究为主线，带动教科研常规工作；两翼——“科学视导，高效服务”两翼齐飞；三点——“自我反思—专业引领—同伴互助”三点支撑、“教—研—训”三位一体、“人—课—题”三管齐下；四化——教研常规“流程化”操作和“常态化”运行，研训内容“内化于心，外化于行”，研训活动“成果化”。

3. 在党员队伍建设方面

我们开展“当先锋，创品牌，育桃李——‘五争五创’党建特色品牌”创建活动，以党建带团建，成为“宣讲‘心性教育’好故事、颂扬‘心性教育’好现象、传播‘心性教育’好声音、传递‘心性教育’正能量”的战斗堡垒和先锋模范。

这三支队伍优质和谐、高效落实，展现了“大气、大善、大智、大爱”的特质，提高了“心性教育”的执行力，增强“让每个孩子接受无缺失教育”“让教育的各种美好自然发生”的效度。

（五）把握五个关键：身体健康、人格健全、行为规范、善于学习、持续发展

围绕立德树人根本任务，以“无缺失”为导向，从“心”出发，坚定“把学生

培养成身体健康、人格健全、行为规范、善于学习、持续发展，德智体美劳全面发展的社会主义建设者和接班人”的德育工作目标，这是“自觉、自信、自主、自强”和“大气、大善、大智、大爱”品质在德育工作中的具体要求，也是学校衡量“心性教育”德育成效的“五个维度”。

（六）落实六类课程：课堂、环境、校史、心育、活动、评价

一个个学生就像一棵棵“心性”之树。而办学办的是一种氛围；学校就是一个“滋养心性”的文化场。氛围起来了，文化场形成了，才能为“心性”之树健康成长提供合适的土壤、阳光、空气、雨露、营养[9]；有了良好的生态，“心性”之树才能自然、自由、自主地成长，教育的各种美好才能自然发生。

那么，这个文化场的形成从哪里着手呢？课程。围绕“心性教育”构建课程体系，才能让办学思想的落地做到“依纲据本”，避免随意性，更加系统化，更有传承性。这就要求学校要根据培养目标、特色办学定位，加强课程规划和建设，优化课程结构，给学生更多自主发展的空间。实践中，既要落实好国家课程这一根基，推动学校优质发展；又要珍惜课程改革赋予学校课程开发的自主权，开发校本课程，推动学校特色发展，做到显性课程与隐性课程相辅相成，正面教育与文化熏陶齐头并进，课内、课外不分彼此，必修、选修课程一应俱全，常规强化、激励教育双管齐下，社会实践、社区服务、研究性学习三位一体，丰富滋养“心性”之树的课程体系。

1. 课堂育人，以课堂孕育“心性”之树

立足国家课程，一方面是抓住源头，做好课程设置与管理，制定了《课程实验工作方案》《课程排课方案》《学分认定实施方案》《课程实施评价方案》等一系列课程实验方案，并出台了《教学常规管理制度》《校本教研制度》等一系列配套管理制度，确保开齐开足省颁课程。另一方面是抓住主阵地，转变课堂教学模式，落实“心中有本、目中有人、手中有法、德育有渗透、心性有滋养”的“教学观”，“一棵树摇动另一棵树，一朵云推动另一朵云，一个灵魂唤醒另一个灵魂”[7]，以课堂孕育“心性”之树。

2. 环境育人，以环境浸润“心性”之树

在“环境是资源，也是课程”的课程观背景下，“让每一面墙壁都在向学生说话”“让每一寸土地都能浸润人性的关怀”“让每一个角落都能发挥教化效应”成为不少学校的追求。几年来，我校在文化校园物质层面的构建上，充分利用闽南侨乡大觉山钟灵毓秀的自然条件，从硬件上为“无缺失”创设条件，让“四自四大”的“激励、唤醒、鼓舞”随时随处发生。校园内，孔子园中的论语碑林让师生时刻感悟“半部《论语》治天下”的信念、智慧和勇气；随处可见的“爱心、宽容、坚毅、感恩、和谐、无痕”文化碑石，以“自觉、自信、自主、自强”为主题，“大气、大智”伴奏，唱响“大善、大爱”主旋律，呼唤的是一种人格上的觉醒和自觉；生物地理园中长江、黄河两大文化的发源地置“溯源”石，引导师生站在人与自然关系的角度，悟本溯源，培植的是“饮水思源”“大善大爱”的人文情怀；文化墙上的“勤能补拙，天道酬勤”等标语诠释着“淳朴、勤奋”之校训的深刻内涵，一个人“自觉、自信、自主、自强”的人格素养一旦被唤醒，成功或许会迟到，但一定不会缺席；“建筑墙面、楼道拐角”随时随地让人感悟孔孟之道、品读名言警句，涵养大气大智，耳濡目染，觉之悟之，怡情怡性……近年来，我们在对各个文化点进行整合、提升的基础上，进一步统整为“一二三六六六”系列文化景观，即一条大道——黄泰楠大道，两处碑林——论语碑林、成语碑林，三尊塑像——孔子像、陶行知像、黄泰楠像，六个亭台——侨光亭、校主亭、校董亭、感恩亭、思源亭、玉秀亭、知新亭，六个园子——校史园、校主园、校董园、行知园、雷锋园、生物地理园，六条长廊——校友文化长廊、德育文化长廊、经典诵读长廊、书香校园长廊、励志教育长廊、心灵驿站长廊。目前，学校的校园环境建设已成为本地教育系统一种独特的“文化现象”——通过环境的浸润，滋养心性，时常有兄弟学校慕名而来参观交流。

3. 校史育人，以校史滋养“心性”之树

但凡有一定办学历史的学校，文化的传承必然形成一种积淀，其校史、校友都是一种难得的课程资源。“十二五”以来，我校以福建省教育科学规划课题《陶

行知教育思想指导下的校本课程开发研究》的研究为抓手，重视做好毕业生跟踪反馈和校史资源的挖掘工作，并精心将那些独具人格魅力的人与事开发成“心性教育”系列校本课程。这种来自学长们的真人真事更有渗透力、感召力、说服力，更具“激励、唤醒、鼓舞”的功效。尤其是作为一种“校园非物质文化遗产”，用好了必将成为一所学校特色办学和内涵培植、提升的源头活水。这些年来，我校一是以校史为主要内容编撰了《校史在我心中，光荣伴我成长》《启明之路》等系列教材，这些教材精选校友们“四自四大”的经典案例，介绍校友们如何从“自觉、自信、自主、自强”走向成功，又如何在反哺母校，回报社会中彰显“大气、大善、大智、大爱”。二是筹建了集“展示办学经验、办学成效、办学历程”为一体的校史馆，使学校文化内涵更加厚重、殷实。其中的风采专栏，校友校董们身上展现的“四自四大”品质便是对“心性教育”最直观而生动的诠释。“组织参观校史馆和校史校情教育”是每年新生入学的第一课，邀请校友莅校作《中国的明天和我们青年学生的责任》《踏平坎坷成大道》《向母校汇报》等励志报告是常态课，“讲校友，学校友”成为校园的一种风气。这些校本课程中先辈们的艰苦创业精神以及校友们的成长历程、发展成就和反哺母校义举，何尝不是一种指引学生涵养“四自四大”品质、滋养心性的精神食粮？其中的《启明之路》便是一部毫无加工润色、毫无艺术处理的校友传记。传记中记录了我校旅菲庄启明校友从祖辈“贫而乐道”的义举，到本人“富而好礼”的善行，中华民族的“大善大爱”的传统美德得到传承、光大。整部传记浓缩了启明校友的传奇一生，字里行间尽显这位菲华儒商在蕉风椰雨中的坚守与执着、自强与奋发，创业路上单刀赴会、舌战东瀛的大智大勇，“道德经商”“善待他人就是善待自己”的“儒商”风范。书中我们可以感受到一段“摸着石头过河，知难而进”“开源节流，广开商路”的创业历程，感受到“以人为本，和谐共赢”的经商理念，感受到“家和万事兴，百善孝为先”的持家方略，感受到“一路相思树，一路故乡情”的家国情结……“我读的庄启明先生是一个大写的人。一个走在中华文化大路上的人。这样的人的高风亮节是可以让人受益终生的”——原国台办新闻发言人、中国海协会副会长、厦门大学新闻传播学院院长张铭清教授在传记的序中表达了他的崇敬与感慨。类似校本课程举不胜举，成为我校“心性教育”和“四自四大”品质最好的脚本。品读这样的校本课程对全体惠南学子无疑会是一次心灵的洗礼和精神的升华。我们坚信，这种有精神底子的“无缺失”才是有深度的。

多少年来，一拨拨惠南学子正是在这些饱含“淳朴、勤奋”文化基因的校本课程的滋养下，在“大觉大悟”中从“四自”走向“四大”，滋养心性，永葆“淳朴、勤奋”的精神特质。

4. 心灵育人，以心灵温润“心性”之树

美由心生。身心健康是孩子全面发展的基石，“教育各种美好的发生”从“心”开始。我们坚信，心若向阳，万物生光，自然成长。生活中，一个人格健全、全面发展的人身上通常具有乐观开朗、积极进取、坚韧不拔、勇于战胜挫折等良好的个性心理品质；而一个人格缺失的人，心理承受能力一般比较低，处事心态也不甚健康。教育教学实践中，我们也可以发现，许多犯错的学生并非品质上出现问题，而是心理某个方面的暂时障碍造成的，这些心理障碍如果没能得到及时的疏导，他们身上的正能量如果没能得到及时“激励、唤醒、鼓舞”，积累下来往往是人格上的缺失，甚至畸形，更谈不上全面发展。这种“心结”的预防或破解，需要用有温度的教育去“激励、唤醒、鼓舞”，去阻断、融化。

为防止这样事情的出现，我校首先是强化课堂这一主阵地的心理育人功能。情感和态度是个性心理的重要方面，课堂教学能够对学生的情感和态度发生重要影响，可以克服学生心理疾病，促进学生心理健康发展。在各学科教学的实施上，我们要求老师要切实落实三维目标中的“情感态度价值观”，并定期开展关于这一维度达成情况的反思、总结与交流活动。其次是重视心理健康教育。学校成立“心理健康教育中心”，设有“心灵氧吧”“放心信箱”“阳光心域”“心理书吧”“心理宣泄”等功能室和“心晴小Q”等现代网络聆听平台，并建立了“心理座谈预约机制”帮助学生学会自助；开发了“幸福课·大善大爱”“心灵之旅·自主自强”“中学生心理健康之自觉、自信、自主、自强系列”“大德格局之大气大智大善大爱系列”等校本课程，实现了“大觉心育”进课堂；开展了以“自信与大气”为主题的“激发个人潜能，凝聚团队力量”等团队拓展活动；以“教育是爱的事业，没有爱就没有教育”为主题，开设了面向全校教师的《基本心理辅导技术在班主任中的运用》《如何干预学生心理危机》等心理讲座，把对学生的教育管理转变为基于“心性教育”的“激励、唤醒、鼓舞”，转化为“疏、导、化”，最大限度地预防和解决学生的心理危机，促进学生“四自四大”阳光心态和健全人格的形成。近年来，学校先后被确定为泉州台商投资区未成年人心理健康辅导站、泉州市中小学心理辅导站，先后获泉州市中小学心理健康教育实验学校、福建省中小学心理健康教育特色学校等荣誉称号，学校心灵成长俱乐部社团被评为“泉州市中小学百佳学生社团”。

5. 活动育人，以活动塑造“心性”之树

校园永远是青春的园地，应当时刻洋溢青春的热情和生命的律动。而活动，无疑是让青春热情得以迸发，让生命律动得以彰显的重要载体，也是生成、落实“心性教育”系列校本课程的重重路径。几年来，我校在陶行知思想和加德纳多元智能理论的指导下，对运筹学生人格培养和个性发展的活动载体方面做了有效尝试，并取得一定成效。校园中的街舞社、英语沙龙、激情广场、弈魂棋社、书画社、文学诗友社、话剧社、篮球社、羽毛球社、心理协会等全校 90% 同学参与的 29 个社团让学生找到组织，不仅留住人、稳住心，而且伴随着特长的生成和彰显，许多学习起点并不高的学生得到“激励、唤醒、鼓舞”，找到了自信；社团中的青年志愿者协会还积极与台湾慈济慈善基金会长期联谊，深入开展了入家访贫、捐资助学、冬令发放、环保实践、静思语教学等方面的人文素养教育交流活动，在众多学子心中播下了慈善、感恩的种子；常态化开展的“经典诵读”、循环经济回收“爱心超市”、“竹筒岁月・日行一善”、“书香校园・大气大智”诗歌诵读比赛、“大善大爱感恩大型报告会”、“自信自强励志专题讲座”、“文明上网，做网络时代自觉好少年”签名仪式等活动创新了德育载体，增强了德育实效；“科技节”“读书节”“体育节”“艺术节”“劳动节”“英语节”等文化大餐把校园文化艺术节演绎得如火如荼，丰富了校园文化生活，师生个性、才华得以张扬和展示，兴趣、特长得以挖掘和培育……校园中，显性课程与隐性课程相辅相成，正面教育与文化熏陶齐头并进，课内、课外不分彼此，常规强化、激励教育双管齐下，社会实践、社区服务、研究性学习三位一体，为学生个性潜能和多元智能的“激励、唤醒、鼓舞”搭建起多元平台，何为“大气、大善、大智、大爱”可知可感，成为“无缺失”教育广阔的舞台。惠南师生正是从校园这个小平台走上社会大舞台，乃至荣膺“国字号”名片，甚至亮相央视频道。我校饶文福老师曾获“全国最美敬老志愿者”“全国敬老爱老助老模范人物”“福建省青年五四奖章”等称号；杨君其同学也被评为“全国敬老爱老助老模范人物”。2018 年重阳节晚，北京电视台文艺频道播出《九九重阳，快乐生活》重阳节特别节目，现场除了有艺术界的诸多颇有成就的老艺术家们，我校饶文福老师作为全国敬老爱老助老模范人物中唯一受邀参加的嘉宾，被安排坐在全场正中间主桌的中间位置；2019 年 12 月 17 日“国际志愿人员日”，央视十二频道《夕阳红》栏目组具体承办的“守护夕阳——2019 年为老服务志愿者荣耀盛典”活动在央视播出，我校饶文福老师带领骨干志愿者杨君其、蔡雪明、骆少波、郭晓煜、黄旭万、黄思灵等人受邀作为福建省的唯一志愿者团队赴京亮相央视舞台……他们就是“心性教育”思想滋养下，“四自四大”惠南人的一个缩影。

6. 评价育人，以评价引导“心性”之树

评价具有导向作用，办学思想的落实，离不开相应的评价机制作保障。几年来，我们在“心性教育”办学思想引领下，不断完善“让每个孩子接受无缺失的教育”的评价模式。由此，我们致力于改变单纯以标准的智商测试和学科成绩考试为主的评价观，致力于超越静态的传统评价标准，致力于不断优化“心性教育”和“无缺失教育”的刻度，通过在多种不同的实际生活和学习情境下进行评价，考查学生解决问题的能力和创造出精神产品及物质产品的能力是否得以“激励、唤醒、鼓舞”。对于学习成绩好的学生，要引导他们凭借优异的资质，在其他方面争取更大的进步；对学习成绩不好的学生来说，要引导他们永保“东方不亮西方亮”的信念与期待，走出“山重水复疑无路”的困境与低谷，迎来“柳暗花明又一村”的亮丽与精彩。我校每年坚持对照学生在哪一方面或哪些方面被“激励、唤醒、鼓舞”的标准，围绕“四自四大”评选“自觉之星”、“自信之星”、“自主之星”、“自强之星”和“大气好少年”、“大善好少年”、“大智好少年”、“大爱好少年”；围绕德育工作目标评选“健康达人”“魅力人格”“行为规范标兵”“学习能手”“发展潜力股”……通过多元评价引领学生成长，让学生感受心性被“激励、唤醒、鼓舞”的力量，让学生听见自己“拔节孕穗”的声音，感受成长的幸福。

七、“心性教育”办学思想实践初步成效和未来展望

总之，育人育心，心如花木，向阳而生；心若向阳，万物生光。几年的实践，既不失规矩驯化，又饱含无限深情。而随着心性教育办学思想的凝练与实践的深入，学校在发展中取得了阶段性成效。

（一）初步成效

1. 办学效益日益彰显

学校作为泉州台商区唯一的一级达标学校，已成为新区“优质教育资源生成的窗口学校”，办学经验和成效多次在《福建日报》《福建陶研》《泉州晚报》《海峡都市报》《东南早报》等省、市报刊和市、县电视台等新闻媒体宣传推介；2010 年秋季以来，学校先后获得福建省创先争优先进基层党组织、福建省义务教育管理标准化学校、福建省普通高中课程改革基地建设学校、福建省文明校园、全国青少年校园足球特色学校、国民语文应用能力实验校、中国陶行知研究会实验学校、全国生命教育百佳学校、全国校园文化系列活动优秀示范单位、全国特色学校等国家级集体荣誉 12 项、省级以上集体荣誉 19 项、县（区）市级以上集体荣誉 112 项；每年有近千名片区外学生舍近求远争相涌报，生源爆满，学生及家长的信任也增强了我们走向更美好未来的信心。

2. 办学层次跨越提升

2006 年至 2012 年，学校实现了从三级达标到二级达标再到一级达标“六年三连跳”的跨越发展。2019 年 3 月份，学校顺利通过省一级达标复评。

3. 教学质量稳步提升

中考综合比率和各项指标连年稳居全区首位。高考尽管由于自主招生、泉州市区定向招生等原因，我校招收的生源质量不高，但连年实现“低进中出、中进高出、高进优出”。本科上线率连续十四年高于全省平均水平，得到社会各界的好评和认可。其中 2017 届高考本一上线 98 人，本二上线 367 人，本科上线率 78.76%；2018 届高考本一上线 117 人，本二上线 393 人，本科上线率 83.09%；2019 届本一上线人数 131 人，上线率 22.02%，本二上线人数 487 人，上线率 81.85%；2020 届本科上线 393 人，上线率 85.43%，录取于南京大学、武汉大学、厦门大学、山东大学等 C9 联盟高校和 985、双一流重点大学人数逐年攀升。

（二）未来展望

接下来，我们将以十九大以来党的基本精神和全国教育大会及《关于新时代推进普通高中育人方式改革的指导意见》《关于深化教育教学改革全面提高义务教育质量的意见》等纲领性文件精神为指导，主动对接、融入新中考及新高考综合改革，坚守“立德树人”的初心和使命，坚守“努力让每个孩子都能享有公平而有质量的教育”和“让每个孩子接受无缺失的教育”的价值选择，贯穿“激励、唤醒、鼓舞”的主线，落实“强队伍、优课堂、精管理、建文化、创特色、铸品牌”的总体要求。

1. 规划统领普愿景

进一步做好顶层设计，建立共同愿景，用“十四五”教育工作规划统领发展，让教育的各种美好自然发生，推进学校“高质量有特色发展”。

2. 核心素养拓内涵

进一步用“核心素养”理念更加全面、立体地诠释、丰富“心性教育”的内涵，养大德，成正觉，育心性。

3. 课程拓展强体验

进一步提升“四自四大”课程的领导力和执行力，密切课程内容与学生生活和社会科技发展的联系，丰富学生学习经历，强化体验与感悟，实现“书中学”和

“做中学”的相互补充，成就孩子的幸福人生。

4. 完善设施强硬件

进一步加快现代化教学设施建设步伐，提升办学条件。

5. 科研兴校提效益

进一步拓展科研兴校道路，造就一批省、市、区学科带头人，不断提升办学效益。

【参考文献】

[1] 编写组 . 习近平总书记教育重要论述讲义 [G]. 北京：高等教育出版社，2020.

[2] 李培宗 . 论语全解 [M]. 济南：齐鲁书社，2008.

[3] 陶行知 . 中国教育改造 [M]. 北京：人民出版社，2008.

[4]B.A. 苏霍姆林斯基 . 给教师的建议 [M]. 杜殿坤 . 北京：教育科学出版社，1984.

[5] 霍华德 · 加德纳 . 多元智能 [M]. 沈致隆 . 北京：新华出版社，1990.

[6] 第斯多惠 . 德国教师培养指南 [M]. 袁一安，译 . 北京：人民教育出版社，2001.

[7] 雅斯贝尔斯 . 什么是教育 [M]. 邹进 . 上海：三联书店，1991.

[8] 肖川 . 教育的理想与信念 [M]. 长沙：岳麓书社，2002.

[9] 杨斌 . 什么是真正的教育：50 位大师论教育 [G]. 福州：福建教育出版社，2009.

长善教育

◎陈利灯

【作者简介】

陈利灯（1966— ），男，福建尤溪人，中学高级教师。尤溪县第七中学原校长，现任尤溪县教师进修学校校长，福建省“十三五”中学名校长培养人选。曾获全国新教育实验2018年度智慧校长。

尤溪县第七中学坐落在宋代著名理学家、教育家朱熹的诞生地——尤溪县城关。学校创办于 1985 年 3 月，1993 年 1 月成为省三级达标学校，2001 年 3 月晋升为省二级达标学校。2016 年 9 月迁址城关西苑教育村。

我于 2011 年 9 月开始任尤溪县第七中学校长。此前，学校提出以“办永续发展之校，育追求成功之人”为办学目标，坚持“管理立校、质量兴校、科研强校”的办学思想，倡导“人人做追求成功之人”的办学理念。多年来，凭着“敢于吃苦、敢于挑战、敢于创新、敢于成功”的精神，迎难而上，奋力拼搏，学校形成了“勤奋、严谨、求实、进取”的优良校风。

通过对学校发展历史的梳理，结合新时期学校新的变化与新时代教育新的要求，对学校的办学思想、办学理念、学校文化进行重新构建，提出“长善教育”教育思路。

一、“长善教育”办学思想提出的背景

追求真、善、美乃是教育的真谛，但“求善”在求真求美中被忽视已久。长期

以来，人们更多地强调教育既是一门科学，又是一门艺术，因此，很少有人关注教育中的善。事实上，由于应试教育盛行，教育早已被简单为教学，教学继而又被简单为教书，教书再被简单为做题，因此，教育不用说“求美”，连“求真”的影子都已难以寻觅了，这种教育弊端在现实中已经暴露无遗，后患无穷。因为离开求善的“教育”，忽视了教育作为“生活世界”的存在，因此，不能称之为真正的教育。

没有了善的教育，真和美也就没有了归宿，没有了根基。因此，善是教育的“根”，唯有对善“根”的勤勉呵护，才有真“枝”与美“叶”的爱护，也才有最终的真善美之“果”。追求至真至善至美乃是教育的至高境界。

在以追求升学率甚至以有没有上北大、清华为办学评价主要指标的背景下，尤溪七中办学“成效”就显得有点尴尬，生源、师资、硬件设施及由此给师生留下的“天花板”效应等，都彻彻底底地给人以“二流”学校的印象。但也正是基于此，我们反而可以在遵循规律做教育中进行一些积极的探索，并取得了些许成绩，从而更加坚定了“长善教育”之路。

二、“长善教育”办学思想的内涵解析

提出“长善教育”办学思路，就是想做有地域特色的“新教育实验”，让教育回归其本真。下面是对“长善教育”的概念和本质内涵进行界定和阐述。

（一）“长善教育”的概念界定

“长善”一词，出自中国的教育经典《礼记·学记》：“教也者，长善而救其失者也。”由“救其失”来理解“长善”的意思，应该是激发、增长人的善行和善心。善行是本善，包括利他、忍让、明辨、诚敬等。善心，亦本心，包括孟子说的恻隐之心、羞恶之心、辞让之心和是非之心，还有好奇心、感恩心、进取心等。长善和赏识有相似之处，即对孩子好的表现予以认同和促进，但对培养孩子心性和人生观却不相似。长善是关注孩子心性成长，是帮助孩子确定正确的人生观；而赏识，却不一定。

“教育”一词，最早见于《孟子·尽心上》中的“得天下英才而教育之”。东汉

许慎在《说文解字》中的解释是："教，上所施，下所效也；育，养子使作善也。"也就是说，教育的过程是效仿，是使人之本善得以生长的过程，其本质就是长善和救失。

综合"长善"和"教育"这两个词的本意，对长善教育的概念界定如下：让每一个人与生俱来的"善心""善行"得以发现、激发和增长，促进其养成良好习惯、培养高尚品德、开发个体潜能、健康快乐成长的教育。

（二）"长善教育"的本质内涵

1. 善是与生俱来的

"育，养子使作善也。"孩子在母亲肚子里的时候，母亲就在播种善心。

《孟子·告子上》说："恻隐之心、羞恶之心、辞让之心、是非之心，人皆有之。恻隐之心，仁之端也；羞恶之心，义之端也；辞让之心，礼之端也；是非之心，智之端也。仁义礼智，非由外铄我也，我固有之也，弗思耳矣。"孟子认为，人性所以是善的，是因为人有仁义礼智的善端。这"四心"同人的四肢一样，是上天赋予的，是与生俱来的，是人区别于其他动物的主要标志。当"四心"不受到感官的控制，能够独立地活动，"四心"在此时便会发现自我，恢复自我本来善良的本性。

古罗马的马可·奥勒留也持类似的观点，他宣称："善的源泉是在内心，如果你挖掘，它将汩汩地涌出。"

2. 善是能够生长的

孟子非常明确，"四心"乃仁义礼智之端也，即"四端"。"四心"与生俱来，但仅是仁、义、礼、智的开端，后天可以长养。杨泽波先生在《孟子性善论研究》一书中指出，(《孟子·公孙丑上》) 此"端"就是一种自然的生长倾向："端不是死物，它自然会生长会发展，顺着这些端去生长去发展，人就可以成就道德，成为善人。"孟子认为，人具有了这"四心"，也就等于有了仁、义、礼、智等道德品质的萌芽，经过后天的影响、发展和实践，就成为现实生活中所具有的各种良好的道德品质，就可以成就一番大业，就可以保全四海，就可以成为"尧舜"那样的圣人君子。

善能够生长，在初始阶段就表现出很强的生长力。意大利儿童教育家蒙台梭利对儿童出生后的头三年的发展成就是这样描述的，“孩子在这三年里无师自通地掌握语言这个最复杂的交流工具和行动上最难学会的站立行走。”

3. 善是需要长养的

《孟子·公孙丑上》曰：“凡有四端于我者，知皆扩而充之矣。若火之始然，泉之始达。苟能充之，足以保四海；苟不充之，不足以事父母。”“善”不长养、不扩充，连父母都无法赡养，更不用说还能做别的什么。

孔子说：“性相近也，习相远也”，他把性与习区别开来的看法，是指人的先天性情相去不远，而习俗与教育却使之差距拉大，所以后天的教育“长善”是重塑人格的有效手段，此正所谓“玉不琢，不成器”“君子如欲化民成俗，其必由学乎！”同时，要想改变坏习惯，重要的是先养成好习惯，通过有效的教育活动，不断地激发、增长孩子的善心、善行，孩子的善心、善行不断放大以后他的习性（贪、嗔、痴、慢、疑）慢慢就消退了。这就是善需要激发、增长的根本原因。

苏联教育家苏霍姆林斯基通过大量实践感言：“世界上没有才能的人是没有的。问题在于教育者要去发现每一位学生的禀赋、兴趣、爱好和特长，为他们的表现和发展提供充分的条件和正确引导。”

4. 长善遵循生命之道

生命发展的重要规律是成长，“善”作为人生命中已有的“种子”，需要的是“生长”，而不是“制造”，由此至少可以得出以下结论：

（1）教育是“农业”非“工业”。叶圣陶老先生早就说过：“教育是农业而不是工业。”工业和农业最大的不同在于，工业可以是快节奏的，而农业则必须按时令操作。《孟子·梁惠王上》中说：“不违农时，谷不可胜食也。”不违农时，是尊重作物的成长规律，适时地提供需要土壤、水分、阳光等。它是一个慢的过程。“十年树木，百年树人”，教育必须等待，善于等待是对教育规律的尊重。

（2）教师质量决定教育质量。“教也者，上所施下所效。”教育是一种影响，“百年大计，教育为本；教育大计，教师为本”正是这个道理。因此，抓教育质量就是抓教师质量，抓教师质量，就是抓教师成长，因为，成长的力量是巨大的，成长的魅力是无穷的，用成长引领成长，才是教育正道。芬兰作为教育体制最完善的国家之一，就是遵循了这个规律，能进入芬兰教育队伍当教师的必须是本国同龄人居前三分之一的人。

（3）长善教育越小越重要。古人云："三岁看大，七岁看老。"0 至 3 岁，小孩的变化一天一个样，一个多月就相当于一年，小孩一年就相当于成人 10 年，因此，3 岁就是 30 岁，7 岁就是 70 岁。正是因为变化大，所以，外界无论是善的，还是恶的，都对孩子影响很大。芬兰教育同样遵循了这个规律，他们把教育的重心往下移，从重视幼儿教育开始，从重视起始年级教育、重视幼小弱小孩子做起。

（4）教育力量受外部合力影响。长善如同植物的生长需要土壤、阳光、雨露、空气一样，长善教育需要家庭、学校、社会形成合力，共同促进小孩的健康成长，因此，长善教育通过举办家长学校、成立家长委员会，加强家庭和学校、社会的密切配合，整合教育资源，才能建立完善的教育环境，实现各种教育间的互补作用，取得最佳的整体育人效能，培育出良好的受教育者，使青少年能够健康快乐地成长。

（5）最有效的教育是自我教育。陈丹青先生认为："真正有效的教育是自我教育。我根本就怀疑'培养'的说法。凡・高谁培养他？齐白石谁培养他？"。鲁道夫・斯坦纳则说："所有的教育其实是自我教育，孩子在环境中教育他自己，身为老师我们只是孩子环境中的一部分，我们必须尽可能让自己成为最好的环境，因此孩子可以教育他自己协调他自己的命运。"《学会生存》一书指出"未来的学校必须把教育的对象变成自己教育自己的主体。受教育的人必须成为教育他自己的主人；别人的教育必须成为这个人自己的教育"。

（6）教学仅是教育中的一部分。不能把教育简单为教学，把教学简单为教书，把教书简单为教考。长善教育长其善心，正其善行，使其成为学习的主人，以能更好地为他人服务、为社会发展服务，努力学习，增强才智，修身进业。教书育人，教师要在长善中不断提高师德水平，全身心投入教学实践，研深研透所教学科的思想、方法，形成自己独特的教学思想与教学方法，成为学生心目中的学科教师偶像，才能在教书中发挥育人的作用。

5. 长善的教育教学理念

从教育上理解，教育，是不是有长善？就看他的善心、善行是不是愈来愈提升？有没有随着年龄增长而不断增长？“长善救失”就是长学生的善心、善行，改正他的缺点、过失，让学生自己克服缺点，超越自己，德行不断地提升。在德育工作中，要充分调动学生自我教育的积极性，依靠和发扬学生的积极因素去克服他们的消极因素，引导学生正确评价自己、进行自我教育，促进学生道德成长。简而言之，“长善救失”就是看到学生的优点，让学生发扬优点、放大优点，占领缺点的“地盘”。教育要围绕品德、法规的相关主题，开展形式多样的活动，在活动中互动，在互动中感动，在感动中增善。

从教学上理解，“长善救失”就是激发、增长学生学习上的优点、优势，补救其不足。《学记》中论述“人之学也，或失则多，或失则寡，或失则易，或失则止”，点明了学生在学习过程中会有“贪多务得、片面专精、浮躁轻心、畏难不前”等四种缺点，这些缺点都是由于学生的个性差异造成的。“长善救失”，要求我们必须准确了解和掌握学生的个性差异从而进行教学。同时，根据多元智能理论及大量事实表明，“长善”比“救失”重要，“长善”本身就有“救失”的功能。在教学中，落实“长善救失”，建立学习学科兴趣小组就很重要，这个兴趣小组可以不受年龄、年级限制，只要有这方面兴趣，学生自由报名，教师指导选择。一旦因兴趣被激发而大幅度提升该学科成绩，就会让学生找到学好其他学科的信心，从而实现全面发展。

因此，“长善教育”可以解决学校教育中的两个核心问题，一是解决怎样培养积极向善的人，即育人问题；二是解决如何培养术业有专功的人，即教学问题。

（三）“长善教育”办学思想的实践思考

2011 年秋季开学后，学校新组建的领导班子综合《道德经》的“胜己者强”、《大学》的“止于至善”、《礼记·学记》的“长善救失”、朱熹的“读书起家之本”、王阳明的“知行合一”、加纳德的“多元智能理论”等相关理论，结合学校的办学历史与现实，把学校的校训“做追求成功之人”具体化为“超越自我，追求至善”；把办学目标“办永续发展之校”具体化为“读写起家，知行合一；健康成长，持续发展”，并围绕这个思路构建“长善教育”思想体系、文化体系以及相关的实施路径。

2011 年底，尤溪七中在“书香校园创建”启动仪式上开启了“长善教育”的探索之旅，积极寻求有利于进行“长善教育”实践的教育平台。幸运的是，2012 年 7 月，尤溪七中被朱永新教授于 2002 年发起的全国新教育实验吸纳为实验学校。全国新教育实验是一个以教师的专业发展为起点，以十大行动为途径，以“帮助教师和学生过一种幸福完整教育生活”为目的的教育实验。新教育实验无论是教师专业发展的“三专路径”，还是师生共同成长的“十大行动”，都能为“长善”提供“养分”，为“长善教育”提供了高水准的平台，是促进师生善心递增的有效方式。

在管理上，“长善教育”完全赞同新教育实验的学校管理铁律——“底线 + 榜样”。“长善教育”的“善”的底线就是学校所有岗位的标准，从校长做起，依据《义务教育管理标准化》中涉及的 28 个相关法律法规，结合学校实际制定校级岗位标准，并通过教职工代表大会公开，接受全校师生的监督。《礼记·学记》认为：“教也者，上所施下所效。”“长善”更需要榜样的力量，“推进每月一事”“教师专业成长月”“班主任节”等都在打造校领导、教师、班主任、学生、家长和职员的榜样，发挥他们的引领示范作用。

在育人上，“长善教育”认为教学工作始终都是学校的中心工作。因此，教学质量也一定是学校办学的生命线，其他一切工作都是为教育教学服务的，尤其是为德育服务。事实上，离开德育的教学不仅会失去方向，更会失去动力；没有动力，有再多的方法，提高质量都难以实现。从另一个角度说，如果德育不能激起学生的学习动力，也就是不能为学生学习服务，这样的德育也育不了人。此外，围绕“长善”设计的教学范式、教师成长、课程研发、评价方式、奖惩方式等具体路径，归根结底，都是让教育教学更加符合规律，都是为了提高教育教学质量。“长善教育”在提升育人质量上形成以下 3 项共识：

1. 唯正己可以化人——做好自己是最重要的教学原则

山东杜郎口中学崔其升校长说：“工作是道德，表现是人品，贡献是人格；善良是最高师德，善良是最高教学原则；‘对自己严苛，对他人宽恕’，这才是课堂。”

帕克·帕尔默的《教学勇气：漫步教师心灵》一书，把教师的自身认同与完整视为比教学技术更为本质的东西，特别强调，真正好的教学不能降低到技术层面。帕尔默认为，优秀老师有一个共同的特质：一种把他们个人的自身认同融入工作的强烈意识，在生活中将自己、教学科目和学生联合起来。优秀老师与学生面对面交流时，唯一能利用的资源是自身认同、自我的个性和身为人师的“我”的意识。教学的勇气就在于保持心灵的开放，特别是在那些要求超过本人所能的时候仍然能够坚持。

教育是一项需要从业者倾心的事业，优秀教师职业认同意味着对职业价值的准确认识，对职业情感的深深依恋，对育人职责的认真履行。如蔡元培改革北京大学，陶行知创办晓庄学校，黄炎培践行农村教育实验……他们的教育行为源自对教育的价值判断。教师认同自己、做好自己，就是善良的表现，就有勇气面对复杂的教育教学，也才能真正做好教学。职业认同水平较高的教师往往抱有良好的职业态度、积极的职业心态，能够潜心感受教育工作的内在乐趣与幸福，体会职业带来的成就感与满足感，理性地应对各种冲突与矛盾，有效地缓解或预防各类消极情绪及心理问题，这也是教师成长的前提条件。面对传播知识、彰显德行、完善人生的职业使命，教师自身必须学、德、能兼备，还要随着时代的发展不断更新自己、完善自己。

2. 观千曲而后晓声——研究学生是最重要的教学课题

成尚荣教授认为课堂教学应该以学生的学习为核心，这是教学的本质。学生学习是自主建构的过程，是以生活经验为基础，在情境中进行的。课堂教学要让学生爱上学习、渴望学习，教师就必须分析学生、研究学生，真正把研究学情落到实处。学生需要什么？需要的东西喜欢以什么方式接受？接受的效果如何？这三个问题要重点去了解和研究，才有可能事半功倍。

研究学生，要从了解学生做起。苏霍姆林斯基说：“尽可能深入地了解每个孩子的精神世界——这是教师和校长的首条金科玉律。”了解学生的最好方式，就是观察记录学生。苏霍姆林斯基做教育一辈子，对 3700 多名学生做了观察记录，积累教学资料 2000 多本。正是因为苏霍姆林斯基一辈子坚持了解学生，走进学生，发现学生，依靠学生，发展学生，才成为著名的教育家。

3. 亲其师而信其道——师生关系好是最重要的教学方法

做教育，首先要让学生在学校、班级有安全感——不害怕。《第 56 号教室的奇迹》作者雷夫 · 艾斯奎斯就坦言："第 56 号教室之所以特别，不是因为它拥有什么，而是因为它缺乏了这样东西——害怕。"因此，建立好的关系从尊重人做起，尊重人才能相信人，相信人才能依靠人，依靠人才能发展人。

良好师生关系的前提，是教师全身心地热爱学生。《学记 · 礼记》强调："安其学而亲其师，乐其友而信其道。"信其道的前提，是乐其友；亲其师的前提，是安其学。著名教育家陶行知说，"爱是一种伟大的力量，没有爱就没有教育"、"真教育是心心相印的活动，唯独从心里发出来的，才能打动心灵的深处"。教育是植根于爱的，没有爱就没有教育。高尔基说："谁爱孩子，孩子就爱谁。只有爱孩子的人，他才可以教育孩子。"教育是心与心的交流，教师只有具备仁爱之心，以情动人、育人、化人，才能走进学生心里，让学生"亲其师""信其道"，才能把自己的温暖和情感倾注到每个学生身上，用信任树立学生的自尊，用欣赏增强学生的信心，让每个学生都健康成长，让每个学生都享受成功的喜悦；才能用爱心培育爱、激发爱、传播爱，更好地承担起传播知识、传播思想、传播真理，塑造灵魂、塑造生命、塑造新人的时代重任，才能培养出更多有大爱大德大情怀的人。

通过几年来坚持开展"长善教育"，尤溪七中的教育教学质量逐年提升，师生面貌有了极大改善，学校办学成效得到了上级领导和社会各界的充分肯定。

三、"长善教育"办学思想的体系构建

"长善教育"办学思想从核心价值观和校训、教育理念和培养目标、办学理念和学校愿景三个方面进行构建。

（一）核心价值观和校训

1. 核心价值观：相信潜能、从善力行、与时俱进、成长最美

（1）相信潜能。相信潜能就是相信善是与生俱来的，相信每个人身上都具备

善，只是这个善需要生长、需要展示，从而发挥引领行动的作用。因此，相信潜能就是要求教育者把人的潜能无限作为教育的基本信仰，打破“天花板”效应，从而充分发现每个人的优势、发展每个人的长处，促进每个人最大限度的发展。

（2）从善力行。善良是为人的基本准则。从善如登，从恶如崩。从善如登，向好发展就像登山一样艰难，需要付出艰苦的努力；从恶如崩，向坏发展就像山崩一样极其迅速极其容易，须倍加小心。从善以孝为先，从善以有利他之心为标尺。力行是处事的基本准则。力行近乎仁，按照自己的良知去身体力行就接近仁了。在力行中，去感受对生活的热爱，对理想的执着，对真善美的崇尚。

（3）与时俱进。世界上唯一不变的就是变。当今社会的变化更是一日千里，科技在发展，知识在更新，学生在变化，过去全球各个领域不为人知的奥秘正不断被科学破译和解密，为人类所利用和共享，而且由此不断地改变着人们的日常工作和生活方式。身为教师，惟有不断更新自己，充实自己，发展自己，进而变革自己的课堂、变革自己的教育教学行为方式，才能跟上时代的步伐，才能满足学生对教育的需求，也才能让自己从生活状态走向生命状态。

（4）成长最美。万物之力，生长最强；万物姿态，成长最美。成长比成绩重要，成长比成功重要，充满智慧的成长最快乐，充满真与善的成长最美，我们应在成长中完善自己，在成长中激励成长。

2. 校训：超越自我，追求至善

尤溪县的高中从 2008 年开始由省一级达标学校优先招生，作为省二级达标学校的尤溪七中师生心里就有难以超越一中的“天花板”效应。基于学校生源的变化，经过多方征求意见，学校最后决定把校训确定为“超越自我，追求至善”。具体诠释如下：

这个世界之所以如此缤纷，就是因为我们每一个个体的丰富多彩，我们每个人不一定都能做到最好，但一定都可以做到更好，是因为每个人都有无限的潜能，这就是超越自我的意义所在。

一个人坚持超越自我，就是向强者迈进；一个人能战胜自我，就是强者，也就是成功者。“超越自我”的目标就是追求至善，这个目标是一种以“卓越”为核心要义的至高境界的追求，是一个愿景，一个朝向，是我们追寻的理想。

（二）教育理念与培养目标

尤溪七中“长善教育”的理念概括为七个基本教育观；其培养目标，包括教师发展目标和学生成长目标。

1.“长善教育”理念的基本教育观

理念引领行动，教育最重要的理念就是要以人为本，即以人的成长、人的幸福生活为根本，而人的健康成长和幸福生活，离不开每一个人善心的弘扬。因为“善是利他利己，恶是害他害己”。唯有人人皆存善心，人与自身、人与人、人与自然这些关系才能系统完善、向上发展。

人是发展的根本目的，人也是发展的根本动力，所以，我们的一切工作要以人为出发点和以人为中心。尊重人的权利、利益、人格、个性、劳动、价值、创新、自由和健康等。依靠人的前提是相信人，相信人的前提是了解人。只有了解人、相信人、依靠人，最后才能发展人。因此，“长善教育”的核心理念就是：尊重人，相信人，依靠人，发展人。基于这一核心理念，学校在实践中将成长、大爱、谨信、力行、课堂、课程、活动 7 个教育关键词确立为长善教育的基本观念：

（1）成长观。师生共同成长是学校办学的核心目标。读写是成长的最重要途径之一，要持之以恒落实“营造书香校园”“师生共写随笔”“聆听窗外声音”“培养卓越口才”四大行动。教师一定是师生共同成长体的核心力量，决定着师生成长的方向、速度和质量。学习成绩是成长的副产品。

（2）大爱观。没有爱就没有教育。教师要拥有大爱——爱自己、爱父母、爱他人、爱社会、爱大自然、爱宇宙一切生灵。教师要担当起传递大爱的责任。

（3）谨信观。学校教育无小事，教师在校内的一切日常事务中要养成认真严谨的习惯，诚实守信，一诺千金，以身示教。

（4）力行观。动起来一切皆有可能，不动什么都不会发生。行动，就有收获；

坚持，才有奇迹。在力行中学习，在力行中反思，在力行中成长。

（5）课堂观。课堂是学校的产品。有效课堂是产品的合格证，师生要齐心协力构建个性化教学模式，构筑理想课堂，打造高效课堂。

（6）课程观。课程是师生成长的重要载体。教师要根据学校构建的课程体系，结合学生实际，联系生活、社会、科技、文体等的发展，开发有助于学生成长的课程，大力发动学生、家长参与开发。

（7）活动观。教育在于活动，在活动中互动，在互动中产生感动，有了感动，才有真正的教育。精心研发年级、班级活动课程，让学生在活动中享受教育的快乐。

2. 培养目标

（1）教师成长目标：目标 = 职业认同 + 规范熟练 + 专业发展。成为有尤溪七中特质的优秀教师需要做到：善于唤醒学生，发展学生；善于借助外力，高效促学；善于读书写作，以研促教。

职业认同：表现为热爱教师职业、敬畏教师职业。职业认同是专业发展的动力，教师自我认同与完整是比教学技巧更基本的东西。

规范熟练：教师的教育行为、教学行为和研究行为要从规范走向熟练，进而走向创新。

专业发展：保持专业发展是教师成长的核心目标，没有专业发展就没有教师的成长。

（2）学生成长目标：目标 = 习惯良好 + 成绩合格 + 擅长发展。成为有尤溪七中特质的优秀学子需要做到：身心健康、读写见长、好学力行、尚美大爱。

习惯良好：养成感恩习惯，学会承担责任；养成锻炼习惯，学会保健身体；养成读写习惯，学会自主学习；养成合作习惯，学会生活交往；养成劳动习惯，学会勤俭节约；养成爱美习惯，学会阳光生活。

成绩合格：合格就是学生所处各阶段必备的知识技能必须掌握，人人过关。

擅长发展：擅长发展就是让加德纳总结的 8 种智能（语言、数理逻辑、空间、身体运动、音乐、人际、内省、自然探索）在不同学生身上体现出来的优势部分得以发扬光大。

（三）办学理念与恒久愿景

1. 办学理念

尤溪七中“长善教育”办学理念包括核心理念、发展理念、育人理念、教学理念、管理理念、读写理念和能力理念等 7 大理念。

（1）核心理念：尊重人，相信人，依靠人，发展人。

（2）发展理念：读写起家，知行合一；健康成长，持续发展。

（3）育人理念：相信学生，依靠学生，解放学生，发展学生。

（4）教学理念：以学定教，以教导学，以评促学，自学为主。

（5）管理理念：以人为本，完善制度；干部引领，项目落实。

（6）读写理念：阅读点亮心灯，写作升华灵魂。

（7）能力理念：实干是真功夫，落实是真本事。

2. 恒久愿景

恒久愿景包括学校使命、学校愿景、学校目标和办学思路。

（1）学校使命：将校园打造成师生生活、学习、工作、成长的乐园，共同过一种幸福完整的教育生活。

（2）学校愿景：打造花园式文明校园，营造积极向善（上）氛围，让每一位师生享受健身，享受读写，幸福成长。成为养育人才、引领进步、师生向往的场所。

（3）学校目标

总目标：创幸福校园，育健全人才。

近期目标：近五年办成本市有影响力的学校。

中期目标：近十年办成本省有影响力的学校。

远期目标：办成全国有影响力的学校。

（4）办学思路：育人为本，立德树人；教学为重，课改提效；力行读写，共同成长；保障到位，服务师生；精细管理，强化落实。

四、“长善教育”办学思想的文化营造

积极构建以“长善教育”为主题的校园文化，在学校管理中做到“以善定规，

以善导言，以善立行”，确立了学校的向善文化。

（一）“长善教育”的精神文化

“长善教育”形成如下校训、“三风”、校歌和行动纲领。

校训：超越自我，追求至善；

校风：仁爱诚信，严谨坚韧；

教风：敬业爱生，乐教善学；

学风：自主合作，乐学善思；

校歌：《放飞梦想》；

行动纲领：坚持锻炼身体，坚持读书写作；养成爱美习惯，养成大爱胸襟。

（二）“长善教育”的制度文化

积极围绕“长善教育”构建包括学校组织结构、学校管理理念、学校管理制度的制度文化。组织结构为部门＋处室＋年级，充分体现以上率下、齐心协力的功能。管理理念包括管理者修身理念、作风理念、治理理念。管理制度以学校章程为核心加以构建，确立引领师生规范运作、积极向上（善）的管理框架。

（三）“长善教育”的行为文化

积极围绕“长善教育”营造包括管理者、教师和学生行为方式的行为文化。管理者的行为方式突出以身作则、率先垂范，带头进德修身，坚持成长，以成长引领成长。教师行为方式突出将常规做到极致，将特长发挥到极致，让教育教学从规范走向熟练，从熟练变为技术，从技术走向艺术，再从艺术走向创新。学生行为方式突出坚持锻炼身体，坚持读书写作；养成爱美习惯，养成大爱胸襟，达成学生喜欢读写与锻炼，以爱美为荣，以有爱心为美，在自尊中自立，在自立中自信，在自信中自强。

（四）“长善教育”的物质文化

积极围绕“长善教育”创建包括学校建筑文化、校园景观文化。学校的校园规划、校舍建筑、校园景观、园林绿化等物质都充分体现学校的“长善教育”文化，让充满生机的校园里处处洋溢着“长善教育”的浓厚文化氛围，使校园变成了师生们修身治学、提升素养的“善园”。

五、“长善教育”办学思想的平台搭建

（一）营造书香校园

学校着力从营造氛围、研发课程、开展活动等方面全力推进书香校园创建，引领全校师生在阅读中汲取善心养分，在阅读中“超越自我，追求至善”。

一是用环境建设营造书香校园。让读写理念、读写之星上墙，将图书馆打造成师生最喜欢去的地方。

二是用课程活动营造书香校园。倡导“阅读点亮心灯，写作升华灵魂”的读写理念，开设“晨诵午读暮省”、《新闻周刊》观评和“班级三报”校本课程，成效显著。2012 年 12 月，学校在福建省第四届读书经验交流暨书香校园创建论坛上做了经验交流；同时，被授予创建优秀奖。2015 年 12 月，学校成功承办了福建省第七届读书经验交流暨书香校园创建论坛，并被授予福建省唯一的“书香校园创建示范校”。2018 年 1 月，学校又成功承办了 2018 福建新教育论坛暨省社科规划重大项目开题会活动。

（二）师生共写随笔

坚持写作从校长做起，要求领导班子成员、教师带头，从而引领学生坚持用“暮省”练笔，让全校师生在写作中消化和吸收善心“养分”。创办报刊、创建网页，为师生提供练笔展示平台。全体教师在个人网络空间平台上每人每月上传一篇文章，可以是读书心得、教学反思、教学案例等，并列入年度考核；学校为所有学生定制“晨诵午读暮省”活动课程，定期开展评比、展示活动。

（三）聆听窗外声音

这是用耳朵“阅读”，开设学生、家长、教师、各界人士等讲堂，通过“请进来，走出去”，让师生在聆听中拓宽视野、激励自我、长进善心。

（四）培养卓越口才

这是用嘴巴“写作”，通过课前 5 分钟演讲、课堂展示、各类竞聘演讲、国旗下讲话等多种渠道展示善言，培养学生的演说能力。

（五）缔造完美教室

把每一间教室视为可以成长的空间，给教室命名，让生活在一起的师生有共同的目标、共同的誓言，研发班级课程，开展丰富多彩的班级活动，设立班级日志，共同书写一段生命故事，让每一个班级都建成一间积极向善、有自己故事的教室。

（六）推进每月一事

新教育实验主张，要教给学生一生有用的东西，那就是良好的习惯。习惯的养成又是从一件件小事做起：从微笑开始，学会交往；从吃饭开始，学会节俭；从打球开始，学会健身等等。结合我校实际，我们每学年确定主题，然后再确定每月一事，比如，2015—2016 学年的主题就是“竭力养成爱美习惯”，那么每月一事分别是“好事”公益、“问候”交往、“吃饭”节俭、“走路”规则、“运动会”艺术、“日记”自省、“家书”感恩，评选出孝亲敬长之星、志愿服务之星、文明礼仪之星、勤俭朴素之星、励志进取之星、修身律己之星、组织管理之星和体育艺术之星等“校园之星”，旨在把“长善”教育化为每个具体的行动，形成“崇尚先进、学习先进、争当先进”的良好风气。

（七）研发卓越课程

开发学生成长需要、适合学生成长的课程，是学校办学的有效途径。为此，学校发动全校师生共同参与课程的研发，按年级、学科分别开发出相关德育、学科拓展等课程。如“晨诵午读暮省”课程的实施，就是让师生在读写中“长善”。“晨诵与黎明共舞”，要求师生坚持每天早上 20 分钟的晨诵，让朗朗的读书声充满校园；“午读唤醒生命的美好与神奇”，通过每天中午的 20 分钟推进师生阅读，与伟大的智者对话，让我们的精神丰富起来；“暮省让反思成为学生的日常生活方式”，学生每天用傍晚 20 分钟来思考与反省自己一天的生活，并且用随笔或日记等形式记录下来，同时师生之间也可以通过日记、书信、批注等手段，相互编织有意义的生活。教师与学生用日记记录自己的成长，亲子之间、师生之间用词语相互激励，从而使暮省成为一种日常的生活方式。

（八）家校合作共建

学校制订了《尤溪七中家校共育“七彩”行动实施方案》，规范成立学校班级、年段、学校三级家长委员会。明确了家校共育七彩目标：阳光、协同、服务、选择、分享、解决、成功。理清了七彩行动：一是红色·爱之旅——家长义工队伍建设，二是橙色·健之旅——开展亲子实践活动，三是绿色·思之旅——“萤火虫”亲子读书沙龙活动，四是青色·行之旅——建立“家长微课堂”，五是蓝色·恒之旅——家长飘流日记，六是紫色·信之旅——家委会一日驻校办公，七是黄色·和之旅——用培训促和谐。取得显著成效，《让每一朵花都尽情绽放——尤溪七中“家校合共育”叙事》参加新教育研究院组织的“全国新教育实验家校共育叙事评选”获特等奖，并在《福建基础教育研究》上发表。2018年7月4日，《三明日报》刊发了尤溪县委报道组采写的《家校合作共育，让每一朵花都尽情绽放》。2018年8月16日，《福建日报》11版教育头条又以《把打开孩子心灵的‘钥匙’交给家长》为题予以报道。

（九）用展示促成长

从2012年开始，学校在每年的5月举办“班主任节”、每年的12月举办“教师专业成长月”，目的就是通过搭建教师的展示平台，促进教师班主任专业成长和教师的专业成长。

1. 班主任节

班主任是学生成长道路上的人生导师，肩负着引领学生健康成长的重要责任，是全面贯彻落实学校教育“立德树人”根本任务的关键。通过开展班主任节活动，弘扬优秀班主任敬业爱生、甘于奉献、积极进取的精神，营造学校尊师爱生的和谐氛围。学生层面，有班级工作承包责任制、班级之星评选、缔造完美教室活动、主题班会评比；在教师层面，有德育工作交流会、班主任游园活动、“十佳班主任”

评选、“优秀生管教师”评选、班主任节专栏展出。

2. 教师专业成长月

推进课堂教学改革和提升教师教育教学实践能力，构建理想课堂，促进教师教学方式和学生学习方式的转变，每年开展“教师专业成长月”活动，构建理想课堂，提升实践能力。活动内容有：撰写学情分析调查报告、开展片段教学比赛、开展“教学模式展示课”比赛、撰写评课稿比赛、读教育名著心得、“微课”制作比赛、教师书画作品展，最终评选出“专业成长十佳教师”。

每次“一节一月”活动结束，都隆重举办由师生同台表演的晚会暨表彰大会，对获奖教师进行隆重表彰。教师所有优秀作品汇编成汇编班主任培训教材《成长有道——班主任可以这样成长》和教师培训教材《成长有道——教师可以这样成长》。通过两场隆重的活动让师生共同展示长善成果，有力促进师生的共同成长。

六、“长善教育”办学思想的理想课堂

教学有法，教无定法。“有法”之法是规律，教学有普遍需要遵循的规律；“定法”之法是基本策略，不同教师、不同学生，可以有不同策略，也应该有不同策略。但无论什么策略都必须遵循“有法”之法。

“长善教育”的教学，至少遵循以下五个方面的普遍规律。一是人的潜能无限，无限相信人的潜能；二是人有学习的自主性，充分发展人的自主能力；三是人只有在“做”中学习才能真正掌握，落实“教学做合一”教学理论；四是人只有在安静中才能真正思考，积极创造有利学生思考的时空；五是人喜欢接受问答而不喜欢被建议，善于创设调动积极思考的问题情境。正是基于这些普遍规律，“长善教育”的理想课堂坚持面向全体、全面发展、自主发展、个性发展，充分尊重学生、相信学生、依靠学生，最终充分发展学生。

多年来，学校坚持以课堂教育论、教学论、学习心理学等为指导，不断借鉴已有实践成果，结合学校实际，深入探索初中“三环五学”和高中“五环”教学模式，尽管模式就其形式而言有点呆板，但这两种模式都遵循有效学习“自主、合作、探究”的核心理念，其基本要求都是：用明晰的目标做引领、用明确的任务抓落实、

用丰富的展示来交流、用精准的检测做反馈。通过增强课堂教学改革意识，强化课堂教学基本常规落实，精心研发落实工具（讲学稿、导学案等），加强课堂学习小组建设，构筑“长善教育”理想课堂，实现高效课堂，促进教学相长。

（一）初中建立“三环五学”课堂教学模式

这一模式包括三个基本环节：预学环节（目标导学、自主探学）——互动环节（合作研学、展示赏学）——检测环节（检测评学）。鉴于初中生的自觉性更低，建议各学科多采用课内预习的方法组织教学。

在“预学环节”中应用目标导学与自主探学方式，发放“预学案”，先用5 ~ 10分钟时间，让学生独立完成预习任务。在预习之后，就进入“互动环节”，应用合作研讨与展示赏学方式，由学科组长主持，每位同学将自己的预习成果在小组内交流，小组将本组的学习成果或小组内无法解决的问题列在题板上。接下来，小组依次展示本组学习成果和问题，其他小组分享并帮助解答问题。最后是“检测环节”，应用检测评学方式，用5 ~ 10分钟当堂检测本堂课学习效果；根据时间，可以当场评出成绩，也可以由老师带回去批改。

（二）高中建立“五环”课堂教学模式

这一课堂教学模式包括五大基本环节：先学先行——问题反馈——互动研讨——当堂训练——拓展提升。高中学生的自主学习能力逐步增强，建议各学科多用课前预习型的方法组织教学。该方法包括课前先学先行——课堂检测反馈——课上互动研讨——当堂训练巩固——课后拓展提升五大环节。

上述两种模式的各环节只是基本逻辑框架，需要各学科和各位教师在教学实践中灵活运用，创造出适合各学科特点的、多样课型（如新授课、复习课、讲评课、习题课、实验课、阅读课等）的具体形式，实现形与神的有机融合。不同年级也有不同的特点和具体形式。实施这种教学模式的基本前提有两点：一是“三不讲”，即学生自己看书能学会的、学生自己不会但通过合作学习能学会的、基于现学段学生的思维能力和特点老师讲了学生也不会的问题（超出最近发展区），老师不讲；老师可以腾出更多的时间来讲该讲的内容，把该讲的内容讲好、讲透。二是先学后教，学生先学、先思，带着问题进课堂，教师以学定教。

总之，尤溪县第七中学近 8 年对“长善教育”的思考与实践，虽然现在还没有可以拿来展示的傲人成绩，但令人欣慰的是学校师生是幸福的，百姓对学校是满意的。也许，这就是成长的力量、从善的能量在发挥作用了。所以，七中人深信，“长善教育”有其独特的魅力，同时七中人也深知，教育之路永远没有最好，只有更好，还需要更多有教育情怀的人共同不懈努力。

【参考文献】

一、著作类

[1] 朱熹 . 四书集注 [M]. 上海：中华书局，1983.

[2] 冯友兰 . 中国哲学简史 [M]. 北京：北京大学出版社，2010.

[3] 奈杰尔 ·沃伯顿 .40 堂哲学公开课 [M]. 肖聿，译 . 北京：新华出版社，2013.

[4]苏霍姆林斯基 . 给教师的建议 [M].武汉：长江文艺出版社，2014.

[5] 叶圣陶 . 叶圣陶教育文集 [M]. 人民教育出版社，1998.

[6] 朱永新 . 中国新教育 [M]. 北京：中国人民大学出版社，2012.

[7] 朱永新 . 我的阅读观 [M]. 北京：中国人民大学出版社，2013.

[8] 朱永新 . 致教师 [M]. 武汉：长江文艺出版社，2015.

[9] 朱永新 . 未来学校——重新定义教育 [M]. 北京：中信出版集团，2019.

[10]查尔斯 M. 赖格卢特，詹尼弗 R. 卡诺普 . 重塑学校：吹响破冰的号角 [M]. 方向，译 . 福建：福建教育出版社，2010.

[11] 陈之华 . 芬兰教育全球第一的秘密 [M]. 北京：中国青年出版社，2018.

[12] 李聃 . 道德经 [M]. 西安：三秦出版社，2015.

[13] 李金钊 . 基于脑的课堂教学框架设计与实践应用 [M]. 上海：华东师范大学出版社，2013.

[14] 霍华德 ·加德纳 . 多元智能 [M]. 沈致隆，译 . 北京：新华出版社，1999.

[15] 帕克 ·帕尔默 . 教学勇气：漫步教师心灵 [M]. 吴国珍，译 . 上海：华东师范大学出版社，2014.

[16] 方明，编 . 陶行知教育名篇 [M]. 北京：教育科学出版社，2005.

[17] 李镇西 . 做最好的老师 [M]. 广西：漓江出版社，2019.

[18] 布卢姆等 . 布鲁姆掌握学习论文集 [M]. 福建：福建教育出版社，1987.

[19] 蔡尚思 . 十家论孔 [M]. 上海：上海人民出版社，2006.

[20] 张岂之 . 中国思想史（上册）[M]. 上海：上海书店出版社，2003.

[21] 于丹 . 于丹《论语》心得 [M]. 上海：中华书局，2006.

[22] 张东娇 . 学校文化管理 [M]. 北京：教育科学出版社，2013.

[23] 拉塞尔・L. 阿克夫，丹尼尔・格林伯格 .21 世纪学习的革命 [M]. 杨彩霞，译 . 北京：中国人民大学出版社，2010.

[24] 董平 . 传奇王阳明 [M]. 北京：商务印刷馆，2011.

[25] 李政涛 . 做有生命感的教育者 [M]. 北京：北京师范大学出版社，2010.

[26] 凌宗伟 . 好玩的教育——学校文化重建五讲 [M]. 上海：华东师范大学出版社，2015.

[27] 李政涛 . 倾听着的教育 [M]. 上海：华东师范大学出版社，2018.

[28] 倪敏达 .《礼记・学记》的教育智慧 [M]. 北京：中国华侨出版社，2017.

[29] 周国平 . 周国平论教育（修订版）：守护人性 [M]. 上海：华东师范大学出版社，2017.

[31] 德鲁克 . 卓有成效的管理者 [M]. 北京：首都师范大学出版社，2011.

[32] 朱高正 . 近思录 [M]. 北京：首都师范大学出版社，2011.

[33] 陈康金 . 我与教学案——一个中学校长的创新之路 [M]. 上海：文汇出版社，2009.

[34] 刘正荣 . 整体课堂管理教师手册 [M]. 北京：北京教育出版社，2015.

[35] 苏锦秀 ."五环" 教学模式实践研究 [M]. 武汉：湖北科学技术出版社，2016.

[36] 艾斯奎斯 . 第 56 号教室的奇迹：让孩子变成爱学习的天使 [M]. 卞娜娜，译 . 北京：光明日报出版，2017.

[37] 黄武雄 . 学校在窗外 [M]. 北京：首都师范大学出版社，2011.

[38] 吴非 . 致青年教师 [M]. 北京：教育科学出版社，2011.

[39] 吴刚平 . 校本课程开发 [M]. 成都：四川教育出版社，2002.

[40] 吴甘霖，邓小波 . 孩子自觉我省心 [M]. 广西：接力出版社，2014.

[41] 蔡真妮 . 用尊重成就孩子的一生 [M]. 广西：漓江出版社，2010.

[42] 鲍传友 . 做研究型教师 [M]. 北京：教育科学出版社，2009.

[43] 吴非 . 不跪着教书 [M]. 上海：华东师范大学出版社，2004.

[44] 安德斯・艾利克森，罗伯特・普尔 . 刻意练习：如何从新手到大师 [M]. 王正林，译 . 北京：

机械工业出版社，2018.

[45] 贾容韬 . 改变孩子先改变自己 [M]. 北京：作家出版社，2013.

二、期刊、报纸类

[1] 习近平 . 决胜全面建成小康社会 夺取新时代中国特色社会主义伟大胜利——在中国共产党第十九次全国代表大会上的报告 [N]. 人民日报，2017-10-28(1).

[2] 习近平 . 在北京大学师生座谈会上的讲话 [N]. 人民日报，2018-05-03(2).

[3] 习近平 . 坚持中国特色社会主义教育发展道路 培养德智体美劳全面发展的社会主义建设者和接班人 [N]. 人民日报，2018-09-11(1).

[4] 习近平 . 在纪念孔子诞辰 2565 周年国际学术研讨会暨国际儒学联合会第五届会员大会开幕会上的讲话 [N]. 人民日报，2014-09-25(2).

[5] 李艳华 ."长善救失" 教学原则的今日解读——读《学记》有感 [J]. 现代教育科学：普教研究，2010(8)：18-19.

[6] 胡玉洁，尹逊才 ."长善救失" 思想在教育中的传播与发展略论 [J]. 新课程研究(上旬刊)，2015(2)：33-36.

[7] 梁涛 . 孟子 "道性善" 的内在理路及其思想意义 [J]. 哲学研究，2009(7)：28-35.

[8] 武东生，宋怡如，刘巍 . 立德树人是新时代中国特色社会主义教育发展的根本任务 [J]. 思想理论教育导刊，2019(1)：66-70.

[9] 柳彩娟 . 孟子性善思想中的至善境界 [J]. 云南社会主义学院学报，2012(5)：354-355.

[10] 李建新 . 布鲁姆 "掌握学习" 理论在教学中的应用 [J]. 四川师范大学学报(社会科学版)，1999(S1)：29-32.

[11] 张桃梅 . 布鲁姆 "掌握学习" 理论述评 [J]. 西北师范大学学报(社会科学版)，1990(2)：73-76.

[12] 刘崧 ."教育即生长" 与性善论 [J]. 教学与管理：理论版，2015(8)：1-4.

[13] 陈利灯 . 课改人必须有的品质 [J]. 山东教育，2012(Z4)：127.

[14] 陈利灯，陈仁德 . 让每一朵花都尽情绽放——尤溪县第七中学 "家校合作共育" 叙事 [J]. 福建基础教育研究，2017(11)：28-31.

[15] 陈利灯 . 学情分析有效服务教学的实践探究 [J]. 福建基础教育研究，2019(5)：15-16.

并蓄教育

◎连青阳

【作者简介】

连青阳（1968— ），男，福建惠安人，中学高级教师。现任福建省大田县第一中学校长。福建省中学化学学科带头人，福建省“十三五”中学名校长培养人选。曾获福建省优秀教师等荣誉。

一、“并蓄教育”办学思想的提出背景

大田一中是一所山区学校。它坐落于大田县城关凤山南麓。大田县的自然条件为“九山半水半分田”。地形属山区丘陵地带，山峦蜿蜒，高峰峻立，沟涧密布。来大田一中读书的农村学生居多，在没有其他更好条件可以走出大山，走向大中城市谋生就业的情况下，读书就成了农村孩子唯一的“鲤鱼跳龙门”的出路。

大田一中是一所有文化底蕴的学校。明嘉靖十四年（1535 年）始为县教谕衙、训导衙和儒学治所。1926 年，由蒋超、施同寅、林维邦等乡贤倡筹资金，择明伦堂为校址创办大田第一所中学，兴建“三育斋”“凤山楼”等校舍，1928 年秋开始招生，至今已有 90 多年历史。建校之初，由大田一中创始人之一、大田乡贤蒋超作词的《大田一中校歌》，其中歌词“锄头一把书一篇，智能德体日健全”即表达了中国传统文化中“耕读传家”思想，又紧扣时代前进的节奏，有力激发着一代又一代青年学子积极向上的求知热情，培养青年学子肩负起建设祖国的历史使命感和社会责任感。

大田一中是一所有文化传承的学校。早在 2001 年，时任校长林再生先生就确立了“全面发展，学有特长”的办学理念。20 年来，学校围绕这一办学理念，培

养了一批又一批的优秀学子，参加学科竞赛和创新大赛获得省级以上奖项有 130 多人，高考本科上线率逐年提升，2019 年高考本科上线率 94.55%，2020 年高考本科上线率 95.2%。

大田一中是一所培养我的学校。本人 1989 年大学毕业到大田二中任教，1992 年调入大田一中，从事一线教学三十多年，先后担任了班主任、年段长、教务处副主任、教务处主任、副校长、校长等职位。在担任大田五中四年校长期间，吸收了大田一中“全面发展，学有特长”的办学理念，充分发挥五中的办学优势，开办了日语教学课程，在无线电定向测向、航模、体育、艺术、书法等方面进行大胆创新，取得了一定的成绩，对凝练我的办学思想给予了极大的启发。

《关于新时代推进普通高中育人方式改革的指导意见》提出到 2022 年的改革目标：“德智体美劳全面培养体系进一步完善，立德树人落实机制进一步健全。普通高中新课程新教材全面实施，适应学生全面而有个性发展的教育教学改革深入推进，选课走班教学管理机制基本完善，科学的教育评价和考试招生制度基本建立，师资和办学条件得到有效保障，普通高中多样化有特色发展的格局基本形成。”[1]

“并蓄教育”办学思想的提出是依托学校的历史发展、文化底蕴、文化传承和个人的成长经历以及贯彻落实新时代党的教育方针、立德树人根本任务等背景下提出的。

二、“并蓄教育”办学思想内涵解析

“并蓄教育”办学思想：主张确立过去、现在、未来教育并蓄的教学观，构建德智体美劳五育并蓄的课程体系，开展多样性和特色性并蓄的综合实践活动，营造育人文化，优化内部管理，重视外部环境，提高调适能力。

办学理念“全面发展，学有特长”既符合教育方针中的“德智体美劳全面发展”，又符合“因材施教”的教育规律；学校精神“做有责任的现代人”既体现了当代青年学生必须具备责任感的优秀品质，同时还要有与时俱进的思想，学校培养出的人才成为社会主义建设者和接班人；校训“修德求知”即崇德修身，探求真知，是“道业”的具体表现；校风“和谐自强”、教风“固本励新”和学风“勤勉博雅”

更是根据教育规律分别从学校、教师和学生层面提出了具体要求。

三、“并蓄教育”办学思想提出的理论依据

唐代大师韩愈在《进学解》中论述说：“俱收并蓄，待用无遗者，医师之良也。”[2]（译文：全都收集，储藏齐备，等到需用的时候就没有遗缺的，这是医师的高明之处啊。）做医生如此，做教育也是如此。

明代大师方孝孺在《复郑好义书》中论述：“所贵乎君子者，以能兼容并蓄，使才智者有以自见（xiàn），而愚不肖者有以自全。”[3] 做人要能兼容并蓄，以便随时发挥才智。

民主主义革命家和教育家蔡元培提出了“五育”（军国民教育、实利主义教育、公民道德教育、世界观教育、美感教育）[4] 并举的教育方针和“尚自然”“展个性”的教育主张，他的“思想自由，兼容并包”的主张，使北大成为新文化运动的发祥地，为新民主主义革命的发生创造了条件。

马克思在《1857—1858 年经济学手稿》中，强调了“个人全面发展”[5]，实际上是指个人的能力的全面发展，在马克思看来，全面发展的个人蕴含着其全面发展的能力。

苏联教育家苏霍姆林斯基认为学生要“全面发展”[6]，学生的身体品德、智力、劳动和美感等方面都得到发展，忽视哪一方面，或者只偏重哪一方面的教育都是片面的教育。

美国著名的教育家布鲁姆提出“有效教学理论”[7]，认为每位教师要树立“双全”意识，既要确立“为了学生发展”的思想，又要树立“全人”的理念。学生的发展是全人的发展，而不是某一方面或某一学科的发展，所以教师不要过高地估计自己所教学科的价值，要把学科价值定位在一个完整的人的全面发展上。

习近平总书记在全国教育大会上强调，党的十八大以来，我们围绕培养什么人、怎样培养人、为谁培养人这一根本问题进行实践与探索。教育的本质是什么？教育的规律是什么？面对“中国梦”的召唤，我们到底该培养什么样的人？怎么培养人？为谁培养人？

围绕培养什么人、怎样培养人、为谁培养人这一根本问题，在 2018 年 9 月召开的全国教育大会上，习近平总书记指出，在实践中，我们就教育改革发展提出一系列新理念新思想新观点，主要有以下几个方面，坚持党对教育事业的全面领导，坚持把立德树人作为根本任务，坚持优先发展教育事业，坚持社会主义办学方向，坚持扎根中国大地办教育，坚持以人民为中心发展教育，坚持深化教育改革创新，坚持把服务中华民族伟大复兴作为教育的重要使命，坚持把教师队伍建设作为基础工作。他强调，教育要在党的坚强领导下，全面贯彻党的教育方针，坚持马克思主义指导地位，坚持中国特色社会主义教育发展道路，坚持社会主义办学方向，培养德智体美劳全面发展的社会主义建设者和接班人。

《关于新时代推进普通高中育人方式改革的指导意见》的指导思想是："坚持以习近平新时代中国特色社会主义思想为指导，深入贯彻党的十九大和十九届二中、三中全会精神，全面贯彻党的教育方针，落实立德树人根本任务，发展素质教育，遵循教育规律，围绕凝聚人心、完善人格、开发人力、培育人才、造福人民的工作目标，深化育人关键环节和重点领域改革，坚决扭转片面应试教育倾向，切实提高育人水平，为学生适应社会生活、接受高等教育和未来职业发展打好基础，努力培养德智体美劳全面发展的社会主义建设者和接班人。"

《国家中长期教育改革和发展规划纲要（2010—2020 年）》提出：坚持全面发展，全面提高普通高中学生综合素质。[8]

《基础教育课程改革纲要（试行）》指出改革的目标集中体现了"促进学生全面发展"的指导思想。[9]

从古今中外的名人到国家领导人的重要讲话和有关教育的重要文件都明确提出教育要全面发展，兼容并蓄，这就是学校办学思想的出发点。

四、"并蓄教育"办学思想的理论支撑

（一）学校观：办学理念、学校精神、校训、三风

贯彻"全面发展，学有特长"的办学理念，大力宣导"做有责任的现代人"的学校精神，践行"修德求知"校训、"和谐自强"的校风、"固本励新"的教风和

"勤勉博雅"的学风，使得百年老校焕发青春。

1. 办学理念：全面发展，学有特长

"全面发展，学有特长"即着眼人的发展，倡导学生德智体美劳和谐共进，教师师德师能专业齐成长，师生协同进步；着眼人的个性，倡导学生实践创新、发展潜能，教师包容开放、兼容并蓄，师生个性健全；学生成才，教师成长，学校发展，学生、教师、学校共生、共进、共荣。

2. 学校精神：做有责任的现代人

"做有责任的现代人"即做有主体责任思维的现代人，做有责任能力的现代人，做有责任品质的现代人，做坚守责任制度的现代人，做有责任信仰的现代人。

3. 校训：修德求知

"修德求知"即崇德修身，探求真知，是我校师生的精神追求和行动自觉。"修德"旨在提升师生的政治思想品德修养。教师，须自觉践行社会主义核心价值观，做一名有理想信念，有道德情操，有扎实学识，有仁爱之心的好老师；学生，重在培养成为有理想信念、有责任担当、有法治精神、有道德品行的好学生好公民。"求知"旨在提升师生的科学文化素质。教师，须自觉提升学习力，主动学习科学文化知识，提高教育教学专业能力。学生，重在培养学生的学习力，积极培养实践创新能力，增强科学精神创造精神，不断提升学生的核心素养。

4. 校风：和谐自强

"和谐自强"即要求广大师生自尊自重，同心同德营造和谐校园，以自强不息精神，励精图治，承前启后，继往开来，共同为实现学校新的发展目标而努力奋斗。

5. 教风：固本励新

"固本励新"即引导教师培根固本，夯实专业基础，发扬自身优势；树立终身学习理念，培养终身学习能力，与时俱进，励新求变，推进自身素质全面提高。

6. 学风：勤勉博雅

"勤勉博雅"即倡导全校学子以勤勉不辍、持之以恒的学习品质，习博尚雅，形成"博学雅行"的精神风貌。

（二）教学观：过去、现在、未来教育并蓄

苏霍姆林斯基在《给教师的建议》中说，思想好比火星：一颗火星会点燃另一颗火星，每一个深思熟虑的教师和班主任，总是力求在集体中创造一种共同热爱科学和渴求知识的气氛，使智力兴趣成为一些线索，以其真挚的、复杂的关系即思信的相互关系把一个个的学生连接在一起。[10]

1. 新课程背景下的教学观要求

在新课程背景下的教学观有四个方面要求：（1）教学从以“教育者为中心”转向以“学习者为中心”；（2）教学从“教会学生知识”转向“教会学生学习”；（3）教学从“重结论轻过程”转向“重结论的同时更重过程”；（4）教学从“关注学科”转向“关注人”。

2. 新课程需要的教学观

新课程需要的教学观念有：（1）整合教学与课程。学生和教师共同参与课程发展，教学过程是课程内容持续生成与转化，课程意义不断建构与提升的过程。教学与课程相互转化、相互促进，彼此有机融为一体。（2）强调互动的师生关系。教学过程是师生交流、积极互动、共同发展的过程。师生关系是平等、双向、理解的人与人关系，是人道的、和谐的、民主的、平等的，师生交往的互动互惠的教学关系。（3）构建素质教育课堂教学目标体系：结构与过程的统一、认识与情谊的统一。（4）构建充满生命力的课堂教学运行体系；（5）转变学生的学习方式（自主创新探究的学习方式）。

大田一中教学观就是在新课程背景下，在传统教育的基础上不断创新，并且不断地吸收最前沿的信息和教育模式，有效地促进学校教育教学的健康发展。

（三）课程观：德智体美劳“五育”并蓄

《基础教育课程改革纲要（试行）》指出“改变课程过于注重知识传授的倾向，强调形成积极主动的学习态度使获得基础知识与基础技能的过程同时成为学会学习和形成正确价值观的过程”，“改变课程内容难、繁、偏、旧和过于注重书本知识的现状，加强课程内容与学生生活以及现代社会和科技发展的联系，关注学生的学习

经验”。这就要求学生与教师、文本和自我之间展开对话，去感受、经历书本知识和社会生活的联系，让学生获得教育性的经验，只有这样，学生的科学世界与生活世界才能更好地融合交织在一起，才会更好地形成学生健全的人格以及个人与社会需要的知识、技能，过程与方法，态度、情感和价值观。

党的教育方针是坚持教育为社会主义现代化建设服务、为人民服务，把立德树人作为教育的根本任务，全面实施素质教育，培养德智体美劳全面发展的社会主义建设者和接班人，努力办好人民满意的教育。

大田一中积极建构培养德智体美劳全面发展的课程体系，促进学生的全面发展。

（四）学生观：多样性、特色性教育并蓄

中国著名教育家叶澜说：学生是构成教育活动复合主体的不可替代和缺失的一部分，不关注学生对教育活动的主动参与，不着力于教育过程中学生主动性的培养与发展，只把教育当作知识的记忆和技能技巧熟练的过程，那么，教育将类似于“驯兽”。“一切为了每一位学生的发展”是新课改的最高宗旨和核心理念。在此背景下，新课改的学生观包含以下三点：（1）学生是发展的人。学生的身心发展是有规律的，学生具有巨大的发展潜能，学生是处于发展过程中的人。（2）学生是独特的人。学生是完整的人，每个学生都有自身的独特性，学生与成人之间存在着巨大的差异。（3）学生是具有独立意义的人。每个学生都是独立的、不依教师的意志为转移的客观存在，不可以由教师任意捏塑，学生是学习的主体，学生是权责主体。

根据此特点，大田一中充分注重学生发展的主动性、潜在性和差异性。学生的教育方式是多样性、特色性的。

五、“并蓄教育”办学思想的实践探索

大田一中在教育教学过程中不断吸收最新的教育教学信息和教学模式并尝试性地进行，构建新课程背景下的课程体系并努力实践探索。

（一）践行立德树人，提升综合素质

1. 构建德育课程体系

“德者，得也。”

《管子》曰：“德者道之舍，物得以生，生知得以职道之精。故德者，得也。”[11]

学校十分重视德育工作总体的规划与设计，构建德育课程体系，将德育工作融入学校教育教学全过程，实现全员参与，全学科渗透，全过程覆盖。

表 1　大田县第一中学德育课程体系

德育课程体系（上）								
德育课程课堂教学计划				德育主题教育活动与学生行为管理研究			时间安排	
主题	所属主线	教学内容	所属科目	主题教育活动内容	负责人	活动组织单位	课时	月份
珍爱生命热爱生活	成长中的我	生命最宝贵	思想品德	生命教育——教育部《开学第一课》视频	思品教师	政教处	2	9
		让我们的生命更有价值						
		交通安全规范	地方教育	紧急疏散演练	班主任	政教处	2	9
		紧急疏散演练规范						
		远离毒品	安全环境	观看《远离毒品》视频	班主任	政教处	3	9—10
		见义巧为						
		世界无烟日						
		拒绝校园暴力						
		野外生存有办法						
		别让生命之花凋谢						
		如何应对崩塌、滑坡						
		参加意外伤害保险						
		法制和青少年自我保护	健康教育	关爱自己，健康成长知识讲座	心理健康教育教师	政教处	4	9—11

主题	所属主线	教学内容	所属科目	主题教育活动内容	负责人	活动组织	课时	月份
走进新的学习生活	成长中的我	不一样的环境不一样的我	思想品德	环境造就人	思品教师	政教处	2	10—11
		知识让人生更亮丽						
		集体活动中的礼仪	文明礼仪	列队	班主任	政教处	5	9—10
		社会主义核心价值观	爱国教育	《我的中国梦》手抄报	班主任	政教处	5	9—10
相逢是首歌	成长中的我 我与他人的关系	友谊伴我同行	思想品德	珍惜友谊	思品教师	政教处	1	12
		师爱助我成长						
		尊师礼仪	文明礼仪	尊师礼仪故事颂讲	班主任	政教处	3	
		同学交往礼仪						
		学会与人交往	安全环境	交往礼仪展示	班主任	政教处	3	
		这种玩笑开不得						
学礼仪讲礼仪用礼仪	我与他人的关系	学习礼仪	文明礼仪	礼仪手势图片展示	班主任	政教处	2	11—12
		彬彬有礼的举止						
		礼仪考查						
中国传统文化教育	传统文化	文字	地方教育	中国传统文化认识	班主任	政教处	3	11—12
		艺术						
		诗词						
		重要节日						
学校特色德育主题	规范教育日、光盘行动、国庆专题、法制教育讲座、班值日等				班主任、各德育教师	政教处、教务处		9—12

德育课程体系（下）								
德育课程课堂教学计划				德育主题教育活动与学生行为管理研究			教育教学计划	
主题	所属主线	教学内容	所属科目	主题教育活动内容	负责人	活动组织	课时	月份

<table>
<tr><td rowspan="3">生活告诉自己“我能行”</td><td rowspan="3">成长中的我</td><td>做自尊自信的人</td><td rowspan="2">思想品德</td><td rowspan="2">成功人士访谈活动</td><td rowspan="2">思品教师</td><td rowspan="2">政教处</td><td rowspan="2">8</td><td>2</td></tr>
<tr><td>走自立自强之路</td><td>3</td></tr>
<tr><td>仪表礼仪</td><td>文明礼仪</td><td>争做班级文明标兵</td><td>班主任</td><td>政教处</td><td>2</td><td>2</td></tr>
<tr><td rowspan="2">历经风雨才见彩虹</td><td rowspan="2">成长中的我</td><td>风雨中我在成长</td><td rowspan="2">思想品德</td><td rowspan="2">磨砺意志计划行动</td><td rowspan="2">思品教师</td><td rowspan="2">政教处</td><td rowspan="2">3</td><td rowspan="2">4</td></tr>
<tr><td>宝剑锋从磨砺出</td></tr>
<tr><td rowspan="8">青春的脚步青春的气息</td><td rowspan="8">成长中的我与他人的关系</td><td>人们说我长大了</td><td rowspan="2">思想品德</td><td rowspan="2">长大的梦想</td><td rowspan="2">思品教师</td><td rowspan="2">政教处</td><td rowspan="2">6</td><td rowspan="2">5—6</td></tr>
<tr><td>进步</td></tr>
<tr><td>同学相处的礼仪</td><td>文明礼仪</td><td>正确交往我来谈</td><td>班主任</td><td>政教处</td><td>2</td><td>3</td></tr>
<tr><td>尊老爱幼</td><td rowspan="3">健康教育</td><td rowspan="3">视频《成长》</td><td rowspan="3">心理健康教师</td><td rowspan="3">政教处</td><td rowspan="3">4</td><td rowspan="3">3—5</td></tr>
<tr><td>学会感恩</td></tr>
<tr><td>友谊</td></tr>
<tr><td>小小少年在长大</td><td rowspan="2">安全环境</td><td rowspan="2">正确对待人际关系</td><td rowspan="2">班主任</td><td rowspan="2">政教处</td><td rowspan="2">2</td><td rowspan="2">5</td></tr>
<tr><td>学会与人交往</td></tr>
<tr><td rowspan="3">学礼仪讲礼仪</td><td rowspan="3">我与他人的关系</td><td>言谈礼仪</td><td rowspan="3">文明礼仪</td><td rowspan="3">礼仪用语搜集</td><td rowspan="3">班主任</td><td rowspan="3">政教处</td><td rowspan="3">3</td><td rowspan="3">3—6</td></tr>
<tr><td>家庭礼仪</td></tr>
<tr><td>社会交往礼仪</td></tr>
<tr><td rowspan="2">珍爱生命</td><td rowspan="2">成长中的我</td><td>预防性传播疾病</td><td rowspan="2">健康教育</td><td rowspan="2">珍爱生命远离毒品知识讲座</td><td rowspan="2">心理健康教师</td><td rowspan="2">政教处</td><td rowspan="2">2</td><td rowspan="2">2</td></tr>
<tr><td>禁止吸毒</td></tr>
<tr><td rowspan="2">保护环境从我做起</td><td rowspan="2">我与社会国家关系</td><td>与绿色通行</td><td rowspan="2">安全环境</td><td rowspan="2">以实际行动美化校园</td><td rowspan="2">班主任</td><td rowspan="2">政教处</td><td rowspan="2">8</td><td>2—4</td></tr>
<tr><td>爱护地球家园</td><td>10</td></tr>
<tr><td>学校特色德育主题</td><td colspan="4">学雷锋活动、清明节扫墓、感恩父母、文明礼仪活动月、诗词诵读、班值日等</td><td>班主任、德育教师</td><td>政教处</td><td>2~6</td><td></td></tr>
</table>

2. 构建生涯规划课程体系

（1）开设生涯规划指导课程

高一年级：以生涯觉察为主，涉及认知学校的环境和资源，认知自我、认知外界等，生涯规划与抉择辅导、确定学习目标等。

高二年级：以生涯探索和生涯管理为主，内容涉及情绪管理、人际关系管理、学习策略管理、时间管理等。

高三年级：以生涯决策为主，以志愿填报辅导为主要内容，高三设计三个生涯专题辅导活动：大学专业选择辅导、职业方向选择辅导、考前心理辅导。

（2）制定生涯规划指导体系

高一年级：

①学校适应：一是认识生涯辅导课程，了解这门课程对自己的意义；二是觉察自己当前的生涯状态，确立为自己生涯发展负责任的信念；三是了解学校资源，明白学校心理辅导室的功能及学会寻求辅导。

②认知自我：一是学生能了解自己的兴趣特长、人格特质、优势智能；二是学生能认识自己的优点和缺点，肯定自己的价值，学会悦纳自己；三是学生能了解自己的学习价值观，确立大学习观的概念，了解学习对个人生涯发展的意义；四是协助学生探索适合自己的生活形态，作为未来专业和职业选择的思考。

③认知外界：一是学生能探索职业世界，初步了解各种行业职业；二是学生能初步了解大学院校及专业设置；三是学生能学会了解国家和社会发展的人才需求，作为未来专业和职业选择的思考。

④确立生涯规划信念合理选科选课：一是学生能了解什么是生涯，发展对自己生涯负责的态度，了解生涯规划对人生的意义；二是引导学生思考自己的生涯期待，订立自己的中短期的暂定目标；三是在认知自我和外界的基础上，合理进行选科选课。

高二年级：

①坚定生涯规划理念：一是深化理解生涯规划对人生的意义；二是协助学生进一步探索外部世界，深化对具体职业和大学专业的理解；三是学生能认识到面临生涯困扰时可以获取帮助的资源和途径；四是根据自我和外界认知对中短期的学习和生涯规划做合理调整改进。

②情绪管理：一是了解情绪的产生源于自己的想法；二是探索自己的不合理信念，学习调节自己的情绪。

③人际管理：一是学生能认识到人际关系处理能力对未来生涯发展的意义；二是了解处理人际沟通的技巧，并学习使用几个最基本的技巧；三是感受团队合作的魅力，学习合作的技巧；四是让学生意识到异性交往的程度对其生涯发展的影响；五是确立异性交往的原则并学会异性交往一般技巧。

④学习策略管理：探索自己的学习风格，协助学生分享有效的学习策略和方法。

⑤时间管理。

高三年级：

学生能对自己进行合理分析，将高考新形势与未来生涯发展做联结。

①大学专业选择辅导：一是了解高校的情况和专业的具体内涵；二是了解专业的学习内容、具体要求、培养目标、发展前景以及毕业生就业去向；三是认识到个人兴趣、专业选择与自己今后从事职业的相关性和专业选择的重要性；四是注意处理名牌大学与一般大学、热门专业与冷门专业、专业优势与家庭承受能力之间的关系，理性选择学校和专业。

②职业方向选择辅导：一是认识到职业对自己生涯发展的影响；二是探索自己未来可能从事职业，体验求职模拟情境。

③考前心理辅导：一是学习调整面对考试的心态；二是学习复习和应考的策略；三是运用催眠技术教会学生“放松训练”。

3. 开展“带法回家”综合性实践活动

大田一中学生假期“带法回家”社会实践教育活动，是借助综治、司法、公检法、劳动、工会、妇联、共青团、关工委等社会“共育”力量，以学生家庭所在的乡村、厂矿、社区为依托，在社会实践过程中开展普法宣传、社区服务、研究性学习“三位一体”的综合实践活动，是贯彻落实党中央依法治国战略，立德树人教育方针，推进素质教育发展，实施“法律九进”教育活动，提升广大青少年学生核心素养的科学有效途径，曾获得教育部“五五”普法验收组专家的高度赞扬。

根据中央制定的《爱国主义教育实施纲要》、《公民道德建设实施纲要》、国家各阶段的普法规划和新颁布的法律法规，学校政教处每年两次派人走访县政法、综治、工、青、妇等部门，并广泛发动学生用书信、问卷、电话、家访等形式了解自己家庭所在社区或乡村的社会情况，通过捕捉“热点”“解剖麻雀”，确定每个时期“带‘法’回家”普法实践活动的宣传重点，争取社会各方协作，共同认真组织实施。

我校“带法回家”的先进经验被选入《福建省中小学社会实践经验汇编》向全省推广，其中“带‘法’回家，播撒文明”活动还被省里推荐到全国文明委，作为全国文明建设的典型范例。“带法回家，播撒文明”社会实践活动的常年推动，促进了我县公民的普法教育，大田县被评为“全国普法先进县”。《法制日报》《中国火炬》《福建日报》《三明日报》等中央和省、市报刊对大田一中的“带法回家”办学特色建设工作做了专题报道。教育部《中国德育》杂志、福建省《德育》杂志也为此发表了专论，认为大田一中的实践教育活动，既拓宽了德育渠道，增强了青少年的社会责任感，提高了学生的综合素质，巧妙地克服了资金短缺、基地容量有限、实践活动量大、安全隐患多等困难，又推动了城乡的“文明”建设，提高了公民素质，促进了社会的平安和谐、科学发展，是未成年人思想道德建设成功的典例，为青少年教育开辟了一个全新的课堂，进行了一次成功的尝试。

（二）实施课程改革，自主创新教学

1. 制定新课程新教材实施方案

（1）课程体系改革实践。根据国家课程设置方案和课程标准，结合作为一级达标校的实际情况、我校学生特点和实际条件，创造性实施课程方案；科学安排选修课和综合实践课，制定满足学生发展需要的课程计划和发展规划；同时，设立校本课程和评价制度，充分发挥学校老师和县邑文化人开发具有大田地域特色的校本教程；同时针对科技创新和数学、物理、化学、生物、信息等奥赛科目开设大学选修课程。

（2）学科核心素养研究实践。依托我校在校园文化、校本教研、科技创新、人文艺术、奥赛指导等领域及已有的学科优势，以社会主义核心价值观为导向，坚持立德树人的根本任务，以“渗透学科思想和方法，提高学生综合分析、判断、解决问题的能力，与未来生活所必需的品格”为学校教育目标；同时充分发挥学校优质教师资源，开设和挖掘有利于学生全面发展的多元化的校本课程，开展有利于教师发展的多样化的校本教研活动，系统地构建基于学科核心素养的优质教学环境。

（3）教与学方式改革实践。坚持教科研为学校管理服务，为学校发展服务的宗旨，实施科研兴校、质量立校战略，形成教师队伍精良、教研氛围浓厚的办学特色，通过开展教科研活动，有效促进教师专业成长，提升教育教学质量，提高办学水平，实现学校内涵式发展。实行推门听课制度，督促老师提高课堂教学效率；关注学生的“学”，课堂讲求“生生互动”方式，引导学生参与课堂活动；将信息技术与学科教学高度融合，探索基于网络教学的自主学习、互动交流、自我诊断的方式。

（4）教学管理制度创新实践。教学是学校的中心工作，是学校培养人才、实施学生全面发展的基本途径，教学制度关系到整个教育质量的高低，关系到培养人才的素质，是深化教育改革，提高教育质量的根本保证。在生涯规划与选课指导、制定课程结构与管理办法、制定自主选课制度、重建教学管理制度、建设多功能教学管理平台等方面进行教学管理制度创新实践。

（5）深化教师专业发展改革。认真贯彻“强队伍、优课堂、精管理、建文化、创特色、铸品牌”的教育内涵发展要求，以全面促进教师专业化发展为根本目的，积极探索促进教师发展的有效途径和多种形式，努力创建科学、合理、高效的教师专业发展工作机制，培养和造就一支精于研究、勤于育人、甘于奉献的高素质、高水平的专业化教师队伍，促进全校教师整体素质的全面提升。

（6）深化学生发展评价改革。学校根据《教育部关于加强和改进普通高中学生综合素质评价的意见》《福建省普通高中学生综合素质评价实施办法》和《三明市普通高中学生综合素质评价改革实验工作方案》文件精神，遵循高中教育教学的基本规律和高中阶段学生的心理特点，结合我校“修德求知”的校训，制定《大田一中学生综合素质评价实施方案》，建立学生综合素质评价制度。

（7）增强德育文化实效。以立德树人教育和养成教育为核心，把学生人文素养、艺术素养和行为养成教育有机结合起来，增强德育文化实效。培养“人格自尊，生活自强，学习自主，言行自重，管理自律”的学生。构建一支年龄合理、勤业敬业、专业发展的年段长和班主任队伍。积极推进德育内容课程化、德育管理自主化、德育途径多元化、德育工作全员化、德育评价科学化。以“导师制”和“心理健康教育”为两翼，力促直接面向学生的“四位一体（班主任、小组长、导师、社团）”育人模式的形成和深化。

（8）学生发展中心建设。秉承“着眼于全体学生的全面发展”的理念，根据“关注差异，开发潜能，多元发展”的原则，以了解学生的心理需求和个性特点作为工作的第一信号；以排解学生的心理烦恼和激发学生的发展潜能作为工作的第一职责；以促进学生的全面而有个性发展作为工作的第一目标，围绕“促进学生发展”的工作主基调，积极帮助同学们从容应对高中学习生活中碰到的种种矛盾和问题，让他们能既愉快而圆满地完成学业，又拥有健康的身心和完善的人格，积极地促进学生健康成长。

2. 实施选课走班方案

“智者，知阴阳也。”

《荀子·正名篇》：“知而有所合谓之智”。课堂是教学的重要舞台。课程管理乃学校管理重中之重。学校高度重视对课程的编制、实施和评价等管理过程。特别是新高考背景下课程体系的建构。

（1）选课走班教学的实施。学校要为每个学生提供2次选课机会，分别在高一第一学期、高一第二学期结束前的适当时机，组织学生选课。高一第二学期结束前，学生在物理、化学、生物、历史、地理、政治六门学科中作出学业水平（简称“学考”）和等级考试（简称“选考”）的选择；高二开始，每个学生先在物理、历史两门学科中选择一门，再从政治、地理、生物、化学四门学科中任意选择两门，这三门学科作为“选考”科目并组织选课走班教学。语文、数学、英语、体育、音乐、美术等其他学科不作选择，按行政班教学，可同时有效降低选课走班的管理难度。学生按需要可选择学校提供的知识拓展类、个性特长类、职业生涯类、传媒艺术素养类等课程，满足学生个性发展需要。

（2）选课程序与指导。

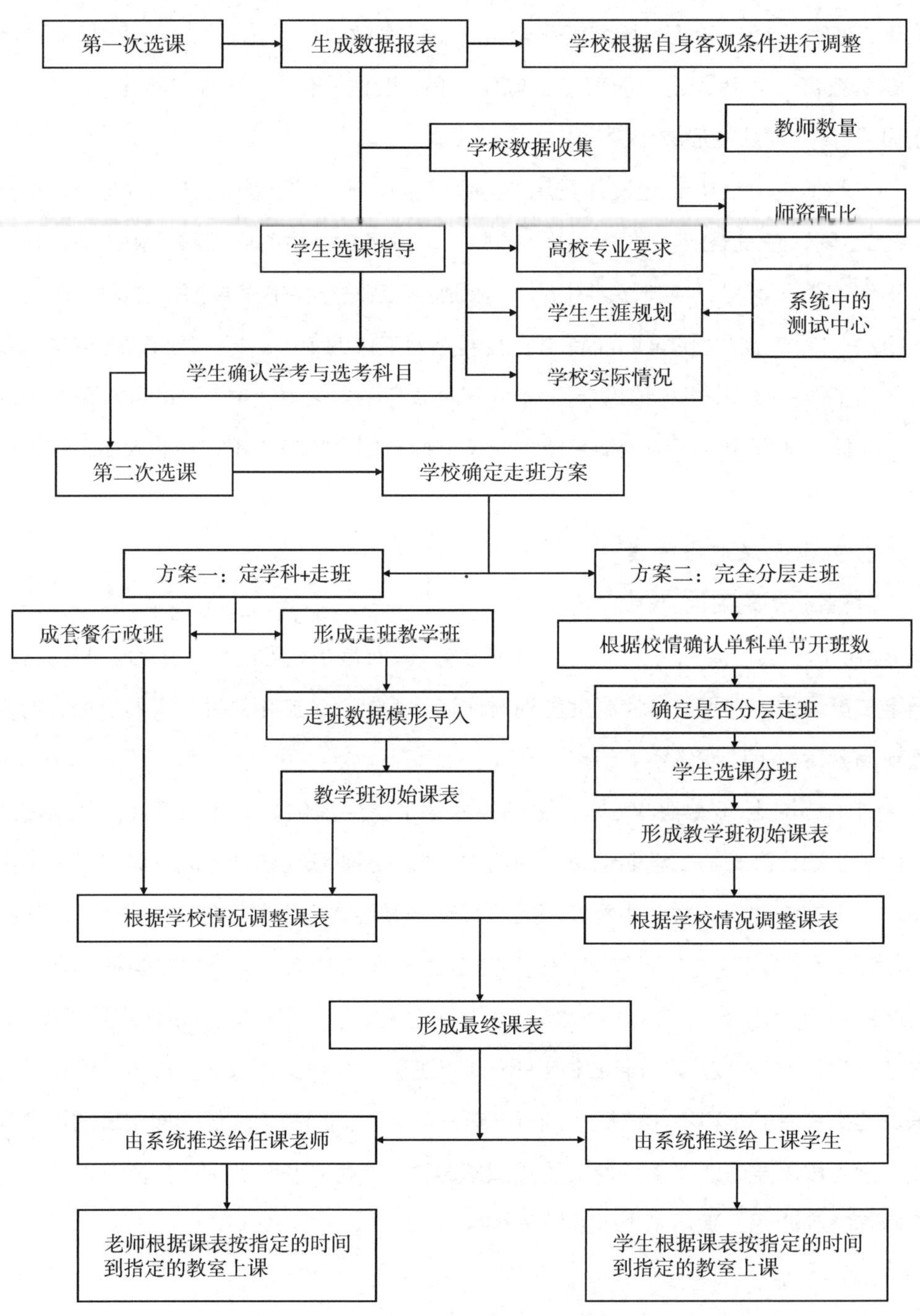

图1　大田县第一中学选课程序

3. 创新教学模式

（1）自主指导学习

自主学习是学生在学习活动中表现出来的一种综合能力。具有这种能力的学生有强烈的求知欲，善于运用科学的学习方法，合理安排自己的学习活动。善于积极思考，敢于质疑问难，在学习过程中表现出强烈的探索和进取的精神。

培养学生的自主学习的能力是素质教育的要求，也是人的全面发展和 21 世纪的需要。培养自主学习的能力不仅有利于学生今后的学习，而且能优化课堂教学，提高教学效率。

①增强学生的自主意识。在培养学生自主学习的能力的过程中，教师要意识到：教师是外因，要通过学生这个内因才能起作用。教师要想方设法让学生自己主动地学，才能收到良好的效果。而仅仅教师有“学生是主体”的认识是远远不够的。教师要加强教育，让学生真正意识到“自己是主体”。

②打造学习氛围。学习氛围，对学生的学习来说，是很重要的。学生的心理是在外界环境影响下建立起来的。教师要注意在课堂上建立民主、平等的师生关系，重视师生之间的情感交流。教师的语言、动作和神态要让学生感到可亲、可信，要能不断激发学生的求知欲，能激励学生不断克服学习中的困难，让学生产生兴奋和愉快感。

教师对学生的学习要多鼓励：对学生回答的问题不要简单地否定或肯定，要鼓励学生多问“为什么”，并让学生说说是从何想起、怎么想的，鼓励学生不懂就问，并通过学生自己来解答疑问。这样学生学习的兴趣就浓了，也可多让学生思考、提问，多让学生感受成功的喜悦。

③精心设计学习过程。学生自主学习的能力，是在学习过程中不断地培养出来的。因此，精心设计学习过程尤为重要。教师要从“学什么、为什么要学、怎样学”的角度，依据“学是教主导下的主体，教是以学为主体的主导”的原则。与旧知紧密相连的新知，教师基本不讲。全新的知识，教师也要寻找新知的“最近发展区”引导学生学习，教师只在关键处点拨和讲解。

④建构一定的课堂教学模式。铺垫：复习旧知，引向新知；设疑：形成认识冲

突，刺激求知欲望；内化：通过自学，讨论及教师适当的引导，完成认知冲突，掌握新知；练习：对掌握的新知进行巩固练习，并不断提高、拓展。

⑤渗透和指导学习方法。教师在教学中要以身示范，明确要求，使学生在潜移默化中获得学习方法。

（2）单元（模块）教学

单元“教学”，有别于传统的教学模式。单元模块教学是一种全新的教学模式，它要求教师以新的教育理念来指导教学、“单元模块教学”是以一个单元为一个整体，引导学生从整体入手，整体把握，紧扣单元目标，把相关知识关联为一条教学线索，融听说读写训练为一体，使单元整体运转。在教学活动中充分体现以学生为主体，展示学生是学习和发展的主体，引导学生自主学习，自主探究，主动发展，注重能力的培养，由被动学习转化为主动学习。

①单元模块教学设计坚持开放的、活动的、具有探究性课堂教学原则。单元模块教学坚持整体性、活动性、开放性、探究性、主体性和综合性。整体策划单元教学、着力组织各类教学活动、全力开放学习场所、充分体现学生的主体性、努力寻求知识与能力的综合。这些使学生从封闭的教学空间走向了社会大课堂，从单一的课本信息来源变为多渠道、全方位的感知、接受，所以学生充满好奇充满渴望，表现出极高的积极性和非凡的创造力，他们以主人翁的姿态积极投入各项活动中。

②精心设计单元活动主题，充分调动学生主观能动性，促进学生自主发展。在单元模块教学中，单元活动主题是贯穿整个单元教学的主线，单元活动主题的设计，要考虑到学生思维活动的实际情况，达到掌握单元训练重点的目的。在单元教学之前，教师围绕单元导读内容，通盘设计活动主题。

③在单元模块教学设计中，要积极营造浓厚的自主学习氛围。尊重、热爱、信任每位学生，让每位学生都感受到自己是被重视和关注的，充分发扬教学民主，以平等和蔼的态度对待学生。在课堂教学中，教师把学生看作学习的主人引导全体学生参与学习的全过程，做到凡学生能解决的坚决让学生解决，凡学生能独立发现的教师绝不暗示，多给学生跳一跳就能摘到果子的机会。让学生结合单元导读，设计自己的单元达标规划，确立单元目标，组织同学自评、互评，让学生在评价中不断

进步。

④设计多种掌握学习的策略，并指导学生根据实际选择适合自己的学习方式，学会学习。权威人士指出，现在的教学百分之八九十应该放在科学方法论、教育方法、推理方法、搜索资料的方法、从事实中得出结论的方法以及分析综合事实的能力上面，学会学习是学会认知、学会做事、学会共同生活、学会发展的根本途径。

（三）融合多元五育，强体育重美劳

1. 构建体育课程体系

毛泽东同志曾说："体者，载知识之车而寓道德之舍也。"[12]

（1）以健康为核心的体育教学方法综合化和多样化

以增进健康为核心，从体育课程目标的多样性出发选择体育的方法和手段。如武术、游泳、竞技等。

（2）体育课程内容现代化

体育课程内容要适应时代的发展、学校教育的发展，按学生的生理和心理需要而设置，必须具有科学性、趣味性和实效性，使学生的身体健康、心理健康、体育文化素养得到增强和提高。要让学生掌握那些现代社会最必需、最有用、最基本的体育知识技能，为增强学生体质和终身从事体育锻炼打好基础。

（3）体育课程内容弹性化和乡土化

体育教材既要有统一性，又要弹性化，以适应各地各学校的实际情况。教育部已经把中、小学课程编制的 30％ ~50％的权力下放给了地方、学校和体育教师，这亦是适应体育课程内容弹性化的具体表现。

（4）竞技运动教材化

在体育课程中，选用部分一般水平的大众竞技项目作为教材，其目的是发展学生身体、增强体能和增进健康，是为了传授运动健身与育心的方法、手段，而不是按竞技运动目的进行训练。因而，必须做好竞技运动教材化工作。其方法大致包括：简化技术结构，减小运动难度，使其既能达到增强体能、增进健康的效果，又能减轻学生运动时的身心负担；调整场地器械规格，修改竞技竞赛规则，使其能适

应广大学生的实际；降低负荷要求，使运动负荷易于控制在最佳价值内，满足学生健康需要。

2. 构建美育课程体系

蔡元培认为："美育者，应用美学之理论于教育，以陶养感情为目的者也。"

学校多维度开展美育教学，搭建展示舞台。定期举办学生优秀美术、书法和摄影等作品展，举行校园艺术节和合唱节以及飞凤歌舞赛、元旦晚会等各项文艺活动来丰富学生的校园生活，培养了学生的艺术修养和技能，给予全校师生以美的熏陶，营造了浓厚的校园艺术氛围，丰富了学生的校园文化生活，让美育充满整个校园。

3. 构建劳育课程体系

"劳"即是物之本末。

（1）"劳"字，在《说文许箸》中意为奋力以赴的积极动作，乃勤苦任事不已之意。先哲在《大学》中这样说道："物有本末，事有终始，知所先后，则近道矣。"这一智语的深刻意义，就涵藏在祖祖辈辈勤作不息的历史里。"劳"即是物之本末，"劳"需有始有终。在日复一日的劳动中，人类得以一步一步迈向文明，得以学会如何与人、与天地万物和睦相处，并学会从大自然中汲取人生智慧，也在自己真诚而勤恳的付出中，收获一份生命的丰收，实现为人的价值。

大田一中创始人之一、大田乡贤蒋超作词的《大田一中校歌》当中的"锄头一把书一篇，智能德体日健全，天下兴亡责吾肩"即表达了中国传统文化中"耕读传家"思想。

（2）劳育是培养学生进行劳动观念和劳动技能的教育。全国教育大会把劳育列入全面发展的素质要求，丰富了新时代党的教育方针；习近平总书记强调劳动可以树德、可以增智、可以强体、可以育美，要求加强劳动教育。要在学生中弘扬劳动精神，教育引导学生崇尚劳动、尊重劳动，懂得劳动最光荣、劳动最崇高、劳动最伟大、劳动最美丽的道理，长大后能够辛勤劳动、诚实劳动、创造性劳动。

学校高度重视综合实践活动，制定综合实践课程实施方案。如到华兴综合实践基地进行训练，邀请厦大国防生到校进行军事训练；每年寒暑假，充分发挥学生知识和智力优势，开展“带法回家”社会宣传活动；志愿者组成道路交通安全文明劝导队，或与特校学生互动等，增强责任感和使命感。

（3）劳动课程实践性极强。劳动天生带有实践性，家庭劳动中的系鞋带、穿衣服、铺床叠被子、洗衣服、准备学习用品，帮助父母料理家务，打扫房间、烧菜煮饭；学校劳动中的卫生打扫、树木花草的种植养护、教室墙面黑板的布置；田间地头实验区农作物的种植、拔草、浇水、施肥、收割、加工等；社区活动中的宣传员、解说员、环保员、导游的角色担当；创艺制作中的木工、陶艺、纸艺……诸多内容，都需要学生亲自动手操作，认真实践，才能起到劳动教育的效果。

（四）营造育人文化，优化内部管理

1. 努力营造育人文化

大田一中积极创设和谐发展环境，践行文化育人的理念，努力营造良好育人氛围，大力彰显办学特色，在一级达标复查评估和各级领导调研检查中深受好评。

（1）建设富有生命力的制度文化

没有规矩不成方圆，一直以来，学校以管理优质为目标，实行目标管理、民主管理、情感管理、制度管理和人格管理。以此为指导，在征集意见、借鉴经验的基础上，制定了各种行之有效的规章制度，为学校管理、师生发展保驾护航。

①制定《大田一中制度汇编》。良好的制度还需要高效的执行才能。首先学校加强教育培训，宣传造势，营造氛围，进一步提高学校成员乃至社会各界对学校制度文化的认同感和理解力。其次树立制度权威，规范公正高效的执行制度。再次在落实时实行刚性执行与柔性执行相结合，约束与激励相结合，执行与教育相结合，以提升执行实效，提高师生自我执行、自我管理的水平。最后领导带头执行制度，同时大力表彰执行制度的先进典型，以增强对师生的说服力和感染力。

②创新管理制度。一是实行值日干部全天候值班制度。校级及中层值日领导从早晨 6：30 学生起床到晚上 10：40 学生休息，从学生宿舍到学生食堂，从学校大门口到教室，进行全天候管理，保证学校教学有序、高效，无缝无空档管理。二是实行行政干部随堂听课制度。当天值日校领导带领值日中层干部随堂听课，同时了

解学生作业批改情况，检查、了解教师的上课准备情况和课堂教学效果，促进教师提高教学水平和落实常规。三是落实学校教师坐班制。以年段为单位，每位教师正常工作日为坐班时间，保证老师有充足的时间备课，批改作业，辅导学生，同时增添教研氛围，保证学科备课组的教研质量，提升教师的专业水平。

（2）打造体现高品位的环境文化

学校以“环境优美、质量一流、具有山区特色”作为奋斗目标，按照“高起点、高质量、高标准、高品位”的要求，因地制宜，统筹规划实施，如今学校已成为“三季有花，四季常绿”的花园式学校。

校园是师生生活、学习、活动的场所，美化、净化校园以及引导学生参与校园的美化、净化本身就是对学生的教育。学校在校园环境建设方面，整体布局合理优美，错落有致。每座建筑物位置和路网的安排，草地苗木的铺种和栽植，鲜花、盆景的摆放，标语牌、宣传栏的设计和挂贴，校园雕塑、壁画的安放都通盘考虑，精心安排。如今校园绿树成荫，鸟语花香，景色宜人，环境优美。另外，我校还积极培养学生参与校园的美化净化工作，采取年段分片包干的办法，实行教室、宿舍、校园卫生，每天两小扫、每周一大扫的清洁卫生制度；规范学生食堂就餐制度，要求学生文明用餐、节约食品、珍惜粮食，真正使美化、净化与学生的教育和行为要求达到了有效的结合，使整个校园成为一个品位高雅的育人学园和花园。

（3）建设全体教师受益的科研文化

苏霍姆林斯基说：“如果你想让教师的劳动能够给教师带来乐趣，那么，就应当引导每一位教师走上从事研究这条幸福的道路上来。”[10] 因此，学校狠抓落实，建立专题化、案例式、序列化的教研长效机制，为课改保驾护航，为教师搭建了通向职业幸福大道的桥梁。

①建立以校为本的培训制度。制定三年校本培训总体规划，并配有每个年度具体的培训计划。制定《大田一中师徒结对子实施方案》《大田一中教师继续教育研修实施方案》《大田一中随堂听课制度》等一系列管理制度。学校为不同年龄、不同层次的教师创造成长平台，促进其专业发展，并及时总结成果。培养经费纳入年度财政预算，年终详细结算。近三年对在 CN 刊物发表优秀论文的教师进行奖励达

127 人，年培训经费达 33.7 万元，占学校教师工资总额 3.08%。

②制定教研组工作计划和制度。教研组活动常规化、制度化，每周举行一次教研组活动，确定研讨主题和中心发言人。根据《大田一中校本培训规划》，制定教师个人专业成长发展规划，积极组织教育教学理论学习，进行教学方法和教学模式的研究，围绕高考复习开展专题研讨活动，重视教学经验的总结，做好学年教学反思和改进措施，鼓励教师发表论文，近三年，学校教师发表论文达 143 篇，其中在 CN 刊物发表的优秀论文达 127 篇，有效地提升了教师的教育科研水平。

③校本培训形式不断多样化。借助山海协作平台派出 36 人次到师大附中、惠安一中等学校学习先进的教育教学理念。采取“走出去”“请进来”的培训方略，先后派出 597 人次参加各级组织的培训，先后有 78 人次参加省教育学院组织的各类高级研修班学习，学校有 3 位市学科带头人培养对象到三明三中、三明一中等学校参加跟岗学习。努力做好师徒结对子工作，构建青年教师成长平台，形成“传、帮、带”的优良传统，充分发挥名师、骨干教师示范、引领、辐射作用，全校教师都能适应课程改革的要求。学校借助在我校开展的三明市高三指导组巡回讲学活动、三明市政治学科会、三明市英语学科会、三明市地理学科会、大田县高中校际教研活动等形式开展送培送教活动，实现教学理念、资源信息、精品课堂资源的共享，充分发挥示范和辐射作用，努力提升全校教师的教育教学能力。

（4）创造适合学生发展的活动文化

①高度重视革命传统文化建设，让红色文化深入人心。高一新生国防军政教育期间，聘请县关工委同志给广大新生进行革命传统教育，介绍校友烈士、动人革命事迹。清明节期间，组织广大师生祭扫革命烈士陵园，缅怀革命先烈，培养学生坚忍不拔的革命情怀和热爱祖国的高尚品质。

②着力打造校园文化建设的品牌项目。积极开展一年一度的国庆歌咏比赛、秋季学生运动会、“飞凤”歌手赛暨元旦晚会、春季科技文化艺术体育节活动。每项活动学校各部门均制定详细的方案，精心设计，认真组织，内容丰富，学生参与面广，全面展示了我校“全面发展，学有特长”的办学理念。

③全面开展社团活动。通过健全管理、教师指导、培训提升、搭建平台等方

式，推进社团建设课程化、规范化。我校现阶段共有 42 个教学班，已成立学生社团 25 个，涉及文学文化类、艺术类、体育类、科技类、综合类五大类，占学校班级总数的 59.5％。通过开展内容丰富、形式多样的社团活动引导学生积极参加科学艺术活动，培养、提升学生人文素养和创新能力，促进个性发展，不断增强校园活力。

④缔造个性化的班级文化。学校每月进行星级文明班级考评，通过展板形式宣传文明班级及班级文化，鼓励各班级争先创优。各班级学生设计的班旗，张贴的各类励志名言以及开展的各具特色的主题班会活动和社会实践活动等，无不打造出我校富有特色的班级文化。

（5）构建“团结、合作、奋进、共赢”的育人队伍

学校设立年段办公室和教研组办公室，积极营造教师合作文化，促进教师专业化发展，努力激发教师潜能，充分利用教师资源作为校本培训的重点。学校建立了以老带新、师徒结对子制度，制订师徒结对子协议，积极培养新教师。学校定期举行观摩教学、公开课展示、教学评比活动。以课题研究为抓手，促进教师团队合作。同时，学校还积极开展教工运动会，组建教工冬泳、篮球、羽毛球、乒乓球、气排球等俱乐部，丰富教师业余文化生活，促进教师团结合作，鼓励教师奋发向上，打造一支“团结、合作、奋进、共赢”的育人队伍。

文化，说到底是以“文”化人，学校确立的文化育人理念，整合了各种资源，建成了自然环境优美、学术氛围浓厚、规章制度完善、师生关系融洽的和谐校园，逐步构建起良好的育人环境，形成了独具特色的校园文化，全面提升了育人水平和办学品位。

2. 大力优化学校内部管理

随着社会发展，教育改革深化，学校竞争日益剧烈，社会对学校要求越来越高，家长对优质教育的需求越来越强烈，山区中学的生存压力越来越大。近年来，我校通过一系列改革优化学校内部管理，各方面都取得了卓有成效的业绩，教育质量稳步提升。

（1）形成科学合理的办学体制

学校秉承“修德求知”的校训，贯彻“全面发展，学有特长”的办学理念，以立德树人为根本任务，积极推进内部管理体制的改革和人事制度改革，实行“一体两翼”的全校立式管理模式：“一体”即各处室部门，“两翼”即学科组长和班主任。实行校长负责制，副校长分管学校各项工作，分挂三个年段；处室部门、教研组、年段抓具体工作，明确职责，高效运转。党政职责分工团结协作，党支部充分发挥政治核心作用和对学校行政工作的保证监督作用，推动学校全面发展。

（2）加强管理机制改革和创新

①结合学校实际情况，修订、完善或重构教学管理各种制度，建构高中新课程、新高考管理体系，制订《高中新课程实验工作方案》《大田一中课程实施方案》《选修课开设及学生选课指导工作方案》《研究性学习管理办法》《学科竞赛辅导活动方案》《高中生涯规划课程方案》等。

②学校重视抓好新课程、新高考背景下教师的学习培训工作，采取“统一规划，集中培训；分段实施，研训一体”的方法，积极开展新课程、新高考师资培训工作，建立二级培训机制，采取“请进来，走出去”的方式，大力开展教师培训工作。

③学校重视教研制度建设，构建教科研组织网络，跟踪教学研究方向和动态，创设良好的条件和氛围，建立自身特色的选修课、学分制、总课题等体系，制定奖励制度。

④实行值日干部挂牌上岗制，行政干部推门听课制，全校教师半天坐班制；家校配合及学生在校管理方面，在时间上做到无接缝管理，让学生学会管理零碎时间；加强手机管理，用堵与疏相结合的方式，进行引导教育；对学生加强学习方法指导、养成教育、道德品行教育、心理健康教育、职业生涯规划引领。

（3）形成科学合理的分配制度

①健全评价机制。制定《大田一中教学质量考核奖励方案》《大田一中教学质量考核奖励绩效方案》，明确评价主线，完善评价结构，细化评价指标；针对实际成绩，以年段为单位，在交流的基础上，制定教学改进机制。

②学校成立高中学业水平考试工作领导小组，根据学校实际制定高考、学考目标及奖励方案，形成更为合理的分配制度。

③学校始终坚持把德育工作放在学校教育工作的首位，高度重视德育队伍建设，提升德育管理水平，并且不断提高班主任待遇，评先评优、绩效考核都向班主任倾斜。

④学校重视教育教学经验的总结，制订《大田一中关于教师发表论文的修订意见》，给予奖金和评聘积分奖励，引导和规范教师积极撰写论文。

⑤积极为一线教师、省市级名师向政府争取奖励政策，增加学校奖励性绩效工资年度总量，进一步鼓励教师争优评先，为提高学校教学质量作出贡献。

⑥落实教师职称评聘积分办法、年度考核办法，选优提能，优化评价、分配办法。

⑦教研室制定了《大田一中关于全国中学生学科奥林匹克竞赛获奖的奖励办法》，团委制定了《大田一中课外优秀辅导员评选办法》。

（4）积极探索各项管理改革，取得较好成效

学校加入硬件投入，通过互联网、局域网及校内电视网、监控系统等方式，建立电子学籍档案、电子人事档案，实现管理手段的现代化。

①选课管理。为适应高考综合改革和高中课程改革的要求，实行网络选课办法，提高选课效率，落实走班教学。建立校本课程资源库收集课程开设的教案、学生出勤、学生作业和教学反思等；探索建立校本课程的选课平台，方便学生选课活动。

②学分管理。制定校本化课程实施管理制度，充分利用网络技术，建立了学分认定管理系统，服务于课程改革，对学生的学业等进行数字化管理。

③质量管理。学校根据考核模式特点和实际需求，与商家合作，通过智学网、“知心慧学”、“南昊”、考网阅卷系统等在计算机上运行程序，建立计算机数据系统，既重视教学质量分析，又关注问题诊断，使评价起到调整、改进、优化教学的作用；课堂注重融合信息技术，提高教学效益。

④评价管理。利用网络公示质量评价标准、结果；利用微信软件做好教师年度

考评评分工作等。利用“智学网”“考网”平台考评学生学业和素质综合评价；每个教室均设有能接入互联网的电脑，学生可以在班级里通过登录相关平台对学业情况进行自评和查询。学校投资由慧海软件公司开发了“大田一中学生综合素质评价系统”，综合素质电子化评价平台含有活动写实记录、荣誉信息、社团活动、期末评语、成绩认定（学分）、成绩信息、课表管理、研究性学习成果、校本课程网上选课、学期发展指导报告等项目，并对接到省教育厅的管理系统。

⑤资源管理。学校设立各学科信息员队伍，对每个备课组成员指导与帮助，收集教学资源、统计网络听评课情况等，进行及时回馈。学校着力建设基于校园网的多网合一多媒体教学系统，积极运用云平台、大数据和移动互联网等技术，创新教学管理与使用模式。学校网站、公共教学资源库、各学科教师课件库以及教育教学管理平台，内容丰富，由学校办公室牵头，各学科、各处室设置专人管理，及时对相关板块内容进行更新，教学资源、课件的整合、共享、共建应用程度高，能满足课程教学应用的需要。

⑥图书管理。图书馆实现自动化、网络化管理，配有图书检索机，为师生的查寻、借阅提供了方便和快速，提高了图书的流通率。图书馆拥有电子报刊，拥有与现行教材配套的大量教育教学数字资源，能收集、建设和运用各类资源为师生提供数字化服务。与三明一中、三明二中、大田五中实现馆际交流与合作；网络能联结县级以上数字图书馆，实现网上资源共享。

⑦后勤管理。学校建立了广播播控室、闭路电视播控室和网络中心机房。学校所有在用普通教室均配备多媒体教学设备，专用多媒体教室的间数和设备配置均根据学校实际需要确定。投资建设了直录播教室，配置录播跟踪主机、媒体控制主机、教育云资源管理平台、导播控制键盘、全景摄像、特写摄像机、定位摄像机、板书摄像机、触摸液晶屏等设备设施。录播教室具有课堂录播、互动教学、直播、远程交互培训、视频会议等功能，拾音、音响满足拍摄要求，能在一定区域联网使用。食堂采用快餐刷卡充值、收费管理，监督到位。学校运用财政综合信息管理平台，建立规范的财务运行机制。

学校大力优化内部管理，教育教学成果显著，管理改革经验多次在市学校工作会议上交流、推广，中国共青团网、福建日报、三明日报、三明文明网、东南网等媒体报道了我校教育教学成果和办学特色。

（五）重视外部环境，提高调适能力

杜威在《民主主义与教育》一书中说道："学校环境的职责在于平衡社会环境中的各种成分，保证使每个人有机会避免他所在社会群体的限制。"[13] 说明学校教育担负社会的职能，通过平衡优化社会环境中教育因素，培养出适应社会并能改造社会的人。陶行知倡导："应当将校门打开，应用社会的力量，使学校进步，动员学校的力量，帮助社会进步。"[14] 强调学校要主动融入社会，善用社会资源发展学校，同时学校也主动服务于社会，发扬学校与社会合作共赢的精神，这也符合"协调、绿色、开放、共享"新发展理念。学校与社会的密切关系，促使校长必须担当好学校外部环境调适者的角色。

1. 建立健全家校合作育人机制

（1）开展家长会、学校开放周课堂家长观摩会

通过开展一系列的活动，把家长请到学校来，有效地与家长保持沟通，根据孩子的成长经历、家庭氛围、学习生活中的表现，共同探讨、发掘孩子的优缺点、特长，并帮助孩子把学习生活中不足的地方改正过来，因材施教，会达到事半功倍的效果。毕竟老师要对多名孩子进行关注，而且孩子 2/3 的时间在家庭，"知子莫若父，怜子莫若母"，老师在某些方面不如家长了解孩子得多。而家长及时地将孩子的情况与老师进行沟通，使老师能更好地了解和掌握孩子情况，这对于孩子的健康成长有着重要的意义。

（2）成立家长委员会

家长委员会是使家庭教育更趋于规范性的必要组织机构，要求各班推荐出关心教育事业，有一定工作能力的家长 3~5 名组成班家长委员会，每学期活动不少于 2 次。

年段家委会是新设立的，每个年段 3~5 名组成，针对年段的特点、学生实际情况开展活动，每学期活动 1~2 次。

校家委会人员 25 人左右，在班级家委会委员基础上产生。校家委会每学期活动不少于 1 次。

（3）组建家长学校

家庭教育要获得良好成效，家长的教育方法至关重要，而实际上，家长的素质千差万别，这就需要学校举办家长学校，召开家长会等形式对家长进行指导，使家长具有科学的教育方法，使家庭教育的质量不断提高。家长会由各班定期召开，一般每学期 1 至 2 次。家长学校由学校统一安排，根据子女年龄特点和学校实际，学校每年开办 1 至 2 期家长学校。

（4）建立学校——社会共建共育制度

①签订“学校——社会共建协议”。学校与原共建单位大田县人民法院、大田县人民检察院、大田县公安局城关派出所、大田县交警大队、大田县司法局、大田县武装部、大田县武警中队、大田县消防大队、大田县园林局等单位签订共建单位。

②聘请学校兼职法律教师。学校聘请大田县人大、法院、检察院、公安局、司法局等机关有关人员为兼职法律教师，定期莅校开展法律法规和安全知识教育活动。

（5）与社会心理学咨询机构老师建立联系

邀请共建单位和教育专家莅校开展家庭教育、心理健康教育、社会学教育等专题讲座，有效引导学生自我调节心理问题，帮助出现心理轻微障碍学生矫正心态。

（6）“家访”“校访”“师访”是家校结合的基本途径

新接班班主任在接班一学期内对全班学生普遍进行一次家访，所有班主任一学期家访面达 100%，科任教师按每学期家访学生人数不少于 30%，并做好记录。

家访前要做好充分准备，提高家访的质量，家访时既要肯定优点（每次家访前要为学生准备 2~3 个优点），也要指出不足，同时要有引导学生努力前进方向的具体措施。根据每次家访不同的目的，可采用不同的家访形式，如：报喜式、慰问式、教育探究式等。

通过上门家访，教师进一步了解学生在家庭中的表现、学习生活的环境，进一步了解学生个性特征及爱好，有针对性地对学生施加教育；通过家访也使家长进一步了解孩子在校情况，促进教师与家长的沟通，增进感情，形成教育合力，提高教学效率。

（7）开通热线电话、建立网上学校

随着信息技术事业的发展，电话已经成为人们非常重要的交流工具，学校可为家长开通热线电话，回答家长提出的有关课程、学校管理、学生活动等等问题。

学校可以建立网上学校，学生以及家长不仅可以在网上了解学校的现状，而且学生还可以通过学校的网站获得知识方面的辅导。老师可以通过网络对学生进行教育，如有的老师除告诉自己的电话、手机号外，还告诉自己的电子邮箱。在网络上，学生可以将自己不愿当面和教师、家长说的问题倾诉出来，有利于家长、教师准确掌握学生的思想动态。另外教师也可以通过网络解答学生提出的学习方面的问题。

（8）建立微信平台

学校与教育局合作开发微信公共平台，利用微信公众号提供各种育人指导方法和学校教育教学实施计划。

学校建立健全家校合作育人机制，实现学校、家庭、社会教育三位一体的整体教育格局，促进学校教育整体化，使“立德树人”教育落到实处，实现多方共赢。

2. 开展文明共建，推进文化共享

（1）社区文明共建

我校充分利用社区、学校双方资源优势，开展以“弘扬雷锋精神，共建美好家园”为主题的系列志愿服务活动，每年，组织师生志愿者十余次深入汽车站、图书馆、老人院、特殊学校、交通要道等社区公共场所，开展“助力春运”“赠送春联”“家风与成长”“成长途中我助你一程”“悠悠爱老心，浓浓敬老情”“爱心献血”“文明出行、交通安全”等主题志愿服务，活动中注重用志愿文化来激发人、用志愿活动来感召人、用志愿主题来吸引人，将志愿精神融入日常生活，成为广大志愿者的自觉追求，在弘扬社会新风正气、提升社会文明程度方面发挥了重要作用，成为创新社会治理、深化精神文明建设的重要载体。

（2）社区党建联建

为深化创先争优活动，充分发挥在职党员参与社区建设、服务群众的先锋模范作用，弘扬“文明、友爱、互助、奉献”的志愿者精神，引导和教育全体师生立足校园、影响社会，从我做起，从点滴做起，促进我校党建工作和精神文明建设再上新台阶，学校党支部在全校党员中开展了在职党员“走进社区、服务群众、奉献社会”主题系列活动。全体党员积极响应，本着“八小时以内努力工作在单位，八小时之外无私奉献在社区”的原则，热情参与各项主题活动，充分发挥了党员的先锋模范作用，活动取得良好成果。

学校还充分利用社区教育资源，组织广大党员深入大田县集美第二学村、叶炎煌纪念馆等爱国主义教育基地，开展“重温入党誓词”、重走红军路等活动，使党员们进一步增强了党性，身心得到了锻炼，思想也得到了洗礼。

（3）社区文体共建

双方积极挖掘社区文化资源，学校积极开放校园文艺、体育场馆，以各种文体“俱乐部”的形式组织或参加社区羽毛球、乒乓球、气排球、游泳比赛，开展各类主题书画展、文艺演出，并依托“浩沙杯”全国艺术体操锦标赛在我县举办契机，认真组织师生参与志愿服务及开幕式表演，开展“世界冠军进校园”“艺术体操进校园”等活动，为校园阳光体育活动增添了光彩，陶冶了师生的情操。形式多样的文化体育活动，有效丰富了学校师生和社区居民精神文化生活，凝聚学校与社区共建和谐美好家园的信心和力量，达成了“文化共享、文明共建”的良好效果。

（4）军警民共建

大田一中与县武装部、武警中队、消防大队达成“军民共建”活动协议，和公安局、交警大队达成“警民共建”协议，结为军警民共建单位，建立了青少年国防教育消防安全教育基地、法制教育基地，坚持以“同呼吸，共命运，心连心”的总要求为宗旨，坚持“互帮互助，共同发展”的原则，在不断创新的基础上，全面开展了“暑期军训夏令营”“消防知识进校园”“交通安全进校园”“禁毒知识进校园”“防范电信犯罪宣传”等军政国防教育活动、法律法规教育活动，开展了消防武警官兵资助大田一中贫困生、教师义务为消防官兵培训电脑知识、教师义务为报考军校的战士补习文化知识等一系列共建活动，使社区的军营、警察等资源与学校的资源达成共享，优势互补，有力促进了学校精神文明建设，成为我校校园文明建设的一个亮点，甚至已成为大田县精神文明建设中的一道靓丽的风景线。

大田一中大力开展社区共建、军警民共建活动，锻炼了师生的社会实践能力，双方优势得到互补，使“拥军爱民”工作落到实处，取得了良好社会效益。大田一中被省委省政府授予“军民共建文明单位”。

六、学校的办学成效

（一）学校的办学品质不断提升

1. 学校美誉度不断提高

通过全校师生的共同努力，学校连续 36 年保持了“福建省文明学校”称号，荣获了“福建省第一届 2015—2017 年度文明校园”“全国国防教育示范校”“福建省第三批高中化学学科教研基地校培育单位”“福建省普通高中优质学科（化学）课程项目”“2018 年度福建省普通高中课程改革基地建设学校”“普通高中新课程新教材国家级示范校”等荣誉。2019 年顺利通过了福建省一级达标的复查评估验收。

2. 高考成绩逐年提升

学校 2018 年高考本一上线率 42%，本科上线率 91.7%；文科黄惟伊同学以 651 分居于省 103 名、全市文科第二名；理科涂培玮同学以总分 666 分居于省 334 名，全市理科第 14 名；范克诚同学体育类综合排名省第一，伍仁星同学取得艺术联考书法类省第三名。2019 年高考本一上线率 46%，本科上线率 94.55%。理科林延吉被清华大学录取，陈兴焱被中国科技大学录取，文科范弘被中国人民大学录取。2020 年高考本科上线率为 95.2%，文史类杨欣 656 分，居省第 10 名，全市第 1 名，已被北京大学法学院录取。理工类考生吴佳裕，高考成绩 567 分，已被空军招飞录取。文艺体类美术考生陈涛高考成绩 445 分，专业成绩位列全国第 43 名，已被中国美术学院录取。三明市教育局连续三年发贺信给予鼓励，2019 年学校荣获三明市教育嘉奖荣誉。

（二）教师业务素质不断提高

1. 名师队伍不断壮大

学校现有正高级、特级教师 2 人，省名校长培养对象 1 人，省名校长后备培训对象 1 人，省、市名师工作室成员 9 人，省级学科带头人 3 人，省级学科带头人培养对象 1 人；市教学名师 1 人，市教学名师培养对象 1 人，市级学科带头人 9 人，市级学科带头人培养对象 1 人，市级骨干教师 13 人；县级学科带头人 10 人，县级学科带头人培养对象 18 人，县级骨干教师 35 人，县名师工作室领衔人 9 人，县名师工作室核心成员 9 人，县名师工作室成员 38 人，县名师工作室研修人员 17 人等。全校三分之二以上教师是县级以上名师。

2. 教师参赛获奖级别和人数不断提高

近两年来，教师参加各类竞赛获国家级奖 1 人：2018 年 10 月林启福老师在生态环境部宣传教育中心组织的中小学教师环境教育优秀案例“改变之年”环境教育实践大赛中获三等奖；获省级奖 8 人，获市级奖 73 人；教师在 CN 刊物发表文章 88 篇。大田一中化学教研组荣获三明市“五一先锋号”荣誉。

（三）学生综合素养不断提升

近两年，学生参加学科竞赛获省级一等奖 13 人次，省级二等奖 73 人次，省级三等奖 96 人次。其中陈巍炜同学获 2018 年全国高中数学联赛福建赛区竞赛一等奖，为三明地区唯一；郑英炜同学获 2018 年全国青少年信息学奥林匹克联赛福建赛区竞赛一等奖，并以总分 496 分夺得三明市所有参赛选手最高分。

七、未来展望

（一）存在问题

第一，在认识层面上，老师对新课程理念学习不够，不少老师在课堂教学结构、形式和方法上仍沿用以前的传统模式，思维惯性大。

第二，随着福建高考综合改革的启动与实施，以及上海、浙江首批高考综合改革试点实践情况来看，高考的压力仍然无可回避。学生的选择性增强，但如何因材选择，无论对于学校，还是学生与家长，都将是一个严峻的考验。如何加强学生生涯规划指导，让师生及家长平稳走过，都是对我们的挑战。

第三，随着走班制的实施，教学班加上行政班，以及多功能教室的开辟，教室的需求量急剧增长，而新校区正处在规划阶段，如何因地制宜，利用现有条件让各项工作有序开展，需要我们早作准备。

第四，与一流名校相比我校师资队伍整体素质存在明显短板和弱项，我校吸引一流毕业生入职的区位竞争力还不足。

第五，新课改后，教师的学科结构，行政班与教学班的纪律、作业管理，甚至考试的安排以及志愿的填报等都需要我们积极应对。但我们相信，方法一定比困难多。

（二）努力方向

第一，依托我校“带法回家”这一办学特色，充分发挥其作用，构建德育队伍体系，将学校、家庭、社会共育网络落地；构建德育活动体系，强化德育工作的针对性、实效性；构建德育校本课程，形成相互关联、互为依托的立体德育。把“立德树人”融入教育教学各环节，积极开展党团组织活动和主题教育、仪式教育、实践教育等活动，完善德育和社团课程建设，促进生涯规划课程建设。进一步推动德育课程与心理课程融合建设，完善心理健康系列选修课、研学课、研修课。在原有基础上，进一步挖掘学生自身资源、统筹校内外资源，加强顶层设计和过程管理，将社团活动进一步课程化。不断进行横向、纵向的扩展与延伸，努力构建立体德育体系，开辟全新德育课堂，将学校系统德育教材落地，全面落实立德树人根本任务。

第二，制订我校高中新课程的管理制度，构建与高中新课程相适应的教育教学管理体系，开展走班制活动，订立行政班和教学班的管理制度；对原有的校本课程进行修订，建设独具特色的校本课程，创建学校重基础、多样化、有层次、综合性的课程文化，促进学校管理方式的转变。调整课程体系，落实劳动教育。开好、开足劳动课时。针对劳动课程的特点，灵活采用线上、线下混合式教学。劳动课程课内时间，重点用于活动策划、技能指导、练习实践、总结交流等；课外通过班级、年段、学校、社会志愿服务等方式开展劳动实践活动。

第三，建立以校为本的教学研究制度，鼓励教师对教学实践中的问题开展教学研究，创设有利于教师创造性实施课程的环境，使课程的实施过程成为教师专业成长的过程，以促进教师专业素质的提高。

第四，学分管理制度科学，学科模块考核严格认真，学分认定程序严格，建成网络查询系统，方便师生和家长查询。建立发展性评价体系。建立科学合理的教学质量测评、数据分析与教学改进机制。

第五，教学改革方面，深入研究核心素养、新教材、新课程，落实深度学习，推进多种教学模式和教学策略的改革创新。结构化教学内容，聚焦核心素养和难点展开教学。在教学实施中深化基于真实情景、问题导向的互动式、启发式、探究式、体验式的课堂教学改革，注重科学思维和科学探究等学科核心素养、提升应用能力。结合深度学习理论，积极开展项目式学习，以明确的项目目标和学习目标为导向，通过学习过程来激发学生创新意识，实现学生自主选修学习，“学而不考或学而备考”，为学生就业和高校招生录取提供参考；提高学生自主学习、合作交流以及分析问题和解决问题的能力，促进教师教学方式的转变。

第六，继续促进信息技术与教学的深度融合，完善多空间整体教学模式的探索。充分利用信息技术创设任务导向的真实情境，增强线上线下结合组织教学材料的技能，促进学生自主、合作、探究的学习。

我们相信，大田一中秉承“修德求知”校训，贯彻“全面发展，学有特长”的办学理念，在“做有责任的现代人”的学校精神引领下，依托“新课程新教材国家级示范校”的建设平台，合理地建构新课程体系，不断创新教育模式，吸收和借鉴并尝试最新最前沿的教育信息，坚持德智体美劳全面发展，坚持特色性、多样性并蓄的教育理念，相信大田一中的前景会越来越美好。

【参考文献】

[1] 新华社 . 国务院办公厅印发《关于新时代推进普通高中育人方式改革的指导意见》[EB/OL].（2019-06-19）[2020-11-20].http：//www.gov.cn/zhengce/content/2019-06/19/content_5401568.htm.

[2] 韩愈 , 进学解 [M]// 马其昶，校点 . 马茂元，整理 . 韩昌黎文集校注 . 上海：上海古籍出版社，2014.

[3] 方孝孺 . 逊志斋集 [M]. 徐光大，校点 . 宁波：宁波出版社，2000.

[4] 高平叔 . 蔡元培教育论著选 [M]. 北京：人民教育出版社，2011.

[5] 马克思 .1857—1858 年经济学手稿 [M] // 黄晓武 . 马克思主义研究资料（第 5 卷）. 北京：中央编译出版社，2013.

[6] 苏霍姆林斯基 . 帕夫雷什中学 [M]. 赵玮，王义高，蔡兴文，等译 . 北京：教育科学出版社，1983.

[7]B.S. 布鲁姆，等 . 教育目标分类学（第一分册认知领域）[M]. 上海：华东师范大学出版社，1986.

[8] 国家中长期教育改革和发展规划纲要（2010—2020 年）[EB/OL].(2010-07-29)[2020-11-20].http://www.moe.gov.cn/jyb_xwfb/s6052/moe_838/201008/t20100802_93704.html.

[9] 基础教育课程改革纲要（试行）[EB/OL].(2001-06-08)[2020-11-20].http://www.moe.gov.cn/jyb_sjzl/moe_364/moe_302/moe_309/tnull_4672.html

[10] 苏霍姆林斯基 . 给教师的建议 [M]. 杜殿坤，译 . 北京：教育科学出版社，1984.

[11] 管子 [M].（唐）房玄龄注，（明）刘绩补注，刘晓艺校点 . 上海：上海古籍出版社，2015.

[12] 毛泽东 . 体育之研究 [J]. 新青年，1917，3（2）.

[13] 杜威 . 民主主义与教育 [M]. 王承绪，译 . 北京：人民教育出版社，2001.

[14] 陶行知 . 育才学校 [C]// 陶行知文集 . 南京：江苏教育出版社，2017.

三塑教育

◎林志华

【作者简介】

林志华（1968— ），男，福建莆田人，中小学高级教师。现任三明市第十一中学校长、书记，福建省“十三五”中学名校长培养人选。曾获福建省优秀教师、全国法制宣传教育先进个人、三明市优秀教育工作者、三明市优秀班主任、全国优秀课观摩评比活动三等奖、福建省说课评比活动二等奖、三明市基础教育课程改革教学成果评比二等奖等荣誉。

“培养什么人、怎样培养人、为谁培养人”是教育的根本性问题。校长要认真学习习近平总书记有关教育的重要论述，坚定理想信念，在学校治理实践中凝练自己的办学思想，以更好落实立德树人根本任务，促进学生全面发展、教师专业成长和学校优质发展。德国教育家斯普朗格说：“教育的最终目的不是传授已有的东西，而是要把人的创造力量诱导出来，将生命感、价值感唤醒。”最有意义的教育不仅是向学生传授知识，而且要让学生在校园生活中逐渐形成正确的人生态度、高尚的思想品质、坚定的理想信念、鲜明的个性特长、良好的习惯和活跃的创新精神，为他们未来可持续发展和终身幸福奠基。在三年的省名校长培养过程中，我聆听了全国诸多名校长、专家的讲座，到国内名校跟岗、参观学习。每一次研修都进一步提升了我的办学理论素养、拓展了我的办学视野，激发我不断追问教育的原点，探寻教育的本真，在福建教育学院导师的精心指导下，结合校情，我逐步凝练了以“三塑教育”为核心的办学思想。

一、“三塑教育”办学思想提出的背景

（一）基于学校生情的考虑

学校创办于1985年，始称“三明钢铁厂第二中学”，地处三明钢铁厂小高炉生活区内，属三钢的子弟学校，生源主要由三钢双职工子女和“三证”不全的职工子女（指父或母一方是三钢职工，另一方及其孩子户口不在三明）构成。1998年学校从企业剥离，隶属于梅列区教育局，2021年6月隶属新设立的三元区教育局。随着城镇化进程的加快，大量务工人员涌入城市。学校地处城郊结合部，所在片区房租价格低廉，进城从事重体力劳动的务工人员争相租住于此。学校的生源结构改变了，进城务工人员子女占80%以上，这些学生家庭经济状况较差、家庭教育缺失、文明意识淡薄。

虽然我校多数学生的父母因忙于生计且文化程度不高，无力全面承担起孩子的家庭教育责任，但他们同样希望自己的孩子能有美好的未来。面对这一群来自“草根”家庭的“草根”学生，我们希望经过初中三年教育，从三明十一中走出来的是一个个内外兼修的现代人。为此，基于学校生情实际，提出了“塑造有修养的人、有智慧的人、有信念的人”的“三塑教育”的办学思想。

（二）基于办学现状的需要

近些年，受梅列区学校布局调整及雨后春笋般的新建校区等诸多影响，片区内一些条件好些的家庭购房搬迁，孩子随迁到经济较发达的河东片区学校就读。学校同区属其他学校相比，规模小，教师年龄结构不合理，硬件设施相对薄弱。如何破解困境，让学校办学能适应未来社会发展需要，是我们办学面临的重大课题。我们认为，先进的办学主张、鲜明的办学特色，低进高出的教学质量，才能产生广泛的社会影响，赢得社会的赞誉、家长的信任。这样学校才能持续优质发展。“三塑教育”是关注养良好习惯、启情智潜能、育公民责任的教育，重在促进学生全面而有个性地发展，在夯实基础的同时，关注智慧的生成，培育具有理想信念、责任担当能力的时代新人。

（三）基于时代发展需要

《中国学生发展核心素养》提出学生应具备能够适应终身发展和社会发展需要的必备品格和关键能力[1]。我们要回答习近平总书记提出的“培养什么人，为谁培养人，怎样培养人”这一教育的根本问题。“三塑教育”是要培养有修养的人。有修养的人应该是能珍爱生命，善于自我管理，会健康生活。“三塑教育”是要培养有智慧的人。有智慧的人应该是有人文底蕴积淀，乐学善学，勤于反思，有信息意识、科学精神、创新意识和实践能力。“三塑教育”是要培养有信念的人，有信念的人应该是有社会责任、家国情怀、国际视野。“三塑教育”可以全面贯彻党的教育方针，落实立德树人根本任务，培养德智体美劳全面发展的社会主义建设者和接班人。

二、“三塑教育”办学思想提出的理论依据

（一）思想基础

英国著名哲学家培根也说过：“习惯真是一种顽强而巨大的力量，它可以主宰人生。因此，人自幼就应该通过完善的教育去建立一种良好的习惯。”青少年时期是行为和生活方式形成的主要阶段，是养成教育的最佳时期，机不可失。法国启蒙思想家、哲学家卢梭在《爱弥儿》一书中指出：“在儿童时期没有养成思想的习惯，将使他从此以后一生都没有思想的能力。”我们培养现代人要关注内外兼修。“内外兼修”通常也指人的修养从内外两个层面所进行的全面提升。“内”指内在道德修养、文化内涵，“外”指人表现出的行为举止、言语表情。所谓“内外兼修”即是指重视外在表现合乎礼仪的同时重视内在道德修养、文化内涵的提升，最终达到“表里如一”，完成自身修养的全面提升。

（二）教育学基础

我国古代教育家孔子曾说：“少成若天性，习惯成自然。”是说小的时候养成的习惯就像人的天性一样自然、坚固，甚至就变成天性了，以至于以后所取得的成功、创造的奇迹，很多方面都是由小时候的习惯所支配的。近代教育家叶圣陶也

说："教育就是培养习惯。"可见，人具有很强的可塑性，好习惯的塑造，是促进人的全面和谐发展的基础。

（三）心理学基础

加德纳提出智力是在特定文化背景或社会中解决问题或制作产品的能力，智力是身体器官，可以通过锻炼得到提高。

美国心理学家威廉·詹姆斯：地球上的芸芸众生，唯有人才能改变他们的存在方式，唯有人才是命运的创造者。人类可以通过改变自己的内心世界，从而改变自身的外在世界，这就是我们时代的最伟大发现。

可见，青少年有很强的可塑性，我们可以从行为习惯、智力、思想加以塑造，促进人的全面而有个性的发展。

三、"三塑教育"办学思想及其内涵解析

"三塑教育"：塑行、塑智、塑魂

塑行：养良好习惯，学会自觉，做有修养的人；

塑智：启情智潜能，学会学习，做有智慧的人；

塑魂：育公民责任，学会担当，做有信念的人。

学校希望通过践行"三塑教育"办学思想，以"养良好习惯，启情智潜能，育公民责任"为追求，祈望看到每一位十一中人，能学会自觉，做有修养的人；学会学习，做有智慧的人；学会担当，做有信念的人。这是我们美好的憧憬。基于这样的教育愿景，学校形成了以"三塑教育"为核心的校园文化，确立了"办适合学生、社会满意、特色鲜明的优质学校"的办学宗旨，"以人为本，以德树人，以质立校"的办学理念。同时，学校通过抓实"一个重点"（构建适合学生的"三塑教育"课程体系），抓好"二个品牌"（法治教育，科技教育），实现"三项确保"（确保师生身心健康，确保教育质量提升，确保教育面向未来），完善"三塑教育"的评价体系等，全面实施素质教育，促进师生幸福成长。

四、“三塑教育”办学思想的理论支撑

（一）学校观

在“三塑教育”办学思想下，学校不只是传道授业的场所，更是师生生活、生命成长的家园；学校要有优美整洁的环境、面向未来的办学理念、现代化的办学条件、丰富的“三塑教育”课程体系，逐步形成厚重的“三塑教育”文化底蕴。在这里，有一批学识扎实、面向未来、胸怀世界、心系祖国、心中有学生的好教师，陪伴着一群自信、自主、自律、乐学、善疑、创新的孩子健康、幸福地成长成为有修养、有智慧、有信念的人。

（二）教师观

教师主动学习先进的教育理念，树立教育全球观，探索适合校情的教学模式，重视学科间融通，开展项目化学习、探究性学习等活动，培养学生综合能力，重视学生理性思维、动手能力和创新意识的养成教育，特别是批判思维能力、沟通能力、协调能力、表达能力的养成教育。教师要承认学生间的差异，要有等待的耐心，要有守望的精神，要有包容的情怀，不能急功近利，责备求全，要唤醒学生对未来美好生活的向往，要以教师的修养滋养学生之修养，以教师的智慧启学生之智慧，以教师之信念坚定学生之信念。

三明十一中教师誓词：我是一名光荣的人民教师，忠诚党的教育事业，履行教师神圣职责。关爱生命，尊重个性，修仁厚之德；严谨治学，精业善道，固育人之本；为人师表，爱岗敬业，铸高尚之魂；终身学习，传承创新，树时代之风。秉承“精益求精”校训，弘扬“团结拼搏，争创佳绩”精神，为促进孩子健康快乐地成长而不懈奋斗！誓词道出了全体教师成为有修养、有智慧、有信念的学生引路人的信心和决心。

（三）学生观

青少年是国家的未来，民族的希望。学生在校园生活中逐渐形成正确的人生观、世界观；坚定的理想信念，有首创精神，敢于质疑、勇于挑战、善于合作、习

惯良好、动手实践能力强，要为他们未来可持续发展和终身幸福奠基，成为有家国情怀、国际视野、国际竞争力的社会主义建设者和接班人。

三明十一中学生誓词：我是十一中的学子，我爱我的学校，更爱我的师长。学习是我的天职，成人是我的方向。我一定要强身健体，养育良德，文明守纪，立志成才。做最好的自己，我能行！誓词彰显出三明十一中学子成为有修养、有智慧、有信念的人的信心和决心。

（四）课程观

课程是为不同的学生设计不同的发展轨道。课程要体现不同类型学校办学的个性化特色。学校要构建体现基础性、实践性、多样性和选择性的学校课程体系，为学生发展创造更大的成长空间和机会，促进学生全面而有个性的发展，实现学校育人模式的创新。学校所有能促进学生全面发展的，具有教育意义的经验、计划、活动都应该视为课程。

我们学校秉承“办适合学生、社会满意、特色鲜明的优质学校”办学宗旨，努力开发“三塑教育”校本课程，践行“三塑教育”，养良好习惯，启智慧潜能，育公民责任。我们祈望看到每一位十一中人，能学会自觉，做有修养的人；学会学习，做有智慧的人；学会担当，做有信念的人。这是我们美好的憧憬。基于这样的教育愿景，并结合《中国学生发展核心素养》，我们明确提出了具体课程目标：开启智能、挖掘潜能，彰显个性、涵育责任、促进发展。旨在回归教育的原点，从“人”出发进行课程顶层设计，让教育最终回归到培养健康发展、幸福生活、成功应对未来挑战的全面发展的“人”的轨道上来。

（五）教学观

在“三塑教育”办学思想下，学校教育不是通往上流社会的阶梯，而是通往智慧的道路。教育的目的是培养学生终身学习能力，将人的潜在的想象力、创造力、美好的人性因子开发出来，加以培育、升华。学校教育给予学生知识、技能，同时要给予学生丰富的情感、充盈的内心和合作精神等应对未知世界的必备品质和关键能力。教师要激发学生的学习热情，激发学生自主自发自觉地热爱知识、热爱学习，对所学内容充满好奇和探究兴趣，每一类知识、每一节课都听得津津有味，像海绵吸水一样吸取新的知识。教师要更加注重学生学会思考，引导学生敢于暴露自己的思维，敢于质疑，善于探究和交流，使学生养成了良好的思维品质。课堂教学不能仅仅是知识传授的过程，更应该是促进学生个性发展、丰富学生精神世界、启迪学生心智、培养思维品质、促进学生全面成长的综合过程。

五、“三塑教育”办学思想的实践探索

（一）完善“三塑教育”文化理念系统

学校以“三塑教育”办学思想为核心，逐步提炼完善了包括一训三风、校标和校歌等的文化理念系统，并渗透到校园的每一个角落，使师生在其熏陶下，涵养心灵，内外兼修。

1. 一训三风

（1）校训：精益求精

精益求精，既是工作、学习上的认真严谨、一丝不苟的精神，也是矢志不移、孜孜以求所能达到的完美境界。我们希望，学校领导能学习运用先进教育管理理念，精通业务，精细管理；教师严谨治学，静心钻研，善于教学，培育人才；学生强健身心，乐于学习，勤于思考，刻苦求知，努力“笃行”所学，践行“知行合一”，做最好的自己，让师生共同成长，成为有修养的人，有智慧的人，有信念的人。

三明钢铁厂有“时时创新　日日进步　事事争先”的精神。它已成为每年创收利润超百亿元的全国优秀国有企业。学校原本是三明钢铁厂子弟学校。学校提出的“精益求精”校训是为了让三明钢铁厂的精神在三明十一中继续得到传承与发扬，激励我们的师生要有强烈的创新意识，永不懈怠、追求卓越的精神，有敢为人先、奋力进取的精神风貌。

精益求精的校训是“三塑教育”的追求。

（2）校风：和合敬竞

和：学校教育需要和谐的社会环境，和谐校园需要和衷共济，教书育人需要和

而不同。

合：教育必须适合学生，符合学生身心特点、教育教学规律，需要教师、学生、家校的合作。教育是个大工程，需要校际同行、兄弟学校的合作，需要社会各界的共同参与。

敬：和谐校园需要师师互敬、师生互敬、家校互敬；需要教师对教育事业有敬畏之心；需要教师敬业奉献。

竞：“做最好的自己，我能行！”师生不惧竞争，自强不息，共同成长。

和合敬竞校风是“三塑教育”的基石。

（3）教风：精研善教

精：精读文本，精心备课，精通规律，精讲精练，教学技能精湛。

研：研读课标，钻研教材，研究学情，研究教法，做专家型教师。

善：即好。与人为善，有一颗仁爱之心。善教者，必教善。教师做学生品格锤炼的引路人，做学生知识学习的引路人，做学生创新思维、智慧成长的引路人，做学生爱国爱乡的引路人。[2]

教：教育、教导，教师不仅要会传道、授业、解惑，更要以身垂范，言传身教，春风化雨，润物无声，促进学生主动学习、全面发展。

精研善教的教风是“三塑教育”的保障。

（4）学风：学思笃行

学：学习。学生要从内心深处乐于学习，把学习变成自己自觉的行为，并在学习中体验成功的乐趣，养成终身学习的习惯。

思：“学而不思则罔”“学则须疑”。学习过程中要善于思考，勇于质疑，敢于发表不同的见解。

笃：忠实，坚持不懈，脚踏实地，专心好学；强调学习的过程和学习的态度，旨在倡导坚持不懈、持之以恒的风气。

行：努力践履所学，使所学最终有所落实，做到“知行合一”“学以致用”。

学思笃行的学风是“三塑教育”的根本。

2. 设计校标

图1 三明十一中校标

校标采用了“绿、红、白”三色，分别对应“塑形、塑智、塑魂”。绿色表示养良好习惯，塑健康形象，做有修养的人；红色表示启情智潜能，激活跃思维，做有智慧的人；白色表示育公民责任，筑纯洁品质，做有信念的人。

3. 谱写校歌

校歌《放飞理想》体现全体教师为培养会健体、会学习、会生活、会做人的学生而勤奋耕耘；也告诉同学们要成功就要树立远大的理想，要注重良好习惯的养成，做个有修养、有智慧、有信念的人。

4. 营造文化氛围

学校统一制订了《三明十一中教室布置规范》，征集班名、班训、班级口号、名人名言、典故，设立荣誉栏、班务栏和读书角等。各教师办公室都有标语，富含文化气息，干净优雅，配备书柜和书籍，最大限度地方便教师随时读书学习。将校园的活动图片、名人名言、优秀历史典故等放置在合适的位置，让学生在潜移默化中享受校园文化的熏陶，规范自身的行为，实现人格的升华。

（二）笃行“三塑教育”育人模式

1. 塑行：养良好习惯，学会自觉，做有修养的人

（1）学高为师，身正为范，培养有修养的教师

学校把师德师风建设摆在教师队伍建设的首要位置，积极开展教师职业道德教育，引领教师回归“初心”，不断增强“立德树人”的责任感和使命感，让每位教师真正做一名促进学生品行、品格、品位健全发展的引路人。学校加强正面教育和引导，力促全体教职员工保持高昂奋进的精神状态、精益求精的工作态度、追求实效的工作作风、廉洁自律的职业操守，着力营造风清气正的教育发展环境。在全体教师中开展了“不收礼”等活动。学校认真总结经验，并结合本校实际，推行“一学期一报告”制度，即每学期开学一个月之内，学校教师向学校报告上学期以来开展教师“不收礼”活动的情况，着力形成不想收礼、不敢收礼、不能收礼的长效机

制，并于每学期初与每位教职工签署《三明十一中廉洁从教承诺书》，促进教师廉洁从教，规范教师教学行为。

（2）习惯养成，塑行于外，培养有修养的学生

“塑行”就是培养学生学会做人，做有修养的人。有修养的人，除了有文化修养之外，还要养成良好的习惯：良好的文明习惯、良好的学习习惯、良好的安全习惯、良好的遵规守纪习惯等。

①养成文明的习惯。未来社会的文明进步程度与这一代人的文明水准有直接的关系。为了使每个孩子成为对社会有用的人，必须从做人的教育开始。而做人的教育又是从文明习惯的养成开始。文明习惯主要是指人的仪表、用语、卫生、待人接物等方面的习惯。这几个方面都是人外在美的表现。中学生要注意自己的外部形象，做到仪表整洁、优雅，举止端庄、有风度。

我们开展了“文明班级评比”“洒扫应对”“日行一善”“学《弟子规》，行八礼”等主题活动，让学生在活动中得到教育，从而养成良好的文明习惯。开展“校园之星”评选活动，引导学生举止要文明，待人接物要彬彬有礼，要学习身边好人，乐于助人健康生活。培育“说普通话、用文明语”的校园语言文化。学校要求师生在校内必须使用普通话。提倡使用“请、你好、谢谢、对不起、再见”等十字礼貌用语。公用文字规范化，学校公文、标牌、墙报用字等校园文字使用规范字。

②养成良好的学习习惯。学习是长期艰苦的脑力劳动，是青少年的主要任务。良好的学习习惯是提高学习成绩的先导。青少年正处于长知识、长身体的时期，他们朝气蓬勃，精力旺盛，记忆力强，有了良好的学习习惯，就能提高学习效率。

学校出台了《学生预习要求》《学生课堂规范》《课后复习步骤》《学生作业规范》《小组合作学习》等条例，要求学生上课前要认真准备好课堂学习用品，把上课用的书、练习本、笔记本和其他学习文具准备好，并进行课前预习；课堂上要集中精力，认真听讲，勤于思考，积极发言，做好笔记；课后要积极巩固，认真复习，实践应用。家庭作业做到自己独立完成，不抄袭他人的作业，书写工整，卷面清洁，虚心好问，错误及时订正，做到问题不过夜。学校通过作业、笔记的检查评比展示，促进学生养成良好学习习惯，善于自我管理。鼓励学生掌握适合自己的学

习方法，把学习作为完善自我的内在需求，时时学、处处学、事事学。小组同学互学互助，共同探究，共同进步，构建成阳光、积极向上的生命成长共同体。

③养成良好的安全习惯。学校把生命教育作为思想道德建设的重要载体，纳入素质教育内容中，引导学生关心社会、爱护环境、珍爱生命、爱护自己、完善人格、健康成长，提高生存技能和生命质量，培养学生坚韧不拔的意志和勇敢、自信、坚强的品格。学校从五个方面为生命教育提供保证：一是教材有保证。学校下发了安全教育校本教材《生命教育读本》，并配有课件。二是课时有保证。每月一堂安全课，学校政教处根据学校具体情况和季节特点有针对性地安排教育主题，班主任利用政教处提供的校本教材和课件，结合班级实际情况灵活开展主题教育，做到教师有教案，学生有作业。在新型冠状病毒肺炎疫情防控期间，以视频制作、征文比赛、书画、朗诵、主题班会等形式进行疫情防控、生命、感恩、责任担当等教育。三是制度有保证。学校从管理层面、政教安全处层面、教师层面、学生层面出台一系列规章制度，明确了各自的职责，涉及安全知识的传授，定期与不定期安全隐患排查，各个应急预案的演练，实行安全设施“周查月报”制度，确保生命安全。四是机制有保证。学校成立由校长任组长的安全工作领导小组，确立校长是安全第一责任人；成立保卫处，由专人负责学校保卫工作；聘请法制副校长和专职保安，明确职责，形成定期交流沟通通报制度；与每位教师签订保学生平安责任状，引入“学校安全一票否决”的机制，形成人人讲安全的氛围，让管理不留死角。五是经费有保证。应投尽投，投入资金用于设备的更新，隐患的排除。

④养成良好的遵规守纪习惯。遵规守纪是孩子形成良好品德的需要，也是孩子学习科学文化知识的重要条件。任何一个人要自由、幸福地生活、学习、工作，都必须有一个和谐稳定的环境，而这种和谐稳定的环境，如果没有秩序和纪律的保证是无法实现的。

遵规守纪习惯的养成，首先要从点滴小事抓起。每学年新生第一课就是学习《中学生守则》《中学生日常行为规范》，了解学校的规章制度，如学校一日常规、校园纪律、集体活动纪律、图书馆纪律等。作为中学生，要时刻遵守这些规章制度。让学生懂得：任何一个人，必然要受到集体、社会、国家纪律和制度的制约。违纪就要受到纪律处分，违法就要受到法律的制裁。

同时，学校根据地处城乡结合部，周边治安环境差、生源复杂、家庭教育缺失，学生法治意识淡薄的实际情况，以“法治教育”为突破口，走特色办学之路。“3513”普法教育模式反响甚大。“3”即学校法治教育做到“三有”——有制度、有教材、有阵地。我校编写的法治教育教材《青春与法》已经成为区本教材，在全区中小学校推广使用。“5”是五个常规动作，校园广播站每周进行一次法治教育内容广播；每学期组织观看一次普法视频（法制教育图片展）；每月开展一次“以案学法”活动；每学期开设一节法治教育讲座；每学年组织开展一次体验式教育活动（“我是小小普法宣传员”、法治游园、参观梅列法院、“法官送法进校园”活动）。“1”是开展一次特色教育活动——开展“少年模拟法庭”活动。少年模拟法庭设审判长、审判员、公诉员、辩护人、法定代理等 10 人，它通过学生模拟法庭上的角色，真实地再现审判过程，真实地演绎角色心理，取得了良好的教育意义。“3”开展普法教育“三进”活动：进校园、进社区、进家庭。

十多年持之以恒的法治教育活动，提高教育实效，学校连续十多年实现零犯罪，无安全事故，营造了安全、文明、祥和的育人环境。学校“法治教育”今天俨然成为梅列区的德育品牌项目。

2. 塑智：启情智潜能，学会学习，培养有智慧的人

（1）研与训相伴，育智慧之师

学校以研训为平台，坚持“以校为本”，践行梅列区域教研“五课”模式（即备课、说课、上课、观课、议课），并在充分研究校情、学情的基础上，推出适合学校发展的“三段六步”的课堂教学模式，并成功申报为市级课题。

“三段”，即“导”“学”“练”；“六步”，即导入，激发兴趣，明确目标；自学，独立学习，自主探究；交流，合作学习，开拓思维；整理，理清关系，巩固所学；过关，效果检测，反馈提升；总结，构建体系，提高效率。在培养学生主动学习、自主探究、合作研讨能力的前提下，把“三段六步”的课堂教学模式演变成了适合不同课型的“1+N”种教学模式，让学校教学质量大幅提升，近年来中考均取得优

异成绩，得到上级教育部门及社会广泛认可。

以校为本的系列研训活动成就了一批批教师。学校现有高级教师 13 人，省、市优秀教师 4 人，市学科带头人培养对象 2 人，市骨干教师 4 人，区语文名师工作室的领衔人 1 人，区学科带头人、骨干教师 8 人。近年来，有近百人次在全国、省、市、区各类教学评比中获奖。其中语文组，7 名组员多次承担市区级公开课、讲座及“送教下乡”等任务，涌现了市学科带头人 1 人，市骨干教师 1 人，区学科带头人 3 人，区骨干教师 1 人，教研组长是梅列区语文名师工作室的领衔人。学校立项的区级以上的课题多达 12 个，几乎涵盖所有学科，两年来有 5 位教师的 6 篇教育教学论文在 CN 刊物上发表，占全校教师数的 12.5%。

（2）建多元“三塑”课程，领学生成长

基于学校的办学主张，结合《中国学生发展核心素养》，学校明确提出了学生的具体课程目标：开启智能、挖掘潜能、彰显个性、涵育责任、促进发展。

学校课程基于学生核心素养的培养，有清晰的内容及渐进结构，即安排相对丰富、完善的国家规定的必修课程，让每一位学生都能“吃饱”；又创设多元、个性化的选修课程，让那些有个性需求的学生都能“吃好”。总之，要让每一位学生都能实现全面发展、差异发展、个性发展。

①校本特色课程：“电脑机器人”“法制教育”“悦读”“书法”等课程，列入课程表，并积极开发相应的校本教材。

②自主选择课程：以张扬个性、培养探究能力为主，以巩固、深化和拓展学科知识为基础，以探究性学习活动为纽带。一是体艺类，如摄影入门、动漫制作、“青青草”合唱团、“雄鹰”运动队；二是科创类，如电脑机器人竞赛、科技小制作；三是心健类，如心理幸福教室；四是学科拓展类，如国学经典诵读、花卉的培育和养护、走遍中国、历史长廊等。

③活动类课程：以活动为载体，尽可能与主题活动或社团活动联动。以青春、鲜活、有趣、形式多样的活动课程吸引学生踊跃参加，丰富学生的校园生活。一是校外活动课程，如研学旅行、综合社会实践与军训、走进特校、与福利院特殊儿童开展心连心活动等活动课程；二是校园专题活动课程，有“科技文体周”“读书

节”“阳光体育运动”“节庆活动”“十佳歌手赛”“趣味运动会”“三人篮球赛”等；三是德育系列活动课程，如法制教育、安全教育、感恩教育、诚信教育、志愿者活动等课程。

在以上三类课程中，最引以为豪的是以“电脑机器人”为龙头的科技课程。学校建设了三明市首个电脑机器人竞赛训练专用教室、普及型机器人专用教室，开发了初级、中级两套校本课程，七年级每班每周开设一节电脑机器人课，逐渐建构以电脑机器人教学为载体，宝塔形科技教育的思路。学校的“电脑机器人”在国家、省、市各级青少年竞赛中屡创佳绩，指导教师赵欣荣获福建省“十佳教练”，学生累计获奖 262 人次，其中国赛获奖 4 人次，金牌 2 枚；省赛获奖 142 人次，金牌 26 枚；市赛获奖 136 人次，一等奖 52 人次。我校曾以福建省冠军队的身份出战全国赛，在与来自各省的冠军队的激烈角逐中，我校代表队取得了全国第三名的骄人战绩，勇夺金牌。学校还为区属内多所学校培训教练，为兄弟学校参赛学生提供指导服务，在三明市区起到很好的示范、引领、辐射作用。“电脑机器人”成为梅列区教育品牌项目，学校成为三明市特色项目学校。

（3）创书香校园，固塑智根基

学校积极投入“书香校园”的创建工作，一是把读书和德育结合起来——读书明理，读书修德，使德育因书香而沁人心脾，芬芳吐艳，而书香也因育德而熠熠生辉，魅力无限；二是把读书与教学结合起来——立足于课内，放眼于课外，课内打基础，课外求发展，教师以培养学生的阅读兴趣和能力为核心，探索以课堂为主体，课外校外为两翼的大阅读教育模式，形成鲜明的课外阅读特色。

学校坚持每周开设一节阅读写作指导课，强化精读、略读、跳读等阅读技能的训练，努力探索“阅读指导课”“读书交流课”“导读课”等各种课型的基本模式，通过建立指导机制，培育善读之人。三年来，学校开设了“美文欣赏”“经典诵读”“名著阅读”等，保证每天一小时的阅读时间，每天晨读 15 分钟，每日午读安排写字课，晚间提倡“作业式”晚读和“亲子共读”活动。寒暑假期间，开列各年级读书清单，要求学生做好摘抄，并以“说说我寒（暑）假所读的书”或“我最喜欢的一本书”为题写随笔，聚沙成塔，积少成多，培养良好的阅读习惯。

（4）搭展示平台，显个体特色

学校每年以世界读书日和终身教育日为契机，开展各项读书教育活动，如“汉字听写大赛”“读书沙龙”“跳蚤书市”“读书笔记及读后感征文展”“同读一本书”“读书节创意活动”等。每年的科技文体周更是深得师生们喜爱：才艺训练和展示，培养积极向上的团队精神，提高艺术欣赏能力与表现力；课本剧的编写创作与表演，证明自己不再是只会死记硬背知识的学生；猜谜活动，展现广博的知识和良好的推理判断能力；地球仪的制作，发展孩子们的想象力、创造力；烹饪大赛，培养孩子们实践操作能力及热爱生活的情趣；社会实践，拓展孩子们的知识与能力；运动竞赛，让孩子们更加强壮，更加自信；摄影作品，教会孩子们学会捕捉和展现生活中的美好事物……林林总总的活动为全体师生搭建了展示风采、交互学习的舞台，在这个舞台上，每个人都绽放出属于自己的最美姿态。

3. 塑魂：育公民责任，学会担当，做有信念的人

（1）推进“三有”教育，提师能铸师魂

学校结合梅列区教育局“忠诚履责，爱生乐教”主题教育活动，号召教师把“立德、立言、立行”[3]作为职业追求，积极推进“三有”教育，一是突出“爱与责任”的教育本质，提倡“有心”教育，老师庄严承诺“具有高尚的师德情操，建立平等的师生关系，体现先进的教学理念，展示深厚的教学功底，给予科学的思维启迪，提供多元的成长平台，唤起强烈的心灵共鸣，叩开快乐的成功之门，让每一个与我相遇的孩子，因我而幸福。”二是明确教育目标，实施“有序”教育，遵循教育规律，符合学生认知规律，遵守办学“五规范”。三是以活动为载体，实现“有效”教育，开展“共读一本好书”“读书论坛”等活动，引导教师自觉地遵循教学规律，自主地探索适合不同课型的教学方法，追求高效益的课堂教学，关注学生自主学习习惯的养成，充分挖掘学生的自身潜力，使之形成终身学习意识和自我发展的态势。

（2）探索体验式德育，提升品位品格

有效整合和利用校内资源，因地制宜利用社区环境资源，合理利用和挖掘多种社会资源，校内课堂与大自然、家庭、社会相连，让学生生活的整个时空都成为生

命成长的体验场，通过多彩的形式开展活动体验，帮助学生获得丰富的感性认识和情感体验。通过“社会实践活动”“研学旅行”“我们的节日”“志愿者活动”“体验式班会”等系列德育活动平台，把责任教育、养成教育、法治教育、诚信教育、传统文化教育和爱国主义教育等主题活动结合起来，转化为对自己负责、对他人负责、对家庭负责、对集体负责、对社会负责的具体行为，提高广大师生的道德修养。上学期，在九年级开展的走进福利院关爱孤儿的活动中，参与活动的同学在奉献爱心的同时也深受教育，更加珍惜自己的幸福家庭生活。有位同学特别让我感动：在福利院慰问孤儿时，九（1）或（2）的一位学生悄悄留下福利院管理人员的联系方式。回来后，他悄悄地给福利院的孤儿、两位老人每人买了一双鞋，这件事是第二批学生去福利院时，福利院管理人员告诉我们老师的，说你们学校的学生好懂事。这位不留名的同学，我为你感到骄傲，因为你有一颗善良心、有了社会的责任与担当。

（3）挖掘身边榜样，引领向善向上

学校设立善行义举榜，在全校营造“学好人、做好人”的舆论氛围，充分发挥身边典型人物的榜样作用，使道德模范的高尚行为逐步成为广大师生的自觉行动，促进全校文明程度和道德水平进一步提高，推动公民道德建设深入发展，在全校营造崇尚好人、争当好人、争做好事的良好风尚，培养学生的家国情怀和国际视野。

（4）重视心健教育，培育健全人格

学校开设心理健康教育活动课，开发校本课程，实现“教师、教材、课时”三落实；开辟“好心情心理咨询室”和“知心姐姐”信箱，疏通师生交流渠道；办好“校园之声”广播心理健康教育栏目；每月出一期心理健康教育小报；开一堂心理健康教育讲座；组织学生观看心理健康教育专题片，帮助学生提高心理素质，健全人格，增强承受挫折、适应环境的能力。

（三）完善“三塑教育”评价体系

学校重新修订并汇编《三明十一中章程》及《三明十一中学校管理制度》，规范了学校管理，明确了评先评优机制、年度考核、绩效考核机制等，激励教师争先创优。

1. 学生评价体系

学校制定了《三明十一中学生综合素质评定报告》。从“思想品德”“学业水平”“身心健康”“艺术素养”“社会实践”五大类，对学生进行综合评价，从课内到课外，从校内到校外，从学业到品德，都是评价的内容，从而形成立体的综合评价。

（1）强化评价组织结构。学校组成综合素质评价领导小组，统筹管理推进工作，并由班主任、任课教师、5~7 名选举产生的学生代表组成班级各项目评价小组，负责具体评价。

（2）并行多样评价方式。根据评价内容和评价要求采取学生自评、同学互评、教师评议，评价小组依据学生的相关情况认定评价等级。

（3）简化评价实操细则。将综合素质评价分为学期评价和初中毕业总体评价两大版块，还明确了等级评价和写实描写评价相结合的结果呈现方式和评价等级比例设定，将实际操作简洁化、直白化、高效化。

（4）明确评价结果使用。将初中阶段学生综合素质评价结果作为初中毕业的基本条件，进一步提升综合素质在毕业中的“地位”。

2. 教师评价体系

学校结合年度考核，由个人自评、学生评价、家长评价、部门评价综合构成，全面衡量教师的师德教风、业务水平、综合素质和职业生涯表现，看重考察教师如何注重学生的习惯养成教育。

我们注意到评价不是简单地把师生分为几个等级，而是要激发师生的无限潜能，让师生去发现美好，向往美好，成为最好的自己。

六、“三塑教育”育人模式初显成效

学校践行“塑行、塑智、塑魂”教育育人模式，已初显成效。该校是全国“零犯罪学校”、全国青少年普法教育先进单位、全国青少年人工智能活动特色单位、福建省义务教育管理标准化学校、福建省“依法治省”先进集体、第八届省青少年科技教育工作先进集体、福建省心理健康教育先进单位、三明市文明校园、三明市首批“书香墨香”特色学校、第12届省青少年机器人竞赛优秀组织学校，曾获得福建省“中国梦·爱国情”中华经典诵读大赛集体项目二等奖。“电脑机器人”“法制教育”被评为三明市梅列区教育品牌项目。学校的教育教学质量逐年上升，教育教学质量屡创佳绩，得到社会和家长的广泛好评。

七、未来展望

（一）面向未来，让思想主张助力学校更好发展

我继续学习国内外先进的教育理论，进一步丰富、完善自身的办学思想主张，大胆实践，不断拓展完善“三塑教育”的外延，不断完善“三塑教育”的内涵，引领学校教育超越发展，让进城务工人员子女享受到最优质的教育，为他们最终成人、成才、成功打好人生的底色。

（二）文化引领，让思想主张助力师生更好成长

打造以“三塑教育”为核心的校园文化，让学校获得持续的发展动力，成为福建省知名的学校；教师专业自觉发展，形成一支创新型的、有活力的名师队伍；学生自主发展，培养出有坚定信念、坚毅品格，有家国情怀、国际视野，能适应未来社会发展需要的人。

（三）辐射示范，让思想主张助力更多学校共同优质发展

带着不断完善的“三塑教育”理念，走进薄弱校，为他们进行办学诊断，帮助他们形成办学主张，打造品牌特色、提升办学质量。把志同道合的校长组织在一起，组建学校教育共同体，以共同的教育价值取向、相近的办学思想为指导，举办讲座、论坛，开展交流、研讨活动，取长补短，共同提高。

【参考文献】

[1] 中国学生发展核心素养 [EB/OL].[2016-09-14]. 人民网 .http：//edu.people.com.cn/n1/2016/0914/c1053-28714231.html.

[2] 以“四有”教师为目标做好学生“引路人”[N]. 光明日报，2016-09-12(01).

[3] 张燕瑾 . 文白对照全译左传(第二卷)[M]. 北京：国际文化出版公司，1993：131.

修诚·启智

◎吴正平

【作者简介】

吴正平（1969— ），男，福建莆田人，中学高级教师。现任莆田第八中学校长兼书记，莆田市骨干教师，福建省“十三五”中学名校长培养人选。曾获莆田市中小学优秀校长等荣誉。

一、“修诚·启智”办学思想提出的背景

（一）传承历史传统

学校办学历史悠久。1948 年秋，教育界老一辈著名书画家朱成淦先生多方奔走筹备，在黄石镇郊井埔村，以古田令朱公祠为校址，创办了黄石地区第一所私立初级中学，为纪念民族英雄戚继光（字元敬，号南塘）平倭伟绩，学校取名“福建莆田私立南塘中学”。1949 年，学校迁址黄石安兴街显应祠（今莆田八中校园内）。学校几经改名，2003 年，恢复“莆田第八中学”的校名。经过几代人的辛勤努力，莆田八中从小到大，从弱到强，不断发展，2002 年通过省三级达标校验收，2006 年通过省二级达标校验收，2010 年正式被批准为省一级达标高中。

“修诚·启智”的办学思想渊源于朱成淦先生的家国情怀。莆田八中创办人朱成淦先生（1914—2001），1914 年出生于莆田黄石井埔书香世家。1935 年，朱成淦考入南京中央大学美术科学习。1937 年抗日战争全面爆发，中央大学西迁，朱成淦回到福建，在集美中学担任美术教师，其间与学生黄永玉（国画名师）亦师亦友，并指导他走上美术和革命之路。同年，朱成淦为激励抗战斗志，创作出版了

木刻《抗战画集》二册，可见朱成淦心中流淌的是浓厚的家国情怀。朱成淦虽是著名画家，但他一生十分重视公益事业。1943 年，朱成淦的母亲病危，回家尽孝期间，他在黄石镇创办了第一所学校“水南小学”，这所学校后来更名为“南塘小学”，寓意希望学校能培养更多像戚继光（号南塘）一样的民族英雄，抵御外辱，为国争光。1948 年，朱成淦向教育部门申请，创办了家乡的第二所学校“福建省莆田私立南塘中学”，朱成淦兼任南塘小学校长和南塘中学董事长，并担任莆田一中的美术教师。南塘中学就是后来的莆田第八中学，学校的艰辛创办历程激励着莘莘学子，学习戚继光保家卫国的爱国主义精神和朱成淦老先生热爱家乡热爱教育的家国情怀。正是因为这种以国家和民族安危为己任的爱国主义精神不断传承激励，莆田八中的发展从小到大，成为莆仙大地上的一所名校。

朱成淦所推崇的戚继光（1528—1588），字元敬，号南塘，是明朝抗倭名将和民族英雄。戚继光具有卓越的军事韬略和指挥才能，他将自己一生和抗倭事业结合起来，时刻以国家安危为己任，为国家、为民族作出了贡献。戚继光驱逐倭患，保卫海防，在黄石镇有激烈的林墩之战，救百姓于水火，同时以身作则，队伍纪律严明，作战勇敢。朱成淦先生推崇戚继光，源于他和戚继光都有着以国家和民族安危为己任的强烈的爱国主义精神。

（二）新时代新使命

党的十八大提出了“坚持教育为社会主义现代化建设服务、为人民服务，把立德树人作为教育的根本任务，全面实施素质教育，培养德智体美劳全面发展的社会主义建设者和接班人，努力办好人民满意的教育”的新时期教育方针，同时提出了要积极培育和践行社会主义核心价值观。习近平总书记提出明确要求，要以培养担当民族复兴大任的时代新人为着眼点，强化教育引导、实践养成、制度保障，发挥社会主义核心价值观对教育的引领作用，把社会主义核心价值观融入教育教学各方面，转化为学生的情感认同和行为习惯。因此，我充分认识到，为促进学校及师生的可持续发展，必须将社会主义核心价值观与学校的办学思想紧密联系、融合。于是，本人将学校的办学思想提炼为“修诚·启智”，以校训和“三风”建设落实办学思想，把办学思想融入学校教育的各个层面，指明了八中前进的方向。

办学思想：修诚 · 启智。

办学目标：成全学生、成就教师、成功教育。

治校方略：厚德养校、质量立校、和谐治校、科研兴校、特色扬校。

校训：励志、笃学。

校风：团结、勤奋、求实、进取。

教风：博学、合作、关爱、奉献。

学风：勤奋、自信、活泼、进取。

二、“修诚 · 启智”办学思想主张及内涵解析

（一）“修诚”内涵解析

《说文》：“诚，信也。从言，成声。”修诚指修养学生“诚”的品德。《中庸》认为：“诚者，天之道也；诚之者，人之道也。”在《中庸》看来，诚必须通过具体的修养途径才能实现，要经历一番修养才能达到。孟子认为“诚者，天之道也；思诚者，人之道也。”宋代理学家朱熹也认为：“诚者，真实无妄之谓。”

因此，讲诚实、守信用一直是中华民族的传统美德，更是中华文明的价值取向。莆田八中创办人朱成淦老先生一生光明磊落，坦坦荡荡，历尽艰苦创建八中。他认为士有百行，以德为首。而诚信是道德之本，是人生品质教育的基石。百德诚为尊，万事信为本，诚信是为人处世的根本，是正确的人生观、世界观、价值观的源头活水。

对教师来说，就是要以诚为本，忠诚于党和人民，忠诚于国家的教育事业，脚踏实地，安心教书，真诚育人。

对学生来说，就是要养成正确的人生观、世界观、价值观，具体做到：一要忠诚于党，忠诚于祖国，具有爱国主义精神；二要有诚毅的人生态度，这是取得成功的基本品格；三要有诚实的精神，既要在学习中实事求是，又要在生活中诚实守信；四是为人处世方面要待人真诚、与人为善。

（二）“启智”内涵解析

“智者，知阴阳也。”启智指启迪学生的智慧，开启智慧的法门。“以道启心，以心启智。”启智就是要以人为本，以德为先，发挥人的主观能动性和聪明才智，学习各方面的知识与技能，激发学习兴趣，学习做对社会有用的人。

《荀子·正名篇》认为：“知而有所合谓之智”。启智包含智育、智学、智达三个层面。

智育指以发展智力为主要任务的教育，主要指文化科学知识的教育。

智学指学生学习方法改革与教师教学方式探索。

智达指聪慧敏达，达到融会贯通。

对学生来说，通过创设良好的学习情景，让学生系统地掌握科学文化知识，同时激发学生学习的主动性、积极性，着力培养学生的创造性思维，尤其是开拓发展创新的能力，真正落实核心素养。新时代的学生要成为“全面发展的人”，就必须具有人文底蕴、科学精神、学会学习、健康生活、责任担当、实践创新等核心素养。其中，各个学科的核心素养都要求学生能够具备理性思维、批判质疑、勇于探究、勤于反思的能力。因此，学校在教育过程中一定要让学生学会学习，具有科学精神，并勇于实践创新。也就是要启迪学生的智慧，让他们能够思考问题，具有创新能力，培育学生核心素养，促进全面发展。

对教师来说，为了能更好地培养学生，也必须加强学习，合作研究，改变教育教学模式，努力提升自己的教育智慧，深入培育学生学科核心素养，对学生进行有效的启智，让核心素养真正落地生根。

（三）“修诚·启智”内在联系

陶行知说过：“千教万教教人求真，千学万学学做真人”。教育的根本目的是让学生成为一个真正的人，学校不但要教会学生追求真理，更要让学生能成为真诚的人，对社会有用的人。修诚和启智是不可分割的整体，既不可分割，又不能相互替代。它们是相辅相成、缺一不可的。从“修诚”到“启智”有明显的逻辑递进关系，“修诚”是基础、是根本，“启智”是核心、是目的。诚以养德，智而立身。教师是指路明灯，引导学生学会学习、学会做人才是成功的教育。学校以立德树人为根本任务，以社会主义核心价值观作为道德修养的目标，修养学生“诚”的品德，以远大理想确立人生航向，不断为自己的理想而奋斗。启智是现代教育的追求，要求学生个体的完善，实现五育并举、全面发展。诚智教育始终围绕立德树人这一时代根本要求，把修诚作为实现立德树人的途径，启智才能真正培养出德智体美劳全面发展的社会主义建设者和接班人。

三、“修诚·启智”办学思想的理论依据

（一）来源于新时代教育理论

“修诚·启智”办学思想的提出，是学习贯彻习近平总书记关于教育的重要论述的体现。党的十九大作出中国特色社会主义进入新时代的重大判断，开启了加快教育现代化、建设教育强国的新征程。习近平总书记强调，落实立德树人根本任务，要把立德树人的成效作为检验学校一切工作的根本标准，培养德智体美劳全面发展的社会主义建设者和接班人。习近平总书记提出要积极培育和践行社会主义核心价值观。富强、民主、文明、和谐是国家层面的价值目标，自由、平等、公正、法治是社会层面的价值取向，爱国、敬业、诚信、友善是公民层面的价值要求。这个概括，回答了我们要建设什么样的国家、建设什么样的社会、培育什么样的公民的重大问题。将社会主义核心价值观融入我国学校教育是保证人才培养质量所必需。“修诚·启智”办学思想的提出，实质是社会主义核心价值观融入学校教育，内化为师生对社会主义核心价值观的认同。社会主义核心价值观融入学校教育，有助于保证我国学校人才培养质量，解决培养什么人、怎样培养人、为谁培养人这个根本的教育问题。

习近平总书记明确指出“要努力构建德智体美劳全面培养的教育体系”，这是新中国成立以来教育史上的第一次，具有里程碑意义。这个要求明确地把德智体美劳作为一个整体予以考虑，揭示了德智体美劳五育之间的内在联系与相互融合、相互促进的发展规律；这个要求是对人才培养使之达到德智体美劳全面发展的最有力

保障。核心素养指学生应具备的适应终身发展和社会发展需要的必备品格和关键能力，突出强调个人修养、社会关爱、家国情怀，更加注重自主发展、合作参与、创新实践。核心素养以培养“全面发展的人”为核心，分为文化基础、自主发展、社会参与三个方面，综合表现为人文底蕴、科学精神、学会学习、健康生活、责任担当、实践创新六大素养，具体细化为国家认同、理性思维等十八个基本要点。从价值取向上看，它“反映了学生终身学习所必需的素养与国家、社会公认的价值观”。从指标选取上看，它既注重学科基础，也关注个体适应未来社会生活和个人终身发展所必备的素养；不仅反映社会发展的最新动态，同时注重本国历史文化特点和教育现状。在我国，社会主义核心价值观包含了国家、社会、公民三个层面的价值准则。因此，基于中国国情的“核心素养”模型，应以社会主义核心价值观为圆心来构建。它是可培养、可塑造、可维持的，可以通过学校教育“启智”而获得。“启智”就是要开启学生智慧的法门，营造全员育人、全过程育人、全方位育人的良好氛围，坚持“五育”并举，全面发展素质教育，为新时代的中国培养德智体美劳全面发展的社会主义建设者和接班人。

（二）植根于中国优秀传统文化

“修诚·启智”办学思想的提出，其思想源泉来自儒家经典《中庸》，直接来源是莆田八中创办人朱成淦先生的家国情怀。

《中庸》建构了一套以“诚”为价值核心的道德修养理论。《中庸》在引出“诚”这一问题以后，针对什么是“诚”进行了详尽的论述，其书有言：“诚者，天之道也；诚之者，人之道也。”“诚”从字面上看是精诚，纯正之意，《中庸》所说的“诚”是个人的一种本性，是看不见、摸不着的，是一种自然而然的本性，它是从人的内心自然产生出来的。《中庸》认为，“诚”，必须通过具体的修养途径才能实现。人的道德良知不应该到人身以外去寻求，只能“反求诸己”，并通过人自身的修养来达到。

这一办学思想也来自学校创办人朱成淦先生对国家、对家乡的深厚情怀。创建莆田八中过程中，朱成淦老先生经历过求人、被欺骗、经费不足卖自家田地等，始终意志坚定、不忘初心。他希望自己创办的学校能培养更多像戚继光一样的民族英雄，抵御外辱，为国争光。这些植根于中国优秀传统文化的理论依据，经过一代又一代八中人的传承，为我们指明了诚智教育的方向。

（三）吸收了马克思主义关于人的全面发展观点

马克思主义关于人的全面发展具有丰富的内涵，人的全面发展问题既包括人在生产领域方面的全面发展，又包括人的精神生活和文化生活的全面发展，而且面向大多数人的全面发展问题。马克思主义认为，全面发展不是人的各方面均衡发展、平均发展，而是指人的各方面素质的和谐发展。它意味着人的高尚的思想信念、道德品质、审美情趣、智力发展以及物质需要和精神需要的有机结合，使人在工作和生活中体现出力量、能力、热情和需要的完美和谐。此外，全面发展不是忽视人的个性发展，而是强调人的全面发展与个性发展的辩证统一，德智体美劳等各种素质在人身上的和谐发展正是个性完善发展的表现。“修诚·启智”办学思想的实践，就是要树立起全面发展的教育观，真正实现五育并举。

四、“修诚·启智”办学思想的理论支撑

（一）学校观

著名教育家苏霍姆林斯基说，一个好校长，就是一所好学校。作为校长，如何理解学校，就会如何决定学校行为、学校思维乃至整个学校生活方式。“修诚·启智”办学思想渗透了我对学校的基本理解：第一，学校不只是一种知识传授的场所，而是一种社会组织，是将制度化组织与日常生活组织统一的组织。学校组织具有强烈的生活意义，也是一种生活行为和生活方式，其中展现着诚毅的品格和积极向上的生活态度。第二，学校是一种充满着精神感召力的学习型与发展型的文化组织。精神感染力是文化组织的基本标志。第三，学校是具有文化品位的场所。第四，学校是物质环境与心理、精神相统一的优质生活空间。环境的人文情调和人文关怀的彰显，学校应具有“家”的亲和力。

（二）课程观

在“修诚·启智”办学思想指导下，学校注重“诚智”课程体系建设，深化课堂教学改革，构建五育并举课程培养体系。我认为课程改革必然是牵一发而动全身的系统工程。确立五育并举课程培养体系处于学校教育的核心与基础地位。第一，学校特色必须通过课程化来实现。课程特色，就是学校最大特色。第二，课程开发方向是从传统固定的班级授课制，走向校级走班制。第三，拓宽课程实施时空，慕课、微课、翻转课堂、在线学习已成为课程改革与共享的重要平台。这样既关注学生个性化发展需求，又保证课程设置的合理性与可持续发展。

（三）教师观

一所学校所取得的成就，归根结底应当首先有一支中流砥柱的教师队伍。我认为具有敬业精神、专业素养高、严谨治学、乐观积极的教师队伍是办好一所学校的先决条件和坚实基础。因此，培养、建设一支具有敬业精神、专业素养高、严谨治学、乐观积极的教师队伍是莆田八中“修诚·启智”办学思想的起点和归宿点，从思想精神、专业素养、严谨治学、健康乐观、积极向上方面打造教师队伍，这才是学校长足发展至关重要的因素。

（四）学生观

学校教育的对象是学生，学校一切工作都是为了学生。任何学校教育的根本目的是促进学生全面发展。我始终坚持这一学生观——学生是主体。在当今信息化、多元化的时代，对学生的理解，一定要超越机器时代、进化论时代的学生观，既要把握学生的主体性，又要充分认识到学生之间存在着个性的差异。每个学生个体都是独特的，个体之间存在着差异，即个性差异。高中阶段要把握高中生生理发育成熟、思维成熟、面临人生道路选择等特征。在“修诚·启智”办学思想指导下，学校建立起校长负责、分管副校长主抓，政教处、团委会、总务处、保卫科协同，年段长、班主任及课任教师参与实施，社会家庭联动的德育工作机制，将学生观的要求融入学校教育教学全过程。

（五）教学观

校长是学校发展的第一责任人，也是提高教育教学质量的第一责任人。教学工作是学校的中心工作。秉承这一教学观，我明确提出教师在教学及教学管理中的职责，真抓实干，努力提高教学质量和效益。作为校长，始终引领学校教学方向，把握教学管理指挥权，促进教学工作深入发展。作为学校领导者，对教学工作准确定位，引导教师贯彻国家的教育方针，落实课程方案要求，完成教育教学任务。自己既要精通教育规律和教学规律，又要大力引导教师潜心研究教育教学规律，遵照学生生理成长、身心发展和认知的特点开展教学，提高教学质量，特别是课堂教学的效益。更要引导教师认真完成教学任务，全面提高教学质量。

五、“修诚·启智”办学思想的实践探索

在“修诚·启智”办学思想的践行中，莆田八中通过“诚”和“智”两个领域的拓展实践，构建了五育并举的培养体系，强化“诚”本校园文化，使其内涵外延得到进一步充实和升华。

（一）“修诚”领域的实践

通过德育课程体系建设，加强学生的思想品德教育，打造以“诚”为本的积极向上的校园文化。

1. 打造“诚”本德育课程体系

学校充分挖掘德育资源，通过多渠道开展各类德育主题活动，构建“诚”本德育课程体系，培养学生良好的思想品德、行为习惯和健全人格。

（1）入学训练

这是高一新生的必修课。对每一届高一新生开展入学训练，并不断完善入学训练课程。一是通过对校史的教育让学生初步认识学校、认同学校的文化，从而产生对学校的自豪感，自觉融入到学校的文化中；二是通过学习《中学生日常行为规范》和莆田八中各项规章制度，理解这些制度对学校管理以及个人成长的作用，在以后的学习生活中，学生能自觉遵守学校的行为规范；三是介绍整个高中学习的课

程体系，对学生开展职业生涯规划教育，让同学们对自己高中三年的学习制定一个初步的奋斗目标。每一届学生在入学训练时，都会接到一个任务——让他们给三年后的自己写一封信，激励他们不断提升自我；四是对学生进行一周时间的军训，通过军训培养他们坚毅的性格和集体主义的精神，每届军训必修的课题是拉练 18 公里，每次拉练都会给学生留下深刻的印象。

（2）升旗仪式与国旗下讲话

升旗仪式是对学生进行爱国主义教育的重要途径。学校每星期一进行升国旗仪式，庄严隆重的升旗仪式结束后，鼓励优秀的师生发表国旗下的演讲，国旗下讲话是学校对学生进行思想政治教育的一件大事。充分发挥国旗下讲话的育人功能，促进学生的健康成长，使其真正成为学校德育工作的重要阵地。

（3）班会课

班会课是学校的一种十分重要的德育教育形式。每周班会围绕一定的主题进行，培养学生的民主意识，锻炼自理自治能力，从而达到巩固班级和良好班风的目的。作为学校教育机制，班会倡导以学生为中心，以情景为中心，以活动为中心的活动理念，使其成为一种十分重要的思想品德教育载体。

（4）宣传先进事迹

宣传先进事迹旨在对学生开展正能量教育。在各种场合上宣传正面典型事迹，“讲八中人的故事”。通过宣传“美德少年”“校园之星”“责任之星”等形式，培养学生的人生观、世界观、价值观。积极开展“优秀班主任”“先进德育工作者”“最美教师”等评选、表彰和宣传活动，努力促成学校、家庭和社会协同育人的良好局面。

2. 开展丰富的“诚”本德育实践

（1）学生参与管理

以《高考改革背景下学生参与学校管理的可行性研究》等市级德育课题为抓手，创新德育工作途径，通过让学生参与学校管理，促使其提升自己主人翁的自觉性和责任感，从而变学校的“被动式”管理为“主动式”管理，既达到能有效提升校园管理效果、营造良好校风学风的目的，又能较好地锻炼学生的组织、协调、管理等方面的能力和素养，使其能够更好地适应当前高考改革背景下的素质要求，成长为这个时代需要的全面、综合性、高素质的人才。

（2）军训

通过入学军训，提高学生的政治觉悟，激发爱国热情，培养艰苦奋斗、刻苦耐劳的坚强毅力和集体主义精神，养成良好的学风和生活作风。特别是作为每年军训的传统保留项目：从学校到北高来回拉练 18 公里，让学生相互支持鼓励，这一传统有利于培育德智体美劳“五育并举”的新时代学生。

（3）研学旅行

在高一高二时组织学生研学旅行活动。研学旅行路线多样化，有涵江区新县实践基地、福清龙翔学校、厦门大学和科技馆等。一是通过研学拓宽学生的知识面；二是进行爱国主义教育；三是进行纪律教育和吃苦耐劳教育；四是进行励志教育，让学生反思在八中的表现，重新确定自己接下来的奋斗目标，再次投入紧张的高中学习生活。

（4）孝心敬老教育

孝亲敬老教育是学校一个传统的德育活动，也是学校的办学特色之一，一直坚持至今。学校每年都会结合相关的节日开展学生孝亲敬老教育，通过各种宣传阵地进行宣传，并开展大型的感恩教育让学生明白父母的良苦用心，从而自觉形成孝亲敬老的良好品质。再通过各种节假日，让同学们回家进行各种感恩父母的实践和体验活动，增进与父母的感情。最终的教育目的就是让同学们认识到认真学习，使自己成长为一个健康、有道德、对社会有用的人就是对自己父母最好的感恩和回报，激发他们学习的内驱力。

（5）诚信教育

诚信主题教育是学校德育的重中之重。学校以诚信教育为突破口对学生进行社会主义核心价值观教育。一是学校内的文化氛围布置，要求各个班级都要张贴社会主义核心价值观，并要求每个学生都能背诵社会主义核心价值观；二是开展诚信教育周活动，集中开展诚信教育，通过讲诚信故事、诚信征联比赛、诚信教育讲座等多渠道开展教育活动，倡导学生诚信做人、诚信考试等；三是开展诚信实践活动，在学校重要的考试中设立诚信考场，在学校超市实行诚信超市活动，让同学们自己购买东西自己付款刷卡。这项活动得到了各级媒体的广泛报道。

（6）楹联教育

楹联教育也是学校的办学特色之一。一是开展学校楹联教育活动。在高一开设“楹联教育”校本课程，以《对联》杂志为蓝本，结合老校长祁明规开发出版的《对联入门》校本教材，每月以《对联》杂志上“擂台赛栏目”面向全体学生举办一次对联擂台赛。为了鼓励学生参加，规定学生的作品若能在《对联》杂志上发表，赠送一本该杂志，以激发学生的成就感；二是以楹联教育为载体，开展具有校本特色的德育活动。如，结合“孝亲敬老”活动用父母、长辈的名字作嵌字联，开展楹联谢恩师活动。近几年来学校开展的高三学子“嵌名书法楹联谢师恩”特色活动成效显著，中央电视台《新闻联播》，省、市媒体均作了相关报道，得到了社会各界的广泛赞誉和一致好评。在《中国教师报》发表《校园处处皆楹联》一文，介绍学校楹联文化教育的成功经验。楹联学社指导老师祁朝洪在江苏昆山召开的全国楹联教材培训会上作了题为《南塘联花绽，鳌岳国粹扬》的经验介绍，反响热烈；三是以楹联教育为主题开展各类社会实践和社区服务。校园里每年开展一次“语言文字传统文化节”，把楹联教育拓展到传统文化教育。学校楹联教研组申报的楹联文化教育科研课题“楹联文化在学校教育中的实践”于2018年荣获莆田市教学成果奖。每年春节前夕，学校都组织学生在校门口和莆田古礁楼前举行义务撰写春联的社会实践活动。

（7）社会实践

融合学校文化与社区文化，提升学生实践能力。学生社团活动作为校园文化建设的重要载体，以及课堂教学的有益延伸和补充，学校先后成立“新叶文学社”“朗诵社”“楹联学社”“话剧社”“记者站”等各类学生社团共32个。这些学生社团活跃在校园文化艺术节、体育节、各级各类比赛的舞台上，开展了丰富多彩、健康向上的活动，成为校园文化建设的一道亮丽的风景线。校园文化与社区文化互相融合，组织开展了“走进千年学府，感受书院文化活动”“踏寻抗倭古战场，弘扬英雄无畏精神”等活动，增强了同学们的民族自豪感，促进了校园文化与社区文化的有机融合。

（8）自主管理

实行学生自我管理，让学生在自主管理中提升自己的认识与能力。学生自主管理是以学生自我管理、自我教育、自我成长为目的，培养学生的组织管理和协调能力，为学生的未来发展做准备，打造学生自主管理特色和良好的校园文化。学生自主管理，是一个实践过程，旨在激发和唤醒学生内动力，使学生从“被成长”中产生生命自觉，让学生用自己的力量成长，最终达到成人成才的目的。学校在各个年级推广学生自主管理制度。

（9）社区服务

社会实践和社区服务是学生在教师指导下，走出教室，参与社会公益活动，以获取直接经验、发展实践能力、增强社会责任感为主旨的学习领域。学校开展法制、环保与卫生宣传活动，城乡环境美化工作如乡镇、街道居委会等公共场所卫生清洁管理，进社会福利院的爱心接力，为所在乡镇敬老院孤寡老人提供服务，每年春节前夕，学校都组织学生在校门口和莆田古礁楼前举行义务撰写春联的社会实践活动。每学年各班级安排一次社会服务活动的总结交流，交流形式多样化。通过社区服务，增进学校与社会的联系，不断提升学生的精神境界、道德意识和能力，使学生人格不断完善。

（10）节日教育

除了学校特定的专题教育活动和文化艺术活动外，开展各种传统节日的专题教育活动。学校还根据上级的文件要求，结合学校的实际利用各种场合开展内容丰富、形式多样、吸引力强的主题教育活动，以鲜明正确的价值导向引导学生，以积极向上的力量激励学生，促进学生形成良好的思想品德和行为习惯。围绕立德树人的根本任务，突出爱国爱党主题，抓住各种时间结点和传统节日，如清明节、中秋节、国庆节等，扎实开展系列教育实践。每一次主题教育都充分发挥校刊、校报、校园广播、主题班会、国旗下讲话、宣传栏等教育阵地，多角度多方位进行专题教育。

（11）心理健康教育

加强心理健康教育，培养学生健全人格、良好心态。一是制定了完善的心理健康教育工作制度，有计划有组织地开展各项活动。学校成立了心理健康教育教研组，迄今为止共配备2名专业专职和2名兼职心育教师，持有福建省心理健康教育B级证书和国家二、三级心理咨询师证书；二是学校积极开展心理健康教育教学方面的探索。心理健康教育课程以必修课程形式进入学生课堂，在高一年级开设了校本课程与职业生涯辅导课。心理咨询室平均每周开放40个小时，每学年约接待来访学生100余人次。三是成立校园心理危机干预小组，制定了相关干预方案，建立班级、年段和学校三级预警系统。通过心理健康知识的宣传普及、个体心理咨询、团体心理素质训练等途径来完善学校的心理危机干预制度，提高全校师生生命意识、安全意识。同时为普及心理健康教育知识，还创办了心理校报《我爱我》，每期印刷500份。创立“心灵深呼吸”校园心理广播和心理微信专栏，广泛宣传心理知识，助力校园心理危机干预工作扎实稳步推进。

（12）毕业典礼和成人仪式

一是在高三的时候举行成人仪式，对学生进行诚信教育、责任教育。让他们明白成人后自己的责任与义务，权利与担当，引导他们科学合理地规划人生。二是举办初三高三毕业典礼，通过毕业典礼对即将毕业的学生举行离校前的德育活动。

3. 以综合素质评价为依托，完善学校的教育评价机制

（1）创新过程性评价，完善综合素质评价体系。

新时代在学生发展教育评价上要树立科学成才的观念。坚持以德为先、能力为重、全面发展，坚持面向人人、因材施教、知行合一，坚决改变用分数给学生贴标签的做法，创新德智体美劳过程性评价办法，完善综合素质评价体系。

学校根据学生不同阶段身心特点，科学设计不同学段、不同年级的德育目标要求，引导学生养成良好思想道德、心理素质和行为习惯。在高中生涯修完必修课程、选择性必修课程的基础上，不断强化体育、美育、劳动教育，建立日常参与、体质监测和专项运动技能测试相结合的考查机制，把学生学习音乐、美术、书法等

艺术类课程以及参与学校组织的艺术实践活动，通过选课以选修、校本和研究性学习的方式纳入学业要求，实施劳动教育指导纲要，明确不同学段、不同年级劳动教育的目标要求，引导学生崇尚劳动、尊重劳动，在电子信息平台上对学生的综合表现、优点特长展现等综合素质进行评价，形成最终评价报告。

（2）贯彻“诚”本理念，强化学生的多元评价机制。

第一，贯彻“以诚为本”的理念，着力培养教师和学生的主体精神，引导他们自我教育、自我管理。学校加强研究实验课题，如开展“新课程背景下学生综合素质评定制度的构建研究”的市级课题研究。学校定期对前一段实验效果进行调查、分析、总结和验证，撰写出实验成果，进行推广，再验证、再提炼、再升华，使之逐步完善，总结出带有普遍意义的成果。通过研究实践，学校的德育工作跃上了新的台阶，学校荣获福建省第十三届文明学校。学校德育坚持以生为本，着眼学生全面发展，经过坚持不懈的积极探索，逐步形成一种以健全学生人格为目标，以情感培养为核心，以实践体验为途径，以学生主体性活动为载体，着眼于学生心灵改造和品格建塑的德育模式。健全了学生的人格素养，完善了学校的人格教育模式。

第二，细化研究学生规律，制定学生违规扣分规则，形成多元评价机制。班主任在政教处的指导下，联系科任教师和家长，充分利用每周的班会课，认真对照评价标准对班级里的每一位同学进行评价，从五个维度分别进行评定，并及时公布各位同学的评定成绩，如若出现评定存在问题的地方及时更正，确保评定工作公平、公正、公开，充分体现五个维度评定的时效性。每学期末，班主任把本班级对各位同学的评定材料上交政教处审核，最后，再制作成电子文档，方便对学生的成长轨迹进行有效管理，同时也方便对每位学生德育综合素质的查阅，这样，既方便了学生德育管理，又打破了常规烦琐的纸质记录。每位学生在中学三年的评价情况将会一目了然，大大提高了管理工作的时效性。

4. 教师管理上建章立制，积极进行内部管理体制改革

在教师管理上，学校积极进行内部管理体制改革，制定了内部管理体制综合改革实施方案。

（1）先后对学校各种管理制度如岗位职责、量化考评、绩效分配、财务管理、

校园安全管理以及新课程改革管理等进行了修订和完善。把教师德育评价放在第一位，重视落实师德师风建设，开设“道德讲堂”等方式宣扬主旋律和正能量。

（2）形成科学合理的办学体制、管理机制和分配制度，达到了以制度管人，以法规治校的良好效果。创造各种途径评优评先，积极开展“优秀班主任”“先进德育工作者”“最美八中人”等评选、表彰活动。

（3）学校构建了“校长室—教务处/教研室—教研组—备课组—课任教师”一体化的校本教研管理网络，走出了一条以“以学促研，以研促学”的校本研训之路。学校制定《莆田第八中学教师专业发展校本培养实施方案》和《莆田第八中学教师校本培训三年规划》，分阶段、分层次实施以教师自主规划发展为主的多元培养模式，形成了多层次、多元化、全员参与的教师培训格局。

（4）学校注重青年教师和骨干名师的培养。学校建立青年教师个人专业成长档案，实施“同伴互助”制度，不断促进青年教师茁壮成长；遵循名师成长规律，实施名优教师“十个一”培养工程，建设了一支教育观念新、教学水平高、教科研能力强的名师队伍，培养了一批具有省市级影响的学科领军人物及骨干教师群体。今年语文组长邹荔娟获得正高级教师职称，是荔城区唯一的正高级教师，教师队伍建设实现了跨越式发展。

（二）“启智”领域实践

1.构建“启智”课程体系，完善“启智”课程建设

学校课程体系改革总体目标任务是：结合学校“修诚·启智”办学思想、学生特点和实际条件，围绕普通高中培养目标，通过深化课程教学改革和育人方式变革，完善德智体美劳全面培养的教育体系，健全立德树人落实机制，努力构建具有莆田特色、顺应新时代发展要求、体现国际发展趋势、充满活力的课程体系，着力发展学生核心素养，全面提升学生思辨能力和综合素质，促进学生全面而有个性地发展，形成自尊自信自爱、坚韧乐观、奋发向上的心理品质，使学生成为有理想、有本领、有担当的时代新人，为适应社会生活、高等教育和职业发展做准备，为学生终身发展奠定基础。

（1）推进国家课程校本化实施

结合自身的办学理念、学生特点和实际条件，科学地编排和制定满足学生发展需要的发展规划和课程计划，开好开足国家课程中的必修课程、选择性必修课程和选修课程。

（2）充分利用学校校本课程实施积累的经验，继续推进校本课程的多样化建设和精品化建设

学校根据多样化需求，以学生个性发展需要为出发点，以社会发展的需要为生长点，以教师的特长为结合点，精选开发设置包括国家课程在必修和选择性必修基础上开设的学科拓展、提高类课程和学校在上一轮高中新课程，结合莆田当地的政治、经济、文化发展特点，结合学校周边企业多、资源丰富的条件，实验开发并进行凝练和提升的具有莆田特色的校本课程如“莆仙饮食文化”“莆田民俗风情”“莆田城市园林景观欣赏”“莆田旅游地理”“千年古镇，人文黄石——黄石古代名人简介”“莆田传统技艺”以及楹联文化的校本课程如“莆田姓氏楹联”“楹联故事”“颜真卿勤礼碑”“红楼梦楹联欣赏”“风景联赏析”等，同时探索开设大学先修课程如“常见花卉的分类与栽培”“初识物联网”“线性代数初步”等，推进中、高等教育衔接，促进学生的个性发展。

（3）进一步强化落实体育课程

学校树立健康第一理念，全面增强学生体质和意志品质，体育与健康三个学年每学期持续开设，确保学生每天一个小时校园体育活动，既鼓励体育教师根据国家课程标准开齐开足体育课程，也鼓励其他老师根据自身专长开设体育社团，以满足学生运动爱好和特长以及个性化发展需要，提供选择性模块。学校每年举办两次运动会和一次校园体育文化艺术节，大力培养学生运动兴趣、运动技能和良好的锻炼习惯，发挥学生的体育运动技能，为学生的全面发展奠定基础。通过不断健全学生健康体检制度、组织学生健康体检并建立健康档案、按时对学生进行健康体质测试等评价措施，促进体育课程有效落实。

（4）全面开展艺术教育，加大艺术教育课堂教学改革的力度

高一、高二和高三上学期持续开设艺术课，积极探索艺术教学新思路，实行音乐、美术选修课程的走班制，突显体育美育课程的育人功能。各学科充分挖掘教材

内容对学生进行潜移默化的美育教育。

（5）因地制宜，科学安排多样化的综合实践活动

开展多样化的综合实践活动，强化实践体验教学。打造社会实践大课堂，有效发挥莆田市青少年活动中心、图书馆、博物馆、科技馆、木兰溪、湄洲岛鹅尾神化石景区、九龙谷生态风景区、涵江区大洋闽中支队司令部旧址、涵江区百威酿造工艺博物馆、瑞士文化小镇、黄石工艺美术城、莆禧城国防教育基地、福清龙翔国防教育基地、中共上宫支部旧址国防教育基地、厦门大学、莆田学院等各类校外资源的育人作用，为学生提供丰富、便利的实践体验机会。

健全研究性学习课程制度，为研究性学习课程开展提供充分保障。研究性学习在高一和高二年级开设，以开展跨学科研究为主，从基础型课程、拓展型课程入门、研究型课程入手，最后通过研究性学习建立项目研究现实问题，实现了三类课程之间的贯通。1 个学年完成 1 个课题，着眼于提升学生发现问题、分析问题、解决问题的能力。

积极推行社团活动精品化。学校充分利用校内各类设施，推出不同类别的精品社团，提升社团影响力，并完善学生社团课程体系，打造更规范的社团课堂，开展丰富多彩的社团活动，增强育人实效。

（6）深入实施劳动教育，完善劳动教育实施方案

注重围绕丰富职业体验，开展服务性劳动和生产劳动，在学科教学中渗透劳动教育，让学生理解劳动创造价值，接受锻炼、磨炼意志，培养学生劳动自立意识和主动服务他人、服务社会的情怀。同时学校应根据国家相关规定，结合当地和本校实际情况，对劳动教育进行整体设计、系统规划，形成劳动教育总体实施方案。

（7）健全学生发展指导制度

根据高中课程改革和高考综合改革要求，制定符合学生实际并涵盖理想、心理、学习、生活、生涯规划等方面的学生发展指导方案，编制实施普通高中各学科课程说明与选课指南，组建专职教师与兼职教师相结合的专门队伍。

（8）改革课程建设与管理、评价制度，为课程实施提供良好的制度保障

落实国家教育信息化 2.0 行动，探索运用大数据等网络技术，建设学校排课、

选课、考务、新高考“3+1+2”等教务管理、办公事务管理、诊断与辅助、备课管理、资源管理、考勤管理等功能强大的建设与管理模块，打造好一套成熟的教育建设与管理机制，创新学校课程建设与管理模式。完善各类课程的学分认定实施细则，建立学生发展综合评价指标体系，健全学生发展评价标准，改进评价方式、方法，建立健全教师校本课程的考察与考核机制。

2. 深化课堂教学改革，实行“翻转课堂”教学实验

学校立足校情，通过狠抓课堂管理、深化课堂教学研究、转变课堂教学观念、改善课堂教学方式等一系列措施来实现课堂的有效性、高效性。学校积极探索学科核心素养培养途径和方法，把信息化和学生学习资源建设同课堂教学改革有机结合。学校引进“翻转课堂”教育理念，大胆尝试构建“翻转课堂”教学模式。在“翻转课堂”教学改革中，取得了一定的成果，改革进入了一个攻坚期。这种信息化环境下诞生的能让学生在学习上自主当家的教学新模式，已经在今年疫情期间得到验证和推广，“翻转课堂”教学改革一定会成为让广大师生共同接受的教学模式。学校两度邀请省电教馆领导和专家莅临指导工作，改革实验取得一定成效。

3. 完善教研集备制度，提高教学效益和质量

（1）为做好新高考综合改革工作，完善教研集备制度建设

学校进一步打造特色的教研集备制度，发挥区市省级骨干教师引领辐射作用，整合优质教学资源，搭建学校教研平台，提高学校教研水平，构建莆田八中智慧共享的教学模式和教师专业成长共同体，先后制定并施行了《莆田第八中学新高考综合改革实施方案》《莆田第八中学教研集备方案》《莆田第八中学校本教研实施方案》《莆田第八中学备课组评课规则》《莆田第八中学教科研课题管理制度》《莆田第八中学校长点课制度》《莆田第八中学骨干教师培养方案》《莆田第八中学教育集团教研帮扶实施方案》等规章制度。

（2）积极创设自由争论、大胆质疑、勇于探索的教科研氛围

每周进行教研、集备活动，每学期至少组织两次大规模的教学研讨会，积极鼓励教师以教学中常见的实际问题为突破口开展课题研究，各学科教研组均有校级以上教科研课题，绝大部分教师有个人研究课题或实验项目。通过教研集备来加强课

堂教学研究，在日常教学中培养学生的综合能力，培育学生的学科核心素养，全面提升我校教学研究水平和教学质量。

4. 培育核心素养，加强核心素养课题研究

学校立足于高中各学科核心素养，形成了“以研究性学习培育学科核心素养研究”的名校长课题及子课题，通过研究高中各学科核心素养与研究性学习的相互关系，准确定位学校研究性学习课程目标，为学校基于核心素养培育的研究性学习课程发展明确方向。课题推进学校以研究性学习为抓手，推进日常教学的发展，以学科核心素养的培育统筹推进其他工作，更好地实现学校的整体性、全局性发展。课题将研究性学习与高中各学科核心素养有机融合，可以使学生更加全面、系统地掌握各科知识，并学会理论运用于实际，开拓多种思维方式，更加有利于学生应对3+1+2 模式的高考，激发学生的创新思维。从而，形成严谨的科学态度和科学精神，培育学生的学科核心素养。

5. 设置各种文化活动，启发学生智慧

学校开展形式多样的文化活动，启发学生创新思维，丰富学生的校园生活，对学生进行潜移默化的教育，精心打造八中“启智”的校园文化特色。每年都会以莆田八中体育、科技、文化艺术节为中心，开展班班有歌声、十佳歌手赛、才艺大比拼、元旦游园活动等一系列的校园文化活动，通过精心设计、组织开展主题明确、内容丰富、形式多样、吸引力强的文化艺术活动，以鲜明正确的价值导向引导学生，以积极向上的力量激励学生，促进学生形成良好的思想品德和行为习惯。通过各类主题教育活动，不断塑造学生的优良品格。

六、未来展望

总之，一所学校的进步与辉煌，依托它出众的办学思想。莆田第八中学“修诚·启智”办学思想对学校的办学传统既有继承，又有发展，更有创新。“修诚·启智”体现莆田八中师生的精神境界和理想追求，更是莆田八中几十年来办学思想的高度概括。经过名校长培训的多次理论研修和探讨，莆田第八中学“修诚·启智”的办学思想更清晰了，实践探索也更有目标了。为了加快学校发展，提

高办学层次，我正全力推进莆田八中的新校区建设进度，确保两年内建成并投入使用。我将继续一如既往以立德树人为根本任务，深入实践并丰富“修诚·启智”的办学思想，努力提高校园文化品位、人文素养，促进学生全面发展，努力把莆田八中建成高质量、多样化、有特色的福建省示范性学校。

【参考文献】

[1] 习近平 . 决胜全面建成小康社会夺取新时代中国特色社会主义伟大胜利 [N]. 人民日报，2017-10-28(01).

[2] 苏霍姆林斯基 . 给教师的建议 [J]. 武汉：长江文艺出版社，2014.

[3] 方明 . 陶行知教育名篇 [C]. 北京：科学教育出版社，2005.

[4] 朱永新 . 未来学校：重新定义教育 [J]. 北京：中信出版社，2019.

[5] 陈赟 . 以人道显天道：论《中庸》诚的思想 [J]. 齐鲁学刊，2008(2)：18-23.

生本教育

◎郑金山

【作者简介】

郑金山（1969— ），男，福建莆田人，中学高级教师。现任莆田第四中学校长，福建省中学物理学科带头人，福建省“十三五”中学名校长培养人选。莆田市荔城区人大常委，福建省人民政府特约督导员。曾获福建省中小学优秀校长、福建省优秀教育工作者、莆田市劳动模范、莆田市杰出人民教师、莆田市首批优秀人才、莆田市荔城区杰出人民教师等荣誉。

一、“生本教育”办学思想的形成缘由

（一）学校历史文化的传承

学校创建于 1900 年，前身是砺青小学堂。建校 120 年来，学校从几位具有维新思想的留日学生回乡创办的砺青小学堂，几经沿革，几番迁徙，经过几代人的努力，历经沧桑，历尽艰辛，发展到现在的省示范高中建设学校、省一级达标学校。百年老校，英才辈出，120 年来，学校培养了一大批出类拔萃的优秀人才，如两院院士林兰英、黄维垣、闵桂荣，文学家郭风，诗人彭燕郊，“两弹一星”专家黄晞，知名学者黄宝奎、洪金益、蔡开元、林志芬，航天专家胡金锁，抗战英雄陈炳靖等。

斗转星移，薪火相传，莆田四中形成了独特的历史文化，办学理念也在风雨历程中不断完善，并随着时代的步伐不断融入新的血液。回顾学校百年办学历

史，学校办学理念与时俱进，不断更新。从办学之初“磨砺青年成国家之栋梁”，到办学中期“心系祖国、关爱民生，培养爱民救国的社会责任感”，再到 20 世纪 60 年代“全面发展、体育特长”、20 世纪 80 年代“一切为了学生、为了一切学生、为了学生的一切”，到新世纪“以人为本、和谐发展”。近几年学校提出“以学生为本、以教师为本（生本教育），为学生的终身发展负责（办学宗旨）”。“生本教育”是学校厚重的历史文化底蕴和现代教育思想相结合的产物，是学校历史文化的传承。

（二）时代社会变化的召唤

党的十九大报告中提出：全面贯彻党的教育方针，把立德树人作为教育的根本任务，发展素质教育，推进教育公平，培养德智体美全面发展的社会主义建设者和接班人。2016 年发布的《中国学生发展核心素养》研究成果中，学生发展核心素养被界定为学生应具备的、能够适应终身发展和社会发展需要的必备品格和关键能力。2014 年 9 月，国务院发布《关于深化考试招生制度改革的实施意见》，新高考综合改革逐步在各省启动，我省于 2018 年正式实施新高考改革方案，新高考改革着眼于教育公平和学生的兴趣与个性发展。

2018 年 9 月，习近平总书记在全国教育大会上强调：教育是国之大计、党之大计，要坚持中国特色社会主义教育发展道路，落实“九个坚持”“六个下功夫”，努力构建德智体美劳全面培养的教育体系，把培养社会主义建设者和接班人作为根本任务。2019 年 6 月，国务院办公厅出台《关于新时代推进普通高中育人方式改革的指导意见》，提出坚持以习近平新时代中国特色社会主义思想为指导，全面贯彻党的教育方针，落实立德树人根本任务，构建全面培养体系，优化课程实施，创新教学组织管理，加强学生发展指导，完善考试和招生制度，强化师资和条件保障，推进普通高中育人方式改革，努力培养德智体美劳全面发展的社会主义建设者和接班人。新时代社会的变化，召唤基础教育要培养出能适应未来社会发展需要，既具有独立性、批判性、创造性又有合作精神、基础扎实的优秀的学习者，培养具有终身学习能力的人才。

（三）学校改革创新的需要

本人 1991 年 8 月从北京师范大学毕业分配到莆田四中任教，历任教务处副主任、分管教学副校长，在 1991 年至 2006 年的 15 年间，主要从事高中物理教学和教学管理工作；2006—2012 年调任莆田八中校长，6 年间在福建教育学院接受校长任职班、校长提高班以及骨干校长班培训，学校管理能力和管理水平有很大提高，主要通过坚持厚德养校、质量立校、科研兴校、和谐治校、特色扬校，把一所农村学校建设成初具现代化气息的省一级达标学校。2012 年 8 月，本人调回莆田四中任校长，面对一所百年老校、社会有一定影响力的省一级达标校，我首先思考的问题是：办什么样的学校？为谁培养人？培养什么样的人？这几年本人有幸参加莆田市赴北师大脱产进修班学习，尤其是参加省“十三五”中小学名校长培养班学习，在导师的指导下进行了系统的学习和实践，开拓了教育视野，充实了理论知识，丰富了办学思想，提升了综合能力。

目前，学校依法办校、民主管校、精细治校，学校管理科学规范，但面对新形势、新任务，学校的发展也遇到新问题，如：学校办学思想不突出，发展遇到瓶颈，缺乏动力引擎；教师教学理念较陈旧，教学方式传统，存在职业倦怠；德育教育形式太单一，重理论轻实践，家校沟通不畅等等，需要校长认真思考，改革创新，明确办学方向，厘清办学思路。“生本教育”办学思想综合考量了教育的本质、目的、对象和发展规律，注重培养学生的关键能力，激发学生的个性发展，塑造学生的健全人格；要求全体教职员工准确把握“以生为本”的教育理念，努力转变自己的教育教学观念，合理转换自身的角色，调整管理工作方式，促进学生全面而又有个性地发展，从而实现学生终身发展的教育目标。

二、“生本教育”办学思想的内涵解析

（一）关键词分解

（1）生本教育：以学生为本。

（2）办学理念：以人为本，和谐发展。

（3）办学宗旨：为学生的终身发展负责。

（二）关键词解析

1. 生本教育：以学生为本

是以学生为本、以生命为本的教育，就是以激扬生命为宗旨而为学生好学而设计的教育。其核心理念是一切为了学生、高度尊重学生、全面依靠学生。突出五个注重（注重以习惯养成奠基优质人生、注重以思维拓展打造高效课堂、注重以丰富阅读提升文学修养、注重以文化引领塑造高尚情操、注重以特色培植促进健康成长），落实“以学生为本”，为学生终身发展奠基。

2. 办学理念：以人为本，和谐发展

（1）以人为本

“以人为本”是学校教育的灵魂，是以关心人、尊重人、激励人、解放人、发展人为根本指导思想，实现学校发展目标。“以人为本”，一方面要以教师为本，注重人文关怀，做到事业留人、感情留人、待遇留人、环境留人。另一方面要以学生为本，培养学生的创新精神和实践能力，使学生的个性和特长得到发展。

（2）和谐发展

“和谐发展”是人类未来教育的最高理念，即人的身心、人与社会、人与自然的和谐发展。“和谐发展”要求学校的一切教育教学活动，都要以促进学生和谐发展作为根本出发点和落脚点，要着眼于全体学生，在实现学生的全面发展的基础上，让学生的爱好、特长、个性得以充分的弘扬和发展。

（3）以人为本，和谐发展

“以人为本，和谐发展”体现了三个层面的内容：一切以学生发展为本，一切以教师发展为本，一切以学校发展为本。这一理念，既有继承，又有发展，是数代四中人心血的结晶，经过百余年的探索、发展、丰富和完善，体现了师生的追求和理想；与时俱进，表现了四中百余年的奋进史、追求史；也是四中人执着信念的高度概括，引领学校全面贯彻教育方针，全面提高教育质量，全面落实素质教育的典范。在这种理念的激励下，四中人将突出学生、教师发展，以学生的发展为根本，为国家培养更多优秀的人才，共同创造学校更加美好的未来。

3. 办学宗旨：为学生终身发展负责

“为学生终身发展负责”就是为学生的生命成长奠基，让每一个学生既能成为建设社会主义事业的接班人，又能自信地走好人生的每一步，创造幸福美好的人生。确信学生都有不断发展的动机和潜能，都有自我实现的价值追求，都有获得尊重、选择学习、自主发展的权利，必须尊重、关爱、相信、发展学生。依据学生身心成长规律、基础教育的性质和时代对中学教育的基本要求，培养做人、求知和创新等基本的素质，为学生终身发展提供充足的营养和动力，培养“学会求知，学会做事，学会共处，学会生存”的综合素质，增强生存、发展和适应社会的本领，为学生的和谐发展、创新发展和持续发展奠定基础。

4. 三者的关系

“生本教育”要求以学生发展为本，而学生发展的基础和平台是教师发展，因此“生本教育”办学思想主张反映到办学理念上，即要求以“学生发展”为核心实现学生、教师、学校三者的有机统一、和谐发展；“以人为本，和谐发展”的办学理念就是用“生本教育”的办学思想指导办学，办一所为学生的生命成长奠基的学校，实现“为学生终身发展负责”的办学宗旨。

（三）理念系统要素

【办学理念】：以人为本、和谐发展。

【校训】：严谨、勤奋、求实、创新。

【校风】：勤学、求真、开拓、进取。

【教风】：敬业、爱生、协作、创新。

【学风】：诚实、好学、文明、健体。

【办学宗旨】：为学生的终身发展负责。

【办学目标】：创建资源优质、特色鲜明、辐射有力的示范性学校。

【四中精神】：团结、勤奋、创新、卓越。

【学校标识】

校标：校标由中文字“莆田第四中学”、英文字 PU TIAN NO.4 MIDDLE

SCHOOL、“門”字形、“砺青”四部分组成，图标设计为一个“門”字形，含义是莆田第四中学学府，从孔门走出的是一批批经过学府磨砺的青年学生，门中书写“砺青”以作为学校标志。

图1　校徽和校标

校徽：莆田第四中学。

校歌：《与母校一起成长》。

校刊：《荆棘鸟》。

学校纪念日：每年11月3日为校庆纪念日。

三、“生本教育”办学思想主张的理论依据和理论支撑

（一）办学思想主张的理论依据

1. 人本主义教育理论

人本主义教育理论是20世纪70年代后在美国盛行的一种现代教育思潮，是以人本主义心理学为理论基础，主要代表人物是美国人本主义心理学家马斯洛、罗杰斯等。该理论的主要观点有：①强调教育的目标是培养“完整的人”，就是促进人的自我实现、完美人性的形成以及人的潜能的充分发展；②主张课程人本化，强调促进学生学习的非指导性教学过程，重视促进个体行为、态度、个性以及在未来选择行动方式时发生重大变化的意义、学习方法；③强调学校应该创造自由的心理氛围，发挥教师的促进者作用，建立真诚、接受、理解的师生关系。

2. 终身教育理论

法国当代著名的成人教育家朗格朗认为：对于所有的人来说，生存从来就意味着一连串的挑战，教育的重点应放在人上、放在发展上、放在差异的重要性上。终

身教育观念是对传统的一次性终结教育观念的彻底革新，也是人类对教育与社会关系认识上的历史性飞跃。

3. 主体教育理论

20 世纪 80 年代我国学者提出了主体教育理论。所谓主体教育，就是依靠主体来培养主体的教育，其终极目标就是使每个人得到全面、自由、充分的发展。它包括三层含义：一是把学生培养成未来社会生活的主体，弘扬人的主体性，这是主体教育的基本价值立场；二是在教育活动中，学生是正在成长着的主体，有一定的主体性，又需要进一步培养和提高，这是主体教育人性论的体现；三是只有发挥人（教育者和受教育者）的主体性，才能培养主体性强的人，这是主体教育所采取的基本策略。

（二）办学思想主张的理论支撑

1. 学校观：建设“生本”四园：生态校园、智慧校园、平安校园、文明校园

学校是一个可以让心灵自由绽放的地方，是师生教学相长的地方，也是推动改革、互联网 + 的地方，是师生共同生活的家，是师生的精神港湾。学校要注重校园的绿化美化净化，建设生态校园；加大资金投入，科学规划信息化 2.0，推进智慧校园建设；实施安全工作精细管理，建立预防为先、教育为主、落实为要的安全管理机制，构建平安和谐校园；同时严格依法治校，坚持民主管校，建立健全现代学校制度，创建文明校园。努力把学校建设成为“生态校园、智慧校园、平安校园、文明校园”的“生本”四园，使学校成为师生学习的校园、生活的花园、成长的乐园、温馨的家园。

2. 教师观：培养“四有”教师：理想信念、道德情操、扎实学识、仁爱之心

教师是学生成长的引领人，是学生潜能的唤醒者，教师应具有崇高的师风师德、先进的教育理念、深厚的专业素养、精湛的教学艺术，爱国守法，爱岗敬业，关爱学生，教书育人，为人师表，终身学习。教师要认真学习领会习近平新时代中国特色社会主义教育理论，提高政治素养，提升自身综合素质；要加强业务进修培

训，通过专家引领、同伴互助、自我反思等途径，提高专业素养，提升自身业务水平；要多阅读、勤思考、善表达，提高综合素养，提升终身学习能力；同时要具有家国情怀、敬业爱生、协作奉献的职业精神，努力成为有“理想信念、道德情操、扎实学识、仁爱之心”的“四有”好老师。

3. 学生观：培育“四会”学生：学会求知、学会做事、学会共处、学会生存

学生是一个完整的个体、学习的主体，需要尊重，具有潜力，要“以生为本”，注重学生发展的主动性、潜在性和差异性，倡导学生自主管理，促进学生个性发展；要注重培育中国学生发展核心素养（文化基础、自主发展、社会参与），使学生具备能够适应终身发展和社会发展需要的必备品格（自律、尊重、认真）和关键能力（阅读、思考、表达），培养全面发展的人；要落实立德树人根本任务，推进普通高中育人方式改革，促进学生德智体美劳全面发展，努力培养“学会求知、学会做事、学会共处、学会生存”的“四会”学生，树完整的人、身心健康的人、和谐发展的人。

4. 课程观：构建“四类”课程：基础课程、拓展课程、研究课程、特色课程

2017 年版新修订的课程标准，进一步明确了普通高中教育的定位，着力发展核心素养，进一步优化课程结构，既保证基础性又兼顾选择性，着力促进学生全面而又有个性地发展。学校严格执行国家课程计划，并依据学校办学目标、育人目标，结合学校实际，对国家课程依据校情、生情进行二次开发，实现国家课程校本化，努力构建具有地方特色、学校特色的“基础课程、拓展课程、研究课程、特色课程”的“四类”课程体系；同时突出拓展型课程（涉及三大类八大领域）、彰显特色课程、完善课程管理，不断推进学校课程建设，以满足每一位学生在教师指导下进行选择性学习的需要。

5. 教学观：理顺“四种”关系：师生关系、教学关系、教研关系、教评关系

教学要回归育人本源，实现知识与道德、教书与育人、教学与教育整合。教学

的三个层次：传授知识、启迪智慧、点化生命。学生是学习的主体，教师主要作用是点燃、激励、唤醒，必须了解学生知识基础、能力基础、思想基础、经验基础，必须在学生最近发展区内开展教学。教学有法，教无定法，贵在得法，教学要理顺“教师与学生、教学与学习、教学与研究、教学与评价”“四种”关系。同时在“文科情景化、理科问题解决”教学模式的基础上，应用“读·思·达”教学法不断探索，实践“以展示学生思维为主要教学环节”的课堂教学模式，打造高效课堂，提高教学质量。

四、“生本教育”办学思想主张的实践与探索

（一）开展“生本”德育活动，塑造学生高尚情操

德育工作要体现全员育人、活动育人、管理育人，落实常规、注重体验。

1. 主题教育磨砺健全人格

（1）深化“三爱”教育。积极践行社会主义核心价值观，深化“三爱”（爱国、爱家、爱校）主题教育活动，强化“成长、成才、成人”的生命责任意识；定期开展“三爱”的主题报告会、国旗下讲话及主题班会，宣扬、渗透爱心教育，培育仁爱之生，形成正确的世界观、人生观、价值观。

（2）开展生命教育。开展以珍惜生命、体质健康、心理健康、生态文明、公民意识、艺术审美以及安全防范教育等内容的生命教育，引导学生关爱自然、关爱自己、关心他人、热爱生活、珍爱生命。

（3）加强人文教育。开展以感恩教育、孝老爱亲、诚信教育、文明礼仪、理想励志等中华优秀传统文化教育，以及革命红色基因文化教育，增强学生社会责任感、民族自豪感，培养诚信精神和实践能力，培养学生成为一个有理想信念、有道德修养、有责任担当的人。

2. 校园文化提升核心素养

（1）浓郁学校文化氛围。学校努力营造浓厚的育人环境，从校园格局、建筑设施、环境布置、制度建设、文化熏陶等方面深层次表达学校的办学思想。学校加大校园环境文化建设力度，建有校史展览馆展示百年老校办学历程、历代名师

风采、历届校友名人事迹等，校园文化长廊内饰广场雕塑、名人雕像、石头景观，大门口墙壁刻有“四中赋”，各幢楼墙壁设有名人名言、名师风采、班主任寄语等，以环境感染学生，以文化引领学生。

（2）丰富校园文化活动。举办校园体育科技文化艺术节、春季运动会、五四游园活动；开展激情跑操、校歌红歌大合唱、为高三喊楼助力高考、高三远足、十八岁成人仪式、高三毕业典礼等活动；举行班标班级格言设计比赛，“汉字英雄”比赛、经典诵读比赛、校园“达人秀”大赛；举办摄影展、师生书画展、文学展、楹联创作作品展、科技展、动漫展、校园课本剧和心理剧展演以及军训夏令营、研学旅行、模拟法庭等活动，丰富校园文化生活，塑造学生高尚情操。

（3）拓展学生社团文化。学生自主成立了足球社、街舞社、B-box 社等 40 多个学生社团，定期举办社团成果展示，每年举办社团嘉年华活动；定期出版校刊《荆棘鸟》、校报《北辰》等，激发学生兴趣，发挥个人特长，从而促进学生核心素养的提升。

3. 全员育人共促健康成长

（1）加强家校沟通交流。成立家长委员会，组织召开家委会成员会议、家长会，邀请家长代表主动来校督学或做专题讲座，参与学校管理；每年邀请家长来校参加十八周岁成人仪式和毕业典礼，共同见证和分享孩子阶段成功和健康成长的喜悦；通过家访、电访等方式加强家校交流沟通，共商孩子教育良策。

（2）拓展社会教育资源。依托校外基地，利用寒暑假、周末时间组织学生参与有益的社会实践活动；积极开展青年志愿者服务，如：承办“青春·中国梦”心爱创新公益活动，举行“保护木兰溪，四中在行动”等环保志愿服务，增强社会责任感，促进学生全面发展。

（3）培育学生健康心理。依托省心理健康教育协作校、心理教育示范学校的优势，开展心理健康周（含心理健康主题班会、心理演讲、心理漫画、心理剧展演、心理游园等）以及开设高一心理必修课、高二心理选修课、高三心理减压等系列活动，增强心理健康教育工作的针对性、实效性和吸引力，帮助学生健康快乐成长。

（二）构建“生本”课程体系，促进学生个性发展

课程建设是学校内涵发展的重要抓手。课程改革就是创设符合学生发展的教育，满足学生个性需要，促进学生全面又有个性发展。

1. 构建课程体系

学校模范执行国家课程方案，落实地方课程，积极探索实践校本课程，讨论制定校本化的课程实施方案和校本课程建设规划。学校基于发展学生核心素养的课程建设需要，按其功能特色创造性地分为基础型课程（含必修、选择性必修、选修课程）、拓展型课程（含学科拓展类、社团活动类、社会实践类课程）、研究型课程（含大学先修课程、研究性学习课程、创新创客课程）和特色型课程（含乡土文化、生命教育、心理健康等德育类课程）四类，四类课程分块教学，体现基础型课程校本化、拓展型课程领域化、研究型课程学术化、特色型课程本土化；同时四类课程又相互渗透，构建形成“四位一体”的课程体系，以满足每一位学生在教师指导下进行选择性学习的需要。

2. 突出拓展课程

我校拓展型课程已经形成了一个涵盖三大类涉及八个领域（人文与经典、语言与文化、社会与发展、科学与逻辑、科学与实验、技术与设计、艺术与欣赏和体育与健康）等70多门课程。

（1）学科拓展类。以高中各学科课外知识的延伸为主，涉及“人文与经典、语言与文化、科学与逻辑、科学与实验”等领域，如：数学物理化学生物信息学等奥赛辅导课程、学科发展史以及“英语诗歌鉴赏”“高中古代诗歌专题训练”“品读文化经典”“论语选读”“有趣的生物”“化学生活”等等。

（2）社团活动类。以学生参与社团活动为主体，着重培养学生的学科兴趣，增强学生体质和身心健康，提高学生对于美的鉴赏能力，主要涉及“艺术与欣赏”和“体育与健康”等领域。学校现有学生社团40多个，“射击”“击剑”“啦啦操”“影视欣赏”“成品舞蹈”“素描艺术”以及“课本剧”“心理剧”等课程入选学校精品课程。

（3）社会实践类。以学生参与社会实践活动、社区服务活动为主，主要涉及

“社会与发展”和“技术与设计”领域，开设有：职业生涯体验、社区志愿服务、动漫、3D 打印、机器人等课程。

3. 彰显特色课程

立足“文献名邦”“海滨邹鲁”和百年老校的优秀文化积淀，学校积极探索运用乡土文化教育和生命教育提升德育教育的有效性，通过开设爱国爱乡的乡土文化系列课程（如：“莆仙方言寻根”“莆田地理”“莆田旅游文化”“莆田美食”）、传承中华传统文化课程（如：“中国传统节日介绍”“中华楹联”等）以及注重生命的安全心理系列课程（如：“生涯规划”“安全教育”“厚德载物之礼仪篇”“中学生如何交往”“走向心理健康”）等，彰显学校特色，潜移默化地影响着学生的行为和成长，从而实现教育目标。

（三）打造“生本”课堂模式，培养学生关键能力

培养学生“阅读、思考、表达”关键能力，发展学生核心素养是适应教育改革发展趋势，也是提升我国教育国际竞争力的迫切需要。

1. 突出展示学生思维，构建高效课堂模式

学校在推进文科情景化交流和理科问题解决的课堂教学模式的基础上，积极探索、尝试实践“以展示学生思维为主要教学环节”的课堂教学模式，积极打造高效课堂。2019 年 11 月，我校被确认为莆田市“核心素养进课堂”10 所试点校之一，正积极推进“读・思・达”教学法的应用，提高课堂教学的有效性，构建具有学科特色的课堂模式。

2. 以课题研究为依托，促进教学方式转变

开展如“合作学习在高中生物教学过程中的高效应用”“微课资源在高中地理课堂教学中的应用研究”“基于历史学科核心素养的高中历史复习课堂教学研究”“‘问题串’资源在高中物理教学中的开发与应用”“数学核心问题解决架构式课堂教学研究”“问题教学法在高中思想政治教学中的运用”“基于英语学科核心素养的高中英语阅读课课堂教学设计的研究”“关于化学工艺流程的建模教学研究”等教学改革的课题研究，以课题研究为依托，促进课堂教学方式的转变。

3. 积极推进信息技术与课堂教学的深度融合

深入对学科课堂教学改革的研究，从理念、技术和应用三个维度探索智慧课堂创新模式，通过“课堂互动”“网络空间”等载体，借助现代教育技术和互联网网络资源辅助课堂教学，创设课堂情景资源，引导学生在体验中反思，在感悟中提升，推进教与学方式的转变，促进以生为本、师生互动的教学课堂的形成，提高课堂教学的有效性。

（四）培养“生本”教师队伍，引领学生不断成长

教师是人类文明的传承者，承载着传播知识、传播思想、传播真理、塑造灵魂、塑造生命、塑造新人的时代重任。教师发展了，学生才能发展；要落实以学生为本，首先就要落实以教师为本。

1. 重视师德建设

（1）师德师风教育。依据《中小学教师职业道德规范》规范教师教育教学行为，通过签订师德承诺书、开展师德师风学习教育活动等，大力倡导为人师表道德风尚。

（2）先进事迹宣传。通过开展先进事迹宣传、评先评优以及党员教师志愿服务活动等，以典型引领，树立正确的教育价值取向，塑造教师高尚品德。

（3）激发内在动机。通过开展教师读书沙龙活动、节假日庆祝活动等，注重人本关爱，激发教师内在动机，提高工作的积极性与主动性。

2. 强化继续教育

（1）规划专业成长。制定《教师专业发展“十三五”规划》，确立教师专业发展目标，实施“三・五・八”工程，努力造就一支政治素质好、业务水平高的教师队伍。

（2）落实师资培训。坚持“请进来”“走出去”，邀请省内外专家教授莅校传经送宝，组织教师赴北京、上海、浙江等地进修考察学习，拓展教师视野；同时落实每年暑期的校本培训制度，要求外出学习、培训、进修、考察的教师回校后要进行二次培训，提高教师专业素养。

（3）注重校际互动。积极开展校际教研，承办省、市、区教学研讨会、一级达标校教学公开周、莆田市高中第一联盟体教研活动等，与永安一中、长乐一中、福州格致中学、江西东乡一中等开展校际交流等，对口帮扶福州教院附中、莆田二十四中、沙堤中学，加强互动交流、示范辐射，促进共同提高。

3. 搭建成长平台

（1）强化校本教研。落实校本教研、集体备课（三备两研），成立“磨题工作坊”、学科攻关组、学科协作组，推进“同题异构”教研模式，营造以研促教的浓厚氛围；同时通过校长点课台、磨课议课听课评课活动，提高教师教学技能水平，促进教师专业提升。

（2）致力“两个工程”。大力实施“青蓝工程”“名师工程”，开展“名师讲坛”“青年教师论坛”，举办“砺青杯”教学技能大赛，选送教师参加省、市、区教学技能比赛（其中省级获奖 6 人次，市级获奖 14 人次，区级获奖 15 人次），促进青年教师成长。

（3）促进个人提升。积极开展教科研课题研究，现有国家级课题 2 个，省级课题 2 个，省级教育教改实验项目 2 个，市级课题 6 个；鼓励教师撰写论文，近三年教师发表 CN 论文 148 篇，教师获全国、省、市优秀教师及优秀教育工作者称号的达50多人。学校现有高级教师67人，硕士研究生33人，省级名优师13人，市级名优师 36 人，师资力量雄厚。

五、未来展望

弘扬优良办学传统，深化课程改革，完善课程体系，发展学校文化，探索多样化办学之路，努力把学校建设成具有先进理念、一流环境、一流设施、一流队伍、一流管理、一流质量的现代化的省级示范高中。

（一）借鉴管理经验，理顺办学体制

学校将坚持“法治”，追求“文治”，以生本教育观重新审视学校管理，树立终身教育理念，以生为本，促进学校持续健康和谐发展。

（二）传播先进理念，引领教师思想

学校的发展应着力于教师的思想引领，并把重点放在进修和培训上。通过专家引领、名师带动、同伴互助、科研为舵等，着力打造研究型教师队伍。

（三）汲取文化营养，根植学校文化

要根植学校优秀历史文化的土壤，打造鲜明的文化标识系统，彰显自己的精神气质和文化个性，并通过一系列的工作机制，如“师资提升工程”、“高效课堂打造工程”、“文化建设工程”、“教师专业发展阅读行动”和“学生自我发展行动”等，逐渐形成自己卓越的文化品牌。

（四）开展生涯体验，提升学生素养

创造各种条件，开展职业生涯体验活动，让学生走进职场触摸社会，体验各种职业，把在学校里各个课程中学习、锻炼出来的自立精神、共生意识、人文情怀乃至于科学态度和领导气质运用到职业生涯体验中去。树立职业理想和抱负，激发学习内在动力，培养终身学习的能力。

【参考文献】

[1] 李晶，张国坤．核心素养教育落地生根的校本化表征 [J]. 教学与管理，2018（28）：3.

[2] 兰海龙，任艳丽．以“六个下功夫”为纲领积极构建学生工作新体系 [J]. 理论观察，2019（3）：175-177.

[3] 加强家教指导　构建学校家庭社会协同指导机制 [N]. 中国妇女报，2019-06-20（01）.

[4] 程润．深度学习视域下的第三学段阅读教学实践研究——以《西门豹治邺》教学为例 [J]. 小学语文教学，2018（4）：48-50.

[5] 赵媛媛，孙明娟．“以生为本”理念下中小学教育管理的探索与思考 [J]. 管理学家（学术版），2014（1）：1.

[6] 邓成飞．生本课堂教学的学本价值诉求 [J]. 教学与管理（理论版），2016（12）：3.

[7] 韩云松．学校人力资源管理中“以人为本”的管理理念 [J]. 上海电机学院学报，2006（S1）：118-121.

[8] 温有群．琢玉育人　文化立校 [J]. 新教育（海南），2017（29）：2.

[9] 张丽华．高职院校英语“3S 中心”教学模式的构建与实践 [D]. 沈阳：沈阳师范大学，2010.

[10] 孔杏格．基于核心素养的课堂教学设计 [J]. 河北教育（综合版），2018（4）：2.

[11] 蔡志梅．基于核心素养的小学语文阅读课堂教学探究 [J]. 新课程研究，2019（04）：34-35.

[12] 荀渊．新时代基础教育教师队伍建设的目标、内容与路径——基于《中国教育现代化 2035》教师队伍建设内容的分析 [J]. 教师教育研究，2019（2）：10-16.

砺　人

◎陈立新

【作者简介】

陈立新（1967—　），男，福建连城人，中学高级教师。现任福建省连城县第二中学校长。福建省“十三五”中学名校长培养人选。龙岩市优秀专家团队成员、连续四年福建省高考考试说明编写组成员，福建省曾呈进名师工作室成员。曾获龙岩市名师、名校长等荣誉。

学校的教育原点是人的教育，学校工作，应强调教学的社会价值，同时还应高度关注学生个人发展的价值。近几年，结合“历史积淀和文化背景、生源条件和教师状况以及当前的办学形势和社会环境”等资源，并研究分析和挖掘学校优势，我在同行和专家的帮助与指导下，在办学中不断凝练和凸显办学特色，逐渐形成了师生一致认同和追求的独具特色的“砺人”办学思想。结合我校办学特色，并借助“以德育人、体艺育人”特色办学、促进学生素质全面发展课题研究为抓手，通过倡导“砺人”办学思想，推动全员、全课程、全过程育人，从而促进学生全面发展。

一、“砺人”办学思想的缘起

本人从 1989 年大学毕业就分配到连城二中，在二中工作时间长，对二中情况熟悉。我经过深思熟虑，对过去的办学理念进行再提炼，提出了既传承传统、又赋予时代精神和二中实际的办学理念即“科学、人文、创新、超越”。在办学中，我一贯坚持以“立德树人”为本，不断完善制度建设，实施精细化、科学化、人文化管理；以“明责有志、笃学有为”为校训，以“尚德志学、求实创新”为校风；以“严教善导、全面育人”为教风；以“勤学乐思、立志成才”为学风；全面落实打造“以德育人、体艺育人，促进学生素质全面发展”的特色办学思路；积极倡导“遇到困难不低头，面对挫折不放弃；敢于挑战强者，勇于超越自我”的“自强”二中人精神，并使之成为全校师生的精神指引，通过这种价值认同和引领，为持续推动和提升学校的办学水平提供强大精神动力。通过教育实践，逐渐形成我的“砺人”办学思想的雏形。

二、“砺人”办学思想的提出

本人所在的连城二中，属新晋级的省二级达标高中，高中生源是一级校招生后才切线录取的，由于我县生源少，因而录取到我校的高中学生基础较差、上进心不强。许多学生，由于没考上一中，被录取到二中，心中怀有挫败感，因而学业上不求上进，目标上缺乏追求。由于我校是城区一所普通完中，地处城区西部，总体经济较落后，家庭条件普遍较差，问题学生、特殊学生较多，初中生普遍缺乏意志力、缺乏吃苦拼搏和坚持到底的韧劲和品格，厌学情绪很严重。尽管学生入校时文化成绩不理想，底子薄、基础差，但是每个学生都有他们各自的优点和长处，都有追求成功成才的潜能和愿望，只要我们学校和老师不抛弃、不放弃每一个学生，努力尊重每一个学生和学生的个性特点，遵循学生成长规律，激发学生的无限潜能，调动学生的动力之源，每一个学生经过努力，都可以在原有基础上有所发展，都可以成为全面发展的有用之人。结合我校高初中生源的实际，我觉得连城二中应该以育人，尤其应以自强的二中人精神为教育的着力点。自强不息地追求，做更强的自己，与二中人精神一脉相承，而成人、成才为目标的办学思路与党的教育方针立德树人高度吻合，学生能够学有所成，并能够成就未来是学校教育的梦想，也是老师心中的期盼。由此，催人奋进的我的“砺人”办学思想由此孕育而生。

三、“砺人”办学思想的含义特征

（一）“砺”

“砺人”办学思想之“砺”，本指磨刀石，初作“厉”，后作“砺”。用作动词，意为“砥砺”、“磨砺”。砺、厉、励，三字相通，引申为“勉励”“激励”“振奋”等义。

（二）“人”

“砺人”办学思想之“人”，甲骨文“大”字意为强壮的人，《说文解字》的解释是：“天大，地大，人亦大。”

（三）“砺人”

“砺人”办学思想包含砺德、砺心、砺行三个方面。其内涵最核心的是让自强不息的精神风貌成为激励二中人奋发向上、自强不息、不断开拓、创新超越的核心价值追求，使学生成为身体健壮、心灵健美、人格健全的全面发展的有用之人。

1. *砺德*

砺德就是通过正面和合适的教育来激励人、塑造人、发展人，使学生的心灵得到净化和纯洁，让学生在表现日常生活中能够做到“择善而从，博学于文，约之以礼”，形成良好的道德规范。

2. *砺心*

砺心就是磨炼节操和强大内心，锤炼奋发向上、顽强拼搏的意志品质，拥有坦然面对挫折、永不言弃的心理品质。就是要求学生努力做到：面对困难和挑战的共同精神实质——自强不息、奋斗不止的精气；遇到困难和挫折不低头、不放弃和永不服输的勇气；挑战强者、超越自我、坚韧不拔的志气。

3. *砺行*

砺行就是使学生在健全人格的成长过程中，不断激发和唤醒自主发展潜能，建筑人格长城，并在追求卓越理想和事业抱负过程中，努力践行梦想，不断自我提升与完善、实现自我挑战与超越，做到厚积薄发、有所作为，达到身心的全面发展，为成就未来奠定坚实的基础。

近年来，我始终坚持立德树人，大力传播自强二中人精神，突显对学生意志和动力等非智力因素的培养，以此促进学生德智体美劳全面发展，力求让每一个学生都能做到自强不息，成就未来。

四、“砺人”办学思想的依据

（一）“砺人”办学思想提炼依据

1. 中华民族优秀传统文化

天行健，君子当自强不息；地势坤，君子以厚德载物——《周易·乾·象》。

胜人者有力，自胜者强——《老子》第三十三章。

滴自己的汗，吃自己的饭。自己的事情自己干，靠人靠天靠祖上，不算是好汉——陶行知。

青春是用来奋斗的。真正的青春，只属于那些永远力争上游的人，永远忘我劳动的人——习近平。

2. 学校历史与特色发展

在学科取得成绩优异的同时，我一直坚持传统优势特色发展，近年来学校先后荣获福建省普通高中多样化发展改革实验。全国软式棒垒球实验学校、全国校园足球特色学校、省市县体育特色校。篮球、足球作为学校的传统体育项目一直在继承和发展。

3. 教育本质与民族复兴

要把立德树人融入思想道德教育、文化知识教育、社会实践教育各环节，贯穿基础教育、职业教育、高等教育各领域，学科体系、教学体系、教材体系、管理体系要围绕这个目标来设计，教师要围绕这个目标来教，学生要围绕这个目标来学。凡是不利于实现这个目标的做法都要坚决改过来。

2020 年中共中央办公厅、国务院办公厅《关于全面加强和改进新时代学校体育工作的意见》指出，学校体育是实现立德树人根本任务、提升学生综合素质的基础性工程，是加快推进教育现代化、建设教育强国和体育强国的重要工作，对于弘扬社会主义核心价值观，培养学生爱国主义、集体主义、社会主义精神和奋发向上、顽强拼搏的意志品质，实现以体育智、以体育心具有独特功能。

2020 年中共中央办公厅、国务院办公厅《关于全面加强和改进新时代学校美育工作的意见》指出，美是纯洁道德、丰富精神的重要源泉。美育是审美教育、情操教育、心灵教育，也是丰富想象力和培养创新意识的教育，能提升审美素养、陶冶情操、温润心灵、激发创新创造活力。

2020 年中共中央国务院《关于全面加强新时代大中小学劳动教育的意见》指出，坚持立德树人，坚持培育和践行社会主义核心价值观，把劳动教育纳入人才培养全过程，贯通大中小学各学段，贯穿家庭、学校、社会各方面，与德育、智育、体育、美育相融合，紧密结合经济社会发展变化和学生生活实际，积极探索具有中国特色的劳动教育模式，创新体制机制，注重教育实效，实现知行合一，促进学生形成正确的世界观、人生观、价值观。

（二）“砺人”办学思想的理论支撑

1. 塞利格曼的积极心理学

美国当代著名心理学家塞利格曼的积极心理学，倡导人类要用一种积极的心态来对人的许多心理现象（包括我们常说的许多心理问题）作出新的解读，并以此来激发每个人自身所固有的某些实际的或潜在的积极品质和积极力量，从而使每个人都能顺利地走向属于自己的幸福彼岸。积极心理学主张以人的积极力量、善端和美德为研究对象，强调心理学不仅要帮助处于某种逆境条件下的人们知道如何求得生存和发展，更要帮助那些处于正常境况下的人们学会怎样建立起高质量的个人生活与社会生活。

2. 保罗・史托兹博士的逆商概念

加拿大培训咨询专家保罗・史托兹博士的《逆商：我们该如何应对坏事件》，第一次正式提出挫折商的概念，用以测试人们将不利局面转化为有利条件的能力。他的《逆商：我们该如何应对坏事件》《工作中的挫折商》这两本书都探讨了挫折商对人们产生的影响。智商（IQ）、情商（EQ）、逆商（AQ）并称3Q，成为人们获取成功必备的不二法宝。有专家甚至断言，100%的成功=20%的IQ+80%的EQ和AQ。逆商（AQ）全称逆境商数、厄运商数，一般被译为挫折商或逆境商，是指人们面对逆境时的反应方式，即面对挫折、摆脱困境和超越困难的能力。逆商在瞬息万变、险象环生的逆境时代显得格外重要，没有永恒的失败，只有暂时的不成功。应对逆境的能力更能体现一个人的生命价值，使你以不变的心境应万变的逆境，从而立于不败之地。因此，逆商概念的提出具有非常重要的现实意义和历史意义。

3. 维果茨基最近发展区理论

维果茨基最近发展区理论认为，只有课程与教学走进学生的最近发展区，才能实现课程高效，使学生体会成功的喜悦。

4. 加德纳多元智能理论

加德纳多元智能理论认为，每个人都有属于自己的智能优势，这便是他的最佳发展区。

5. 建构主义学习理论

建构主义学习理论认为学习是以学习者已有的知识和经验为基础的主动建构，其含意有两个方面：其一，认为学习活动在很大程度上取决于主体已有的知识和经验；其二，认为学习者存在个体差异，这不仅是指主体已具有的知识，而且也包含了认知风格、学习态度、信心、观念和学习动机等。主动建构不只是动手实践，实物操作，向他人主动学习，特别是通过教师的教学进行主动学习是主动建构的主要形式。

6. 主体教育理论

主体教育理论认为，人的主体性是人的自然性和社会性的最本质的特征，是人之所以为“人”的最重要的前提。人的主体性主要包括三个方面，即本体主体性、价值主体性、实践主体性。主体性教育理论特别强调以下几个方面的教育理论：

（1）人是主体教育的出发点，主体教育的直接指向就是完善人、发展人。

（2）自由、自觉的活动是个体性发展的决定性因素。

（3）主体性教育的近期目标是在教育过程中，通过培养学生的主体意识、主体能力和主体人格，发展和提高学生在教育活动中的能动性，从而成为社会活动的主体（即类主体），造就具有类主体性的社会成员。

主体教育理论，不仅强调了人的主体发展性，而且具体指出了人在发展中的自主性、能动性、创造性，科学地说明了影响和促进人的主体性发展的因素与条件。

7. 罗杰斯的人本主义教学理论

人本主义心理学者认为，教育的目的绝不只限于教授知识或谋生技能，更为重要的是针对学生的情感发展，使他们能在知识、情感、动机诸方面均衡发展，从而培养其健康人格。学习的目的和结果就是使学生成为一个完整的人，一个具有高度适应性和内在自由性的人，一个充分起作用的人，也就是使学生整体人格得到发展。人本主义心理学家认为，教育的宗旨和目标应该是促进人的变化和成长，培养能够适应变化和成长的人，即培养学会学习的人。

五、“砺人”办学思想的构成

近几年，我校结合历史积淀和学校实际，已经形成了独具特色的办学理念“科学、人文、创新、超越”，在此特色办学理念的引领下，我校努力营造浓郁的“砺人”特色文化即以立德树人为根本，以育人为主线，从砺德修身、砺心铸魂（二中人精神）、砺行致远三个层面，全面培养学生，引导学生勤奋学习、拼搏奋进、不甘落后、超越自我，促进师生共同发展、全面发展。

（一）砺德修身以德育人

立世德为首，育人品为先。陶行知先生认为：道德是做人的根本。在教育工作中，我坚持以德育为核心，加强和改进学生思想道德建设，整合优化促进学生健康发展的德育资源，以学生自主发展为根本，以认、知、情意、行为各领域目标的实现为基础，以“勤学乐思、立志成才”为学风，以“会做人、会学习、会办事、有特长”为育人目标，把学生培养为“有素质、有追求、有文化”的现代公民。我努力坚持以德育为核心，以学生自主发展为根本，加强德育资源整合，通过“学科德育渗透，搭建德育平台，构建三位一体的德育培养体系”等方面来引领学校德育工作。

（二）砺心铸魂特色育人

紧扣校情，我推动学校制订教学和德育工作的目标和规划以及实施方案，以体艺学科为抓手，突出抓好特长教育，并挖掘体艺特长培养中的育人因子“二中人精神”，让二中人精神成为我校特色文化的灵魂。体格强健、充满活力、积极进取、勇于创新。我一直推动“崇文尚体”工作，“崇文”激励学生努力学习科学文化知识，提升知识素养，“尚体”则融合了德育、体育运动等内容，是一个人全面发展的重要保证。“崇文尚体”为学生发展注入了动力，激发生命活力，彰显人生本色。

（三）砺行致远全面发展

诸葛亮的《戒子篇》说道：“夫君子之行：静以修身，俭以养德。非淡泊无以明志，非宁静无以致远。”我积极推动学校全面落实党的教育方针，把立德树人作为教育的根本任务，全面实施素质教育，通过国家课程和校本课程，结合课程建设、特色活动等方面的创新，满足各类学生的需要，全力培养让学生在德智体美劳等方面得到全面发展。让学生在学习和行动中，知行合一，勇于创新，通过脚踏实地、实实在在的实践磨砺，为实现自己的远大理想和抱负，奋发向上，超越自我，自强不息，永不服输，追求卓越。

1. 二中人精神：遇到困难不低头，面对挫折不放弃；敢于挑战强者，勇于超越自我

校园文化是一种氛围、一种精神，优秀的校园文化能赋予师生独立的人格和精神，激励师生不断反思、敢于超越。我从传统文化和体艺教学与活动中，挖掘出蕴含我校特色的“二中人精神”。尊重教育自身的发展规律，关注学生成长的每个方面，激发和唤醒自主发展潜能，使学生在健全人格的成长过程中，自我提升与完善、自我挑战与超越，彰显生生不息的强者本色，让二中人精神，成为师生共同的信念和自觉的文化追求，让二中人精神渗到每一个学生的骨血之中，让二中人精神成为师生之间、校友之间强大的精神纽带。

2. 二中口号：做更强的自己

我在教育活动中还进一步拓展二中人精神，提出二中口号：做更强的自己。一旦学生有了自强不息的追求，做更强的自己，就能带来持久的激情和持久的动力，也就能飞得更高，走得更远；学生一旦有了自强不息的追求，做更强的自己，也就能更好地自律、自信、自省，也就能更好地成人、成才、成事，也就能更好地体现二中人精神、更好地得到全面发展。

3. 校标

二中汉语拼音的第一个大写字母，既像展翅的飞鸟，又像扬帆出航的帆船，是二中核心理念的传播和形象化。

图1　校标

六、“砺人”办学思想的目标

在倡导和建设“砺人”办学思想的过程中，我将带领全校师生更加凝心聚力，在“办学思路、精神内涵、办学特色”等方面有所突破与建树，并努力实现“把我校办成在闽西有一定影响力、省内有一定知名度，以德育和体艺教育为特色的城区完中”这一办学目标。

（一）办学思路更明晰

在今后“砺人”办学思想文化建设的过程中，我将牢牢把握教育发展的趋势，充分调动师生集体智慧去践行学校的办学理念和办学目标，不断提升学校的办学品质。必须坚持“科学、人文、创新、超越”的办学理念，以“质量立校、科研立校、文化立校、特色立校”为学校办学思路，共同描绘学校新愿景，把构筑学校发展新愿景贯穿于学校管理的全过程，切实提升办学质量与特色创建工程，走内涵发展之路，促进学校又好又快地发展，在五年内力争把我校办成“现代化、精品化、特色化”的城区完中。

（二）精神内涵更显著

在今后“砺人”办学思想文化建设的过程中，应该在大力发展校园物质文化的基础上，突出校园文化中的精神文化因素，应积极实践人文管理，以文育人，以德化人，让中华民族传统美德和自强不息的二中人精神，成为师生共同的信念和自觉的文化追求，让物质文化建设与精神文化建设相得益彰。

（三）办学特色更鲜明

在今后“砺人”办学思想文化建设的过程中，应走精品化办学的道路，要不断形成和完善适应学校发展特点和学生发展需要的特色校本课程体系，突显办学特色，积极开发国防教育、禁毒教育和二中好声音等丰富多彩的校本课程，广泛开展对外宣传、交流与合作，提升自己的教育品牌，扩大学校的知名度和美誉度。

七、“砺人”办学思想的实践

德育教育是学校所有教育行为的灵魂所在，对学校、教师及学生的行为具有价值指向的作用，是学校教育目标的最高追求。为了落实党的教育方针，我致力于落实立德树人，倡导“砺人”办学思想，推动学校自觉加强中华优秀传统文化的传承教育，不断培塑我们的文化精神，巩固我们的文化阵地。

（一）构建“砺人”育人课程

课程育人是回归教育本真的核心路径。我在日常工作中，有序推行“砺人”办学思想的教学范式，积极推进课程改革，努力探索和抓好国家课程、活动课程、校本课程等三项课程建设，并不断建立系统的、多样化的课程体系，做到课内与课外结合、校内与校外结合。我在办学实践中，着力抓好“砺人”办学思想与“国家课程、活动课程、校本课程”三项课程建设的有效渗透与链接。

1. 国家课程建设

学校全力开齐开全、开足开好国家课程，保质保量完成规定的教学目标和任务，抓好“砺人”办学思想与国家课程的德育渗透与融合，体美音和各学科专业课程与德育的融合，建立完善有效、科学全面的课程评价体系，切实提高办学质量。现代教育显著的特征之一就是尊重学生的主体地位，注重唤醒学生的主体意识，充分调动学生学习的积极性、主动性和创造性，促使学生生动活泼、主动和谐地发展。学习模式是指为完成某一学习目标，在一定学习理论的指导下，对构成学习活动的诸多要素所设计的横向的组合方式和纵向的活动程序。学生发展才是教师发展最应关注的内容，其重点在于强调学生学习投入与效果，将促进学生学习作为教师发展的任务与目标。要求学校各项工作围绕立德树人，落实“砺人”办学思想，全力聚焦课堂，发挥学生的主体作用，积极进行课堂教学创新，初步形成了“一二三四”的“砺人”课堂教学模式：落实一个“点”：课堂教学目标必须要有明确的德育目标和学科素养增长点。明确二个“度”：教学设计必须按照 " 小坡度、高密度 " 设置台阶，有效提升学生素养。强化三个“动”：教师组织课堂教学，必须发挥学生的主体作用，引导学生学会“动口、动手、动脑”。推动四个“导”：改进课堂教学方式，突出老师的主导作用，切实做好引导“读、学、议、练”四个环节。近几年，通过课堂创新，二中的课堂效益和教育有效提高。由于中学各学科肩负着德育的重要任务，是实施德育工作的重要组成部分，教师重视发挥学科的德育功能，强化“砺人”办学思想在各学科的课程渗透。

2. 活动课程建设

在充分尊重学生的发展差异和发展需要的前提下，我始终坚持校内与校外相结合、活动性与教育性相结合的原则，积极建设活动课程如“实践基地劳动、新生军训系列活动、校园科教体艺节、学校各年级励志活动、学生阳光体育跑操活动、摄影与主持、书法与绘画、舞蹈与器乐”等课程，以激发学生的兴趣爱好和拓展学生的艺术特长，从而充分有效地挖掘学生的潜质和锻炼学生的意志品质。

3. 校本课程建设

学校坚持以“砺人”办学思想为指导，充分利用当地和学校的优势资源，积极开发和建设以注重“双育”为核心的特色校本课程。如、国防教育、连城歌曲精选、连城乡土历史、软式垒球、连城乡音乡情、棒垒球、十番音乐、木偶、客家山歌、汉字书写与竞赛等校本课程。

除此之外，我校还通过构建德育体系，达到管理育人的目的

（1）构建三级德育目标系统。即七年级、高一“明德”教育，八年级、高二“立德”教育，九年级、高三“践德”教育。

（2）架构“两线层次”德育组织系统。“校党总支—校团委—班级（班主任、教师）—团支部”为一条线；“校行政——室四处（办公室、政教处、教务处、教科处、总务处）—班级（班主任、教师）—班委会”为另一条线。

（3）构建“文明班级”管理操作模式。“文明班级”设“勤学星”"劳动星"“守纪星”“体艺星”"孝敬星"“卫生星”“活动星”。以上评选活动包括了学生发展各个方面，已经成为学校德育的突破口。

（二）打造“砺人”特色文化

为了落实“砺人”办学思想，我积极致力于打造“砺人”特色文化，整合和丰富学校课程资源，让学校的课程都成为育人的场所，让“砺人”文化和二中人精神得到师生的认同，并能够自觉投入到教与学的实践中去。除此之外，我还通过“校园文化氛围的营造，校园特色建设成果在校内外的宣传和交流；新生入学的军事训练与教育，中学生行为的规范与约束；班会的品德教育、心理专题教育，年段和学校的励志宣讲；困难学生的励志演讲，历届校友的奋斗故事”等活动与课程，使得“砺人”特色无缝对接，二中人精神无处不在。“你可以失败，但不可停止你的脚步，你可以哭泣，但不可以凝固你的笑容”。这是飘荡在二中空中的心语心愿，这是留存在师生中的励志名言。“砺人”办学思想和自强二中人精神已逐渐成为全体师生共同的追求，师生的言谈举止、行为方式中都洋溢着积极向上的芬芳，师生价值观也已经逐步得到升华。

（三）创新师生评价和师资培训机制

在倡导“砺人”办学思想的过程中，我还同步推进“师生评价、师资培训”二项制度机制的改革创新，有效促进了学校各项工作的可持续发展。

1. 创新师生评价制度

学校积极强化制度建设，着力推动扁平化、精细化和人性化管理，把握师德优先、绩效优先原则，形成科学高效的教师激励机制。对于教师年度考核，要求学校必须坚持“向一线教师倾斜，向责重者倾斜，向绩优者倾斜”，并适当向老教师倾斜。对学生的评价，打破了以往“唯分数论英雄”的评价方式，不断创新学生评价体系，从“思想品德、学业成就、身心健康、艺术素养、社会实践”等方面对学生进行全维度评价。通过创新评价体系，有力提振了师生的精气神，学校教育教学质量也得以持续提高。

2. 创新师资培训机制

师资队伍的建设是学校管理工作的核心，是学校发展的关键所在。学校高度重视师资队伍的建设，并通过创新师资成长培养方式，为每位教师“量身定制”分层递进成长机制。根据教师的从教时间与教学水平、科研能力与研究成果等方面的现有水平，按“青年教师、骨干教师、各级名师”三个层面分层，制定不同层面教师分层发展的培养策略即青年教师，师徒带教；骨干教师，导师带教；各级名师，名师带教或专家团队带教。

（四）积极打造育人品牌

学校非常重视文化氛围营造、文化精神传播，走精品化办学的道路，提升自己的特色文化教育品牌，完善体艺为主体的办学特色，学校积极办好“足球学校、棒垒球学校、体育传统校、音乐美术课题实验校”等，力争实现每个学生有1~2项特长、每个老师有1~2项教学专长，使我校师生的思想品德与学业水平、科学素养与艺术素养、身体素质与心理健康等方面达到较高水平。

1. 品德树人实践体验

学校一直坚持品德树人，积极开展“仁、义、礼、智、信、忠、孝、悌、节、恕、勇、让”的中华传统文化德育系列主题实践活动，并把德育活动与学校其他活动有效结合。如“跑操、仪旗仪式时国旗下讲话、校运会歌咏比赛（二中校歌《西台山上我们激情飞扬》为必唱歌曲）、德育励志大会、祭扫烈士墓活动、文化公园博物馆德育基地、警示教育活动”等，通过这些活动，促进学生优良品格的形成，并努力将其培养成为学校德育工作的一个品牌，使传统文化中的不屈不挠、勇于进取的精神，融入二中人精神之中，使之影响、唤醒每一位学生，让践行“砺人”特色、二中人精神，成为一种行动自觉，并影响每位学生的一生。再如，通过每天的跑操，让学生离开学校后，一辈子保持良好的运动习惯，并在运动中展现不放弃、不低头的自强拼搏精神。

2. 创新活动深挖功能

在德育常规活动基础上，学校要求各处室创新活动载体，深挖育人功能。如教师集体下乡家访、我们的格言征集、阅读励志书籍、每人会唱二十首励志歌曲等，使“砺人”特色、二中人精神渗透到学生、教师、管理、学科、活动、文化等方方面面，并逐步渗透到学生的内心，使学生形成积极向上健康的人格和优良的品质。

3. 劳模引领率先垂范

劳模精神是民族精神的重要组成部分，体现了知行合一、自立自强的人生追求。大力弘扬新时代劳模精神，努力践行社会主义核心价值观，通过强化教育引导、舆论宣传、文化熏陶、实践养成，培养和造就培养德智体美全面发展的社会主义建设者和接班人。我校创新德育渗透机制，通过龙岩市邓文忠劳模工作室引领学校德育工作。立德树人首先要立师德，铸师魂，教育家陶行知曾说过：“德者师之魂。”教师是学生崇拜和模仿的对象，教师只有以身作则，才能有效引导学生怎样去做人和学习。做一名好老师，教师的专业知识是教书育人的资本，是将学生培养成才的必备条件，是教师必备的业务素质，淡泊名利、志存高远，实际上就是教师和教育工作者要立的“师德”。

（五）强化管理优化师资

本人深知，学校特色文化的建设，优良校风、学风和坚韧品格的形成，有赖于学校严而有格的管理，以及高素质有激情的教师团队的教育品质。

1. 建立年段负责制

学校要求各年段做到：责任分解和分担，目标具体和明确，责任和权力并重，信任和动力同行。

2. 深化内部考核评价机制

学校还进一步发挥精细化管理的考核功能作用，坚持师德优先、绩效优先，形成科学高效的激励机制。

3. 组建和谐人文高效的年段管理团队

教师的情绪状态和工作态度直接影响着教育状态和教学质量，而良好的管理，既可促进不同层次和不同年龄段的教师都不满足现状；又能促进年段学科备课组积极协作，优势互补。

4. 建强师资团队

只有教师的精神和专业素质发展了，学校才会有可持续发展的动力。近年来，本人倡导建立学校骨干教师工作室，充分调动全体教师的主动参与教学科研的积极性。还督促学校全面开展课堂教学改革试验、教师读书会、校内骨干教师工作室牵头的研训和学科展示活动、“借船出海、筑巢引凤”式的高端研训、教师教育教学技能大赛和岗位练兵大赛（每学期定大赛主题，如说课、说题、做题、课件制作）、班主任工作经验交流、教研组长备课组长工作经验交流、师德师风故事、人品教育等。教师通过教育水平的提升，更能够让每一学科、每一堂课、每一次学科活动都能够在传授知识与技能、过程与方法的过程中，让学生得到情感态度价值观的培养，让每一堂课都能够体现其足够的育人价值。例如，学生在省市质检或是平时半期考、期终考发挥不好，在各学科学习中遇到困难，在生活中遭遇挫折时，老师都能抓住教育时机，激励学生不抛弃、不放弃；在取得成绩时，不骄傲、不停步，激励学生勇于挑战强者，敢于超越自我。

5. 强化集备突出教研

我校各备课组师资水平参差不齐，存在强弱差异大、发展不平衡的现象，这不利于学科整体质量的提升。鉴于此，为了发挥集体备课能够“凝聚力量、取长补短、共享智慧”的优势，我高度重视集体备课工作，在年级负责制的管理模式下，对集体备课工作提出“和谐、协作、发展、共赢、高效”的要求。发挥市、县名师在备课组活动中的引领作用、骨干作用，积极参加同片区备课组活动，起到督促与改进、推动和指导等作用。加强考评管理，个人成绩与备课组整体成绩相挂钩。我校是一所城区完中，规模大，各教研组老师多。为此，我要求教研组工作更多立足于各年级备课组，各备课组以教学研究为抓手，以学科课题为载体，强化教研教改管理，各备课组开展结对子、专业课培训；邀请各级专家、名师对课题研究进行指导，确实提高教研实效；各备课组还借助学校搭建的教研和专业化训练平台，激励和促进教师向专业化成长的目标迈进。

（六）示范引导帮扶指导

学校还通过与薄弱校结对帮扶，建立互访机制，积极开展校际师生的帮扶活动。

1. 经常性领导互访

积极促成高中部与新泉中学、朋口中学结对子，初中部与曲溪、四堡、姑田中学、北团中学结为帮扶学校。要求学校制订互访机制，明确目标任务，确定工作重点，通过互访，明确帮扶工作实施情况，保证帮扶工作有效、有序、顺利开展。在互访中，帮扶学校的学生与被帮扶学校的学生建立“手拉手”互助互学活动。双方学生加强合作交流，交流方式如通过书信、网络等，以增进两校学生之间的友谊与成长。在互访中，积极帮助被帮扶校更新办学思想，树立先进办学理念，健全完善各项管理制度，规范学校日常管理，不断提高精细化、科学化、规范化管理水平；帮助被帮扶校找准发展定位，理清办学思路，健全完善中长期发展规划和具体目标，并从教育教学的每一个环节和学校管理的每一个方面，加强对被帮扶学校的指导，不断提高被帮扶学校的内涵发展。

2. 经常性教师互访

每学期我都派名师骨干教师到帮扶学校，开展教研活动。通过公开课、示范课、讲座课等载体，提高被帮扶校教师的专业水平和在实际教学中的应用能力。

3. 经常性教研活动

通过开展课堂教学的完中校际教研和初中片际教研活动，学校高中部与新泉中学、朋口中学结对子，初中部与曲溪、四堡、姑田中学、北团中学结为帮扶学校，以及与福清二中结对帮扶。我们主要采取以下举措：帮扶对口学校制定教师队伍发展规划，建立校本教研、校本科研的一体化培训机制；建立校际教师互派制度。帮扶学校每学期派出中青年骨干教师或学科带头人，到对口学校进行示范教学，开展评课、说课活动；建立专业或学科教研组、备课组合作研讨制度。“手拉手”学校相同专业或学科教研组、备课组或年级组每学期举办一对一的合作备课、研讨交流活动；建立同课异构制度。根据对口学校需求，帮扶学校每学年派出本校优秀教师代表，到对口学校开展同课异构活动，带动对口学校提高课堂教学效益，逐步形成对口学校的优质课资源，进而提高对口学校的教学质量。

（七）硕果累累特色显著

近几年，学校特色文化的建设，取得了喜人的成绩。2017 年 5 月，福建东南电视台播放了我校与团县委共同举办的“青春喜迎十九大，不忘初心跟党走”的新团员入团仪式暨老团员重温入团誓词活动。在 2017 年，教育部主管的《基础教育参考》第 12 期介绍我校《突出办学特色　实现超越发展》的办学特色与成果；在 2018 年 10 月，《基础教育参考》第 20 期介绍我校《学校特色文化建设存在的问题与实践思考》的文化建设发展进程。近几年，龙岩闽西新闻网、连城网相继报道了《连城二中学生自发成立爱心基金》的感人新闻；福建东南网报道了《龙岩连城二中三名同学成立爱心小组帮扶残疾同学》的先进事迹。近年来，我校高考也取得突破，在高中录取分数最低的情况下，高考上线率挤进全市同类校前列，中考上线率均居全县第一、质量综合考评均获县一等奖、市优质奖，其中 2019 年中考，在连城一中高一保送生考试中，我校考上 22 人（全县共招 38 名），中考各项指标继续高居全县第一；2020 年我校中考成绩喜人，全县前 10 名，我校 7 人，全县前 20 名，我校 13 人。近年来，我校先后荣获各级荣誉称号，如全国软式棒垒球实验学校、全国校园足球特色学校、福建地域文化艺术特色中小学地方校本美育优秀教学材料——《乡音乡情》学校、福建省二级达标高中学校、福建省学习型组织先进单位、福建省义务教育标准化学校、福建省普通高中多样化发展改革实验学校、省级音乐课题“闽西乡土音乐课程化的实践探索”实验校。近年来，我校教研成绩喜人，邱宏桂、杨棕云、江道满、赖秋烨等十几位教师，先后被评为省市县级名师或培养对象，周泓婧同学被福建省评为尊老爱亲美德少年（龙岩市仅一人入选），几十位师生获得省、市级各类创新大赛一、二等奖。通过倡导“砺人”办学思想以及“砺人”特色文化的建设，自强“二中人精神”已成为全体师生共同的追求，二中师生勤于创新，敢于超越，勇于当先的校园文化氛围已经形成。

今后，我将坚持内涵发展与地域文化相结合，把特色办学的理念贯彻到“砺人”文化建设的全过程，使“砺人”办学思想和“砺人”办学特色更加鲜明，办学效益更加突出。

【参考文献】

[1] 任俊 . 积极心理学思想的理论研究 [D]. 南京：南京师范大学，2006：17.

[2] 保罗・史托兹 . 逆境商数 [M]. 庄安祺，译 . 天津：天津人民出版社，1998.

[3] 王文静 . 维果茨基“最近发展区”理论对我国教学改革的启示 [J]. 心理学探新，2000，20（2）：17-20.

[4] 万学勤 . 略谈加德纳多元智力理论的教学意义 [J]. 教育探索，2003（5）：58-59.

[5] 沈晶 . 建构主义学习理论与教学改革 [J]. 湖北教育学院学报，2005（2）：97-100.

[6] 冯建 . 走向生命关怀的教育研究 [J]. 高等教育研究 .2004，25（3）：25-29.

[7] 陈琦，刘儒德 . 教育心理学 [M]. 北京：高等教育出版社，2011.

生态教育

◎练至高

【作者简介】

练至高（1968—　），男，福建武平人，中学高级教师，教育硕士。现任龙岩学院附属中学校长、书记，福建省“十三五”中学名校长培养人选。龙岩学院基础教育研究院特聘研究员。曾获龙岩市首届名校长等荣誉。

一、研究的缘起与生态教育概述

（一）研究的缘起

本人在武平一中、二中、三中等普通公立学校任校长14年，在民办学校（武平实验中学）任校长8年，在高校附属中学（龙岩学院附属中学）任校长3年。亲身经历了公办学校办学过程中政府、教师、家长、学生诉求不同的矛盾；深切体会到市场化背景下运作的民办学校与公立学校大相径庭；深深感悟了高等学校附属学校办学过程中，“校＋地”共管机制如何最优化问题。举办者、投资者、管理者、教师、家长、学生追求的利益各异，对学校的期待也不一样，在实际工作与生活中必然产生冲突。如何处理好他们之间的关系？处理不同对象之间的关系是否有共性？如何促进孩子能更合乎自身的成长规律生长？值得教育研究者思考。

本人大学所学专业为生物学，从教后一直在把“生态学”的思考带进教育，认为教育是整个人类社会整个生态系统的一部分，学校教育本身也是一个生态系统。这种思考一直伴随着自己，直到2002年到民办学校任校长，更加深切体会了平衡各种关系、发展各种关系的重要性。2005年，本人带着进一步深入研究的梦想，考进北京师范大学攻读教育硕士。在裴娣娜、张斌贤、马健生、肖甦等教授的指导下，2007 年在教育部《基础教育研究》杂志发表第一篇论文《教育生态观视野下的民办学校运作》，2008 年完成了硕士论文《民办学校运作的生态学考察》，2012 年获教育部学位委员会颁发的“第三届优秀教育硕士专业论文奖”。

（二）生态学与教育生态

对生态学研究的重视是伴随 20 世纪中期人们对地球生态环境的日益恶化的重视而同步的。在人类开始关注自身的生存环境时，人们从生物学与哲学的角度研究人与自然环境之间的相互关系及人类对自然的利用、开发和保护之间的关系。当代人们对生态研究的重视源于环境恶化对人类生存和发展造成的威胁，是对自工业革命以来在科学与理性基础上形成的人类中心主义否定的产物，是对人与自然环境、人与生物关系反思的产物。今天，在世界范围内，伴随着自然、社会与教育生态危机的凸显，生态学的地位与作用也日渐彰显。人们从来没有像今天这样关注生态问题，这是人类付出沉重代价后的明智选择。“可以说，当生态学发展到人和自然普遍的相互作用问题的研究层次时，就已经具有了哲学的性质和资格，它已经形成了人们认识世界的理论视野与思维方式，具有了世界观、道德观和价值观的性质。”[①]

生态学研究的内容是生物与生物（包括人与人之间的关系）及其周围环境（自然环境和社会环境）的关系，其实质是对相关联事物关系的把握，研究的目的是追求系统内各主体的自主、和谐发展。

美国哥伦比亚大学师范学院院长劳伦斯·A. 克雷明（Lawrence.Cremin）1976 年在《公共教育》一书中第一次正式提出了“教育生态学（Ecology of Education）”一词，并列专章进行讨论。此后，莱西（Lacye，C）和威廉斯（Williams，R）等许多学者发表了多篇有关生态教育的论文。我国学者对教育生态学的研究始于 20 世纪 70 年代中期，台湾师范大学教育学系方炳林 1975 年出版的专著《生态环境与教育》是我国第一部教育生态学著作[②]，以后范国睿、朱家雄、

① 佘正荣 . 生态智慧论 [M]. 北京：中国社会科学出版社，1996：41.

② 方炳林 . 生态环境与教育 [M]. 台北：台湾维新书局，1975.

刘贵华、周培植等众多学者有关教育生态研究的著作及论文陆续问世。

在教育生态学研究的内容中，教育生态学的视角遵循的是马克思主义哲学。马克思主义哲学认为人是社会的人，人的本质是社会关系的总和；人类所有个体的健康成长和进步，都依附着一定的人际关系和环境因素。也就是说，马克思主义哲学在关注人时主要是从研究人与人的关系、人与环境的关系出发的。

当我们提到“教育生态”时，在某种程度上包含了一个人的教育观，对于教育研究而言也包含了方法论，因此，“教育生态”的概念特别重要，我们有必要对它作进一步的梳理。

“生态”一词已经渗透到各个领域，涉及的范畴越来越广，人们常常用“生态”来定义许多美好的事物。在日常生活中人们使用“生态”一词时常有两种词性，一是作形容词用，如：生态农业、生态旅游、生态小区、生态公园、生态食品等，在于描述有利于生物成长与生活的环境；二是作名词使用，如：自然生态、文化生态、生态保护等，在于说明环境中各种因子之间的相互关系。因此，“生态”一词一方面具有“系统、整体、和谐、平衡、生长”的含义，另一方面是强调“关系”，指生物与生物之间、生物与环境之间的关系。

同样，“生态”与“教育”结合有“教育生态”和“生态教育”的提法，都是在借用生态学的理论和方法来研究教育领域问题。在本研究中使用“教育生态”的提法，有两个原因：一是我们的工作重在研究“系统、整体、和谐、平衡、生长”，二是生态教育或许会产生歧义，变成“传授生态学知识的教育”的代名词。

教育生态学（Educational Ecology），这个科学术语是由美国哥伦比亚师范学院院长劳伦斯·A. 克雷明于1976年在《公共教育》一书中最早提出来的：“教育生态学从教育和周围的生态环境相互作用的关系入手，以教育系统为主轴，剖析教育的生态结构与生态功能，以生态学的研究水平，即教育的个体生态、教育的群体生态和教育的生态系统为横断面，扩展开去，建立起纵横交织的网络系统结构，从而集中地阐述其原理，揭示出教育生态的基本规律，所谓教育的生态环境，它是以教育为中心，对教育的产生、存在和发展起着制约和调控作用的 n 维空间和多元的环境系统”。

（三）生态学理念研究教育的适切性

在运用生态理论解释教育问题之时，我们必须要面对这样一个问题：我们已有运用哲学、心理学、社会学、文化学、政治学、经济学等学科的视角来研究教育了，独辟蹊径的生态理论研究教育还有必要吗？也即，生态学理论研究教育的适切性到底如何？

1. 教育生态的理念是古代与现代、东方与西方的统一

（1）在中华文明发展史上，中华和谐文化传统起过积极的历史作用，我们有处理“少数与多数”“道义与功利”“道德与法制”等诸多相互矛盾关系的历史经验。经验的背后包含了我国古代众多思想家、哲学家“整体性、全面性、系统性、平衡性”的哲学思想。中国古代儒道两家都推崇“天人合一”的思想，其中儒家思想的核心概念是“仁”和“义”，道家思想的核心概念是“道”“德”。“仁”“义”“道”“德”都包含有人与自然、人与人和谐共处的内容和精神。如老子的“道法自然”的世界观和方法论，老庄的关于人性自然和自由的主张等；孔子的“性相近也，习相远也”也说明他当时已经意识到环境因素对教育的作用与影响，“孟母三迁”更说明当时人们已经注意到教育与自然环境和社会环境的关系。可以说绵延数千年的中华和谐文化蕴涵着丰富而深刻的教育生态思想，是我们研究教育生态的文化基础。

（2）西方社会毕达哥拉斯说过“整个天是一个和谐”，后来西方思想家大都把和谐视为重要的哲学范畴。例如，黑格尔的三段式推理：正题、反题、合题，在合题中两个命题走向统一与和谐。莱布尼茨认为“宇宙是一个由数学和逻辑原则所统率和谐的整体”也都体现了生态的思想。西方的众多教育家也提倡培养和谐发展的“自然人”，夸美纽斯在《大教学论》中指出教育的本质是培养人，“只有通过合适的教育后，人才能成为一个人。”夸美纽斯在教学中提倡“自然适应”原则，即遵循“秩序”的法则，即教育要依据人的自然本性和身心发展秩序进行，教育要使人的“身体方面与心理方面和谐发展”。这种教育思想至今仍熠熠闪光，也给我们以生态学的视野研究教育提供了有益的借鉴。

（3）马克思主义哲学对于人的存在的论述中蕴含了丰富的教育生态的基本理念。马克思哲学认为从宇宙到基本粒子，从无机界到有机界，从自然界到人类，从客观世界到主观世界，整个世界都处在相互联系、相互作用之中。人是整体性的存在，离开了日常生活的人是孤立的存在者，儿童不会孤立地出现在教育者面前，他们是社会文化的产物；马克思主义哲学还认为人是在一个相互联系的世界中存在的，教育是人的教育，而不仅是人的角色的教育，教育学生要学会做人就是要学会能够主动地与周围世界保持联系，以一种主动的方式来认识周围的世界。马克思主义的哲学思想是我们研究教育生态的重要理论支撑。

（4）后现代主义教育思想家提出了各种教育建议，在他们多种多样的教育理论和实践构想中，“生态”的特性处处彰显。为了人类的和谐发展，他们主张建立大的宇宙观和可持续发展观；认为教育是一种发展的动态平衡过程；反对各种形式的二元论，主张倾听各种不同的声音；关注教育活动的不稳定性、非连续性和相对性，以及个体经验相互作用的复杂性；他们反对“权威教育”，提倡“人文教育”，关注人与人的平等与协商，提倡理解关心和道德对话，建立和谐的教育关系。在后现代主义教育理论的视野中，教育具有开发性、灵活性、人文性、和谐性、系统性。这种思想给教育带来了生机与活力，为教育生态思想的发展拓展了空间，提供了丰富的养料。

因此，教育生态的理念是古代与现代、东方与西方的统一，它既源于优秀的中华民族文化，又扎根于现代哲学之中，是一种具有时代适切性与创新性的教育理念。

2. 用生态的视角考察教育是当代教育研究的重要取向

20 世纪八九十年代对教育生态学的研究，不但研究范围更加拓宽，而且不断向纵深方向发展。国外一些学者把教育放在当代世人瞩目的环境与发展的大背景下进行考察，如莱西和威廉斯合编的《教育、生态学与发展》（*Education*，*Ecology and Development*）。华盛顿大学的占德莱德则侧重于微观的学校生态学研究，首次提出学校是一个“文化生态系统”的观念，目的在于从管理的角度入手，统筹各种生态因子，以建立一个健康的生态系统，提高学校的办学效率。鲍尔斯（Bowers，

C.A.）是这一时期成果较为丰富的教育生态学家之一，在短短的几年时间里，他连续出版三部专著（含合著），其内容既有对微观课堂生态的研究，也包括对教育、文化、生态危机等宏观教育生态问题的研究。Hneyr 也从生态学的视角对高等教育进行了反思，指出高等教育缺乏有效的评价和对诸如文化、校园犯罪、毕业生和教学助理之间的等级冲突、对政府的责任感、对学习的评价、教师生产力的监控、科学造假、校企合作、大学对间接成本的计算以及预算缩减的失控等问题。①

从 20 世纪 70 年代开始，中国教育研究的‘生态潮’现象有增无减，近几年更为兴盛。目前，“涉及教育研究的宏观、中观和微观层面，至今已出版专著 7 部，发表论文 2000 余篇”。②随着“科学发展观”的提出，特别是党的十八大以来，生态文明建设纳入国家发展总体布局，党的十九大把“坚持人与自然和谐共生”作为新时代坚持和发展中国特色社会主义的基本方略，越来越多的教育工作者开始关注教育生态的研究了。

古今中外零零散散的有关“和谐观”“整体观”“系统观”“联系观”等教育思想，通过教育生态学实现了统一，这是教育生态的独特性，是其他教育理论无可比拟的。同时，“整体关联”“动态平衡”“自主生长”的生态理念是生物学、社会学、教育学理念的统整，用来考察当代教育、解决当代教育问题有其适应时代的独特的适切性。

刘贵华、朱小曼从理论、实践、方法上论述了生态学研究教育的适切性，并指出：“自然、社会和教育系统有共同遵循的生态学原则，在和谐价值观的观照下，生态智慧可以应用于教育研究，生态思维模式本身更贴近教育形态。”③

因此，教育生态的概念是生物学中“生态”及其相关概念的移植、借用，教育生态学认为“教育应该按照生态学原理，致力于解决教育过程中‘本体自然’与‘体外自然’以及两者之间的矛盾，并通过两者的调适和超越，实现教育的和谐发

---

① 王梅．基于生态原理的学科协同进化研究[D]．天津：天津大学，2006：22.

② 王加强，范国睿．教育生态分析：教育生态研究方式初探[J]．教育理论与实践，2008(07)：7-10.

③ 刘贵华，朱小曼．试论生态学对于教育研究的适切性[J]．教育研究，2007（07）：3-7.

展和良性循环，从而推动社会不断进步”。

3. 以教育生态理论研究更加多元管理的适切性

较之“教育行政主管部门——学校”的单元领导的普通学校，高校附属学校多了一个“高校”，领导增多，管理信息量加大。各方人、财、物、业务互联互通，诉求不一，更加复杂。因此，高校附属学校的运作相对于普通学校，更具复杂性、不确定性和挑战性。

同样较之“教育行政主管部门——学校”的单元领导的普通学校，民办学校多了一个投资方。学校运作要更切合市场需求，人、财、物、业务诉求不一，矛盾更多，学校管理更具竞争性、挑战性。

教育生态学的“整体关键理论”适切研究更加错综复杂的教育；教育生态学的“动态平衡理论”适切研究更具不确定性的教育。

二、“生态教育”办学思想的实践

（一）生态教育的学校行政管理实践——以龙岩学院附属中学为例

2016 年 6 月，龙岩市委、市政府按照“市属学校、学院管理、三方共建、服务属地”的原则，将原龙岩三中的人、财、物和业务委托给龙岩学院管理，并更名为龙岩学院附属中学，行业主管部门为市教育局，按龙岩学院内设副处单位，市属学校管理。

1. 高校附属学校运作的生态学分析

高校附属中学在运作过程中，因为政府、高校、教师、学生与家长追求的目标和价值取向上存在差异，造成管理过程矛盾不少。

（1）管理体制与实际运作不一致的矛盾

龙岩学院附属中学设立后，市政府文件规定，学校的人、财、物、业务管理在高校。但在实际运行中，高校认为教育行政主管部门代表政府，应该行使政府职能，对薄弱的附属中学应给予政策上的倾斜和特别的关心；而教育行政部门认为，附属学校建设发展应主要依靠高校与附属学校自身，行政主管部门不介入或少介入。“校 + 地”共管机制没有理顺，使得附属学校的运行和发展遇到了诸多困难。

（2）教师与学校管理的矛盾

学校改制后，龙岩学院和行业主管部门对附中的质量提升有了更高的期待，在平时的管理中，都以市属学校的标准来考核学校、要求教师，有部分教师感觉不适应，不满情绪常有，啰唆怪话不少，导致教师与学校的管理之间产生了矛盾。

（3）家长诉求与教师质量意识不粘合的矛盾

作为初中生的家长，更多地把孩子考上普通高中的期望寄托在学校和老师的身上。虽然学校的升学率与优质学校还有较大的差距，但是不少老师认为自己已经拼尽全力，对待工作问心无愧，常常把教学质量无法提高的根源归结为家长的不作为。作为一所底子薄、基础差的学校，龙岩学院附属中学不能保证多数初中毕业生考上普通高中，无法满足所有家长的期望。观念不同、认识不一，于是，家长的诉求与教师教学质量意识的不粘合的矛盾自然而然就产生了。

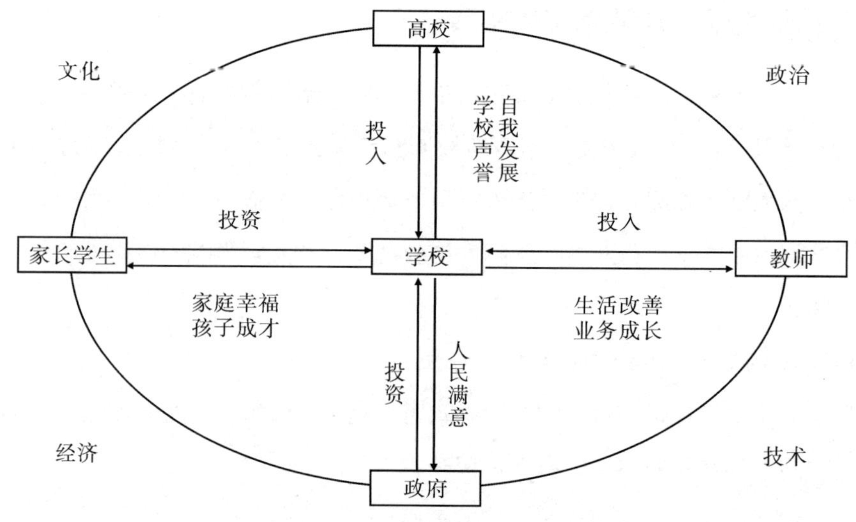

图1　高校附属学校教育生态

2. 高校附属学校的生态重构策略

（1）生态重构策略之一：动中求衡——外部环境调适

①重构高校、行业主管部门为附属学校服务的体制。目前龙岩学院附属中学管理体制的实际情况是：龙岩学院负责干部任免，龙岩市教育局在人、财、物和教育

教学业务方面起最后决定作用，这种管理体制与上级文件的规定有偏差，存在“两张皮”现象。高校、行业主管部门两个单位下设许多职能部门，各个部门、各负责人对体制的理解又都不一致，如何协调各部门关系，没有规则可循，因此，附属学校负责人只能随机应变，灵活处理，在动态中获取学校运作的平衡。

三所附属学校负责人达成共识，利用一切可以利用的人力资源，与行业主管部门和高校下属的职能部门进行沟通。三校联动成了我们附属学校争取上级领导单位支持的特色体制。

②重构家长与学校管理的关系。学校不能游离于其生存的外部环境而存在，在竞争激烈的环境中，学校必须以办人民满意的教育为宗旨。但作为一所根基薄弱的农村中学，想在各方面，尤其是在“升学率”上做到让人民群众都满意，还存在不少困难。家长与学校，作为教育生态圈中的两个重要因子，如何形成合力？回答好此问题是学校加速发展的关键。

首先，学校启动家长委员会制度，成立家长委员会。家委会的主要职责是进行家校沟通，参与学校管理。“家委会”成立两年来，学校召开了多次家委与学校管理人员共同参与的会议。这些会议，使不少学校管理人员进一步了解并体会家长对办好附中的迫切愿望，同时也让更多的家长理解了农村学校办学的艰辛。

其次，学校实行“家长义工”制度，邀请家长参加学校的一些教育教学活动，如作为校门口交通安全员、学校教育教学开放周观察员参与学校的管理，作为元旦讲演观摩嘉宾见证孩子的成长。在参与学校管理的过程中，家长们开始逐步了解学校教育，融入学校教育，越来越多的家长从旁观者、评论者逐步成为学校办学的参与者、支持者。当社会与学校在办学目标和价值取向上更趋一致时，双方“交集”的范围就不断扩大，学校发展的驱动力也就增大了。

总之，高校附属学校必须在高校、行业主管部门和社会的动态变化中，争取各方的支持，求得运作的平衡，促进学校更快地发展。

（2）生态重构策略之二：以动制衡——内部管理优化

教育生态学强调维护的“平衡”不是指保持原来的稳定状态，而是强调“动态的平衡”。教育环境始终处于变化的状态，学校运作重在促进系统中各因子通过自身的变革，适应环境的变化。如果生态圈中有些因子不能适应环境变化，致使生态圈出现“失衡”现象时，管理者就要因势利导打破旧的平衡，重建新的平衡来促进学校发展。

①重建“奖优罚劣、能上能下、能进能出”的管理制度。目前学校和城区优质中学教学质量差距甚远，但随着体制的变更，学校由“区属”变成“市属”，上级领导和家长对学校的教育教学质量提出了更高要求。而此时，学校部分管理人员和不少教师却不能与时俱进，改变自己的思想，提升自己的能力，矛盾凸显，学校教育生态已然出现问题。因此，打破旧的平衡，建立新的平衡已迫在眉睫。为此，学校采取了三项措施：一是优化管理队伍，把有“精品”“高效”“一流”作风的教师逐步充实到管理队伍中来，加强学校管理；二是利用市属学校的政策优势，通过《龙岩市属学校教职工奖励性绩效工资制度》奖优罚劣，鼓励先进；三是学校依据上级政策，制定《教师聘后管理制度》，通过“竞聘”建立职称能上能下、人员能进能出“契约化”的运作机制，鞭策后进。三条措施的实施使学校运作从“静态”走向“动态”，鼓励先进、鞭策后进的做法，促进教师提升自己的业务水平，去适应新的教育生态环境。

②重构“校本教研，专业引领”的教师专业成长体制。薄弱学校的改造起步要靠“奖优罚劣”的制度引领，但要真正实现学校的内涵发展，进入优质学校的行列，教师的专业成长是关键。

教师专业没有得到长足发展，主要是由校本教研不规范造成的！和其他不少薄弱学校一样，附中的校本教研“点点名、唠唠嗑”，没有实质内容。因此，尽快打破原来懒散、低效的教研生态，重建规范、高效的校本教研生态，成了学校改造的迫切任务。2018 年下半年学校成功申报了省教育厅义务教育教改研究项目“目标导向—学会标准—单元过关”。学校以此为“抓手”，逐步规范校本教研。

一所学校教师专业水平不能得到长足发展的另外一个重要原因是缺乏“将才”的引领。至今为止，龙岩学院附属中学没有一位在职的区（县）级名师。因此，培养更多省市名师来引领学科教学研究，促进教师专业成长，成了学校工作的重中之重。学校以2019年新一轮市名师工作室的筹建为契机，积极动员了一大批年轻教师成功申报市名师工作室成员。相信这些教师在不久的将来一定会成为附中的首批市名师，成为附中教师专业成长的引擎和动力！

总之，学校生态圈要健康快速运行，管理需要从“静态”走向“动态”，以动制衡，重建“奖优罚劣、能上能下、能进能出”的制度，重构“校本教研，专业引领”的机制。

（3）生态重构策略之三：协同进化——高校资源的利用

“协同进化”是“两个相互作用的物种在进化过程中发展的相互适应与共同进化”。

教育生态学认为，教育生态圈中各因子都有自己的利益诉求，各因子利益都要得到保障。学校运作要围绕各因子利益的交集工作，实现“协同进化”，这样各因子积极性才能高，学校生态圈就可以加速发展。

高校、教育行政主管部门、附属学校利益的交集是什么？是附属学校教育教学质量的提高。基于此，学校运作应紧紧围绕“提高教育教学质量”这个中心开展工作。为了提高附中的教育教学质量，龙岩学院提供了大量资源，主要有三方面：一是人力资源支持。不少二级学院领导关心附中发展，常常给予指导性意见，并在人力资源方面提供了大力支持。比如，针对部分高三希望生英语瘸腿的现状，龙岩学院高度重视，派出日语老师支援，在2017年帮助学院附中开设了高考日语班，成了闽西成立首创。近几年龙岩学院每年都派两个专职日语教师为选修日语的学生授课，助力附中高考，且取得非凡成绩。又如，附属中学教师奇缺，相关二级学院派出全日制学生到附中顶岗代课。再如，学院部分教师自愿指导学校校本课程的开发。二是划拨奖励资金。龙岩学院每年下拨部分经费，奖励为附属学校发展作出重大贡献的教师。三是提供校舍场馆供附属学校使用，学校不少大型活动都在学院场馆举办。

与此同时，附属学校作为龙岩学院的教育实训基地，每年承担学院大量师范生的见习和实习任务，取得很好效果。学院与附中相辅相成，相得益彰。

在各方的积极协调与沟通下，改制后的附中教育教学质量稳步提升，学院也得到当地百姓的普遍赞誉。可以说，紧扣“教育教学质量提升”这个共同利益的交集，各方共同努力，初步实现了协同进化。

总之，在高校附属学校教育生态圈中，政府、高校与学校相互依存，相互作用，虽然三者存在矛盾与冲突，但在“动中求衡”“以动制衡”“协同进化”三个策略的作用下，高校附属学校生态圈在动态平衡中自我完善、自我更新、自我发展。

（二）“生态教育”的教学管理实践

每个物种都有它们自己的空间和时间位置，1927 年，埃尔顿（Elton）把生态位定义为“一种动物的生态位表明它在生物环境中的地位及其与食物和天敌的关系”。[①] 生物世界是充满弱肉强食、你死我活的竞争的世界，但在这残酷的世界中，那些看似弱小的物种，并没有因为残酷的竞争而灭绝，却和其他物种共同相处，究其原因，就是“生态位”起的作用。在一定生物群落中，每一物种都有它特定的生活方式和时间、空间上的特定地位。生物界中各种生物都能找到自己合适的生态位，从而减少或排除了它们之间的不必要的竞争，使它们在一定范围内可以共存共生。

“天生我材必有用”，生活中，有人成了科学家，有人成了医生，有人成了教师，有人成了工人。各人有各人的活法，即使是街头的乞丐，也有他的生存之道，人类不同的职业犹如生物界不同的“生态位”。

根据移植生态学的理论，我们可以把学生生态位认为是学生在教育生态圈中所处的时间、空间、需要等构成的独特地位。每一个学生都是一个有独特个性的生命体，每一个学生都有他相对所长的东西，他们应该有属于自己的“生态位”。

在教育实践中，学生应有的“生态位”往往被成人所破坏，成人不理解学生有自己的兴趣爱好、有自己的追求、有自己生活的时间与空间特点，他们单纯从自身的需要或社会的需求出发要求孩子、评价孩子。于是，教育成了孩子们外在的东西，误入功利化的歧途。学校教育的成人功利行为主要表现在以下两方面：第一，家长对教育目标功利化。经调查家长送子女到学校的主要目标是孩子的升学，家长要求孩子在校的一切活动要围绕与升学有关的“分数”（见图 2）。第二，学校教育

① 王凤．生态位概念及其在昆虫生态学中的应用 [J]. 生态学，2006.25（10）：1280-1284.

功利化。因为“升学率”的高低成了家长判断一所学校好坏的标准，成了关系到学校是不是办“人民满意的教育”的重大事项，学校往往把提高“升学率”当成学校教育的中心工作。对于薄弱学校而言，提高“升学率”还有它特别重要的意义，高的“升学率”迎合了家长的需求，可以给学校带来更多可选择的生源。结果，考试考什么，学校就教什么，“升学率”成了许多相对薄弱学校教学的目标导向。而“新课改”提出的核心素养的“情感、态度、价值观”难以在考试中体现，成人往往就置之不理，学生的兴趣与爱好自然被“考试”替代。在成人功利的作用下，教育的原生态被破坏。

其实，学生有学生的追求，在学校他们在追寻自身的生态家园，他们的乐趣并不是单纯的“考试”，他们期待用自己的热情放飞青春的梦想，他们希望参与生动活泼的各种各样的活动（见图 2）。为了自身的利益，他们与成人在“斗争”着。但是，“竞争的不对称性”决定了学生是教育生态圈中的“弱者”，决定了他们将是“斗争”的失败者，强势的成人削弱了他们的“生态位”。

因此，学校管理者应重视培植学生本该有的自己的“生态位”，以制衡成人对他们生态位的侵蚀。

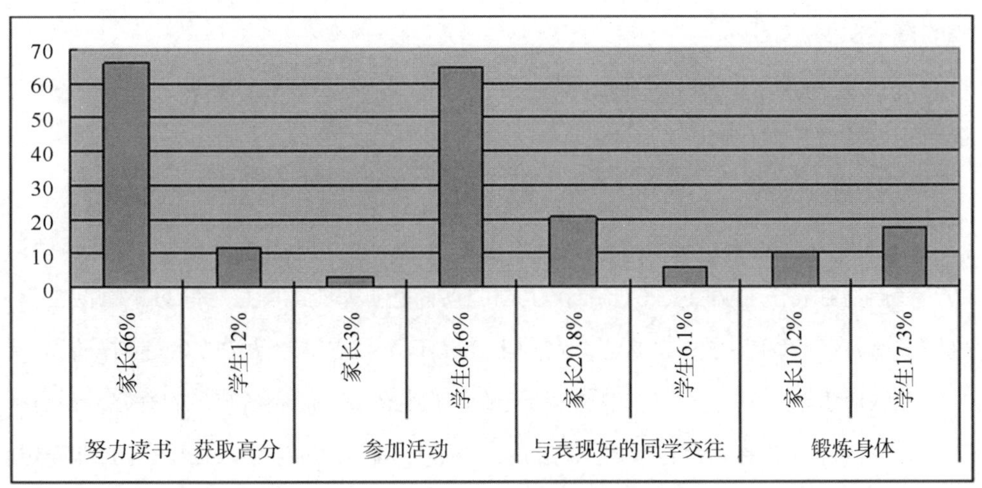

图2 家长与孩子在校的期待比较

在应用“生态位”原理考查学生时，我们应该把握：

第一，每一个生态因子都有自己的生态位，都能在自己的生态位中得到应有的发展。学生应该有适合自己能力、个性和优势的生态位，并能在自身的生态位中得到合理的成长。

第二，学生因学识、阅历等的局限，常常不能正确认识自我，不明白自己的生态位。教师应探索每个学生的身心发展特点，指导不同类型的学生找准自己的“生态位”，选择适合自身实际的奋斗目标，引导学生做力所能及的事。

第三，学生有各种各类，由于他们所处的文化背景不同，个性各异，他们有不一样的兴趣爱好。教师应根据不同学生的独特位置和特殊优势，为每个学生寻找最合适的资源去培植他们的“生态位”，让他们始终拥有自身的生态优势，在生态竞争中获胜。

对于发展学生核心素养，培植学生“生态位”还有它特别重要的意义。营造适合学生健康、愉快学习与生活的环境，是教育促进人发展的要求，是学校走向高质量发展的大事。尊重学生的个性差异，容纳学生不同的观点，尊重学生的生活方式，迎合学生的兴趣爱好，为学生创设自我发展的空间，培植他们自己的“生态位”，有利于他们的专长得到发挥，有利于提升他们在校的生活幸福感，有利于学校的持续发展。

“生态位原理”中的“营养生态位（取食生态位）”“时间生态位”“空间生态位”等可用于教育教学实践。

1. 营养生态位

狼吃肉，马吃草，蛙吃虫，经过长期的进化，不同的生物在同一个生态环境中，有自身独特的营养生态位（取食生态位），有的以肉食为生，有的靠植物生存，这样就避开了食物生态位的重叠，有利于处在不同生态位的动物的生存与繁衍。

在教育生态圈中，学生也有自己独特的营养生态位。他们各有各的爱好，各有各的长处，各自有享受生活的方式。有的勤奋学习，能从追求考试高分获得心理满足；有的喜欢运动，能在竞技中得到快乐；有的喜欢乐器，能在艺术的熏陶中找到乐趣。

特别要强调的是，校园不应成为考试优秀学生的天下，而是所有学生的乐园！

“生态系统中的每一个存在物都具有内在价值”，[①] 教师要帮助每一位学生找到自身的“生态位”，不论是成绩好的还是成绩差的，不论是长相靓的还是丑的，不论是品德优秀的还是表现落后的，不论是家境优秀的还是出身贫寒的。今天的学校教育所面临的，不仅要关注学生的知识学习，更要关注学生的生命成长，要为每一位学生培植有利于他们个性发展的生态位。

在培植学生营养生态位上，学校主要是通过挖掘校本课程资源的方法。首先，教师要帮助学生找准自己的生态位——分析他们自身的优势，有什么优点和特长，适合做什么，能做成什么，为学生下一步的发展和进步提供建议和参照，找到他们实现自我的舞台。其次，学校在完成国家课程的基础上，从适应学生多样化发展的需求出发，以学生自主发展为目标，为学生准备可选择的丰富的“校本课程套餐”，以满足位于不同“生态位”学生的需要。在课程实施过程中，打破原来的班级编制，学生按各自的兴趣组成了新的学习共同体。在这共同体中学生参与课程内容的选择、教法的取舍，学习方式由被动认知、接受，变成了探究、创造。他们在乐中学，乐中做，兴趣和爱好得到充分的激发与挖掘，主体性得到充分的发挥。

为了满足学生需求，不但要立足于本校的现有条件，充分利用本校教师的特长，最大限度地开发符合学生兴趣的课程，当本校师资不足时，学校还从外校聘请，外校没有，就聘请学生家长或社会上相关的专业人士为兼职教师，保证每位学生至少有一门自己感兴趣的课程。可以说，为了学生有自己的合适的“生态位”，使他们能在校生活得幸福、愉快，也为了学校自身的生存与发展，学校要花大力气。

2. 时间生态位

动物寻找食物的时间常常是不同的，有的在白天，有的在黑夜，有的在清晨，有的在黄昏。鸟儿多在白天活动，野狼是深夜出来觅食，老鼠常在午夜出没，蝙蝠喜欢傍晚出去寻食……生物五花八门，多种多样，经过多年的进化，它们选择了不同的时间生态位，有的和昼夜相适应，有的和潮汐相反应，还有的和地球公转、季节变化相一致。时间的错位可以避开觅食方面的激烈竞争，减少与天敌相遇的机

---

① 倪胜利，大德曰生．教育世界的生命原理[M].桂林：广西师范大学出版社，2006：77.

会，保证了物种的生存。

同样，我们的学生有的在文化课堂上思维敏捷，开心无比，有的期待周末的到来，享受大自然的陶冶，有的在课外享受各种各类活动带来的乐趣，不同的学生有不同的时间生态位。

但当前有一种突出的现象是家长或学校忽视了学生的时间生态位，比如对学生的日常课外时间或周末时间，多数家长或教师要求学生补习功课，学生有永远做不完的作业或上各种名堂的“强化班”“补习班”“提高班”等。其实，学生的课余时间是孩子们生活的重要部分，如果学生的课余生活空虚或学习压力过大，我们就不能说孩子们在校生活愉快。学校有责任保证他们在校的空暇时间生活丰富多彩，保证所有的学生都有自己的时间生态位，让所有的孩子在学校都能找到自己的快乐——课内的、课外的，它们共同构成了学生的幸福生活。

（1）开心周末

在寄宿制学校，学生几乎所有的时间都待在学校，尤其是周末的两天，多数学生在校无所事事。如何安排好他们的课余生活尤其是周末生活是关系到孩子们在校园能否幸福生活的大事。比如，通过武平实验中学的调查，发现多数学生（195 名学生中 123 名，占 63%）希望学校周末多组织学生喜闻乐见的活动（见图 3）。

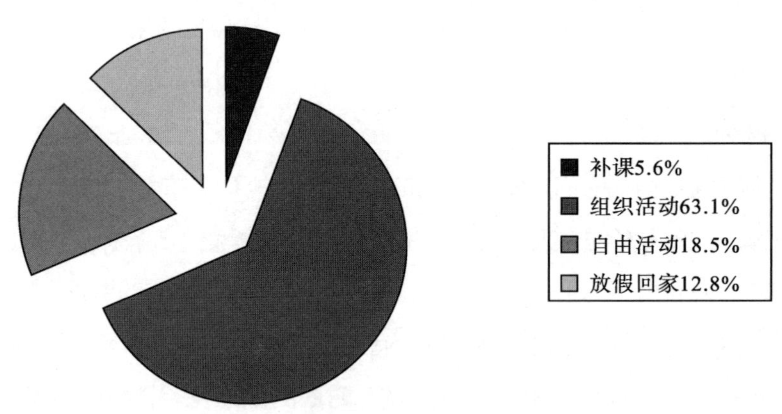

图3　学生周末活动意愿调查

针对上述实际，笔者曾任职的寄宿制学校武平实验中学经过长期实践与探索，创设了一种新型的课外活动模式——“开心周末”——在周末时间，学校有目的、有计划地组织学生自主选择、设计与实践的课外活动。“开心周末”的目标是：通过新颖、灵活的组织形式和多姿多彩的活动内容，促进每一位学生在初中学习与生活期间能够欣赏、爱好一项以上的体育、文艺或其他非升学考试的活动，培养学生在校生活的幸福感。

教育生态观指导下的“开心周末”，要秉承学生自主的原则，活动的计划由学生制定、活动的主题由学生提出、活动的内容由学生选定、活动的过程由学生组织，关键要学生高兴。

比如，寄宿制的武平实验中学，经多年的探索，学校的“开心周末”活动内容已课程化、菜单化，学生可自主选择、自主参与。一是学校“课程套餐”的延续，比如，歌舞、小品、魔术、故事、谜语等等。二是学生自主组织的一些活动，有思想性的（如，青年志愿者活动、演讲比赛等），有知识性的（如，文学沙龙、阅读竞赛、学科知识竞赛等），有娱乐性的（如，体育比赛、游园活动、文艺汇演、影视欣赏等），有实践性的（如，社会调查、社会服务等）。“开心周末”活动还与品德教育相结合，如针对“留守学生”比例较大的实际情况，团委与政教处利用周末时间，邀请家长到学校与孩子联欢，一起参与学校的活动，从而加强孩子与父母思想的沟通、情感的交流；又如，教师节期间，许多班级利用周末时间举办“我最尊敬的老师”演讲比赛、“我与老师心连心”主题班会、师生混合拔河赛、师生包饺子比赛等各种各类的活动，活动促进了师生的相互了解，加强了师生的情谊；再如，以重大时事“神七”发射为契机，政治教研组周末指导学生开展“我为神七喝彩，我为祖国骄傲”航天知识大赛，学生在活动中如受到民族精神与爱国主义教育……

各种各样的活动为学生创造了在合作与交流中成长的环境，增长了学生的知识，培养了学生的能力，强化了他们的“生态位”。

（2）综合实践活动

不一样的课程的开设，造就了学生不相同的角色，也会造成学生“生态位”的变化。长期以来，许多学校、许多家长过分强调“升学考试科目”，导致部分学生的许多兴趣得不到培养、许多才能得不到发挥，造成了他们生态位的泛化。

综合实践活动课程对培养学生的营养生态位有特别重要的作用。综合实践活动课程作为一种相对独立的课程组织形态，超越了传统单一升学考试学科的界限，将综合性课题、学科性知识和学生感兴趣的问题以单元活动形式统一；通过课内与课外、校内与校外有机地结合；通过学生自主地、创造性地解决问题。它可以促进学生全面发展的实现，可以让学生的自我价值得到充分的体现。

教育生态学的视野下，综合实践活动的开设，目的是培植学生的生态位。活动的选择、设计、实施、评价都要发挥学生的主体作用，要根据学生的特长，注重他们的兴趣所在；要以学生为主，强调学生自主，主题由学生根据自身的兴趣提出，计划由学生制定，活动由学生评价；要培养学生的综合运用各科知识的能力，更要让他们在活动中兴趣盎然。

比如，武平实验中学根据学科特点、地方特色，在学生自主选择的前提下，开发了“闽西客家风情研究”“平川河的污染成因与对策”“武平中草药资源的开发与利用”“养猪业对我县生态环境影响的调查”“中山古镇百家姓的调查研究”“开发利用闽西乡土音乐课程资源的实践研究”“学生零花钱的调查研究”“我校学生近视率上升的调查研究”等二十几个活动课题。通过这些综合实践活动课程的开展，学生的动手能力、探究能力得到了很大的提高。

综合实践课开放性、自主性、实践性的特点适合培养学生兴趣与爱好，适合培养学生的思维能力和动手能力，有利于学生的自主生长，有利于培植学生的“生态位”。

3. 空间生态位

虎在山上行，鱼在水中游，猴在树上跳，鸟在天上飞，动物的取食常常局限于一定的空间范围内，他们在这个范围内占据特定的空间位置，利用特定的资源，这样就保证了各种生物之间的和谐相处、持续发展。

我们的学生也一样，有的喜欢待在学校，喜欢学校的人和事；有的喜欢大自然，能在野外与自然的接触中舒展自己的身心；有的喜欢社区，能在社区的活动中获得成长……学生有自己的“空间生态位”，在自己的“空间生态位”中，他们的才能能得到充分的发挥，在自己的“空间生态位”中，他们能找到属于自己应有的快乐。

在学校的运作实践中，可以通过“社区”来培植学生的“空间生态位”。正如陶行知所说的一样，不运用社会力量的教育，便是无能的教育；不了解社会需求的教育，便是盲目的教育；要把社会与学校间的高墙拆除，要把“鸟笼中的小鸟放到天空中任其自由翱翔”。进入社区是学生接触社会的第一步。

社区是社会发展的基本单位，是人们交往、联系、学习、发展的区域性环境，是人们的生活共同体。孩子们在社区中长大成人，社区形成了他们对于生活的看法与价值观，形成了他们的朋友圈和小团体，也因此影响到他们在学校的各种行为；学校处于社区之中，时时刻刻受到社区的正面或负面的影响；社区内的人才资源、地域资源、图书馆、青少年宫、广场、公园以及各种文化资源等都能成为培养学生生态位的良好资源。因此，通过生态社区来培植学生的“生态位”有特别重要的意义。

在教育生态学视野下，生态系统是个相互联系的系统，每一个生态因子与其生活的环境存在着不断进行能量、物质和信息的交流，是相互依存、互为因果的关系。学生与他们生活的外部环境的社区存在“主体与环境”的密切关系。因此，挖掘社区教育资源应遵循“联系”“和谐”的理念。传统“社区 + 教育”的观念，往往只注重社区德育资源的利用，不重视学生作为“社会人”与社区的融合，不重视通过社区培养学生的社交能力，不重视通过社区培养学生的特长、专长。“以关注和谐为取向的视角转换，使当代社区教育在理论上获得新滋养，在实践上赢得新契机，具有重要的理论和实践意义。”①

在教育生态观的照耀下，学校以“和谐”“成长”为理念，围绕培育和谐共存性的多元文化、构建人人参与式的社区生活两个视角，通过挖掘“红色教育资源”与“社区活动互动”两种具体形式来培植学生的空间生态位。

① 蔡瑾．社区教育发展与和谐社会构建——以上海浦东新区为例[J]．教育发展研究，2008（17）：59-61.

（1）红色研学

龙岩市“红色资源”丰富，毛泽东、朱德、陈毅等都在这里留下了他们革命斗争的足迹和生活的脚印。学校社区范围内有许多人生阅历丰富的老红军、老党员、老战士，比如杰出的无产阶级革命家、政治家邓子恢。于是，学校试图挖掘社区“红色教育资源”，传承红色基因，发展核心素养。

在教育生态学观照之下，学生是生态圈中的重要因子，他们有自己的主体性，可以发挥自身的选择性、自主性、能动性和创造性。因此，“红色教育资源”的挖掘与利用，不是采用传统的请老革命、老红军做报告的形式，而是从学生的兴趣点出发，采取交流、研究、体验的方法，促进学生在活动中认识“红色文化”，通过活动培养学生吃苦耐劳的精神，学生通过活动学会与人共处。

在活动前就学生对“老革命”“老红军”“革命故事”做调查。同学们头戴红军帽、身穿红军服、腰系军皮带走进松毛岭、中复村，共唱国歌，共祭先烈，他们脚踏红色土地，踏着英雄的足迹挑着“粮食”、扛着“弹药”寻找红色记忆，现场教学体验：抬担架、学包扎，止血、包扎、固定、心肺复苏、战地转移等感受革命艰辛和革命事业的成功之路，开展“传承红色基因、谱写时代新篇”研学实践活动。

孩子们通过手抄报、演讲、广播等形式，向全校师生讲述“老革命”的身世、抒发自己的感悟。学校团委每年还组织一次“重走长征路”的活动，15 公里的路程，设计了大渡河、遵义、延安等景点；3 公斤的背包、2 个馒头、1 瓶矿泉水走完全程。通过活动，孩子们体验到了“长征”的艰辛，也对老人们有了一丝丝的敬意。现在，孩子们会自主地、不定期地到相对孤单的老人家中，帮他们做些家务，听老人们讲述“战斗的故事”“家乡的传奇”。

古田会议会址、古田纪念馆、东肖后田暴动纪念馆等都成了目前龙岩学院附属中学每年红色研学的固定场所。

（2）社区互动

人总是生活在一定的环境之中，与环境之间存在物质、能量相互交流。社区是学生生活的主要环境，学生与社区有千丝万缕的联系。学校有责任培养学生参与社会环境公共事务的基本公民素养，培养他们学会和陌生人交往、学会共同管理居住的社区，促进他们成为一个富有爱心的“社区人”、一个负责任的“社会人”。

社区是各种人才的聚集地，拥有丰富的人力资源。孩子们在学校“课程套餐”“综合实践活动”中，兴趣得到培养，特长得到发挥，他们期待与社区的“高手”过招，检验自身的专长水平。于是，学校通过居委会、行业协会开展由学校学生与社区“能人”共同参与的围棋、乒乓球、篮球、书法、钢琴等各种各样的比赛。学生们在比赛的参与中，不但增长了知识，培养了技能，同时社交能力也得到了提高，他们与社区“能人”结下了深厚的友谊，许多学生还成了众多社会“能人”的小徒弟。

同时，社区的各种组织也为孩子们参加社区活动大开绿灯。比如，社区通过社区警务室开辟了绿色网吧，为社区中的孩子们提供健康上网的渠道；社区“关工委”与学校紧密合作，采用“请进来走出去”的方式，举办了许多科普知识讲座、组织了许多参观访问活动。在活动中孩子们受到感染和熏陶。

在教育生态学观视野中，学生应该成为“生态人”——做顺应生态和自身发展规律，与自然环境和谐共处、与社会和谐共荣、与自身和谐成长的人。社区是个多元文化共存的集合体，不同年龄、不同地域、不同文化背景的人汇集在一起，共同劳动，共同消费。“小手拉大手”，经过多年的努力，孩子们参加社区活动热情高涨，与社区融为一体，社区成为孩子们的精神乐园。孩子们收获最大的是，在社区的交往中学会了理解与宽容，知道了如何了解人、如何尊重人。社区“红色教育资源”的挖掘、社区活动的开展，拓展了他们“空间生态位”的幅度。

总之，在教育生态视野下，学校可以通过积极营造适宜学生的气候环境条件，培植本该属于他们的“生态位”，学生在与学校、家庭、社区等外部环境进行连续的、系统的物质、能量、信息的交流中获取养料。

三、教育生态实践的未来

人的思维是有局限的，面对教育中一个个活生生的、独立复杂的生命体，我们永远不可能完全把握他们成长的细微、幽深的奥秘，在任何时候，我们都需要对教育中的生命保持必要的敬畏。“凡是把复杂的问题说得小葱拌豆腐一清二白者，皆不可信；凡把解决复杂问题说得如同囊中取物，易如反掌者，皆不可信”（王蒙语）。面对复杂生命体的教育问题，远没有我们想象得那般简单，并不是单纯依靠某种理论就可以解决的，需要我们有更多的审慎与智慧。生态理论考察教育虽有它独特的优势，但也有它的不足。

（一）生态学的思想考察指导学校教育有其独特的适切性与优势

1. 教育生态是教育思想、教育方法、教育结果的统一

面对全球化和本土化的矛盾，面对我国区域性社会经济发展极不平衡，我们的教育观念、教育目的、教育内容与评价等方面都存在适应与超越、继承与创新、冲突与调适等矛盾。随着“习近平新时代中国特色社会主义思想”的提出，教育界的有识之士更加大胆而有信心地反思教育的过去，分析教育的现状，思考教育的未来。早就有学者提出，“‘和谐世界’与‘和谐教育’是中国人在时代发展的关键时期向全人类提出的新理念”①，试图通过“和谐”的理念来解决教育新问题。

“现实的教育问题和现象很难用主客观两分的思维方式进行满意的解释，也难以用单一的因果关系或矛盾关系的原则来解决，方兴未艾的生态范式将是开拓视野看教育的新范式，或许它的思维模式本身更贴近教育的形态。”②用生态学的思想考察学校运作，为教育研究提供了新的理念、新的视角。

用生态学的理念考察学校运作的核心思想是“整体关联”“动态平衡”“自主生长”，考察学校运作可用的视角常有“主体与环境”“平衡与失衡”“共生与竞争”，常用的方法有“协同进化”“动态平衡”“生态位”“限制因子”等。因此，教育生态既是一种教育理念，也是一种教育实施策略。用生态的理念指导学校运作实践的目标是追求教育与环境和谐相处，追求教育内部各因子“互利共生”“协同进化”，最终实现各因子的和谐、可持续、全面发展，也即，表现为生态式的教育。所以，教育生态是教育思想、教育方法、教育结果的统一。

本人试图冲破长期徘徊于传统层面上的思维模式，采用生态学的基本理念来反

① 项贤明．和谐教育：全球化时代的教育新理念[J]. 比较教育研究，2008（04）：10-15.

② 刘贵华，朱小曼．试论生态学对于教育研究的适切性[J]. 教育研究，2007（07）：3-7.

观学校教育中存在的问题，同时提出了解决问题的生态学策略，并将其应用于学校管理的实践之中，营造生态化的学校教育，在民办学校运作中实现教育思想、方法、结果的生态化方面取得了一定的成效。

2. 生态的思想研究教育具有独特性

古今中外零零散散的有关“和谐观”“整体观”“系统观”“联系观”等教育思想，通过教育生态学实现了统一，这是教育生态的独特性，是其他教育理论无可比拟的。同时，“整体关联”“动态平衡”“自主生长”的生态理念是生物学、社会学、教育学理念的统整，用它来考察当代教育、解决当代教育问题有适应时代的、独特的适切性。

教育生态从“社会本位”与“个人本位”、“知识本位”与“关系本位”、“科学”或“人文”、“儿童为中心”与“教师为中心”无休止的争论中摆脱了出来，采用自然的生态智慧，通过把握矛盾双方利益的交集，依据环境的变化，调节它们的教育行为，实现利益的“动态平衡”，在“天平的两极”找到了平衡的砝码。

（二）运用生态学的思想考察教育有其局限性

1. 人与普通生物的区别决定了教育生态的局限性

用生态的思想考察、指导教育，是生态思想在教育上的移植、借用。它强调运用生态学原理、法则观照、思考、解释、解决教育问题，在某种程度上是“教育的仿生”。但人与自然界中的普通生物是不同的，是自然界中的高级动物，人有其他生物不具备的社会性、实践性、主观能动性，人有思维，能独立思考、分析、判断事物。因此，移植、借用研究普通生物与自然关系的生态学理论来考察、指导教育必然有其局限性。

教育生态学认为教育生态系统中有诸多的生命因子，这些因子相互联系、相互竞争、互为依存。因子间为了争夺资源相互斗争，如果斗争程度超过了生态系统的阈值范围，就会引起整个生态系统的失衡。作为系统的管理者应该调节他们之间的关系，平衡他们的利益，以维持整个系统的稳定。但问题是如何实现他们利益的“平衡”？有一种方法是，通过矛盾双方的妥协，获取双方均可接受的利益点，管理者紧紧抓住这共同的“利益点”，积极工作，以实现双方利益的平衡，维护系统的稳定。但这是最佳的策略吗？这种形式指导下的学校运作能最有效地促进学生发展吗？也即，指导矛盾双方利益平衡的价值观到底是什么？

2.“整体关联”是理想化的教育理念

教育生态学最重要的理念之一是强调生态圈因子的整体关联，强调整体利益的实现，当整体利益与个体或局部利益有矛盾时，个人或局部利益必须服从整体利益。但是，在现实的教育实践中，何谓“整体利益”？谁去对“整体利益”作出解释？每个因子都有自己的利益，没有一个因子的自身个体利益可以代表集团的整体利益，也就是说，对于某个因子而言他要考虑整体利益，就要脱离自身的利益，跳出到生态圈外来思考整个生态圈的利益，这显然是理想化的事。

实践的天地无限广阔，学术的进步永无止境。从生态学的视角观照、考察教育，尤其是管理更加多元的民办学校和高校附属学校，有其独特的适切性，但是教育生态学毕竟是门新兴的学科，还有许多尚未解决的问题需要我们继续去思考，也会有许多新出现的问题有待我们去探索。

【参考文献】

[1] 佘正荣 . 生态智慧论 [M]. 北京：中国社会科学出版社，1996：41.

[2] 方炳林 . 生态环境与教育 [M]. 台北：台湾维新书局，1975.

[3] 王梅 . 基于生态原理的学科协同进化研究 [D]. 天津：天津大学，2006：22.

[4] 王加强，范国睿 . 教育生态分析：教育生态研究方式初探 [J]. 教育理论与实践，2008(7)：7-10.

[5] 刘贵华，朱小曼 . 试论生态学对于教育研究的适切性 [J]. 教育研究，2007(7)：3-7.

[6] 王凤 . 生态位概念及其在昆虫生态学中的应用 [J]. 生态学，2006.25(10)：1280-1284.

[7] 倪胜利，大德曰生 . 教育世界的生命原理 [M]. 桂林：广西师范大学出版社，2006：77.

[8] 蔡瑾 . 社区教育发展与和谐社会构建——以上海浦东新区为例 [J]. 教育发展研究，2008(17)：59-61.

[9] 项贤明 . 和谐教育：全球化时代的教育新理念 [J]. 比较教育研究，2008(04)：10-15.

[10] 刘贵华，朱小曼 . 试论生态学对于教育研究的适切性 [J]. 教育研究，2007(07)：3-7.

适才教育

◎严富雄

【作者简介】

严富雄（1971— ），男，福建长汀人，中学高级教师。现任长汀县新桥中学校长，福建省“十三五”中学名校长培养人选。曾获龙岩市第一、二届名校长，龙岩市先进教育工作者，龙岩市教育系统记功表彰等荣誉。

一、“适才教育”办学思想提出的背景

（一）基于发展纲要

2010 年 7 月颁布的《国家中长期教育改革和发展规划纲要（2010—2020）》（以下简称《纲要》）的第一部分中，对工作方针做了明确的规定和要求，特别是把育人为本作为教育的根本要求，提出了学校工作的方法和途径，强调要以学生为主体，以教师为主导，充分发挥学生的主动性。把学校工作的出发点和落脚点，放在了促进学生健康成长上，对人的重视，对个体的重视，放在了前所未有的位置，提出了“关心每个学生，促进每个学生主动地、生动活泼地发展，尊重教育规律和学生身心发展规律，为每个学生提供适合的教育。”突出了“适合的教育”，这是以人为本思想的体现。

（二）基于个人成长经历

我出生于农村，小学、中学都是在农村学校就读，大学毕业后又回到农村中学任教，先后担任过班主任、教研组长、年段长、教导主任，初中校副校长、校长、书记以及完中学校校长。因为家庭环境、学校办学条件、师资等原因，我的不少同

学和学生当年在学校读书时，属于所谓的“差生”（就是在考试成绩上“差”，中考、高考不是名落孙山，就是勉强上了一个一般的学校）。但在多年后，这些同学或学生，有不少的人在各行各业取得了突出的成绩，甚至成了大学或研究生毕业从业人员的领导、商界老板等，而且还积极回报社会回报家乡。这说明一个人在校时的学业成绩与其将来的成就并不能划等号。每个人都有自己在某方面的能力，只是有没有被挖掘被发现而已。

（三）基于学校的历史和现实

新桥中学是一所创办于 1956 年的农村完全中学，在过去半个多世纪的办学历程中曾创造了不少辉煌，培养了成千上万的各行各业社会主义建设者。新世纪以来，随着人民群众对优质教育的渴求不断增加以及城市化进程的不断加大，作为一所非达标农村高中的长汀县新桥中学，出现了生源在不断减少，甚至有枯竭的迹象，所招收的高中学生大多是长汀一中、长汀二中和长汀职专招剩的学生。加上教学质量不尽如人意，高中招生人数越来越少，2009 年只招到 27 个高一新生；高达 65% 的初中片区生源去城区民办学校就读。为此，县教育行政部门曾下文件，计划在 2011 年撤并新桥中学高中部。

在新桥中学这一特殊的时期，我于 2010 年调入长汀县新桥中学担任校长。面对新任职学校的困境，我在思考着：是不是每个学生一定要考上大学，才能够成才？是不是一定要考上本科大学才是真成功？除了学文化知识，学生有没有其他的成才途径？如何摆脱困境，让学校再现辉煌？……《纲要》的颁布，让我更坚定了办适合的教育，培养适合的人才的想法，并在实践中逐步形成了“适才教育”的办学思想。

二、“适才教育”办学思想的内涵

“适才教育”即“为每个学生提供适合的教育”，是在促进人的全面发展的前提下，给每个学生符合自己个性特征的教育，促进学生全面而有个性的发展。“适才教育”的大前提，是要保证学生身心全面而健康的发展，在这个基础上，挖掘学生潜能，通过各种教育方式，引导学生在不同的领域有不一样的成长。特别是指依据学习者个性、品格、兴趣和知识水平、能力差异，开展灵活的多元的选择性、针对性教育实践活动。结合多元的评价促进学生差异发展。既满足学生个人的需要，更符合国家和社会的需求，以奠定适应各类人才发展的基石。“适才教育”是“个性化教育”和“生本教育”的有机融合，又是具体的教育教学方法和手段，是根据学习者自身的差异性来实施与之相适应的最优化教育范式。

“适才教育”基于校情学情。首先，适合的是客观条件、现有的物质基础和师生情况，从实际出发，培养适合的人才。其次，培养的人才要符合社会的发展、国家的需要和学生的身心发展规律。在具体的培养过程中，以人为本，是它的方向；因材施教，是它的目标；多元课程，是它的载体和全面发展的根本。

三、“适才教育”办学思想的理论基础

“适才教育”是一种科学的教育范式，不是某个人或者某些人凭空想象出来的，也不是浪漫主义者异想天开、天花乱坠随意实践获得的。作为一种科学的符合时代潮流的教育思想，“适才教育”自身蕴涵着深厚的哲学、教育学、心理学、管理学、社会学等学科或者跨学科性质的学理基础。“适才教育”的诞生是理论基础和实践基础的辩证统一。

“适才教育”的核心理念是在充分尊重每个学习者的个体差异的前提下，开掘学习者的各种学习潜能，因材施教，因能提优，促进学生的全面发展和终身发展。“适才教育”是“个性化教育”和“生本教育”有机统一。“适才教育”是在科学教育观视阈下的学校观、学生观、教学观、课程观、教师观、学习观、知识观的整体性、综合性、建构性教育实践。“适才教育”以办学理念、课程建构、教学范式、校园文化、制度保障等为抓手进行探索和实践，从而实现“适才教育”的本土化、特色化、个性化。

早在2000多年前，孔子就阐述了因材施教的观点。在《论语·先进》中所记载的“求也退，故进之；由也兼人，故退之”的论述，表达了孔子强调教育要先对学生有充分的了解，才能因材施教，并让学生各尽其材、有所进步。这可以说是“适才教育”办学思想的源起。被尊为“陶夫子”的陶行知先生，也是非常认可和

提倡因材施教，在《教学做合一》《新教育》等著述中，多次强调“教的法子要根据学的法子”“研究新教育，一定要合于现在所需要”。

在当代的教育中，以人本主义、建构主义、多元智能等理论为指导，以培养学生的核心素养和跨学科的综合素养为目标，都给“适才教育”提供了厚实的理论基础。

（一）人本主义理论

人本主义心理学（humanistic psychology）是20世纪50年代末期60年代初期，在美国兴起的一支至关重要的心理学派别，核心代表人物有马斯洛、罗杰斯和弗罗姆等人。人本主义学习理论的基本观点主要体现在三个方面：（1）学习是一个情与知相统一的精神活动；（2）学习是对学习者个人有价值、有意义的学习；（3）学习的主体是学生，学生的全面发展是学习活动的中心。人本主义理论从一个全新的视角研究学习问题，即从学习者潜能和特殊才能的发挥、自我实现的心理需要及个人意义角度思考学习问题。它充分强调学习者在整个学习过程中的主体性地位，重视学习过程，主张学习者积极、自发、自动、主动地学习，重视学习者的需要、动机、兴趣、毅力、情感在学习过程中的重要作用，强调个体经验、自我概念的重要性。由此可知，教育教学实践要以学习者为中心，让学习者成为学习的真正主人。在适当的教育教学条件下，使每个学习者所具有的学习力、观察力、感受力及知识经验的潜能和愿望能够被释放出来。教师在进行教育教学设计时，应充分信任学生的潜在能力或者特别的能力，以学习者为中心，激发他们高层次的、强劲的学习动机和学习创造力、爆发力、攀登力，从而使学习者能够主动对自己进行教育和反思，最终把学生培养成“完整的人”。这和我国教育方针和中长期教育发展规划所要求的培植学生德、智、体、美、劳全面发展、综合发展是一致的。一言以蔽之，人本主义的学习理论主张学习的关键是习得学习的方法与技巧，从而进行创造性的学习活动。教学工作的重点应放在推进学习过程开展，促进学生有意义的学习，提高学生学习过程中的感受力，促进个性、人格、品格、潜能的充分发展上。

（二）建构主义理论

建构主义作为一种新的认知理论，兴起于20世纪末期，被称为当代教育学、心理学领域中发生的一场全新的革命。它以皮亚杰、斯腾伯格和维果茨基等人的思想为基础而逐步延续性递进式发展起来的。建构主义理论撰其要者，主要包括皮亚杰、斯腾伯格、维果茨基、杜威等人的思想理论：（1）皮亚杰建构主义的主要观点，皮亚杰当属建构主义理论先驱，他的建构主义理论基于他有关儿童的心理发展的思想，提出了发生认识论，坚持从内因和外因相互作用的观点来研究学习主体的认知发展。他认为，学习者是在与客观环境交互作用、交互影响的过程中，渐次建构起关于外部客观世界的认知，从而使自身认知结构得到进一步发展和完善。（2）斯腾伯格和卡茨的建构主义理论观点。斯腾伯格（R.J.sternberg）和卡茨（D.Katz）等人则强调了学习主体的主动性、能动性在建构认知结构过程中的关键作用，并对认知过程中如何调动学习者的主动性、积极性、能动性做了深入的探索与研究。（3）苏联心理学家维果茨基（Vogotsgy）提出了“最近发展区”新理论。他认为，个体的学习是在一定的历史、社会文化环境下进行的，社会可以为个体的学习发展起到重要的支持和促进作用。最近发展区理论揭示了学习的本质特征不在于“训练、强化”已形成的心理机能，而在于激发、形成尚未成熟的心理机能。（4）杜威的理论观点。美国教育家杜威认为，真正的理解是学习主体与客观事物如何交互作用以及与客观事情如何做有关联，理解在本质上是联系活动的。基于此，他将立足于“活动”的学习与不确定、不稳定的、易变化的新情境的探求关联在一起，正是新情境内在的独特、积极、不确定性才会使学习者的探究存在并激励和指导着探究的前进。

（三）多元智能理论

传统智力理论认为，语言表达能力和数理逻辑推演能力是整体智力体系的核心，智力是以这两者整合方式而存在的一种常能。针对这种仅徘徊在实际操作层面，而未揭示智力全貌和本质特征狭隘的传统的落后的智力定义，世界各国的研究者们从20世纪70年代开始，就从心理学的不同视角对智力的定义进行了重新的研究，其中最有影响的当属美国耶鲁大学的心理学家罗伯特·斯腾伯格（Robert Stenberg）所提出的三元智力理论，即分析性智力、创造性智力、实践性智力。20世纪80年代，美国著名的心理学家和教育家霍华德·加德纳经过艰苦卓绝的研究，基于大量实验数据和观察分析的基础上，创造性地提出人类与生俱来的在某种程度上都拥有的相互独立、相互平等的八种智能，且每个人的智能是多元的，人人都拥有自己的优势和劣势智能，而且不同的个体智能组合呈现差异性、多样性。他在《心智的架构》一书中指出，人的智能最少可以分成八大类：言语智能、逻辑数学智能、空间智能、肢体运作智能、音乐智能、人际智能、内省智能、自然探索智能。

四、“适才教育”办学思想的实践基础

“适才教育”的提出除了需要深厚的理论基础支撑外，国内一些学校的探索也提供了一定的实践经验借鉴。笔者经过搜集、整理，开展“适才教育”探索和实践的学校主要有：

（一）山东省潍坊广文中学

“创造适合每个学生成长的教育”是山东省潍坊广文中学的核心办学理念。探索了“适才教育”的五条途径：学生适学、教师适教、全员适位、家庭适导、学校适所。广文中学在实践“适才教育”的实践方面，立足点在于建构多元的课程体系：学科课程生本化、活动课程个性化、学校课程特色化。其中，个性化的课程成为广文中学日常德育的载体。广文中学不仅将活动课程化、课程活动化，还将活动个性化、精品化、品牌化。当前，该校已经成功建构起来并常态化实施的课程有：入校课程、国旗下讲话课程、主题教育课程、主题班会课程、传统节日课程、阳光60分课程、社团课程、综合实践课程、演讲与口才课程、离校课程等十大活动课程。

（二）广东省佛山桂洲中学

“践行适才教育，培育桂兰学子”是广东省佛山市顺德区桂洲中学的办学思想。桂洲中学以学生为中心，以活动为载体，实现了教育形式的个性化、多样化、活动

化。入学礼、成人礼、毕业典礼，礼礼入情、礼礼入人、礼礼入心，礼育桂兰学子。多姿多彩的课外活动、新颖独特的社团活动，为全体学生提供展示自我个性和潜能的最佳舞台。毕业晚会、模拟法庭、暑期实践活动、历史社会考察、名人名居参观访问等，让学生走出课堂，走出校门，走近生活，走进社会，走进学生的色彩斑斓的丰富的心灵世界。

（三）浙江省湖州市新风实验小学

该校始终秉持“为每一个孩子的快乐人生和终生发展奠定基础”的办学宗旨，始终贯彻“坚持全面发展与个性培养和谐统一”的办学原则，不断探索打造学校的特色品牌，即尊重学生的天性与个性，为每个学生提供适合的教育，促使学生的自身潜能获得最大程度的开掘，最终实现自我超越。该校在“适性素养、适才课程、适生课堂、适岗教师、适美校园”以及“适众制度”这六大方面推展实践探索。

（四）辽宁省兴城市红崖子镇初级中学

兴城市红崖子镇初级中学坚定“各美其美、人尽其才”的办学理念，搭建“适才教育”多元化课程，培养“适才教育”师资队伍，为达成“构建适才校园，奠基幸福人生”学校蓝图，作出了积极的探索与实践。该校实践“适才教育”的发力点有：（1）以校园内涵文化为导向，创建“适所”育人环境；（2）以多元课程建设为抓手，培植“适才”学生；（3）以课堂教学改革为契机，塑造“适教”教师。

（五）江苏省徐州市泉山区西苑中学

西苑中学对“适才教育”的深度解读：“适才”教育，即做契合学生德、才、情发展的合适教育。“德”就是塑造学生品格，提升道德情操；“才”就是增长才干，涵泳知识，启迪生活智慧；“情”就是修炼性情，提高情商水平。德让学生成长，才让学生成才，情让学生成熟，三者相辅相成，互相依存，相互促进，是保证学生更自由、更多元、更全面、更健康发展不可或缺的要素。

五、“适才教育”办学思想的实践探索

基于学校的校情、学生的学情和国家需要、社会发展的情况，笔者在“适才教

育”上，进行了长期的探索，取得了丰硕的成果。

（一）适合的办学目标是“适才教育”的前提

目标就是方向，正确的方向比努力更重要。学校的办学目标，是落实“适才教育”的前提，是学校办学成功与否的检验标准。有怎么样的办学方向，就有怎样的办学思路和措施，具体的措施是来自方向的引领。在对学校的办学历史、师资力量、学生结构和社会需要等方面进行认真的研究之后，学校提出了“打造优质初中，力创特色高中”的办学目标。在这里，我们把“优质”解读为“百姓信任，学生喜欢，社会认可”，把“特色”解读为“多元发展，艺体品牌，低进优出”。把“办好一所学校，造福一方百姓；教好一位学生，幸福一个家庭”作为全校师生共同努力的方向，争取把学校办成一所老百姓身边的好学校，让学校成为学生成长的乐园，教师工作的家园。

（二）适合的师资队伍是“适才教育”的根基

教师队伍的培养是根本。“适才教育”的成效与成果离不开广大教师的努力。在打造适合的师资队伍过程中，首先是打造舒适的工作、生活环境。把提高教师福利待遇、改善生活工作条件，放在首要的位置。安居乐业，只有让教师在基本生活上有保障，才能够更好地全身心投入到教育教学中。其次，为教师提能、赋能、强能，打造一支“适教”的教师队伍是学校的核心工作之一。通过各种方式，提高教师的专业素质。教师因学而异、因性而异、因能而异，依据每个教师的专业、工作学习经历、年龄阶段、性格特点等匹配相应的培训，提高教师的综合素养。学校通过“内外兼修”培养途径打造一支高素质的教师队伍。“内”是指立足于校内教师加强个人研修和集体学习。“外”是指学校积极邀请外校的专家、教授和名师来我校开课、办讲座；或者主动联系校外一些基金会、培训机构的讲师对我校教师进行提能训练。例如，我校依托上海真爱梦想基金会、香港福至心灵基金会、上海铭师教育集团、华中师范大学、华东师范大学、福建教育学院、龙岩教科院、长汀县进修学校等校外机构作为平台，邀请专家、教授、名校长、名师、讲师等到校开展讲座、指导或者线上指导我校教师。再次，内心的归属，才是教师持续努力和拼搏的原动力。为此，不断提高教师在学校的获得感和尊崇感。在学校的倡议下，成立了新桥镇教育发展协会，设立了奖教基金会，开展评选镇“功勋教师”“最美教师”等活动，并且通过各种媒体，对优秀教师进行宣传报道，树典型，推模范。

（三）适合的教育方式是“适才教育”的核心

“适才教育”的核心理念之一就是要以学生发展为本为出发点，要尊重学生客观存在的个性差异及选择学习的权利，培养学生浓厚的学习兴趣，指导学生养成良好的学习习惯与学习方式，帮助学生树立饱满的自信心。在具体的教育教学过程中，要采取适合学生身心规律的方式方法来保证“适才教育”的落实。具体是：

1. 适德

适德就是指采取适合的德育方式。在具体的德育工作中，以校训为德育工作的主线，学校结合学生的培养目标、学校的发展历程、学生的成长历史、当地的区域情况，制定了“明礼厚德　自信砺学”的校训。还根据校训，编写了学生誓词：我是新桥中学学生，我要遵守规矩，修养品德，阳光向上，磨炼意志，做一个明礼厚德自信砺学有担当的人。通过差异、分层的德育思路，采取了具体的德育措施。

（1）目标分层。根据学生的年纪和品格、习惯等达成的要求，把具体德育措施概括为：一条主线、三大结合、六个层次、九项自主。具体的，一条主线指：培养明礼厚德自信砺学有担当的人；三大融合指：学校、年段、班级有机结合；六个层次指：初一：尚礼；初二：感恩；初三：责任；高一：习惯；高二：励志；高三：担当；九项自主指：人格自我完善、班级自主管理、宿舍自主管理、学习自我激励、学习自我管理、活动自我组织、生活自我管理、校园自主管理、行为自我约束。

（2）课堂融合。国家统一规定的文化课程或显或隐、或明或暗、或多或少蕴涵了中国传统美德、社会主义核心价值观思想，鼓励教师传递学科知识的同时可以更多地关注学科内蕴含的德育元素，发掘德育素材，提高学生的道德修养。以历史学科为例，从德育的角度看，人类历史也是一部感人肺腑、激励人生、学会交往、懂得感恩、学会担当、明礼诚信、自立自强、友善和睦、敬业奉献、守规守法、爱家爱国的德育史。历史教师可以充分挖掘中国传统美德故事或者相关视频资源，对学生进行传统美德的教育和熏陶。

（3）活动多样。我校班级、年段、学校常规集体活动主要有主题班会、知识竞赛、国旗下讲话、新生入学培训、开学第一课、学生毕业典礼、节假日纪念活动、文明班级评比、文明宿舍评比、运动会、文艺汇演等，通过这些常规化、内涵化、多元化的集体活动，学生沐浴德育春雨，感受道德力量，深埋美德的种子。

（4）评价多元。过程性评价与终结性评价相结合；个人评价与集体评价相结合；自评与他评相结合；量评与质评相结合；课内评价与课外评价相结合。例如，学校每学期开展“文明礼仪之星”“感恩孝德之星”“热心公益之星”“守法守纪之星”“励志自强之星”“诚实诚信之星”等荣誉评选并给予一定的物质鼓励。

2. 适能

适能就是指采取适合的方式培养学生的能力。根据不同学生的优势和特点，提供最适合的教育教学方式，充分挖掘学生的潜能，使其各得其所，促进学生德智体美劳的全面而有个性的发展。

（1）多元课程。学校构建了“1+X”多元课程体系：“1”是指国家统一安排的课程，提高学生的文化知识水平。“X”是本校自主开发并且常态化实施的校本课程，主要是满足学生个性化发展的诉求，提高学生的身体素质、心理素质，培育学生的学科兴趣，加强学生的道德修养，为培养有道德、有担当、有理想、有本领、有特长、有情怀的社会主义接班人奠基。我校校本课程主要有体育、音乐、美术、舞蹈、书法等，引导不同爱好和才能的学生选择不同的课程，在课程中发现自己，挖掘潜能，最终从兴趣发展到专业，让每位学生在学校课程中找到理想的自我。同时，实行社团课程化，组建了体育、艺术、生活、人文等四大类社团，发展学生特长，激发学生创新创造能力。借助社会助学结构的力量，在真爱梦想基金会的支持下，建设了真爱梦想中心，开设真爱课程，为学生将来能够“自信、从容、有尊严”地成长助力；在上海春禾青少年发展中心的支持下，组建春禾社团，培养研究性学习的师资，开展研究性学习活动。

（2）分层教学。根据学生文化基础的不同，采取分层走班教学，促进学生的差异成长。以数学、英语分层教学为例，我校是一所薄弱的农村高中，学生的学习基础、学习能力、学习习惯、学习态度等各方面都与城区一二级达标学校的学生相比有较大的差距，尤其是数学、英语两个学科，学生两极分化极为严重，基于学生个体差异的必然需要，基于中学教学模式改革的需要，新桥中学遵循“因材施教”的原则，在高一开始，对数学、英语两科实行分层走班制教学，学生在班主任和科任教师的指导下，根据自己数学、英语的现有知识基础和学习能力，自主选择 A、B、C 三个层次的教学班。不同层次的教学班，教学内容、教学目标、考试内容、评价方式不同。分层走班教学，使得处于不同层次的学生都能“摘到桃子”，获得成功的喜悦，享受到了学习成功的快乐，让学生都体验到学有所成，获得了学习的成就感，增强了学习自信心，提高了学习积极性。凸显艺体品牌，彰显特色立校。这是我校践履“适才教育”的主攻方向，符合我校农村完中的实际情况，也遵循尊重学生个性差异、因材施教的教育规律。

（3）生本课堂。为了提高教学的实效性，达到课堂教学的最有效和最优化，推出了“三段四步五环节”生本课堂教学模式。该模式是在学习共同体理念的基础上，结合“教学评一致性”的原理，打造的实效生本课堂模式。三段，是指课前、课中、课后三个学习的时间段。课前预习：学生围绕预习单自学、对学、群学、寻疑；课中展示：根据课标，依据学情，确定目标，设计学习单，依托小组，学生交流、对话、质疑，教师精讲点拨，实践练习，反馈巩固；课后延伸：分层、精选，设计作业单，及时复习，注重反思，总结提升。四步，是指教学设计中的评、学、教、练四个步骤。评：根据课标、学科评价要求、学情，确定学习目标和学习目标的达成标准，就是要考什么。学：根据评的要求，设计学生的学习内容、学习活动，就是怎么学。教：根据学习目标、学情，设计教师教的内容和方式。就是怎么教。练：根据学习目标，设计达标练习，有梯度、有分层。就是学到哪。五环节，是指课堂教学中导、展、拨、测、拓的五个环节。导就是检查预习情况，衔接旧课，导入新课，吸引学生注意，引出学习目标；展就是提供完成学习目标所需要的新情境或材料，如提出问题或者组织活动，引导学生进行思考、对话（自我对话、和文本对话、和他人对话）；拨就是教师根据学生的学习情况，进行引导、点拨，注意三讲三不讲；测是指根据学习目标，设计当堂实践的练习，要求独立、限时完成，目的是检查学生达标情况；拓就是根据检测情况，对不达标的学生进行指导、巩固，也是布置课后作业的依据。

（4）智慧学习。在科技高速发展到了互联网 + 的年代，为了获取更多的教育教学资源，弥补和发达地区的差距，我校积极通过多种途径，特别是社会资源的支持，积极开展智慧学习。目前，主要采取的是通过香港福尘心灵基金会赞助的数字课堂和陶行知教育基金会支持的智慧教室，在省教育厅的支持下，由厦门二中进行帮扶，开展“同步课堂”学习；由北京英学、香港本质教育支持，进行“双师课堂”学习。借助 101PPT 平台和三陶教育，开展学生个性化自主混合式学习。

3. 适性

适性就是指采取适合的方式，对学生进行情感、生理、心理教育。适性的目的，就是为了促进学生身心的全面而健康成长，是为学生了解自我、调节自我、融入社会、适应社会进行的教育。学校成立心理健康中心，开展心理健康教育活动，开办了《心桥月刊》，开展心理知识讲座，组建心理社团，开展心理拓展活动，举办心理健康节活动，学校心理健康中心还成为市级的示范中心。学校组织教师参加“教师效能训练 –TET”培训、正面管教师资培训，在学校开设了正面管教教师工作坊，组建《教师效能训练》读书活动，提升教师情感教育能力。在省计划生育协会的支持下，学校建设了“青少年健康俱乐部”，在学生中开展“成长之道”“沟通之道”的培训活动，对学生进行生殖与健康的教育。同时，以积极教育为导向，对学生的发展，采取多元评价的方式，既鼓励文化学习成绩的提升，也表彰各类活动积极分子，更肯定品德标兵，来调动和鼓励学生多方位、有个性地发展。

（四）适合的管理方式是“适才教育”的保障

学校的管理方式，是“适才教育”能够顺利推进的有力保障。在具体的管理上，采取的是精细化的管理。精细是一种意识、一种思想、一种态度、一种理念、一种策略，更是一种文化。笔者从三个路向抓好落实，即：扁平管理、精抓细节、清单管理。其中，扁平管理从以下几个方面落实到位、到人、到岗、到事，即：组织结构扁平化、管理流程扁平化、信息沟通扁平化。明确校级领导、行政人员、年级组长、班主任、一般教师、后勤工作人员等权利、责任分工。精抓细节方面，从每课必查、每天一课、宿舍双查、目标导学等方面抓实抓细抓好，抓常规、常规抓是落实细节的关键和核心。清单管理，则分学习清单、导学清单、项目清单、学年清单。实现天天清、日日清、周周清、期期清、年年清。总之，管理到人、管理到事、管理到责、管理到位、管理到岗。建立教职工激励机制：为最大限度调动全体教职工的积极性、主动性，从物质和精神两个方面入手鼓励优秀、奖励先进。物质上，按照多劳多得、优教优酬的原则发放教师绩效、平安奖、文明奖、奖教基金并不断改善教职工生活条件等。精神上，及时了解教职工本人及家庭情况，依托学校工会组织，与其谈话、交流、沟通，为了释放教师的工作压力、生活压力，成立教职工文体俱乐部丰富教师业余生活。

“适才教育”，让每位孩子找到了自己的人生坐标，也让学校蓬勃发展：

一是学校“起死回生”：学生人数逐年增加，高中，目前一个年段已经有 310 位学生，学校得以保存。2015 年还通过省达标校验收。

二是质量稳步提高：学校的本科上线率从原来的零到已经超过了 50%，初中连续 8 年获得中考评估先进奖；

三是素质全面提升：连续两届获龙岩市中学生文艺汇演一等奖；在县中学生运动会上，超过多所一二级达标校，获团体总分第一；应邀参加省、市、县各级各类的演出。

四是发展受到认可：被授予龙岩市教育系统先进集体、素质教育示范校，福建电视台、龙岩电视台、《闽西日报》进行了报道宣传；省中小学特色办学研讨交流会上做经验介绍；被省教育厅宣传为“身边的好学校”。

六、“适才教育”的愿景

一个时代有一个时代的梦想，一个国家有一个国家的梦想，一个民族有一个民族的梦想，每一个人也有每一个人的梦想。作为一名农村完中校长，一个教育管理者，笔者也有自己的梦想，即办一所老百姓身边的好学校。可是，梦想很“丰满”，现实很“骨感”。在披荆斩棘、筚路蓝缕的教育创新发展的探索路上，曾经有诸多的困惑、纠结和痛苦：伴随着我国城镇化飞速般的宏阔进程，大量农村学生特别是优秀学生从农村涌向城市，直接导致农村学校的生源锐减，没有稳定的生源，农村学校怎么发展？师资方面，因为现阶段我国教师收入存在区域性差异，内地教师收入低而沿海教师收入高，农村教师收入低而城市教师收入高，欠发达地区教师收入低而发达地区的教师收入高，所以农村难以留住优秀教师。如果没有一支稳定的优秀的教师队伍，农村学校的可持续发展之路在哪？由于历史的因素，农村学校的办学条件与城市相比，差距还比较大，在基础设施方面比较薄弱的农村学校如何办好老百姓心中的好学校？

“晴空一鹤排云上，便引诗情到碧霄。”经过一番“适才教育”理念的学习和实践之后，笔者对农村薄弱学校如何做好“适才教育”有了新思路、新目标。当下，“适才教育”的实践探索虽然受到各种复杂的客观因素的影响，很难达到大家想要的目标，但是从我校脱困生存、做大做强的奋斗历程中及学校的发展趋势，我们依然可以对“适才教育”的进一步探索实践蓝图做一些动人的曼妙的勾画：

（一）教育理念本土化

世界上并没有放之四海而皆准的真理，教育理念亦是如此。没有最好的教育理念，只有最适合的教育理念。笔者认为，“适才教育”思想是当前最符合中国国情的教育理念。“适才教育”作为一种教育理念，不仅需要学校的管理者去领悟其内涵和本质特征，还需要全体师生去领会“适才教育”的真谛和体验“适才教育”的各种丰富实践。农村学校要实现良性的可持续发展，需要立足农村实际、立足学校实际，探索一条契合学校自身健康发展的“适才教育”之路。

（二）教育模式多样化

封闭的、单一的、停滞不前的教育模式必然会走向僵化，也必然导致学校走向衰弱直至消亡。科技需要创新，教育也需要创新。教育创新首先要实现教育理念的更新，其次还要努力实现教育模式的革新。学生个性的多元化注定教育模式多样化，社会对人才需求的多样化也注定教育模式的多元化，开放、多元的客观世界更注定教育模式开放而多元。基于学生个性多样化的教育模式吻合“适才教育”的潜质和特质。

（三）校本课程多元化

培养学生在德、智、体、美、劳等方面全面发展是素养时代国家对教育的基本诉求。中国现代大教育家陶行知说过：“教育的目标就是要培植学生的生活力。”陶行知先生把对学生的生活力培养分了五大类：康健的体魄、劳动的身手、科学的头脑、艺术的兴味和改造社会的精神。陶行知的教育主张与新时期国家教育的要求脉络相通、血脉相连。适合教育的内涵决定了校本课程的多元化。多元的校本课程是每个学生实现个性发展、全面发展的载体和依托，打造富有地方特色的多元的校本课程成为探索“适才教育”的重要抓手。

（四）制度保障精准化

精准、精细是一种人人称赞和学习的工匠精神和时代精神。做教育是一项长期的富有创造性的工作，该项工作也需要这种工匠精神，做“适才教育”更离不开这种精神。“适才教育”持续、有序的实践推进需要精细化制度的保障，而且这种制度具有精准、精细的特质。管理到事、管理到人、管理到位是“适才教育”管理机制的精髓所在和内在诉求。“适才教育”从理论宏观层面推展到学校师生生活的微观方面，需要落实、落细、落准的各项精细化的制度。建设符合“适才教育”的各项具体的完备的规章制度是推展“适才教育”的重要前提。

七、结束语

教育是科学，也是艺术。做教育是一项游走于科学与艺术、穿梭于严谨与创新、穿越于现实与未来之间的最艰难、最复杂但是最有深远意义的工作。“适才教育”符合科学理论逻辑，有厚实的理论基础，是科学的。“适才教育”符合我国国情，符合农村学生的实际，是可行的。“适才教育”符合教育规律，符合办学规律，是可操作的。基于“适才教育”思想的办学目标化是前提，基于“适才教育”思想的学生培养是教育的立足点和归宿点，基于“适才教育”思想的师资队伍打造是关键，基于“适才教育”思想的管理设计是制度保障。笔者坚信：在不久的将来，基于“适才教育”思想的实践探索之花必然会成为中国新教育改革领域里最靓丽的一道风景！

【参考文献】

[1] 邓承敏 . 文化引领下“适性教育”的校本化实践 [J]. 中小学校长，2020(3)：61-66.

[2] 高静，冯文全 . 论适才教育与我国学校德育改革 [J]. 西华师范大学学报(哲学社会科学版)，2017(1)：96-101.

[3] 雷钢 . 人本主义学习理论对教育技术的新启示 [J]. 中国电化教育，2010(6)：30-33.

[4] 马宝元 . 人本主义学习理论及其对我国基础教育改革的启示 [J]. 鞍山师范学院学报，2004(8)：97-100.

[5] 张满才 . 关于人本主义思想与远程教育基础理论若干关系的讨论 [J]. 电化教育研究，2009(5)：25-29.

[6] 陈威 . 建构主义学习理论综述 [J]. 学术交流，2007(3)：175-177.

[7] 温彭年，贾国英 . 建构主义理论与教学改革——建构主义学习理论综述 [J]. 教育理论与实践，2002(5)：17-22.

31

“责任”教育

◎戴清贵

【作者简介】

戴清贵（1970— ），男，福建永定人，中学高级教师，管理学硕士。龙岩市永定区仙师中学原校长，现任福建省龙岩市永定区侨育中学校长、书记，龙岩市首批学科带头人，福建省“十三五”中学名校长培养人选。篮球项目国家一级裁判员，曾获龙岩市第一、二届名校长等荣誉。

一、“‘责任’教育”办学思想的缘起

（一）文化传承

永定区属龙岩市市辖区，位于福建省西南部，常住人口32.6万人。明成化十四年（1478年），析上杭县，置永定县。2014年，撤销永定县，设立龙岩市永定区。永定是“红色摇篮”，是革命老区、中央苏区的重要组成部分。1926年夏，在湖雷建立福建省第一个中共农村支部。1928年6月29日至7月初，举行永定暴动，建立福建最早的一支红军队伍。新民主主义革命时期，永定作为红旗不倒之乡，山山水水留下了毛泽东、周恩来、朱德、陈毅、张鼎丞、邓子恢、谭震林等老一辈无产阶级革命家的战斗足迹，无数革命先烈的热血染红了永定的大好山河，永定先后有7000多人参军参战，其中近5000人为革命英勇献身，涌现出张鼎丞等70多位国家和省（部、军）级领导人、14位开国少将。永定是“客家故里”，是纯客家县，是客家人重要的聚居地和集散地之一，是全国对台工作重点县、“海峡两岸交流基地”和全省八大侨乡之一，是著名爱国侨领胡文虎和中国国民党荣誉主席

吴伯雄等人的祖籍地。全区有侨港澳台胞 50 多万人，归侨、侨眷 20.68 万人。永定是“土楼之乡”，是福建土楼的发源地和核心分布区。2008 年 7 月，永定客家土楼成功列入《世界文化遗产名录》。2013 年 12 月，永定县荣获“中国旅游百强县”称号。永定还是“南方矿区”“烤烟之乡”，地热资源居龙岩市第一位。棉花滩水电厂为福建省第二大水电厂。[1]

王兴、张一鸣、廖杰远、方三文、王飞雪等，中国的互联网版图上有 200 多位来自龙岩的精英，这一个个在行业或各自垂直领域振聋发聩的名字，这一个个数字经济时代的新领军人物，他们都诞生在龙岩。美团点评、字节跳动（抖音、今日头条等）、微医、雪球等等企业，正在无声却深刻地改变我们的生活和我们生活的这个世界，美团让舌尖上的美食触手可及，让生活的舒适和便利成为年轻人生活的标配；今日头条让信息获取更加精准；抖音让个性表达更诗意化，让记录美好生活逐渐成为每一个鲜活个体个性人生的最佳打开方式；微医让互联网医疗为分处两个世界的医生和病人架设了一种平行交感的新时空；雪球，聚集了聪明的投资者都在这里；当我们自豪地用上北斗导航系统时，我们为祖国而自豪，为龙岩的王飞雪骄傲……[2]

“四海为家、冒险进取、敬祖睦宗、爱国爱乡”的客家精神，“艰苦创业，不屈不挠；奋斗异域，捐资报国；爱国爱乡，报恩故土”的华侨精神，“忠诚、责任、实践、奉献”的知青精神，是责任教育丰富的教育资源。

（二）时代要求

《公民道德建设实施纲要》指出：学校是进行系统道德教育的重要阵地，各级各类学校必须认真贯彻党的教育方针，全面推进素质教育，把教书与育人紧密结合起来，要科学规划不同年龄学生及各学习阶段道德教育的具体内容，坚持贯彻学生日常行为规范，加强校纪校风建设。要发挥教师为人师表的作用，把道德教育渗透到学校教育的各个环节。要组织学生参加适当的生产劳动和社会实践活动，帮助他们认识社会，了解国情，增强社会责任感。[3]

经过多年的实践，我们确立了学校办学宗旨是“挖掘弘扬乡土文化，培养有社会责任感的优秀公民”。

二、“‘责任’教育”办学思想主张及内涵分析

（一）内涵解析

1. 对“责任”的认识

《现代汉语词典》指出：“责任，是指分内应做的事。”从伦理角度讲，责任是对自己分内之事认识和践履的道德自觉。相应地，责任感就是指一种自觉地把分内的事情做好，并愿意承担相应责任的情感。责任感分为历史责任感、社会责任感、集体责任感、家庭责任感、主人翁责任感等。[4]

责任是一种职责和任务。身处社会的个体成员必须遵守的规则和条文，带有强制性。它伴随着人类社会的出现而出现，有社会就有责任。责任感是衡量一个人精神素质的重要指标。

2. 对“教育”的认识

广义的教育泛指一切有目的地影响人的身心发展的社会实践活动。狭义的教育是指专门组织的教育，即学校教育。它是根据一定社会的现实和未来的需要，遵循年轻一代身心发展的规律，有目的、有计划、有组织、系统地引导受教育者获得知识技能、陶冶思想品德、发展智力和体力的一种活动，以便把受教育者培养成为适应一定社会（或一定阶级）的需要和促进社会发展的人。[5]

3. 对“责任”教育的认识

“责任”教育就是指通过一定的教育内容、途径、方法，培养责任主体的责任素质，以使其对承担的职责、任务和使命加以确认、承诺并履行的教育。

“责任”教育是“把培养学生的责任意识，激发责任情感，提高责任能力，优化责任行为，作为学校德育工作的主要目标”。“责任”教育的基本目标是培养完善的责任品质。责任品质包括培养学生的责任认识、激发责任情感、提高责任能力和优化责任行为。责任认识是前提。在培养学生责任认识时，要帮助学生解决两个方面的矛盾，即从不知到知、从片面到全面的认知的矛盾，以及正确和错误的认知的

矛盾。情感是责任的动力，态度是行动的源泉。[6]

“责任，笃行”的校训，首先是帮助学生通过认识个人职责的具体性质，提高责任意识，这是责任教育的基础。其次是通过知青精神和客家精神教育，培养学生的责任意志和信念，使学生能坚定地履行责任而不是遇到干扰或困难就逃避责任，这是“责任”教育的中心环节。最后是通过教育养成责任习惯，培育责任素养，就是时时尽职尽责，失职主动承担责任，这是“责任”教育的目的。

学校以培养教师家长学生的责任心和责任意识为切入点。讲责任故事，学习责任名言，落实责任目标，践行责任承诺，弘扬责任精神，强化责任感，营造责任氛围，构建责任文化，办人民满意的教育。

（二）办学思想的哲学理解

1. 学校观

学校教育指受教育者在各类学校内所接受的各种教育活动，是教育制度重要组成部分。学校教育的具体活动受到社会需求影响，必须符合社会发展趋势，承担着对社会输送人才的职能。[7]

2. 教师观

教师，这个职业是人类社会最古老的职业之一。按照行业规范，在时间节点内，根据职称和专业，向学生传授科学文化经验技术。他受社会的委托对受教育者进行专门的教育。在社会发展中，教师是人类文化科学知识的继承者和传播者。对学生来说，又是智力的开发者和个性的塑造者。因此人们把“人类灵魂的工程师”的崇高称号给予人民教师。在教育过程中，教师是起主导作用的，他是学生们身心发展过程的教育者、领导者、组织者。教师工作质量的好坏关系到我国年轻一代身心发展的水平和民族素质提高的程度，从而影响到国家的兴衰。

3. 课程观

课程是指学校学生所应学习的学科总和及其进程与安排。课程是对教育的目标、教学内容、教学活动方式的规划和设计，是教学计划、教学大纲等诸多方面实施过程的总和。广义的课程是指学校为实现培养目标而选择的教育内容及其进程的总和，它包括学校老师所教授的各门学科和有目的、有计划的教育活动。狭义的课程是指某一门学科。学校课程体系，除国家课程、地方课程，还应该有校本课程。除学科课程，还应该包括环境课程和活动课程。

4. 教学观

教学是教师的教和学生的学所组成的一种人类特有的人才培养活动。通过这种活动，教师有目的、有计划、有组织地引导学生学习和掌握文化科学知识和技能，促进学生素质提高，使他们成为社会所需要的人。

5. 评价观

教育评价是指在一定教育价值观的指导下，依据确立的教育目标，通过使用一定的技术和方法，对所实施的各种教育活动、教育过程和教育结果进行科学判定的过程。[8]

三、"'责任'教育"办学思想提出的理论依据

（一）马克思关于人的全面发展说

马克思认为，人的发展的实质是人的能力的发展，他明确指出任何人的职责、使命、任务就是全面地发展自己的一切能力，其中也包括思维的能力。[9]

（二）马斯洛的需要层次理论

马斯洛把需求分成生理需求（Physiological needs）、安全需求（Safety needs）、爱和归属感（Love and belonging）、尊重（Esteem）和自我实现（Self-actualization）五类，依次由较低层次到较高层次排列。自我实现的需要是最高层次的需要，是指实现个人理想、抱负，发挥个人的能力到最大程度，达到自我实现境界的人，接受自己也接受他人，解决问题能力增强，自觉性提高，善于独立处事，要求不受打扰地独处，完成与自己的能力相称的一切事情的需要。也就是说，人必须干称职的工作，这样才会使他们感到最大的快乐。马斯洛提出，为满足自我实现需要所采取的途径是因人而异的。自我实现的需要是在努力实现自己的潜力，使自己越来越成为自己所期望的人物。[10]

（三）维果茨基的社会文化发展理论

维果茨基关于社会文化发展理论中“最近发展区”指出，“最近发展区”是儿童现有的水平，与经过他人帮助可以达到的较高水平之间的差距。维果茨基认为，每个人目前表现出来的发展程度为现实发展水平，而个人在学习后所表现出来的为潜在发展水平。基于最近发展区，我们认为教育的作用表现在两个方面，它一方面可以决定儿童发展的内容、水平和适度，另一方面也在创造着最近发展区。要把儿童潜在的发展水平变成实际的发展水平，同时不断创造新的最近发展区。[11]

（四）学生的核心素养

“责任担当”是构成六大核心素养的重要内容。社会责任：自尊自律，文明礼貌，诚信友善，宽和待人；孝亲敬长，有感恩之心；热心公益和志愿服务，敬业奉献，具有团队意识和互助精神；能主动作为，履职尽责，对自我和他人负责；能明辨是非，具有规则与法治意识，积极履行公民义务，理性行使公民权利；崇尚自由平等，能维护社会公平正义；热爱并尊重自然，具有绿色生活方式和可持续发展理念及行动等。国家认同：具有国家意识，了解国情历史，认同国民身份，能自觉捍卫国家主权、尊严和利益；具有文化自信，尊重中华民族的优秀文明成果，能传播弘扬中华优秀传统文化和社会主义先进文化；了解中国共产党的历史和光荣传统，具有热爱党、拥护党的意识和行动；理解、接受并自觉践行社会主义核心价值观，具有中国特色社会主义共同理想，有为实现中华民族伟大复兴中国梦而不懈奋斗的信念和行动。国际理解：具有全球意识和开放的心态，了解人类文明进程和世界发展动态；能尊重世界多元文化的多样性和差异性，积极参与跨文化交流；关注人类面临的全球性挑战，理解人类命运共同体的内涵与价值等。[12]

（五）古今中外对“责任”的认识

孔子：“学而优则仕。”

梁启超：“这个社会尊重那些为它尽到责任的人。”

马克思：“作为确定的人，现实的人，你就有规定、就有使命、就有任务，至于你是否意识到这一点，那是无所谓的。”

托尔斯泰说过："一个人若是没有热情，他将一事无成，而热情的基点正是责任心。"有无责任心，将决定生活、家庭、工作、学习成功和失败。这在人与人的所有关系中也无所不及。

历史上，有责任感的仁人志士不胜枚举，从范仲淹的"先天下之忧而忧，后天下之乐而乐"到顾炎武的"天下兴亡，匹夫有责"，从大禹治水三过家门而不入到孙中山的"天下为公"，所有这些铿锵有力的社会责任情感和行为，始终是催人奋进的强大精神动力。而现实中，学生们享受着父母长辈万千宠爱，却缺乏家庭责任感，不知孝道，不懂感恩；在学校和集体中责任感缺失、荣誉感淡漠，以我为中心的思维方式和行为习惯严重，缺少社会公德，没有社会责任感。

在几代人的共同努力下，我们学校形成了独具个性的学校文化。在新课程改革中，探索出了一系列校本研训模式，大大提高了教学质量。老师们胸怀理想，心存仁爱，对教育、对学生高度负责的精神已经融入他们的血液，成为行动自觉。以红土文化为主要内容，以知青精神、华侨精神和客家精神教育为特色内容，对学生进行感恩和责任教育，这是学校近十年来德育主打品牌。随着传统文化、乡土文化走进校园，以及家庭家教家风家训建设工作的开展，家庭责任感、集体荣誉感和社会责任感等教育因素进一步丰富了德育教育内涵。以党史知识和社会主义核心价值观为主要内容的德育活动的开展，更是把历史使命感、社会责任感和国家归属感教育推上了更高的层次。

四、"'责任'教育"办学思想提出的实践依据

（一）国内办学实践

从国内目前的研究来看，责任教育的研究更加系统化和具体化。比如，王楠在《论中学生的责任教育》中，从中学生的实际情况出发，结合其教育实习时的亲身感受，通过问卷调查和访谈法等方式，从实践与理论相结合的角度，探究责任教育实践过程中出现的问题及原因，并在此基础上探究责任教育实施的基本策略。

上海市洋泾中学与所在的街道联合开展社区志愿者服务活动，使任务变成责任，他们把责任教育作为学校教育改革的一面旗帜，他们把“责任”作为校训，写在了墙上，把“责任教育”作为德育工作的出发点和归宿点，他们的经验在浦东新区内推广，受到好评。[13]

青岛十三中学提出了“为学生终身学习和发展奠基”的办学理念，为学生精神世界点燃光明的火焰是全校教师共同的奋斗目标，学校根据当前中学生显示出的思想行为特点确立了“责任教育”研究课题，并将其定位为学校德育工作的特色和主攻方向。

上海市逸夫小学开展了以“人人是主人，个个有责任”为主题的责任教育，向全校师生提出了“认识责任，认清责任，承担责任”的分阶段要求，这一教育的实施对加强学生的自身修养，规范学生的行为起到了推动作用……许多学校已经把责任教育提上了议事日程，并进行了实践探索，取得了一定成绩。

（二）国外办学实践

现在欧美及日本一些中小学校特别重视学生的自信心、责任感、自我管理能力的培养，责任教育是西方国家德育教育的主要内容。

为了促进学校德育的落实，20 世纪 80 年代后期，美国社会推出了 500 余个教育法案，鼓励学校制定系统的德育评估标准，并有 21 条德育准则，其中主要有 12 条即自立、值得信赖、勇敢、自信、成为真正的自己、尊重别人的权利、正直、勇于承认错误、信守体育类行业道德、谦恭有礼、己所不欲勿施于人、有创造性，突出了责任教育的倾向性。

英国学校德育具有典型的保守主义倾向，但是，在最近十几年来，在德育目标上也有同美国接轨的倾向，并开始重视学校德育中的责任教育，要求学生成为学会如何与别人相处，有高雅自由的生活，能够考虑别人的需要，有丰富的情感和高雅情趣的自律者。

在《联邦德国教育总法》中规定：培养学生在一个自由、民主和福利的法律社会中对自己的行为有责任感。在《巴伐利亚州法》中规定得更详细，对于 18 岁以后的学生在道德方面的要求是培养尊重人的尊严、自我克制、责任感、乐于负责与助人、能接受一切真善美的胸怀以及对自然和环境的责任心。

法国教育部1977年在法国教育体制改革文件中指出："学校实施的责任教育的一个重要目标是培植学生在自然科学和人文科学方面的批判能力。"

日本的学校德育一直遵循着1947年颁布的教育基本法和学校教育法的要求进行责任教育。

……

总的来说，世界各国都把责任教育作为人才的基本标准和必备条件，都把责任教育作为培养素质人才的基本策略。

五、"'责任'教育"办学思想的实践探索

（一）理念系统

1. 校长责任

校长要牢记初心，回归本真，在走出困惑、尊重天性、潜教育、人格力量、维护心力、兴趣、主动性、突破障碍、以退为进等方面有所作为。

2. 教师发展

"教师是人类灵魂的工程师"，对学生的影响贯穿一生。学校要激发教师的热情和对教学的敬畏之心。

（1）帮助教师制订专业发展规划。福勒和布朗根据教师的需要和不同时期所关注的焦点问题，把教师的成长划分为关注生存、关注情境和关注学生等三个阶段。根据该理论，学校要有针对性地帮助教师制订专业发展规划。一是对处于关注生存阶段的新教师而言，学校需要对他们的专业发展提供切实具体的指导。对处于关注情境阶段的老教师而言，学校要注重先进教育理念的引导，确立新的发展目标。对处于关注学生阶段的名师、学科带头人或骨干教师，学校要重点鼓励他们创新课程设计，创新教学模式，形成个人教学风格。

（2）积极创建学习型组织。学校要结合校情，在教师群体中积极创建学习型

组织，营造终身学习的文化氛围，以促进教师的专业发展。具体而言，一是教师要拓展知识，二是教师要深化知识，三是教师要更新知识，四是教师要综合知识。

（3）鼓励教师富有创造性地开展工作。专业水平的不断提高是教师发展的内在动力，学校要积极鼓励教师富有创造性地开展工作。

3. 家庭教育

家庭教育是学校教育的基础和重要补充。学校要积极帮助家长树立正确的家庭教育观，如：尊重孩子是家庭教育的起点；父母帮助孩子树立自信是家庭教育的关键；最好的教育是帮助孩子成为他自己；陪伴对孩子很重要，在一起本身就是教育；一个没有阅读的家庭永远不会有真正的教育；注重父母以身作则的榜样示范，强调儿童的行为训练和科学方法；母亲是女人最神圣的天职，父亲是男人最好的工作；家庭教育是不可逆的，但是可以改变；教育是否成功在于有没有好习惯；教育不仅仅发生在校园，生活本身就是最好的教育等。

4. 教育视野

看得远，教育的可能性才能更大！新时代的中国教育要扎根中国、融通中外，立足时代、面向未来，要有更宽广的视野。为此，学校办现代教育要树立开放的教育视野，既要“走出去”，又要“请进来”，更要“深参与”；既要尊重学生成长成才规律、办好有温度的教育，又要面向历史、未来、世界，办好有视野的教育。

（二）课堂教学改革

学校倡导课堂教学要重过程，精细管理；研课标，科学备考；捕亮点，极力鞭策。

（三）构建课程体系

课程结构和体系决定人才规格与质量。与培养目标相匹配的课程结构与有特色的校本课程体系是学校“责任”教育的必备条件。学校课程体系，除国家课程、地方课程，还应该有校本课程。除学科课程，还应该包括环境课程和活动课程。课程即教材，课程即活动。课程可以分类：基础课程、特色课程（知青、侨台、客家、校友等）。特色教育是亮点，因为教育个性是鲜明的，是开拓创新的。

1. 知青精神教育课程

1968年12月22日，《人民日报》发表了《我们也有两只手，不在城市吃闲饭》的文章，引用了毛泽东“知识青年到农村去，接受贫下中农再教育”的指示。从1969年开始，数千万的中学毕业生到农村，中国一代青年把最美好的青春献给了一片陌生的土地。

知识青年上山下乡是中华民族历史的一页，字里行间记载着知青的风和雨，悲与壮，苦和甘，思与情。从1968年到1977年，有111名厦门和永定知青先后在仙师葛布段（仙师中学）这块土地上拓荒、耕耘，自强不息，因艰苦获得成功，因奋斗创立了业绩。白墙黑瓦的知青楼掩映在桂树和苦楝树丛中，在阵阵暗香中让人体味其中的苦涩。墙上红漆大书“广阔天地，大有作为”几个大字，一下把人们带入那难忘岁月。就是这段艰苦的岁月，培养了一批吃苦耐劳、穷且愈坚、在艰苦环境下熬得住、在逆境中充满激情和理想的青年。正因为此，一遇恰当的机会、气候，他们很快崛起，成为社会的栋梁。

历史证明了“下乡知青”这一特殊群体的社会价值，他们用勤奋的态度、务实的作风、拼搏的精神、开阔的视野、创新的观念，开拓进取，建功立业，硕果累累。他们的精神可概括为“忠诚、责任、实践、奉献”。

在德育教育中，我校抓住知青教育特色资源，深挖并深化丰富知青文化的内涵，构建起了具有鲜明特色的德育教育体系，学生乐学，老师乐教，德育教育取得了明显成效。

2. 客家精神教育课程

耕读传家、责任担当是客家文化的特点，基本特质是儒家文化。客家精神就是“四海为家、冒险进取、敬祖睦宗、爱国爱乡”，它的核心在于团结奋进、责任担当。

为了教育族人，客家人把祖训家规记载在族谱上，雕刻在楼门、中厅楹柱上，成为客家人立身处世、创业持家的座右铭，这就是客家祖训。如今在偌大的客家土楼群中，随处可见点缀在一座座土楼大门上或厅堂上，体现客家先祖对子孙后代的谆谆教导和无限希冀，成为各个家族家规、家训的楹联。

（1）“八德”是客家祖训的核心。中华的传统文化是伦理文化、责任文化。“孝悌、忠信、礼义、廉耻”是中华民族传统文化的核心，客家祖先始终把“孝悌、忠信、礼义、廉耻”这“八德”作为客家家训的核心内容。

（2）“忠信”是家训的重要特征。

（3）“孝悌忠信，礼义廉耻”是家训的共同点。

为了传承客家祖训，弘扬客家精神。2014 年 6 月，永定家训馆在庆成楼建成，陈展面积 300 平方米，通过族谱、图片、文字、书法等 4 种形式展陈，展出永定境内 100 余个姓氏中的 32 个姓氏的祖训家规，以及永定客家族谱中有记载祖训家规的 19 个姓氏族谱，32 帧名居、名祠家训图片，14 幅家训书法作品，内容涵盖了“孝悌、忠信、礼义、廉耻”等方面的内容，突出展示客家土楼文化精华，集教化、欣赏为一体。祖籍永定的世界客属总会会长、中国国民党前主席吴伯雄还为客家家训馆题写馆名。2015 年 9 月中共中央政治局常委、中央纪委书记王岐山在福建调研期间，考察了永定土楼“客家家训馆”，并对“客家家训馆”进行了点评，充分肯定了“客家家训馆”的教育意义。

3. 校友文化课程

校友是学校最生动、最靓丽的名片。长期从事高温高压化工设备安全技术研发的涂善东校友在 2019 年当选了中国工程院院士。为发扬涂善东院士心系祖国、立志奉献的爱国精神以及勤恳执着、艰苦奋斗、崇尚科学、热爱科研事业的钻研精神，激励广大师生勤奋学习、积极进取、感恩学校、报效祖国，营造学习先进、崇尚先进、争当先进的浓厚校园文化，以立德树人为根本任务，努力培养德智体美劳全面发展的社会主义建设者和接班人，为中华民族的伟大复兴，为人类社会的文明进步，作出应有的贡献，仙师中学掀起了“学习先进树榜样，勇立潮头争荣光”深入学习涂善东院士的先进事迹的热潮。

4. 侨台文化课程

侨育中学是一所侨校，“侨育”既指学校名称，又指华侨长期对我校莘莘学子的关心培育。作为学生，当怀感恩之心，报答学校培育之恩，报答侨胞育才之心，重视优秀思想品质的培养，特别是感恩责任教育。

胡文虎、胡仙、胡秀波、胡思杏、胡晋发、胡裕初、胡建银、曾良材、曾道杏等华侨的名字，不止一次镌刻在学校各座楼的石碑上，三次、四次……在星马科学馆、六项扩建工程、五项扩建工程、科学楼工程上留名。重复的不仅是名字，更是他们对家乡教育事业的关爱，对家乡发展的殷切希望。“我虽然不一定很有钱，只要学校需要，我将竭尽全力，这是我的心意”，这就是爱国爱乡的最好见证。开学初时、节假日里，学生通过聆听专题讲座或老师讲解等，感受了侨胞的坚韧不拔的开拓精神和捐资建乡的爱国精神，家国情怀浸润学生心头。

（四）丰富学校文化内涵

文化是要义，是土壤，是基因，是可以传承、发展的，是动态的，是有温度的。学校“责任”教育实践的终极目标是培育责任素养，培养“责任”教育文化。

1. 丰富行为文化培育责任素养

围绕“立德树人”这个核心，建立每日双表自测，日省吾身机制，让学生填写《学习效果自测表》和《日常行为自测表》。学习小组长和纪律小组长每日一查，督促学生反思自我得失。班主任周点评，促进学生落实自测活动，保证及时调节和控制自己的行为。强化国旗下的讲话，入团仪式、成人仪式等，培养学生在集体的力量中自觉矫正自己的错误言行。在制度约束下，让学生的思想行为朝着一定的规范发展。

教师具有榜样作用，端庄的仪表，文明大方的举止，健康风趣的言谈，严谨的治学态度能潜移默化地影响学生。在行为养成文化建设上，教师渊博的知识、幽默的课堂教学艺术等，都会生成良好的课堂行为文化，对学生责任意识的形成、文明行为的取向有着重大的同化作用。古语说：“诚于中而形于外。”文明礼貌是一个人美好心灵的自然流露。通过组织“入楼即静，入室即学”教育及诵读文明礼貌格言等系列活动，学生认识到：文明是一种品质，文明是一种修养，文明是一种责任。

集体活动是校园学生行为文化的载体。如果课业负担过重，学生就会感到校园生活枯燥乏味。因此，开展一些丰富多彩的课外活动，如建立图书交易市场、亲子共读一本书、优秀读后感展示、每周一诗背诵、师生读书交流活动等。为培养学生的管理能力，成立“行为规范监督组”，担当角色，承担责任。在校园舆论建设中，经典文化长廊、校园橱窗、手抄报、团刊、校园标牌的美观精致，走廊过道和室内装饰与环境的协调，都会成为师生激励人生、陶冶情操的园地。学生在浸染熏陶中，自己作出价值观、人生观以及道德行为修养的认知和判断。

校园学生行为文化是学校责任教育的一个重要组成部分，是促进学生全面发展，培养每个学生道德品行和健全人格的最好途径。

2. 丰富课堂文化培育责任素养

引导师生积极参与小课题研究，做到课堂教学“主题化”“问题化”“课题化”，形成金字塔形的国家级课题、省级课题、市级课题、区级课题体系。加深“教学做”导案研讨，科学编写使用“教学做”导案。一是通过教研课改积极探索课堂教学的智慧和生成问题，二是以导案的提前制定与二次备课为备课组活动的重点，三是进行阶段性导案研讨。

“视频案例”本土化研究——在课例观察与分析中提升教师的实践与反思能力。视频案例研究的生命表现在它的真实性。它为教师的“实践 + 反思”提供了多种机会，它提供“不加修饰”的课堂情境，真实再现教学事件的模糊性和复杂性。视频案例为教师提供一个记录自己教育教学经历的机会，激发探究的自主性。教师在日常教育教学中遇到的一些事例，通过视频案例的形式再现出来，实际上也就是对其职业生涯中一些问题等的记录和思考。视频案例促使教师主动关心、观看自己的教学，从而激发教师去反思、完善自己的教学。视频案例促使教师更为深刻地认识到自己工作中的重点和难点，增强辅导的针对性。教师在对自己教学经历的梳理过程中，头脑中印象深刻的常常是那些自己感到困惑不解的事实材料。这样一个梳理过程，会强化教师对自己教学能力的认识，让教师把注意力集中在一些根本性问题上，从而深刻地认识到工作中的重点和难点。视频案例为教师之间分享经验、加强沟通提供了一种有效的方式，可增强教师间的团队意识。视频案例是以超媒体形式反映教师的教育教学经历，通过对教学整体或者片段进行反复观察、问题诊断、麻雀解剖、观点碰撞以及教学工艺分析，达到促进教师理念的更新和文化的再造。它可以使其他教师有效地了解同事的思想行为，使个人的经验成为大家共享的经验。这样，既提高了教研活动的实效性，而且，还可以通过制作视频案例，探究案例问题，交流教学经历，充分地实现资源共享与互动交流，增强教师间团结协作的团队意识。视频案例为教师寻求专家、名师帮助指导提供条件。将录制的课堂教学视频提交给专家和名师，可让专家对教师进行更深层次的分析与指导，为教师专业发展提供更高的平台。

3. 丰富社团文化培育责任素养

学校大力开展综合实践活动，发展社团文化：组建了篮球、气排球等五项体育，广播站、小记者、“香林”“勤飞”等新闻文学社，开展蔬菜种植、树木管护等生产实践，以及科技创新、社区服务等各类实践研学社团共二十多项。

对青少年进行科技创新教育是实现国家科教兴国战略的要求。在学校开展科技创新教育活动对培养学生的实践能力和创新精神，使学生得到全面发展、主动发展具有重要意义。为推动科技创新教育工作能够良好开展并不断向前发展，我校自2013 年 10 月以来就创建了“科创社”。“科创社”以培养学生的科学想象力和创新意识，使他们从小就尝试手脑并用，倡导科技与艺术的融会交流，展示学生对未来科学发展的畅想和展望为宗旨，满足学生发展的需要、素质教育的需要、社会进步的需要，弘扬科学精神，传播科学思想，倡导科学方法，普及科学知识，进一步推进素质教育。以科普宣传、科普实践、科技小制作为方式，开展科普实验、饲养、栽培活动，写科技小论文或观察日记等。科技教育创新活动培养了学生的创新思维，极强的动手能力，使他们具有远大的理想、坚强的意志、浓厚的兴趣、务实的作风、无畏的胆识和和谐的沟通能力。我校把培养创新精神和提高创新能力同教会学生如何学习一样，作为教育的核心内容，注重对有创新能力的学生个体予以特别尊重和充分发挥，使各类学生有适宜的发展空间。近年来，我校在科技创新大赛中成果突出，其中获省二等奖 12 人次，三等奖 17 人次。这些活动的开展，培养了学生发现问题、分析问题和解决问题的能力，培养了合作学习的团队精神，提升了学生的责任素养。

4. 丰富管理文化培育责任素养

学校的管理学问不仅从书本中来，更重要的是来自办学实践。每所学校都是宝贵的研究场域。学校管理者在办学过程中通过亲身体验、反思和感悟，获得个体经验，“身在教育其中”的工作性质决定了他们扮演的角色更多是教育实践者，而不是教育思辨者，经过反思获得的个体经验，具有个体性、生成性和生长性等特征。学校管理者的个体经验不能停留在对教育现象和事实的感悟认识层面，而应该上升为对教育现象和事实的理性思考，这就需要对教育现象和事实进行属性判断和价值评判，进行特征分析和类别梳理，厘清它们的内在关系，形成教育体验成果。在实践中思考，在思考中实践。

我校在工作实践中提炼出“三点三线”的管理文化。三点：德育是基点，质量是要点，时代主旋律是支撑点。三线：安全是底线，质量是生命线，党纪国法是红线。“三点三线”管理文化引领学校各项工作的开展，丰富了“责任”教育的文化内涵。

总之，“责任”教育使核心素养的培养目标有了具体的抓手和行之有效的方法，它使培养目标与具体教育教学实践的中间环节变得有血有肉，深入回答了“立什么德、树什么人”的根本问题，引领学校课程改革和育人模式变革。

【参考文献】

[1] 永定县地方志编纂委员会 . 永定县志 [M]. 福州：福建人民出版社，2005.

[2] 互联网龙岩军团成员风采展示丨林少・十点读书创始人 &CEO[DB/OL].(2020-05-07)[2021-01-05].https：//www.sohu.com/a/393499054_222544.

[3] 公民道德建设实施纲要 [N]. 光明日报，2019-10-28(01).

[4] 中国社会科学院语言研究所词典编辑室 . 现代汉语词典(第 7 版) [M]. 北京：商务印书馆，2016.

[5] 张宜兴 . 关于教育与评价的思考 [J]. 初中生世界：初中教学研究，2018(06)：7-8.

[6] 朱曼丽 . 学校责任教育研究 [J]. 才智 .2015(12)：34.

[7] 编写组 . 教育学原理 [M]. 北京：高等教育出版社，2019.

[8] 单志艳 . 如何进行教育评价 [M]. 北京：华语教学出版社，2007.

[9] 马克思 .1844 年经济学哲学手稿 [M]. 北京：人民出版社，2002.

[10] 马斯洛 . 马斯洛人本哲学 [M]. 长春：吉林出版集团有限责任公司，2013.

[11] 维果茨基 . 维果茨基全集（第 2 卷）：高级心理机能的社会起源理论 [M]. 合肥：安徽教育出版社，2017.

[12] 成尚荣 . 核心素养的中国表达 [M]. 上海：华东师范大学出版社，2018.

[13] 陈桂生，周兴国 . 从“任务”到“责任”——洋泾中学学生社区服务调查报告 [M]// 丁帆，杨九俊 . 实用阅读（苏教版高中语文选修教材）. 南京：江苏凤凰教育出版社，2019：86-96.

真·实教育

◎谢礼云

【作者简介】

谢礼云（1971— ），男，福建武平人，中学高级教师，教育硕士。武平县第三中学原校长，现任晋江市实验中学校长、书记，福建省“十三五”中学名校长培养人选。中国教育学会会员，曾获福建省优秀教育工作者、龙岩市名校长等荣誉。

从2017年7月至今，三年时间，我以福建省“十三五”中学名校长培养对象的身份，参加了在晋江、福州、杭州、南京、北京等地举办的多次专项培训，参与4次学习共同体活动，主持了一项“教育新时代背景下初中校长学校管理艺术的实践研究”课题的研究，拜读了数十部教育类书籍，发表了20余篇CN论文，在校内外开设了10余场教育教学方面的讲座等。作为一名名校长培养人，我且学且思，且思且行。我一直在思考办什么样的学校，为谁办学校以及怎样办学校的问题，认真思考什么样的教育是好教育，什么样的教师是好教师以及什么样的学生是好学生等问题。我始终认为，名校长是教育家型校长，名校长培养是一个重要成长阶段，必须要在弄清价值方向、向师生赋能的基础上，勇于创新，处理好新与旧、硬件创新与软件创新以及特色创新与尊重共识规律的关系。

之前，我参加福建省校长校训期间，参观考察了省内福州、厦门、漳州等地学校，也到过省外的人大附中、北京十一中和成都的一些学校，曾多次接触全国知名教育大师魏书生、刘彭芝、李镇西，亲聆他们的教育和治校理念；不间断地拜读苏霍姆林斯基、陶行知、魏书生、刘彭芝、李镇西、冯恩洪、程红兵、李希贵和任勇等教育名家的著作，我觉得这些校长经营的学校之所以取得成功，其中一个关键就是有正确的办学理论和清晰的办学思路。纵观国内诸多学校的校长都有自己的办学主张，如：成都市金牛实验中学“立人教育”；成都市大弯中学“生态教育”，引领立善立美；重庆市人和街小学“和教育”，构建人和文化；三明市实验小学“福泽教育”的成功践行，深深影响着我。2019 年初，当我从家乡来到晋江，就任实验中学校长时，了解到晋江的特点、经验、教育、经济后，我对晋江市政府为什么于 2015 要把原来命名为“南区中学”的学校更名为现在的实验中学，引发我对办学主张的深入思考，我一直在实验两个字上琢磨。后来，当我看到这份材料：“2017 年 11 月 12 日上午，湖南沅江市第三中学高三所有班级正在进行全市统一的学历水平考试。原本在下午考试结束后，实行封闭式管理的学校会放几个小时假，允许学生们到校外活动。但 1502 班班主任鲍某把全体同学留了下来，让大家观看一部时长 16 分钟的励志视频，并要求每人写一篇 500 字的观后感才能离开。临时增加的两项任务，让打算到镇上买东西的小罗感到不满，还当场和几个同学表示了反对。老师离开后，他起身去厕所，并一直在走廊上逗留。在被班主任看见并叫到办公室前，他把放在教室窗台外准备带出去的水果刀，揣进了兜里。悲剧就在只有他们两人的办公室里发生了。班主任批评的，不仅是他当天不端正的态度，还有最近起伏较大的成绩。鲍老师让他报了号码，当打给父亲的电话无人接听，鲍老师正准备拨通母亲电话时，站在侧后方的小罗突然掏出水果刀，刺向了班主任……”更加促使我对办学主张的形成，有了鲜明的思路，引发自己对教育的思考，尤其是学校负责人的一种办学思想是什么？我们办学仅仅是为了片面追求高分数，只重视考试，放松学生全面发展，而忽视关注学生心理、学习、成长需求？我们的学校真正应该办怎样的学校？本人根据十几年的学校管理经历，结合培训、学习、参观、思考，试图在理论与实际相结合基础上，得出学校教育应该是“真”和“实”的，办一所“真正的实验”中学，于是开始凝练“真・实教育”办学思想。

一、"真·实教育"办学思想的形成

（一）"真·实教育"办学思想的理论依据

1. 历史层面

（1）国内

历史而言，国内在教育界对"真·实"提的较多而又践行于教育之中的莫过于陶行知。陶行知说："千教万教教人求真，千学万学学做真人。"陶行知认为："生活教育是生活所原有，生活所自营，生活所必需的教育。"其字里行间无不渗透出教育教学中"真·实"的重要意义。教育是人为和为人的事业，但为人的教育要是过于人为化，就不免伪与低效。因此，教育必须以真实生活为根基。在蔡元培看来，教育是帮助被教育的人给他能发展自己的能力，完成他的人格，于人类文化上能尽一分子的责任，不是把被教育的人造成一种特别器具。依循先贤们的指引，真实教育选择以"一个个真实的活生生的'人'"为对象与目标，以"克服他们身上的动物本能和发展他们的全部本件"为己任，以"唤醒他们的人格心灵为核心"，而"不是把他们造成一种特别器具"。朱靖华说："我觉得我国时下的教育缺少了一点朴实。教育本身应当是朴实的：质朴、纯朴、简朴；真实、务实、扎实。做好教育，我们应倡导做朴实教育。"

现状而言，据我所知，许鸿在《陶行知生活教育理论——在感悟中升华》一文中论述了真实教育的意义；欧飞兵在《论真实教育的价值取向——兼议网络环境下学校教育回归生活的意义》一文中对什么是真实教育做了较为翔实的阐述；贺仲明在《语文与真实》一文中，从语文学科角度，论述教育孩子说与写都应以实话为素材，真正体现真实教育的学科教学；胡燕和许弟文在《关注孩子一切　彰显真实教育》一文中较全面地分别论述什么是真实教育、真实学习、真实学校以及三者间的关系；李烈在《最有力量的教育一定是真实的教育》一文中从孩子成长规律角度，对真实教育进行全面阐述；刘玮在《做真实而有温度的教育》一文中从教育的本义出发，就孩子的身心健康角度提出教育要真实而有温度；林波在《打牢政治教育的"真实"底色》一文中从政治的角度提出真实教育的重要性；林卫民在《寻找"真实教育”的生长点》一文中提出真实课堂与课程如何在学校真实发生等。

（2）国外

查阅诸多资料显示，目前，尚未发现国外教育界专门对真实教育进行探究与论述，也尚未发现国外把“真·实教育”独立作为教育思想实践于学校管理之中的知名教育学者，但有一些教育家提出了“真·实教育”思想的萌芽，如：苏霍姆林斯基说，教育的实质在于克服自己身上的动物本能和发展人所特有的全部本性。斯普朗格认为：“教育之所以为教育，正因为它是一种人格心灵的‘唤醒’，这是教育的核心所在。”爱因斯坦也提出了自己的真知灼见：“教育的对象是谁？是我们，一个个真实的活生生的‘人’。教育的目标是什么？也是我们，一个个真实的活生生的‘人’。”

2. 社会层面

谈“真·实”，曾经似乎是一个落伍的话题。虚幻的网络世界正被越来越多的人所迷恋。网络时代是一个容易丢失的时代，当下“真·实”在教育中被遮掩，教育意义只在表象上存在，在深层里却丢失了。然而，真实又确是社会文化中不可回避的重要部分。记得有哲人说过：“真实是永远都无法虚构、无法遮蔽的，真实对于人与人之间建立情感和理解的关系，对于人们建立对社会的信任和依赖，对于增强人们探索科学和追求真理的精神，甚至对于我们人类生存本身，都具有不可缺失的意义。”真实教育作为一个完整概念首次被提出，它直面社会与教育之现实，回到生活的本真状态去探寻教育的真实内涵；真实教育秉承教育应有之义，重视生命体验，关注生命需要；真实教育让教育意义经体验而内化于心灵，使之成为不断追寻生命价值的精神动力；真实教育是一种大教育，旨在培育真实的活生生的自由而幸福的人。真实教育能够切中时弊，时刻围绕真实开展教育，“给学生一个真目标，让学生体验真过程，使学生流露真感情，让学生作出真选择”，以帮助学生解决生活中的真问题，获得对世界的真知识，让他们在走出校门后，能成为和谐的人而非某种器具。我们生活的世界还不甚完美，有真善，也有假恶，但真实教育能够直面生活，坚持“以生活影响生活”原则，即“拿好的生活来改造坏的生活，拿前进的生活来引导落后的生活”。

3. 教育层面

（1）教育是有规律的。所谓规律，是指事物之间内在的必然联系，决定着事物发展的必然趋向。它是客观的，不以人的意志为转移。大千世界，事物的进步和发展都有自身存在的规律。任何破坏规律的事情都会以失败告终，有的甚至还会自食其果，在凯巴伯森林，罗斯福总统府好心办坏事的做法值得让我们深思，揠苗助长的悲剧更是让我们警醒！

教育家苏霍姆林斯基曾说：“离开劳动，不可能有真正的教育。”只有劳动和实践，孩子才能找到教育的“诗和远方”，才能回归课程的育人目标，契合学生的成长需求，这样的课程才不是脱离学生的空中楼阁、海市蜃楼，只有体现学生生涯规划的课程才是真正的课程，才不会迷失教育的方向，也才不会本末倒置，这样教育出来的孩子才能真正成为祖国的栋梁！

（2）师生发展就是人的发展。认知发展，可以看作是“人”字的左撇；个性社会性发展，也可以称之为非认知发展，可以看作是“人”字的右捺。一撇一捺，组合成了一个完整的“人”字。“人”字的一撇一捺分别象征人的“德”（德性）和“才”（智性），两者同样重要，构成学校教育的完美整体，也就是所谓的“真·实”教育。“真·实”教育，就是让学生“成为真正的人”，德智体美劳五育并举。

4. 区域层面

学校地处全国经济百强县之一。“爱拼敢赢”的晋江精神值得传承。华侨及优秀企业家的艰辛创业精神、成功发展历程、事业不断壮大的先进事迹真实而有教育意义，他们的创业经历激励着一代代人去传承、去创新等。这些都为学校提出“真·实教育”主张提供了现实依据。

5. 学校层面

晋江市实验中学的育人目标：自学自育做真人，至情至善爱天下。这引发我对“真·实教育”的思考：

真——真人，实——实事。“成真人”其核心是“立德树人”，成为“德智体美劳全面发展的社会主义建设者和接班人”。“做实事”就是树立正确的劳动观：“崇尚劳动、尊重劳动，懂得劳动最光荣、劳动最崇高、劳动最伟大、劳动最美丽的道理，长大后能够辛勤劳动、诚实劳动、创造性劳动。”

真实的五育包含德、智、体、美、劳五个方面。真实的管理是对教师、课程、教研、评价、课堂和学生的科学管理。

（二）“真·实教育”办学思想的实践依据

纵观国内诸多学校，发现很少学校以“真·实教育”为办学主张践行学校实践探索，但类似“真·实”或与“实”有关的办学理念还真不少。如：重庆市红光中学在“实”文化教育的引领下，学校的教育教学质量连年攀升，兑现了对社会作出的“低进高出，高进优出”承诺。学校立足于学生的整体发展，也着眼于学生的个性与特长培养，全校 20 余个社团生机蓬勃，成绩斐然。培养出了一批批优秀的学子，打造出了属于自己的独特品牌。

银川十八中以“真”教育为价值取向，引领学校发展，建立了一支强有力的教师队伍，形成了勤奋团结、无私奉献的良好风尚。学校各项工作取得了优异成绩，曾被确立为国家级义教实验基础，先后被评为：“突出进步学校”“银川市一类学校”“银川市师德先进学校”“教学管理先进学校”“区级二十家绿化先进学校”，并多次被评为“先进基层党组织”。2001 年被确定为区、市级课堂质量工程实验基地学校，2002 年又被确立为市级新课程改革三所重点实验基地学校之一。逐步成为有着广泛赞誉的义务教育窗口。

武汉市东方红小学“求实”教育的先进教育思想的引领下，在教育实践中提炼出来的充满教育激情的思想火花，是实现办学目标、凸显办学特色、打造学校品牌的先导。学校树立“求实教育”的办学理念，主要基于以下三个方面的思考：（1）职责：作为校长首要的是履行岗位职责，即贯彻党的教育方针，实施素质教育。实实在在办教育，踏踏实实办学校。（2）目的：教育要培养德智体美全面发展的社会主义建设者和接班人。这就要求我们要坚持科学发展观，实事求是，厚积薄发，做好平常教育工作的积累。（3）传承：东方红小学“质量立校”的文化传承，历任校长始终把握“课堂求实”这条主线，踏踏实实为师生发展奠定基础。近年来东小人励精图治、奋力拼搏，筹谋发展路径，努力提升办学品质。学校从三方面践行“求实教育”办学理念。即通过引进 ISO9000 管理体系，健全管理机制实现管理求实；通过实施“三项行动”，树立全面的育人的质量观，从而实现课堂求实；以“求实精神 + 现代素质”为教师队伍培养目标，实施“三梯队”建设，从而实现教师队伍求实，使东方红小学实实在在得到了发展。

河南省焦作市许衡中学以朴素的素质教育为办学理念，办学时间仅五年多，就像中原大地冲出的一匹黑马，以其骄人的教育成绩和办学模式震惊了焦作、河南甚至全国许许多多的学校。该校各项考试成绩、学科竞赛成绩，均在当地遥遥领先。多名学生在省市的全国的乃至国际的学科竞赛以及体育比赛中获得最佳成绩，为当地和国家争了光。一大批教师被评为优秀教师，获得省市和国家表彰。许多人感慨，这所学校不愧为全国最好的学校之一，堪称素质教育的典范和教育创新的楷模。

李镇西在微博上写道：真正的教育是朴实无华的，现在为特色而特色的趋势越来越严重，此为浮躁。我们不必刻意去打造什么特色。教育哪有那么多花样和口号？面对每一个孩子，认认真真地上课，认认真真地带班，认认真真地帮助老师成长。这，就是教育的本来面目。其实，李镇西在成都武侯实验中学任校长时，他就是这样践行的。

以上理论和实践为我提出践行“真·实教育”的办学主张提供了强有力的依据。

（三）追求“真·实”的思考

1. 什么是“真·实”？

“真”首先是指真知，包括学习内容和方式的真实性和科学性。“真”不仅指知识层面还应包括价值观层面。

“真”就是求真，“实”就是务实。求真务实，求真就是按规律办学。人的发展规律包括年龄和身心发展规律。“真”知识是有力的，“真”教师是可敬的，“真”教育是充满希望的。务实就是实实在在，不浮夸，结合学校实际培养师生，在实验的基础上创新，是客观地培养学生习惯和教给学生方法。

真·实是一种态度，真·实是一种情感，真·实是一种方法，真·实是一种习惯。真·实是一种思想，真·实是一种信仰，真·实是一种人生追求，真·实是教育的真谛。

2.“真·实教育”的内涵与特征

（1）“真·实教育”的内涵

“真·实教育”就是真实教育，即：在遵循教育和学生成长规律，在办学过程中将真实的学校观、教学观、课程观、德育观、学生观贯穿于德智体美劳教育实践，让学生“成为真正的人”而进行的教育。真实教育包含着非真即假、非实即虚的对应关系，是着眼让学生做“真”人、务“实”事而进行的教育。我们要关注学生的生命、生活、生长，在课程构建中真正融入“4 个 H”。关注学生的头脑（Head），培养他的思考能力、批判思维、学习能力、分析解决问题的能力；关注学生的心灵（Heart），让他学会关爱别人、懂得合作包容、学会冲突处理；关注学生的双手（Hands），给他实践探究、劳动给予的能力；关注学生的健康（Health），提高他生存和做人的能力。

（2）“真·实教育”的特征

“真”就是回到教育的本真，教育即生活。真·实教育贴近实际，贴近生活，贴近实际生活中的人的灵魂，是一种大教育。教育材料取自我们曾经或当今的真实生活、科学生活和日常生活。所谓“真·实”，既指现在的真实，又指过去的史实。“真·实教育”不仅指学校教育，还包含家庭教育和社会教育；不单指德育，还包蕴智育、体育、美育、劳育等教育。“真·实教育”求真务实，旨在以“真实”的内容把受教育者培养成“和谐”的人。“真·实教育”立足真实、追求和谐，是教育之为教育的根本，也是教育生机勃勃的保障。

“真·实教育”秉承教育应有之义，旨在把受教育者培育成活生生的自由而幸福的“人”。真・实教育当正视今日教育之现实，把人从各种有形或无形的束缚中解放出来；教育的主导者从政策和制度层面给予受教育者享有自由的最大可能，以便让他们真正从内心感到自由。幸福是真・实教育的目的。幸福是教育主体间共同的幸福，幸福的教师更趋向于培养幸福的学生，受教师呵护而倍感幸福的学生会把幸福传播开来、传递下去，看着学生幸福地成长，教师也会感到幸福。

“真・实教育”能够切中时弊，时刻围绕真实开展教育，给学生一个真目标，让学生体验真过程，使学生流露真感情，让学生作出真选择，以帮助学生解决生活中的真问题，获得对世界的真知识，让他们在走出校门后，能成为和谐的人而非某种器具。

“真・实教育”尊重人的自然，但不完全迁就自然；它招引、培育人的自然中的善的因素，抑制或替换自然中的恶的成分；目的在于培养出“具有独立行动和独立思考能力的人，具有健康发展的个性和健全人格的人，具有崇高精神气质的人”。

总之，“真・实教育”不是对其他教育思想、教育理念的否定，也不包含着非真即假、非实即虚的对应关系，而是着眼让学生做“真”人、务“实”事而进行的教育。

（四）真实的学校，就是我的家——学校文化内涵的形成

办学愿景：办一所真・实的学校。

办学理念：真知达人，实才兴校。

育人目标：自育自学成真人　至情至善做实事。

学校精神：持续超越　永争第一。

二、“真・实教育”办学思想的教育实践

（一）以“真知达人，实才兴校”为理念，构建“真・实”的学校

教育家苏霍姆林斯基曾说过：“今天的孩子将来会成为一个什么样的人，这里起决定性作用的是他的童年如何度过，童年时期由谁携手带路，周围世界的哪些东西进入了他的头脑和心灵。”因此，学校不应该只注重成天让学生坐在教室里接受

老师们的“填鸭式”教学，而应该组织学生参加诸多积极、健康的活动，以满足其多方面积极向上的需求和兴趣。如果一所学校只是强调教学成绩，势必导致这所学校的老师不断将知识的容器推销给他们的学生。真实的学校是真实教育的保障，一所真学校首先要做到的就是让人民满意，真学校应该是学生探究知识的学园，学生快乐成长的乐园，处处充满亲情的家园，放飞理想的田园，师生生命绽放的花园。真学校让所有人都有家的感觉，学生之间、教师之间、师生之间充满亲情，真学校要给学生一台生命成长的发动机，帮助学生学会如何学习、如何做人、如何做事，当学生走出校门，忘记了学习的具体知识之后，还能够剩下许多人生发展需要的宝贵财富，这些财富正是教育所赋予他们的核心素养；真学校要像一个百花绽放的花园，让师生生命自由绽放，这正是我们追求的教育生态：绿色自然，尊重差异，包容开放，丰富多样。

一所真实的学校，应该是一个培养学生基本素养的地方，是一个充分发挥学生个性与才能的场所，一个让学生产生梦想、实现梦想的地方，一个能给学生更多选择人生道路机会的地方。真实校园应该包含下面内容：

“校园三声”（歌声，笑声，读书声），“二团三社”（合唱团，仿制团，文学社，创客社，健体社），“五节联动”（汉英节，艺术节，读书节，体育节，科技节）；双语校园，书香校园，人文校园，魅力校园。

1. 真实的学生

学校之美，不在外表的华丽，而在是不是让学生感到那份来自校长与教师的温情。当学生走进校门，走向社会很多年之后，学校留在他们的记忆里，往往不是学校的建筑多么美，课堂上学到了多少知识，而是他们在这所学校里有哪些精彩的展示。

2. 真实的学习

字要工工整整地写，话要清清楚楚地说，课文要仔仔细细地读，练习要踏踏实实地做，作文要认认真真地完成。

3. 真实的评价（师生）

（1）过程性评价。

教学：老师体现在备课组和班级；学生体现在月考；学生评“文明之星、诚信之星、礼仪之星、科技之星、技艺之星、学科之星”等。

（2）终结性评价。

教学：中考奖、治校奖、教研组长奖；学生评学年全优生；德：老师评星级班主任、段长，年度“五好”教师。全部在校门口和校内上墙，并附个人先进事迹和感言。

4. 真实的课堂

从教师教学角度看，真实的课堂最重要的是教师要把课内与课外、知识与生活、理论与实践有机统一起来，将课堂教学转化为学生课外日常生活当中的成长行为，并逐步变成他们的成长自觉。能够带上满口袋问题走进课堂的课，算好课；能够在课堂上唤起学生生问、发问、提问的课，算更好的课；能够唤起学生提问，居然被学生的问题问倒了（教师一时答不出来了）的课，算是最好的课。正如德国著名教育哲学家雅斯贝尔斯所说：“教育是人的灵魂的教育，而非理智知识和认识的堆积……在学习中只有被灵魂接受的东西才会成为精神的瑰宝。而其他含混晦涩的东西则根本不能进入灵魂中而被理解。”

（二）以“真知达人，实才兴校”为理念，让德育更为“真·实”

“德”决定了我们的发展方向，而“才”决定着我们发展的空间、高度，两者相辅相成。一个有希望的民族不能没有英雄，一个有前途的国家不能没有先锋。正如一句话说得好，一个国家的强盛是在教室的讲台上完成的。任何一项事业的背后都有一种无形的精神力量，唯有精神能致远。我们在实中丰富自己的灵魂，从点滴做起，明德修身，知行合一，持续超越，永争第一——魅力实中。

学校一直坚持“育人先育德，成才先成人”的德育工作理念。为此，学校把

"自律、习惯、成长、改变"作为德育的四大主题。

1. 自律

自律就是掌控自己的思想，修正自己的行为，塑造自己的未来。让学生扣好人生的第一粒扣子，有计划地组织和开展班会活动是实中一大特色。由班委组织开展的一种自学管理、自我教育的班级活动，"自育管理"——班干管理、学生自我管理，如：午餐、午休等管理均有学生自我管理。近几年，学校持之以恒开展"我们的节日"系列主题实践活动，有学雷锋活动月、校园文化艺术节、拜师仪式、建队节、经典诵读活动、"一二·九"歌咏比赛等系列活动，鼓励学生参与活动，在活动中受教育，在活动中规范文明行为，在活动中追求进步。学生自治，至情至善，和谐实中，精细管理见真情。

2. 习惯

习惯就是让思想深入灵魂，让行为融入血液，让梦想照进现实。学校从孩子初一进入学校开始，以培育孩子的行为和学习习惯为抓手，不放弃每一个学生，使人人都有所收获，要求每个学生做到"读书书声琅琅，上课认认真真，自习安安静静，作业工工整整，做人实实在在，做事规规矩矩"。

培养学生具有一种技能成为习惯。以"校园艺术节"活动为载体，积极搭建平台，培养学生艺术爱好，确保每个学生至少学习并掌握一项艺术技能。开展校园学生才艺大比拼比赛活动，充分予以学生展示艺术才能的舞台，培养出一大批艺术特长生。

让学生具有爱心成为一种习惯。学生管理中心开展"每月一元捐"、党员助力"爱溢阁"义卖和助力学子实现"微梦想"，党员志愿者走进社区。值得一提的是，献爱心基金积少成多，积沙成丘，每年筹集资金近万元，给困难师生、育婴院、特教学校、张林中心小学送去了爱心和温暖。

3. 成长

成长就是从最小事做起，尽最大的努力，做最好的自己。讲好实中故事，传播实中声音，展现实中风采。讲真故事，就是要讲发生在自己身边的故事，讲自己单位的故事，讲亲身经历的故事。真实的故事是看得见、摸得着、闻得见味道、听得见声音的，具有极强的代入感与感染力，能够让师生置身其中，或悲喜，或感动，或坚定信仰，或满怀希望。学校生活中，好故事、真故事俯拾皆是，讲好这些故事，让学生在故事中懂得孝道和友情，懂得奋斗和忠诚，懂得民族大义和革命情怀，才能真正成为真实的人。

学生健康成长，离不开心理的健康教育。学校设有心育中心——“白蜻蜓快乐体验园”，配有 2 名专职心理咨询教师轮值，制定专门管理制度，建立特殊学生心理健康档案，开通心理辅导热线，出版《耘心园》心理小报，定期开展心理讲座及心理问卷调查。每学年为家长、师生开设专题心育讲座 10 场次以上，2018 年，学校获评泉州市中小学心理健康教育特色校。

4. 改变

改变就是让学生素养优秀，优秀学生让能力强大，强大让学生梦想抵达。学校根据不同年级学生的年龄特征和成长规律，恒定德育主题。

表 1　德育主题

年级	主题	标准要点
七年级	习惯	初小衔接
八年级	适应、感恩	如何正确度过青春期
九年级	理想	人生目标的第一次抉择

在老师的帮助下，学生依据主题提前一周编辑材料。学生自己组织和主持、人人有机会参与，班会上学生各自反思自己的成功与不足，分享近期希望和要求；明确未来一周师生共同目标；时事热评，人人参与评说，每周热点事件，涵养师生家国情怀。如：面对校园欺凌该如何保护少年的你？为什么联合国要把环保最高荣誉地球卫士奖颁给塞罕坝林场的建设者们？任正非轻点华为芭蕾脚带给你怎样的启示？日本政府努力向全球输出动漫作品的同时，却又为何在本国禁播某些动漫作品？等等。

（三）以“真知达人，实才兴校”为理念，让教学更为实在

“真·实教育”不单指德育，还包蕴智育、体育、美育、劳育等其他教育。

智育是学校教育的重要组成部分，它主要通过教学这条途径来实施，教育教学质量是学校发展的生命线。教与学是一块硬币的两面，是对立的统一，师生都是教学的生命体；教学之先后不是主要矛盾，重在相机诱导，“机”最重要。教师主导不是主宰，学生主动不是盲动，教则要求善于引导学生“学会，会学”；讲就是要讲究“讲”的艺术，讲得精炼、精要、精当、精彩，特别要善于引导学生自己学。

陶行知先生的一句话：千教万教教人求真，千学万学学做真人。一个“真”字洗涤了先前教育虚假伪善的尘垢，指明了现代教育最重要、最本质的属性。返璞归真，原汁原味！办真实的学校，做真正的教育，一切为了孩子，为了孩子一切，这是我们共同的追求！学校把每一年都定为教育发展质量年。

1. 学校注重分层教学

（1）大分层。学校以“晋江市科技教育实践基地校”为契机，根据学生的特长，把学生编成科技班、培优班和多元班，对他们进行因材施教，分层教学。

（2）小分层（辅全 A 生；辅上一级达标高中的希望生；辅全 C 生）。

表 2　各班全 C 目标生辅导要求

班级挂班行政职责	加强对全 C 目标生的谈心，做思想工作，随访学生，监督科任老师落实情况。并每周统计一次科任老师辅导情况。
科任老师职责	确保全 C 学生：平时和中考双考核，针对全 C 对象，要求每周至少一次谈心、一次面批作业或练习辅导。全 C 对象若中考科目未达 C，每缺一次辅导扣科任教师 10 元 / 生。若每周完成辅导且中考科目达 C，则每人加奖 25 元 / 生，封顶 200 元。若每周完成辅导，但未达 C，不奖励也不扣钱。

表 3　各班全 A 目标生辅导要求

班级挂班行政职责	加强对全 A 目标生的谈心，做思想工作，随访学生，监督科任老师落实情况。并每周统计一次科任老师辅导情况。
科任老师职责	冲刺全 A 学生：平时和中考双考核，针对全 A 对象，要求每周至少一次谈心、一次面批作业或练习辅导。全 A 对象若中考科目未达 A，每缺一次辅导扣科任教师 10 元 / 生。若每周完成辅导且中考科目达 A，则每人加奖 25 元 / 生，封顶 200 元。若每周完成辅导，但未达 A，不奖励也不扣钱。

2. 重视过程性评价

为激励科任教师通力合作，学校新出台班级积分奖励办法。

表 4　晋江市实验中学年级各次教学统考奖励方案（试行）

奖励原则：本方案秉承“协作共赢、进步创优”的工作思路，坚持“奖优促劣、奖勤促懒”的原则；立足年段班级学生实际，设置班级教师协作奖。	
奖励对象	以班级为单位，设置奖金。班级奖金由班主任协调统筹用于班级活动。
奖励方法	据班级学生在竞赛（阶段测试）的成绩情况，计算班级积分，按要求分别予以积分奖励。以班级学生获等级人数分类计算奖金。班级的积分：年段各班级分成科技班（4个班）、培优班（2个班）、平行班（8个班）三类班级，分别奖励。班级奖金的确定，将根办法具体如下： 1. 班级学生获全 A，每人计 5 分； 2. 班级学生少获一个 A，每人计 4 分； 3. 班级学生少获两个 A，每人计 3 分； 4. 班级学生少获三个 A，每人计 2 分； 5. 班级学生少获四个 A，每人计 1 分； 6.. 班级学生全 C 奖，每人计 6 分。与上一次统考相比，班级全 C 人数每进步一人，再加 6 分。 7. 班级学生进入晋江市名次奖：晋江市统一改卷，凡班级学生进入晋江市前 20 名，每人计 25 分；凡班级学生进入晋江市 21~50 名，每人计 20 分；凡班级学生进入晋江市 51~100 名，每人计 15 分；凡班级学生进入晋江市 101~200 名，每人计 10 分。 注：1~5 项，前提是学生未出现 D 情况方可得分。
奖金分配	科技班积分排名第一名奖励 2600 元，第二名奖励 2000 元，第三名奖励 1800 元，第四名奖励 1600 元。 培优班积分排名第一名奖励 2200 元，第二名奖励 1800 元。 平行班积分排名第一名奖励 3000 元，第二名奖励 2400 元，第三名奖励 2200 元，第四名奖励 2000 元，第五名奖励 1600 元，第六至八名奖励 1400 元。
奖励次数	以参加晋江市统一组织改卷的测试为准，根据本方案的计分办法予以奖励。 本方案试行时间为 2019 年秋季起至 2021 春季，方案解释权归实验中学校长办公室。

3. 创新学校的美育

蔡元培先生提出以美育代替德育，就是因为好的艺术之中除了内蕴着美质之外，还有高尚的德育情结。学生在学校里，长期处于这种和谐之美中，心理不但是健康的，而且也是幸福的。

学科教育解决不了的问题，可以通过德育来解决，德育解决不了的问题可以通过心理健康教育来解决，心理健康教育解决不了的问题可以通过艺术教育来解决。为此，学校重视美育，创新美育，学校以“校园艺术节”活动为载体，积极搭建平台，培养学生艺术爱好，确保每个学生至少学习并掌握一项艺术技能。开展校园学生才艺大比拼比赛活动，充分予以学生展示艺术才能的舞台，培养出一大批艺术特长生。学校严格开齐开足音乐、美术课，开设书法、素描、灯谜、经典诵读等选修课程，开展书法教学和书春赠联教育实践活动。2019 年，共有 34 人次学生在各项美术、音乐比赛中获奖。

4. 践行新劳动教育

劳动可以树德、可以增智、可以强体、可以育美，具有综合育人价值。劳动教育是新时期党对教育的新要求，是中国特色社会主义教育制度的重要内容。

（1）志愿者活动。志愿者服务常态化。党支部与市图书馆支部共同建立志愿服务机制，每个周末教师党员义工引领师生志愿者走进晋江市图书馆开展志愿服务活动。启动几年来，风雨无阻，广受好评。

（2）社会实践。每年组织学生到晋江市中小学生劳动实践基地参加为期一周的封闭式劳动实践，在劳动实践过程中注重对学生的生活技能的培训，培养吃苦耐劳的意志品质、合作精神和团队精神，提高学生综合素养。学校还每年组织学生进行地理野外考察，树立学生开放意识，激发学生对家乡的自豪感与爱乡情怀。

（3）历史仿古。历史组根据学科特点，组织开展汉服展示表演大赛、仿古小制作比赛等学生喜闻乐见的活动，发挥学生的创造性能力，给他们提供展示各方面动手能力的舞台。

（四）以“真知达人，实才兴校”为理念，助教师真·实成长

我们不应该片面理解学校只是为了学生的发展，因为教师发展与学生发展是一个辩证的统一体，教师发展能更好地促进学生发展，放弃教师发展而追求学生发展，最终学生的发展也只能是空中楼阁，为此学校一向注重教师专业成长。

教师专业发展是教育的永恒主题，是学校发展的动力源泉。新课改不仅指向促

进学生素质全面提高，也力求促进教师专业发展。建设教师发展学校，是时代的需要，是教育发展的需要。通过建设教师发展学校，使每一位教师都能用现代教育理念，审视自己的教学实践，反思自己的教学行为，提升自己的专业水平，建成一支具有强烈的终身学习、自主发展愿望的，具有较强教育科研能力的，具有强烈的敬业精神，良好的职业道德、精湛的业务水平、健康的心理素质、广泛的求知能力、积极的创新意识、和谐的人际关系、持久的合作理念，能适应需求、面向未来的“学者型”“专家型”教师队伍，切实提高教师队伍的整体水平。学校按分级制订培养目标：

1. 合格教师

对象：教龄 0~1 年的职初教师。

目标：使职初教师两年后基本能成为合格教师。

途径：学校通过新教师入职培训，选择骨干教师和新教师进行学科教学和班主任工作结对子，根据要求开展传帮带的培养工作。注重“培、用”兼顾，给予职初教师一定适应期，以利于青年教师可持续发展。

达成标志：基本熟悉本校教育教学常规工作，基本能做好学校安排的教育教学工作，有教育责任感，热爱学校，热爱学生，能较好地达到对教师职业的认同。

2. 胜任型教师

对象：教龄 2~5 年的青年教师。

目标：能达成新手阶段到胜任阶段教师的转变。

途径：师徒双向选择，自愿结对，在师德修养、教育理论、课堂教学、教育科研、学业管理等方面进行带教；提倡多参加晋江市、青阳片区及学校层面公开课等交流活动。

达成标志：掌握初中各年级教材内容和教学要求，学科专业知识扎实，能运用心理学、教育学等理论指导教育教学实践，实际教育教学效果好，有一定的教育科研意识和能力，能主动参与课题研究。

3. 成熟型教师

对象：教龄 6~12 年的青年教师。

目标：完成胜任阶段教师到成熟阶段教师的转变。

途径：选择校内外富有教育教学经验的高级教师担任导师，校内师徒双向选择，自愿结对，在理论学习、教育科研、学科教学、班级管理等方面进行指导。

达成标志：学科教学和班主任工作形成风格，实绩明显，有较强的教育科研能力和相应的研究成果，能主持开展课题研究；有较强的带教青年教师能力，被带教者成长迅速；有较强的自觉发展意识和能力，主动参加高一层次的学历进修，能为高一级职称评聘做好积极准备。

4. 专家型教师

对象：教龄 13~25 年的优秀中青年教师。

目标：完成骨干教师到名师的转变。

途径：选择名师、教育教学专家担任导师，选派参加高一层次的学历进修，参与学校课程与教学改革，主持开展学校重点课题研究，承担培养骨干教师的任务。

达成标志：逐步形成自己的教育教学特色；个人能完成一门自主拓展型课程校本教材的开发；优良的教科研成果得到推广；在市级层面有一定的知名度，实际教育教学效果在同类学校处于明显优势地位。

5. 资深教师

对象：教龄 25 年以上的中老年教师。

目标：完成教育教学经验的积累，指导青年教师成长。

途径：回顾并推广教育教学经验，鼓励他们不断更新教育教学理念和现代教育技术，组织青年教师拜师，传承资深教师的宝贵经验。

达成标志：发挥好老教师的示范效应，好的经验和资料能得到延续和积累。目前，学校教师中有研究生学历 2 人，本科学历 123 人，本科以上学历占教师总数的 97.6%；高级教师职称 46 人；福建省名校长培养对象 1 人；泉州市学科带头人培养对象 2 人；泉州市首批领航名教师 2 人；泉州、晋江市教坛新秀 5 人；泉州、晋江市级骨干教师 23 人；泉州、晋江市中小学名班主任培养对象 2 人。

（五）以“真知达人，实才兴校”为理念，圆学生真 · 实梦想

学生是完整的人，每个学生都有自身的独特性，都是独立于教师的头脑之外，不以教师的意志为转移的客观存在，学生与成人之间存在着巨大的差异。

爱因斯坦有一句名言：人的差异，是在休闲的时候表现的。没有给学生自由的时间不可能造就有个性有特长的建设者和接班人。直木造樑，弯木造犁，让所有的学生各得其所，各展其长。读懂学生，就是要关注每一个学生，让有差异的学生都得到发展。新高考要求：让学生“玩”得high。总之，读懂学生，就是不管优生、后进生，不单纯地追求他们的学科分数，而是让每一个学生在学校都得到发展、都有变化。活动：大课间活动、学生书法、球类运动。

1. 育人策略

面对当前的生源状况，学校统一思想，教师转变教学观念，把更多的眼光投到学校班级中最重要、人数最多的中等生群体，把爱的阳光洒向每一颗心灵，挖掘每一个学生的闪光点，让每一位学生都有机会展示自己的才能，张扬自己的个性，从而走向成功的彼岸。学校提出“低进中出，中进优出”的创新育人策略，在教育教学过程中贯彻落实，取得了良好的成效。下列是近三届尤为突出学生情况：

表5 晋江市实验中学近三届尤为突出学生情况

时间	班级	姓名	初一入学水平	2019秋期末测试水平
2019届	初三1班	谢永平	中	养正中学高一第7名
2020届	初三7班	何静	低	优
2021届	初二10班	叶思颖	低	中
2021届	初二12班	张婷婷	中	优
2021届	初二14班	钟豪格	中	优
2021届	初二5班	林晋鑫	中	优
2021届	初二3班	唐亮剑	低	优
2021届	初二2班	吴东澔	中	优
2022届	初一1班	万太平	低	优
2022届	初一1班	李享	中	优
2022届	初一13班	黄小静	中	优
2022届	初一13班	肖锦涵	低	优
2022届	初一13班	吴盈宜	中	优

2. 培养自我管理

学校提出的育人目标是“自育自学成真人　至情至善做实事”。所以，培养学生自我管理成为学校“真实管理”的一个重要部分，学校举办的各项师生活动、年段各项评比活动、班级卫生、纪律、午餐、午休等都有学生参与评分的权利。

此外，学校分别在三个年段采取德育主题教育，实践证明，效果显著。非常可喜的是：2019 年 6 月 27 日晚上，在晋江市长兴路旁，一名老人突然倒在地上。此时，我校两名初二女生（林家滢、黄思怡）恰巧经过。发现有老人倒地后，她们立即向路人借手机拨打 120 叫救护车，直到老人被送上救护车，她们才离开。2020 年端午节的晚上，灵源街道一名儿童因贪玩，在没家长看护的情况下迷路，我校两名同学散步时发现，热心帮小孩寻找家人，那位小男孩的父亲，想对姝蓉同学表示感谢，但被委婉回绝了。

（六）以“真知达人，实才兴校”为理念，让课程真·实发生

课程是学校最为重要的产品，也是学校的核心竞争力。课程建设是一所学校的灵魂，也是一所学校办学特色的集中体现，这所学校有什么样的课程观，就决定着一所学校的影响；一所学校有什么样的课程结构，就决定着这所学校的人才结构；一所学校有什么样的课程质量，就决定着这所学校的人才质量；一所学校有什么样的育人方案，就决定着这所学校的育人质量，这些最终目标还是要通过课程来实现。关注课程，落实课堂，聚焦课堂，变革课堂，让核心素养真正落地，真实体现立德树人。

学校把目光放在学生身上，放在课堂教学和学习上，充分发挥课程改革“为了学生更自由的学习”的驱动力，进一步关注课堂现场并让学习真实发生，而不只是等待更完美的课程方案和更好的政策。学校目前开设了以下课程：

1. 真·实的特色课程

每学期利用每周五下午时间开设射艺、历史仿古、灯谜、音乐、美术、体育、科技等 20 余个社团，激发学生学习兴趣，丰富学生校园生活。近三年来，其中的体育社团在全国青少年篮球赛上斩获分赛区一等奖，在福建省定向越野竞赛中连续

三年获一等奖，女子足球队也在泉州市级比赛中获一等奖。

2. 真·实的创新课程

我校知名教练柳晓升老师充分利用社团活动的机会，着力培育在人工智能方面有兴趣的孩子，使得我校科技教育方面连年取得突破，曾多次在省、地、县的青少年电脑机器人竞赛中拿下金、银牌；在科学影像、电脑制作等方面，也多次在全省比赛中取得一、二等奖；2019 年以来，学校在人工智能教育方面发力，连续在全国“童创未来”青少年人工智能创新比赛、全国青少年创意编程与智能设计大赛中获银牌、铜牌。

三、“真知达人，实才兴校”理念引领下，学校硕果累累

近几年，学校荣获“全国人工智能特色单位”“全国青少年篮球特色学校”“福建省示范初中校”“福建省义务教育标准校”“福建省园林学校”“福建省先进教育工会”“福建省双拥模范单位”“福建省军民共建精神文明先进集体”“福建省示范图书馆”“泉州市文明学校”“泉州市德育工作先进校”“泉州市素质教育先进校”“泉州市交通安全文明学校”“泉州市学籍管理先进单位”“泉州市五四红旗团总支”等三十多项集体荣誉。

在办学特色方面，学校获“全国青少年篮球特色学校”“全国青少年人工智能活动特色单位”称号。我校学生在全国青少年篮球赛上获分赛区一等奖；科技创新成绩尤为突出，我校学生在福建省电脑制作中多人次荣获一、二等奖，在福建省青少年电脑机器人竞赛中连续两年获一等奖，在全国青少年人工智能竞赛活动中获银奖、铜奖。

在教师发展方面，近三年，教职工荣获县级以上荣誉 181 人次，发表晋江市级以上论文 28 篇，其中，CN 级教育教学论文 17 篇；先后有 103 人次参加泉州、晋江学科课堂教学比赛均获得优异成绩，23 人次在各级“一师一优课、一课一名师”活动中获奖，李亚真、庄雅莉、谢莉娇老师的课例被评为部级（教育部）优课。我校教师还积极开展课题研究，2019 年共有泉州市级以上立项课题 4 项，晋江市级立项课题 8 项，校级立项课题 18 项。

在学生成长方面，2019 年，学生个人在晋江市级及以上竞赛中获奖累计共有 105 人次，其中国家级 16 人次，福建省级 3 人次，泉州市级 39 人次。学生团体获奖 25 项，国家级 1 项，福建省级 4 项，泉州市级 1 项。

表 6　晋江市实验中学 2020 年中考成绩

项目	人数	在 2019 年中考创佳绩基础上提升的比率
9A	35	4.26%
8A 以上	85	6.15%
7A 以上	137	6.8%
全科及格	348	9.86%
总分 550 分以上	59	注：今年中考学科总分与去年不同。
总分 500 分以上	235	
上一级校	211	2.2%

四、“真知达人，实才兴校”理念引领下，我们心向往之

心向往之，行必能至，这是我校全体师生一直以来的信念，也是真实教育成果赋予我们的底气。经过两年的实践，真实教育思想的探索初见成效，但在实际的学校管理中也碰到诸多困惑。比如：学校文化底蕴不够深厚；教师的教育观念比较陈旧，教学方式比较不灵活；学校管理缺乏规范和延续性等，加上本人对学校管理学方面的理论知识积累偏少。为此，今后的实践中，我计划如下：

（一）学校目标定位

按完全中学规划，先办晋江最好初中。原则：整体规划，分期建设，（初高中）同步发展。目前初中 42 个班，规划初中部 60 个班，高中部 30 个班，共 90 个班。需要校园建设土地约 150 亩（按生均用土地 20 平方米计算），现有 65 亩，正在办手续 50 亩，仍需 35 亩。

（二）目标计划

1. 第一个三年目标（2019—2022 年）

学校有新变化，教育质量稳步提升，社会认可度逐年提高。

（1）第 2 年（2020—2021 学年）：规范年。

（2）第 3 年（2021—2022 学年）：改观年。

努力实现中考成绩上一级达标校超 220 大关、社会评价满意度明显增强，各年段各学科成绩各项指标 60%，进入全市前十名。

2. 第二个三年目标（2022—2025）

教育质量全面提升，学校定位目标凸显成效，成功举办 30 年校庆。

（1）第 1 年（2022—2023 学年）：提升年。

努力实现中考成绩上一级达标校超 230 大关、师资力量、各年段各学科成绩指标 80%，进入全市前十名。

（2）第 2 年（2023—2024 学年）：腾飞年。

努力实现中考成绩上一级达标校超 240 大关、各年段各学科成绩各项指标 90%，进入全市前十名。

（3）第 3 年（2024—2025 学年）：创新年

以 30 周年校庆为契机，规划新一轮的学校创新发展。

3. 第三个三年目标（2025—2028 年）：

创省三级达标以上的示范高中，并实现高中计划招生，以高中带动初中，实现学校新一轮创新发展。

（三）措施办法

1. 创设真实校"圆 / 园"

学生的成长面临着两个世界，知识的世界和生活的世界。奋斗和创造已经成为一种制度和文化，任何懒惰和无聊都无法生存，任何勤奋和创新都会得到鼓励。每个角落都充满活力，每个时刻都孕育着奇迹，莘莘学子找到真正精彩的自己。学校寓文化于教育之中，细微之处见精神，于无声处立品德。因为学校整个形状成"半圆"形，"圆"与"园"是同音字，"圆"意义是团团圆圆，象征着全校师生学习工作有"向心力"，有合作意识，大家"心往一处想，劲往一处使"的真实内涵，体现真实的学堂，真实的教与学的良好氛围；同时，为了让全校师生在实中生活、学习、工作时，有“家园”的感觉，显得“温馨”，久久迷恋曾经在此有过的经历。学校以“园”为名，把校园设计成“真实园”“群芳园”“行知园”“思源园”“风华园”“规榘园”“竞技园”“温馨园”“创新园”“求知园”十个园区。

2. 构建真实学校

（1）规范真 · 实管理

规范学生行为，规范教师教学行为，规范学校管理第一的运行行为，进一步完善学校各项管理制度。

（2）尝试真 · 实课堂

为提倡把课堂还给学生，让课堂焕发生命活力，把班级还给学生，让班级充满成长气息，把创造还给教师，让教育充满智慧和挑战，把精神发展的肚中主动权还给师生，让学校充满生机勃勃的气氛。

学校尝试“12345”课堂教学模式。提出：确立一个思想：以学生发展为本。落实两个重点：培养学生的创新精神和实践能力。进行三个转变：教师解释的转变，教师由单纯的知识传授者转变为教学活动的指导者、组织者；学生地位的转变，学生由知识被动的接受者转变为知识的主动探索者；教学手段的转变，由多媒体辅助教学转变为师生学习的工具。采取四种方法：激发学习兴趣，培养学生的主动性；教会学生学习，培养学生学习的自主性；营造创新氛围，培养学生学习的创造性；注重因材施教，培养学生学习的特殊性。体现五个特点：建立平等、民主、和谐的师生关系，以学生共同探究解决问题，使基础知识、重点难点落实准确到位；注重对学生各种能力的培养，文科要以现实的结合点，理科要应用所学知识解决实际问题，以德育和心理健康教育与学科教学之中培养学生正确的情感态度和价值观；采用多媒体辅助教学，调动学生多种感官参与教学活动；注重对学生学法的指导，培养学生自我选择、自我监控、自我调节的自主学习的能力；要求各个学科分别提出具有本学科特点的教学模式，真正体现真 · 实课堂。

（3）发展真 · 实教师

营造学校教研氛围，帮助教师专业成长，出台激励教师的各项制度，如：激励优秀班级、名教师、名班主任、参赛教师、优秀行政班子、优秀教备课组长等，引领教师更新教育观念，优化教师课堂教学模式，加大培养学科带头人力度。力争同时兑现班级和备课组教学奖励，并力争逐年提高。

（4）培养真・实学生

继续打造真实德育课程，创真实课堂模式，创新真实的师生评价方式，注重中小衔接，优化学生评价方式。严抓学生学习和行为习惯，重振学生精神面貌。

（5）创新真・实活动

“真・实教育”是待人为善、爱满天下（做真人）；真・实教育是知书达理、真实体验（求真）；“真・实教育”是有故事的教育，在校园内开展讲故事比赛、德育和教学故事上墙、讲话稿里穿插故事等；让老师讲教育故事；让学生讲学习、成长故事等活动。

在“真・实教育”办学思想引领下的学校培养出来的一定是可爱可塑的真学生，每个生命在整个校园都能自由生长，每个孩子在校能够真正求真知，包括学习内容和方式，知识层面和价值观层面的真实性和科学性。学校展现出来的一定是可亲可敬的真教师，科学实用的真知识，充满希望的真教育，这样的学校一定是人见人爱的“真”学校。

在新的历史时期，我们站在更高的起点上，必将不忘初心，笃志前行，回归教育本源，积极践行真实教育使命，成就每个学生的精彩人生！

【参考文献】

[1] 李镇西 . 学校管理的民主追求 [J]. 人民教育，2010（2）：26-27.

[2] 贺仲明 . 语文与真实 [J]. 语文学习，2006（9）：62.

[3] 胡燕，许弟文 . 关注孩子一切　彰显真实教育 [J]. 语文课内外，2019（13）：3.

[4] 李烈 . 最有力量的教育一定是真实的教育 [J]. 师资建设，2018，31（03）：21-23.

[5] 刘玮 . 做真实而有温度的教育 [J]. 基础教育论坛，2016（10X）：1.

[6] 许鸿 . 陶行知生活教育理论——在感悟中升华 [J]. 太原城市职业技术学院学报，2008（6）：74-75.

[7] 欧飞兵 . 论真实教育的价值取向——兼议网络环境下学校教育回归生活的意义 [J]. 黑龙江教育学报，2010，29(04)：15-17.

[8] 林波 . 打牢政治教育的“真实”底色 [N]. 人民武警报 .2018-09-01(3).

[9] 林卫民 . 寻找“真实教育”的生长点 [N]. 中国教师报 .2018-11-14(7).

[10] 郑亮 . 新课改背景下中小学校长管理能力研究——以 20 所中学调研为例 [D/OL]. 黑龙江：黑龙江大学，2014. https://kns.cnki.net/kcms/detail/detail.aspx?dbcode=CMFD&dbname=CMFD201402&filename=1014313090.nh&v=yVhyn4x6eqtL3hiSsI%25mmd2Bk7OJxNKjI7GLK8PGAwLXKVoscqAmN2LNbM9RSstMQ8pfM.

[11] 石岩 . 新课程背景下小学校长课程管理研究 [D/OL]. 呼和浩特：内蒙古师范大学，2005. https://kns.cnki.net/kcms/detail/detail.aspx?dbcode=CMFD&dbname=CMFD2007&filename=2006192507.nh&v=b95wp6W75SKI%25mmd2FEn7F1ubocEyvVDnvW3hjmvckuZ%25mmd2B0IW0KbdJasGiFuWpxK%25mmd2BWdl5M.

[12] 陶继新 . 做一个卓越的校长 [M]. 福州：福建教育出版社，2015.

[13] 刘彭芝 . 人生为一大事来 [M]. 北京：高等教育出版社，2004.

[14] 姚跃林 . 让教育带着温度落地 [M]. 上海：华东师范大学出版社，2017.

[15] 苏霍姆林斯基 . 给老师的建议 [M]. 北京：教育科学出版社，2017.

[16] 李希贵 . 学生第二 [M]. 上海：华东师范大学出版社，2007.

[17] 余文森 . 核心素养导向的课堂教学 [M]. 上海：上海教育出版社，2017.

[18] 管建刚 . 一线带班 [M]. 福州：福建教育出版社，2018.

[19] 魏忠 . 静悄悄的教育变革 [M]. 上海：华东师范大学出版社，2017.

[20] 丛滨 . 做有生命的教育 [M]. 辽宁：辽宁大学出版社，2017.

本然教育

◎张徐生

【作者简介】

张徐生（1967—　），男，福建周宁人，中学正高级教师、特级教师。现任周宁县第一中学校长、书记，福建省首批教学名师、福建省数学学科带头人，福建省“十三五”中学名校长培养人选。曾获全国先进工作者等荣誉。

作为校长，在现实生活中，我们常常处于“挣扎”状态，在对分数功利的追逐和对育人本原追求的交织中摇摆，由于教育的专业性和社会理解简单化之间的矛盾，容易影响并导致教育过程中专业立场的偏差。作为校长，对于办学治校，我们是不是应该有自己的教育理解力和办学定力？能否保持教育良知和公共理性的淡定，坚守专业立场去捍卫教育的本原价值，以本然之心做真教育？笔者拟结合三十余年的教育实践和办学思考，提出“本然教育”的办学思想，就教育的本然价值和本然教育的要义做些阐释。

一、“本然教育”之缘起

（一）缘自教育乱象

笔者经历了 20 世纪 80 年代“百家争鸣、百花齐放”的教育改革年代，也经历了 21 世纪初发起的新课改运动，现在正迎来新高考综合改革的推进……伴随着社会经济各方面的巨大变革，教育事业得到了长足的发展，从教育规模扩张走向教育质量提升，从有学上到上好学的需求变化，凸显了社会各界对教育的关切与期盼。与此同时，中小学教育生态也出现了一些问题，表现在：

教育资源分布不均，在一些地方教育不均衡加剧；“起于竞争，迫于焦虑，逼于考试，累于抢跑”，产生的急功近利现象；“学校是个筐，什么都往里装”，导致教育功能扩大化；检查名目繁多、教育评价异化，让学校也陷入文山会海之中；学校被外界裹挟，出现了无视教育规律的办学行为；新理念层出不穷、口号满天飞的虚而不实之风；教育技术的功能被过度强化，传统教育的情感因素有所淡化等。

以上种种，反映了今天中小学教育系统内外确实存在不少问题。

这些年，我一次次走进课堂观摩教学，也担任过省市优质课评选的评委，发现了教学中的一些误区，比如：为追求教学情境而铺垫过长；逻辑不清、绕来绕去，教学语言复杂化；合作探究形式化，未能引发思维冲突；缺少好的问题，师生互动表面化；缺少板书、画图，教学课堂技术化；掌声笑声不断，课堂氛围花样化；缺少具体的可视的教学目标；缺少打磨，教学设计粗糙化；照本宣科、告诉教学，教学过程平庸化；缺乏深度思考，教学理念不接地气等这些问题，简单地说，就是我们的课堂教学还不够真实、实在，也照样存在浮躁之气。

这些年我走过一些地方，对当地教育做了考察思考。2020 年 8 月，到山东潍坊地区教育考察，山东给我们的感觉就是地大物博，山东教育底蕴厚重，潍坊一中占地竟然达到了 1000 多亩。浙江教育信息化水平高，江苏教育科研水平高。从我们省内来看，三明、龙岩地区存在崇文重教的好传统，泉州、晋江、厦门这些地方经济繁荣，而且这里的学子非常勤奋向上。反观宁德、周宁，我们经济不发达，可是我们的学生却渐渐丢失勤奋苦学的传统，不但基础不好、成绩不优，而且学习还不刻苦、纪律不严、动力不足。为此，我在感叹，人家这么有才，还这么努力；这么富有，也这么努力；人家本来可以拼“颜值”，还这么有“才值”。

中国之大，地区差异之大，包括我们学校校情差别之大，也是可想而知的。为此，面对这些纷繁复杂的教育现象，我在思考，今天我们怎么做教育？

（二）缘自教育人生

从大学毕业至今，我扎根山区教育已耕耘 33 载，切身感悟出一个道理：读书改变命运，对山区孩子是多么重要。我们每一名学生都是长满可能的树，通过教育，我们的山区孩子们，照样会在某一天成为学界、政界、商界的精英，所以教育充满可能性，教育者当以慈悲为怀。

教育是一种责任。对整个社会来讲，尊师重教是一种责任；对我们政府来说，教育优先是一种责任；对我们学校，提供适切的教育、让学生成长为更好的自己是一种责任；对于老师，教书育人是一种责任；对于家长，履行孩子成长的监护人是一种责任；对于孩子，为自己的未来负责是一种责任。那么作为校长，什么是我们的责任呢？静心办学，做一任校长、兴一方教育，应该是我们的责任！

教育是一种生长。我所在的周宁县，距离宁德市区约 100 公里，但是海拔却升高了 800 多米，这是一个典型的高海拔山区县，山高水冷，或者说是山清水秀。从小在农村长大，我十分认同教育家叶圣陶先生的一句话："教育是农业。"教育是一种生长，当然这种生长，一要顺其天性，二要理性而有规矩地生长。

（三）缘自教育未来

教育，当然也是面向未来的。20 世纪 80 年代邓小平同志说，教育要面向世界、面向未来、面向现代化。至今看来，"三个面向"这个论述依然闪耀着智慧的光芒。教育既然是从过去走向未来，那么守住初心和拥抱变化，应该是我们教育人的一个基本遵循。

（四）缘自古今经典

《道德经》有云：人法地，地法天，天法道，道法自然。我喜欢用"道法自然"来表达我对教育的一种理解，即教育之道要效仿自然之道。"自然之道"，讲究自然界的丰富多彩和自然的规律。

"文章做到极处，无有他奇，只是恰好；人品做到极处，无有他异，只是本然"（《菜根谭》），"本然"，即事物本来的样子。

不管是本然还是自然，应该都是返璞归真，就是回到本来的初心和使命。教育，就是教天地人事，育生命自觉。

所以，我在思考教育的两个问题：一是我们怎么宁静致远，回归本分，静心做真教育？二是如何道法自然，让教育回归本然，做完整的教育？

如果说对于那些来自社会、政策层面的深层问题我们暂时还无能为力，那么，作为校长，我们能否有所坚守：坚守教育的本原价值，坚守教育的恒有规律，坚守校长的教育良知，按照自己的教育理想办学？

二、何以为教——教育的本然是什么？

教育家叶圣陶曾为福州一中题词：“何以为教？贵穷本然。化为践履，左右逢源。”那么，教育的本然是什么？

教育的本然是育人，让人变得更好。“以优质教育为学生的幸福人生奠基”，我校以此为办学宗旨，我想优质教育就是生命教育，关注生命个体的当下感受与未来幸福。其内涵之一是生命的健康教育，身心和谐，关注生命的长度；内涵之二是心智教育，提升智慧，关注生命的宽度；内涵之三是灵魂教育，提升境界，关注生命的高度。教育的目的应当是向人传送生命的气息，唤醒生命自觉，激发内生动力，以真善美直抵孩子们的灵魂和心智。

教育的本然是“农业”，是一个漫长的生长过程，也是一个潜心的培育过程。春耕、夏长、秋收、冬藏，四季有序，静待花开，急功近利不可取，揠苗助长不能为。

自然有本然之善，教育的本然是唤醒心灵，顺其天性。教育要回归本然之善，让每个个体内在美得以舒展！舒展是教育最美的姿态。

自然是丰富多样的，教育的本然是遵循天性、尊重差异。每一个孩子都有其主体性、差异性和独特性，教育不能泯灭孩子的天性、自由的个性。每一所学校都有她独一无二的办学传统与发展路径，需要尊重学校办学的自主性。

自然有客观规律，教育的本然是探求规律，遵循规律。遵循学生身心发展规律，遵循教师专业成长规律，遵循教育教学认知规律。

教育规律是客观的、辩证的，我校坚守自己的教育哲学：

我们相信，教育是“农业”，育人如育苗；

我们相信，每一粒种子都有自己的成长地图；

我们相信，教师发展是学校最重要的生产力；

我们相信，学校发展贵在守正出新，改变，从我做起！

我们相信，课比天大！教师最美的姿态在课堂！

我们相信，依靠学习走向未来！

我们相信，陪伴是最长情的告白！

我们相信，越努力越幸运，努力做最好的自己！

我们相信，老师应该拥有幸福完整的教育生活！

我们相信，一个个用心的日子，一群群有情的孩子，就是我们的教育故事。

什么是本然教育？就是努力回归这些教育的本然。

三、做真教育——本然教育的要义

（一）宁静致远——静心做教育

有人说，最伟大的教育，是校长、教师和家长身上流露出来的平和宁静，即“静气”。静气，就像一片叶子落在平静的水面上，心神专注，静以托付。静，可以让人沉潜，把一件事情做到极致，也可以让人驾驭好自己，始终处于自如境界。

1. 教育要有稳定性，不折腾

也许一所学校所承载的办学任务艰巨复杂，但其主要任务就是培师（为教师的成功搭平台）与育人（为学生的未来打基础），通过教师发展、学生发展，实现学校发展。但现实中校长办学，往往喜欢做大做强，从办学条件的“高大上”，到教学质量的“高分数”，到人为打造的“办学特色”，但从立德树人的根本目标来看，有可能迷失了方向。如学校规模与效益之间就呈负相关关系——学校规模越大，校长、教师对学生的关注度会降低。每一所学校都有它自己的历史、传统与文化，教育需要平心静气，需要延续传承，每一任校长都应该尊重校情，守正出新，以研究的状态去践行教育。

2. 校长要有定力，不急躁

一个好校长，“他应该站起来，环顾四周”（怀特海），应该打开大门办学校，跳出教育看教育，着眼未来育人才；与此同时，应该扎根大地办教育，一切从实际出发，紧紧依靠自己的教师办教育，不懈怠，不折腾。在早期的工作实践中，笔者喜欢创新甚至于过度创新，有时因为走得过快，有效沟通不足，还造成与教师间产生矛盾。我想，校长的手里应该是高举着旗帜走在队伍的中间，而不是遥遥领先于队伍被当成“敌军”，更不是站在队伍的后面手举鞭子时时“鞭策”。“一个校长对一所学校的领导首先是思想的领导”，我以为，校长身上的学术魅力来自他的专业素养，一个校长身上应该充盈着书香味，而不是烟酒味，一个养成阅读好习惯的校长会有更包容的心和更宽广的视野，不会太狭隘、太顽固。作为学校的中层干部，许多人是因为“教而优则仕”，走上新的管理岗位之后，会有“本领恐慌”，这里，学习会给人以自信，让我们走出本领恐慌；学习给人以自由，让人多几分豁达与从容，少几分焦虑和烦躁。

担任校长多年后，学习就是保鲜剂，学习意味着对生活、对世界依旧保有好奇心。读书是学习的重要方式，一个热爱阅读的人，心中自有沟壑，眼里必有远方。

一个老师是否有真爱和智慧，就看他对后进生的态度，一个能把后进生转化过来的老师才是真正有智慧的老师，是真正的优秀老师，那些只会教尖子生的老师不算真正的优秀老师！一所学校是否有教育良知，也可以看看它对众多普通学生的态度。不可否认，在一所学校里，特优生、尖子生的培养成效关乎着学校的美誉度，那么能否关注每一个孩子的成长成才则意味着学校的教育良知。我校生源基础较为薄弱，学生学习基础水平悬殊，我们深知每一个孩子的成长成才都关乎孩子的未来，关乎家庭的荣辱，学校本着“我们这里只有差异，没有差生”的理念，关注每一个孩子的生命成长，近年在尖子生培养有所突破的同时，教学质量有了大面积提升。

3. 教师要潜心教学，不浮躁

人走在一起不是团队，心走在一起才是团队。让老师安顿好内心，让一颗颗心凝聚成团队的力量。不同于其他学校的“名师工程”，我校着力打造“好老师工程”，从一个教师的敬业态度、专业精神与专业素养入手，努力创设教师成长成功的发展平台，营造“敬业、专业、乐业”的职业风气，让每一个老师为做一名好老师而努力。学校以“六新校园”——数字校园、生态公园、文化圣园、平安学园、成长乐园、和谐家园的建设为抓手，为师生创设良好的工作学习环境。同时，校长从心底关爱老师，尊重老师，爱护老师，让老师有更多的获得感，鼓励教师“走出去、走上台”，感受专业发展的成就感。改进评价体系，明确价值导向，让辛苦工作、作出突出业绩的老师享有——奖励、荣誉和政治待遇，让一线教师感受工作的幸福感。

4. 校园要有书香气，不庸俗

学校应该是一个充满书香的地方，书香校园里除了丰富的藏书，更要有众多读书的身影和丰富的读书活动，还要有朗朗的读书声。

（1）教师是教书人，更应是一名读书人。晨读、晚读、周末读，坚持每天半小时读，谁都可以做得到，书只要想读，总会有时间的。教师，一个最需要读书的群体，也常常没读书，“一群不读书的教师在拼命教书”，这是最大的笑话。单一而忙碌的教书日子，是一段让人不断失去水分的过程。所幸有书，使我们置身于一群智者之中，倾听絮叨，感受思想的力量。阅读之于教师，仿佛阳光雨露之于植物，唯有身心保持葱茏，每当我们走进教室，才能带去沾满阳光雨水的绿意。教师需要有胜任教学的专业知识，还要有广博的通用知识和宽阔的视野，教师应该是智慧型的，具备学习、处世、育人的智慧，教师也应该是学术型的，身上充满着书卷气、学术味。教师应在全民阅读中做表率，只有热爱阅读的教师才能培养出热爱阅读的学生。学校每年都有组织读书节，读书本是师生的一种生活方式，无须设节。当然既然是读书节，不应该是学生的专场，是不是也应有老师的份？如果学校里有教师读书会，团队共读，抑或组建教师读写小团队：每月共读一本书，每周撰写一篇教育叙事，每月聆听一次讲座，每人寻找一个研究方向，岂不妙哉？

（2）爱阅读的家长是孩子的榜样。家长如果是个读书人，家庭有书香、有格调，境界不一般，孩子也就知道自己该追求什么。不要总是推托工作忙，一个爱读书的人，根本不会给自己的懈怠找理由，也不要装，现在的孩子见多识广，你骗不了他。我走访过许多师生的家庭，家里装修豪华，室内应有尽有，唯独缺的是书房。目前，我们正在倡导书香家庭的建设，其中一个标志就是家庭书房：一间房，一排书柜，一百本藏书，一个书桌，一盏台灯。

对于学生而言，读书是一种造化：思想之造化，心灵之造化，品行之造化，格局之造化，尤其文化经典，最长人筋骨。读书益智、读书养心、读书益寿、读书益业，学生时代如果能够养成阅读的好习惯，把阅读作为一种生活方式，人生将因阅读而气象万千。

（3）学生专心学习。教育的本质是唤醒与激励，外在的驱动力与内生动力相结合，形成的合力可以让学生健康成长进步。我校重视励志教育与激情教育，作为校长，我会带头在各种学生集会场合、校刊校报发出好声音，传递正能量，希望风华正茂的学子们安顿好内心，一个人只有一颗心，一颗心只能用在一个地方！

（二）道法自然——做完整的教育

《道德经》有云："人法地，地法天，天法道，道法自然"，人效法于地，地效法于天，天效法于道，道效法于自然。道法自然，教育之道如何效法自然本来的样子？

道的本性是"自然"，自然的丰富性意味着教育生态的多样性，自然的规律性也意味着教育自然而然，本来如是，所以教育之道要效法自然本来的样子，遵循教育规律，遵从人的天性。教育以人的生命健康、生命成长和生命幸福为宗旨，学校要帮助学生按照应有的样子和可能的样子来发展，让人成为自己，成为完全的人。为培养全面和谐发展的人，构建德智体美劳全面发展的教育体系，我校坚持实施"十一工程"，做完整教育——

学好一门优势学科，考取一所心仪大学；

书写一手规范汉字，说讲一口流利口才；

练就一副矫健身姿，保持一个阳光心态；

学会一项体育特长，拥有一种文艺爱好；

掌握一项技术技能，养成一生文明习惯。

课程是生命成长的跑道，为促进学生的个性化、多元化、适性化发展，学校需要提供丰富而多样化的课程，尊重差异、提供选择，让每一个人成为自己成长的主人。我们按照“教师即课程，学生需要即课程，资源即课程”的课程开发理念，从学校实际和学生需求出发开发开设校本课程，由社团兴趣课程、学科拓展课程、综合实践课程、主题教育课程和特色体验课程五个板块组成，其中“习字时光·每日一练”“新闻周刊·周闻天下”“野蛮体魄·每日两操”“文明精神·早晚诵读”“自主课堂·自我反思”“社会实践·劳动体验”等特色课程，带给学生丰富的成长体验，深受学生喜欢。

这里以“劳动教育，让孩子拥有幸福生活的能力”为题，诠释劳动教育的意义与路径。

著名教育家苏霍姆林斯基主张普通中学要培养“全面发展的人”“幸福的人”“合格的公民”，学校要对学生进行德育、智育、体育、美育和劳动教育，相互融合、渗透，这与今天我们正在贯彻的“构建德智体美劳全面发展的培养体系”教育方针如出一辙。他把劳动教育放在极端重要的位置，他认为培养全面发展的人的秘诀之一就在于：要使一个人从童年开始的劳动生活成为他的精神生活的最重要因素。他从多方面论述了教学与生产劳动相结合的有关问题，认为学校应当设置必修的劳动课程，劳动课程的内容尽量和各科教学相结合，循序渐进，从手工操作向着技术技能的方向前进；学校要组织各学科兴趣小组，把创造性劳动同研究理论问题相结合，始终把科技进步作为学生劳动的着眼点。这些意见，对于今天我们开展劳动教育很有指导意义。

当今社会，科技日益发达，新技术层出不穷，劳动教育已不仅仅是过往的简单体力劳动，也包括复杂的脑力劳动。目前，我校劳动教育的模式：首先是劳动观念的价值引领，注重学科融通与学科渗透；其次是活动渗透，包括志愿者活动、社会公益行动、劳动实践活动等。我校充分利用校园空间，建设校园劳动基地。

1. 开辟“责任田”

学校将生物地理园、桃李园、桂花园等绿地辟为养护责任区，“责任田”分配到各个班级，每个班级负责一块绿地的管护认养，让孩子们利用课余时间捡拾垃圾、拔除杂草、施肥养护，让学生在美化环境的同时，学习垃圾分类，认识各种植物，观察植物生长规律。

2. 耕作“兴趣田”

学校开辟一块空地，建起微农场，给各班级分配一块菜地，在各自的“一米菜园”里，师生学习挖地、起垄、翻整、播种、施肥、除草等技能，有的班级种上豆角、黄瓜、萝卜、大蒜等时节蔬菜，有的班级种上玉米、高粱等兼具观赏性和实用性的植物，在课余常有劳动小分队的同学兴致盎然地下地劳作，每天吸引许多师生课间前来观赏植物长势。学生与老师在劳动基地上共同劳动，共同分享劳动成果，在近距离接触自然的过程中体验“春耕、夏耘、秋收、冬藏”的季节更迭和四时有序。

3. 建设“美丽校园”

美丽校园的打造需要每人参与校园的净化、绿化、序化和美化，这些工作任务让同学们参与劳作，同学们在日复一日清扫校园、净化环境的劳动实践中也将净化心灵、体验美好。

教室，是每个学生朝夕所处的最重要场所，教室环境的净化、美化、文化和舒适度直接影响师生的工作学习状态，我校开展“温馨教室”建设评选活动，让同学们自己动手布置教室、美化环境、装点文化，让“温馨教室”成为创造美、鉴赏美之地，实现“以劳育美”的教育目的。

4. 组建科技社团

数字时代的劳动教育，既有基于体力的生产性劳动，也有基于脑力的探索性创新劳动，还有基于想象力的艺术审美性劳动。在理化生学科老师的指导下，我校组建了科技社、创客社团，指导同学们积极参与综合实践活动，通过技术设计解决比较复杂的操作性问题，并在设计活动中感知知识的应用性，提升逻辑思维能力和分析判断能力。2019 年，我校高二张喆同学的科技创新项目“新型智能到港行李运送系统设计”获得了第 35 届福建省青少年科技创新大赛二等奖。

5. 成立“青年志愿者协会”

我校学生会组建的“青年志愿者协会”有 100 多个队员，校团委经常组织他们开展社区服务、社会实践和志愿者服务活动，通过这些公益性、服务性劳动培养学生乐于助人、团结协作的品质，使之成为有大爱、大德和大情怀的人。

6. 组织乡村研学

利用山区广袤的土地，分批组织学生到农村的田间地头开展研学活动。在沿途观察中了解城乡的风土人情；在乡村生活中体验“晨兴理荒秽，带月荷锄归”的劳作艰辛，领悟勤俭节约的意义；在走进大自然的劳作中培养劳动观念，增进对大自然的感情。

时代终究会朝前发展，但劳作的意义永恒。每当我在脑力劳动和体力劳动的交替中重新获得活力时，我在感受劳作的意义；每当我在高强度的工作运转中仍能应付自如时，我也在感受劳作的意义。小时候的劳动实践经历告诉我：学生学习之余，做一些力所能及的劳动，有助于调试心情、缓解压力，促进文化课的学习，不失为一种健康的生活方式。今天的我们，重拾劳动教育，弘扬劳动精神，是因为劳动不仅能拥抱知识、技能和健康，还能收获经验、意志和能力，使人懂得感恩、学会关爱和珍惜生活。“人有两个宝，双手和大脑；双手会做工，大脑会思考；用手又用脑，才能有创造。”这段短文，改编自我国著名教育家陶行知先生的《手脑相长歌》，正是陶行知倡导的知行合一教育理论的形象化表述，诠释了手脑并用劳作的意义。

我们不能因为走了很远，而忘记了为什么出发。智育当然重要，但这不是教育的全部。苏霍姆林斯基有个比喻，说智育只是教育这朵花中的一片花瓣，我们不能用一片花瓣取代整个花。而我们现在的教育，常常被异化为只有分数的花瓣，而没有完整的花儿。

原天一中学校长沈茂德说，“未来学校”应该是这个样子——学校犹如一片丰富的森林（拥有丰富的课程），学生如同一群鲜活灵动的小松鼠（宽松的环境带来自主、自律、自由的学习生活），学习犹如一群群小松鼠在丰富的森林中自由地跳跃，自主摘吃自己喜欢的坚果（学习的选择性、成长的个性化），这才是高质量、多样化、可选择的高品质学校生活。有老师给我留言：“我喜欢这样的教育生活——春有踏青野游，夏可起舞欢歌，秋铺技能竞技，冬展文艺魅力，一年又一年，形成校园传统，教师欢，学生乐，校长喜。”

（三）尊重规律，保持教育定力

自然界有自然律，教育也有独特的规律，需要我们遵循规律，尊重差异。

1. 遵循学生的身心成长规律，顺天致性

“育人”并不是简单的一件事，育人方式也不是单一的“教书育人”，大致可以分为：一是“文化育人”，以环境滋养人、以舆论教化人、以目标激励人、以舞台成就人。二是“教书育人”，依靠课程、课堂的有效实施，因为课程是学生成长的跑道，课堂是师生生命相遇的场所。三是“情感育人”，通过同伴、父母、老师和领导的情感关爱，润物细无声。

有人说，人的一生有四个场所最重要：母亲的子宫、温暖的家庭、学校的教室以及今后的工作职场。其中，教室是学生时代每天与老师、同伴相处最长时间的地方，这里的生存状态很大程度上影响着孩子的健康成长。我校开展“温馨教室”评选，我们关注四个方面的指标：干净整洁、整齐有序；书香满园、文化熏陶；纪律表现、学习氛围；学生心理的安全感与归属感；其中我们特别关注的一个指标是安全感与归属感，由学生来测评他所在班级学习生活中带给自己心理上的安全感。

教育是农业，四时有序，我们把一年十二个月的德育活动做了相应的安排：

一月：迎新活动、期末学法指导；

二月：春节民俗暨读书活动；

三月：文明礼貌月、春季运动会；

四月：研学旅行、18 岁成人礼；

五月：艺术节、五四表彰会；

六月：科技节、心理教育活动月；

七月：暑假社会实践暨读书活动；

八月：入学教育周；

九月：感恩教育月、读书节；

十月：民族精神教育月；

十一月：体育节；

十二月：英语节。

2. 遵循学科教学认知发展规律，循序渐进

我们一直在追求课堂的高效，但是很难找到一种教学模式适用所有的学科课堂。经过分析研究，我们将知识类学科简单地分为两类：理科课堂和文科课堂。

理科促思维——“智慧课堂”——“思维激荡，淡化无序热闹的表面互动，关注走向心动的思维激荡”。

文科育素养——“博雅课堂”——“博学融通，突出知识能力的广度、情感素养的深度”。

比如说语文教学和数学教学，我们就可以做一些对比，一个是心灵的语言，另一个是科学的语言；一个靠情意驱动，另一个靠问题驱动；一个是写作训练，另一个是解题训练；一个是形象思维，另一个是抽象思维；一个是主观感受的表达，另一个是客观知识的认知；一个是个性化的表达，另一个是形式化的规范；一个需要背诵、朗读经典范文，另一个要理解、记忆公式定理。

3. 遵循教师的专业成长规律，成长自觉

教师在课堂拼搏中成长，从走上讲台的忐忑不安，到站稳讲台的信心满满，直到站好讲台的成就感、幸福感，许多人都经历了这三个阶段。一个名师从合格、优秀到卓越，工作之初也是从模仿性教学开始，之后进入独立性教学阶段，直到后来的独具风格、创造性教学阶段。教师的专业成长也是循序渐进的，不能急功近利，前不久在一个校长的学校工作改进方案里面看到，他所在学校年轻老师的培养模式是“123 工程”，即一年合格、二年优秀、三年就成骨干，我说，那你也太快一点了，能“135”都不错了。

教师的专业成长规律，应该是一种成长的自觉。有人这么说：老师的成长，只有 20% 是靠培训，70% 是靠他的成长自觉，10% 靠一个关键的事件、关键的人物或者是一本关键的书。为此，我们倡导老师们走出去、走上台，也倡导老师们静下

心、坐下来，让学习成为人生的保鲜剂，让阅读遇见更好的自己。在教师书吧里，“教有余裕”四个字的意思：在教学之余，要有充裕的时间来看书、聊天、喝茶、交流。

一所好学校，就好比大地，要为它上面的花草树木虫鱼鸟兽提供生长的机缘。

（四）守正出新——守住教育的应然

教育版图空间广阔、历史悠久，其间有永恒的教育规律，有优良的教育传统，有渐行渐近的未来教育。

教育要排斥排浪式改革，改革需要理性，即回到学校本来的面貌，回到教育的本质。一所好的学校是一个文化圣园，也是一个精神家园，师生组成一个文化部落，成为命运共同体、学习共同体、成长共同体。在这样的学校里，每个人是自身自主发展的主人，都能静下心来好好做事，成为推动前进的现实力量。静而后能安，安而后能虑，虑而后能得。快慢相宜，有稳定的目标，有周密的计划，知道何时驻足，何时跃起。

1. 校长坚守教育初心

校长只有理解教育，才能按教学规律办学。校长被称为学生的首席导师，一所成功学校背后必然有一位温情的校长，他对人会好，使人更好，成就每一位教师，教好每一个学生，幸福每一个家庭。我相信，成长比成功重要，相比成绩和奖项，我更希望师生在学校里是自信的、幸福的、快乐的，关注、培养好普通孩子，他们一样能够获得美好生活，将来也会是社会的有用人才。

2. 教师潜心教书育人

在成长路上，有一盏心灯曾经照亮我们稚嫩的心灵。教师的任务不只是教学，天职是育人，帮助学生成长和发展。要让教育者具有影响人、支撑人成长的精神素养，能够从学科教学上升到学科教育，培养学力之根、文化之根、德性之根，让学生拥有幸福的能力。我们倡导教师的专业精神、重视专业素养，而专业素养的提升源于专业精神支撑下的自我历练，源于教育情怀下日复一日的坚持、年复一年的专注。优秀教师不仅需要知识渊博，还应沟通有法，教学有方。学生从师受学，课堂所学是专业必备知识，课后闲谈所得则是人格的感染和处事的态度。

3. 课堂回归本真品质

“课比天大”，课堂是生命成长的原野，每一节课都与未来有关，要让课堂充满生命的活力，让师生在课堂拼搏中成长，需要营造真实高效的课堂氛围，追求有趣、有效、有品的课堂品质。但在日常的课堂观察中，经常发现课堂气氛沉闷、课堂华而不实、课堂效益低下、课堂立意不高等问题，如何改善教学实践，优化课堂教学？同样是课堂，有师视为畏途，有师视为乐园，同样的课程，有师讲得学生兴趣盎然，有师讲得学生索然寡味。课堂效果不同，主要原因在于老师的功底和教育思想的差异，在于课前设计所下的工夫与课中演绎所需的素养技能的差异。教师的核心素养，主干是学科专业素养，枝丫是技能与视野，根部是敬业与仁爱。择一事，终一身，我们倡导教师热爱自己的学科，热爱自己的学生，热爱自己的学校，要有守真守常的定力，淡泊名利的坚守，还要有专业的师能，拥有扎实的知识功底，练就过硬的教学能力，掌握科学的教学方法。

4. 教研驱动学科建设

教研组是学校教学活动的重要组织和基本单位。当前学校教育管理的现状是“冷热不均”“虚实有别”，如教研组的“冷”与年级组的“热”；备课组的“虚”与班级组的“实”。路在何方？——教研组、年级组、班级组、备课组共同构成“四轮驱动”方是正道。学科组是教师成长的练兵场，是教学相长的研究场，是精神世界的交流场。学科建设关乎教师的专业发展，关乎学科的教学质量，关乎学校的长远发展，学科组应该有为、有位！备课组与学科教学直接相连，指向教学实践的改善与教学质量的提升。在学科建设涉及的人员、资金、技术、制度、环境等诸多要素中，选好学科组长、备课组长至关重要。我校各学科组有独立的场所和学科资源库，各学科组提炼了各具特色的学科观、学科美，在教研文化广场上，十四个学科都有自己的文化板块，用以传播学科文化，建设学习园地，展示“一组一特色”成果等。

5. 技术助推未来教育

未来迎面而至，人工智能的挑战远超预期，数字技术已经浸润到学校的每一个角落，如课堂信息技术整合、学科资源库平台建设、智慧校园一卡通等，带来全新的教学环境、内容、手段和模式。陶西平先生在谈及未来学校七个共同特点时提到，未来的学校形态应该更加开放：在空间上，通过信息技术的应用，学校的围墙被打破，逐步实现各类教育资源的共享，学习场所更加多元；在时间上，固定的学习时间表会被打破，学习时间更加自主，学习者会打破学籍和年龄的限制，朝着终生学习的方向前进。

但我们也应该清醒地认识到：现代技术在带来便利和效率的同时，也消解着诗意，消弭着情感。很显然，机器设备不如田园风光来得有诗意，技术不能替代情感。有识之士认为：未来教育的逻辑起点是教育本质，不是信息技术。教育的育人本质不会变，立德树人的目标不会变，教学过程中的情感因素不能少。人是要靠人来培养的，科技可以将老师从繁重的工作中解放出来，但科技无法代替教师育人，一定需要老师用灵魂和爱为教育注入生命活力。

（五）凝心聚力，汇聚教育力量

有人说校长的三重境界是当校长、办学校、做教育；也有人说，如果我们要办坏一所学校，只要一个校长就够了；但是要办好一所学校，只有一个校长是不够的，需要自己努力、政府给力、社会助力、向外接力。

“一个人遇到好老师是人生的幸运，一个学校拥有好老师是学校的光荣，一个民族源源不断涌现一批又一批好老师则是民族的希望。”教师的工作是塑造灵魂、塑造生命、塑造人的工作，校长做教育的主要力量来自老师。由于客观的原因，来自山区中小学的省市级名师并不多，如何让每一名老师也能闪闪发光，进而去点亮一批批学生？我们把爱岗敬业、爱生如子的良师树立为榜样，把名师与良师统称为好老师，造就培养一批又一批好老师，让他们站到舞台中央，每年教师节，学校大张旗鼓隆重举行表彰会，表彰“年度十佳卓越教师”“年度十佳教学能手”“年度十佳班主任”等百人次先进，激发向上向善的力量。这些年，学校开展“基于教师核心素养的“好老师工程”构建体系”的省级课题研究，从教师知识素养、教师技能素养、教师师德素养、教师学习素养、教师人文素养、教师身心素养等方面的培养提升入手，以劳模工作室、名师工作室、学术委员会为载体，建设“青蓝工程”“名师工程”“好老师工程”。在“青年教师论坛”“班主任论坛”“名师讲坛”“师德讲坛”“中层干部论坛”等活动中，鼓励老师们走上舞台，走向讲坛，开拓视野，增长见识，历练本领，在德育、教学、教研与管理领域涌现了一批好老师。

1. 教育的力量来自有思想、有爱的班主任

“是水的轻歌曼舞使鹅卵石趋于完美”是我倡导的德育工作理念，捧着一颗心来、做有品位的教育是许多班主任的工作追求。德育的力量，来自文化的力量、管理的力量和班主任的力量。一个优秀的班集体离不开有思想、有爱的班主任。在每年举办的高三班主任论坛上，十几位班主任用切身的经历感受叙述班主任的酸甜苦辣，解读班主任之道，同时诠释做教育的幸福。陪伴是最长情的告白，不仅仅关乎纪律，更多的是诠释情感与爱。班主任之道是“有时，去治愈；常常，去帮助；总是，去安慰”。一个优秀的班主任老师是幸福的，这种幸福是校长、别的老师所没有的。教育是等待的艺术，教育是慢的艺术，如同养花，一边养着一边看，静待花开，让班级慢慢长成你期待的模样、你想要的模样，如此，班主任老师用深情把教育生活过得生动有趣。

2. 教育的力量来自每一位教师

“成长导师制”，让我们每一位老师都成为德育工作者，使得每个学生都有自己信任的导师，每一个导师都有自己牵挂的学生。导师开展一对一的学业辅导、心理疏导、思想引导和生活指导，老师课余给学生送书、送零食，周末带着学生去郊游，找机会和学生交流，师生关系亦师亦友。成长导师制为高中生成长护航，良好的师生关系让学生逐渐蜕变成健康善良、有教养、有梦想的人。

实现教师的专业成长需要为其提供发展的空间、拓展外部空间。我们提出“学术高中”的建设目标，注重校园“书香味”和“学术味”的营造。每年请进多位名师名校长到校讲学，举办大型省市级教研活动，创设浓浓的学术氛围，为教师们铺设好舞台，让大家登台亮相，最大限度地发挥教师的聪明才智，使他们具有胜任感和成就感。努力创造机会，让老师们有外出学习、登台亮相的机会，让教师有展示

才华释放自己潜能的机会。

3. 教育的力量也来自家庭、社会、政府的力量

校长的工作除了内部管理优化之外，外部空间的拓展也是校长职责之所在。首先，学校的发展离不开社会各界的关心支持与帮助，这些年，年级家委会为年级组排忧解难，发挥了不少作用；校友们慷慨捐资或是回校讲学，都给母校带来温暖实惠；与社区共建，调动各方面的积极性，寻求更为广阔的扩展空间。其次，作为山区县中，我们优质资源欠缺、教育视野不开阔，需要与兄弟学校、沿海名校和师范院校实施共建，有利于充分利用各种资源、开阔我们的视野。第三，着力改善并加强与政府各部门的关系，加强沟通，增进了解，学校应当努力为当地社会多做贡献，也希望得到有关部门的支持帮助。第四，应该更加积极主动地与主管局、分管领导和县委政府主管加强联系，寻求更多的关心支持，持续深化友好关系。

（六）各美其美，做适切的教育——回归教育的本然

学校是成就人的地方，不仅成就学生，也要成就教师，成就中层。

我印象中的好学生，应该是“眼中有光、脸上有笑、朝气蓬勃、知书达礼”；我印象中的好老师，应该是“黎明的感觉，成长的姿势，创业的心态，合作的善意”；同样地，我印象中的好干部，应该是“学术的权威、人格的魅力、合作的状态、领导般的思考”。

让教师享有教育的幸福，让学生享有幸福的教育，让校园中的每个人拥有幸福完整的校园生活，让每个生命充分舒展，从而找到真正的自己，获得一种让生命向上生发的力量，我想这就是高品质的学校生活。

1. 高品质的学校生活需要一支高品质的管理团队

高品质的校长，有书卷气，有人情味，会尊重人，会成就人，是校园师生成长的重要他人，既能仰望星空又能扎根大地办教育，善于营造“和而不同”的发展氛围，与教师团队一起，一步步推进学校发展。在日常管理中，中层管理是学校的中坚力量，如同人的腰部力量，支撑着整个人的身体，既要承上又要启下，还要自我修炼、团结同级，可见中层管理者的地位和作用在学校中十分重要。因为中层管理

是学校日常运作和管理的关键环节，也是团队和部门的直接领导者和管理者，中层管理者的思想和理念会影响到许多人，甚至会对学校的未来产生一定程度的影响，从这个角度来说，中层管理者必须是高效的缔造者。成为管理者是一趟旅程，学校中层管理者大都是“教而优则仕”，曾经是优秀的教师，到了管理岗位之后，学科专业不能荒废，管理知识与技能更要快速充电，所以每个中层管理者应当根据自身需求进行有计划的学习与积累，提升自我修养，正确进行自我定位，从优秀到卓越，成为所在领域的专家，成就优秀的中层管理者。

2. 高品质的教师团队是学校发展的第一生产力

好教师有学问，有智慧，有情怀，有坚定的教育信仰，认同学校发展愿景，胸中有梦，心中有爱，眼里有光，手中有技，脚下有路，能积极参与到学校品质提升的行动中来。但是，教师这个职业的稳定性与周期性容易导致教师职业倦怠，老师们一旦到了一定阶段，好像缺少奔头，内心的动力有所锐减。我把一个老师教育人生的坐标方位做个定位：第一个方位，35 岁以下，我们称其为青年教师，其目标是走向优秀，每年教师节我们评选表彰 10 位教坛新秀，作为一个很有仪式感的事加以组织；第二个方位，35~50 岁，这个群体是学校的中坚力量，我们倡导其从优秀走向卓越，或为名师骨干，或走上领导岗位；第三个方位，50 岁以上，我们常称他们为老教师，老教师不要走向世故，要当好师傅，走向口碑，成就完美教育人生。

3. 高品质的校园生活促进学生高水平地学习成长

构建重选择、高素养的课程体系，形成高立意、强能力的教学体系，通过美丽校园、学术高中和智慧校园建设，营造学生高品质成长的环境氛围。每一个孩子都是一个待开发的宝藏，而开启的密码就是帮助孩子找到其优势潜能，唤醒他的心灵，满足其不同的兴趣需要，让他成为更好的自己。我校在发挥“理科教育”传统办学优势的同时，也给那些文化基础薄弱、艺术体育方面有所特长的同学开设艺术班、体育班，让他学其所长，学其所好，并让他在群体中得到认同。在一年一度的体育节、艺术节、科技节、读书节上，一些学习基础薄弱的同学找到了自身的闪光点，站在舞台的中央，发现了不一样的自己，用信心点亮其学业成长之路。目前，在新高考综合改革的背景下，我们精心指导学生做好学业规划和选课走班，尊重选择，因材施教，分类推进，分层教学，帮助学生成为“自身之我”。

我喜欢新加坡教育部校长委任状里的这段话：“我的学生不一定是最优秀的，但我的学生同样是家庭的宝贝、国家的未来。我当老师，把他们当宝贝一样来教育。不求他们能显赫，但一定要成为社会的好公民，服务国家，服务人民。”我期待，师生一起创造校园故事，每一个人、每一种角色都承担起自己的责任，愿家长成为孩子生命成长的力量支撑，依靠良好的家风滋养孩子，愿老师“学然后知不足，教然后知困”，用荡漾的师爱滋润孩子们幸福成长。

传递给孩子恒常的力量。“有时去治愈，常常去安慰，总是去鼓励”，学校应该是充满温情的地方，在信息化、技术化、智能化如此强劲的今天，情感化、人性化、人文化不应该被边缘化，我校坚持智慧校园与人本校园辩证统一，坚持科技素养与人文素养并重，以培养身心和谐的人，与自然和谐、与社会和谐的人。所有的动力都来自内心的沸腾，在每年的新生启航仪式上，我都会说这几句话：

“你来自何方并不重要，重要的是将去往何处，要做一个自信自强的孩子，不断超越自我，优于过去；每一个生命都是独一无二的，你们要自尊自爱，彼此尊重欣赏，相互爱护帮助；要激发成长的内在力量，自主自力，做更好的自己，让每一天都有新的进步！”

平凡中推陈出新，平常中守正出新。保持办学定力，发扬优良传统，拥抱时代变化，遵循教育规律，超然而自信，开放而理性，不追赶时髦，不焦虑浮躁，回归宁静，拭去浮华，回归本然，守住根本。坚守党的教育方针政策，减少外界对学校及老师的干扰，让校长静心办学，让老师潜心教学，让学生安心求学，让校园宁静和谐！也许，这就是本然教育之所在。

【参考文献】

[1] 贾馥茗 . 教育的本质：什么是真正的教育 [M]. 北京：北京联合出版公司，2015.

[2] 沈茂德 . 基于“核心价值”，追求学校优质特色发展 [J]. 江苏教育，2015(3)：15-18.

志勤教育

◎陈坤其

【作者简介】

陈坤其（1971— ），男，福建福安人，中学高级教师、特级教师，公共管理硕士。柘荣县第一中学原校长，现任福建省宁德市教师进修学院副书记、副院长，福建省中学数学学科教学带头人，福建省“十三五”中学名校长培养人选。曾获全国优秀实验教师、福建省优秀共产党员、福建省优秀教师、宁德市优秀青年专业技术人才、柘荣县杰出人民教师、宁德市首批名校长等荣誉。

苏霍姆林斯基曾说过：“一个校长对学校的领导，首先是办学思想的领导，其次才是行政方面的领导。”由此可见，校长在学校管理工作中形成科学的办学思想，并以此指导学校的教育实践，是一个校长成功治校的关键。在此，我从办学思想的形成背景、内涵解析、理论依据、理论支撑、实践探索与未来展望等六个方面，阐述“志勤教育”。

一、“志勤教育”办学思想提出的背景

一个办学思想的形成，绝不是校长凭空想象的结果，一定有其历史根源与现实背景。“志勤教育”的构想，是以柘荣一中的办学历史与教育实践为基础，直面学校教育问题，分析教育发展形势而提出的，是边实践边思考边感悟的结果。

（一）教育生涯的感悟

从 1989 年我大学毕业分配柘荣一中任教到 2017 年调往宁德市教师进修学院

工作，我在柘荣一中这片教育热土上跋涉了28年，从数学科任教师到班主任，从学科组长到处室主任，从副校长到校长，一路潜心教育实践，丰富教育阅历，总结教育经验，探寻教育规律，不断提升办学治校水平，努力践行着自己的教育理想。特别是2012年担任校长后的教育管理实践，使我对教育有了更深刻的理解，充分认识到“志”与“勤”对学生成长成才起着十分重要的作用，学校应把“志”与“勤”的教育摆在重要位置。此外，自己从山沟沟里的孩子成长为一名城关教师、校长的“志”“勤”经历，成为我办学思想形成的基石。

（二）教育问题的回应

当前，谈“志”与“勤”的教育，似乎并无多少新意，可事实上，中学生理想信念缺失的现象比较普遍，好逸恶劳的思想也有所表现。此外，很多学校理想教育缺失，勤奋教育异化，存在认识不清、方法不当、效果不佳的情况。提出“志勤教育”构想，是直面教育问题所作出的积极回应。

（三）地方文化的影响

柘荣县地处闽东北内陆山区，原称柘洋，县境内峰峦起伏，山多田少，生产发展缓慢，工业产值不高，经济相对落后。柘荣县总面积500多平方公里，人口约10万，是福建省人口最少的县。1956年柘荣县建制被撤销，原县境并入福安县；1961年柘荣恢复县建制，隶属福安专区；1970年柘荣县建制再次被裁撤；1975年柘荣再次恢复县建制，隶属宁德地区。

柘荣虽然资源禀赋匮乏，经济基础薄弱，区位劣势明显，但柘荣人民深知“勤劳才能致富，拼搏才有出路”的道理。历经两次拆县复县的磨难后，柘荣人民更加理解“虎瘦雄心在，人穷志气存”的深刻含义。一代又一代柘荣人正是凭着“地瘠栽松柏，家贫子读书”的自强不息精神，闯出了柘荣发展之路。如今，柘荣已成为“中国太子参之乡”“中国民间文化艺术之乡”“国家级生态示范区”“中国长寿之乡”……每一张“名片”的诞生都饱含着柘荣全县人民的汗水，每一个“品牌”的打造都凝聚着柘荣全县人民的智慧。对柘荣发展进步的不懈追求铸就了柘荣人民的志勤精神。

（四）学校精神的传承

柘荣一中创办于 1944 年，原名柘洋特种区初级中学，1945 年更名为柘荣县立初级中学，1953 年更名为柘荣中学，1975 年正式定名为柘荣县第一中学，1978 年被列为省级重点中学，2001 年初中部剥离后成为独立高中。学校规划面积 180 亩，现占地 130 亩，建筑面积 3 万多平方米。在党和政府的亲切关怀下，柘荣一中在风风雨雨中艰难跋涉 70 多年，逐渐走向成熟，经历了从无到有、从小到大、从弱到强，从名不见经传到成为在闽东具有一定影响力的名校历程。

从祠堂古庙到大坪山下，从“柘洋特种区初级中学”到“柘荣一中”，学校屡迁校址，几改校名。70 多年自强不息、薪火相传，柘荣一中创造并传承着“实干、苦干、巧干”的成功经验，取得了辉煌的办学成就，积淀了深厚的文化底蕴，形成了独具特色的优良传统。立志而用勤是柘荣一中人优良传统中的重要元素，已融入柘荣一中人的血液，成为柘荣一中的文化基因。

（五）教育形势的要求

党的教育方针要求，把立德树人作为教育的根本任务，培养德智体美劳全面发展的社会主义建设者和接班人。贯彻党的教育方针，必须落实核心素养，培养必备品格和关键能力。筑就伟大复兴的中国梦，需要当代中学生坚定信念，志存高远，也需要很好地继承和发扬勤劳的民族精神。习近平总书记十分关心青少年的成长成才，在各种场合勉励青年学生勤奋学习，立志成才。2016 年教师节前夕，习近平总书记在视察北京市八一学校的讲话中强调指出，中小学生要努力做到修身立德、志存高远，勤学上进、追求卓越，强健体魄、健康身心，锤炼意志、砥砺坚韧。“志勤教育”旨在提升学生品格，促进学生全面发展，顺应培养学生核心素养，落实立德树人任务的要求。

二、“志勤教育”办学思想的内涵解析

（一）“志勤教育”的释义

所谓“志勤教育”是指引领学生树立远大志向，规划科学路径，通过勤奋拼

搏，塑造完美人格，发展核心素养，实现崇高理想所进行的教育。这里的“志”指的是志向、志气，“勤”指的是勤奋、勤劳。“志勤教育”中的“志”是高而不空的“志”，“勤”是谋而后动的“勤”，“志”与“勤”是相辅相成、不可分割的。立“志”而不“勤”则“虚”，用“勤”而无“志”则“廉”。“志勤教育”倡导的是“志”中有“勤”，“勤”中有“志”，“志”“勤”并进。

（二）“志勤教育”的价值

“志勤教育”不仅对促进教育发展具有重要意义，而且对一个人的成长具有深广影响的永恒价值。价值在于锤炼学生必备品格，在于培养学生核心素养，在于引领学生报效祖国，在于激发学生提高能力。

“志勤教育”对学生核心素养的培养重点体现在健全人格、自我管理、社会责任、国家认同和劳动意识等要点上。这些要点中提到的“具有积极的心理品质，自信自爱、坚韧乐观”“能正确认识与评估自我”“依据自身个性和潜质选择适合的发展方向”“合理分配和使用时间与精力”“自觉践行社会主义核心价值观，具有中国特色社会主义共同理想，有为实现中华民族伟大复兴中国梦而不懈奋斗的信念和行动”等内容均属于“志勤教育”的范畴。

习近平总书记希望教师争当“四有”好老师，肩负实现“两个一百年”奋斗目标、中华民族伟大复兴中国梦的使命和责任。习总书记对广大老师寄予的希望体现了“志勤教育”的价值。“志勤教育”追求的就是教师练就过硬本领，教育学生立志成才，勤奋拼搏，报效祖国，实现价值。

三、“志勤教育”办学思想的理论依据

“志勤教育”的办学思想是在回应教育问题、总结办学经验的基础上根据哲学、教育学、心理学等相关理论提出的，根植于传统文化的土壤，又适应现代教育形势要求。

（一）文化之源

“志勤教育”文化根基源远流长。自古以来，人们就意识到立志关乎成功，志

向教育十分重要，认为没有远大理想就很难造就伟大人生，很难成就伟大事业。嵇康曾言“人无志，非人也。”孔子云：“三军可夺帅也，匹夫不可夺志也。”讲的就是这个道理。中国是一个有着五千年文明历史的国家，有着悠久的勤劳文化。孔子读《易》至“韦编三绝”，司马迁发愤成史家之绝唱……先哲们的成功案例说明了勤奋是实现理想的基石，是事业成功的重要保证。“朱子读书法”六条，即循序渐进、熟读精思、虚心涵泳、切己体察、着紧用力、居敬持志，强调读书一定要有志向、肯刻苦、勤用功。《尚书·周书·周官》中“功崇惟志，业广惟勤”之语揭示了立志而用勤是成功与成才的两个基本品性。

（二）哲学依据

辩证唯物论认为，意识具有能动作用。这个原理要求我们应积极发挥学生正确意识的能动作用。开展志勤教育就是要据此原理，引导学生形成正确的人生观和价值观，树立远大理想志向，勤奋学习勇攀高峰。

人的主体性是指主体对客体的主导地位以及对客体能动地认识和改造的特性，主要包含能动性、自主性、创造性。“志勤教育”正是重在激发学生积极发挥主体性作用，通过树立理想、勤奋拼搏实现人生价值。马克思说，没有人的需求和能动性，实践就不会开始。他关于人的主体性思想对激发自主性、促进人的自由和解放，具有重大的意义，自然成为“志勤教育”提出的重要哲学依据。

（三）教育学依据

主体性教育理论认为，在教育活动中，教师是教育行为的主体，学生是自身生活、学习和发展的主体，教育过程是教师与学生双主体协同活动的过程，其核心目标是培养和发挥学生的主体性。主体性教育理论也是“志勤教育”理念提出的重要依据。“志勤教育”就是要充分发挥学生的主体性，激发其内动力，引导其自主发展，形成稳定、健康的心理品质，从而主动地去获取知识，得到应有的教育，成为成功者。

（四）心理学依据

人本主义心理学认为人的天性中就有实现自己的潜能和满足人的基本需要的倾

向，环境具有促使潜能得以实现的作用。需要层次论认为，动机是人类生存和发展的内在动力，需要是产生动机的源泉，需要的强度决定着动机的强度。自我实现论认为，人的自我实现是完满人性的实现和个人潜能或特性的实现，是人的最高动机。“志勤教育”就是要创造良好育人环境激发学生内在动力，进而通过勤奋努力挖掘潜能，不断超越自我。

四、“志勤教育”办学思想的理论支撑

教育是有意识的以影响人的身心发展为目标的社会活动，必须适应人的身心发展规律并与社会发展相适应。“志勤教育”强调的正是以遵循学生身心发展的规律为前提，激发斗志，科学规划，引导发展。其理念符合教育规律，并有相应的教育观、学校观、教师观、学生观、课程观、教学观作为其理论支撑。

（一）教育观

怀特海在其所著的《教育的目的》的开篇中说到，“学生是有血有肉的人，教育的目的是激发和引导他们的自我发展之路。”这给了我很大的启发。我认为，学生的路只能由学生去走，教育的作用在于使学生朝正确方向努力地走。一个学生如果有理想，能勤奋，讲方法，他最终必将取得成功。“志勤教育”应该要着力引方向、激动力，助力启思维、圆梦想。

（二）学校观

学校是有目的、有计划、有组织地开展教育活动的地方，是实现国家教育目标的重要场所。因此，学校组织的一切教育教学活动都必须紧紧围绕立德树人根本任务，着眼学生全面发展，提升人才培养质量。“志勤教育”要求学校注重创造育人环境，激发学生成长成才，要突出理想教育，引导学生通过勤奋学习，努力成为社会主义建设者和接班人。学校应是师生点燃梦想的花园，要让师生有所期待，种下希望的种子；学校应是师生精耕细作的田园，要让学生经历耕耘，收回成功的果实；学校应是师生彼此关爱的家园，要让学生感受温暖，懂得生命的意义。学校应创造条件让学生体验“志”的美好、“勤”的价值、“爱”的真谛。

（三）教师观

“传道、授业、解惑”是韩愈对传统教师角色的概括。千百年来，教师职责基本定位于此。这种教师观已不能适应现代社会政治、经济、文化、科技发展需要。新时代必须树立新的教师观。教师不仅是传授者——“传道、授业、解惑”，教师还须是引路人——学生发展的引路人，教师更应是工程师——人类灵魂的工程师。2016 年教师节前夕，习近平总书记在视察北京市八一学校时强调指出，“广大教师要做学生锤炼品格的引路人，做学生学习知识的引路人，做学生创新思维的引路人，做学生奉献祖国的引路人。”志与勤应是锤炼品格的重要内容，也是学习知识、创新思维、奉献祖国的重要前提。“志勤教育”就是要求教师成为学生的引导者，塑造灵魂塑造生命塑造人。这也是教师工作的本质。

（四）学生观

传统的学生观把学生视为被动的客体，是教育者管辖的对象，是装知识的“容器”，严重抹杀了学生的个性、创造性和进取精神。现代的学生观则认为，学生是具有主体性、独特性的发展中的人。这也是我非常认同的学生观。学生是具有主体性的人，就不应把学生视为被动的客体，要用适合的志向目标激发学生的主动性、创造性，让学生成为学习的主人。学生是具有独特性的人，就应充分认识到学生是有丰富个性的，不同学生之间、学生与成年人之间是有差异的，就要尊重学生选择，满足不同需要，做到因材施教。学生是具有发展性的人，就要遵循发展规律，挖掘学生潜能，指导立志用勤，引领健康成长。

（五）课程观

关于课程，我认为，没有课程，也会有教育依然发生；用好课程，会促进教育应然发生；建好课程，将实现教育全然发生。“五育”并举、全面发展思想指引下的课程不是平行的，应是相交的；不是平面的，应是立体的；不仅是并重的，应更是融通的。支撑“志勤教育”的课程首先是教育活动类课程，其次是涉及“志”与“勤”相关内容的学科课程。“志”与“勤”的教育可在学科教学课程中渗透，但比较零散；可在教育活动课程中开展，但缺乏系统。因此，学校应以“志”“勤”为主线开发使用校本课程，实施“志勤教育”。

（六）教学观

技能、方法、素养等的形成是以获得知识为基础的，教师的教学应该是让学生在“学会”中“会学”，在“会学”中“学会”。所以，在教学问题上我的第一个观点是，要在“授之以鱼”中“授之以渔”，而不是“授之以鱼”不如“授之以渔”。第二个观点是，要在“授之以鱼”中“激之以欲”，以“渔”获“鱼”须先有“欲”。“志”与“勤”的教育正是起激“欲”之功。再者，要坚持教书与育人统一，做到在教学中育人，在育人中教学。教育不是简单地把知识从教师脑袋搬进学生脑袋，而是要教其道，育其心，把“传道”之“道”蕴含在“授业”“解惑”的过程之中，培养真正的人。

五、“志勤教育”办学思想的实践探索

（一）“志勤教育”在柘荣一中的实践

2013 年 3 月，柘荣一中制定并实施了以“志”与“勤”为主线的学校办学理念外显内化的工作方案。在此过程中，“志勤教育”的办学思想渐渐清晰，内涵不断丰富，体系逐步完善。

1. 构建思想体系，建设志勤文化

确立志勤主线，构建思想体系。“志勤教育”办学思想以“为了明天”为价值取向，将柘荣一中校训、办学目标、学校“三风”融为一体，构成一个有机整体。“为了明天”意在学校永远放眼明天，面向未来，珍视学生成长，关注教师发展，着眼学校前景，胸怀柘荣大局，心系民族复兴。校训“惟志惟勤”突出“志”“勤”核心，突显“为了明天”的价值引领，强调为了美好明天，必须志勤并进。惟志，为学为师之大道。志不立，学生无可成之事，教师无可成之业，学校无可成之功。惟勤，为学为师之利器。天道酬勤，业精于勤，邦兴于勤，为学为师不可以不勤勉。“培名师、育新才、兴文化、创品牌”的办学目标，意指：举全校之力锻造名师，借名师之能打造一流教师队伍，培育新才，师生共长。全校师生大力弘扬志勤

精神，营造浓郁的校园文化氛围，创造优质的学校品牌。校风——“明礼、仁和、向上”，教风——“实干、苦干、巧干”，学风——“笃学、善学、乐学”，以志勤为主线，紧扣“惟志惟勤”校训，呈现出师生志气昂扬、勤教乐学的精神风貌。明礼就是要讲文明礼仪，仁和是以和谐为价值取向的美好道德情怀，师生因明礼而彰显仁和，学校在和谐平安的氛围中呈现出昂扬向上的精神风貌。朴素的“实干、苦干、巧干”精神是学校教风的最好写照，教师们追求严谨踏实、艰苦奋斗、科学高效的工作作风，并使之成为学校发展的不竭动力。学校倡导的学风“笃学、善学、乐学”包含了学习的三重境界，要求学生勤学好问、竭诚致力，努力探寻规律，总结提升，最终在教师的引领下达到乐学之最高境界。

围绕志勤主轴，建设校园文化。伫立在校大门前刻有校训“惟志惟勤”的碑石，就像一位学校创始人总是不厌其烦地为学生上每天的“第一节课”。勉学公园一年四季花团锦簇，芳香四溢，一块块绿茵茵的草坪，一株株形象独具的古树，无不透着学校的文化底蕴。生物园、地理园、体育馆、田径场融入志勤文化元素，将教学与德育紧密联系在一起，发挥着独特的育人功能。学校将主干道建成“志勤路”，沿路两边的名人塑像、杰出校友的成果与寄语，无时不在激励着每一位学生。墙面、走廊张贴《弟子规》等经典美文、大学简介，悬挂师生书画作品与格言等，学生耳濡目染，深受文化熏陶。

突出志勤主题，开展文化活动。柘荣一中每年举办读书节、科技节、体育节、文化艺术节活动，为拓宽全面发展的空间，学生潜能得以挖掘，奋发向上的兴趣爱好获得培养，内在情感和生命力受到激发。学生会组建书画社、乐研社、街舞社、灯谜社、志愿者服务社、《太阳岛》文学社等20多个学生社团，社团活动志勤主题突出，特色鲜明，为学生多元发展创设了平台。每年组织高一新生谱写志勤班歌，开展志勤歌曲合唱比赛，学生展现了志勤风貌，班级加强了文化建设。学生的优良品质在形式多样、内容丰富的校园文化活动中得到培养，并体现在行为文化上。

2. 突出核心素养，构建志勤课程

中国学生发展核心素养是党的教育方针的具体化、细化。柘荣一中根据高中课

程改革的精神，结合校情生情，突出核心素养，构建志勤课程体系，探索以课程为支撑的志勤教育模式，办适合学生的教育。学校从健康发展、文化科学、社会实践三个维度构建“三维空间”特色课程体系。健康发展类课程以培养学生身心健康、道德品质为主要目标；文化科学类课程以培养学生人文素养、思维品质为主要目标；社会实践类课程以培养学生责任意识、创新品质为主要目标。

课程实施以国家课程为主，结合县域特点与校情生情，积极开发校本课程，满足不同类型学生需要，促进普高多样化发展和学生多元化发展，让每个学生树立自信，体验成功，健康成长。学校还开辟新径，积极探索中外合作办学模式，为学生出国深造创设平台。校本课程的实施围绕志勤主线，突出志勤教育：一是编印使用志勤教材；二是组建打造志勤班级；三是设计开展志勤主题教育；四是适时开展志勤系列社团活动。

3. 实施名师工程，培养志勤团队

百年大计，教育为本；教育大计，教师为本。一支优秀的教师队伍是学校发展的灵魂，是学校教育成败的关键。推行“志勤教育”，首先要培养一支具有志勤精神的教师队伍，然后才可能对学生进行“志”与“勤”的教育。正是基于这样的认识，柘荣一中高度重视教师培养，进行系统规划，推出系列措施。

柘荣一中在教职工中开展以学习办学理念为主题的师德师风教育活动，提高教师对办学理念的认同度，促进教职员工将办学理念融入教育教学管理工作中。学校以备课组为基本教研单位，在优化备课组教研功能中加强教师志勤文化建设；以“双班”为基本管理平台，在发挥“双班”机制作用中加强教师团队文化建设。这里所说的“双班”是指学校将科任教师基本相同的两个行政班作为一个管理整体的班级组合。每个“双班”均配备一个负责人，由资深骨干教师、中层干部或校班子成员担任，负责带领“双班”教师落实学校、年段工作部署，开展双班教育教学活动研讨，实施具体教育管理工作。

柘荣一中制定队伍建设规划，开展名师系列评选活动，实施课题研究带动战略，开展业务专项比赛，搭建培训研修平台，实施名师培养工程。名师工程措施有力，志勤团队逐步成熟。学校涌现出享受国务院政府特殊津贴专家、全国五一劳动奖章获得者、全国优秀教师、全国教学名师、省特级教师、省杰出人民教师、省名师、省学科带头人、省优秀青年教师、市管拔尖人才、市名师、市学科带头人 40 多人次。学校被列为宁德市教育改革发展示范工程名师培养项目试点单位，被评为省岗位练兵先进单位。

4. 服务学生发展，探索志勤德育

学校树立“人人都是德育工作者”的服务学生发展理念，把志勤品格的培养融入立德树人的各个环节，探索志勤德育模式。学校倡导每位教师都是班级的管理者，都是学生的良师益友，通过“双班”合作平台履行德育职责。学校通过各级班主任培训、德育课题研究等多项措施，打造一支有爱心、有情怀、有追求的班主任队伍，确保每位学生得到悉心关爱。学校精心组织跑操、球赛等体育活动，强健学生体魄；建成全省中小学心理健康教育特色学校，为学生的心理健康排忧解难、保驾护航。学校完善学生培养与发展的相关制度，促进学生的个性发展和综合素质的提高。每年定期开展主题教育、社团拓展、社会实践等活动，为学生搭建多样化发展平台，让他们充分展示青春的多姿多彩。

学校德育为学生铺上志勤底色，引导学生尽早树立高远志向，并为之不懈追求，最终成就精彩人生。学生在奥赛、文艺、体育、科技等各级比赛中屡获佳绩，充分展示了学生的风采。杨玉瑾同学荣获省卢嘉锡青少年科技创新奖，陈凯林同学获全国高中数学联赛一等奖，游忠辉同学获全国信息学奥赛二等奖。舞蹈《嬉戏》获市二等奖、省三等奖，学生参加“小石子杯”等绘画比赛，多人次荣获市一、二等奖，参加“福建省高中生诵读经典大赛之莎士比亚”活动，荣获团体剧本表演二等奖。

5. 优化学校管理，打造志勤品牌

柘荣一中在实施“志勤教育”的过程中，不断优化管理，提高治校水平。一是理顺机制提效能。主要体现在理顺决策机制明晰目标方向，理顺责任机制促进任务落实，理顺激励机制激发内在动力三个方面。二是挖掘潜力增效益。学校基础条件薄弱，除了靠自力更生激活内力，还必须想方设法借助外力。全校上下全力打造志勤品牌，各级党委政府、教育主管部门、社会各界高度赞赏，给予大力支持。三是精细管理显效应。学校实施精细化管理，推动“志勤教育”的实施和志勤品牌的打造。精细化管理主要表现在“志勤教育”做到无处不在，无时不有；教师教学强调高效课堂，精心辅导；制度管理倡导落细落小，严格执行；质量监控要求密切跟踪，精准评价。四是总结反思求效度。学校在探索“志勤教育”的实践中注重在总结成功经验的同时，反思教育的有效性，不断改进方式方法。

柘荣一中是全县唯一一所普通高中，生源基础薄弱，能力悬殊，教育管理难度相当大。但全校师生秉承“惟志惟勤”的校训，勇于拼搏争先，打造了“志勤”品牌。学生综合素质不断提升，教学质量稳居全市上游水平。学生会考成绩连续十年均达到省一标校标准，高考各批次上线万人比稳居全市前茅，学生在原有基础上得到应有的发展，在省市县各级各类学科、科技、文艺、体育等比赛中取得较好成绩。学校实现了“低进高出，高进优出，优进尖出”的教育成效，展现了从筚路蓝缕到高歌猛进的历史进程。柘荣一中人也抒发了挑战困难、铸造辉煌的豪情壮志。

功名风雨数十载，志勤并举结硕果。柘荣一中在“志勤教育”办学思想的统领下取得了长足的发展。学校被评为全国学校体育工作示范校、省文明学校、省教育系统先进集体、省创优评优先进集体、宁德市名学校等，被授予省五一劳动奖状。更重要的是，在“志勤教育”不断完善的实践中，学生健康成长，不断成人成才，无论是在高校深造还是就业创业依然显示出明显的志勤印记。与此同时，学校培养了志勤团队，创造了志勤品牌，丰富了志勤文化，积淀了志勤底蕴，弘扬了志勤精神。志勤精神已然是柘荣一中宝贵的精神财富，必将激励一代又一代的柘荣一中人志存高远，勤勉奋进，开拓创新，奋发有为。

（二）“志勤教育”延伸拓展的实践探索

2017 年 9 月，我从柘荣一中调往宁德市教师进修学院任副院长。此后，我站在教研、培训的平台上，抓住恰当时机开展“志勤教育”办学思想的传播，寻求合适的学校开展“志勤教育”办学思想的实践探索。

1. 在校长培训培养中传播办学思想

在宁德市初中与小学校长任职资格培训班、福建省高（完）中校长任职资格培训班上介绍“志勤教育”办学思想的体系构建与实施成效。在马尾区、宁化县、古田县、屏南县等县（区）名校长培训班上以《“志勤教育”办学思想的凝练与思考》为题开设专题讲座，在介绍“志勤教育”的形成背景、内涵解析、理论依据、实践探索等内容的基础上，就办学思想的凝练谈了体会与思考。

2. 在研训基地学校中进行实践探索

从研训基地校便于开展活动的角度出发，综合考虑区域文化、学校特点、学生规模等因素选择了屏南一中、福安湾坞中学、柘荣一中附属初中等三所学校开展“志勤教育”办学思想的实践探索。三所学校均立足校情生情，从思想意识、制度管理、课程建设、教学教研、学生教育等方面融入“志勤教育”办学思想元素，开展实践探索，取得较好成效。

3. 在办学思想研讨中总结实践经验

在省“十三五”中小学名校长培养期间，组织学习共同体召开“志勤教育”办学思想研讨活动。导师、同学们从丰富思想内涵、完善思想体系、拓宽实践范围等方面进行深入探讨，形成三点共识：一要注重知行合一，调整课程架构，落实立德树人，丰富思想内涵；二要着力高效德育，促进高效智育，实现“五育”并举，完善思想体系；三要加强实践检验，注重成果推广，发挥更大作用，推动教育发展。

六、“志勤教育”的未来展望

“志勤教育”并不完美，还存在很多不足之处。“志勤教育”的形成、推进、完善是一个渐进的、长期的过程，是一个边丰富内涵边引领探索的过程。需要实践的检验、岁月的沉淀。今后将以习近平新时代中国特色社会主义思想为指导，深化改革，强化创新，优化课程，加强实践，为培养德智体美劳全面发展的社会主义建设者和接班人发挥更大作用。

（一）贯彻落实《深化新时代教育评价改革总体方案》，树立科学的人才成长观，坚持以德为先、能力为重、全面发展，完善评价体系，创新评价办法

实施“志勤教育”，特别要在评价上引导学生坚定理想信念、培养奋斗精神，也要把握“志”与“勤”教育的方法与尺度。要注重过程性评价，探索学生、家长、教师以及社区等共同参与的评价方式。

（二）坚持“五育”并举，完善并实施“志勤教育”课程体系，扎实推进素质教育，努力实现立德树人目标

“志勤教育”课程构建不仅要着眼于培养学生意志品质，解决学生发展的动机与投入问题，还应加强音乐、美术等艺术类课程建设，促进美育教育更好开展。要按照《中共中央、国务院关于全面加强新时代大中小学劳动教育的意见》要求，在课程体系中科学设计劳动教育，促进学生动手操作能力、社会实践能力的提高。还要进一步探讨在思维品质类课程中实施“志勤教育”的方法、途径，要深入挖掘教育资源，编印使用校本教材，实施校本课程。

（三）未来“志勤教育”要努力在强化学生自主精神、创新精神上取得实效

“志勤教育”的主要优势在于激发学生内在动力，未来“志勤教育”要进一步在引导学生从被动发展走向教师指导下的自主发展，再到自觉发展上下功夫。未来“志勤教育”要进一步借助实验探索类课程、科技拓展类课程培养学生创新能力，要在各类课程实施中强化创新意识、培养创新精神。

（四）未来“志勤教育”要努力在更大范围内发挥作用

“志勤教育”办学思想是在总结提炼柘荣一中办学经验基础上形成的，应当可以在柘荣一中今后办学中结合学校发展的实际情况继续发挥其价值引领作用。今后，要在总结基地校开展“志勤教育”的实践经验基础上，在校长、教师中择机组织培训，推广“志勤教育”思想，寻找更多合适的学校进行“志勤教育”有益的探索，发挥“志勤教育”在落实立德树人根本任务中的作用。

【参考文献】

[1] 柘荣县地方志编纂委员会 . 柘荣县志 [M]. 北京：中华书局，1995.

[2] 教育部 . 普通高中课程方案（2017 年版）[M]. 北京：人民教育出版社，2017.

[3] 中国法制出版社 . 国家中长期教育改革与发展规划纲要（2010—2020 年）[M]. 北京：中国法制出版社，2010.

[4] 核心素养研究课题组 . 中国学生发展核心素养 [J]. 中国教育学刊，2016（10）：1-3.

[5] 中共中央文献研究室 . 习近平关于青少年和共青团工作论述摘编 [M]. 北京：中央文献出版社，2017.

适应教育

◎苏安国

【作者简介】

苏安国（1966—　），男，福建霞浦人，中学高级教师。霞浦县第八中学原校长，现任霞浦县第七中学校长，福建省“十三五”中学名校长培养人选。政协霞浦县委员会第十三、十四届常委，曾获福建省中小学教学改革优秀成果二等奖等荣誉。

一、“适应教育”办学思想的源起

（一）新时代教育发展的要求

“为什么我们的学校总是培养不出杰出人才？”这个被称为“钱学森之问”的问题，引发了党和国家领导人深深的忧虑，也引起了教育界深刻的反思。教育是国之大计、党之大计。习近平总书记在全国教育大会上指出：“培养什么人，是教育的首要问题。我国是中国共产党领导的社会主义国家，这就决定了我们的教育必须把培养社会主义建设者和接班人作为根本任务，培养一代又一代拥护中国共产党领导和我国社会主义制度、立志为中国特色社会主义奋斗终身的有用人才。”直面钱学森之问和习近平总书记对教育的重要论述，在我们学校层面上，最重要的就是创造适应学生发展的教育，实行课程改革，变传统的应试课程设置为培养深厚文化底蕴和人文精神的新课程教育模式，大力发展素质教育，推进教育公平。突出立德树人根本任务；突出教育以学生为中心，主动适应学生的发展；突出中华优秀传统文化的传承与发展；中华文化博大精深、源远流长，现代信息瞬息万变、日新月异，这就要求我们在继承传统精髓的同时，又能汲取习近平新时代中国特色社会主义思想的各种养分；特别是走近先贤近圣们，与之交流，见贤思齐，这对于成长中的青少年有着特殊的感染教育作用。

《国家中长期教育改革与发展规划纲要(2010—2020年)》明确提出“学校要为每一个学生的发展提供适合的教育”。教育部部长陈宝生在《人民日报》撰文指出：始终坚持以学习者为中心。为不同层次、不同类型的受教育者提供个性化、多样化、高质量的教育服务，促进学习者主动学习、释放潜能、全面发展。在长期的教育实践中，我们领悟到：当代教育改革与发展的方向，就是要办适应学生发展的教育。首先是要落实立德树人根本任务，教育要主动适应学生德育成长，帮助学生确立正确的世界观、价值观、人生观，不断加强学生思想道德素质。其次是要帮助学生适应“学”的问题，正确理解学习本身的意义，提升学生学业成绩和核心素养。无论哪个阶段的教育，只有把握住适应人才培养的正确方向，才具有正面的积极的导向作用。因此，必须从全员德育起步，实施适应教育，积极帮助学生，适应学生，不断提升教育教学质量，努力办好人民满意的教育。

（二）个人教育管理实践

我们的教育，只有聚焦于让每个学生获得终身发展的素质时，教育才能始终充满魅力，才能超越或者更好地适应新课程和新高考的理念，并成为对国家未来更加具有意义的事情。2004年，我在任霞浦县溪南中学校长时，就思考如何让教育适应学生发展的问题，进行了课程改革，将优秀传统文化进课堂，构建了“思贤思齐”等校本课程。同时，将课外兴趣小组实行课程化管理，开始尝试适应学生的个性化教育。2009年6月，霞浦教育改革发展的大潮催生了一所独立初中，霞浦县第八中学应运而生。我有幸成为首任校长，带领首批从城区中学调入的15位教师，在零基础上筹建学校，在短短的一个多月时间里，学校从无到有，当年秋季如期顺利开学。经过几年的师生奋力拼搏，适应学生发展的教育风生水起，霞浦八中的办学成效也愈加显著，教育教学质量不断提升，连续取得中考综合比率全市前茅，获得宁德市中考优胜学校和红旗学校，树立起了优质教育的辉煌丰碑，赢得了社会各界广泛赞誉。2019 年 8 月，我调任霞浦七中当校长后，将“适应教育”也带到了七中，受到师生们的欢迎。这三所学校的办学实践与探索，让我更加坚定了走“适应教育”的发展之路，就是要创造出一种适应学生发展的教育，就是要让我们的教育适应每个学生的发展。

二、“适应教育”办学思想的内涵

适应教育是一种教育理念，是个性化教育，也是个别化教育，更是人本教育。其思想内涵主要体现为：以学生发展为中心，有教无类，因材施教。每个孩子资质、天赋、能力和兴趣，都不尽相同，导致有些孩子学得快，有些孩子学得慢，教育应根据学生自身的差异性，来实施与之相适应的最优质的教育。

（一）要面向全体，全面发展

全面实施素质教育，坚持立德树人，面向全体学生，坚持德育为首，能力为重，全面发展的办学定位，适应每一个学生成长发展的规律，构建确保“适应每一个学生的发展”的育人体系，促使每位学生德智体美劳“五育并举”，为学生的终身发展奠基。

（二）要以人为本，教学相长

坚持“让我们的教育适应每个学生的发展”的办学理念，依据学校师生的实际情况，尊重师生的个体差异，教学相长，努力实现学生教师学校同步发展，让每一个学生都认识自身的价值，通过国家课程校本化、国学教育、综合实践、主题活动、学科拓展、思维训练、信息技术、体育健康、艺术熏陶等方面为每个孩子提供成长的舞台；让每位教师实现自己的价值，给每位师生施展才华的空间。

（三）要文化立校，回归本真

通过学校文化、教师队伍、课程改革、发展动力等维度的有效构建，围绕教育“适应每一个学生发展”这一理念，回归教育本真，积极开展“信念教育”“信心教育”“生命教育”“责任教育”“感恩教育”“集体主义教育”“爱国主义教育”等系列教育活动，以塑造和铸就出蕴含家国情怀、天下担当，又与时代发展相适应的多元学生个体，为学生终身发展提供强大的精神动力，推动学校自身的高质量发展。

三、“适应教育”办学思想的理论依据

（一）格罗·佩斯“以人为本，顺其自然”思想

迪斯尼游乐园是美国哈佛大学校长格罗·佩斯设计的。主体工程完工后，游乐园的路径还没有设计出来。格罗·佩斯一直不满意自己的设计，并多次否决了自己的设计。一天，他受到葡萄园老妇人的启发，于是，回去之后，他让工人在游乐园所有的空地上都撒上了草种，不设计路。格罗·佩斯告诉游人，在游乐园里想怎么走就怎么走，没有任何限制。于是，几天过后，草地上清晰地呈现出被人踩出的优雅自然的小道。这些小道，走的人多的地方就宽些，走的人少的地方就窄些。格罗佩斯就让人沿着人们自然踩出的痕迹修了路。格罗·佩斯“以人为本，顺其自然”思想，正切合了教育适应学生的成长规律。可见教育必须是而且只能是适应人的教育，而不能是使人适应教育的教育。

（二）加德纳的多元智能理论

美国当代著名心理学家和教育学家加德纳（H.Gardner）于 1983 年在其《智力的结构：多元智能理论》一书中认为，就基本结构来说，智能是多元的，每个人身上至少存在七项智能，即言语智能、逻辑－数学智能、空间智能、音乐智能、运动智能、社交智能、自知智能。随着研究的深入，加德纳于 1995 年后提出了第八种智能——自然智能。每个孩子在八种智能中互有高低，有些孩子语文和数学智能很高，可是音乐智能可能很低，所以教育很难达到让孩子都完全拥有八种智能。因此，教育的重点就是发掘孩子八种智能中的优势，施予适切的教育方式，以有效开启孩子学习潜能。

（三）孔子的教育思想

孔子倡导的“因材施教”“有教无类”等可以说是“适应教育”最好的诠释。教育不是要培养每个孩子都成为天才，也不是要让天才都变成庸才，而是要考虑孩子

个别差异，善用适当的教学方法，帮助他们有效学习，适应他们的发展，让每个孩子都能充分发挥其天赋和潜能，才符合教育本义。我们传统的教学，未能考虑孩子个别差异，显然不符合孩子学习需求，无法让孩子得到良好学习效果。为让孩子有效学习，教师要了解学生身心发展和学习需求，然后采用适切的教学方法和内容，教学效果才容易显现出来，也才不会让孩子视学习为一种苦差事。

总之，适应教育就是根据学生的差异有针对性地进行教育，也是根据学生的个性、人格、兴趣和能力的差异，进行灵活的、有针对性的教育。

四、“适应教育”办学思想的思考与实践

下面主要以霞浦八中为例，来阐述一所学校创造适应教育的思考与实践。

（一）构建学校文化，明确发展思路

构建学校文化是创造适应教育的保障。如何创建适应现代社会发展需要的学校文化，这需要立足于学校现实，着眼于世界和未来，具有超前意识，采取切实有效的办法，提升学校的办学品位，实现学校教育的跨越式发展。

1. 定办学目标

目标是行动的指南。如何确立符合科学有效、符合学校实际的办学目标，是学校办学最为重要的问题。反复斟酌，深长思考，学校必须树立以提高教育质量为核心的发展观，注重教育内涵发展，办出特色、办出水平，出名师，育英才。为此，我们提出了“建设独具特色的精品初中和魅力名校”的发展目标；确立了我们的培养目标——厚德、博学、自强、至善。就是让我们的学生不断积累修身养性的力量，长大后为国家的发展积累实力，进而为中华民族伟大复兴贡献力量。

2. 定办学理念

思想是行动的先导。在确立办学理念时，我们主要从四方面考虑：一是独特性。霞浦八中的前身是霞浦培德学校、霞浦六中，有着一百多年的办学历史，有丰富的人文精神和历史传统，“让我们的教育适应每个学生的发展”的办学理念，表达了全体八中人对办学理想的渴望与追求，也体现了大胆创新、锐意进取的勇气与

魄力。二是前瞻性。“让我们的教育适应每个学生的发展”体现了当代教育改革与发展的方向，就是要办适应学生发展的教育，适应教育具有较强的理论拓展延伸力。三是科学性。在对生源的基本情况作出实事求是的评估的基础上，客观认识学校的角色和作用，准确定位培养方向。四是明确性。我校的办学理念，强调特色立校，强调教育主动适应学生的发展，强调学生的个性张扬，将学校的生存和发展蕴涵于学校的文化品质中，内化为师生的共识，秉承“人无我有，人有我优，人优我特，人特我精”的特色追求，不断促进学校的内涵发展。一句话，就是确立适应教育的理念。

3. 定办学策略

思路决定出路。在办学目标和办学理念的指引下，从分析问题入手，先行先试，着手学校文化建设。

（1）规划先行。从历史传统和事业发展出发，学校制定了2016—2020年五年发展规划，明确学校未来发展的愿景、发展定位、具体目标、重点内容、保障措施，逐步实现学校文化体系构建，提升学校整体办学水平，推进课程改革创新，着力加强队伍建设，培养一批领军人才，紧紧围绕以“适应学生发展，提升教育质量”为核心的办学任务，推进学校教育教学可持续发展。

（2）德育先行。把德育工作放在首位，坚持德育工作前瞻性原则，“以人为本”，树立德育的核心地位，坚持面向全体学生，确立“抓基础、严管理、重建设、讲实效、创特色”的工作思路，以整治学风，培养良好学习生活习惯为德育工作重点，逐步完善教师德育队伍建设，不断扩展德育的深度和广度，完善学校教育、社会教育、家庭教育“三结合”网络，构建符合时代要求的学校德育体系，实施德育的现代化、科学化，不断发展素质教育，全面提高学生思想道德素质和科学文化素质。在实施德育教育的过程中，从严要求、从细处着手开展学校的各项工作，做到每一位学生在收到我校的录取通知书时，就同时收到学校《致七年级新生的一封信》和《致学生家长的一封信》，对他们详细阐述学校的办学理念及学校对学生的具体要求，让我们的要求和规范第一时间就根植于学生的心中。同时，特别提醒学生：学校不允许学生留长发、染发、剪碎发、着奇装异服；学校不允许学生带手机、平板电脑、管制刀具等物品进入校园。

（3）师德先行。一是身体力行做表率。学校领导班子和全体教师要在学生和家长面前带头做表率。为此，我们制定了《霞浦八中教师忌语忌事》和《霞浦八中师德修养二十条》。二是博学多才提师能。根据《霞浦县教师专业成长五年行动方案》，我校大力开展教师教学技能比赛和岗位大练兵活动，创建学科工作室，进一步加强和创新教师研修工作，探索奖励研修制度，按计划培养名班主任、名教师50名，做到语数英学科每个年段至少培养出一个领军人物，其他学科各有1~2名的学科带头人。

（4）硬件先行。一所学校有了优质的硬件资源，才能够更有力创造适应学生发展的教育。为了创设良好的育人环境，我们对六中旧址进行高标准建设规划，遵循勤俭办学的方针，积极筹措教育经费，科学整合原有的教育资源，按高标准分阶段建设独具特色的精品校园。同时，严格按省Ⅰ类标准配足配齐各种教学辅助设施。率先在全县实现班班都使用多媒体教学，还建成多媒体教室、劳技室、音乐室、舞蹈室、理科实验室、心理咨询室等教学辅助专用室共73间，对全县的教育均衡发展起着促进作用，为建设精品初中和魅力名校打下坚实基础。

（二）加强队伍建设，促进专业发展

加强教师队伍建设是创造适应教育的关键。一支素质过硬、师德良好的教师队伍才能创造出适应每个学生发展的教育。霞浦八中创校以来，高度重视以精神风范为首要指标，以宁德市教师研训基地校为平台，以课堂教学为核心领域，以校本研训为实施途径，促进教师专业发展。在“厚德载物、博学多才、自强不息、臻于至善”八中精神的引领下，学校师资队伍建设呈现良好发展的态势，教师人心稳定，积极向上，许多年轻教师已崭露头角，具有较大的专业提升潜力和发展空间。

1. 坚持开展师德教育活动

积极开展师德建设年活动，坚持教师工作例会和学习制度，把《中华人民共和国义务教育法》《中华人民共和国未成年人保护法》《新时代中小学教师职业行为十项准则》等法律法规宣传教育落到实处，并根据实际制定了《霞浦八中师德修养二十条》《霞浦八中教师忌语忌事》等规章制度，切实加强了全体教师法制教育，进一步提高全体教师依法执教的意识。全校教职工爱岗敬业，乐于奉献，爱生如子、尊重家长、廉洁从教，表现出良好的整体素质，学校未发生过一起违反师德规范与行风建设的事件。

2. 实施“名师工程”，促进教师专业成长

学校制定了教师专业发展的教师队伍培养规划和三个阶梯（“教坛新秀”“骨干教师”“名优教师”）的成长目标，实施了“目标导向、课题带动、专家引领、校本培训”的教师专业发展措施，初步建立起适应学生发展的教师培养体系。成立“学科工作室”，启动“积分制考核”和奖励研修机制，配备了“名师工作室”，经常开展赛课比武、送教下乡、培训交流等系列活动，提高教师整体素质。积极建设“道德·自主”高效课堂，开展以校为本的个别化教育行动研究，努力提升教育质量和创新能力。

3. 注重绩效考核，调动全员发展的热情

学校制定《霞浦八中教职工绩效考核与绩效工资分配实施办法》，将教师的岗位工作、课程建设、课堂教学、校本研修、质量检测、赛事参与等作为年度考核的参考指标，通过公平、公正、公开的考核方式，充分调动了全体教职工的工作积极性。

（三）加强课程建设，培育核心素养

加强课程建设是创造适应教育的重点。课程是学校教育的核心，是人才培养的基础，在某种维度上课程就是师生在校生活的全部。以课程建设为突破口，大力实施课程育德、课程育智、课程健体是办好学校的关键。我们通过整合和开发校本课程资源，对国颁课程实施二度开发，初步形成了适应本校学生发展的校本课程体系。

1. 构建新德育课程，坚持“适德”教育

我们以儒家仁爱思想为核心，以弘扬优秀传统文化教育为目标，开发了“早

新闻”“思齐”等校本课程，目前已编印四册《思齐》教材——《弟子规》《三字经》《论语》《名人名篇名著》，用于初中三年教学，主要传播爱国主义思想和国学经典文化，拓宽学生视野，把学生思想教育工作贯穿在个别化的课程实施过程中。2015 年 2 月，学校被确定为宁德市优秀传统文化教育市级示范点；2016 年 11 月，校本教材《思齐》被评为宁德市中小学优秀德育校本教材。

2. 构建新艺术课程，推行“适性”教育

我们扎根于几千年中华文明土壤中，推陈出新，开设“书法”“美术”“中国画”“篆刻”“合唱”“经典诵读”等体现中华优秀传统文化元素的课程。2017 年，我校校本教材《书法》《合唱》入围福建地域文化艺术特色中小学地方校本美育教材。

3. 构建新综合实践活动课程，提倡“适体”教育

我们开设了篮球、足球、排球、乒乓球、航模、合唱、舞蹈、阅读与写作、经典诵读、英语课本剧、电脑制作、书法、美术、篆刻、国画、数学探究、物理探究等课程，将七、八年级各 10 个行政班根据学生兴趣爱好整合为 20 个综合活动班。改革综合实践活动课程后，由学生按兴趣选报志愿，选课走班，选择自己喜欢的老师和课程，培养和激发学生的兴趣、爱好、特长和潜能。学校还投入大量资金，逐步完善各种综合活动场所设施。经过改革与实践，学生学有兴趣，教师教有所乐，正朝着“适应每个学生发展”的方向迈进。

4. 构建心育课程，细化“适心”教育

针对我校留守儿童多、进城务工农民子女多、单亲家庭子女增多等情况，我们成立了心理健康咨询教师团队，做到有阵地、有专（兼）职教师、有课程安排、有专项经费、有心理健康教育台账、有工作实效，并率先将“心品”课程纳入日常的教育教学，目前已开发 36 节“心品”教学设计和教学课件，分 6 学期通过“心育”主题班会实现。

5. 构建高效课堂，优化“适智”模式

以开展“高效课堂研究”为载体，学校确立了“道德 · 自主”原则，以“学启

讲练同伴互助”为课堂教学主模式，积极开展国家课程校本化实践。具体而言，我们主要抓四个方面的工作：一是抓好集体备课。每周定时、定点、定内容、定主讲人开展集备活动，集体编制《教学指南》供同年级师生使用。二是抓好学习小组建设。根据“同桌互助、组内异质、异组同质”的原则，各班学生被分成若干组别，遵循“道德·自主”原则开展学习活动，努力实现“学得轻松、教得有效、考得满意”。三是抓好课堂教学主模式的建设。以学生的学为中心，将启发式教学贯穿教学全过程，学生互讲，教师重点讲。四是抓好听课小组建设。以年段备课组为单位组建听课小组，开展经常性的听评课活动，听课小组活动促进学生学会学习，促进教师完善教学环节。

（四）践行教育改革，强化特色发展

践行教育改革是创造适应教育的动力。我们始终坚持以教学为中心，质量为灵魂，改革为动力，全面贯彻党的教育方针，全面实施素质教育，牢固树立“质量立校，科研兴校，特色强校”的意识，通过搭建有效课堂、高效课堂，坚持启发式教学，落实“适应学生”教科研制度，大力实施宁德市教育改革发展示范工程，争创福建省义务教育教改示范学校。2019 年成功举办福建省义务教育教改示范性建设学校中期绩效市级评估现场会。

1. 深化教育改革，走特色发展之路

学校十分重视学生的个性发展，全面实施素质教育。按照“办出特色、争创一流”的办学追求，以学校课程建设为突破口，实施课程育德、课程育智、课程健体，加大校本教材的开发力度，构建以“思齐”、“养性”和“展能”三大模块为核心内容的特色课程体系。广泛开展学生文体活动、校园文化活动，不断增强学校内部活力，形成了办学特色。学校倾力打造“航模”和“校园足球”两大办学特色项目，先后获得福建省体育特色学校和福建省重点体育传统项目（足球）学校。

2. 革新教学模式，走教改发展之路

首先，学校从制度建设入手，对高效课堂的《教学指南》和《校本作业》编制、学习小组建设、教学模式等校本专题内容进行培训。

其次，邀请市教师进修学院教研员挂班督教，指导课改实验班级有效开展“学启讲练，同伴互助”课堂教学模式建设，同时着手实验改变学生学习方式的翻转课堂，力求让学生学得愉快，教师教得有效，学生考得满意。

第三，开展以“以校为本的个别化教育行动研究”为课题的研究，探索适应每个学生发展的教育教学模式，并优化方案，形成成果。

第四，对“学启讲练，同伴互助”的道德自主课堂教学过程实施评估、总结，同时对学校教师的教学指南编写、校本作业编制及时跟踪、分析并提出指导建议，加强教学质量监控。

3. 加强常规管理，提升教学质量

首先，落实集体备课制度。备课组每周进行一次集体备课，备课力求目标明确、重点突出，内容简约，简单实用；规范教案的编写、检查和管理，老师在集体备课的基础上，还要进行第二次备课，特别是情境的导入要精彩，课件的制作要实用，问题的答疑、小组讨论记录要翔实，教学正思、反思要言之有物等，没有批注的集备案视无教案处理。

其次，加强课堂教学过程监控。引导教师转变观念，树立“以生为本，以学定教”的理念，推进课堂改革，向高效课堂看齐；建立“诊断、分析、反馈、调整”的质量分析机制，发挥评价对教学活动的导向作用。

最后，加强精准备考，提高教学效能。抓好精准督查。成立毕业班工作领导小组，制订班子挂班督学制度，每个班子成员挂钩一个班级全程跟踪、全心帮助、全力提升；明确督查责任和督查任务，提高督学工作实效性。抓好精准查补。

在总复习阶段，要求依据每位学生练习和试卷答题情况，精准分析学生的知识缺漏点，有针对性地开展复习方案设计、课堂教学、作业与试卷命制、学生分层辅导等教学行为，突出查缺补漏及时纠错，落实考后一百分制度。抓好精准帮扶。在确定帮扶目标、精准落实分层教学以促进临界生提升方面，突出做好四个方面工作：

一是优秀生的补缺和巩固工作。在九年级上学期，在优秀生学习推进会动员之

后，就安排学科老师，进行补缺和巩固工作，同时为下学期的分层提高做准备。

二是尖子生的再提高工作。我们制定培尖方案，在课堂复习之外，教师要有针对性地布置课外辅导材料，引导他们自学，延伸，重在点拨和答疑。

三是中等生的优化工作。中等生可塑性很强，是定向生的主力军。我们选取中等生组成培优班，进行集中辅导，在整体狠抓综合能力提高的同时，要求做到“低档题力争得满分，中档题力争少失分，高档题争一分算一分”。

四是后进生的转化工作。我校是霞浦县城区主要承担农民工子弟受教育的学校，后进生是一个数量不小的团体，这类学生成绩的好坏，直接影响了我校的“壮腰托底”工作。长期以来，我们本着“不抛弃、不放弃”的理念，制定了转化后进生工作方案，实施后进生圆梦计划，不比成绩比努力，不比基础比进步；年段教师结对帮扶后进生，重在思想教育，重在鼓励关心，重在态度转变；同时，采用低起点、小步子、快反馈、勤纠正的训练方法，有效而大面积地转化了后进生。

（五）创新德育举措，提供发展基础

创新德育举措是创造适应教育的基石。以加强和改进未成年人思想道德建设为核心，深入推进宁德市教育改革发展示范工程，开展教育教学常规管理示范的创建活动，充分挖掘社会教育资源，不断夯实德育创新基础，营造良好的德育氛围，使学校德育工作更有科学性、针对性和实效性，更加彰显德育工作成效。

1. 密切家校联系，探索德育新路

学校坚持实行“家校联系本”制度，要求各班班主任为每位学生配备了统一制作的《家校联系本》，在《家校联系本》中把学生当天的表现情况记录其中，特别是他们身上的“闪光点”，同时由值班班长收集的当天学业完成情况也登记在内，让家长在第一时间了解到自己孩子在学校的学习和表现情况，让家长更加贴近孩子。与此同时，也能收集到学生每天在家的课余学习和生活习惯养成情况。努力建立一个充满表扬和赏识的德育情境，变传统的“食指教育”为“拇指教育”，在平时工作中，做到赞赏每位学生独特的个性；赞赏每位学生所取得的哪怕是极其微小的成绩；赞赏每位学生所付出的努力和所表现出来的善意。同时，借助“家校通”网络信息平台，及时将学校教育教学信息第一时间传递给家长，取得家长的理解和支持；学校还定期召开以“新学校新德育新风貌”和“激发孩子持久的学习动力”为主题的学生家长会，指导家长积极配合学校，让家长们通过倾听、交流、沟通与培训，学习教育孩子的方法，培养出孩子良好的学习习惯和生活习惯，了解学校办学理念、教育思想，为孩子的成长改变自己，共同培养和教育好孩子。每个班级都成立了家长委员会，学校在此基础上还成立了“家长学校”，邀请家长代表共商学校发展大计。

2. 搭建德育进步台阶，培养良好行为习惯

我们逐步摸索建立了一套德育教育的体系，搭建学生德智成长的三级台阶，从“文明礼仪规范生”到“学习、生活二十条习惯双好生”再到“三好学生”和“优秀学生干部”，注重良好的道德习惯的培养，为每个学生的良好品格形成创造可持续发展的目标。为提高德育工作的实效性，巩固发展德育成果，我们下大力气抓另一件事，就是要求学生每天养成十条良好的生活习惯。

（1）每天挺胸、抬头、精神饱满。

（2）每天孝顺父母，见师长主动问候。

（3）每天生活有规律，按时作息，珍惜时间，远离网吧，坚持锻炼身体。

（4）每天主动承担力所能及的家务劳动。

（5）每天唱好歌至少一曲。

（6）每天写一篇日记。

（7）每天带名人传记或名著上学，与同学借阅交流。

（8）每天练注意力、练书法。

（9）每天生活节俭，不互相攀比，不乱花钱。

（10）每天注意安全，远离危险。

我们下大力气抓的第二件事，就是培养学生十个良好的学习习惯。

（1）制定计划的习惯。

（2）认真预习的习惯。

（3）专心听课的习惯。

（4）及时复习的习惯。

（5）独立完成作业的习惯。

（6）练习后反思的习惯。

（7）积极应考的习惯。

（8）建立纠错集的习惯。

（9）阅读自学的习惯。

（10）总结归纳的习惯。

为促进学生养成良好的生活习惯和学习习惯，以班级为单位，依照学生本人生活学习双十条的操行评定和班级家校联系记录本，通过认真组织，严格程序，民主评选。每月评选一次“文明礼仪规范生”，每学期评选一次“习惯双好生”，每学年评选一次“三好生和优干”并给予张榜表彰。其核心是生活和学习习惯的各十件事，因其要求具体，容易做到，只要长期坚持，量的积累必然导致质的飞跃，良好的道德习惯就在这“简单事，日日做”中形成了，学校的校风、班风、学风建设成效也显著了。

3. 弘扬优秀传统文化，践行德育为先思想

在开齐开足省颁课程的前提下，我们以儒家“仁爱”思想和社会主义核心价值观教育为核心，以培养“四有”新人为目的，开设了“早新闻”、“思齐”、心育课等校本课程。每天早上 15 分钟的“早新闻”课，以视频为媒介，通过新闻窗口了解世界最新动向，增长学生的知识和见闻，让我们的学生做一个胸怀祖国、放眼世界与时代同进步的现代人；每周的“思齐”课、心育课主要传播爱国主义思想和儒家、法家、道家等国学经典文化，倾听精彩演讲，感悟独到见地，领略名家风范，传承优秀文化，汲取充足养分，养成良好习惯，不断提高综合素养，从而真正做到与先贤交友，“见贤思齐”。目前已编印完成一至五册《弟子规》《三字经》《论语》《名人名篇·名著》《大学中庸》校本教材，从而推进校本新课程开发向纵深方向发展，如今“国学”已逐步成为我校的办学特色。被宁德市教工委作为传承优秀传统

文化进校园先进经验在全市进行推广。

（六）春花孕育秋实，累累硕果飘香

通过系列举措的不断落实，创造适应学生发展的教育蔚然成风，学校师生的工作学习和活动得到了有效保障，办学特色日益突出，德育的针对性、实效性增强，教育教学效果显著，学生、家长和社会的满意度不断提高。

1. 学校发展

创造适应学生发展的教育，结出累累硕果：学校先后获得全国青少年校园足球特色学校、福建省义务教育管理标准化学校、福建省法律进校园先进学校、福建省义务教育教改示范性建设学校、宁德市德育工作先进学校、宁德市普通中学课堂教学改革示范学校、宁德市教学常规管理工作先进学校、宁德市教师研训基地校等数十项荣誉。学生参加中考会考，连续取得优异的成绩，实现了历史性突破：中考综合比率霞浦县全县第一；一级达标中学上线率为 43%，位居全县第一；三级达标中学以上上线率为 72.5%，位居全县第一；语文单科综合比率全县第一；其他学科均进入全县前三的好成绩。近年来中考屡创辉煌：在公办 A 类校中，中考综合比率、一中上线率、三级达标以上高中上线率、语、数、英、思品、历史五科等八项均居全县第一、宁德市前茅。学校办学赢得了社会各界广泛认可，塑造了霞浦八中良好品牌，奠定了在宁德市基础教育中的地位。

2. 师生成长

浓厚和谐的适应教育氛围，一批优秀的中青年教师脱颖而出，近年来，我校教师先后有 300 多人次被评为市、县、校各级各类先进，多篇论文分别发表于省市县级教育刊物上：苏安国《真抓实干，提升初中教育质量》，何孝贤《让青春无怨无悔》，王巧燕《好习惯的养成贵在坚持》，谢怡《活力团队，师生共建》，肖蕾《给孩子一片天空》，黄家强《让〈思齐〉课成为一道育人的风景》，林明引《初中数学翻转课堂教学探索与实践》，曾景灿《借形象思维训练，点染作文教学》，叶兰芳《“学启讲练　同伴互助”教学模式在生物课堂中的应用》等 11 篇论文在《福建教育》《福建基础教育研究》《霞浦教育》上发表；在市县第三届教师技能大赛中，我校

13 位教师参赛，12 人获奖，其中一等奖 3 人，二等奖 3 人，三等奖 6 人，获奖率居全县之首，有 5 位老师还代表霞浦县参加宁德市教师技能比赛，分获一、二、三等奖，谢怡老师在“一师一优课、一课一名师”活动中荣获全国“优质课”奖。

以体育、音乐、美术为主的体艺教育推陈出新，硕果飘香。在北京举行的“和谐中国”——第五届全国青少年艺术展评声乐比赛中，张杰同学获得初中组一等奖，陈禹洲同学获得全国青少年器乐比赛金奖，学校合唱队在“相约中国梦”合唱比赛中折桂；获得福建省第六届校园艺术节二等奖；每年一届的规范汉字（硬笔、软笔）书写比赛和绘画比赛，获奖率一直稳居全县各校之首；学校经典诵读表演队日趋成熟，表演项目《弟子规》《三字经》获得市县经典诵读比赛一等奖；学生参加市、县汉字听写比赛也是载誉而归；校教工篮球队连续两届获得县教工篮球赛冠军；学生篮球队获得全县中学生篮球赛冠军和亚军；女篮代表我县参加第四届市运会获得铜牌；乒乓球队分获男、女团体冠、亚军，并夺得多个单项前三名；学校航模队在全省青少年航模比赛中多次捧杯；学生男女足球队在参加市、县青少年校园足球联赛中，也不断取得佳绩；学校向建设“独具特色的精品初中魅力名校”又迈向一个新的台阶。

（七）面临的问题

学校在创造适应学生发展的教育中，在教育、教学、管理各领域都进行了较为有效的探索实践，但是随着教育改革发展和人员结构的变化，以及不断发展的新形势，使学校面临着各种各样新的挑战，要使学校成为优质的省义务教育教改示范校，学校原有的优势与基础需要进一步传承和发展。

1. 德育工作需进一步深入实效

基于城区初级中学的独有特点，学校的德育内容在系列化、分层性建设上尚需进一步完善与精细；学生的道德发展与精神成长还要突破习惯做法、习惯思维，实施过程中要进一步加强文化载体建设，进一步追求德育无痕、潜移默化的效果。基于学校所处地域的学校课程建设，尚需要进一步深入探索与发展。学校与家长、社区的共建机制还要进一步深入，创设优化与家庭、社会紧密结合，互动发展的德育工作环境。

2. 课程建设需进一步深化发展

学校的三级课程建设虽已形成较为完善的课程框架，但其课程结构安排、内容建设，有效实施、多元评价方面还需要不断地深入探索。作为课程实施最重要阵地的课堂，学校虽然在改革教法与指导学法上不断实践，但基于师生成长与学校发展的需要，仍需进一步积极开展道德自主型“学启讲练　同伴互助”高效课堂模式教学的实践，以促进增效减负，提升师生教与学的品质。

3. 师资队伍需进一步建设培养

自学校创办以来，每年都有教师调入，由于编制原因及绩效工资的实行，新进人员融入学校文化有一个认同和遵循的过程，非编教职员工的管理及工资待遇，需要学校做大量的思想工作，化解多种矛盾，这一切对学校的稳定与发展带来了一定的影响与新的挑战。

学校在职在编教师中大多来自农村中学，由于教育观念、专业素养、校本研修、改革机制等多种原因，大多数教师的教学行为总体来说还属于经验型层面，教科研整体水平偏低，名优教师尤其是领军人物相对缺乏，这种现状对于教师间引领帮带及学校的长远发展有不利的影响，需要加大各阶段教师专业化培养力度，进一步探求有效的教师培养制度与机制。

4. 学校管理需进一步科学高效

学校目前的管理层面呈现老龄化特征，需要进一步积淀符合学校可持续发展需要的核心价值观念，需要打造一支年轻智慧高效的管理团队，需要加强以民主、平等、合作为核心的学校人际关系建设，需要进一步建立有效的评价激励机制，管理过程中，还要进一步调整明晰各部门职权，对各项管理工作在与时俱进和精细化上尚需进一步努力。

为创造适应学生发展的教育，针对面临的问题，学校务必提高认识，砥砺奋进。一要加强培训，提高素能。通过教育教学思想的更新培训，全面提高行政素能、提高教师认识，着力打造班主任、教研组长和中层干部团队；二要典型引领，稳中求进。在试点的基础上，典型引领示范，及时总结完善操作方案，及时解决发展的问题，及时加强评价激励，及时宣传报道，稳步推进适应教育改革发展进程；三要示范总结，宣传推广。通过智慧校园信息化应用创新学校文化、德育课程建设、德育活动开展和“道德自主”高效课堂建设。通过宣传、提炼、讲故事等形式，从师生中收集继承提炼出令人感动的人和事，总结经验，示范推广，让适应教育在霞浦大地上开花结果。

回顾前路，我们用创造与拼搏铸就了成功的渴望。展望前程，我们激情万丈、豪情满怀。在践行“适应教育”办学思想的过程中，挑战与机遇共存，艰辛与喜悦相伴。全面落实教育优先发展战略，依法推进素质教育的发展，努力创建独具特色的精品初中魅力名校，“让我们的教育适应每个学生的发展”，是我们全体教职工不懈努力的工作目标。今后我们将把培养社会主义建设者和接班人作为根本任务，用坚定的理想信念引领前行的脚步，不忘初心、牢记使命，同心协力、创新发展，为创造适应学生发展的教育而不懈努力奋斗。

【参考文献】

[1] 国家中长期教育改革与发展规划纲要（2010—2020 年）[M]. 北京：中国法制出版社，2010.

[2] 冯恩洪 . 创造适合学生的教育 [M]. 天津：天津教育出版社，2011.

[3] 高静，冯文全 . 论适才教育与我国学校德育改革 [J]. 西华师范大学学报（哲学社会科学版），2017（1）：96-101.